教育部高等学校文科计算机基础教学指导分委员会立项教材
中央高校基本科研业务专项资金（北京语言大学院级科研资助项目）编号15YJ030011、16YJ030001
教学名师支持计划资助项目 编号OTP201607

互联网+制造企业信息化应用微课系列教程

丛书主编 李吉梅

企业会计信息化应用
——基于用友ERP产品微课教程

李吉梅　刘大斌　主　编
李　康　张忠伟　副主编

清华大学出版社
北京

内 容 简 介

本书是以工业企业的日常经营活动为原型设计的、适用于移动学习的互动图书，其教辅网站支持微学习和无缝学习。它突出"利用碎片时间学习、在场景中理解业务、利用虚拟机掌握操作"的理念，基于用友ERP-U8 v10.1软件，以"强化实践、培养技能"为目标，将企业的购销存和财务等内容的一体化业务活动案例贯穿始终，使读者在虚拟场景中可视化地学会使用信息化手段处理企业业务的技能，更好地理解企业财务与业务的关系（业务驱动财务，财务反映业务），并能更深入地理解企业的业务流、资金流和信息流的集成性、实时性和共享性的内涵。

本书可作为高等院校（含高职）会计、管理、物流、电子商务、信息管理与信息系统等专业的企业财务业务综合管理类课程的教学用书，也可作为用友ERP认证系列和相关技能竞赛的实验用书，还可作为企业财务人员、业务人员、管理人员了解企业信息系统实务的参考读本和参与微学习的图书资料。

图书在版编目（CIP）数据

企业会计信息化应用：基于用友ERP产品微课教程/李吉梅，刘大斌主编. —北京：清华大学出版社，2017（2017.9重印）
（互联网+制造企业信息化应用微课系列教程）
ISBN 978-7-302-46004-6

Ⅰ. ①企…　Ⅱ. ①李…　②刘…　Ⅲ. ①财务软件—教材　Ⅳ. ①F232

中国版本图书馆CIP数据核字(2016)第316032号

责任编辑：汪汉友　战晓雷
封面设计：常雪影
责任校对：李建庄
责任印制：李红英

出版发行：清华大学出版社
　网　　址：http://www.tup.com.cn，http://www.wqbook.com
　地　　址：北京清华大学学研大厦A座　　**邮　　编**：100084
　社 总 机：010-62770175　　**邮　　购**：010-62786544
　投稿与读者服务：010-62776969，c-service@tup.tsinghua.edu.cn
　质 量 反 馈：010-62772015，zhiliang@tup.tsinghua.edu.cn
　课 件 下 载：http://www.tup.com.cn，010-62795954
印 刷 者：清华大学印刷厂
装 订 者：三河市铭诚印务有限公司
经　　销：全国新华书店
开　　本：185mm×260mm　　**印　张**：26.75　　**字　　数**：643千字
版　　次：2017年2月第1版　　**印　　次**：2017年9月第2次印刷
印　　数：2001～3000
定　　价：59.00元

产品编号：070862-01

编写委员会

（以姓氏拼音为序）

主任委员：

李吉梅　刘大斌

副主任委员：

杜美杰　李　康　于海宝　曾棕根　张昭君　赵慧周

委员：

白雪玉　柏梦涵　常霄宁　陈安琪　陈麒麟　董　熙

郝佳羽　黄金丽　靳晰淅　李　昕　林倩如　刘俊江

刘天玉　刘　微　刘兆平　吕鹏飞　马骋宇　孟先进

苗乐乐　盘梁娟　宋　彤　孙晓勇　陶艺雯　王芬洁

王　涵　王若慧　吴金昊　席砚秋　余海宁　张忠伟

钟　易　左　婧

总　　序

本系列图书是适用于移动学习的互动图书，是根据教育部高等教育司组织，由高等学校文科计算机基础教学指导委员会编写的《高等学校文科类专业大学计算机教学要求（第6版——2011年版）》有关企业信息系统（EIS）的基本要求，以及教育部高等学校管理科学与工程类学科专业教学指导委员会与国际信息系统协会中国分会课题组编制的《中国信息系统学科课程体系2011》有关EIS原理及应用的教学要求编写而成的。

EIS是一种系统全面的企业资源规划（ERP）与管理的系统，它将企业的物流、资金流和信息流统一起来进行管理，对企业所拥有的人力、资金、材料、设备、方法（生产技术）、信息和时间等各项资源进行综合平衡和充分考虑，最大限度地利用企业现有的资源以取得更大的经济效益，科学有效地管理企业人、财、物、产、供、销等各项具体工作。目前绝大多数跨国企业、国内大中型企业都在使用或实施EIS。用友ERP产品是一款国内企业广泛使用的EIS软件，并有多达2700所高校在利用该产品进行EIS应用类的课程教学。

在高等教育中，应用性实践教学是巩固理论知识和加深对理论认识的有效途径，是培养具有创新意识的高素质工程技术人员的重要环节，是理论联系实际，培养学生掌握科学方法和提高动手能力的重要平台。我国在《国家中长期人才发展规划纲要（2010—2020年）》《国家中长期教育改革和发展规划纲要（2010—2020年）》以及《关于实施高等学校本科教学质量与教学改革工程的意见（教高[2011]6号）》中，明确指出要“大力加强实验、实践教学改革”“以强化实践教学为重点，整合各类实验实践教学资源”，所以本系列图书强调实践性和软件应用性，进行基于用友ERP产品的企业业务信息化处理。

同时，为帮助学生理解企业业务以及业务与软件操作之间的关系，本系列图书模拟现代商业社会环境中企业的经营与管理，对典型业务进行了虚拟场景设计。

另外，随着移动互联网的发展和泛在学习的普及，碎片化、可视化学习越来越受到大家的关注，所以本系列图书实现了互动性，将企业业务在用友ERP产品中的应用操作按知识点和业务场景录制了微视频。

总之，本系列图书突出“利用碎片时间学习，在场景中理解业务，利用虚拟机掌握操作”的理念，以“强化实践实训，突出技能培养”为目标，将企业经营活动的业务先以情景剧的形式体现，然后在业务分析和知识点讲解的基础上，以用友ERP-U8软件为工具，进行处理方法和操作流程的讲解，并给出了相应的操作录屏（10分钟以内的微视频），使读者可以在虚拟现实中可视化地学会使用信息化手段处理企业业务的技能，更深入地理解企业的业务流、资金流和信息流的集成性、实时性和共享性的内涵。

本系列图书的教辅网站支持学员的微学习、无缝学习和自适应学习等，支持教师的在线开课和学习管理等。

本系列图书编委会

2016年8月于北京

前　　言

本书是以工业企业的日常经营活动为原型设计的，将企业的购销存和财务等内容的一体化活动案例贯穿始终，重点讲解信息化环境下工业企业供应链和财务会计的典型业务，在用友 ERP-U8 v10.1 中的处理方法和处理流程，涉及总账、应收、应付、采购、销售、库存、存货核算、固定资产、薪资管理和 UFO 报表 10 个功能模块。

由于用友 ERP 软件体现了业务流程的思想，在进行各项任务的信息化处理时，会涉及多个模块和多项功能命令的使用，而且融入了权限管理和岗位分工，所以本书模拟现代商业社会环境中企业的经营与管理，对典型业务进行了虚拟场景设计，并将企业业务在用友 ERP 产品中的应用操作按知识点和业务场景录制了微视频，以分解业务处理流程和降低学习难度。

本书的微视频全部按业务流程和虚拟场景的顺序存放在本书的教辅网站上。教辅网站支持无缝学习和微学习，学员可在网站上自主地选择学习，通过搜索知识点进行精准学习，以及参加教师的课程进行系统学习等；教师可基于本书的在线资料和微视频进行在线开课、课程管理和学员的学习管理等。

为了更好地支持教与学活动和移动学习，本书还提供了配套的可在笔记本电脑上运行的实验环境和按章存放的账套备份文件，以提高读者的实验环境搭建效率和业务操作的效率与效果。

本书由 13 章组成，分为 3 个部分。第 1 部分是实验准备，包括第 1～3 章，主要讲解实验环境的搭建、案例企业的管理体系与制度、案例企业的基础档案和案例企业对用友 ERP 软件中各个业务模块的初始设置；第 2 部分是日常业务，包括第 4～11 章，第 4 章是总账月初业务，第 5～10 章讲解企业的采购与应付、销售与应收、库存与存货、薪资业务和固定资产业务，第 11 章是总账的月末业务；第 3 部分是月末处理与报表，由第 12 章和第 13 章组成，讲解案例企业的各个模块月末处理方法以及企业的会计报表编制。

本书中的业务操作任务按岗位分工进行，共设计了 12 个岗位 13 个操作员，包括账套主管、财务主管、会计和出纳，采购主管和采购业务员，销售主管、销售批发员和销售零售员，仓库主管、仓库管理员（2 个操作员）和人力资源主管，以仿真企业实际。

本书的主体写作模式为业务描述与分析、虚拟业务场景、预备知识以及操作指导。

以 4.1 节（缴纳上月税费）为例，其业务描述如下：

4 月 1 日，以网上电子缴税方式交纳第二季度企业所得税（137 500 元），向税务部门缴纳上月代扣代缴个人所得税（2130.96 元），缴纳上月的增值税（9000 元）、城市维护建设税（630 元）、教育费附加（270 元）和地方教育费附加（180 元）。相关的缴税单据可参见图 4-1 和图 4-2。

4.1 节的业务分析如下：

本笔业务是缴纳上季度的企业所得税，上月的企业未交增值税以及上月的个人所得税、城市维护建设税、教育费附加和地方教育费附加，可以先通过“自定义转账”计算税费，然后网上缴纳并通过“转账生成”生成凭证，也可以直接在总账中填制凭证。最后进行凭证的出纳签字、主管签字与审核以及凭证的记账。注意该笔业务的结算方式为6(其他)。

4.1节的虚拟业务场景中包括

• 人物设计和场景事件，例如：

人物：曾志伟——财务部主管

张兰——财务部会计

罗迪——财务部出纳

场景一：财务主管曾志伟分配职员张兰计算与缴纳税费。

• 对话设计，例如：

曾志伟：今天4月1号了。小张，你把第一季度的企业所得税和上月的税费计算并交纳一下吧。

张兰：嗯，好的，我现在统计。(通过自定义转账计算地税和国税。)

4.1节的预备知识部分讲解本笔业务中涉及的专业术语，如代扣代缴与代收代缴、应交所得税、个人所得税等相关概念。

4.1节的操作指导中首先给出本笔业务的操作流程图，然后按场景给出微视频所在的网页地址及其二维码、操作任务说明以及按岗位切分的操作任务和操作步骤。以4.1节的场景一为例，其相关内容如下：

2. 场景一的操作步骤

视频网址：http://www.mdmuke.com/mdmk/mod/page/view.php?id=1255

任务说明：财务部会计张兰进行代扣代缴税费的计算。

(请以张兰的身份登录进入“企业应用平台”，下同，从略。)

(1) 打开“自定义转账设置”窗口。在“企业应用平台”的“业务工作”页签中，依次单击“财务会计/总账/期末/转账定义/自定义转账”菜单项，系统打开“自定义转账设置”窗口。

(2) 进行“缴纳税费(地税)”的转账设置。

① 定义转账说明。单击工具栏的“增加”按钮，系统弹出“转账目录”对话框，编辑“转账序号”为“0001”，“转账说明”为“缴纳税费(地税)”，单击“确定”按钮，返回“自定义转账设置”窗口。

② 提取各种地税税费。以提取应交个人所得税为例：在“自定义转账设置”窗口中，单击工具栏的“增行”按钮，编辑“科目编码”为222104(应交个人所得税)，方向设定为“借”，单击“金额公式”的参照按钮，在弹出的“公式向导”对话框中，选择公式名称为“期初余额”，单击“下一步”按钮，确认科目为222104，其他选项默认，单击“完成”按钮，返回“自定义转账设置”窗口，公式结果为QC(222104,月)。

以同样的方法提取应交城市维护建设税、应交教育费附加和应交地方教育费附加，将科目分别设置为222105(应交城市维护建设税)、222106(应交教育费附加)和222107(应交地方教育费附加)，“金额公式”分别设置为QC(222105,月)、QC(222106,月)和QC(222107,月)。

由上图可知，本书的每个步骤都提炼了主要功能或目标(如打开“××”窗口、保存、审核、退出)，以利于读者快速了解本步骤的目标。

总之，本书突出“利用碎片时间学习，在场景中理解业务，利用虚拟机掌握操作”的理念，以“强化实践实训，突出技能培养”为目标，注重提高读者的使用效率与效果。

本书的授课时间建议为48～72课时，业余时间与课堂的学时比例至少为2∶1，建议进行混合模式教学，即学生业余时间通过微视频学习操作，课堂进行理论讲解、实操经验交流并完成作业与测验。

本书由北京语言大学信息科学学院的李吉梅教授和新道科技股份有限公司的刘大斌高级会计师任主编，李康和张忠伟任副主编，参与本书编写的人员还有赵慧周、杜美杰、盘梁娟、刘俊江、余海宁、陈安琪、左婧、黄金丽、白雪玉、柏梦涵、董熙、靳晰淅、李昕、林倩如、刘天玉、刘微、王涵、王若慧、席砚秋和姜晓晴等(排名不分前后)。本书的微视频后期制作与相关网页编辑由北京神州明灯教育科技有限公司完成。全书最后由李吉梅教授统稿和审定。

本书在编写过程中得到了新道科技股份有限公司李林冲客户经理的技术支持与帮助，北京神州明灯教育科技有限公司的微视频播放与在线学习支持，合一集团(优酷土豆股份有限公司)的微视频存放与播放支持，并获中央高校基本科研业务专项资金(北京语言大学院级科研资助项目，编号16YJ030001)和教学名师支持计划资助项目(编号OTP201607)的资助，在此一并表示感谢！

书中难免会有不妥和错误之处，敬请同行与读者不吝指正。联系方式：

E-mail：ljm@blcu.edu.cn 或 290105757@qq.com

QQ群：190665520(ERP微学习之U8)

ERP微学习之U8

扫一扫二维码，加入该群。

李吉梅

2016年8月于北京

教辅资料与网站说明

欢迎使用《企业会计信息化应用——基于用友 ERP 产品微课教程》(以下简称“本教程”)!

本教程的作者在百度云盘空间中存放并共享了实验环境:用友 ERP-U8 v10.1 新道教学版的虚拟机软件和数据文件(云盘地址:http://pan.baidu.com/s/1miczJ7M,访问密码:14gr),案例企业的按章保存的账套备份文件和业务操作的微视频访问说明等资料(链接:https://pan.baidu.com/s/1i5iB4aT 密码:dq38)。

另外,本教程的教辅网站(网站地址:http://www.mdmuke.com/mdmk/course/view.php?id=44)支持无缝学习和微学习,支持教师在网站上开课和教师间的资料共享,可支持学员的多终端在线个性化学习和学员间的讨论与分享。

1. 用友 ERP-U8 v10.1 实验环境

本教程是在用友 ERP-U8 v10.1 新道教学版软件中操作的,必须有实验环境才能进行实验操作。该实验环境可以采用以下两种方式搭建:

- 安装用友 ERP-U8 v10.1 新道教学版软件。
- 安装虚拟机软件,然后在虚拟机中导入用友 ERP-U8 v10.1 新道教学版的数据文件。

一般学校的用友 ERP 实验室中教学用机上都安装了此软件,其安装方法不再赘述。若需要在个人计算机上使用,因用友 ERP-U8 v10.1 的安装步骤和所需要的组件较多,而且对计算机上的其他软件限制较多,所以本教程给出了利用虚拟机软件搭建实验环境的方法(详见第 1 章),百度云盘空间中的“seentao101 虚拟机”文件夹中包括以下 3 个文件:

- VirtualBox.exe,虚拟机软件,v5.0.16 绿色版。
- VirtualBoxHelp.pdf,虚拟机软件的安装说明和帮助手册。
- seentao101.ova,用友 ERP-U8 v10.1 新道教学版的虚拟机数据文件。

2. 数据账套使用方法

百度云盘空间中的“实验账套数据”文件夹中的账套备份文件均为压缩文件。

使用前,需要首先将相应的压缩文件从云盘下载到本地硬盘上,再用解压缩工具进行解压(建议用 WinRAR 3.42 或以上版本),得到可以引用的相应账套数据文件。

可以在做实验前引入相应的账套,然后在引入的账套上进行业务操作;或者将实验的结果与备份账套核对,以验证实验的正确性。

3. 微视频观看方法

本教程配套的微视频均存放在北京神州明灯教育科技有限公司和合一集团(优酷土豆股份有限公司)网站上,相应的访问说明请参见百度云盘中的“微视频访问说明.doc”和“如何获取与管理账号.doc”。

目　　录

第1部分　实验准备

第 2 部分　日常业务

第3部分　月末处理与报表

第1部分　实验准备

第1章　实验环境搭建与建账

第2章　企业基础档案编辑

第3章　子系统的期初设置

第1章　实验环境搭建与建账

本教程是在用友 ERP-U8 v10.1 软件中操作的，所以必须有实验环境才能完成本教程中的实验任务。该实验环境可以有两种方式搭建，一是安装用友 ERP-U8 v10.1 新道教学版软件；二是安装虚拟机软件，然后在虚拟机软件中导入用友 ERP-U8 v10.1 新道教学版的数据文件，以虚拟机的方式运行。

由于一般学校的用友 ERP 实验室中的教学用机上都安装了用友 ERP-U8 v10.1 软件，其安装方法不再赘述。若需要在个人计算机上使用，因用友 ERP-U8 v10.1 的安装步骤和所需要的组件较多，而且对计算机上的其他软件限制较多，所以 1.1 节将给出利用虚拟机软件 VirtualBox 搭建实验环境的方法，相应的软件和数据文件存放在百度云盘空间（云盘地址：http://pan.baidu.com/s/1miczJ7M，访问密码：14gr），可随时使用。

用友 ERP-U8 软件由多个产品组成，各个产品之间相互联系，数据共享，共同实现财务业务一体化的管理。对于企业资金流、物流、信息流的统一管理提供了有效的方法和工具。由于用友 ERP-U8 软件所含的各个产品是为同一个主体（如企业、事业单位或独立核算部门）的不同层面服务的，因此就要求这些产品具备如下特点：①具备公用的基础信息；②操作员和操作权限集中管理，并且进行角色的集中管理；③业务数据共用一个数据库。

1.2 节将简介本教程案例公司（北京亮康眼镜有限公司）的基本情况、公司所采用的内部会计制度，以及企业员工的岗位分工情况。

1.3 节的主要任务是建立企业账套的公用基本信息以及对账套信息进行管理，并在“系统管理”功能模块中进行相关操作。系统管理的主要功能包括新建账套、新建年度账、账套修改和删除、账套备份，根据企业经营管理中的不同岗位职能建立不同角色，新建操作员，以及权限的控制与分配等。1.3 节的主要内容如下：

(1) 账套建立。账套指的是一组相互关联的数据，每个企业或每个独立核算部门的数据在 ERP-U8 中都表现为一个账套。一个账套的基本信息包括账套信息、单位信息、核算类型、基础信息、编码方案、数据精度 6 个方面。可以根据企业的基本情况、内部会计制度及企业员工信息建立账套。

(2) 用户及权限设置。为了保证系统数据的安全与保密，系统管理提供了用户及其功能权限的集中管理功能。但在进行权限设置之前，首先要添加系统用户信息，然后企业管理者可以根据用户的不同岗位分工来设置其操作权限。这样一方面可以避免与业务无关的人员进入系统进行非法操作，另一方面可以按照企业需求对各个用户进行管理授权，以保证各负其责，使得工作流程清晰顺畅。

(3) 账套管理。账套建立后，可以根据实际情况进行修改完善，灵活地对账套进行引入、输出等备份操作。

本章实验操作完成的基本账套备份压缩文件（01 新建账套.rar），存放在百度云盘空间的“实验账套数据”文件夹中（链接：https://pan.baidu.com/s/1i5iB4aT 密码：dq38），可随时下载使用。

1.1 实验环境搭建

1.1.1 VirtualBox 虚拟机软件

VirtualBox 是一款开源的虚拟机软件，是由德国 Innotek 公司开发，由 Sun Microsystems 公司出品的软件，在 Sun 被 Oracle 公司收购后正式更名为 Oracle VM VirtualBox。使用者可以在 VirtualBox 上安装并且执行 Solaris、Windows、DOS、Linux、OS/2 Warp、BSD 等系统作为客户端操作系统。

1. VirtualBox 的特点

VirtualBox 简单易用，可虚拟的系统包括 Windows(从 Windows 3.1 到 Windows 10、Windows Server 2012，所有的 Windows 系统都支持)、Mac OS X、Linux、OpenBSD、Solaris、IBM OS2 甚至 Android 等操作系统，使用者可以在 VirtualBox 上安装并且运行上述的操作系统。

与同类的 VMware 及 Virtual PC 相比，VirtualBox 还包括对远端桌面协定(RDP)、iSCSI 及 USB 的支持，其主要特点如下：

- 在主机端与客户端间建立分享文件夹(须安装客户端驱动)。
- 能够在主机端与客户端共享剪贴簿(须安装客户端驱动)。
- 无缝视窗模式(须安装客户端驱动)。
- 支持 64 位客户端操作系统，即使主机使用 32 位操作系统。
- 支持 SATA 硬盘 NCQ 技术。
- 虚拟硬盘快照。
- 内建远程桌面服务器，实现单机多用户。
- 支持 VMware VMDK 磁盘文档及 Virtual PC VHD 磁盘文档格式。
- 3D 虚拟化技术支持 OpenGL(2.1 版后支持)、Direct3D(3.0 版后支持)、WDDM(4.1 版后支持)。
- 最多虚拟 32 颗 CPU(3.0 版后支持)。
- 支持 VT-x 与 AMD-V 硬件虚拟化技术。
- iSCSI 支持。
- USB 与 USB 2.0 支持。

目前 VirtualBox 软件已更新到 5.0.6 正式版，本次更新后支持配置 HTTP 代理，支持快捷键重新分配，增强了对各种 Linux 发行版的支持，支持 Linux kernel 4.3 内核。

2. VirtualBox 的安装

VirtualBox 的安装文件可以从其官方网站(https://www.virtualbox.org/)下载与你使用的计算机(以下简称“主机”)的操作系统对应的安装文件。本教程的配套资料存放于百度云盘空间中，其中也有 VirtualBox 的安装文件，可以将其复制到主机运行。

运行 VirtualBox 的安装文件，将开启一个简单的安装向导，允许用户定制 VirtualBox 特性，选择任意快捷方式并指定安装目录。

安装成功之后，桌面上会增加 Oracle VM VirtualBox 桌面图标，双击该图标，系统将打开“Oracle VM VirtualBox 管理器”窗口。

1.1.2 导入虚拟电脑

在 VirtualBox 中创建虚拟电脑,可以按照用户个人的应用情况选择配置。限于篇幅,本书不介绍虚拟电脑的创建步骤,请参阅本教程配套资料中的帮助文件,在此仅讲解虚拟电脑的导入和设置。

在导入 seentao101 虚拟电脑前,首先将百度云盘空间(链接:https://pan.baidu.com/s/1miczJ7M 密码:l4gr)中“seentao101 虚拟机”文件夹下的 seentao101.ova 下载到主机。seentao101.ova 数据文件是编者通过 Oracle VM VirtualBox 管理器的“导出虚拟电脑”功能导出的已安装了用友 ERP-U8 v10.1 新道教学版的虚拟电脑数据文件,它本身不能直接运行,但将其导入 VirtualBox 软件成功之后,便可直接使用用友 ERP-U8 v10.1 软件了。

导入虚拟电脑的操作步骤如下:

(1) 打开“Oracle VM VirtualBox 管理器”窗口。双击桌面上的 Oracle VM VirtualBox 图标,系统打开“Oracle VM VirtualBox 管理器”窗口(参见图 1-1)。

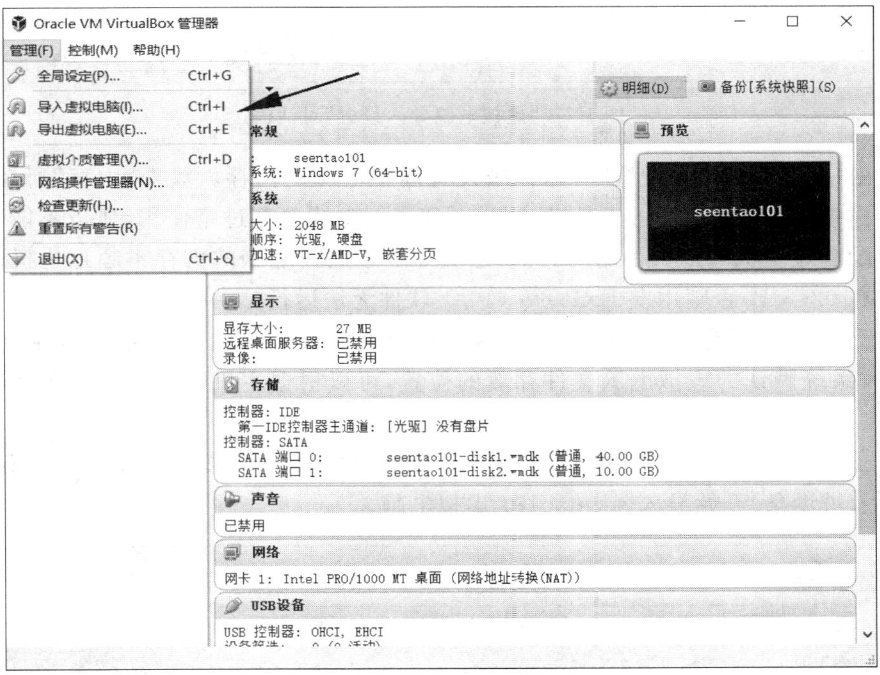

图 1-1 “Oracle VM VirtualBox 管理器”窗口

(2) 选择“管理/导入虚拟电脑”菜单项,系统弹出“要导入的虚拟电脑”对话框,请浏览找到主机上的 seentao101.ova 数据文件。

(3) 单击“下一步”按钮,系统弹出“虚拟电脑导入设置”对话框,如图 1-2 所示,其中默认虚拟电脑的名称为 seentao101,内存为 2048MB,虚拟硬盘有两个,其默认的路径为 C:\Users\lijimeiBlcu\VirtualBox VMs\seentao101\seentao101-disk1.vmdk 和 C:\Users\

lijimeiBlcu\VirtualBox VMs\seentao101\ seentao101-disk2. vmdk。

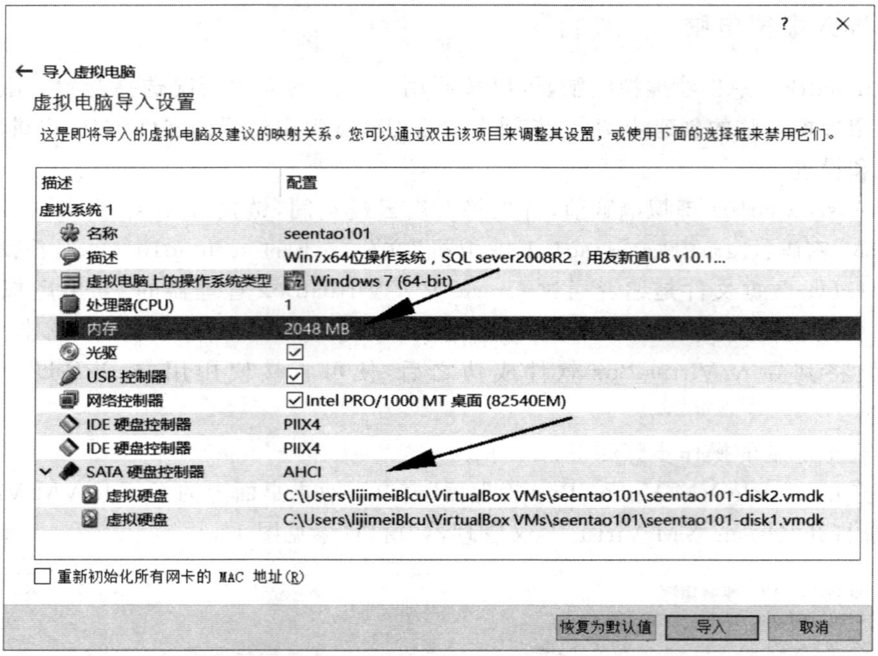

图 1-2 “虚拟电脑导入设置”对话框

(4) 在“虚拟电脑导入设置”对话框中设置虚拟电脑的内存。双击“内存”所在行，可输入拟建的虚拟电脑的内存大小。因为 VirtualBox 不支持内存过量使用，所以不能给一个虚拟电脑分配超过主机内存大小的内存值，建议分配给虚拟电脑的内存不超过主机内存的一半，但至少 1024MB，否则用友 ERP-U8 v10.1 软件无法运行。

(5) 设置“虚拟硬盘”的位置。在“虚拟电脑导入设置”对话框中，双击“虚拟硬盘”所在行，可修改系统默认的虚拟电脑文件存放的位置，可以根据主机存储空间分布情况设置该路径。

(6) 开始导入。单击“虚拟电脑导入设置”对话框中的“导入”按钮，系统弹出如图 1-3 所示的导入进度条，开始导入 seentao101 虚拟电脑。

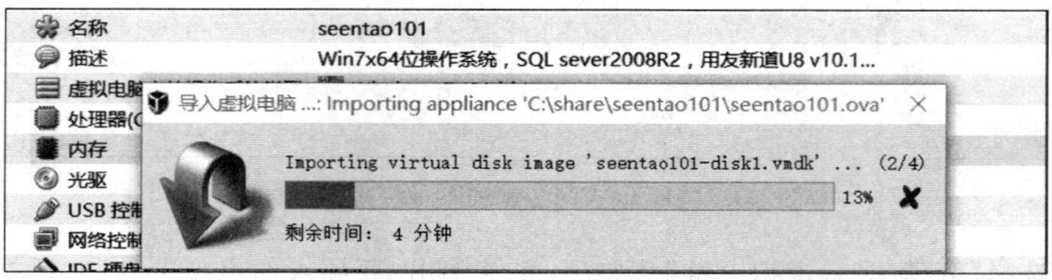

图 1-3 虚拟电脑导入进度条

(7) 完成。导入成功后，系统将返回“Oracle VM VirtualBox 管理器”窗口，结果可参见图 1-4。

1.1.3 设置虚拟电脑

虚拟电脑关闭时，可以编辑虚拟电脑的设置。虚拟电脑与主机的数据交换，最便捷的方式便是通过“共享文件夹”。

设置共享文件夹的操作步骤如下：

(1) 在“Oracle VM VirtualBox 管理器”窗口中，在 seentao101 虚拟电脑关闭的情况下，先单击左侧的 seentao101 虚拟机，再单击工具栏上的“设置”按钮，系统弹出“seentao101-设置”对话框，结果可参见图 1-4。

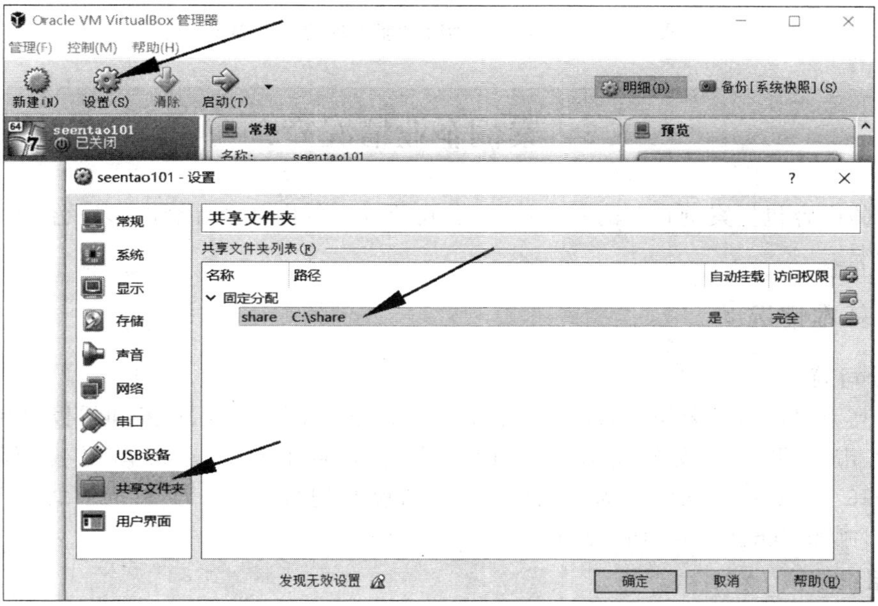

图 1-4 “seentao101-设置”对话框

(2) 在“seentao101-设置”对话框中，单击其左侧的“共享文件夹”，右侧显示已有的共享文件夹，在此可单击已有的进行修改，也可单击右上角的“+”按钮，以增加一个共享文件夹。

(3) 单击“确定”按钮，退出该对话框，系统返回“Oracle VM VirtualBox 管理器”窗口，设置完成。

VirtualBox 虚拟机的参数有以下 5 类，可以根据需要自主设置。

(1) 虚拟电脑名称。虚拟电脑名(如 seentao101)是虚拟电脑的唯一标识，用来区分虚拟电脑的硬件配置、操作系统、软件等数据。

(2) 内存。指定虚拟电脑可用内存大小，系统会自动分配，也可自行设置。

(3) 虚拟硬盘。选择一个虚拟硬盘作为主硬盘，也可以新建一个。

(4) 硬盘存储类型。分为动态扩展和固定大小两种。动态扩展类型最初只需占用非常小的物理硬盘空间，然后根据虚拟电脑的实际需求动态分配；固定大小类型就是建立时就分配指定的大小给虚拟电脑使用。后者在性能上有一定优势，但建立时间较长。

(5) 摘要。显示虚拟电脑的各项数据情况。

小贴士：在 Windows 10 系统中，在 VirtualBox 管理器中运行虚拟电脑时，若出现如

图 1-5 所示的错误提示，可单击“明细”前的箭头以展开其错误说明，然后根据说明修改主机或虚拟机的相关设置，或直接单击其“确定”按钮返回，再次打开一般就能正常开机了。若一直出现问题，可以删除已导入的虚拟电脑后再次“导入虚拟电脑”。

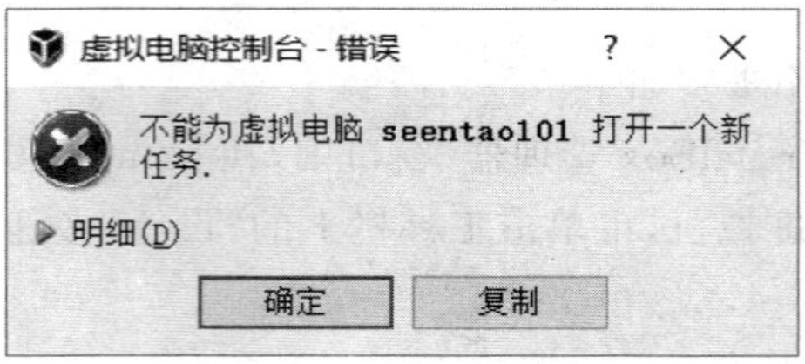

图 1-5　虚拟电脑启动时可能出现的错误提示

1.2　案例企业情况简介

本节的内容包括案例企业的基本情况、公司所采用的内部会计制度，以及企业员工的岗位分工情况。

1.2.1　基本情况

1. 公司简介

北京亮康眼镜有限公司(简称亮康公司)是专门从事眼镜生产、批发和零售的制造企业，位于北京市昌平区。该公司开户银行为中国工商银行北京市昌平支行，账号为1102020526782987908，该公司为一般纳税人，纳税登记号为 210019995461202，电话 010-60228226，邮箱 liangkang@163.com。

2. 组织结构

该公司的注册类型为有限责任公司，股东由 3 个自然人组成。其中，李吉棕出资额占70%，由其出任公司董事长兼总经理，是公司的法人代表；赵飞和刘静各占 15%，均为董事会成员。总经理下设四位部门主管，其中赵飞担任销售主管，刘静担任采购主管，曾志伟担任财务主管，陈虹担任行政主管，组织结构图如图 1-6 所示。

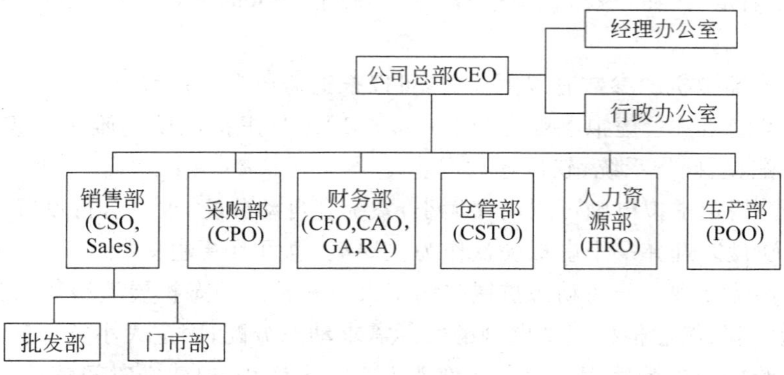

图 1-6　案例企业组织结构图

1.2.2 企业会计制度

1. 会计科目设置规定

(1) 会计科目编码。会计科目编码采用 4-2-2 方式,即一级科目 4 位字长,二级科目 2 位字长,三级科目 2 位字长。

(2) 会计科目设置要求。"库存现金"科目是现金日记账科目;"应付账款"科目下设"暂估应付账款"和"一般应付账款"两个二级科目,其中一般应付账款设置为受控于应付款系统,暂估应付账款科目设置为不受控于应付款系统。类似地,其他一级科目的辅助账类型设置要求、二级科目的增加和辅助账类型设置要求,以及三级科目的增加和辅助账类型设置要求请参见 2.10 节的表 2-22。

(3) 项目核算。设置在途物资、库存商品、主营业务收入和主营业务成本 4 个项目核算科目。项目的大类名称为"商品项目管理",项目分类定义为太阳镜和老花镜,项目目录分为男士高端、女士高端等(详见 2.9 节的表 2-21),该项目由上述 4 个科目进行核算。

2. 内部会计政策

(1) 会计核算的基本规定。企业采用科目汇总表账务处理程序,每月月末编制科目汇总表并登记一次总账;公司采用复式记账,按单一格式填制凭证。会计凭证按月连续编号;公司开设总分类账、明细分类账、现金和银行存款日记账及银行结算票据备查簿;公司按规定编制资产负债表、利润表、现金流量表和所有者权益变动表。

(2) 货币资金的核算方法。每日终了,对库存现金进行实地盘点,确保现金账面余额与实际库存相符。银行存款每月根据银行对账单进行核对清查。若发现不符,及时查明原因,做出处理。公司采用的结算方式包括现金、现金支票、转账支票、银行承兑汇票、商业承兑汇票、电汇、同城特约委托收款等。

(3) 存货的核算方法。企业存货包括各种眼镜(包括太阳镜和老花镜)、包装物以及办公用品类的低值易耗品;各类存货采用永续盘存制,按照实际成本核算;在核算过程中,存货采用移动平均法计算成本。

(4) 固定资产的核算方法。公司的固定资产包括房屋及建筑物、机器设备、交通运输设备和电子设备,均为正在使用状态;按照企业会计准则规定,按月计提折旧,当月增加的,自下月开始计提折旧,当月减少的,当月照提折旧;公司采用平均年限法计提折旧,净残值率按不同类别设置为 2%、3%和 5%,使用年限依据税法规定设置。

(5) 职工薪酬的核算方法。公司按照有关规定,由单位承担并缴纳的养老保险、医疗保险、失业保险、工伤保险和住房公积金分别按照本月职工应发工资的 20%、9.55%、1%、1%和 12%计算;职工个人承担的养老保险、医疗保险、失业保险、住房公积金分别按照本人本月应发工资的 8%、2%、0.2%、12%计算;按照国家有关规定,单位代扣个人所得税,单位按本月职工应发工资总额的 2%计提工会经费,2.5%计提职工教育经费。

(6) 税务的会计处理。本公司为增值税一般纳税人,购销货物税率为 17%,运费税率为 11%,手续费税率为 6%,按月缴纳;企业所得税采用资产负债表债务法,除应收账款外,假设资产、负债的账面价值与其计税基础一致,未产生暂时性差异。企业所得税的计税依据为应纳税所得额,税率为 25%,按月预计,按季预缴,全年汇总清缴。按当期应交增值税的 7%、3%和 2%计算城市维护建设税、教育费附加和地方教育费附加。

(7) 利润分配规定。根据公司章程,公司税后利润按以下顺序及规定分配:A—弥补亏损;B—按10%提取法定盈余公积;C—提取任意盈余公积;D—向投资者分配利润。

(8) 财产清查的要求。公司每月上旬对存货进行清查,年末对固定资产进行清查,根据盘点结果编制"盘点表",并与账面情况进行比较,报经主管领导审批后进行处理。

(9) 坏账损失的核算方法。除应收账款外,其他的应收款项不计提坏账准备。每年年末,按应收账款余额百分比法计提坏账准备,提取比例为期末余额的0.5%。对于可能成为坏账的应收账款应当报告有关决策机构,由其进行审查和确认;发生的各种坏账应查明原因,及时做出会计处理;注销的坏账应当进行备查登记,做到账销案存,已注销的坏账又收回时应当及时入账。

(10) 月末将各损益类账户余额转入本年利润账户,收入和支出分别制单。

3. 会计岗位职责

(1) 主管会计:在董事会和总经理的领导下,总管公司会计、报表和预算工作,负责对各项财务、会计工作的布置检查;组织初始建账工作,各种原始凭证、记账凭证和会计报表的审核;负责编制资产负债表、利润表、现金流量表和所有者权益变动表等会计报表的工作;负责财务分析工作;负责总账的编制和档案管理。

(2) 出纳:保管库存现金、有价证券,并保管财务专用章;负责空白支票和支票、银行结算票据备查簿、有价证券、借款的备查簿的编写和管理;负责登记现金、银行存款日记账。

(3) 记账会计:负责往来账款的管理,各种明细表的登记工作;负责财务资产的清查、银行对账工作;负责编制各种税收申报表和养老保险申报表,并缴纳各种税费;负责开具发票,固定资产、无形资产的卡片账记录和保管。

1.2.3 操作员及权限

账套使用人员岗位分工与权限设置详见表1-1,其用户类型均为"普通用户"。

表1-1 账套使用人员分工及权限分配表

编码	人员姓名	隶属部门	职务	操作权限	所属角色	功能权限修改
0100	李吉棕	经理办公室	总经理	系统初始设置、所有业务单据审核与批复	账套主管	
0200	曾志伟	财务部	财务主管 会计主管	会计业务主管签字,审核凭证、发票与收付款单,对账,结账,编制会计报表、财务指标分析		公共单据、总账、应收、应付、UFO报表、销售管理
0201	张兰	财务部	记账会计	编制记账凭证、记账、固定资产折旧及增减变动业务、工资分摊、银行对账,缴纳各种税费		公共单据、公共目录设置、总账、应收、应付、固定资产、销售管理、存货核算、薪资管理
0202	罗迪	财务部	出纳	填制收款单和付款单、出纳签字		总账、应收、应付
0300	赵飞	批发部	销售主管	销售管理、单据审核		销售管理
0301	夏于	批发部	销售员	销售管理		销售管理

续表

编码	人员姓名	隶属部门	职　务	操作权限	所属角色	功能权限修改
0302	李　华	门市部	销售员	零售日报管理		销售管理
0400	刘　静	采购部	采购主管	采购管理、单据审核		采购管理
0401	张新海	采购部	采购员	采购管理		采购管理
0500	李　莉	仓管部	仓库主管	库存管理		公共单据、公共目录设置、库存管理、存货核算
0501	赵林	仓管部	仓管员	库存管理		库存管理
0502	李东	仓管部	仓管员	库存管理		库存管理
0600	王军	人力资源部	人力资源主管	人员增减变动、工资变动、辅助系统初始设置		薪资管理

提示：

- 操作员的初始密码均为空，用户类型均为“普通用户”。
- 操作员的数据权限：
  - 在“数据权限控制设置”窗口，在“记录级”选项卡中不勾选“是否控制”栏的“用户”复选框，单击“确定”按钮，则单据不按用户控制，操作步骤详见 1.3.3 节。
  - 在“数据权限分配”窗口，设置王军和张兰为“工资类别主管”，则王军和张兰若登录“企业应用平台”即可操作薪资模块。此设置在薪资账套建立后才可设置成功，操作步骤详见 3.5.2 节。

1.3　建账与账套备份

本账套建立时间为 2017 年 4 月 1 日，各子系统启用时间为 2017 年 4 月 1 日。本案例企业发生业务活动的时间均为 2017 年 4 月。

需要说明的是：

(1) 本教程的所有业务实验操作都有配套的微视频，可以通过扫描二维码或者到指定的网页去观看。

(2) 本节的实验操作因为是基础数据且比较简单，没有做相应的视频录制，已经完成的基本账套数据(01 新建账套. rar)存放在百度云盘空间的“实验账套数据”文件夹中(云盘地址：http://pan.baidu.com/s/1i5iB4aT，访问密码：dq38)。

(3) 实验操作前，需要将系统时间调整为 2017 年 4 月 1 日。如果没有调整系统时间，则在建账过程中和启用子系统时，注意修改时间为 2017 年 4 月 1 日。

1.3.1　添加操作员

案例企业的操作员详见表 1-1。本任务是按照表 1-1 的资料，在系统管理中添加操作员。在操作之前，请确认系统日期为 2017 年 4 月 1 日。

操作步骤如下：

(1) 启动系统管理,以系统管理员(admin)身份注册。

① 双击桌面的"系统管理"快捷方式,系统打开"系统管理"窗口,结果可参见图 1-8。

② 在"系统管理"窗口中,单击"系统"→"注册"菜单项,系统打开系统管理的登录对话框,结果如图 1-7 所示。

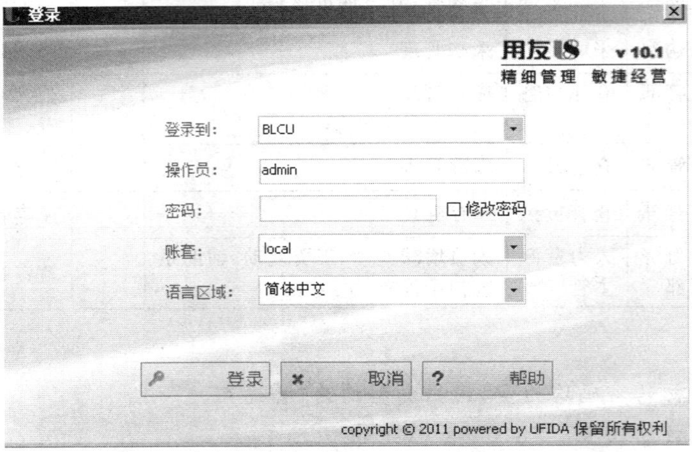

图 1-7 系统管理登录对话框

③ 以系统管理员(admin)身份登录。编辑或确认"操作员"为 admin,密码为空,然后单击"登录"按钮,系统退出对话框返回"系统管理"窗口,结果如图 1-8 所示。

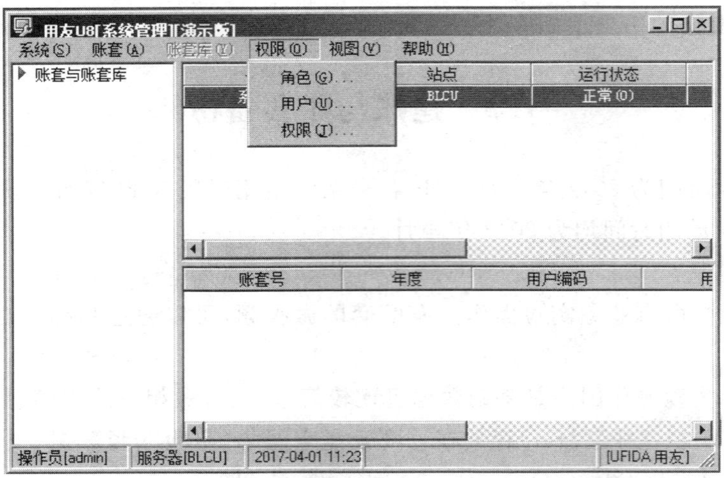

图 1-8 "系统管理"窗口

提示:

- "系统管理"窗口的使用者为企业的信息管理人员,包括系统管理员 admin、安全管理员 Sadmin、管理员用户和账套主管。
- 系统管理员 admin 的密码默认为空,若需要修改,则在登录时,在密码栏中先输入正确的密码,然后将"修改密码"复选框选中,单击"确定"按钮,在提示窗口输入并确定新密码。

(2) 增加操作员。

注意，由于还未建账套，所以无法录入功能权限，此步只增加相应操作员并设置角色。

① 在“系统管理”窗口中，选择“权限/用户”菜单项(参见图 1-8)，系统打开“用户管理”窗口。

② 在“用户管理”窗口中，单击“增加”按钮，系统打开“操作员详细情况”对话框。

③ 在对话框中增加“李吉棕”用户。根据表 1-1，输入“李吉棕”的编号、姓名、用户类型(已默认为普通用户)、口令(即密码，初始密码设置为空)和所属角色等信息(结果可参见图 1-9)，然后单击“增加”按钮。

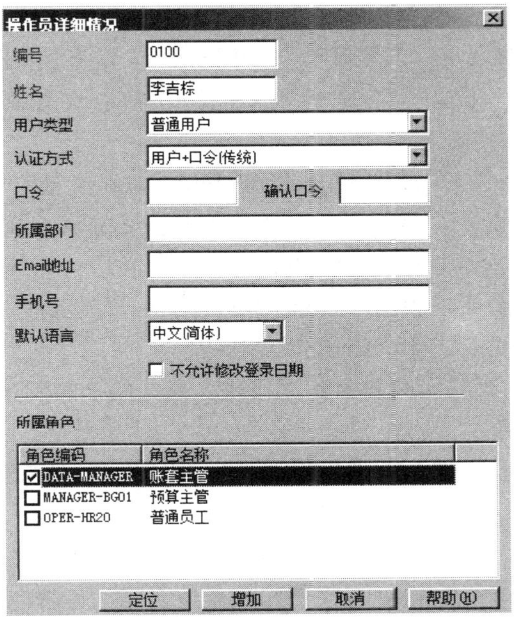

图 1-9 “操作员详细情况”对话框

提示：只有“账套主管”需要此时设置角色，其他操作员将在 1.3.3 节中设置。

④ 重复步骤③，按照表 1-1，完成其他操作员(即用户)的编辑工作，其“所属角色”为空。

⑤ 退出。单击对话框中的“取消”按钮，系统退出对话框返回“用户管理”窗口，再单击“退出”按钮，返回“系统管理”窗口。

1.3.2 建立案例企业账套

本任务是依据 1.2 节的资料，在用友 ERP-U8 中建立案例企业的账套，并启用相应的功能模块，包括采购管理、销售管理、库存管理、存货核算、固定资产、薪资管理、应收款管理、应付款管理、总账系统。

具体地，本案例企业账套的账套号为 917，账套名称为“北京亮康眼镜有限公司”，账套路径默认为 C:\u8soft\admin\，启用会计期为 2017-04。

操作步骤如下：

(1) 打开“创建账套”向导。在“系统管理”窗口(参见图 1-8)中，选择“账套/建立”菜单项，系统打开“创建账套”对话框，然后根据向导操作完成账套资料的录入。

(2) 在打开的“创建账套”对话框之“建账方式”中，默认为“新建空白账套”，单击“下一步”按钮；然后在系统打开的“创建账套”对话框之“账套信息”中，编辑“账套号”为 917，“账套名称”为“北京亮康眼镜有限公司”，确认“启用会计期”为 2017-04，其他项默认。

(3) 单击“下一步”按钮，在“创建账套”对话框之“单位信息”中，编辑“单位名称”为“北京亮康眼镜有限公司”(在此应录入企业的全称，以便打印发票时使用)，“机构代码”为 168306659，“单位简称”为“亮康公司”，“单位地址”为“北京市昌平区”，“法人代表”为“李吉棕”，“邮政编码”为 100022，“联系电话”为 400812345678，“电子邮件”为 liangkang@163.com，“税号”为 1101082121202，“备注一”为“眼镜生产”，“备注二”为“眼镜批发与零售”。

(4) 单击“下一步”按钮，在“创建账套”对话框之“核算类型”中，编辑“本位币”为 RMB(人民币)，“企业类型”为“工业”，“行业性质”为“2007 年新会计制度科目”，“账套主管”为 0100，并勾选“按行业性质预置会计科目”。

(5) 单击“下一步”按钮，在“创建账套”对话框之“基础信息”中，增加勾选“有无外币核算”，确认选中“存货是否分类”“客户是否分类”和“供应商是否分类”，然后单击“下一步”按钮，系统打开“创建账套”对话框之“开始”页面。

(6) 单击“完成”按钮，系统弹出“可以创建账套了吗?”提示框，单击“是”按钮，系统开始创建账套，初始创建完成之后打开“编码方案”对话框。

(7) 在“编码方案”对话框，对“科目编码级次”，录入第 2 级和第 3 级的位长为 2，其他的编码分类采用系统默认值。

(8) 单击“确定”按钮，系统保存编码设置，再单击“取消”按钮，系统打开“数据精度”对话框。

(9) 数据精度全部采用默认值，所以直接单击“取消”按钮，系统退出“数据精度”对话框，此时系统创建账套成功，并弹出“现在进行子系统启用的设置吗?”信息提示框。

(10) 单击“是”按钮，系统打开“系统启用”对话框，在该对话框中依次打勾启用总账、应收款管理、应付款管理、固定资产、销售管理、采购管理、库存管理、存货核算、薪资管理，启用时间均为“今天”。

(11) 单击“系统启用”和“创建账套”对话框的“退出”按钮，系统返回“系统管理”窗口。

提示：若在系统弹出“现在进行子系统启用的设置吗?”信息提示框时单击“否”按钮，则系统直接返回“系统管理”窗口。如果需要启用或修改启用结果，请以账套主管李吉棕的身份登录“企业应用平台”，然后依次单击“基础设置/基本信息/系统启用”菜单项，在系统打开的“系统启用”窗口进行编辑。

1.3.3 设置操作员权限

本任务是依据表 1-1 的资料设置操作员的功能权限和数据权限。用友 ERP-U8 中可做三个层次的权限管理，即功能级权限管理、数据级权限管理和金额级权限管理。

- 功能级权限管理提供了划分更为细致的功能级的权限管理功能，包括各功能模块相关业务的查看和分配权限。
- 数据级权限管理可以通过两个方面进行权限控制与分配，即字段级和记录级。

• 金额级权限管理主要用于完善内部金额控制，实现对具体金额数量划分级别，对不同岗位和职位的操作员进行金额级别控制，限制他们制单时可以使用的金额数量。

1. 设置操作员的功能权限

操作步骤如下：

(1) 打开"操作员权限"窗口。在"系统管理"窗口中，选择"权限/权限"菜单项，系统打开"操作员权限"窗口。

(2) 在打开的"操作员权限"窗口中，在左窗格选择操作员"曾志伟"，单击窗口工具栏中的"修改"按钮，然后在窗口右侧先选择或确认账套为"[917]…"和年度"2017-2017"，然后依据表 1-1 中的"功能权限修改"列，增加选中需要的功能模块名称。曾志伟的功能权限设置结果如图 1-10 所示。

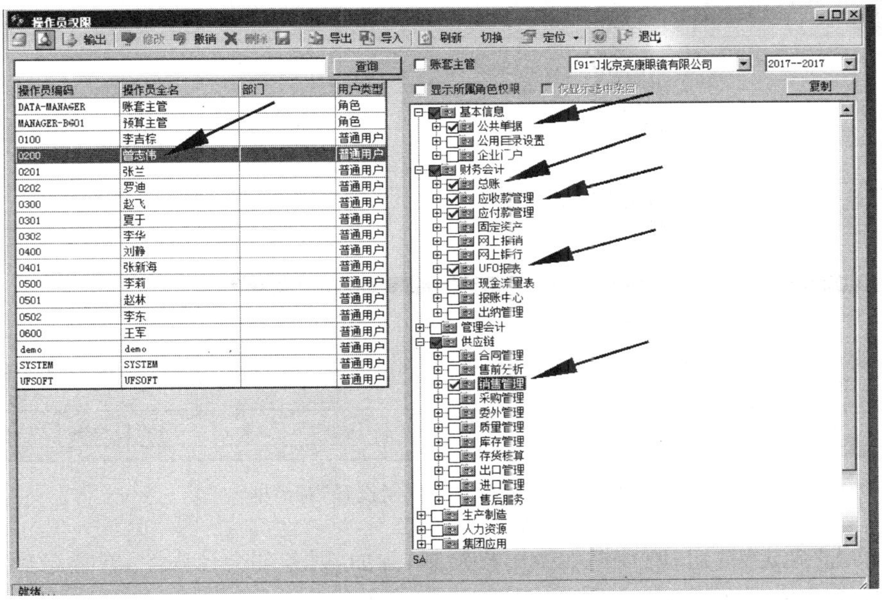

图 1-10 "操作员权限"窗口

(3) 单击"保存"按钮，然后重复步骤(2)，依据表 1-1，完成其他操作员的功能权限修改。

(4) 退出。单击"操作员权限"窗口工具栏中的"退出"按钮，退出该窗口，返回"系统管理"窗口。

提示：

- 账套主管拥有所有模块的权限。由于在建立账套时已经指定"李吉棕"为账套主管了，所以无须再设置。
- 功能级权限分配在"系统管理"窗口中完成。在为用户赋予权限时，可一次性勾选大的模块即可实现所有的下属模块权限的赋予。
- 数据权限和金额权限在"企业应用平台"的"系统服务"页签下的"数据权限"中进行分配。对于数据级权限和金额级的设置，必须是在系统管理的功能权限分配之后才能进行。

2. 操作员的数据权限控制设置

操作步骤如下：

（1）打开“企业应用平台”窗口。双击桌面的“企业应用平台”快捷方式，在系统打开的“登录”对话框中，设置“操作员”为0100，密码为空，“账套”为“[917]…”，然后单击“登录”按钮，系统打开“企业应用平台”窗口。

（2）在“企业应用平台”的“系统服务”页签下，依次单击“权限/数据权限控制设置”项，系统打开“数据权限控制设置”窗口。

（3）在“记录级”选项卡中，不勾选“是否控制”栏中的“用户”复选框，结果如图1-11所示。

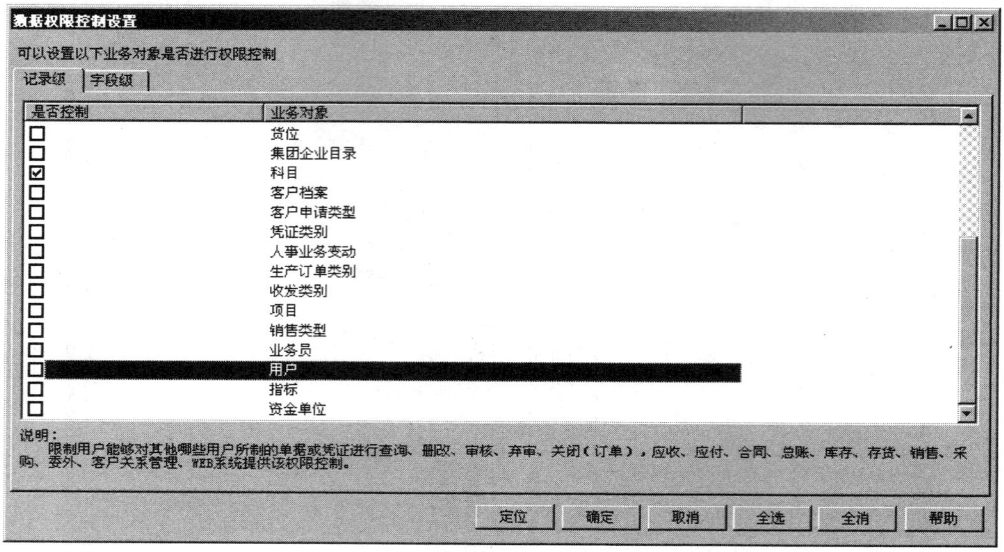

图1-11 “数据权限控制设置”对话框

（4）单击“确定”按钮，则数据不做用户控制，例如，财务部会计张兰，在登录到企业应用平台后，就可以查阅和审核张新海填制的销售发票了。

提示：数据权限控制设置是设置“业务对象”（如用户、业务员、货位）是否被控制，而数据权限分配是分配一个操作员对另一个操作员的数据（如填制的单据）的操作权限（如查看、审核、编辑），账套主管不参加数据权限分配。数据权限分配的操作步骤详见3.5.2节。

1.3.4 修改账套信息

修改账套信息的工作，应由“账套主管”在“系统管理”中完成。操作步骤如下：

（1）以账套主管“李吉棕”的身份注册系统管理。

① 在“系统管理”窗口中，选择“系统/注销”菜单项以注销系统管理员身份的注册。

② 选择“系统/注册”菜单项，系统打开“系统管理”的登录界面。

③ 编辑“操作员”为0100或“李吉棕”，密码为空，选择“账套”为“[917]…”，“操作日期”为当前系统日期2017-04-01。

④ 单击“登录”按钮，系统退出对话框返回“系统管理”窗口，窗口菜单中显示为黑色字体的部分为账套主管可以操作的功能。

(2) 修改账套信息。

① 在“系统管理”窗口中，选择“账套/修改”菜单项，系统打开“修改账套”对话框，可以修改的账套信息以白色显示，不可修改的以灰色显示。

② 类似于创建账套，在此按照向导逐步完成账套信息的修改，然后单击“完成”按钮，系统弹出“确认修改账套了?”提示。

③ 单击“是”按钮，并在“分类编码方案”和“数据精度”对话框中直接单击“取消”按钮，完成账套修改。

1.3.5 账套备份

1. 设置系统自动备份计划

注意：该工作可由“账套主管”或“系统管理员”在“系统管理”中完成。

操作步骤如下：

(1) 在 E 盘上新建“账套备份”文件夹。

(2) 打开“备份计划详细情况”对话框。在“系统管理”窗口中，选择“系统/设置备份计划”菜单项，打开“备份计划设置”对话框，单击工具栏中的“增加”按钮，系统打开“备份计划详细情况”对话框。

(3) 编辑备份计划。编辑“计划编号”为 2017-917，“计划名称”为“917 亮康眼镜”，选择“发生频率”为“每周”，录入“开始时间”为 00:00:00，“发生天数”为 1(表示每周日 0 点开始备份)。

(4) 选择保存路径。单击对话框中间的“增加”按钮，系统弹出“请选择账套备份路径”对话框，选择“E:\账套备份”文件夹为备份路径，然后单击“确定”按钮返回，此时在“请选择备份路径”区中增加了一行，其右侧出现“浏览”按钮(单击它可打开“请选择账套备份路径”对话框)。

(5) 选择备份账套。在“请选择账套和年度”区，选中 917 账套，结果如图 1-12 所示。

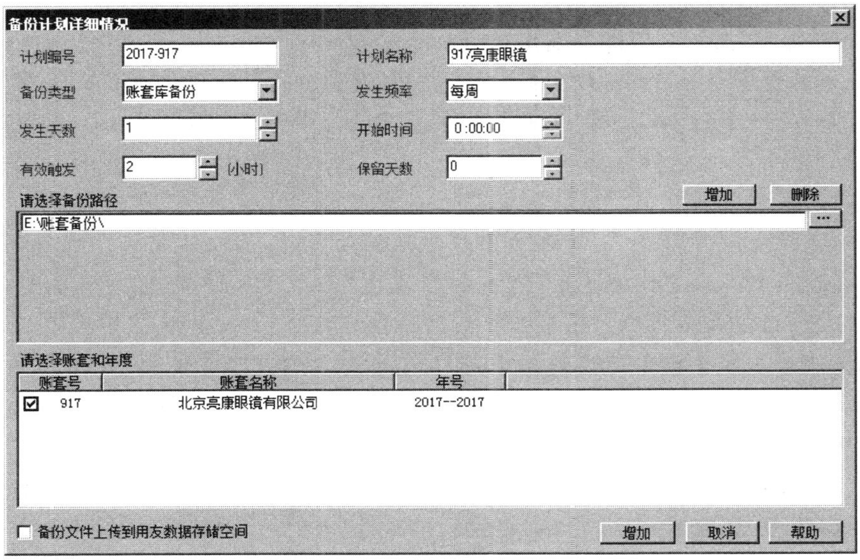

图 1-12 “备份计划详细情况”对话框

(6) 确认并保存备份计划。单击对话框底部的“增加”按钮,完成该备份计划的设置。

(7) 退出。单击“取消”按钮退出“备份计划详细情况”对话框,返回“备份计划设置”窗口;再单击“退出”按钮返回“系统管理”窗口。

2. 账套输出

为能让每次实验具有连续性,以完成完整的流程操作,建议每完成一节或一章的实验之后,将实验结果备份保存在虚拟机的 E 盘,然后复制到自己的 U 盘或上传到云盘。

为此,需要在每次实验之后先进行企业账套的输出,并将输出的结果压缩后保存。在下次实验前,再将上次的操作结果引入系统。

账套输出的操作步骤如下:

(1) 以系统管理员身份注册并打开“系统管理”窗口。若“系统管理”窗口没有打开,请双击桌面上的“系统管理”图标打开该窗口;若已经打开,则选择“系统管理”的“系统”→“注销”菜单项;选择单击“系统/注册”菜单项,打开“登录”对话框,最后以系统管理员(admin)身份注册(注册信息编辑结果可参见图 1-8)并打开“系统管理”窗口。

(2) 在“系统管理”窗口中,选择“账套/输出”菜单项,打开“账套输出”对话框;选定“账套号”和“输出文件位置”后,确认没有勾选“删除当前输出账套”复选框,结果如图 1-13 所示。

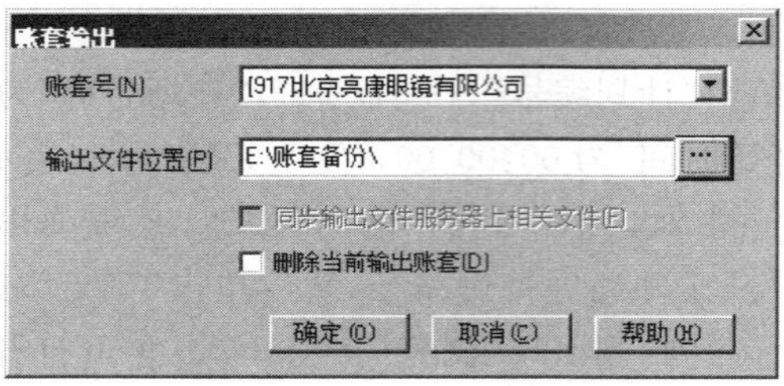

图 1-13 “账套输出”对话框

(3) 单击“确定”按钮,一般等待 3 分钟左右,系统自动完成账套输出的任务并弹出信息提示框,单击“确定”按钮完成账套输出。

(4) 在资源管理器中,打开“账套备份”文件夹,将列出两个文件:UFDATA.BAK(1.5GB 左右)和 UfErpAct.Lst(1KB),将这两个文件压缩成一个包(150MB 左右),并发送到 U 盘或云盘。

提示:

- 只有系统管理员(admin)才能输出账套。
- 账套输出只是做了账套备份,现有的账套还在 ERP 系统中,可继续操作;但若删除了账套,则下次必须引入账套后才能继续操作。
- 账套删除和账套输出的操作基本一样,区别只是在“账套输出”对话框中需要勾选“删除当前输出账套”复选框,且在系统提示“真要删除该账套吗?”时,单击“确定”按钮即可,若单击“取消”则不删除当前输出的账套,下次可继续使用该账套。
- 对于正在使用的账套,系统的“删除当前输出账套”是置灰的,即不允许选中。

3. 引入(恢复)账套

操作步骤如下:

(1) 启动系统管理,以系统管理员(admin)身份注册。

(2) 引入账套。

① 在“系统管理”窗口中，选择“账套/引入”菜单项，系统弹出“请选择账套备份文件”对话框。

② 在该对话框中，选择“E:\账套备份\UfErpAct. Lst”，然后单击“确定”按钮，系统弹出“系统管理”信息提示框，提示账套引入的默认路径。

③ 直接单击“确定”按钮，系统弹出“请选择账套引入的目录”对话框，选择 C:\U8SOFT 文件夹，结果如图 1-14 所示。

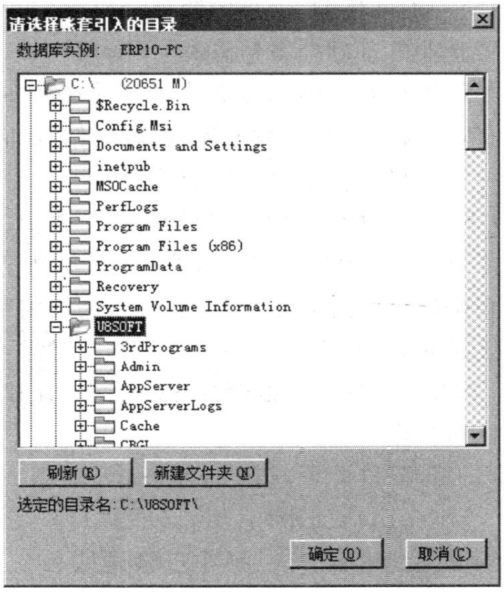

图 1-14 “请选择账套引入的目录”对话框

④ 单击“确定”按钮，系统弹出“账套引入”信息提示框。

⑤ 一般等待 3 分钟左右，系统弹出信息提示框，提示账套“引入成功”。

⑥ 直接单击“确定”按钮，退出该信息提示框，返回“系统管理”窗口。

提示： 只有系统管理员(admin)才能引入账套。

第 2 章　企业基础档案编辑

企业基础档案是在“企业应用平台”中进行操作的。“企业应用平台”是用友 ERP-U8 系统的集成应用平台，它是进行企业账套管理的唯一入口，可以实现企业基础档案和基础数据的设置与维护、信息的及时沟通和传输、信息的统计分析等。

本章的主要内容是设置企业的基础档案信息和会计科目。

企业的基础档案设置是设置用友 ERP-U8 各个子系统公用的基础档案信息，主要包括企业部门及人员档案、客商信息、存货档案、财务信息、收付结算信息等。

会计科目设置是编辑一级科目的科目属性(如辅助账类型、受控系统)以及新增二级、三级科目，如在应付账款科目下增加一般应付账款和暂估应付账款。

本章的操作应该是在系统日期 2017-04-01 由账套主管“李吉棕”登录到“企业应用平台”，并在第 1 章完成的账套中进行。所以在实验操作前，需要将系统时间调整为 2017 年 4 月 1 日。如果没有调整系统时间，则在登录“企业应用平台”时需要修改“操作日期”(即业务时间)为 2017 年 4 月 1 日；如果业务日期与账套建账时间之间的跨度超过 3 个月，则该账套在演示版状态下不能执行任何操作。

如果没有完成第 1 章的建账和设置权限的任务，可以到百度云盘空间(云盘地址：http://pan.baidu.com/s/1i5iB4aT，访问密码：dq38)的“实验账套数据”文件夹中，将“01 新建账套.rar”下载到实验用机上，然后引入(操作步骤详见 1.3.5 节)到 ERP-U8 系统中。此外，本章完成的账套，其输出的压缩文件名为“02 基础档案.rar”。

需要说明的是：

(1) 因云盘中的账套备份文件均为压缩文件，所以下载完成后，在引入之前，需要用解压缩工具进行解压(建议用 WinRAR 3.42 或以上版本)，得到相应可以引入的账套数据文件。

(2) 本教程的所有业务实验操作都有配套的微视频，可以通过扫描二维码或者到指定的网页去观看。但本章的实验操作因为是基础档案且比较简单，所以没有做相应的视频录制。

2.1　部门与人员档案设置

企业一般对其人员类别进行分类设置和管理，本案例企业是按树形层次结构分类的(详见表 2-1)。根据企业各部门的实际情况，案例企业已经设置了各职位具体人员的职责(详见表 2-2)。

1. 人员类别设置

表 2-1 列出的是本案例企业的人员类别设置情况。本任务是按照表 2-1 完成案例企业在用友 ERP-U8 中“正式工”人员类别的子类设置(新建账套时，系统已预置“正式工”“合同工”和“实习生”3 个人员类别)。

表 2-1　人员类别

人员类别	档案编码	档案名称
101 正式工	1011	企管人员
	1012	采购人员
	1013	销售人员
	1014	生产人员
102 合同工		
103 实习生		

操作步骤如下：

(1) 打开“企业应用平台”窗口。双击桌面的“企业应用平台”快捷方式，在系统打开的“登录”对话框中，设置“操作员”为 0100，密码为空，账套为“[917]…”，然后单击“登录”按钮，系统打开“企业应用平台”窗口。

(2) 打开“人员类别”窗口。在“企业应用平台”的“基础设置”页签下，依次单击“基础档案/机构人员/人员类别”项，系统打开“人员类别”窗口。

(3) 打开“增加档案项”对话框。先单击左窗格的“正式工”，然后单击工具栏中的“增加”按钮，系统弹出“增加档案项”对话框。

(4) 编辑“企管人员”类别。编辑“档案编码”为 1011，“档案名称”为“企管人员”，再单击“确定”按钮。

(5) 完成人员类别设置。重复步骤(4)，录入完成表 2-1 中的 1012、1013 和 1014 后，单击“取消”按钮，返回“人员类别”窗口。

(6) 退出。先单击“增加档案项”对话框中的“取消”按钮，再单击工具栏中的“退出”按钮，返回企业应用平台窗口。

2. 部门档案与人员档案设置

ERP-U8 中的“部门”是指账套主体(如案例企业)下辖的需要进行独立的财务核算或业务管理要求的单元体，可以是实际中的部门机构，也可以是虚拟的核算单元。

ERP-U8 中的“人员”是指企业各职能部门中需要进行独立财务核算和业务管理的职员信息，必须先设置好部门档案，才能在这些部门下设置相应的职员档案。除了固定资产和成本管理产品外，其他产品均需使用职员档案。如果企业不需要对职员进行核算和管理要求，则可以不设置职员档案。

表 2-2 列出的是本案例企业的部门档案和人员档案。本任务是按照表 2-2 完成案例企业的部门档案和人员档案在用友 ERP-U8 中的设置。

操作步骤如下：

(1) 打开“部门档案”窗口。在“企业应用平台”的“基础设置”页签下，依次单击“基础档案/机构人员/部门档案”项，系统打开“部门档案”窗口。

(2) 编辑“公司总部”。单击工具栏中的“增加”按钮，录入部门编码为 1，部门名称为“公司总部”，然后单击“保存”按钮。

表 2-2　部门档案与人员档案

一级部门	二级部门	人员类别	人员编码及姓名	性别	雇佣状态	银行及银行账号	是否操作员	是否业务员
1 公司总部	101 经理办公室	企管人员	0100 李吉棕	女	在职	工行 6222020220332016001	是	
	102 行政办公室	企管人员	0101 陈 虹	女	在职	工行 6222020220332016002		
2 财务部		企管人员	0200 曾志伟	男	在职	工行 6222020220332016003	是	
		企管人员	0201 张 兰	女	在职	工行 6222020220332016004	是	
		企管人员	0202 罗 迪	女	在职	工行 6222020220332016005	是	
3 销售部	301 批发部	销售人员	0300 赵 飞	男	在职	工行 6222020220332016006	是	是
		销售人员	0301 夏 于	男	在职	工行 6222020220332016007	是	是
	302 门市部	销售人员	0302 李华	男	在职	工行 6222020220332016008	是	是
4 采购部		采购人员	0400 刘 静	女	在职	工行 6222020220332016009	是	是
		采购人员	0401 张新海	男	在职	工行 6222020220332016010	是	是
5 仓管部		企管人员	0500 李 莉	女	在职	工行 6222020220332016011	是	
		企管人员	0501 赵 林	男	在职	工行 6222020220332016012	是	
		企管人员	0502 李 东	男	在职	工行 6222020220332016013	是	
6 人力资源部		企管人员	0600 王 军	男	在职	工行 6222020220332016014	是	
		企管人员	0601 梁 京	女	在职	工行 6222020220332016015		
7 生产部		生产人员	0700 刘 正	男	在职	工行 6222020220332016016		
		生产人员	0701 李 江	男	在职	工行 6222020220332016017		是

(3) 完成部门编辑。重复步骤(2)，按照表 2-2 的第 1 列和第 2 列，将部门档案全部录入，完成后单击“部门档案”窗口右上角的“关闭”按钮，退出该窗口并返回企业应用平台。

(4) 打开“人员档案”窗口。双击“人员档案”项，系统打开“人员档案”窗口。

(5) 新增一张人员档案单据。单击“增加”按钮，系统进入新增状态，并新增一张人员档案表。

(6) 编辑人员档案。编辑“人员编码”为 0100,“人员姓名”为“李吉棕”,“性别”为“女”,“行政部门”为“101 经理办公室”,“雇佣状态”为“在职”,“人员类别”为“企管人员”,“银行”为“中国工商银行”,“账号”为 62220202220332016001,并勾选复选框“是否为操作员”,结果如图 2-1 所示。

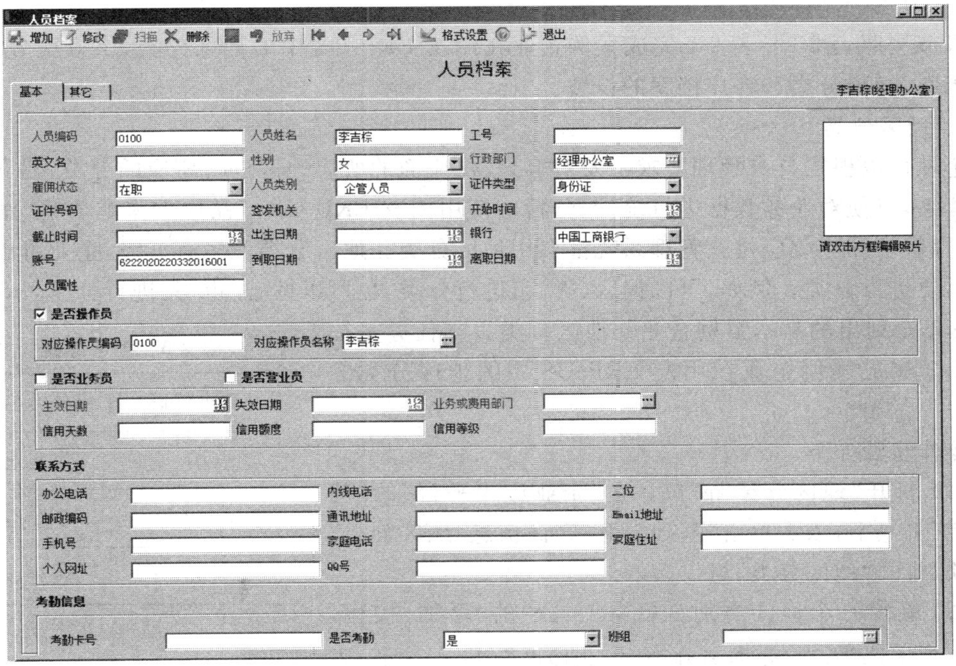

图 2-1 “人员档案”窗口

(7) 保存。单击“保存”按钮,若该人员已经是用友 ERP 软件的操作员,则系统弹出“人员信息已改,是否同步修改操作员的相关信息?”提示框,单击“是”按钮,系统保存人员信息并新增一张人员档案表。

(8) 完成人员档案编辑。重复步骤(6)、(7),依据表 2-2 将人员档案全部录入完成后,单击工具栏的“退出”按钮,返回“人员档案”窗口。

(9) 退出。单击“人员档案”窗口右上角的“关闭”按钮,关闭该窗口。

提示:

- 保存成功后,人员编码不能修改,人员的名称可随时修改。
- 如果新增的人员设置为操作员时,则对于关联的操作员或修改人员,系统将提示“人员信息已改,是否同步修改操作员的相关信息?”如果选择“是”,则将操作员的所属行政部门、Email 地址、手机号带入到用户档案中(可在“系统管理”窗口的用户列表中查看)。
- 如果部门人员是操作员,则同时保存到操作员表时,其密码默认为操作员编码,角色默认为“普通用户”角色。
- 如果修改人员为“业务员”,则需要添加“业务或费用部门”;若在增加时设置为“业务员”,则有与其“行政部门”相同的默认部门。

- “业务或费用部门”指此人员作为业务员时所属的业务部门，或者此人员虽然不是业务员，但其费用需要归集到的业务部门。该栏目参照部门档案生成，只能输入末级部门。

2.2 地区分类及供应商、客户档案设置

本节按照表 2-3～表 2-7 完成案例企业在用友 ERP-U8 中的地区分类、供应商分类、供应商档案、客户分类和客户档案的设置。

1. 地区分类

企业可以根据自身管理要求出发对客户、供应商的所属地区进行相应的分类，建立地区分类体系，以便对业务数据进行统计、分析。使用用友 ERP-U8 产品中的采购管理、销售管理、库存管理和应收应付款管理系统都会用地区分类。地区分类最多有五级，企业可以根据实际需要进行分类。例如，可以按区、省、市进行分类，也可以按省、市、县进行分类。

表 2-3 列出的是本案例企业的地区分类。本任务是按照表 2-3 完成案例企业在用友 ERP-U8 中的地区分类的设置。

表 2-3 地区分类

分类编码	分类名称
01	华北地区
02	华东地区
03	西北地区

操作步骤如下：

(1) 打开“地区分类”窗口。在“企业应用平台”的“基础设置”页签下，依次单击“基础档案/客商信息/地区分类”菜单项，打开“地区分类”窗口。

(2) 新增一个地区类别。单击工具栏的“增加”按钮，录入分类编码为 01，分类名称为“华北地区”，并单击“保存”按钮。

(3) 完成地区分类编辑。重复步骤(2)，依据表 2-3 完成地区分类信息的录入工作。

(4) 退出。单击“地区分类”窗口的“退出”按钮。

2. 供应商分类与客户分类

企业可以根据自身管理的需要对供应商进行分类管理，建立供应商分类体系。可将供应商按行业、地区等进行划分，设置供应商分类后，根据不同的分类建立供应商档案。

同理，企业可以根据自身管理的需要对客户进行分类管理，建立客户分类体系。可将客户按行业、地区等进行划分，设置客户分类后，根据不同的分类建立客户档案。

表 2-4 列示的是本案例企业的供应商和客户分类。本任务是按照表 2-4 完成案例企业在用友 ERP-U8 中的供应商和客户分类的设置。

表 2-4 供应商分类与客户分类

类别名称	一级分类编码与名称	二级分类编码与名称
供应商	01 主要供应商	01001 商品供应商
		01002 材料供应商
	02 委外商	
	03 固定资产	
	04 其他供应商	

续表

类别名称	一级分类编码与名称	二级分类编码与名称
客户	01 代销商	
	02 批发商	02001 山西省批发商
		02002 北京市批发商
		02003 上海市批发商
	03 零售商	
	04 其他客户	

操作步骤如下：

（1）打开"供应商分类"窗口。在"基础档案"的"客商信息"下，双击"供应商分类"菜单项，系统打开"供应商分类"窗口。

（2）新增一个供应商分类。单击工具栏中的"增加"按钮，录入分类编码为01，分类名称为"供应商"，并单击"保存"按钮。

（3）完成供应商分类编辑。重复步骤(2)，依据表2-4录入供应商分类信息完成后，单击"退出"按钮。

（4）打开"客户分类"窗口。双击"客户分类"菜单项，系统打开"客户分类"窗口。

（5）新增一个客户分类。单击工具栏的"增加"按钮，录入分类编码为01，分类名称为"代销商"，并单击"保存"按钮。

（6）完成客户分类编辑。重复步骤(5)，依据表2-4录入客户分类信息，完成后单击"退出"按钮。

3. 供应商档案

企业设置往来供应商的档案信息，有利于对供应商资料管理和业务数据的统计与分析。在ERP-U8中建立供应商档案，主要是为企业的采购管理、委外管理、库存管理、应付账管理服务的。在填制采购入库单、采购发票和进行采购结算、应付款结算和有关供货单位统计时都会用到供货单位档案，因此必须先设立供应商档案。在输入单据时，如果单据上的供货单位不在供应商档案中，则必须在此建立该供应商的档案。如果在建立账套时选择了供应商分类，则必须在设置完成供应商分类档案的情况下才能编辑供应商档案。

表2-5列出的是本案例企业的供应商档案。本任务是按照表2-5完成案例企业在用友ERP-U8中的供应商档案的设置。

表 2-5　供应商档案

供应商编码与名称	供应商简称	所属地区	所属分类	税号	开户银行与账号	邮编与地址	电话
001 北京大运眼镜公司	大运公司	01	01001	200106653865211	工行朝阳支行 1102020523782987123	100045 北京朝阳十里堡8号	010-82282263
002 上海吉祥眼镜公司	吉祥公司	02	02	310115549876477	工行浦东支行 1102020523782987135	200332 上海浦东新区东方路1号	021-62338258

续表

供应商编码与名称	供应商简称	所属地区	所属分类	税　　号	开户银行与账号	邮编与地址	电话
003 北京塑料二厂	塑料二厂	01	01002	200106756865001	招行昌平支行 6225880126782987908	100046 北京昌平区大新路 33 号	010-80228229
004 宁夏螺钉厂	螺钉厂	03	01002	100106539465724	工行银川支行 1102020526782985703	333571 宁夏银川市和信区富民路 23 号	0951-5122822
005 河北硅胶三厂	硅胶三厂	01	01002	300106224160365	工行燕郊支行 1102020526782987351	100050 河北省燕郊经济开发区 20 号	010-61598220
006 河北极速商贸公司	极速公司	01	03	300106224160389	工行燕郊支行 1102020526782987379	100050 河北省燕郊经济开发区 25 号	010-61598228
007 北京光明眼镜公司	光明公司	01	01003	200106653865885	工行海淀支行 6227000526782987908	100077 北京海淀学院路 1 号	010-62338229
008 上海顺风速递有限公司	上海顺风速递	02	04	310125549876478	工行浦东支行 1102020526782987155	200332 上海浦东新区东方路 11 号	021-54658233

注：

- 所有供应商的结算币种均为人民币。
- 供应商属性(采购/委外/服务/国外)均为“采购”。
- 在录入“开户银行”时,其“所属银行”为“开户银行”所在银行,如“工行海淀支行”的“所属银行”为“中国工商银行”。

操作步骤如下：

(1) 打开“供应商档案”窗口。在“企业应用平台”的“基础设置”页签下,依次单击“基础档案/客商信息/供应商档案”项,打开“供应商档案”窗口。

(2) 新增一个供应商。单击“增加”按钮,增加一个供应商档案,编辑供应商档案的“基本”和“联系”信息,包括编码、名称、简称、分类、币种、所属地区等。以表 2-5 第 1 行为例,其“基本”选项卡的结果参见图 2-2。

(3) 保存并新增。单击“保存并新增”按钮,系统保存该供应商信息并增加一个供应商档案。

(4) 完成编辑。重复步骤(2)、(3),将表 2-5 中所有供应商档案全部录入后,单击“退出”按钮退出该窗口。

提示：已停用的供应商(即供应商档案的停用日期小于当前单据日期的供应商),输入单据时不能再参照,否则系统提示“此供应商已停用,请选择其他供应商”。在进行单据或账表查询时,已停用的供应商仍可继续查询。

4. 客户级别及档案

建立客户档案主要是为企业的销售管理、库存管理、应收账管理服务的。在 ERP-U8 中,客户档案功能用于设置往来客户的档案信息,以便于对客户资料管理和业务数据的录入、统计、分析。例如,在填制销售发货单、销售发票和进行应收款结算时,都会用到客户档

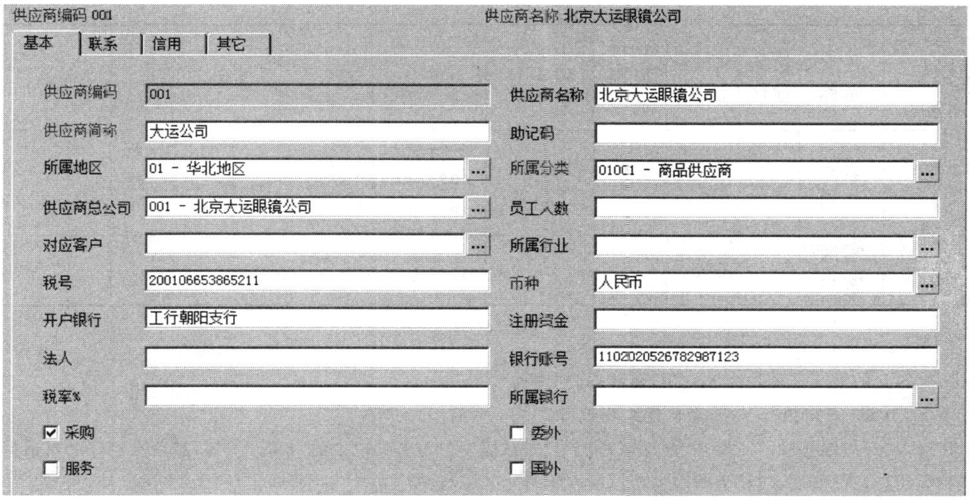

图 2-2　供应商档案“基本”选项卡

案。在输入单据时，如果单据上的采购单位不在客户档案中，则必须在此建立该客户的档案。

如果在建立账套时选择了客户分类，则必须在设置完成客户分类档案的情况下才能编辑客户档案。表 2-6 列出的是本案例企业的客户级别，表 2-7 列出的是客户档案。本任务是按照表 2-6 和表 2-7 完成案例企业在用友 ERP-U8 中的客户级别及档案的设置。

表 2-6　客户级别

客户级别编码	名　称	客户级别编码	名　称	客户级别编码	名　称
01	VIP 客户	02	重要客户	03	一般客户

表 2-7　客户档案

客户编码与名称	客户简称	所属地区	所属分类	客户级别编码	税　号	开户银行与账号	邮码与地址	电话	信用额度
001 北京光明眼镜公司	光明公司	01	02002	01	200106653865885	工行海淀支行 6227000526782987908	100077 北京海淀学院路 1 号	010-62338229	250 万
002 上海雪亮眼镜公司	雪亮公司	02	02003	03	310104712121774	工行徐汇支行 1102020526782987158	200032 上海徐汇天平路 8 号	021-84658236	50 万
003 北京同方眼镜公司	同方公司	01	02002	02	200121554863995	光大银行海淀支行 6227000526782987973	100088 北京海淀成府路 3 号	010-82338278	170 万
004 山西华飞眼镜公司	华飞公司	01	02001	03	411135871135557	光大银行太原支行 6227000526782987984	250001 山西太原天桥区成府路 3 号	0351-4019813	50 万

续表

客户编码与名称	客户简称	所属地区	所属分类	客户级别编码	税　号	开户银行与账号	邮码与地址	电话	信用额度
006 山西明乐贸易公司	明乐公司	01	02001	03	411135871135687	工行晋城支行 6227000526030287586	250001 山西晋城汉王路8号	0351-7019816	50万
900 零散客户	零散客户		0404						

备注：

- 所有客户的结算币种均为人民币，属性均为“国内”。
- 表 2-7 中的“开户银行”均是默认的结算银行。
- 在录入“开户银行”时，需要在“增加客户档案”对话框中单击工具栏中的“银行”按钮，然后在打开的对话框中录入相关信息，其“所属银行”为“开户银行”所在银行，如“工行海淀支行”的“所属银行”为“中国工商银行”。

操作步骤如下：

(1) 打开“客户级别分类”窗口。在“企业应用平台”的“基础设置”页签下，依次单击“基础档案/客商信息/客户级别”菜单项，系统打开“客户级别分类”窗口。

(2) 新增 VIP 客户类别。单击工具栏的“增加”按钮，编辑客户级别的相关信息，以表 2-6 第 1 行为例，在表体中录入客户级别编码为 01，客户级别名称为“VIP 客户”，并单击“保存”按钮。

(3) 完成客户类别编辑。重复步骤(2)，客户级别全部录入完成后，单击“退出”按钮退出该窗口。

(4) 打开“客户档案”窗口。单击“客户档案”菜单项，打开“客户档案”窗口。此时左窗口中显示已经设置的客户分类，单击鼠标选中某一客户分类，右窗口中显示该分类下的所有客户列表。

(5) 新增一个客户并编辑基本信息。单击“增加”按钮，打开“增加客户档案”对话框，在“基本”选项卡中编辑客户档案相关信息，包括客户编码、客户名称、简称等，表 2-7 第 1 行的客户基本信息编辑结果如图 2-3 所示。

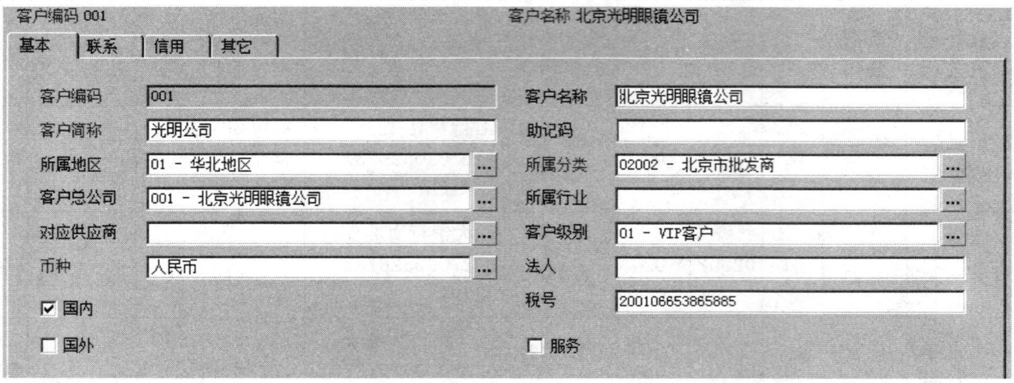

图 2-3　客户档案“基本”选项卡

(6) 编辑客户的信用信息。在“增加客户档案”对话框的“联系”选项卡中编辑邮政编码和地址，在“信用”选项卡中编辑信用额度。

(7) 编辑客户的银行信息。在“增加客户档案”对话框中，单击工具栏中的“银行”按钮，弹出“客户银行档案”对话框，单击“增加”按钮，以表 2-7 第 1 行为例，选择所属银行为“中国工商银行”并录入开户银行为“工行海淀支行”，银行账号为 6227000526782987908，“默认值”为“是”，然后保存并退出该对话框。

(8) 保存并新增。单击工具栏的“保存并新增”按钮，保存该客户信息并新增一张客户档案单据。

(9) 完成客户信息编辑。重复步骤(5)～(8)，依据表 2-7 完成客户档案的录入。

(10) 退出。单击“关闭”按钮，关闭“客户档案”窗口。

提示：

- 已停用的客户(即客户档案的停用日期小于当前单据日期的客户)，输入单据时不能再参照，否则系统提示“此客户已停用，请选择其他客户”。但在进行单据或账表查询时，已停用的客户仍可继续查询。
- 档案增加指定默认的币种将在销售订单等单据中直接带出。
- 当客户的基本信息编辑完成并保存后，方可使用“银行”的编辑功能来编辑此客户的银行信息。

2.3 存货与仓库档案设置

ERP-U8 中的存货功能主要用于设置企业在生产经营中使用到的各种存货信息，以便对这些存货进行资料管理、实物管理和业务数据的统计、分析。企业的存货需要有计量单位和存放的仓库，而且多数会有存货分类。

需要指出的是，在编辑计量单位时，应先通过“分组”定义计量单位组，即先增加计量单位组，再增加组下的具体计量单位内容。

1. 存货计量单位(组)

计量单位组分无换算、浮动换算、固定换算 3 种类别，每个计量单位组中有至少一个主计量单位、一个或多个辅助计量单位，可以设置主辅计量单位之间的换算率。

- 无换算计量单位组。在该组下的所有计量单位都以单独形式存在，各计量单位之间不需要输入换算率，系统默认为主计量单位。
- 浮动换算计量单位组。设置为浮动换算率时，可以选择的计量单位组中只能包含两个计量单位。此时需要将该计量单位组中的主计量单位、辅计量单位显示在存货卡片界面上。
- 固定换算计量单位组。设置为固定换算率时，可以选择的计量单位组中包含两个及以上的计量单位，且每一个辅计量单位对主计量单位的换算率不为空。此时需要将该计量单位组中的主计量单位显示在存货卡片界面上。

存货档案中每一种存货只能选择一个计量单位组，表 2-8 列出的是本案例企业使用的存货计量单位组。

表 2-8　存货计量单位组

计量单位组编码	计量单位组名称	计量单位组类别
01	副	固定换算率
02	无固定换算率	无换算率

操作步骤如下：

(1) 打开"计量单位"窗口。在"企业应用平台"的"基础设置"页签下，依次单击"基础档案/存货/计量单位"项，打开"计量单位"窗口。

(2) 打开"计量单位组"对话框。单击工具栏中的"分组"按钮，系统弹出"计量单位组"对话框。

(3) 新增计量单位组"副"。单击"增加"按钮，录入"计量单位组编码"为 01、"计量单位组名称"为"副"，选择"计量单位组类别"为"固定换算率"，然后单击"保存"按钮。

(4) 完成计量单位组编辑。重复步骤(2)，录入表 2-8 中的第 2 行，保存后单击"退出"按钮，系统返回"计量单位"窗口。

提示：

- 计量单位组保存后，只可对计量单位组的名称和类别进行修改。
- 已经使用过的计量单位组不能修改其已经存在的计量单位信息。
- 已经有数据的存货不允许修改其计量单位组。

2. 存货计量单位

表 2-9 列出的是案例企业的存货计量单位，其中"换算率"是辅计量单位和主计量单位之间的换算比，如一箱啤酒为 24 听，则 24 就是辅计量单位"箱"和主计量单位"听"之间的换算率。

- 主计量单位的换算率自动置为 1。
- 无换算计量单位组中不可输入换算率。
- 固定换算的计量单位组，辅单位的换算率必须输入。
- 浮动换算的计量单位组，可以输入，也可以为空。
- 数量(按主计量单位计量)＝件数(按辅计量单位计量)×换算率。例如，1 盒眼镜 10 副，则 10 是辅计量单位"盒"和主计量单位"副"之间的换算率。

本任务是按照表 2-9 完成案例企业的存货计量单位在用友 ERP-U8 中的设置。

表 2-9　存货计量单位

计量单位编码	计量单位名称	计量单位组	主计量单位标志	换 算 率
01	副	01 副	是	
02	盒	01 副	否	10
03	对	02 无固定换算率		
04	颗	02 无固定换算率		
05	个	02 无固定换算率		
06	千克	02 无固定换算率		
07	次	02 无固定换算率		
08	台	02 无固定换算率		

操作步骤如下：

(1) 打开“计量单位”窗口。

(2) 打开计量单位组“副”的“计量单位”对话框。首先选中左窗格的“计量单位组”为“副”，然后单击工具栏中的“单位”按钮，系统弹出“计量单位”对话框。

(3) 编辑计量单位组“副”的主计量单位。单击“增加”按钮，新增一张表单，此时“计量单位组编码”默认为 01(不可修改)；然后在表头录入“计量单位编码”为 01，“计量单位名称”为“副”，确认勾选“主计量单位标志”复选框；最后单击“保存”按钮。

(4) 编辑计量单位组“副”的副计量单位。在“计量单位”对话框中，单击“增加”按钮，然后在表头，录入“计量单位编码”为 02，“计量单位名称”为“盒”，确认没有勾选“主计量单位标志”复选框，换算率为 10，然后单击“保存”按钮，再单击“退出”按钮，返回“计量单位”窗口。

(5) 编辑计量单位组“无固定换算率”的所有计量单位。重复步骤(2)～(4)，依据表 2-9 录入第 3～7 行的计量单位后，单击“计量单位”对话框中的“退出”按钮，返回“计量单位”窗口。

(6) 退出。单击“计量单位”窗口的“退出”按钮，退出该窗口。

3. 仓库档案设置

存货一般是用仓库来保管的，对存货进行核算管理，首先应对仓库进行管理，因此进行仓库设置是供销链管理系统的重要基础准备工作之一。

表 2-10 列出的是案例企业的仓库档案，用友 ERP 系统提供了 6 种计价方式，用于工业企业的有计划价法、全月平均法、移动平均法、先进先出法、后进先出法、个别计价法，每个仓库必须选择一种计价方式。

表 2-10　仓库档案

仓库编码	仓库名称	部门	计价方式	仓库属性	参与 MRP 和 ROP 计算	计入成本	资产仓
0010	大运仓库	5 仓管部	移动平均法	普通仓	否、否	是	否
0020	原材料仓库	5 仓管部	移动平均法	普通仓	是、是	是	否
0030	半成品仓库	5 仓管部	移动平均法	普通仓	是、是	是	否
0040	产成品仓库	5 仓管部	移动平均法	普通仓	是、是	是	否
0050	固定资产仓库		个别计价法	普通仓	否、否	否	是

注：MRP 运算是指物料需求规划计算，ROP 计算是指再订货点计算，详见本系列教程的《企业生产制造应用——基于用友 ERP 产品微课教程》。

- 计划价。期末处理计算差异率时，要根据此仓库的同种存货的差异、金额计算的差异率计算出库成本。
- 全月平均。期末处理计算出库成本时，要根据该仓库同种存货的金额和数量计算的平均单价计算出库成本。
- 移动平均。根据该仓库的同种存货按最新结存金额和结存数量计算的单价计算出库成本。
- 先进先出、后进先出。出库单(包括红字出库单)记账时，计算出库成本时，只按此仓库的同种存货的入库记录进行先进先出或后进先出选择成本，只要存货相同、仓库相同，则将入库记录全部大排队进行先进先出或后进先出选择成本。

• 个别计价。计算出库成本的方法与入库成本方法一致。

“仓库属性”可选择普通仓、现场仓、委外仓，默认为普通仓。普通仓用于正常的材料、产品、商品的出入库、盘点的管理，现场仓用于生产过程的材料、半成品、成品的管理，委外仓用于发给委外商的材料的管理。

操作步骤如下：

(1) 打开“仓库档案”窗口。依次单击“基础档案/业务/仓库档案”项，打开“仓库档案”窗口。

(2) 新增一个仓库。单击工具栏中的“增加”按钮，在弹出的“增加仓库档案”窗口中，录入“仓库编码”为0010，“仓库名称”为“大运仓库”，选择“部门编码”为“5 仓管部”，“计价方式”为“移动平均法”，“仓库属性”为“普通仓”，不勾选“参与MRP运算”“参与ROP计算”和“资产仓”复选框，然后单击“保存”按钮。

(3) 完成仓库编辑。重复步骤(2)，完成表2-10中所有仓库档案的录入，然后单击“增加仓库档案”窗口右上角的“关闭”按钮，返回“仓库档案”窗口。

(4) 退出。单击“仓库档案”窗口右上角的“关闭”按钮，关闭该窗口。

表 2-11　存货分类

一级分类编码与名称	二级分类编码与名称
01 商品	0101 太阳镜
	0102 亮康眼镜
02 生产	0201 原材料
	0202 半成品
03 劳务	
04 固定资产	

4. 存货分类设置

存货分类用于设置存货分类编码、名称及所属经济分类，以便对业务数据进行统计和分析。表2-11列出的是案例企业的存货分类，本任务是完成案例企业在用友ERP-U8中存货分类的设置。

操作步骤如下：

(1) 打开“存货分类”窗口。依次单击“基础档案/存货/存货分类”菜单项，打开“存货分类”窗口。

(2) 新增一个存货分类。单击“增加”按钮，在其右窗格中输入“分类编码”为01，“分类名称”为“商品”，然后单击“保存”按钮。

(3) 完成存货分类的编辑。重复步骤(2)，录入并保存表2-11中所有的存货分类。

(4) 退出。单击“存货分类”窗口中的“退出”按钮，退出该窗口。

5. 存货档案设置

表2-12列出的是案例企业的存货档案。在用友ERP-U8中，存货属性有18种。如“内销”，具有该属性的存货可用于销售，发货单、发票、销售出库单等与销售有关的单据在参照存货时参照的都是具有销售属性的存货。类似地，具有“外购”属性的存货可用于采购，到货单、采购发票、采购入库单等与采购有关的单据在参照存货时，参照的都是具有外购属性的存货；开在采购专用发票、普通发票、运费发票等票据上的采购费用也应设置为“外购”属性，否则开具采购发票时无法参照。

同一存货可以设置多个属性，但当一个存货同时被设置为“自制”“委外”和(或)“外购”时，MPS/MRP系统默认“自制”为其最高优先属性而自动建议计划生产订单；而当一个存货同时被设置为“委外”和“外购”时，MPS/MRP系统默认“委外”为其最高优先属性而自动建议计划委外订单。

表 2-12　存货档案

基本						成本			
存货编码	存货名称	主计量组/单位	税率/%	存货分类	存货属性	参考成本	参考售价	主要供货单位	默认仓库
00001	男士高端太阳镜	01/副	17	0101	内销、外购	350	420	大运公司	大运仓库
00002	女士高端太阳镜	01/副	17	0101	内销、外购	300	360	大运公司	大运仓库
00003	男士普通太阳镜	01/副	17	0101	内销、外购	90	108	大运公司	大运仓库
00004	女士普通太阳镜	01/副	17	0101	内销、外购	80	96	大运公司	大运仓库
00005	运输费	02/次	11	03	应税劳务				
00006	联想电脑*	02/台	17	04	外购、资产	6000		极速公司	固定资产仓库
10000	亮康眼镜	01/副	17	0102	内销、自制	160	200		产成品仓库
11000	镜片	02/对	17	0202	生产耗用、委外	80		吉祥公司	半成品仓库
12000	镜架	02/个	17	0202	生产耗用、自制	50			半成品仓库
12100	镜框	02/对	17	0202	生产耗用、自制	12			半成品仓库
12200	镜腿	02/对	17	0202	生产耗用、自制	12			半成品仓库
12210	塑料	02/千克	17	0201	外购,生产耗用	1000		塑料二厂	原材料仓库
12220	镜片树脂	02/千克	17	0201	外购,生产耗用	6000		塑料二厂	原材料仓库
12300	鼻托	02/对	17	0202	生产耗用、自制	20			半成品仓库
12310	硅胶	02/千克	17	0201	外购,生产耗用	1600		硅胶三厂	原材料仓库
13000	螺钉	02/颗	17	0201	外购、生产耗用	1		螺钉厂	半成品仓库

* 联想电脑的规格型号为“天逸 5050 台式机”。

需要说明的是,MPS/MRP 系统是指主生产计划和物料需求规划系统,详见本系列教程的《企业生产制造应用——基于用友 ERP 产品微课教程》。

另外,随同发货单或发票一起开具的应税劳务也应设置在存货档案中。

操作步骤如下:

(1) 打开“存货档案”窗口。在“存货”菜单项下,双击“存货档案”项,打开“存货档案”窗口。

(2) 新增一张存货档案。单击工具栏中的“增加”按钮,系统打开“增加存货档案”窗口,新增一张存货档案单据。

(3) 编辑存货档案。在新增的单据中做如下编辑。

- 在“基本”选项卡中,根据表 2-12 编辑存货档案相关信息,包括存货编码、存货代码、存货名称、主计量单位组、主计量单位、存货分类和存货属性,其他值默认。
- 单击“成本”页签,在打开的选项卡中录入参考成本、参考售价、主要供货单位和默认仓库,其他值默认。

(4) 保存并新增。单击工具栏中的“保存并新增”按钮,系统保存该存货信息,并新增一张表单。

(5) 完成存货档案编辑。重复步骤(3)和(4),依据表 2-12 将存货档案全部录入并保存。

(6) 退出。单击“存货档案”窗口右上角的“关闭”按钮,关闭该窗口。

请注意,太阳镜的主计量单位默认为“01/副”,其采购、库存等的默认单位为辅助计量单位“02/盒”。

2.4 收发类别与发运方式设置

1. 收发类别

收发类别是为了对材料的出入库情况进行分类汇总统计而设置的,表示材料的出入库类型。用友 ERP-U8 规定:收发类型只有两种,即收和发,编辑时单选确定。请注意入库的“收发类别标志”为“收”,出库的“收发类别标志”为“发”。

本任务是按照表 2-13 完成在用友 ERP-U8 中设置案例企业的仓库收发类别。

表 2-13 收发类别

收发类别编码	收发类别名称	收发类别标志	收发类别编码	收发类别名称	收发类别标志
1	正常入库	收	3	正常出库	发
11	商品采购入库		31	销售出库	
12	材料采购入库		32	赠品出库	
13	采购退货		33	销售退货	
14	调拨入库		34	调拨出库	
15	产成品入库		35	领料出库	
2	非正常入库		4	非正常出库	
21	盘盈入库		41	盘亏出库	
22	其他入库		42	其他出库	

操作步骤如下:

(1) 打开“收发类别”窗口。在“企业应用平台”的“基础设置”页签下,依次单击“基础档案/业务/收发类别”项,打开“收发类别”窗口。

(2) 新增一个收发类别。单击“增加”按钮,在右窗格中编辑收发类别相关信息。以表 2-12 第 1 行为例,录入“收发类别编码”为 1,“收发类别名称”为“正常入库”,并选择“收”单选按钮,然后单击“保存”按钮。

(3) 完成收发类别的编辑。重复步骤(2),将表 2-13 中所有的收发类别录入并保存。

(4) 退出。单击“收发类别”窗口的“退出”按钮,退出该窗口。

2. 发运方式设置

用户在处理采购业务或销售业务中的运输方式时,应先设定这些运输方式。表 2-14 列出的是案例企业的发运方式,本任务将完成案例企业在用友 ERP-U8 中的发运方式的设置。

表 2-14　发运方式

发运方式编码	发运方式名称	发运方式编码	发运方式名称
01	公路	03	航空
02	铁路	04	水运

操作步骤如下：

(1) 打开“发运方式”窗口。在“业务”项下，双击“发运方式”项，打开“发运方式”窗口。

(2) 新增一个发运方式。单击工具栏中的“增加”按钮，录入发运方式编码 01，发运方式名称“公路”，然后单击“保存”按钮。

(3) 完成发运方式编辑。重复步骤(2)，将表 2-14 中的发运方式全部录入并保存。

(4) 退出。单击“发运方式”窗口的“退出”按钮，退出该窗口。

2.5　采购和销售类型设置

如果企业需要按采购类型进行统计，那么就应该建立采购类型项目。采购类型是由用户根据企业需要自行设定的项目，用户在使用用友采购管理系统，填制采购入库单等单据时，会涉及采购类型栏目。采购类型不分级次，企业可以根据实际需要设立。例如，从国外购进、国内纯购进、从省外购进、从本地购进、从生产厂家购进、从批发企业购进，为生产采购、为委托加工采购、为在建工程采购等。

用户在处理销售业务时，可以根据自身的实际情况自定义销售类型，以便按销售类型对销售业务数据进行统计和分析。

表 2-15 列出的是本案例企业的采购类型和销售类型。本任务是在用友 ERP-U8 中设置案例企业的采购类型与销售类型。

表 2-15　采购与销售类型

采购类型编码	采购类型名称	入库类别	是否默认值	销售类型编码	销售类型名称	出库类别	是否默认值
01	商品采购	11(商品采购入库)	是	01	批发销售	31(销售出库)	是
02	材料进货	12(材料采购入库)	否	02	门市零售	31(销售出库)	否
03	采购退回	13(采购退货)	否	03	销售退回	33(销售退货)	否

操作步骤如下：

(1) 打开“采购类型”窗口。在“业务”项下，双击“采购类型”项，系统打开“采购类型”窗口。

(2) 新增一个采购类型。单击工具栏中的“增加”按钮，编辑采购类型相关信息，包括采购类型编码、名称及入库类别。以表 2-15 左侧第 1 行为例，在表体中填制“采购类型编码”为 01，“采购类型名称”为“商品采购”，选择“入库类别”为“11(商品采购入库)”，“是否默认值”为“是”，然后单击“保存”按钮。

(3) 完成采购类型编辑。重复步骤(2),依据表 2-15 左侧的内容,将采购类型全部录入并保存。

(4) 退出。单击“采购类型”窗口的“退出”按钮,退出该窗口。

(5) 打开“销售类型”窗口。在“业务”项下,双击“销售类型”项,打开“销售类型”窗口。

(6) 新增一个销售类型。单击工具栏的“增加”按钮,编辑销售类型相关信息,包括销售类型编码、名称及出口类别。以表 2-15 右侧的第 1 行为例,在表体中填制“销售类型编码”为 01,“销售类型名称”为“批发销售”,选择“出库类别”为“31(销售出库)”,“是否默认值”为“是”,然后单击“保存”按钮。

(7) 完成销售类型编辑。重复步骤(6),依据表 2-15 右侧的内容,将销售类型全部录入并保存。

(8) 退出。单击“销售类型”窗口的“退出”按钮,退出该窗口。

2.6 费用项目设置

用户若需处理销售业务中的代垫费用、销售支出费用,则应先设定这些费用项目。费用项目分类是将同一类属性的费用归集成一类,以便统计和分析。

表 2-16 列出的是本案例企业的费用项目分类和费用项目。本任务是按照表 2-16 在用友 ERP-U8 中设置案例企业的费用项目分类和费用项目。

表 2-16 费用项目分类和费用项目

分类编码	分类名称	费用项目编码	费用项目名称
1	购销	01	运输费
		02	装卸费
		03	包装费
2	管理	04	业务招待费

1. 费用项目分类设置

操作步骤如下:

(1) 打开“费用项目分类”窗口。在“企业应用平台”的“基础设置”页签下,依次单击“基础档案/业务/费用项目分类”项,打开“费用项目分类”窗口。

(2) 新增一个费用项目分类。单击“增加”按钮,然后编辑费用项目分类相关信息,包括分类编码和名称。以表 2-16 第 1 行为例,在右窗格中输入“分类编码”为 1,“分类名称”为“购销”,单击“保存”按钮。

(3) 完成费用项目分类编辑。重复步骤(2),完成表 2-16 中“管理”分类的录入与保存。

(4) 退出。单击“费用项目分类”窗口中的“退出”按钮,退出该窗口。

2. 费用项目设置

操作步骤如下:

(1) 打开“费用项目”窗口。在“业务”项下,双击“费用项目”项,打开“费用项目”窗口。

(2) 新增一个费用项目。单击“增加”按钮,然后编辑费用项目相关信息,包括费用项目编码、名称及分类名称。以表 2-16 第 1 行为例，在右窗格的费用项目表体中输入“费用项目编码”为 01，“费用项目名称”为“运输费”，选择“费用项目分类名称”为“购销”，再单击“保存”按钮。

(3) 完成费用项目的编辑。重复步骤(2)，依据表 2-16 将费用项目全部录入并保存。

(4) 退出。单击“费用项目”窗口中的“退出”按钮，退出该窗口。

2.7 凭证类别与外币设置

许多单位为了便于管理或登账，会对记账凭证进行分类编制，但各单位的分类方法不尽相同，所以用友 ERP-U8 中提供了“凭证类别”功能。

汇率管理是专为外币核算服务的，用友 ERP-U8 中提供了“外币设置”功能。

1. 凭证类别设置

如果是第一次进行凭证类别设置，可以按以下几种常用分类方式进行定义：

- 记账凭证。
- 收款、付款、转账凭证。
- 现金、银行、转账凭证。
- 现金收款、现金付款、银行收款、银行付款、转账凭证。
- 自定义凭证类别。

“限制科目”(参见表 2-17)是指某些类别的凭证在制单时对科目有一定的限制。用友 ERP-U8 系统有 7 种限制类型供选择，具体的类型及相关操作可参见本系列教程的《企业供应链高级应用——基于用友 ERP 产品微课教程》的 2.7 节和第 4～8 章的相关业务。

表 2-17 列出的是本案例企业的凭证类别信息。由表 2-17 可知，本案例账套中，只使用一种凭证类别(即记账凭证)，每张凭证上没有科目的限制。

表 2-17 凭证类别

类别字	类别名称	限制类型	限制科目
记	记账凭证	无限制	无

操作步骤如下：

(1) 打开“凭证类别”选择对话框。在“企业应用平台”的“基础设置”页签下，依次单击“基础档案/财务/凭证类别”项，系统弹出“凭证类别”选择对话框。

(2) 打开“凭证类别”编辑对话框。选择该对话框中的“分类方式”为“记账凭证”，然后单击“确定”按钮，系统打开“凭证类别”编辑对话框。

(3) 确认并退出。确认该对话框表体中的“类别字”为“记”，“类别名称”为“记账凭证”，“限制类型”为“无限制”，最后单击“退出”按钮，退出该对话框。

2. 外币设置

在用友 ERP-U8 的“外币设置”功能中，可以对本账套所使用的外币进行定义(设置界面可参见图 2-4)，其中主要参数含义如下：

- 外币折算方式分为直接汇率与间接汇率两和，直接汇率即“外币 * 汇率＝本位币”，间接汇率即“外币/汇率＝本位币”。

- 汇率分为固定汇率与浮动汇率，选择“固定汇率”即可录入各月的月初汇率，选择“浮动汇率”即可录入所选月份的各日汇率。
- 记账汇率是在平时制单时系统自动显示的。如果用户使用固定汇率（月初汇率），则记账汇率必须输入，否则制单时汇率为 0。
- 调整汇率即月末汇率，在期末计算汇兑损益时用，平时可不输，等到期末可输入期末汇率，用于计算汇兑损益，本汇率不作其他用途。

在用友 ERP-U8 中，在“填制凭证”中所用的汇率应先在此进行定义，以便制单时调用，减少录入汇率的次数和差错。当汇率变化时，应预先在此进行定义，否则制单时不能正确录入汇率。对于使用固定汇率（即使用月初或年初汇率）作为记账汇率的用户，在填制每月的凭证前，应预先在此录入该月的记账汇率，否则在填制该月外币凭证时，将会出现汇率为零的错误。对于使用浮动汇率（即使用当日汇率）作为记账汇率的用户，在填制当天的凭证前，应预先在此录入该天的记账汇率。

本案例企业需要增加美元（＄）外币，按固定汇率设置 2017.04 的记账汇率为 6.5。

操作步骤如下：

(1) 打开“外币设置”对话框。在“财务”菜单项下，双击“外币设置”项，打开“外币设置”对话框，结果可参见图 2-4。

(2) 设置外币的币符和币名。将“币符”设置为＄，“币名”设置为“美元”，单击对话框右下角的“确认”按钮。

(3) 设置汇率。选中窗体中部的“固定汇率”单选按钮，然后在“2017.04”的“记账汇率”栏中输入 6.5，并单击其他区域以保存汇率设置，结果如图 2-4 所示。

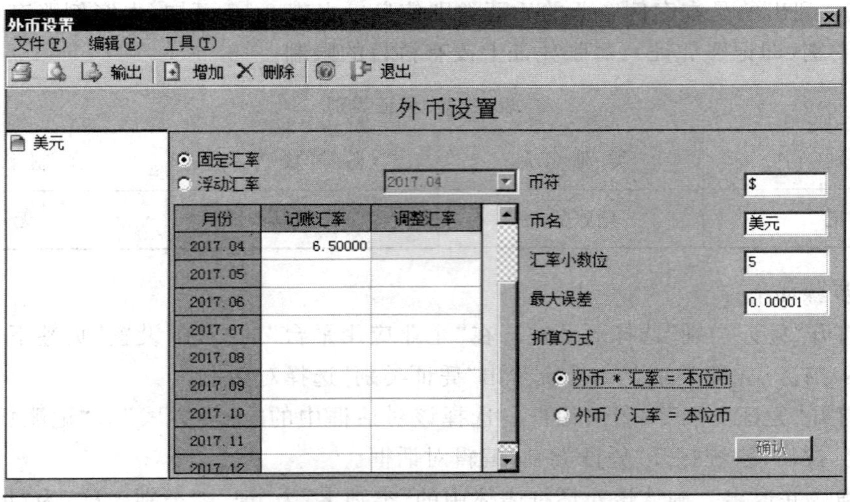

图 2-4 “外币设置”对话框

(4) 退出。单击“退出”按钮退出该对话框。

提示：此处仅供用户录入固定汇率与浮动汇率，并不决定在制单时使用固定汇率还是浮动汇率，“选项”中的“汇率方式”的设置决定了制单使用固定汇率还是浮动汇率。

2.8 收付结算设置

收付结算设置包括结算方式、开户银行和付款条件设置。

1. 结算方式设置

结算方式即财务结算方式,如现金结算、支票结算等。在用友 ERP-U8 中,结算方式最多可以分为 2 级。表 2-18 列出的是案例企业的结算方式,本任务是按照表 2-18,完成在用友 ERP-U8 中设置案例企业的结算方式。

表 2-18 结算方式

结算方式编码	结算方式名称
1	现金
2	支票
201	现金支票
202	转账支票
3	商业汇票
301	银行承兑汇票
302	商业承兑汇票
4	电汇
5	委托收款
6	其他

操作步骤如下:

(1) 打开"结算方式"窗口。在"企业应用平台"的"基础设置"页签下,依次单击"基础档案/收付结算/结算方式"项,打开"结算方式"窗口。

(2) 新增一个结算方式。单击"增加"按钮,在其右窗格中输入"结算方式编码"为 1,"结算方式名称"为"现金",然后单击"保存"按钮。

(3) 完成结算方式的编辑。重复步骤(2),依据表 2-18 将结算方式全部输入并保存。

(4) 退出。单击"结算方式"窗口的"退出"按钮,退出该窗口。

2. 付款条件

付款条件也叫现金折扣,是指企业为了鼓励客户偿还货款而允诺在一定期限内给予的规定的折扣优待。这种折扣条件通常可表示为"4/10,2/20,n/30"。它的意思是:客户在 10 天内偿还货款,可得到 4%的折扣,只付原价的 96%的货款;在 20 天内偿还货款,可得到 2%的折扣,只要付原价的 98%的货款;在 30 天内偿还货款,则须按照全额支付货款;在 30 天以后偿还货款,则不仅要按全额支付货款,还可能要支付延期付款利息或违约金。付款条件将主要在采购订单、销售订单、采购结算、销售结算、客户目录、供应商目录中引用。

表 2-19 列出的是本案例企业的付款条件。本任务是按照表 2-19 完成案例企业在用友 ERP-U8 中的付款条件的设置。

表 2-19 付款条件

付款条件编码	付款条件名称	信用天数	优惠天数 1	优惠率 1	优惠天数 2	优惠率 2	优惠天数 3	优惠率 3
01	4/10,2/20,n/30	30	10	4	20	2	30	0
02	n/60	60						

操作步骤如下:

(1) 打开"付款条件"窗口。在"收付结算"项下,双击"付款条件"项,打开"付款条件"窗口。

(2) 新增一个付款条件。单击工具栏中的“增加”按钮，在表体中填制付款条件编码为 01，信用天数为 30，优惠天数 1 为 10，优惠率 1 为 4，优惠天数 2 为 20，优惠率 2 为 2，优惠天数 3 为 30，优惠率 3 为 0，单击“保存”按钮，此时付款条件名称自动填写为“4/10，2/20，n/30”。

(3) 完成付款条件编辑。重复步骤(2)，完成表 2-19 中第 2 行的录入并保存。

(4) 退出。单击“付款条件”窗口中的“退出”按钮，退出该窗口。

3. 银行档案设置

案例企业的开户银行是中国工商银行，设置其个人账号的定长为 19 位，录入时自动带出账号 17 位，企业账户长度为 19 位。

操作步骤如下：

(1) 打开“修改银行档案”窗口。在“企业应用平台”的“基础设置”页签下，依次单击“基础档案/收付结算/银行档案”项，进入“银行档案”窗口，双击“中国工商银行”所在行，系统打开“修改银行档案”窗口。

(2) 编辑信息。选中“个人账户规则”区域的“定长”前的复选框，并修改“账号长度”为 19，“自动带出账号长度”为 17；再选中“企业账户规则”区域的“定长”前的复选框，并修改“账号长度”为“19”。

(3) 保存并退出。单击“退出”按钮，系统提示“是否保存对当前档案的编辑?”，单击“是”按钮完成设置，退出“修改银行档案”窗口；在“银行档案”窗口中，单击“退出”按钮退出。

4. 本单位开户银行设置

ERP-U8 支持企业具有多个开户银行及账号。“本单位开户银行”功能用于维护及查询使用单位的开户银行信息。开户银行一旦被引用，便不能进行修改和删除的操作。表 2-20 列出的是案例企业的开户银行信息。本任务是按照表 2-20 完成案例企业的单位开户银行在用友 ERP-U8 中的设置。

表 2-20　本单位开户银行

编码	银行账号	账户名称/币种	开户银行	所属银行编码	签约标志
01	1102020526782987908	人民币	中国工商银行昌平支行	01 中国工商银行	检查收付账号
02	1102020526782987337	美元	中国工商银行昌平支行	01 中国工商银行	检查收付账号

操作步骤如下：

(1) 打开“本单位开户银行”窗口。在“收付结算”项下，双击“本单位开户银行”项，打开“本单位开户银行”窗口。

(2) 编辑本单位人民币开户银行信息。单击“增加”按钮，系统弹出“增加本单位开户银行”窗口，输入“编码”为 01，“银行账户”为 1102020526782987908，“币种”为“人民币”，“开户银行”为“中国工商银行昌平支行”，并且选择“所属银行编码”为“01 中国工商银行”，“签约标志”为“检查收付账号”，然后单击“保存”和“退出”按钮，系统返回“本单位开户银行”窗口”。

(3) 编辑本单位美元开户银行信息。

(4) 退出。单击“退出”按钮，退出“本单位开户银行”窗口。

2.9 项目目录设置

企业在实际业务处理中会对多种类型的项目进行核算和管理，例如在建工程、对外投资、技术改造项目、项目成本管理、合同等。因此本产品提供项目核算管理的功能。可以将具有相同特性的一类项目定义成一个项目大类。一个项目大类可以核算多个项目。而为了便于管理，还可以对这些项目进行分类管理，可以将存货、成本对象、现金流量、项目成本等作为核算的项目分类。

使用项目核算与管理的首要步骤是设置项目档案。项目档案设置包括增加或修改项目大类，定义项目核算科目、项目分类、项目栏目结构，并进行项目目录的维护。表 2-21 列出的是案例企业的项目目录设置。

本任务是按照表 2-21 完成在用友 ERP-U8 中设置案例企业的项目大类、项目分类和项目目录设置，以利于在编辑会计科目时对在途物资、库存商品、主营业务收入和主营业务成本进行项目核算设置。

表 2-21 项目目录

项目设置步骤	设置内容 1	设置内容 2	设置内容 3	设置内容 4
项目大类	商品项目管理	商品项目管理	商品项目管理	商品项目管理
核算科目	在途物资	库存商品	主营业务收入	主营业务成本
项目分类	1 太阳镜 2 老花镜	1 太阳镜 2 老花镜	1 太阳镜 2 老花镜	1 太阳镜 2 老花镜
项目目录	101 男士高端 102 女士高端 103 男士普通 104 女士普通 201 亮康眼镜	101 男士高端 102 女士高端 103 男士普通 104 女士普通 201 亮康眼镜	101 男士高端 102 女士高端 103 男士普通 104 女士普通 201 亮康眼镜	101 男士高端 102 女士高端 103 男士普通 104 女士普通 201 亮康眼镜

操作步骤如下：

(1) 打开"项目档案"窗口。在"企业应用平台"的"基础设置"页签下，依次单击"基础档案/财务/项目目录"项，系统打开"项目档案"窗口。

(2) 定义项目大类。在"项目档案"窗口中，单击工具栏的"增加"按钮，系统打开"项目大类定义—增加"对话框，输入"新项目大类名称"为"商品项目管理"，单击"下一步"按钮，其他设置均采用系统默认值，最后单击"完成"按钮返回"项目档案"窗口。

(3) 指定核算科目。在"项目档案"窗口中选择"核算科目"选项卡，选择"项目大类"为"商品项目管理"，单击"＞＞"按钮将左边所有的科目(因还没有做科目辅助项设置，故此时科目为空)转到右边，最后单击"确定"按钮。

(4) 定义项目分类。在"项目档案"窗口中选择"项目分类定义"选项卡，单击右下角的"增加"按钮，输入"分类编码"为 1，"分类名称"为"太阳镜"，并单击"确定"按钮；继续定义项目分类，参数为 2、"老花镜"。

(5) 定义项目目录。在"项目档案"窗口中选择"项目目录"选项卡，单击右下角的"维护”按钮，进入“项目目录维护”窗口，单击“增加”按钮，输入“项目编号”为101，“项目名称”为“男士高端”，选择“所属分类码”为1；同理，输入其他的项目目录，结果如图2-5所示(请注意，“201 亮康眼镜”的所属分类码为2)。

图2-5 “项目目录维护”窗口

(6) 退出。连续单击“退出”按钮，退出“项目目录维护”和“项目档案”窗口。

2.10 会计科目设置

会计科目是填制会计凭证、登记会计账簿、编制会计报表的基础。会计科目是对会计对象的具体内容分门别类进行核算所规定的项目。会计科目是一个完整的体系，它是区别于流水账的标志，是复式记账和分类核算的基础。会计科目设置的完整性影响着会计过程的顺利实施，会计科目设置的层次深度直接影响会计核算的详细、准确程度。

表2-22列出的是案例企业的会计科目，包括系统默认的部分一级科目、需要增加的二级和三级科目。

表2-22 会计科目设置

科目编码	科 目 名 称	辅助核算	受控系统	计量单位	余额方向
1001	库存现金	日记账			借
1002	银行存款				借
100201	工行存款	银行账、日记账			借
100202	中行存款	银行账、日记账			借
1121	应收票据				借
112101	银行承兑汇票	客户往来			借
112102	商业承兑汇票	客户往来			借
1122	应收账款	客户往来	应收系统		借
1123	预付账款	供应商往来	应付系统		借
1221	其他应收款				借
122101	个人往来	个人往来			借

续表

科目编码	科 目 名 称	辅助核算	受控系统	计量单位	余额方向
122102	单位往来	客户往来	应收系统		借
1231	坏账准备				贷
1402	在途物资	项目核算			借
1403	原材料				借
140301	塑料	数量核算		千克	借
140302	镜片树脂	数量核算		千克	借
140303	硅胶	数量核算		千克	借
1405	库存商品	项目核算			借
1503	可供出售金融资产				借
150301	成本				借
150302	公允价值变动				借
1601	固定资产				借
1602	累计折旧				贷
1901	待处理财产损益				借
190101	待处理流动资产损益				借
190102	待处理固定资产损益				借
2201	应付票据				贷
220101	银行承兑汇票	供应商往来			贷
220102	商业承兑汇票	供应商往来			贷
2202	应付账款				贷
220201	一般应付账款	供应商往来	应付系统		贷
220202	暂估应付账款	供应商往来			贷
2203	预收账款	客户往来	应收系统		贷
2211	应付职工薪酬				贷
221101	工资	部门核算			贷
221102	社会保险费	部门核算			贷
221103	住房公积金	部门核算			贷
221104	工会经费	部门核算			贷
221105	职工教育经费	部门核算			贷
221106	非货币性福利	部门核算			贷
2221	应交税费				贷
222101	应交增值税				贷
22210101	进项税额				贷

续表

科目编码	科目名称	辅助核算	受控系统	计量单位	余额方向
22210102	进项税额转出				贷
22210103	销项税额				贷
22210104	已交税金				贷
22210105	转出未交增值税				贷
222102	未交增值税				贷
222103	应交所得税				贷
222104	应交个人所得税				贷
222105	应交城市维护建设税				贷
222106	应交教育费附加				贷
222107	应交地方教育费附加				贷
222108	应交土地使用税				贷
222109	应交房产税				贷
222110	应交车船税				贷
2241	其他应付款				贷
224101	应付社会保险费				贷
224102	应付住房公积金				贷
224103	个人往来	个人往来			贷
224104	单位往来	供应商往来			贷
4001	实收资本				贷
4101	盈余公积				贷
4103	本年利润				贷
4104	利润分配				贷
410401	提取法定盈余公积				贷
410402	提取任意盈余公积				贷
410403	应付现金股利或利润				贷
410404	转作股本的股利				贷
410405	盈余公积补亏				贷
410406	未分配利润				贷
5001	生产成本				借
500101	直接生产成本				借
50010101	直接人工				借

续表

科目编码	科 目 名 称	辅助核算	受控系统	计量单位	余额方向
50010102	直接材料				借
500102	间接生产成本				借
5101	制造费用				借
6001	主营业务收入	项目核算			贷
6301	营业外收入				贷
6401	主营业务成本	项目核算			借
6601	销售费用				借
660101	职工薪酬				借
660102	折旧费				借
660103	包装费				借
660104	广告促销费				借
660105	差旅费				借
660106	其他				借
6602	管理费用				借
660201	职工薪酬				借
660202	折旧费				借
660203	办公费				借
660204	业务招待费				借
660205	差旅费				借
660206	房租费				借

本任务是按照表 2-22 在用友 ERP-U8 中设置案例企业的会计科目，包括新增所有的二级、三级科目并设置相应的辅助账类型和受控系统，以及指定现金科目和银行科目。

提示：若设置会计科目时，系统弹出“与某台电脑冲突，操作被锁定”的信息提示框，而且多次重新注册企业应用平台均无效时，可以登录“系统管理”窗口，单击“视图/清除单据锁定”菜单项，并在弹出的窗口中单击“确定”按钮，再重新注册到企业应用平台，就可以进行会计科目的修改和增加了。

2.10.1 编辑与新增会计科目

本任务是编辑部分一级科目的辅助账类型和受控系统(详见表 2-22)，新增表 2-22 中所有的二级和三级科目，同时设置科目的辅助账类型和受控系统(如果需要时，具体可参阅表 2-22)。

1. 编辑会计科目

操作步骤如下：

(1) 打开“会计科目”窗口。在“企业应用平台”的“基础设置”页签下，依次单击“基础档案/财务/会计科目”项，系统打开“会计科目”窗口。

(2) 编辑库存现金的辅助账类型。首先双击要修改的会计科目，比如 1001(库存现金)；然后在系统弹出的“会计科目”对话框中单击“修改”按钮，再编辑会计科目相关信息，比如勾选“日记账”复选框，设置“库存现金”的辅助账类型为“日记账”；最后单击“确定”按钮，保存退出。

(3) 编辑其他会计科目。重复步骤(2)，依据表 2-22 将要修改的会计科目全部编辑完成。

(4) 退出。单击“会计科目”窗口的“退出”按钮，退出该窗口。

提示：

- 非末级科目和已使用的末级科目不能再修改科目编码。
- 在科目设置中定义客户、供应商核算的科目时，系统将自动设置该科目为应收应付系统的受控科目，此时可根据需要修改其是否受控。

2. 新增会计科目

新增表 2-22 中所有的二级和三级科目，同时设置科目的辅助账类型和受控系统(如果需要时)，具体的操作步骤如下：

(1) 打开“会计科目”窗口。

(2) 新增工行存款科目。单击“增加”按钮，弹出“新增会计科目”对话框，编辑会计科目相关信息。以“100201 工行存款”为例，录入科目编码 100201，科目名称“工行存款”，勾选“银行账”“日记账”，确认余额方向为“借”，然后单击“确定”按钮，保存退出。

(3) 新增其他会计科目。重复步骤(2)，依据表 2-22 新增其他会计科目。

(4) 退出。单击“会计科目”窗口中的“退出”按钮，退出该窗口。

提示：

- 科目增加下级科目时，自动将原科目的所有账转移到新增的下级第一个科目中，此操作不可逆，同时要求新增的下级科目的所有科目属性与原上级科目一致。
- 已使用的末级会计科目不能再增加下级科目。

2.10.2 设置科目的项目目录

本任务是设置在途物资、库存商品、主营业务收入和主营业务成本的项目目录。

操作步骤如下：

(1) 打开“会计科目”窗口。

(2) 打开“会计科目_修改”对话框。双击在途物资(科目编码 1402)、库存商品(1405)、主营业务收入(6001)或主营业务成本(6401)这 4 个科目中任意一个科目所在的行，系统打开“会计科目_修改”对话框。

(3) 修改科目的“项目核算”。单击“修改”按钮，然后单击“项目核算”的参照按钮，系统打开“项目档案”对话框；选择“项目大类”为“商品项目管理”，并在“核算科目”选项卡中单击“＞＞”按钮，将项目核算的 4 个科目全部从“待选科目”移入“已选科目”；然后单击“确定”按钮，再单击工具栏中的“退出”按钮，返回“会计科目_修改”对话框。

(4) 确定。单击“确定”按钮，再单击“返回”按钮，返回“会计科目”窗口。

(5) 退出。单击“退出”按钮退出“会计科目”窗口。

2.10.3 指定科目

本任务是指定现金科目和银行科目，只有进行现金和银行科目的指定后，总账中的“凭证/出纳签字”功能才能查询到相应凭证。

操作步骤如下：

(1) 打开“会计科目”窗口。

(2) 指定科目。选择“编辑/指定科目”菜单项，然后设置“现金科目”为“库存现金”，“银行科目”为“银行存款”。

(3) 确定。单击“确定”按钮，完成指定科目并返回“会计科目”窗口。

(4) 退出。单击“会计科目”窗口的“退出”按钮，退出该窗口。

提示：

- 在查询现金、银行存款日记账前，必须指定现金、银行存款总账科目，以供出纳管理使用。
- 如果本科目已制过单或已录入期初余额，则不能删除、修改该科目。要修改该科目，必须先删除有该科目的凭证，并将该科目及其下级科目余额清零，方可再行修改，修改完毕后要将余额及凭证补上。

2.11 常用摘要

企业在处理日常业务数据时，在输入单据或凭证的过程中，因为业务的重复性发生，经常会有许多摘要完全相同或大部分相同，如果将这些常用摘要存储起来，在输入单据或凭证时随时调用，必将大大提高业务处理效率。调用常用摘要可以在输入摘要时直接输摘要代码或按 F2 键或参照输入。

表 2-23 列出的是案例企业的常用摘要。本任务是按照表 2-23 在用友 ERP-U8 中设置案例企业的常用摘要。

表 2-23 常用摘要

常用摘要编码	常用摘要正文	常用摘要编码	常用摘要正文
01	缴纳税费(地税)	11	结转销项税额
02	缴纳税费(国税)	12	结转进项税额
03	预支差旅费	13	结转进项税额转出
04	报销差旅费	14	结转转出未交增值税
05	预支房租费	15	盘盈转营业外收入
06	报销房租费	16	盘亏转营业外支出
07	缴纳社会保险费和住房公积金	17	计算城市维护建设税教育费附加
08	银行放贷	18	计算本月企业所得税
09	代发上月职工工资	19	固定资产清理转营业外支出
10	支付本月贷款利息	20	提取备用金

操作步骤如下：

(1) 打开“常用摘要”窗口。在“企业应用平台”的“基础设置”页签下，依次单击“基础档案/其他/常用摘要”项，系统弹出“常用摘要”编辑窗口。

(2) 编辑。依据表 2-23，输入摘要编码和摘要内容，共 20 条记录。

(3) 退出。单击“常用摘要”窗口中的“退出”按钮，退出该窗口。

第3章　子系统的期初设置

用友 ERP-U8 系统包括多个子系统。本教程面向财务业务一体化的应用，所以将使用总账、应收款管理、应付款管理、薪资管理、固定资产等财务子系统以及采购管理、销售管理、库存管理、存货核算等业务子系统，并且业务子系统可以自动产生财务子系统对应的单据及凭证。

财务业务一体化应用的关键，是业务单据在业务流程经过的各系统之间自动生成，同时业务单据可以自动生成对应的财务凭证。比如，根据采购订单生成库存系统的采购入库单，根据采购入库单生成采购到货对应的存货凭证；根据采购订单生成采购发票，采购发票计入应付明细账，并根据采购发票生成应付凭证等。本教程中的采购发票是销售方开具给案例企业的，案例企业为了管理的信息化，需要依据该发票在 ERP 系统中填制相应信息，形成电子版的采购发票信息。

本章的主要内容是对已经启用的各个子系统进行系统参数和业务规则设置，以及期初数据的录入与记账，以保证手工业务与软件处理的衔接以及各个子系统间数据的连贯性。

系统参数，即业务处理控制参数，是指在企业业务处理过程中所使用的各种控制参数，系统参数的设置将决定用户使用系统的业务流程、业务模式和数据流向，所以在进行系统参数设置之前，一定要详细了解选项开关对业务处理流程的影响，并结合企业的实际业务需要进行设置。由于有些选项在日常业务开始后不能随意更改，所以企业最好在业务开始前进行全盘考虑，尤其是一些对其他系统有影响的选项设置更要考虑清楚。

账簿都应有期初数据，以保证其数据的连贯性。初次使用时，应先输入采购、销售、库存、存货、应收、应付和总账的期初数据。采购和存货核算系统还需要进行期初记账操作。期初记账之后的业务和数据才会被系统作为本期业务处理。

本章的操作应该是在系统日期 2017-04-01，由账套主管"李吉棕"登录到"企业应用平台"，并在第 2 章完成的账套中进行。所以在实验操作前，需要将系统时间调整为 2017 年 4 月 1 日。如果没有调整系统时间，则在登录"企业应用平台"时需要修改"操作日期"为 2017 年 4 月 1 日。如果操作日期与账套建账时间之间的跨度超过 3 个月，则该账套在演示版状态下不能执行任何操作。

如果没有完成第 2 章的企业基础档案设置任务，可以到百度云盘空间（云盘地址：http://pan.baidu.com/s/1i5iB4aT，访问密码：dq38）的"实验账套数据"文件夹中，将"02 基础档案.rar"下载到实验用机上，然后引入（操作步骤详见 1.3.5 节）到 ERP-U8 系统中。此外，本章完成的账套，其输出的压缩文件名为"03 期初记账.rar"。

需要说明的是，因云盘中的账套备份文件均为压缩文件，所以下载完成后，在引入之前，需要用解压缩工具进行解压（建议用 WinRAR 3.42 或以上版本），得到相应可以引入的账套数据文件。

3.1　采购管理与应付款管理

本节完成采购管理系统的参数、单据编号和格式设置，供应商存货调价单设置，以及期初数据的录入与记账。本节还完成对应付款管理系统的参数、科目、账套区间等的设置，以及期初数据的录入与对账。

3.1.1　系统参数与核算规则设置

1. 采购管理系统参数设置

采购管理系统的选项设置将对采购管理的所有操作员和客户端的操作生效，故要慎重设定或修改。案例企业的采购管理系统除默认设置之外，还需在“业务及权限控制”中将“订单\到货单\发票单价录入方式”设置为“取自供应商存货价格表价格”。

操作步骤如下：

(1) 打开“采购系统选项设置”对话框。在“企业应用平台”的“业务工作”页签，依次单击“供应链/采购管理/设置/采购选项”项，打开“采购系统选项设置”对话框。

(2) 业务与权限控制设置。在“业务及权限控制”选项卡中，选中“订单\到货单\发货单价录入方式”区中的“取自供应商存货价格表价格”单选按钮，其他选项按系统默认设置，结果如图 3-1 所示。

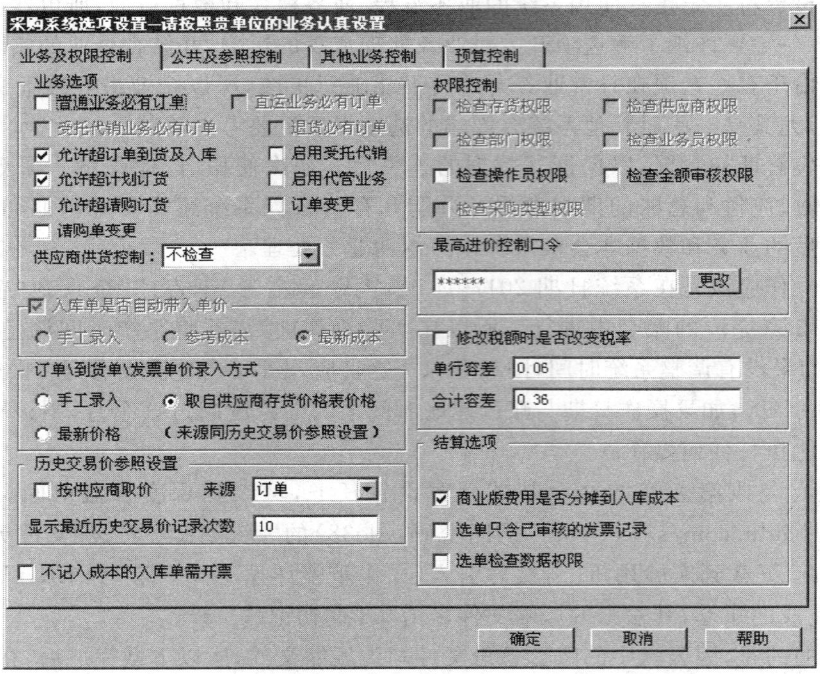

图 3-1　“采购系统选项设置”对话框

(3) 确定并退出。单击“确定”按钮，保存系统参数的设置并关闭“采购系统选项设置”对话框。

提示：

- 在进行采购选项修改前，应确定系统相关功能没有使用，否则系统提示警告信息。
- 在相关业务已开始后，最好不要随意修改采购选项。

2. 应付款管理系统参数设置

应付款管理系统主要提供了设置、日常处理、单据查询、账表管理、其他处理等功能。在运行本系统前，应先设置运行所需要的账套参数，以便系统按设定的选项进行相应的处理。

案例企业的应付款系统除了默认设置之外，还需进行如下参数设置：

- 常规："单据审核日期依据"选择"单据日期"。
- 凭证："受控科目制单方式"选择"明细到单据"。

操作步骤如下：

(1) 打开"账套参数设置"对话框。在"企业应用平台"的"业务工作"页签，依次单击"财务会计/应付款管理/设置/选项"项，系统打开"账套参数设置"对话框。

(2) 常规参数设置。在"常规"选项卡中，单击"编辑"按钮，使所有参数处于可修改状态，"单据审核日期依据"选择"单据日期"，其他选项按系统默认设置(其中"应付账款核算模型"默认为"详细核算")，结果如图 3-2 所示。

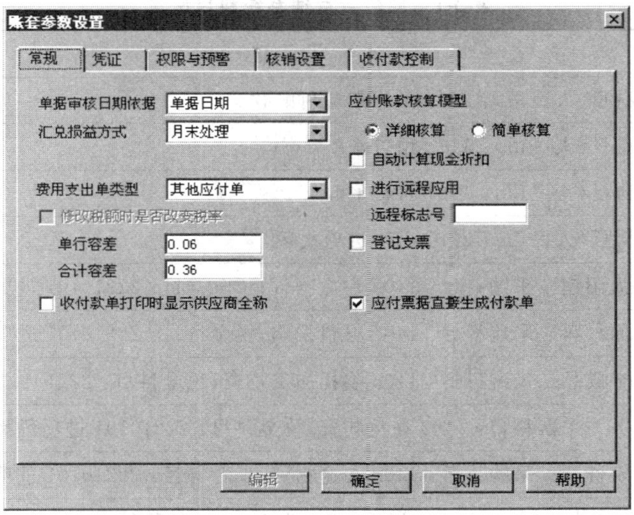

图 3-2 "账套参数设置"对话框"常规"选项卡

(3) 凭证参数设置。在"凭证"选项卡中，"受控科目制单方式"选择"明细到单据"，其他选项按系统默认设置，结果如图 3-3 所示。

(4) 确定并退出，单击"确定"按钮，保存系统参数的设置，同时关闭"账套参数设置"对话框。

3. 应付款管理系统科目设置

由于应付款系统的业务类型较固定，生成的凭证类型也较固定，因此为了简化凭证生成操作，可以在此处将各业务类型凭证中的常用科目预先设置好。表 3-1 列出的是案例企业的应付款管理系统科目设置。本任务是按照表 3-1 完成案例企业的应付款管理系统科目

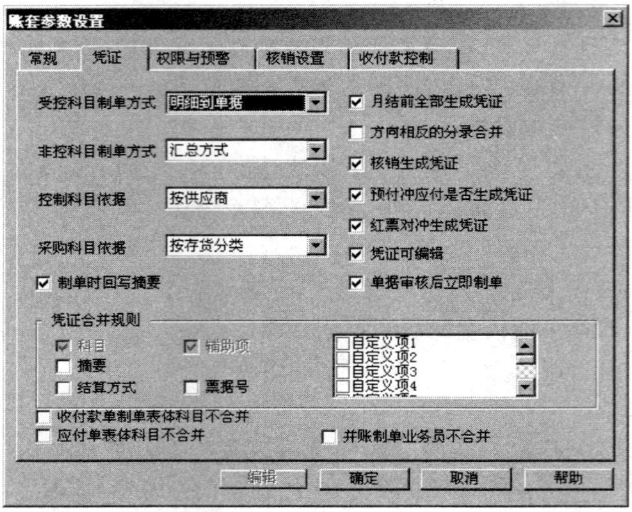

图 3-3 “账套参数设置”对话框“凭证”选项卡

设置。

表 3-1 应付款管理系统科目设置

科目类别	设 置 方 式
基本科目设置	应付科目(人民币)：220201 一般应付账款
	预付科目(人民币)：1123 预付账款
	采购科目(人民币)：1401 材料采购
	税金科目(人民币)：22210101 进项税额
产品科目设置	0101 太阳镜　采购科目：1402 在途物资；税金科目：22210101 进项税额
	0201 原材料　采购科目：1401 材料采购；税金科目：22210101 进项税额
	0202 半成品　采购科目：1408 委托加工物资；税金科目：22210101 进项税额
	03 劳务　采购科目：1402 在途物资；税金科目：22210101 进项税额
	04 固定资产　采购科目：1402 在途物资；税金科目：22210101 进项税额
结算方式科目设置	结算方式为现金；币种为人民币；科目为 1001 库存现金
	结算方式为现金支票；币种为人民币；科目为 100201 工行存款
	结算方式为转账支票；币种为人民币；科目为 100201 工行存款
	结算方式为银行承兑汇票；币种为人民币；科目为 220101 银行承兑汇票
	结算方式为商业承兑汇票；币种为人民币；科目为 220102 商业承兑汇票
	结算方式为电汇；币种为人民币；科目为 100201 工行存款
	结算方式为委托收款；币种为人民币；科目为 100201 工行存款
	结算方式为其他；币种为人民币；科目为 100201 工行存款

操作步骤如下：

（1）打开应付的“初始设置”窗口。在“应付款管理”子系统，依次单击“设置/初始设置”项，系统打开“初始设置”窗口。

（2）基本科目设置。在左侧设置科目中选中“基本科目设置”，单击工具栏的“增加”按钮，然后在第1行的“基础科目种类”中选择“应付科目”，“科目”输入或参照生成220201（一般应付账款），“币种”为“人民币”。依据表3-1，在“基本科目设置”的第2～4行进行设置。

（3）产品科目设置。在左侧设置科目中选中“产品科目设置”，设置0101（太阳镜）的采购科目为1402（在途物资），“产品采购税金科目”为22210101（进项税额）；并根据表3-1中的内容，设置其他项目的相应科目。

（4）结算方式科目设置。在左侧设置科目中选中“结算方式科目设置”，结算方式选择“现金”，币种选择“人民币”，科目选择1001（库存现金）。根据表3-1中的内容，以此方法依次进行其他行的设置。操作结果如图3-4所示。

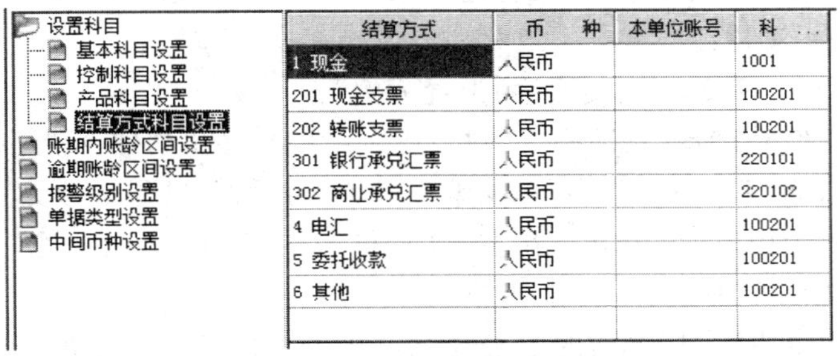

图3-4　应付款管理系统结算方式科目设置

（5）退出。单击“初始设置”窗口右上角的“关闭”按钮，关闭该窗口。

提示：

- 如果需要为不同的供应商（供应商分类、地区分类）分别设置应付款核算科目和预付款核算科目，则在“控制科目设置”中设置。
- 应付和预付科目必须是已经在科目档案中指定为应付系统的受控科目。

4. 账龄区间与逾期账龄区间设置

为了对应付账款进行账龄内和逾期的账龄分析，应首先设置账期内账龄区间和逾期账龄区间。表3-2列出的是案例企业的账期内账龄区间与逾期账龄区间。本任务是按照表3-2完成案例企业的应付款管理的账期内账龄区间与逾期账龄区间的设置。

操作步骤如下：

（1）打开应付“初始设置”窗口。

（2）账期内账龄区间设置。单击“账期内账龄区间设置”选项，然后根据表3-2左侧中的内容，在“总天数”栏录入相应的天数，完成对应付款管理账期内账龄区间的设置。

（3）逾期账龄区间设置。单击“逾期账龄区间设置”，然后根据表3-2右侧中的内容，在“总天数”栏录入相应的天数，完成对应付款管理逾期账龄区间的设置。

（4）退出。单击“初始设置”窗口的关闭按钮，关闭该窗口。

表 3-2　账期内账龄区间与逾期账龄区间设置

账期内账龄区间			逾期账龄区间		
序号	起止天数	总天数	序号	起止天数	总天数
01	0～30	30	01	1～30	30
02	31～60	60	02	31～60	60
03	61～90	90	03	61～90	90
04	91～120	120	04	91～120	120
05	121 以上		05	121 以上	

3.1.2　单据设置

1. 单据编号设置

将采购管理中采购专用发票、采购普通发票、采购运费发票和采购订单的单据编号设置为可以自动编号和手动修改方式。

操作步骤如下(以“采购专用发票”的设置为例)：

(1) 打开“单据编号设置”对话框。在“企业应用平台”的“基础设置”页签,依次单击“单据设置/单据编号设置”项,系统弹出“单据编号设置”对话框,结果可参见图 3-5。

(2) 选择“采购专用发票”单据。在左侧的“单据类型”里,依次单击“采购管理/采购专用发票”项,选中“采购专用发票”单据。

(3) 修改“采购专用发票”单据的编号规则。单击右侧工具栏中的“修改”按钮,然后勾选“手工改动,重号时自动重取”复选框,结果如图 3-5 所示,然后单击右侧工具栏中的保存按钮,设置完成。

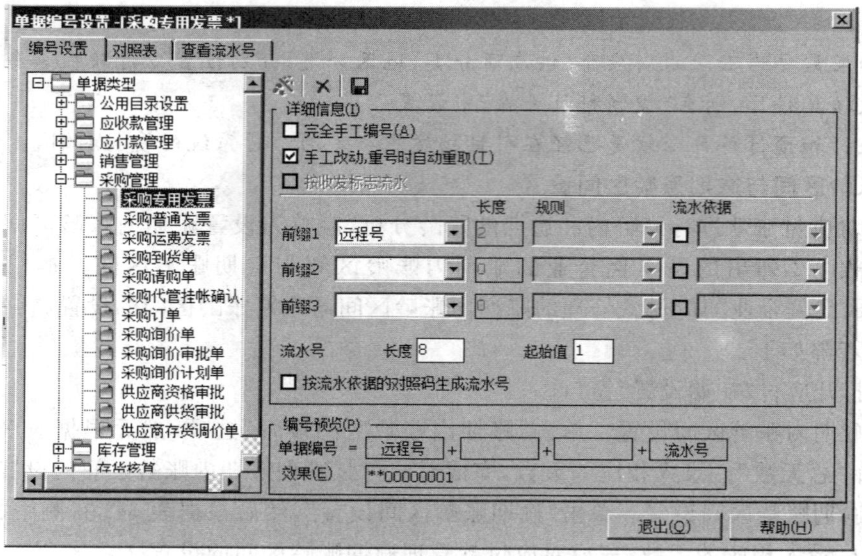

图 3-5　采购专用发票“单据编号设置”对话框

(4) 修改其他单据的编号规则。重复步骤(2)、(3),完成采购普通发票、采购运费发票和采购订单的单据编号设置。

(5) 退出。单击"退出"按钮,退出"单据编号设置"对话框。

2. 单据格式设置

设置"采购订单"的单据格式,在其表头增加"订金"栏目。

操作步骤如下:

(1) 打开"单据格式设置"窗口。在"单据设置"功能模块,双击"单据格式设置"项,系统打开"单据格式设置"窗口。

(2) 选中采购订单的显示单据。依次单击对话框左侧的"采购管理/采购订单/显示/采购订单显示模板"项,右侧出现采购订单的单据格式设置界面。

(3) 增加选择"订金"表头栏目。单击选择工具栏中的"表头项目",在系统弹出的"表头"对话框中勾选"41 订金",单击"确定"按钮,系统返回单据格式设置界面。

(4) 调整位置并保存。在格式设置界面找到"订金"编辑框,拖曳到合适的地方(比如将"汇率"的编辑栏缩小,然后将"订金"编辑栏拖曳到其右侧),单击"保存"按钮。

(5) 退出。单击"单据格式设置"窗口的关闭按钮,关闭该窗口。

小贴士:调整单据上项目的位置时,也可以单击工具栏中的"自动布局"按钮,这样系统将对所有项目进行重新排列。

3.1.3 期初数据录入与记账

初次使用采购管理系统时,应先输入期初数据。如果系统中已有上年的数据,不允许取消期初记账。采购期初数据包括:

- 期初在途物资。在启用采购系统时已取得供货单位的采购发票,但货物没有入库,而不能进行采购结算的发票,是期初采购发票,表示的是期初在途物资。将期初采购发票输入系统,以便货物入库填制入库单后进行采购结算。
- 期初暂估入库。在启用采购系统时因没有取得供货单位的采购发票,而不能进行采购结算的入库单是期初采购入库单,表示的是暂估入库存货。将期初采购入库单输入采购系统,以便取得发票后进行采购结算。

1. 期初采购订单

案例企业期初的票到货未到的订单如表 3-3 所示。

表 3-3 期初采购订单列表

订单号	单据日期	供应商	存 货	数量	原币单价/元	原币金额/元	税率/%
CG0301	2017-03-17	大运公司	男士高端太阳镜	4000	350	1 400 000	17
CG0302	2017-03-20	大运公司	女士高端太阳镜	3000	300	900 000	17

操作步骤如下:

(1) 打开"采购订单"窗口。在"企业应用平台"的"业务工作"页签中,依次单击"供应链/采购管理/采购订货/采购订单"项,系统打开"采购订单"窗口。

(2) 填制采购订单。在"采购订单"窗口中,首先单击工具栏的"增加"按钮,新增一张采购订单,然后做如下编辑:

① 编辑表头。修改表头的"订单编号"(即合同编号)为 CG0301,"供应商"为大运公司,其他项默认。

② 编辑表体。双击表体第 1 行的"存货编码"栏,并在打开的"采购存货档案"窗口中选择"男士高端太阳镜"后单击"确定"按钮返回,完成存货的参照生成,然后在表体第 1 行的"数量"栏输入 4000,"原币单价"栏输入 350,其他项默认。

(3) 保存和审核。单击工具栏中的"保存""审核"按钮,保存并审核该单据。

(4) 重复步骤(2)、(3),完成表 3-3 中的第 2 条记录录入、保存与审核。

(5) 退出。单击"采购订单"窗口右上角的"关闭"按钮,关闭该窗口。

2. 期初采购发票

案例企业期初的票到货未到的发票如表 3-4 所示。

表 3-4 采购增值税专用发票列表

订单号	发票号	单据日期	供应商	存 货	数量	原币单价	税率/%
CG0301	61060301	2017-03-17	大运公司	男士高端太阳镜	4000	350	17
CG0302	61060302	2017-03-20	大运公司	女士高端太阳镜	3000	300	17

操作步骤如下:

(1) 打开"期初专用发票"窗口。在"企业应用平台"的"业务工作"页签,依次单击"供应链/采购管理/采购发票/专用采购发票"项,系统打开"期初专用发票"窗口。

(2) 增加一张发票。在"期初专用发票"窗口中,单击工具栏中的"增加"按钮,新增一张采购专用发票。

(3) 复制信息。选择工具栏中的"生单/采购订单"菜单项,系统打开"拷贝并执行"窗口。双击订单号为 CG0301 行的"选择"栏,使其出现"Y"字样,然后单击工具栏中的"确定"按钮,系统返回"期初专用发票"窗口,并带入订单的信息。

(4) 编辑信息。编辑表头的"发票号"为 61060301,"开票日期"为 2017-03-17,其他项默认。

(5) 保存。单击工具栏中的"保存"按钮,保存该发票。

(6) 重复步骤(2)～(5),依据表 3-4,增加第 2 张发票。

(7) 退出。单击"期初专用发票"窗口右上角的"关闭"按钮,关闭该窗口。

3. 期初采购入库单

本案例企业期初的货到票未到的采购入库单为:3 月 15 日,从大运公司购入女士高端太阳镜 500 副,已入大运仓库,发票未到。暂估入库单价 300 元,货款共计 150 000 元。

操作步骤如下:

(1) 打开"期初采购入库单"窗口。在"企业应用平台"的"业务工作"页签,依次单击"供应链/采购管理/采购入库/采购入库单"项,系统打开"期初采购入库单"窗口。

(2) 增加并编辑表头。单击工具栏的"增加"按钮,修改新增入库单表头的"入库日期"为 2017-03-15,仓库为"大运仓库","供货单位"为"大运公司","入库类型"为"商品采购入库",其他项默认。

(3) 编辑表体。双击表体第一行的"存货编码"栏,并在打开的"采购存货档案"窗口中选择"女士高端太阳镜"后返回"期初采购入库单"窗口,完成存货的参照生成,然后在表体第一行的“数量”栏输入500,“本币单价”栏输入300,其他项默认。

(4) 保存。单击工具栏中的“保存”按钮,保存暂估入库单信息。

(5) 退出。单击“期初采购入库单”窗口右上角的“关闭”按钮,关闭该窗口。

提示:

- 采购管理系统的“采购入库”只能录入期初暂估入库单。采购期初记账后,采购入库单只能在“库存管理”系统的“入库业务/采购入库单”录入或生成。
- 暂估入库单在采购管理系统期初记账前可以修改和删除,但在期初记账后不允许修改和删除。

4. 采购管理系统期初记账

操作步骤如下:

(1) 打开“期初记账”对话框。在“企业应用平台”的“业务工作”页签,依次单击“供应链/采购管理/设置/采购期初记账”项,打开“期初记账”对话框。

(2) 记账。单击“记账”按钮,系统弹出“期初记账完毕”信息提示框。

(3) 退出。单击对话框的“确定”按钮,退出对话框,完成采购管理系统期初记账。

提示:

- 采购期初记账是表明采购管理业务的往期数据录入工作已完成,之后进行的业务操作属于当期业务。
- 如果没有期初数据,可以不输入期初数据,但必须执行记账操作。

5. 应付账款期初余额与对账

期初的采购发票,除了在采购系统中做期初采购发票录入,还需要在应付款管理中进行期初应付账款的发票录入。本任务是参照表3-4对采购增值税专用发票进行录入,并与总账进行对账。

需要注意的是,在采购管理中录入的期初采购发票,在应付款管理系统中不能被直接调用,所以需要在应付款管理系统中再次录入,以使其可以在应付款管理中进行相关处理(详见5.5节)。但由于在采购管理和应付款管理中录入的期初采购发票存储在同一个数据表中,其发票号不能重复出现,所以在应付款管理中录入期初余额时,不编辑表头的“发票号”。

操作步骤如下:

(1) 打开应付的“期初余额—查询”对话框。在“企业应用平台”的“业务工作”页签,依次单击“财务会计/应付款管理/设置/期初余额”项,系统打开“期初余额—查询”对话框。

(2) 打开“采购发票”窗口。单击“确定”按钮,进入“期初余额”窗口,单击工具栏中的“增加”按钮,系统弹出“单据类别”对话框,系统默认单据名称为“采购发票”,单据类型为“采购专用发票”,直接单击“确定”按钮,进入“采购发票”窗口。

(3) 增加一张期初发票。单击“增加”按钮,新增一张采购专用发票,编辑表头的开票日期为2017-03-17,“订单号”为CG0301,选择供应商为“大运公司”,部门为“采购部”;编辑表体的存货编码为00001(男士高端太阳镜),数量为4000副,原币单价为350,然后单击“保存”按钮。

(4) 完成期初应付款的编辑。重复步骤(3),完成表3-4中第2笔业务应付期初余额录入,然后单击窗口的“关闭“按钮,系统关闭“采购发票”窗口,返回“期初余额”窗口,再单击工具栏的“刷新”按钮，系统将本操作中录入的两张发票信息列表显示在“期初余额”窗口中。

(5) 对账。单击工具栏中的“对账”按钮，应付款系统与总账管理系统进行对账，系统打开“期初对账”窗口，此时显示“差额”不为零，表示对账不成功，所以需要在总账系统中进行“引入”，详见 3.6.3 节。

(6) 退出。单击“期初对账”窗口和“期初余额”窗口右上角的“关闭”按钮，关闭相应的窗口。

3.1.4 供应商存货调价表

表 3-5 列出的是案例企业的供应商存货调价单。本任务是按照表 3-5 完成案例企业供应商存货调价单的设置，包括录入、保存与审核。

表 3-5 供应商存货调价单

供应商	存货名称	原币单价	数量下限	是否促销价	税率/%	币种
大运公司	男士高端太阳眼镜	350	0	否	17	人民币
大运公司	女士高端太阳眼镜	300	0	否	17	人民币
大运公司	男士普通太阳眼镜	90	0	否	17	人民币
大运公司	女士普通太阳眼镜	80	0	否	17	人民币
塑料二厂	塑料	1000	0	否	17	人民币
塑料二厂	镜片树脂	6000	0	否	17	人民币
硅胶三厂	硅胶	1600	0	否	17	人民币

操作步骤如下：

(1) 打开“供应商存货调价单”窗口。在“企业应用平台”的“业务工作”页签，依次单击“供应链/采购管理/供应商管理/供应商供货信息/供应商存货调价单”项，打开“供应商存货调价单”窗口。

(2) 编辑并保存调价单。单击“增加”按钮，确认表头的“价格标识”为“含税价”，然后根据表 3-5 进行表体的价格维护，编辑完成后单击“保存”按钮，保存调价单。

(3) 审核。单击“审核”按钮，审核通过调价单，系统将自动更新供应商存货价格表，完成存货的“定价”操作，价格生效。

(4) 退出。单击窗口中的“关闭”按钮，关闭该窗口。

3.2 销售管理与应收款管理

在进行销售日常业务之前，需要做一些基本的设置工作，首先要根据业务情况设置销售系统的参数，还可以进行允销限设置，设置信用审批人，以及录入期初单据。本节将对销售管理系统的参数、存货调价单、单据编号与格式进行设置。

同理，在应用应收系统之前也需要进行初始设置。本节还将对应收款管理系统的参数、科目、账套区间、报警级别、坏账准备等进行设置，并进行期初数据的录入与对账。

3.2.1　系统参数与核算规则设置

1. 销售管理系统参数设置

在进行销售日常业务之前，需要根据业务情况设置销售的系统参数。案例企业除系统默认设置之外，还需进行如下参数设置：

- 业务控制。选择“有零售日报业务”“有委托代销业务”“有分期收款业务”“有直运销售业务”和“委托代销必有订单”，并选择“销售生成出库单”“允许超发货量开票”，不选择“报价含税”。
- 其他控制。“新增发票默认”选择“参照发货”。
- 可用量控制。“发货单/发票非追踪型存货预计库存量查询公式”选择区，勾选“做预计库存量查询”，而且勾选“预计入库”区和“预计出库”区的所有选项。

操作步骤如下：

(1) 打开“销售选项”设置对话框。在“企业应用平台”的“业务工作”页签，依次单击“供应链/销售管理/设置/销售选项”项，打开“销售选项”设置对话框。

(2) 设置业务控制的参数。在“业务控制”选项卡中，选择“有零售日报业务”“有委托代销业务”“有分期收款业务”“有直运销售业务”和“委托代销必有订单”，确认勾选“销售生成出库单”“允许超发货量开票”，取消勾选“报价含税”，其他选项按系统默认设置，结果如图 3-6 所示。

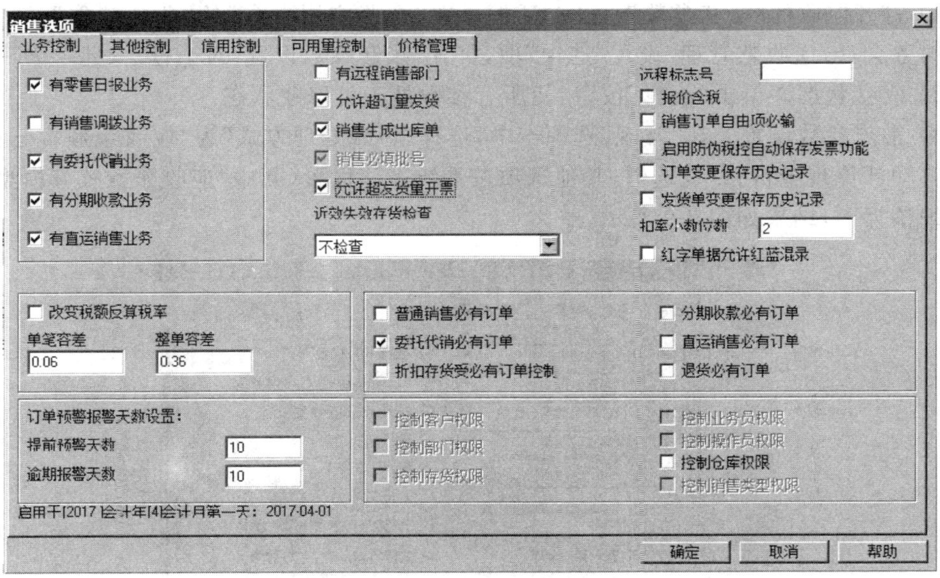

图 3-6　销售选项的“业务控制”设置

(3) 设置其他控制的参数。在“其他控制”选项卡中，“新增发票默认”选择“参照发货”，其他选项按系统默认设置，结果如图 3-7 所示。

(4) 设置可用量控制的参数。在“可用量控制”选项卡中，在“发货单/发票非追踪型存货预计库存量查询公式”选择区，勾选“做预计库存量查询”，并勾选“预计入库”区和“预计出库”区的所有选项，其他选项按系统默认设置，结果如图 3-8 所示。

图 3-7　销售选项的“其他控制”设置

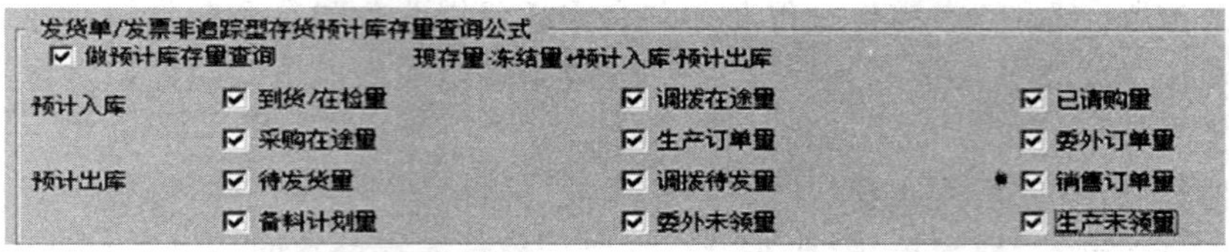

图 3-8　销售选项的“可用量控制”设置

(5) 退出。单击“确定”按钮，保存系统参数的设置，关闭“销售选项”设置对话框。

2. 应收款管理系统参数设置

在运行应收款系统前，应先设置运行所需要的账套参数，以便系统按设定的选项进行相应的处理。案例企业除系统默认设置之外，还需进行如下参数设置：

- 常规。“坏账处理方式”选择“应收余额百分比”，勾选“自动计算现金折扣”。
- 凭证。“受控科目制单方式”为“明细到单据”，“销售科目依据”是“按存货分类”。

操作步骤如下：

(1) 打开应收的“账套参数设置”对话框。在“企业应用平台”的“业务工作”页签，依次单击“财务会计/应收款管理/设置/选项”项，打开“账套参数设置”对话框。

(2) 改变状态。单击“编辑”按钮，使所有参数处于可修改状态。

(3) 常规参数设置。在“常规”选项卡中，选择“坏账处理方式”为“应收余额百分比法”，勾选“自动计算现金折扣”复选框，其他选项按系统默认设置(其中“应收账款核算模型”默认为“详细核算”)，结果如图 3-9 所示。

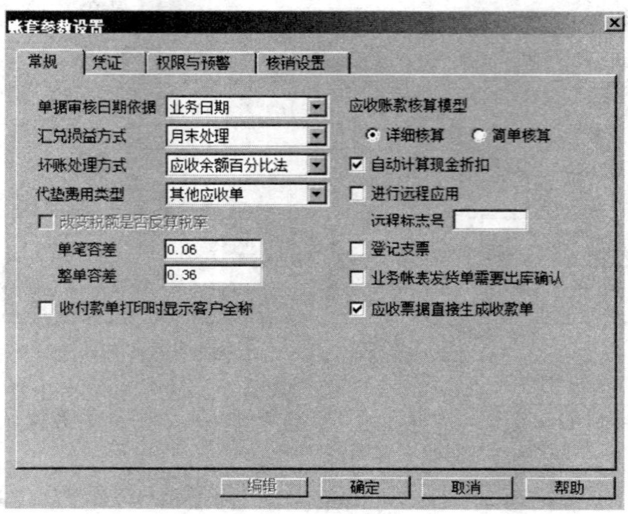

图 3-9　应收款管理的“常规”参数设置

(4) 凭证参数设置。在“凭证”选项卡中,“受控科目制单方式”选择“明细到单据”,“销售科目依据”为“按存货分类”,其他选项按系统默认设置,结果如图 3-10 所示。

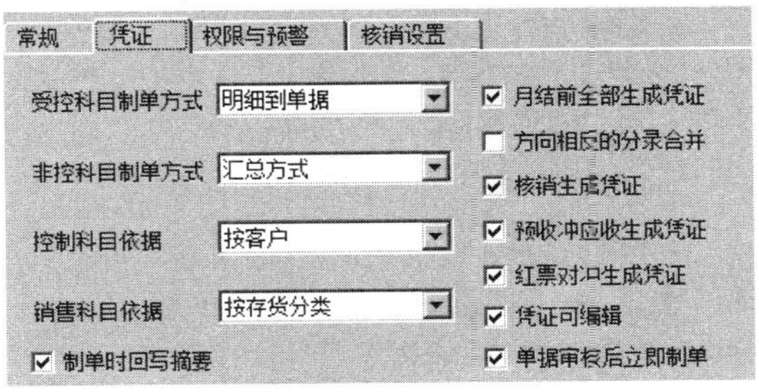

图 3-10　应收款管理的“凭证”参数设置

(5) 退出。单击“确定”按钮,保存系统参数的设置,关闭“账套参数设置”对话框。

3. 应收款管理系统科目设置

由于应收款系统的业务类型较固定,生成的凭证类型也较固定,因此为了简化凭证生成操作,可以在此将各业务类型凭证中的常用科目预先设置好。表 3-6 列出的是本案例企业的应收款管理系统的科目设置。本任务是按照表 3-6 完成案例企业的应收款管理系统科目设置。

表 3-6　应收款管理系统科目设置

科目类别	设置方式
基本科目设置	应收科目(人民币):1122 应收账款
	预收科目(人民币):2203 预收账款
	销售收入科目(人民币):6001 主营业务收入
	销售退回科目(人民币):6001 主营业务收入
	代垫费用科目(人民币):1001 库存现金
	现金折扣科目(人民币):6603 财务费用
	税金科目(人民币):22210103 销项税额
结算方式科目设置	结算方式为现金;币种为人民币;科目为 1001 库存现金
	结算方式为现金支票;币种为人民币;科目为 100201 工行存款
	结算方式为转账支票;币种为人民币;科目为 100201 工行存款
	结算方式为银行承兑汇票;币种为人民币;科目为 112101 银行承兑汇票
	结算方式为商业承兑汇票;币种为人民币;科目为 112102 商业承兑汇票
	结算方式为电汇;币种为人民币;科目为 100201 工行存款
	结算方式为委托收款;币种为人民币;科目为 100201 工行存款
	结算方式为其他;币种为人民币;科目为 100201 工行存款

操作步骤如下:

(1) 打开应收的“初始设置”窗口。在“应收款管理”子系统,依次单击“设置/初始设置”

项，打开应收的“初始设置”窗口。

(2) 基本科目设置。在左侧设置科目中选中“基本科目设置”，单击工具栏中的“增加”按钮，然后在第 1 行的“基础科目种类”中选择“应收科目”，“科目”录入或参照生成 1122(应收账款)，“币种”为人民币。依据表 3-6，在“基本科目设置”的第 2～7 行进行设置。

(3) 结算方式科目设置。单击“设置科目”中的“结算方式科目设置”，在第 1 行的“结算方式”中选择“现金”，“科目”录入或参照生成 1001(库存现金)，然后依据表 3-6，在“结算方式科目设置”进行其他结算方式的设置。

(4) 退出。单击该窗口中的“关闭”按钮，关闭退出该窗口。

4. 账期内账龄区间与逾期账龄区间设置

为了对应收账款进行账龄内和逾期的账龄分析，应首先设置账期内账龄区间和逾期账龄区间。表 3-7 列出的是案例企业的账期内账龄区间和逾期账龄区间，本任务是按照表 3-7 完成案例企业的账期内账龄区间和逾期账龄区间的设置。

表 3-7 账期内账龄区间与逾期账龄区间设置

账期内账龄区间			逾期账龄区间		
序号	起止天数	总天数	序号	起止天数	总天数
01	0～30	30	01	1～30	30
02	31～60	60	02	31～60	60
03	61～90	90	03	61～90	90
04	91～120	120	04	91～120	120
05	121 以上		05	121 以上	

操作步骤如下：

(1) 打开应收的“初始设置”窗口。

(2) 账期内账龄区间设置。单击“账期内账龄区间设置”，然后根据表 3-7 左侧中的内容，在“总天数”栏录入相应的天数，完成对应收款管理账期内账龄区间的设置。

(3) 逾期账龄区间设置。单击“逾期账龄区间设置”，然后根据表 3-7 右侧中的内容，在“总天数”栏录入相应的天数，完成对应付款管理逾期账龄区间的设置。

(4) 退出。单击该窗口中的“关闭”按钮，关闭该窗口。

5. 坏账准备设置

坏账初始设置可设置计提坏账准备比率和坏账准备的期初余额，它的作用是系统根据用户的应收账款进行计提坏账准备。

企业应于期末针对不包含应收票据的应收款项计提坏账准备，其基本方法是销售收入百分比法、应收余额百分比法、账龄分析法等。

- 销售收入百分比法。用户录入坏账准备期初余额和坏账计提比率。系统根据历史数据确定的坏账损失占赊销总额的百分比，估计当期由于赊销可能发生的坏账损失。
- 应收余额百分比法。用户录入坏账准备期初余额和坏账计提比率。系统以应收账款余额为基础，估计可能发生的坏账损失。

• 账龄分析法。用户录入坏账准备期初余额，选择账龄区间方案，针对账龄区间方案录入相应账龄区间的坏账计提比率。

在设置应收款系统参数时，本案例企业设置了坏账准备金的计提方法为“应收余额百分比法”。表 3-8 列出的是案例企业的坏账准备控制参数和期初余额。本任务是按照表 3-8 完成案例企业的坏账准备设置。

表 3-8 坏账准备参数

控制参数	参数设置
提取比例	0.5%
坏账准备期初余额	5852.58
坏账准备科目	1231 坏账准备
对方科目	6701(资产减值损失)

操作步骤如下：

(1) 打开应收的“初始设置”窗口。

(2) 坏账准备设置。单击“坏账准备设置”，然后依据表 3-8 的内容填制完成(比如在“提取比例”栏输入 0.5)，然后单击窗口右上部分的“确定”按钮，完成设置。

(3) 退出。单击该窗口的“关闭”按钮，关闭该窗口。

6. 报警级别设置

可以通过对报警级别的设置，将客户按照客户欠款余额与其授信额度的比例分为不同的类型，以便掌握各个客户的信用情况。表 3-9 列出的是案例企业的应收款报警级别。本任务是按照表 3-9 完成案例企业的应收款报警级别设置。

表 3-9 报警级别

级　　别	A	B	C	D	E	F
总比率(客户欠款余额占其信用额度的比例)/%	10	20	30	40	50	
起止比率/%	0～10	10～20	20～30	30～40	40～50	50 以上

操作步骤如下：

(1) 打开应收的“初始设置”窗口。

(2) 报警级别设置。单击“报警级别设置”，然后依据表 3-9 的内容，在其右窗格第 1 行的“总比率”栏录入 10，“级别名称”栏录入 A，依此方法在第 2～6 行中录入相应的级别。

(3) 退出。单击该窗口中的“关闭”按钮，关闭该窗口。

3.2.2 单据设置

本任务是将案例企业账套的销售专用发票、销售普通发票和销售订单的单据编号设置为可以自动编号和手动修改方式，并在销售订单的表头增加“定金原币金额”栏目，在“委托代销结算单”的表头增加“发票号”栏目。

1. 单据编号设置

将销售管理中销售专用发票、代垫费用单、销售普通发票和销售订单的单据编号设置为可以自动编号和手动修改方式。

操作步骤如下(以“销售专用发票”的设置为例)：

(1) 打开“单据编号设置”对话框。在“企业应用平台”的“基础设置”页签，依次单击“单据设置/单据编号设置”项，系统弹出“单据编号设置”对话框。

(2) 选中“销售专用发票”单据。在左侧的“单据类型”里，依次单击“销售管理/销售专用发票”项，选中“销售专用发票”单据。

(3) 修改“销售专用发票”单据的编号设置。单击右侧工具栏的“修改”按钮，然后勾选“手工改动，重号时自动重取”复选框，然后单击右侧工具栏中的“保存”按钮，设置完成。

(4) 编辑其他单据的编号设置。重复步骤(2)和(3)，完成代垫费用单、销售普通发票和销售订单的单据编号设置。

(5) 退出。单击“退出”按钮，退出该对话框。

2. 单据格式设置

设置“销售订单”和“委托代销结算单”的单据格式，在“销售订单”的表头增加“定金原币金额”栏目，在“委托代销结算单”的表头增加“发票号”栏目。

操作步骤如下：

(1) 打开“单据格式设置”窗口。在“单据设置”项下，双击“单据格式设置”项，系统打开“单据格式设置”窗口。

(2) 选中销售订单的显示单据。依次单击对话框左侧的“销售管理/销售订单/显示/销售订单显示模板”，右侧出现销售订单的单据格式设置界面。

(3) 增加选择“定金原币金额”表头栏目。单击选择工具栏中的“表头项目”，在系统弹出的“表头”对话框中，勾选“6 定金原币金额”，然后单击“确定”按钮，系统返回单据格式设置界面。

(4) 调整位置并保存。在格式设置界面找到“定金原币金额”编辑框，拖曳到合适的地方(比如将“汇率”的编辑栏缩小，然后将“定金原币金额”编辑栏拖曳到其右侧)，单击“保存”按钮。

(5) 选中委托代销结算单的显示单据。依次单击对话框左侧的“销售管理/委托代销结算单/显示/委托代销结算单显示模板”，右侧出现委托代销结算单单据格式设置界面。

(6) 增加选择“发票号”项目。单击选择工具栏的“表头项目”，在系统弹出的“表头”对话框中，勾选“31 发票号”，单击“确定”按钮，系统返回单据格式设置界面。

(7) 保存。在格式设置界面中找到“发票号”编辑框，将其拖曳到合适的地方，然后单击“保存”按钮。

(8) 退出。单击“单据格式设置”窗口中的“关闭”按钮，关闭该窗口。

需要指出的是，若增加之后看不到“发票号”编辑框，则是被其他项挡住了，可通过单击工具栏中的“自动布局”，使其自动排版并可见。

3.2.3 期初数据录入与对账

通过期初余额功能，可将正式启用账套前的所有应收业务数据录入到系统中，作为期初建账的数据。这样既保证了数据的连续性，又保证了数据的完整性。当初次使用应收款系统时，要将上期未处理完全的单据都录入到本系统，以便于以后的处理。当进入第二年度处理时，系统自动将上年度未处理完全的单据转成为下一年度的期初余额。在下一年度的第一个会计期间里，可以进行期初余额的调整。

本节的任务是录入应收账款期初余额并对账，表 3-10 是销售批发部业务员夏于转来的增值税发票的列表，税率为 17%。

表 3-10 销售部转来的增值税发票列表

单据日期	发票号	客户名称	存货名称	数量	无税单价	价税合计	税率/%
2017-03-25	81090301	光明公司	男士高端太阳镜	4000	420	1 965 600	17
2017-03-26	81320302	雪亮公司	女士高端太阳镜	3000	360	1 263 600	17
2017-03-28	81890303	华飞公司	女士普通太阳镜	4000	96	449 280	17
2017-03-28	81790304	明乐公司	女士普通太阳镜	400	96	44 928	17

操作步骤如下：

(1) 打开"期初余额—查询"对话框。在"应收款管理"子系统，依次单击"设置/期初余额"项，打开"期初余额—查询"对话框。

(2) 打开"期初余额"窗口。在"期初余额—查询"对话框，直接单击"确定"按钮，系统打开"期初余额"窗口。

(3) 打开"期初销售发票"窗口。单击"增加"按钮，系统弹出"单据类别"对话框，系统默认"单据名称"为"销售发票"，"单据类型"为"销售专用发票"，直接单击其"确定"按钮，系统打开"期初销售发票"窗口。

(4) 编辑一张期初销售发票。单击"增加"按钮后，在新增的发票单据上，修改表头的开票日期为 2017-03-25，"发票号"为 81090301，"客户名称"为"光明公司"，"销售部门"为"批发部"，"业务员"为"夏于"；在表体的第 1 行"货物编号"栏参照生成 00001(男士高端太阳镜)，在"数量"栏输入 4000，"无税单价"为 420，其他栏系统自动计算填充；单击"保存"按钮，完成第 1 张期初销售专用发票的录入。

(5) 完成期初销售发票的编辑。重复步骤(4)，依据表 3-10 完成第 2～4 笔期初应收业务的录入。

(6) 返回"期初余额"窗口。单击"期初销售发票"窗口的"关闭"按钮，关闭该窗口，系统返回"期初余额"窗口，然后单击工具栏中的"刷新"按钮，系统将本操作中录入的 4 张发票信息列表显示在"期初余额"窗口中。

(7) 对账。单击工具栏的"对账"按钮，应收款系统与总账管理系统根据受控科目进行一一对账，然后系统打开"期初对账"窗口，此时显示"差额"不为零，表示对账不成功，所以需要在总账系统中进行"引入"，详见 3.6.3 节。

(8) 退出。单击"期初对账"窗口和"期初余额"窗口中的"关闭"按钮，关闭相应的窗口。

3.2.4 销售存货调价单

销售存货调价单可以用来设置、修改存货的价格。调价单审核以后，价格可以更新存货价格表。本节的任务是录入与审核销售存货调价单，表 3-11 是案例企业现阶段执行的销售存货价格表。

操作步骤如下：

(1) 打开"存货调价单"窗口。在"销售管理"子系统中，依次单击"价格管理/存货价格/存货调价单"项，打开"存货调价单"窗口。

表 3-11　销售存货价格表

存货名称	数量下限	批发价 1	零售价 1	生效日期	是否促销价	税率/%
亮康眼镜	0	220		2017.4.1	否	17
亮康眼镜	100	200		2017.4.1	否	17
女士高端太阳镜	0	380		2017.4.1	否	17
女士高端太阳镜	100	360		2017.4.1	否	17

（2）新增一条存货调价。单击工具栏中的“增加”按钮，然后在新增的存货调价单中参照生成“存货编码”为 10000（亮康眼镜），编辑“数量下限”为 0，“批发价 1”为 220。

（3）完成存货调价编辑。重复步骤（2），完成表 3-11 中第 2～4 行的存货调价录入，然后单击“保存”按钮，完成存货的“定价”操作。

（4）审核。单击“审核”按钮，使存货的“定价”生效。

（5）退出。单击“存货调价单”窗口右上角的“关闭”按钮，关闭该窗口。

3.3　库存管理与存货核算管理

本节对库存和存货核算系统进行参数设置、期初余额录入与记账。

3.3.1　系统参数与核算规则设置

1. 库存管理系统参数设置

案例企业的库存管理系统除默认设置之外，还需进行如下参数设置：

- 通用设置。确认勾选“业务设置”区的“有无委托代销业务”，勾选“修改现存量时点”区的“采购入库审核时改现存量”“销售出库审核时改现存量”“产成品入库审核改现存量”“材料出库审核时改现存量”“其他出入库审核时改现存量”，注意在“业务校验”区不勾选“审核时检查货位”。
- 专用设置。“业务开关”区勾选“允许超发货单出库”，“自动带出单价的单据”区勾选“采购入库单”“采购入库取价按采购管理选项”“销售出库单”“产成品入库单”“材料出库单”“其他入库单”“其他出库单”“调拨单”。
- 预计可用量设置。“预计可用量检查公式”设置为“出入库检查预计可用量”，“预计入库量”包括“已请购量”“生产订单量”“采购在途量”“到货/在检量”“委外订单量”，“预计出库量”包括“销售订单量”“待发货量”“生产未领量”和“委外未领量”。

操作步骤如下：

（1）打开“库存选项设置”对话框。在“企业应用平台”的“业务工作”页签，依次单击“供应链/库存管理/初始设置/选项”菜单项，系统打开“库存选项设置”对话框。

（2）通用设置。在“通用设置”选项卡中，勾选“业务设置”区的“有无委托代销业务”复选框，勾选“修改现存量时点”区的“采购入库审核时改现存量”“销售出库审核时改现存量”“产成品入库审核改现存量”“材料出库审核时改现存量”“其他出入库审核时改现存量”复选框，取消“业务校验”区的“审核时检查货位”复选框的默认选中状态，其他选项按系统默认设置，结果如图 3-11 所示。

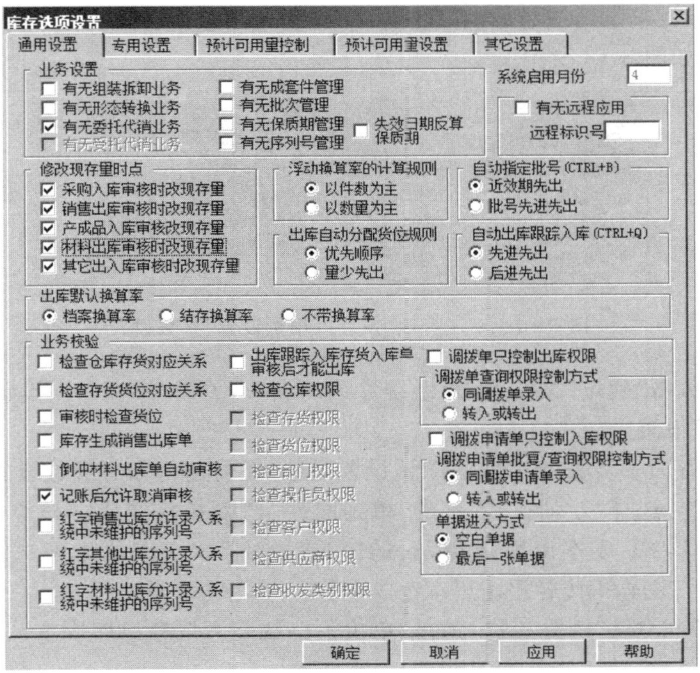

图 3-11　库存管理“通用设置”参数设置

（3）专用设置。在“专用设置”选项卡中，在“业务开关”区中勾选“允许超发货单出库”复选框，勾选“自动带出单价的单据”区的“采购入库单”及其子项“采购入库取价按采购管理选项”“产成品入库单”“材料出库单”“销售出库单”“其他入库单”“其他出库单”和“调拨单”复选框，其他选项按系统默认设置，结果如图 3-12 所示。

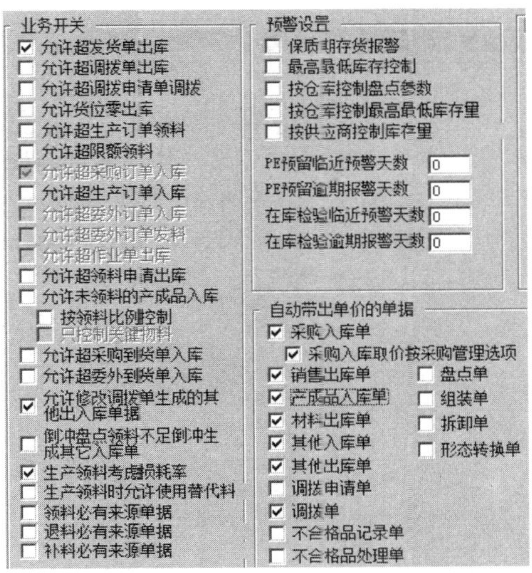

图 3-12　库存管理“专用设置”参数设置

（4）预计可用量设置。在“预计可用量设置”选项卡中，设置“预计可用量检查公式”为“出入库检查预计可用量”，“预计入库量”包括“已请购量”“生产订单量”“采购在途量”“到货/在检量”“委外订单量”,“预计出库量”包括“销售订单量”“待发货量”“生产未领量”和“委外未领量”,结果如图 3-13 所示。

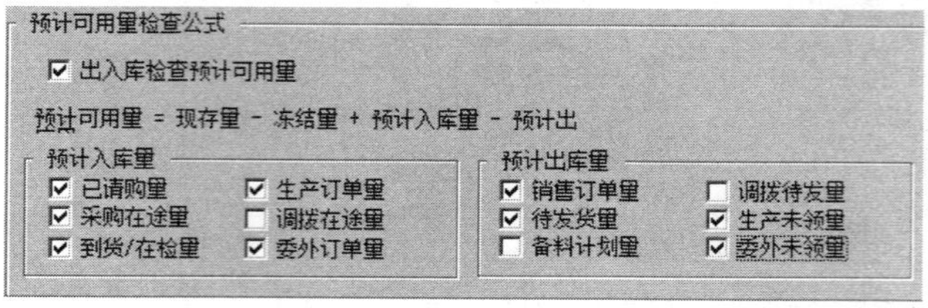

图 3-13 库存管理“预计可用量设置”参数设置

(5) 退出。单击“确定”按钮,保存系统参数的设置,关闭“库存选项设置”对话框。

2. 存货核算设置

案例企业的存货核算系统参数除默认设置之外,还需进行如下参数设置:

- 核算方式。选择“暂估方式”区的“单到回冲”,“委托代销成本核算方式”的“按发出商品核算”,“零成本出库选择”区的“参考成本”,“入库单成本选择”区的“参考成本”,“红字出库单成本”区的“参考成本”。
- 控制方式。勾选“结算单价与暂估单价不一致是否调整出库成本”。

操作步骤如下:

(1) 打开存货核算的“选项录入”对话框。在“企业应用平台”的“业务工作”页签,依次单击“供应链/存货核算/初始设置/选项/选项录入”项,系统打开“选项录入”对话框。

(2) 核算方式设置。在“核算方式”选项卡中,选择“暂估方式”区的“单到回冲”,“委托代销成本核算方式”区的“按发出商品核算”,“零成本出库选择”区的“参考成本”,“红字出库单成本”区的“参考成本”,“入库单成本选择”区的“参考成本”,其他选项按系统默认设置,结果如图 3-14 所示。

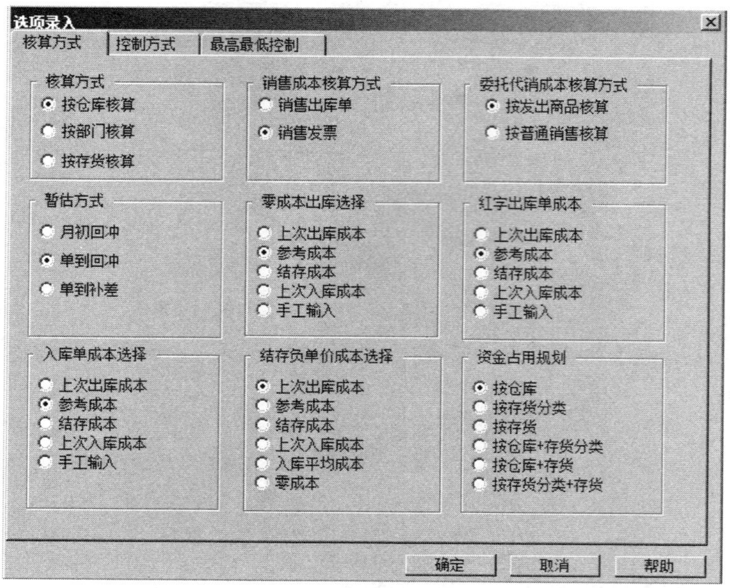

图 3-14 存货核算“核算方式”参数设置

(3) 控制方式设置。在“控制方式”选项卡中，选中“结算单价与暂估单价不一致时是否调整出库成本”复选框，其他选项按系统默认设置。

(4) 退出。单击“确定”按钮，保存系统参数的设置，关闭“选项录入”对话框。

3. 存货科目设置

存货核算系统的存货科目功能是设置本系统中生成凭证所需要的各种存货科目、差异科目、分期收款发出商品科目、委托代销科目，因此用户在制单之前应先在本系统中将存货科目设置正确、完整，否则系统生成凭证时无法自动带出科目。表 3-12 列出的是本案例企业的存货科目。本任务是按照表 3-12 完成案例企业的存货科目设置。

表 3-12　存货科目

存货分类	存货编码与存货名称	存货科目编码与名称	分期收款发出商品科目编码与名称	委托代销发出商品科目编码与名称	直运科目编码与名称
0101 太阳镜		1405 库存商品	1406 发出商品	1406 发出商品	1402 在途物资
0102 亮康眼镜		1405 库存商品	1406 发出商品	1406 发出商品	
	12210 塑料	140301 塑料			
	12220 镜片树脂	140302 镜片树脂			
	12310 硅胶	140303 硅胶			

操作步骤如下：

(1) 打开“存货科目”窗口。在“企业应用平台”的“业务工作”页签，依次单击“供应链/存货核算/初始设置/科目设置/存货科目”项，系统打开“存货科目”窗口。

(2) 编辑存货科目。单击“增加”按钮，按照表 3-12 的内容，依次填写“存货分类编码”或“存货编码”“存货科目编码”等，然后单击“保存”按钮，完成设置。

(3) 退出。单击“退出”按钮，退出“存货科目”窗口。

4. 存货对方科目设置

存货核算系统的存货对方科目功能用于设置本系统中生成凭证所需要的存货对方科目(即收发类别)所对应的会计科目，因此用户在制单之前应先在本系统中将存货对方科目设置正确、完整，否则无法生成科目完整的凭证。

表 3-13 列出的是本案例企业的存货对方科目。本任务是按照表 3-13 完成案例企业的存货对方科目设置。

表 3-13　存货对方科目

收发类别编码	收发类别名称	对方科目名称	暂估科目名称
11	商品采购入库	1402 在途物资	220202 暂估应付账款
12	材料采购入库	1401 材料采购	220202 暂估应付账款
31	销售出库	6401 主营业务成本	
32	赠品出库	6711 营业外支出	
21	盘盈入库	190101 待处理流动资产损益	
41	盘亏出库	190101 待处理流动资产损益	

操作步骤如下：

(1) 打开“对方科目”窗口。在“企业应用平台”的“业务工作”页签，依次单击“供应链/存货核算/初始设置/科目设置/对方科目”项，打开“对方科目”窗口。

(2) 编辑对方科目。单击“增加”按钮，按照表 3-13 的内容，依次填写收发类别、对方科目名称以及暂估对方科目名称，单击“保存”按钮，完成设置。

(3) 退出。单击“退出”按钮，退出“对方科目”窗口。

3.3.2 期初数据录入与记账

1. 库存期初数据

库存管理的期初数据只有在启用系统的第一年或重新初始化的年度可以录入，其他年度均不可录入。但启用第一年或重新初始化年度第一个会计月结账后，也不允许再新增、修改或删除期初数据，更不可以审核和弃审。因此应在期初数据全部录入完毕并审核后，再进行第一个会计月的结账操作。

本任务是依据表 3-14 完成案例企业的库存期初数据录入。请注意，每个仓库一张期初数据录入单据。

表 3-14 库存期初数据

仓库编码	仓库名称	存货编码	存货名称	数量	单价	入库类别
0010	大运仓库	00001	男士高端太阳镜	100	350	商品采购入库
0010	大运仓库	00003	男士普通太阳镜	100	90	商品采购入库
0010	大运仓库	00004	女士普通太阳镜	100	80	商品采购入库
0040	产成品仓库	10000	亮康眼镜	20000	160	产成品入库
0020	原材料仓库	12210	塑料	10	1000	材料采购入库
0020	原材料仓库	12310	硅胶	10	1600	材料采购入库

操作步骤如下：

(1) 打开“库存期初数据录入”窗口。在“库存管理”子系统，依次单击“初始设置/期初结存”项，打开“库存期初数据录入”窗口。

(2) 选择仓库。选择“仓库”为“大运仓库”后，单击“修改”按钮，使“库存期初”窗口处于编辑状态。

(3) 编辑一条期初数据。在表体，参照生成第 1 行的“存货编码”为 00001(男士高端太阳镜)，在“数量”栏输入 100，“单价”栏输入 350，“入库类别”为“商品采购入库”。

(4) 编辑其他期初数据。重复步骤(3)，依据表 3-14，录入“男士普通太阳镜”和“女士普通太阳镜”的期初库存数据。

(5) 保存和批审。单击“保存”按钮，保存录入的存货信息；再单击“批审”按钮，审核该仓库的所有期初数据。

(6) 编辑与审核其他仓库的期初数据。重复步骤(2)～(5)，依据表 3-14 完成“产成品仓库”和“原材料仓库”的期初库存数据录入、保存和审核工作。

(7) 退出。单击“库存期初数据录入”窗口中的“关闭”按钮，关闭退出该窗口。

提示：

- 库存期初结存数据必须按照仓库分别录入，且录入完成后必须审核。期初结存数据的审核实际是期初记账的过程，表明该仓库期初数据录入工作的完成。
- 库存期初数据审核是分仓库分存货进行的，即“审核”功能仅针对当前仓库的一条存货记录进行审核；“批审”功能是对当前仓库的所有存货执行审核，而不是审核所有仓库的存货。
- 审核后的库存期初数据不能修改、删除，但可以“弃审”后进行修改或删除。
- 库存期初结存数据录入时，若默认存货在库存系统的计量单位不是主计量单位，则需要录入该存货的单价和金额，由系统计算该存货的数量。

2. 存货核算期初数据的生成与记账

初次使用存货核算系统时，应先输入全部末级存货的期初余额。存货核算的期初数据一般与库存管理系统的期初相对应，可以直接录入；但若在库存管理系统中已经录入了，则可以在存货核算系统中通过“取数”功能从库存管理系统中取数。当然，库存的期初数据也可与存货核算的期初数据不一致，系统提供两边互相取数和对账的功能。

期初数据录入后，可执行期初记账，则系统把期初差异分配到期初单据上，并把期初单据的数据记入存货总账、存货明细账、差异账、委托代销/分期收款发出商品明细账。期初记账后，用户才能进行日常业务、账簿查询、统计分析等操作。

如果期初数据有错误，可以在取消期初记账后修改期初数据，然后重新执行期初记账。

操作步骤如下：

(1) 打开存货核算“期初余额”窗口。在“存货核算”子系统中，依次单击“初始设置/期初数据/期初余额”项，系统打开“期初余额”窗口。

(2) 从大运仓库取数。在“仓库”下拉列表中选择“大运仓库”，然后单击“取数”按钮，则系统自动读取仓库存货并显示在“期初余额”窗口中。

(3) 从其他仓库取数。重复步骤(2)，从“产成品仓库”和“原材料仓库”取数，以完成存货核算系统期初数据的生成。

(4) 对账。单击“对账”按钮，系统弹出“库存与存货期初对账查询条件”对话框，已默认选择了所有仓库，直接单击“确定”按钮，系统弹出“对账成功！”信息提示框，单击“确定”按钮退出该提示框，系统即完成了库存与存货的期初对账。

(5) 记账。单击“记账”按钮，系统弹出“期初记账成功”提示框，单击“确定”按钮，完成存货期初余额的记账工作。

(6) 汇总。单击“汇总”按钮，系统弹出“期初汇总条件选择”对话框，已默认选择了所有仓库，选择“存货级次”为“1”到“明细”，然后单击“确定”按钮，系统打开“期初数据汇总”窗口，表明已完成期初数据汇总工作。

(7) 退出。连续单击“退出”按钮，退出窗口，返回企业应用平台。

提示：

- 期初记账前可修改存货的计价方式及核算方式，可修改存货的期初数据，但记账后不能改。
- 期初数据录入完毕，必须在期初记账后才能开始日常业务核算。未记账时，允许进行单据录入、账表查询。

- 期初数据记账是针对所有期初数据进行记账操作的。因此用户在进行期初数据记账前，必须先确认所有期初数据全部录入完毕并且正确无误，再进行期初记账。
- 没有期初数据的用户可以不录入期初数据，但必须执行期初记账操作。
- 恢复期初记账时，如果是第一会计年度，可直接恢复期初记账；如果不是，则系统弹出提示框“只有调整存货的核算方式和计价方式、核算自由项、修改期初数据时才可以恢复期初记账”。
- 汇总是指对期初余额按存货进行逐级汇总。

3.4 固定资产管理

本节完成案例企业的固定资产管理的账套参数与期初设置，包括固定资产账套初始化、科目设置、固定资产类别与折旧方法设置、固定资产增加方式设置，以及固定资产原始卡片录入。

3.4.1 系统参数与折旧科目设置

1. 账套初始化

账套初始化时系统参数的设置如下：

- 启用月份为当前日期；固定资产采用“平均年限法(一)”计提折旧，折旧汇总分配周期为一个月；当“月初已计提月份＝可使用月份－1”时将剩余折旧全部提足。
- 资产类别的编码方式为2112，固定资产的编码方式按“类别编码＋序号”形式，采用自动输入方法，序号长度为5位。要求固定资产系统与总账进行对账，固定资产对账科目为“1601，固定资产”，累计折旧对账科目为“1602，累计折旧”，若对账不平衡，允许固定资产系统月末结账。
- [固定资产]默认入账科目为“1601，固定资产”，[累计折旧]默认入账科目为“1602，累计折旧”，[减值准备]默认入账科目为“1603，固定资产减值准备”，[增值税进项税额]默认入账科目为“22210101，进项税额”，[固定资产清理]默认入账科目为“1606，固定资产清理”。

操作步骤如下：

(1) 在“企业应用平台”的“业务工作”页签，依次单击“财务会计/固定资产”，系统弹出“这是第一次打开此账套，还未进行过初始化，是否进行初始化?”信息提示框。

(2) 单击“是”按钮，打开固定资产“初始化账套向导——1.约定及说明”对话框，选择“我同意”；单击“下一步”按钮，打开固定资产“初始化账套向导——2.启用月份”对话框，选择为当前日期；单击“下一步”按钮，打开固定资产“初始化账套向导——3.折旧信息”对话框，选择主要折旧方法为“平均年限法(一)”，确认选择折旧汇总分配周期为“1个月”，勾选“当(月初已计提月份＝可使用月份－1)时将剩余折旧全部提足”复选框。

(3) 单击“下一步”按钮，打开固定资产“初始化账套向导——4.编码方式”对话框，设置资产类别编码方式为“2112”，选择固定资产编码方式按“自动编码”和“类别编码＋序号”，序号长度为“5”。

(4) 单击“下一步”按钮，打开固定资产“初始化账套向导——5.账务接口”对话框，勾选“与账务系统进行对账”复选框，参照生成“固定资产对账科目”为“1601”(固定资产)，“累计折旧对账科目"为"1602"(累计折旧),勾选"在对账不平情况下允许固定资产系统月末结账"复选框;参照生成[固定资产]默认入账科目为"1601"(固定资产),[累计折旧]默认入账科目为"1602"(累计折旧),[减值准备]默认入账科目为"1603"(固定资产减值准备),[增值税进项税额]默认入账科目为"22210101"(进项税额),[固定资产清理]默认入账科目为"1606"(固定资产清理)。

(5) 单击"下一步"按钮,打开固定资产"初始化账套向导——6.完成"对话框,确认信息无误后,单击"完成"按钮,系统弹出"已经完成了新账套的所有设置工作,是否确定所设置的信息完全正确并保存对新账套的所有设置?"信息提示框,单击"是"按钮,系统提示"已经成功初始化本固定资产账套!",单击"确定"按钮,固定资产建账完成。

提示:

- 在用友 ERP 系统中,固定资产账套与企业账套是不同层次的概念。企业账套是在系统管理中建立的,是针对整个企业的;而固定资产账套是在固定资产管理系统中创建的,是企业账套的一个组成部分。类似地,工资账套(在薪资管理中创建)也是企业账套的一个组成部分。
- 约定及说明是在进行系统初始化之前需要同意的条款内容。
- "启用月份"用于查看本账套固定资产开始使用的年份和会计期间,启用日期只能查看不可修改。要录入系统的期初资料一般指截至该日期的期初资料。
- 资产类别编码方式设定以后,如果某一级资产设置了类别,则该级的长度不能修改,没有使用过的各级的长度可修改;每一个账套中资产的自动编码方式只能有一种,一经设定,该自动编码方式不得修改。
- 只有存在对应总账系统的情况下才要与账务系统对账。对账的含义是将固定资产系统内所有资产的原值、累计折旧和总账系统中的固定资产科目和累计折旧科目的余额核对,看数值是否相等。
- 系统初始化中,有些参数一旦设置完成,退出初始化向导后就不能修改了。如果要改,只能通过"重新初始化"功能实现,重新初始化将清空该账套中所有数据。所以如果有些参数设置不能确定,可单击"上一步"按钮重新设置。确实无误后,再单击"完成"按钮保存退出。

2. 部门对应折旧科目

案例企业的固定资产部门对应折旧科目如表 3-15 所示。

表 3-15 部门对应折旧科目

部门名称	对应折旧科目	部门名称	对应折旧科目
公司总部	管理费用/折旧费(660202)	仓管部	管理费用/折旧费(660202)
财务部	管理费用/折旧费(660202)	人力资源部	管理费用/折旧费(660202)
销售部	销售费用/折旧费(660102)	生产部	制造费用(5101)
采购部	管理费用/折旧费(660202)		

固定资产计提折旧后必须把折旧归入成本或费用,本账套需要按部门归集。部门对应折旧科目设置就是给部门选择一个折旧科目。录入卡片时,该科目自动显示在卡片中,不必

一个一个输入，可提高工作效率；在生成部门折旧分配表时，每一部门按折旧科目汇总，生成记账凭证。

操作步骤如下：

(1) 打开“部门对应折旧科目”窗口。在“企业应用平台”的“业务工作”页签，依次单击“财务会计/固定资产/设置/部门对应折旧科目”项，进入“部门对应折旧科目”窗口。

(2) 打开“部门对应折旧科目-单张视图”窗口。在左窗格单击“公司总部”所在行，右窗格中将仅显示“公司总部”，此时单击“修改”按钮，系统将打开“部门对应折旧科目-单张视图”窗口。

(3) 编辑某部门的对应折旧科目。在“折旧科目”栏录入或参照生成 660202，单击“保存”按钮，若有下级部门，则系统弹出“是否将[公司总部]部门的所有下级部门的折旧科目替换为[折旧费]?”，单击“是”按钮，系统返回“部门对应折旧科目-列表视图”窗口。

(4) 编辑所有部门的对应折旧科目。重复步骤(2)、(3)，完成表 3-15 中其他部门对应的折旧科目设置。

(5) 显示。单击左窗格的“固定资产部门编码目录”菜单项，“部门对应折旧科目-列表视图”窗口中将显示所有的部门及相应的折旧科目。

(6) 退出。单击“部门对应折旧科目”窗口中的“关闭”按钮，关闭该窗口。

3.4.2 类别与增减方式设置

1. 固定资产类别与折旧方法

案例企业的固定资产类别与折旧方法详见表 3-16。

表 3-16 固定资产类别与折旧方法

编码	类别名称	使用年限	净残值率/%	计提属性	折旧方法	卡片样式
01	房屋及建筑物			正常计提	平均年限法(一)	通用样式(二)
011	办公楼	30	2	正常计提	平均年限法(一)	通用样式(二)
012	厂房	30	2	正常计提	平均年限法(一)	通用样式(二)
02	机器设备			正常计提	平均年限法(一)	通用样式(二)
021	生产线	10	3	正常计提	平均年限法(一)	通用样式(二)
022	办公设备	5	3	正常计提	平均年限法(一)	通用样式(二)
03	运输工具	8	5	正常计提	平均年限法(一)	通用样式(二)

操作步骤如下：

(1) 打开“资产类别”窗口。在“企业应用平台”的“业务工作”页签，依次单击“财务会计/固定资产/设置/资产类别”项，进入“资产类别”窗口。

(2) 增加一个一级类别。单击“增加”按钮，打开“资产类别-单张视图”窗口，然后在“类别名称”栏录入“房屋及建筑物”，“计提属性”为“正常计提”，“折旧方法”为“平均年限法(一)”，“卡片样式”为“通用样式(二)”，最后单击“保存”按钮。

(3) 编辑所有一级类别。重复步骤(2)，根据表 3-16 中的相关信息，继续录入和保存 02 号“机器设备”和 03 号“运输工具”。

(4) 增加一个二级类别。单击选中左窗格的“固定资产分类编码表”的“01 房屋及建筑物”分类，再单击“增加”按钮，在“类别名称”栏录入“办公楼”，“使用年限”栏输入“30”，“净残值率”为 2，最后单击“保存”按钮。

(5) 编辑所有二级类别。重复步骤(4)，录入表 3-16 中其他的固定资产分类。

(6) 退出。单击“资产类别”窗口的“关闭”按钮，关闭该窗口。

提示：

- 应先建立上级固定资产类别，再建立下级类别，且下级类别继承上级的使用年限、净残值率，可修改。
- 只有在最新会计期间时可以增加，月末结账后则不能增加。
- 资产类别编码不能重复，同级的类别名称不能相同。
- 类别编码、名称、计提属性、卡片样式不能为空。
- 非明细级类别编码不能修改。
- 使用过的类别的计提属性不能修改。
- 未使用过的明细级类别编码修改时，只能修改本级的编码。
- 非明细级类别不能删除。
- 系统已使用(录入卡片时选用过)的类别不允许删除。

2. 增减方式

案例企业的固定资产增加和减少方式详见表 3-17。

表 3-17 固定资产增减方式

增加方式	对应入账科目	减少方式	对应入账科目
直接购入	银行存款/工行存款(100201)	出售	固定资产清理(1606)
投资者投入	实收资本(4001)	投资转出	长期股权投资(1511)
捐赠	营业外收入(6301)	捐赠转出	固定资产清理(1606)
盘盈	以前年度损益调整(6901)	盘亏	待处理财产损益/待处理固定资产损益(190102)
在建工程转入	在建工程(1604)	报废	固定资产清理(1606)
融资租入	长期应付款(2701)	毁损	固定资产清理(1606)
		融资租出	长期应收款(1531)
		拆分减少	固定资产清理(1606)

操作步骤如下：

(1) 打开“增减方式”窗口。在“企业应用平台”的“业务工作”页签，依次单击“财务会计/固定资产/设置/增减方式”项，进入“增减方式”窗口。

(2) 修改“直接购入”方式的对应入账科目。单击选中左窗格的“1 增加方式”下的“101 直接购入”，再单击“修改”按钮，打开“增减方式-单张视图”窗口，然后在“对应入账科目”栏录入或参照生成 100201，最后单击“保存”按钮。

(3) 修改其他增减方式的对应入账科目。重复步骤(2)，录入表 3-17 中其他增减方式对应的入账科目，结果如图 3-15 所示。

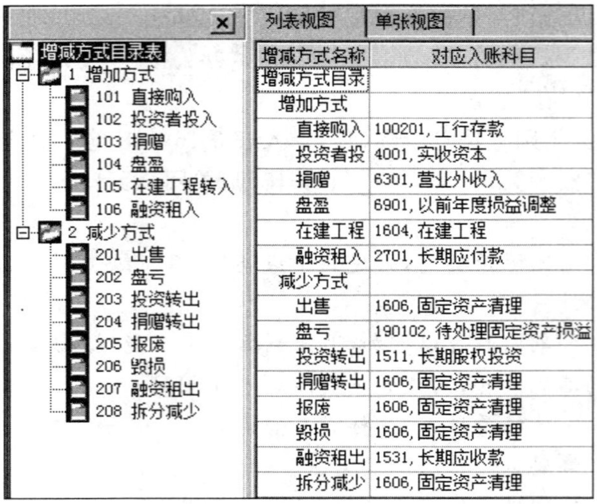

图 3-15　增减方式-列表视图

（4）退出。单击"增减方式"窗口中的"关闭"按钮，关闭该窗口。

提示：

- 在固定资产增减方式中设置的对应入账科目是系统生成凭证时的默认科目。
- 已使用（卡片已选用过）的方式不能删除。
- 非明细级方式不能删除。
- 系统默认的增减方式"盘盈""盘亏"和"毁损"不能删除。

3.4.3　固定资产原始卡片录入

原始卡片是指已使用过并已计提折旧的固定资产卡片，案例企业的原始卡片详见表 3-18。

表 3-18　固定资产原始卡片

卡片编号	00001	00002	00003	00004
固定资产编号	02200001	02200002	02200003	01200001
固定资产名称	华硕 A8 电脑	IBMX60 电脑	联想 T4202 电脑	厂房
类别编号	022	022	022	012
类别名称	办公设备	办公设备	办公设备	厂房
使用部门	经理办公室	财务部	批发部	生产部
增加方式	直接购入	直接购入	直接购入	直接购入
使用状况	在用	在用	在用	在用
使用年限	5 年	5 年	5 年	30 年
折旧方法	平均年限法（一）	平均年限法（一）	平均年限法（一）	平均年限法（一）
开始使用日期	2013-06-01	2015-11-01	2015-11-01	2010-03-01
币种	人民币	人民币	人民币	人民币

续表

原值	20 000	20 000	10 000	720 000
净残值率/%	3	3	3	2
净残值	600	600	300	14 400
累计折旧	14 580	5184	2592	163 296
月折旧率	0.0162	0.0162	0.0162	0.0027
月折旧额	324	324	162	1944
净值	5420	14 816	7408	556 704
对应折旧科目	管理费用/折旧费	管理费用/折旧费	销售费用/折旧费	制造费用

操作步骤如下：

(1) 打开"固定资产类别档案"窗口。在"企业应用平台"的"业务工作"页签，依次单击"财务会计/固定资产/卡片/录入原始卡片"项，系统打开"固定资产类别档案"窗口。

(2) 打开"固定资产卡片"窗口。双击 022"办公设备"所在行，进入"固定资产卡片"窗口，"卡片编号"默认为 00001。

(3) 在"固定资产名称"栏录入"华硕 A8 电脑"，单击"使用部门"栏，此时出现"使用部门"按钮，单击之，系统打开"固定资产—本资产部门使用方式"对话框，默认选定了"单部门使用"。

(4) 单击"确定"按钮，在系统打开的"部门基本参照"窗口中，双击"经理办公室"所在行以选择"经理办公室"，并返回"固定资产卡片"窗口。

(5) 单击"增加方式"栏，此时出现"增加方式"按钮，单击之，系统打开"固定资产增加方式"对话框，双击"直接购入"所在行，返回"固定资产卡片"窗口。

(6) 单击"使用状况"栏，此时出现"使用状况"按钮，单击之，系统打开"使用状况参照"对话框，双击"在用"所在行，返回"固定资产卡片"窗口。

(7) 在"开始使用日期"栏输入 2013-06-01，在"原值"栏输入 20000，在"累计折旧"栏输入 14580，单击"保存"按钮，系统提示"数据成功保存！"，单击"确定"按钮，返回"固定资产类别档案"窗口。

(8) 重复步骤(2)～(7)，完成表 3-18 中其他的原始卡片的信息录入工作。

(9) 单击"关闭"按钮，关闭该窗口。

提示：

- 在"固定资产卡片"窗口中，除了主卡片外，还有若干附属页签。在录入主卡片信息后，可编辑附属设备和录入以前卡片发生的各种变动。但附属页签上的信息只供参考，不参与计算。
- 可以为一个资产选择多个"使用部门"，并且当资产为多部门使用时，累计折旧采用与使用比例相同的比例在多部门间分摊。

3.5 薪资管理

本节对案例企业的薪资信息进行设置与编辑，包括薪资管理系统的参数设置、工资类别与工资项目设置、在职人员档案、在职人员的工资项目和公式定义，工资的代发银行设置、代扣税设置，以及期初工资数据的录入。

3.5.1 参数设置

案例企业的薪资管理要求如下：

- 启用日期为当前日期(2017.4.1)。
- 工资类别个数为单个。
- 要求从工资中代扣个人所得税。
- 进行扣零至元处理。

操作步骤如下：

(1) 在"企业应用平台"的"业务工作"页签，依次单击"人力资源/薪资管理"项，系统弹出"建立工资套"对话框之"1. 参数设置"。

(2) 系统默认选择本工资套所处理的工资类别个数为"单个"，直接单击"下一步"按钮，进入"2. 扣税设置"，选中"是否从工资中代扣个人所得税"复选框。

(3) 单击"下一步"按钮，进入步骤"3. 扣零设置"，先选中"扣零"复选框，然后选中"扣零至元"。

(4) 单击"下一步"按钮，进入"4. 人员编码"，系统提示"本系统要求您对员工进行统一编码，人员编码同公共平台的人员编码保持一致"。

(5) 单击"完成"按钮，完成工资套的建立。

提示：

- 工资类别个数。若单位按周或一月发多次工资，或者单位中有多种不同类别(部门)的人员，工资发放项目不尽相同，计算公式亦不相同，但需进行统一工资核算管理，应选择"多个"工资类别；如果单位中所有人员的工资统一管理，而人员的工资项目、工资计算公式全部相同，则选择"单个"工资类别。
- 若选择进行扣零处理，系统在计算工资时将依据所选择的扣零类型将零头扣下，并在积累成整时补上。

3.5.2 工资类别主管设置

为了使用薪资管理的工资管理，需要给人力资源部主管王军和财务部会计张兰分配"工资类别主管"权限。

操作步骤如下：

(1) 在"企业应用平台"的"系统服务"页签，依次单击"权限/数据权限分配"项，系统打开"权限浏览"窗口。

(2) 首先单击工具栏中的"修改"按钮，然后在左窗格中选中"张兰"，在右窗格上部的"业务对象"下拉列表中选择"工资权限"，最后勾选"工资类别主管"复选框；之后单击工具栏的"保存"按钮，保存该权限分配结果(允许张兰操作薪资模块)。

(3) 重复步骤(2)，设置"王军"的薪资模块操作权限。

(4) 单击"权限浏览"窗口的"关闭"按钮，退出该窗口。

(5) 重注册(选择"系统/重注册"菜单项)企业应用平台，以使以上设置生效。

3.5.3 人员档案设置

人员档案信息用于管理工资发放人员的姓名、职工编号、所在部门、人员类别等信息，本案例企业的在职人员档案信息详见表 3-19。

表 3-19 在职人员列表

一级部门	二级部门	人员类别	人员编码及姓名	性别	银行及银行账号
1 公司总部	101 经理办公室	企管人员	0100 李吉棕	女	工行 6222020220332016001
	102 行政办公室	企管人员	0101 陈虹	女	工行 6222020220332016002
2 财务部		企管人员	0200 曾志伟	男	工行 6222020220332016003
		企管人员	0201 张兰	女	工行 6222020220332016004
		企管人员	0202 罗迪	女	工行 6222020220332016005
3 销售部	301 批发部	销售人员	0300 赵飞	男	工行 6222020220332016006
	301 批发部	销售人员	0301 夏于	男	工行 6222020220332016007
	302 门市部	销售人员	0303 李华	男	工行 6222020220332016008
4 采购部		采购人员	0400 刘静	女	工行 6222020220332016009
		采购人员	0401 张新海	男	工行 6222020220332016010
5 仓管部		企管人员	0500 李莉	女	工行 6222020220332016011
		企管人员	0501 赵林	男	工行 6222020220332016012
		企管人员	0502 李东	男	工行 6222020220332016013
6 人力资源部		企管人员	0600 王军	男	工行 6222020220332016014
		企管人员	0601 粱京	女	工行 6222020220332016015
7 生产部		生产人员	0700 刘正	男	工行 6222020220332016016
		生产人员	0701 李江	男	工行 6222020220332016017

操作步骤如下：

(1) 打开“人员档案”窗口。在“企业应用平台”的“业务工作”页签，依次单击“人力资源/薪资管理/设置/人员档案”项，系统打开“人员档案”窗口。

(2) 打开“人员批量增加”对话框。单击工具栏的“批增”按钮，系统打开“人员批量增加”对话框。

(3) 批量增加。单击对话框中的“查询”按钮，以查询出全部人员，然后单击“全选”按钮和“确定”按钮，系统返回“人员档案”窗口，列出了所有在基础档案中已有的人员信息。

(4) 退出。单击“人员档案”窗口中的“关闭”按钮，关闭“人员档案”窗口。

3.5.4 工资项目设置

1. 工资项目设置

工资项目的增减项如下：

• 增项。基本工资、岗位工资、绩效工资、交通补助。

• 减项。养老保险、医疗保险、失业保险、住房公积金。

操作步骤如下：

(1) 打开“工资项目设置”对话框。在“企业应用平台”的“业务工作”页签，依次单击“人力资源/薪资管理/设置/工资项目设置”项，系统打开“工资项目设置”对话框。

(2) 增加基本工资项。单击“增加”按钮，从“名称参照”下拉列表中选择“基本工资”，其默认类型为“数字”，小数位数为 2，增减项为“增项”，结果如图 3-16 所示。

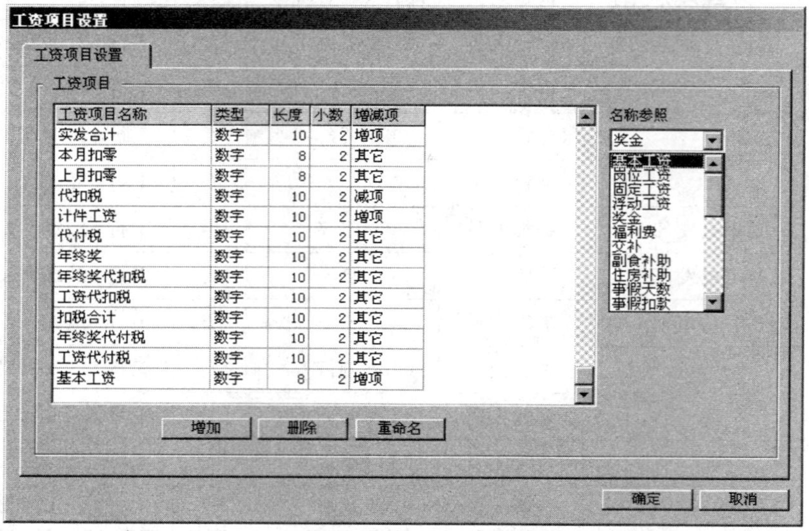

图 3-16　在工资项目设置中增加增项

(3) 增加绩效工资项。单击“增加”按钮，从“名称参照”下拉列表中选择“奖金”，重命名其“工资项目名称”为“绩效工资”。

(4) 增加其他“增项”工资项目。重复步骤(2)或(3)，完成其他“增项”工资项目的增加。

(5) 增加养老保险项。再单击“增加”按钮，从“名称参照”下拉列表中选择“保险费”，重命名其“工资项目名称”为“养老保险”，并修改其“增减项”为“减项”。

(6) 增加其他“减项”工资项目。重复(5)，完成其他“减项”工资项目的增加。

(7) 调整工资项的排列顺序。单击选中“基本工资”所在行，再单击“上移”按钮，将“基本工资”移动到工资项目栏的第 1 行，并以此方法移动其他的工资项目到相应的位置，结果如图 3-17 所示。

(8) 完成并退出。单击“工资项目设置”对话框中的“确定”按钮，完成工资项目的设置。

提示：

• 系统提供的固定工资项目，如本实验中的本月扣零、上月扣零，不能修改和删除。

• 项目名称必须唯一。工资项目一经使用，数据类型不允许修改。

• 增项直接计入应发合计，减项直接计入扣款合计，若工资项目类型为字符型，则小数位不可用，且其增减项为“其他”。

• 单击界面上的“上移”“下移”按钮可调整工资项目的排列顺序。

• 单击“确定”按钮保存设置，若放弃设置，单击“取消”返回。

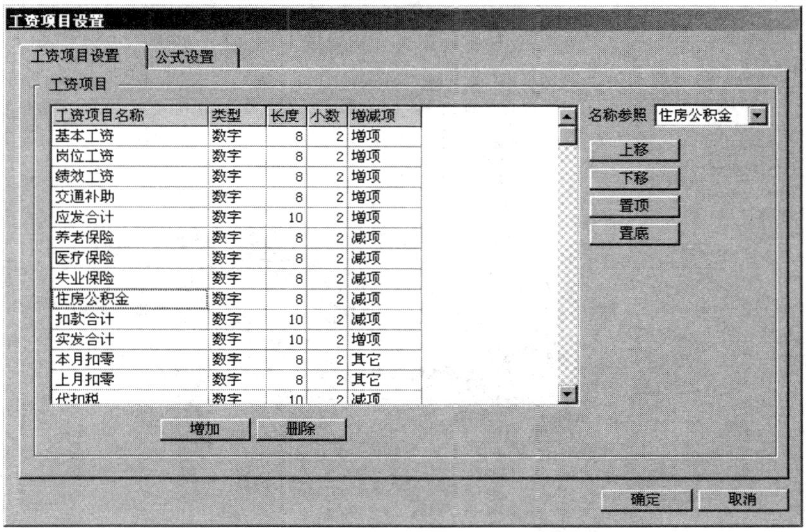

图 3-17　在职人员工资项目设置

- 单击“重命名”按钮，可修改工资项目名称。
- 选择要删除的工资项目，单击“删除”按钮，确认后即可删除。
- 系统默认：应发合计＝增项之和；扣款合计＝减项之和；实发合计＝应发合计－扣款合计。

2. 公式项目

本案例企业工资项目的公式如下：

- 养老保险＝(基本工资＋岗位工资＋绩效工资＋交通补助)×0.08
- 医疗保险＝(基本工资＋岗位工资＋绩效工资＋交通补助)×0.02
- 失业保险＝(基本工资＋岗位工资＋绩效工资＋交通补助)×0.002
- 住房公积金＝(基本工资＋岗位工资＋绩效工资＋交通补助)×0.12

操作步骤如下：

(1) 打开“工资项目设置”的“公式设置”选项卡。在“企业应用平台”的“业务工作”页签，依次单击“人力资源/薪资管理/设置/工资项目设置”项，打开“工资项目设置”对话框，再单击“公式设置”选项卡，打开“公式设置”选项卡，操作界面参见图 3-18。

(2) 增加公式项。单击“增加”按钮，并从左上角的“工资项目”列表中选择“养老保险”。

(3) 编辑公式。先单击“养老保险公式定义”区域，再单击选中运算符区域的“(”，然后从中下部的“工资项目”列表中选择“基本工资”，再单击选中运算符区域的“＋”，再从中下部的“工资项目”列表中选择“岗位工资”，再单击选中运算符区域的“＋”，再从中下部的“工资项目”列表中选择“绩效工资”，再单击选中运算符区域的“＋”，再从中下部的“工资项目”列表中选择“交通补助”，再单击选中运算符区域的“)”和运算符区域的“*”，最后在“养老保险公式定义”区域输入 0.08，结果如图 3-18 所示。

(4) 保存。单击“公式确认”按钮，完成“养老保险”的公式定义。

(5) 编辑其他公式。重复步骤(2)～(4)，完成“医疗保险”“失业保险”和“住房公积金”的公式定义。

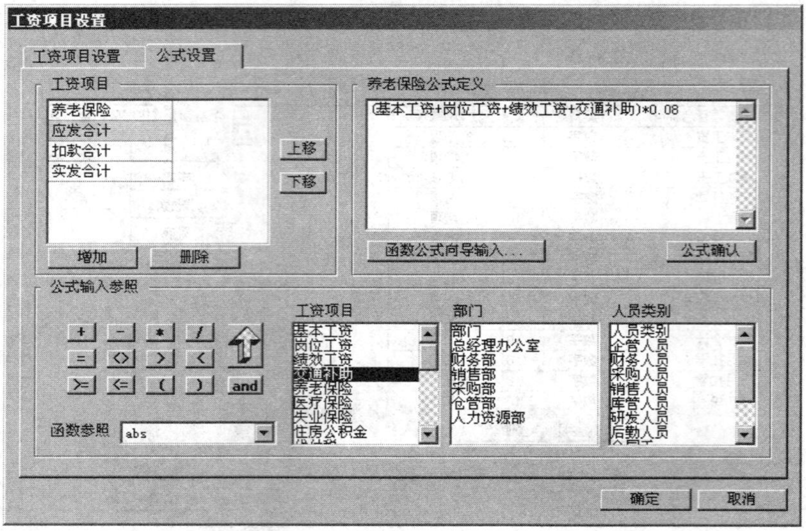

图 3-18 “养老保险”公式定义操作界面

(6) 完成并退出。单击“工资项目设置”对话框中的“确定”按钮，完成设置，退出对话框。

提示：

- 使用“公式设置”页签中的相关功能，可定义工资项目的计算公式。
- 不能删除已输入数据或已设置计算公式的工资项目。

3.5.5 工资的代扣设置

根据相关规定，案例企业的代扣个人所得税的计税基数为 3500 元，附加费用 1300 元。

操作步骤如下：

(1) 打开“选项”对话框。在“企业应用平台”的“业务工作”页签，依次单击“人力资源/薪资管理/设置/选项”项，系统打开“选项”对话框。

(2) 单击“扣税设置”选项卡，再单击“编辑”按钮，结果如图 3-19 所示。

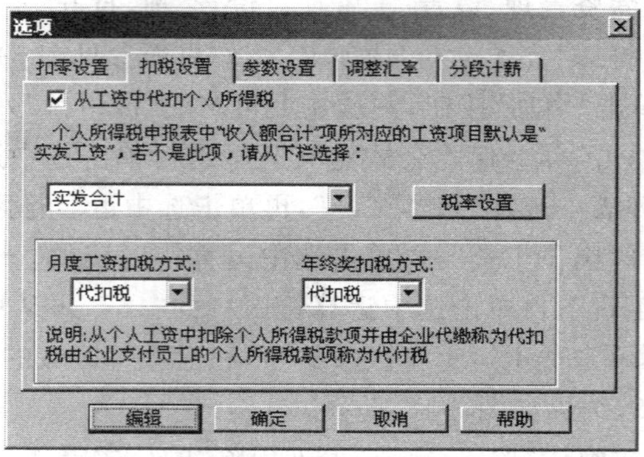

图 3-19 薪资管理“选项”对话框的“扣税设置”选项卡

(3) 单击其中的"税率设置"按钮,系统打开"个人所得税申报表—税率表"对话框(参见图 3-20)。

图 3-20 个人所得税申报表—税率表

(4) 修改并确认"基数""附加费用"和税率表的相应数据,结果如图 3-20 所示。

(5) 单击"确定"按钮,完成税率设置,返回"选项"对话框。

(6) 再单击"确定"按钮,完成设置,退出对话框。

提示:

- 只有主管人员可以修改工资账参数,工资账参数调整包括扣零设置、扣税设置、参数设置和调整汇率。
- 已经进行过月结的工资类别或发放次数不能修改币种。
- 设置工资的扣税工资项目,系统默认为"实发合计"。在实际业务中,因可能存在免税收入项目(如政府特殊津贴、院士津贴等)和税后列支项目,可以单独设置一个工资项目来计算应纳税工资。
- 如果修改了"扣税设置",需要进入"工资变动"执行"计算"和"汇总"功能,以保证"代扣税"工资项目正确地反映单位实际代扣个人所得税的金额。
- 工资和年终奖可采用不同的扣税方式,如工资为代扣税,而年终奖为代付税。

3.5.6 期初工资数据录入

案例企业在职人员的期初工资数据详见表 3-20。

表 3-20 期初工资数据

一级部门	二级部门	人员类别	人员编码及姓名	基本工资	岗位工资	绩效工资
1 公司总部	101 经理办公室	企管人员	0100 李吉棕	2000	1000	5000
	102 行政办公室	企管人员	0101 陈虹	2000	1000	3000
2 财务部		企管人员	0200 曾志伟	2000	1000	4000
		企管人员	0201 张兰	2000	900	3000
		企管人员	0202 罗迪	2000	900	3000

续表

一级部门	二级部门	人员类别	人员编码及姓名	基本工资	岗位工资	绩效工资
3 销售部	301 批发部	销售人员	0300 赵飞	2000	1000	4000
	301 批发部	销售人员	0301 夏于	2000	900	3000
	302 门市部	销售人员	0303 李华	2000	900	3000
4 采购部		采购人员	0400 刘静	2000	900	4000
		采购人员	0401 张新海	2000	500	3000
5 仓管部		企管人员	0500 李莉	2000	700	4000
		企管人员	0501 赵林	2000	700	3000
		企管人员	0502 李东	2000	700	3000
6 人力资源部		企管人员	0600 王军	2000	1000	4000
		企管人员	0601 梁京	2000	700	3000
7 生产部		生产人员	0700 刘正	2000	700	4000
		生产人员	0701 李江	2000	700	3000

操作步骤如下：

(1) 打开“人员档案”列表窗口。在“企业应用平台”的“业务工作”页签，依次单击“人力资源/薪资管理/设置/人员档案”项，进入“人员档案”列表窗口。

(2) 编辑一个员工的工资数据。双击“0100 李吉棕”所在行，系统打开“人员档案明细”对话框，并显示李吉棕的详细档案，单击“数据档案”按钮，打开“工资数据录入—页编辑”对话框，然后输入“基本工资”2000，“岗位工资”1000，“绩效工资”5000，其他数据项系统自动给出，结果如图 3-21 所示。

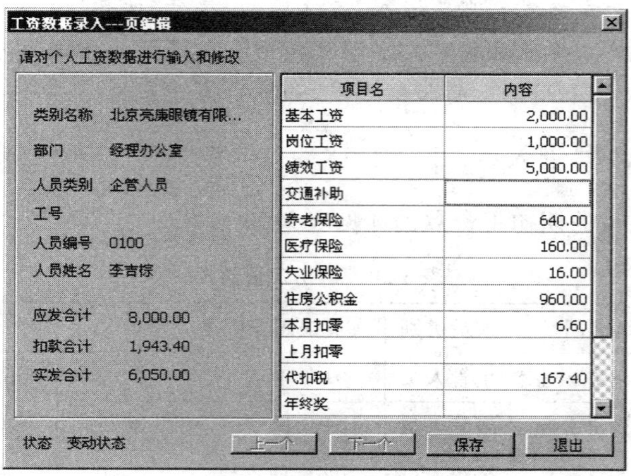

图 3-21 “工资数据录入—页编辑”对话框

(3) 保存。单击“保存”按钮，返回“人员档案明细”对话框，然后单击“确定”按钮，系统提示“写入该人员档案信息吗?”单击“确定”按钮，返回“人员档案明细”对话框，系统自动显示下一个员工的详细档案。

(4) 编辑其他员工的工资数据。重复步骤(2)、(3),将表 3-20 中所有的期初工资数据录入并保存。

(5) 退出。单击"取消"按钮,退出"人员档案明细"对话框。

3.6 总账管理

本节的任务是完成总账的系统参数与核算规则设置、总账的期初余额的录入与引入、对账和期初记账。

3.6.1 系统参数设置

案例企业的总账系统参数除默认设置之外,还需在"权限"选项卡中勾选"出纳凭证必须经由出纳签字""凭证必须经由主管会计签字"。

操作步骤如下:

(1) 打开"选项"对话框。在"企业应用平台"的"业务工作"页签,依次单击"财务会计/总账/设置/选项"菜单项,系统打开"选项"对话框。

(2) 权限设置。在"权限"选项卡中,先单击"编辑"按钮,使所有参数处于可修改状态,再选中"出纳凭证必须经由出纳签字"和"凭证必须经由主管会计签字"复选框,其他选项设置为默认状态。

(3) 退出。单击"确定"按钮,保存系统参数的设置,关闭"选项"对话框。

3.6.2 总账期初余额设置

总账的期初余额是以上期的期末余额为基础的,反映了以前期间的交易和上期采用的会计政策的结果。期初已存在的账户余额是由上期结转至本期的金额或是上期期末余额调整后的金额。本节将在总账系统中录入上月的会计科目期末余额数据信息,作为本月会计科目期初余额数据,以保证数据的完整性和连续性。

本任务是按照表 3-21～表 3-24 录入会计科目的期初余额(分 3 类完成)。

表 3-21 会计科目的期初余额

科目编码	科目名称	余额方向	币别/计量	期初余额
1001	库存现金	借		22 665.00
1002	银行存款	借		348 661.44
100201	工行存款	借		348 661.44
100202	中行存款	借		
1122	应收账款	借		3 723 408.00
1123	预付账款	借		
1231	坏账准备	贷		5852.58
1402	在途物资	借		

续表

科目编码	科目名称	余额方向	币别/计量	期初余额
1403	原材料	借		26 000.00
140301	塑料	借		10 000.00
		借	千克	10.00
140303	硅胶	借		16 000.00
		借	千克	10.00
1405	库存商品	借		3 252 000.00①
1601	固定资产	借		770 000.00
1602	累计折旧	贷		185 652.00
1711	商誉	借		47 250.00
2202	应付账款	贷		2 841 000.00
220201	一般应付账款	贷		2 691 000.00
220202	暂估应付账款	贷		150 000.00②
2203	预收账款	贷		
2211	应付职工薪酬	贷		159 659.60
221101	工资	贷		③
221102	社会保险费	贷		④
221103	住房公积金	贷		⑤
221104	工会经费	贷		⑥
221105	职工教育经费	贷		⑦
221106	非货币性福利	贷		
2221	应交税费	贷		149 710.96
222102	未交增值税	贷		9000
222103	应交所得税	贷		137 500
222104	应交个人所得税	贷		2130.96
222105	应交城市维护建设税	贷		630
222106	应交教育费附加	贷		270
222107	应交地方教育费附加	贷		180
2241	其他应付款	贷		24 064.80
224101	应付社会保险费	贷		11 056.80
224102	应付住房公积金	贷		13 008
4001	实收资本	贷		4 240 000

续表

科目编码	科目名称	余额方向	币别/计量	期初余额
4101	盈余公积	贷		59 857
4103	本年利润	贷		45 600
4104	利润分配	贷		550 000
410406	未分配利润	贷		550 000
5001	生产成本	借		71 412.50
500101	直接生产成本	借		71 412.50
50010101	直接人工	借		18 662.50
50010102	直接材料	借		52 750

注：① 详见表3-22。

② 详见表3-23。

③～⑦ 详见表3-24。

表3-22 “库存商品”的项目核算

项目编码	项目名称	期初余额
201	亮康眼镜	3 200 000.00
101	男士高端	35 000.00
103	男士普通	9000.00
104	女士普通	8000.00
总计		3 252 000.00

表3-23 暂估应付账款的期初余额

日期	供应商	摘要	方向	金额
2017—03-15	大运公司	采购女士高端太阳镜500副，暂估入库	贷	150 000.00

表3-24 “应付职工薪酬”的部门核算

部门	工资	社会保险费	住房公积金	工会经费	职工教育经费
经理办公室	7796.00	2656.80	972	162	202.50
行政办公室	5992.00	2000.80	732	122	152.50
财务部	18 593.60	6215.60	2274	379	473.75
批发部	12 813.80	4296.80	1572	262	327.50
门市部	5899.80	1968	720	120	150
采购部	12 272.80	4100	1500	250	312.50
仓管部	17 948.20	5986	2190	365	456.25
人力资源部	12 629.40	4231.20	1548	258	322.50
生产部	12 272.80	4100	1500	250	312.50
总计	106 218.40	35 555.20	13 008	2168	2710

根据期初余额录入方式的不同，在此把会计科目分为3类：直接录入、参照录入以及通过录入下级科目自动得出，具体可参见图3-22。

图3-22 总账中期初余额的录入方式

一般而言，只有末级科目且辅助账类型不是项目核算和部门核算，而且不需要与其他子系统账簿对账的账户，其期初余额才能直接录入；是项目核算或部门核算的末级科目，以及需要与其他账簿对账的末级科目，其账户的期初余额需要参照录入；非末级科目的账户期初余额是通过录入下级科目的账户期初余额后系统自动得出的。

下面是具体的分类说明，以及相应的录入操作步骤。

1. 直接录入

可直接录入期初余额的科目包括库存现金、工行存款、坏账准备、塑料、镜片树脂、硅胶、固定资产、累计折旧、应交税费、未交增值税、应交所得税、实收资本、盈余公积、本年利润、直接人工、直接材料、制造费用。这些科目是末级科目且辅助账类型不是项目核算和部门核算，而且也不需要与其他账簿对账。

操作步骤如下：

(1) 打开总账的"期初余额"窗口。在"企业应用平台"的"业务工作"页签下，依次单击"财务会计/总账/设置/期初余额"项，打开"期初余额"窗口。

(2) 编辑科目期初余额。双击相应科目的"期初余额"栏，然后录入其期初余额值。

(3) 完成期初余额编辑。重复步骤(2)，依据表3-21编辑完成可直接录入的会计科目期初余额。

(4) 退出。单击"期初余额"窗口中的"退出"按钮，退出该窗口。

2. 参照录入

参照录入分为项目核算的参照录入(如库存商品)、需要与存货核算对账的参照录入(通过总账中的期初往来明细参照录入)和需要与应收应付系统对账的参照录入(先在应收、应付系统中进行期初余额录入,然后在总账中进行期初余额引入)。

- 项目核算的参照录入。可在"期初余额"窗口中双击项目核算科目,如库存商品,系统将弹出"辅助期初余额"窗口,逐一录入各个项目的期初余额,然后退出该窗口返回"期初余额"窗口后,该科目的余额将自动带入。
- 需要与存货核算对账的参照录入。可在总账系统中通过期初往来明细参照录入,以"暂估应付账款"为例:
  - 在总账系统的"期初余额"窗口中,双击"暂估应付账款"科目,然后在系统弹出的"辅助期初余额"窗口中,单击"往来明细"按钮,进入"期初往来明细"窗口。
  - 单击"增行"按钮,录入"日期"为 2017-03-15,"供应商"为"大运公司","摘要"为"采购女士高端太阳镜 500 副,暂估入库","方向"为"贷",金额为 150 000。
  - 单击"汇总"按钮,系统弹出信息提示框,单击"确定"按钮,完成往来明细的汇总,单击"退出"按钮,返回"期初余额"窗口后,该科目的余额自动带入。
- 需要与应收应付系统对账的参照录入。通过先在应收、应付系统中进行期初余额录入(相应的操作详见 3.1.3 节和 3.2.3 节),然后在总账进行期初余额引入(详见 3.6.3 节)。

3. 通过录入下级科目自动得出

该类会计科目的期初余额不需要通过人工录入,系统会依据其下级科目的账户期初余额自动给出。因为有些会计科目之间存在勾稽关系,系统可以自行处理。比如原材料科目的账户期初余额可以通过在录入原材料类的塑料、镜片树脂和硅胶的数量和单价后由系统自动计算给出。

3.6.3 期初余额引入与对账

1. 期初余额引入与汇总

案例企业需要在总账系统中进行期初余额引入与汇总的科目包括应收账款和一般应付账款。

操作步骤(以应收账款为例):

(1) 打开总账系统的"期初余额"窗口。在"企业应用平台"的"业务工作"页签,依次单击"财务会计/总账/设置/期初余额"项,系统打开总账系统的"期初余额"窗口。

(2) 双击"应收账款"科目所在行,系统打开"辅助期初余额"窗口。

(3) 单击工具栏的"往来明细"按钮,系统打开"期初往来明细"窗口。

(4) 单击工具栏的"引入"按钮,系统弹出信息框"确定要引入期初吗?"单击"是"按钮,系统将应收款系统中录入的 4 张发票信息引入总账,并显示在"期初往来明细"窗口中。

(5) 单击工具栏中的"汇总"按钮,系统汇总客户往来明细辅助期初,在系统弹出的多个对话框中直接单击"是"和"确定"按钮,以返回"期初往来明组"窗口。

(6) 退出并返回总账系统的"期初余额"窗口。单击"期初往来明细"窗口和"辅助期初余额"窗口中的"退出"按钮。

可重复步骤(2)~(6),完成"一般应付账款"科目的期初余额数据引入和汇总。

提示：如果总账的期初数据不可修改(即存在当月已记账凭证)，则不可使用引入功能。

2. 期初余额对账

操作步骤如下：

(1) 打开总账系统的"期初余额"窗口。

(2) 对账。单击"对账"按钮，系统弹出"期初对账"对话框，提示将"核对总账上下级""核对总账与辅助账""核对辅助账与明细账"，单击"开始"按钮，系统开始对总账与应付账和应收账、总账与辅助账、辅助账与明细账进行核对，完成之后在"期初对账"对话框中给出对账结果。

(3) 退出。单击"取消"按钮，关闭"期初对账"对话框，返回"期初余额"窗口。

提示：如果对账后发现有错误，可单击"显示对账错误"按钮，系统将把对账中发现的问题列出来。

3. 期初试算

操作步骤如下：

(1) 打开总账系统的"期初余额"窗口。

(2) 试算。单击"试算"按钮，系统弹出"期初试算平衡表"对话框，并给出试算结果，如图 3-23 所示。

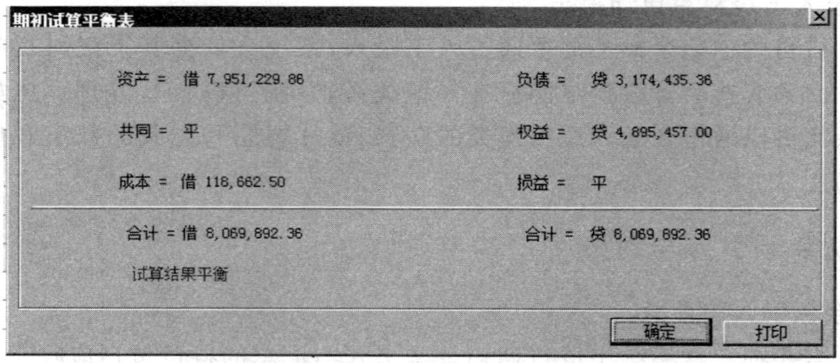

图 3-23 期初试算结果

(3) 单击"确定"按钮，系统返回"期初余额"窗口。

(4) 单击工具栏中的"退出"按钮，退出"期初余额"窗口。

提示：在总账系统中，若有当月凭证已记账，则总账期初余额不能再修改。

第 2 部分　日 常 业 务

第4章 总账月初业务

用友 ERP-U8 的总账系统属于财务管理系统的一部分，它为各类企事业单位提供了凭证管理、账簿处理、出纳管理、期末转账等基本核算功能，并提供个人、部门、客户、供应商、项目核算等辅助管理功能。在业务处理的过程中，可随时查询包括未记账凭证的所有账表，以满足管理者对信息及时查阅的需求。

一般地，总账的月初业务包括计算并缴纳上一季度和上月代扣代缴的税费，以及缴纳社会保险费和住房公积金；月末业务包括计算应交增值税及结转未缴增值税，计算并结转城市维护建设税及教育费附加费，期间损益结转处理，以及计算并结转本月企业所得税等。至于各种费用的预支与报销，证券投资、银行结息等的财务处理，银行对账处理，以及凭证的出纳签字、会计主管签字与审核等各种总账业务，可能会发生在任何时间。

但为了既满足企业业务的实际情况，又利于教学的由浅入深、分类进行，本教程将总账系统的功能分为月初（第 4 章）和月末（第 11 章）两部分，并在月初业务中设计了缴纳税费、预支差旅费和银行放贷业务，在月末业务中设计了银行计息处理、报销差旅费、计提税费、委托代发工资和银行对账等业务。

本章的操作请按照业务描述中的系统日期（如 4 月 1 日）和操作员（如财务部主管曾志伟、会计张兰、出纳罗迪），在第 3 章完成的基础上在"总账"管理系统进行。故在实验操作前，需要将系统时间调整为 2017 年 4 月 1 日。如果没有调整系统时间，则在登录"企业应用平台"时需要修改"操作日期"为 2017 年 4 月 1 日；如果操作日期与账套建账时间之间的跨度超过 3 个月，则该账套在演示版状态下不能执行任何操作。

如果没有完成第 3 章的各个子系统期初设置任务，可以到百度云盘空间（云盘地址：http://pan.baidu.com/s/1i5iB4aT，访问密码：dq38）的"实验账套数据"文件夹中，将"03 期初记账.rar"下载到实验用机上，然后引入（操作步骤详见 1.3.5 节）到 ERP-U8 系统中。

需要注意的是，因云盘中的账套备份文件均为压缩文件，所以下载完成后，在引入之前，需要用解压缩工具进行解压（建议用 WinRAR 3.42 或以上版本），得到相应可以引入的账套数据文件。此外，本章完成的账套，其输出的压缩文件名为"04 总账月初.rar"。

本章的所有业务实验操作都有配套的微视频，可以通过扫描二维码或者到指定的网页去观看。本教程配套的微视频均存放在北京神州明灯教育科技有限公司和合一集团的网站上，相应的访问说明请参见云盘中的"微视频访问说明.doc"。

4.1 缴纳上月税费

根据案例公司的会计制度，需要每个季度初预缴上一季度的企业所得税，全年汇总清缴；每月月初缴纳上月代扣的个人所得税以及上月的增值税、城市维护建设税、教育费附加和地方教育费附加。

4.1.1 业务概述与分析

4 月 1 日，以网上电子缴税方式缴纳第一季度企业所得税（137 500 元），向税务部门缴纳上月代扣代缴个人所得税（2130.96 元），缴纳上月的增值税（9000 元）、城市维护建设税（630 元）、教育费附加（270 元）和地方教育费附加（180 元）。相关的缴税单据可参见图 4-1 和图 4-2。

中国工商银行北京市昌平支行　电子缴税付款凭证

转账日期：20170401　　　　凭证字号：34790801

纳税人全称及纳税人识别号：北京亮康眼镜有限公司 1101082121202

付款人全称：北京亮康眼镜有限公司

付款人账号：110202052678298790８　　征收机关名称：北京市昌平区地方税务局

付款人开户银行：中国工商银行北京市昌平支行　　收款国库（银行）名称：国家金库北京市昌平区支库（代理）

小写（合计）金额：￥3210.96　　缴款书交易流水号：0289719351

大写（合计）金额：叁仟贰佰壹拾元玖角陆分　　税票号码：002897612324355２

税种名称	所属时间	实缴金额
应缴城市维护建设税	20170301—20170331	￥630.00
应交个人所得税	20170301—20170331	￥2130.96
应缴教育附加税	20170301—20170331	￥270.00
应缴地方教育附加税	20170301—20170331	￥180.00

第二联　作付款回单（无银行收讫章无效）　　复核（略）　　记账（略）

图 4-1　地税缴税回单

中国工商银行北京市昌平支行　电子缴税付款凭证

转账日期：20170401　　　　凭证字号：33790802

纳税人全称及纳税人识别号：北京亮康眼镜有限公司 1101082121202

付款人全称：北京亮康眼镜有限公司

付款人账号：1102020526782987908　　征收机关名称：北京市昌平区国家税务局

付款人开户银行：中国工商银行北京市昌平支行　　收款国库（银行）名称：国家金库北京市昌平区支库（代理）

小写（合计）金额：￥146500.00　　缴款书交易流水号：0289719087

大写（合计）金额：拾肆万陆仟伍佰元整　　税票号码：002897612324517８

税种名称	所属时间	实缴金额
增值税	20170301—20170331	￥9000.00
企业所得税	20170101—20170331	￥137500.00

第二联　作付款回单（无银行收讫章无效）　　复核（略）　　记账（略）

图 4-2　国税缴税回单

本笔业务是缴纳上季度的企业所得税、上月的企业未交增值税以及上月的个人所得税、城市维护建设税、教育费附加和地方教育费附加，可以先通过“自定义转账”计算税费，然后网上缴纳并通过“转账生成”生成凭证，也可以直接在总账中填制凭证。最后进行凭证的出纳签字、主管签字与审核以及凭证的记账。注意该笔业务的结算方式为6(其他)。

为尽可能全面讲解各种操作方法和操作技巧，本节通过“自定义转账”操作，在总账中填制凭证的相关操作可参见4.3.2节。

4.1.2 预备知识

在社会经济体系中，企业是扣缴义务人。在税收法律关系中，扣缴义务人是一种特殊的纳税主体，在征税主体与纳税主体之间。一方面，代扣、代收税款时，它代表国家行使征税权；另一方面，在税款上缴国库时，又在履行纳税主体的义务。

本笔业务涉及企业的代扣代缴，下面说明并辨析代扣代缴与代收代缴这两个概念，并解释相关的代扣代缴或应缴的税种。

1. 代扣代缴与代收代缴

代扣代缴，是依照税法规定负有代扣代缴义务的单位和个人，从纳税人持有的收入中扣取应纳税款并向税务机关解缴的一种纳税方式。它与代收代缴的区别表现在：代扣代缴义务人直接持有纳税人的收入，并从中直接扣除纳税人的应纳税款，而代收代缴义务人是在与纳税人的经济往来中收取纳税人的应纳税款并代为缴纳。

2. 相关税费

案例公司应缴纳的税费有以下7种：

(1) 应交所得税。应交所得税是指企业按照国家税法规定，应从生产经营等活动的所得中交纳的税金。企业应在“应交税费”科目下设置“应交所得税”明细科目，核算企业交纳的企业所得税。

根据现行税法规定，应交所得税的计算公式为

$$应交所得税额=应纳税所得额\times适用税率-减免税额-允许抵免的税额$$

应纳税所得额是企业所得税的计税依据，准确计算应纳税所得额是正确计算应交所得税的前提。根据现行企业所得税纳税申报办法，企业应在会计利润总额的基础上，加减纳税调整额后计算出“纳税调整后所得”(应纳税所得额)。会计与税法的差异(包括收入类、扣除类、资产类等一次性和暂时性差异)通过纳税调整明细表集中体现。

根据会计制度，案例公司的所得税税率为25%，按月预计，按季预缴，全年汇总清缴。

(2) 个人所得税。指在中国境内有住所，或者虽无住所但在境内居住满一年，以及无住所又不居住或居住不满一年但有从中国境内取得所得的个人，包括中国公民、个体工商户、外籍个人等。

代扣代缴的应交个人所得税按照《个人所得税代扣代缴暂行办法》的规定，扣缴义务人应设立代扣代缴税收账簿，正确反映个人所得税的扣缴情况，并如实填写《扣缴个人所得税报告》及其他有关资料。本公司设置了“应交税费—应交个人所得税”科目来核算代扣代缴的应交个人所得税。

(3) 进项税额与销项税额。进项税额是指当期购进货物或应税劳务缴纳的增值税税额，计算公式如下：

$$进项税额=(外购原料、燃料、动力)\times税率/(1+税率)$$

进项税额是已经支付的钱，在编制会计账户的时候记在借方。销项税额是增值税纳税人销售货物和应交税劳务，按照销售额和适用税率计算并向购买方收取的增值税税额。

在企业计算时，销项税额扣减进项税额后的数字，才是应缴纳的增值税。本公司设置二级科目“应交税费—应交增值税”进行核算。

本公司为增值税一般纳税人，购销增值税税率为17%，代销手续费的增值税税率为6%，运费增值税税率11%，按月缴纳。

(4) 未交增值税。“未交增值税”是“应交税费”的二级明细科目，该科目专门用来核算未缴或多缴的增值税。平时无发生额，月末结账时，当“应交税费—应交增值税”为贷方余额时，为应缴增值税，应将其贷方余额转入该科目的贷方，反映企业未缴的增值税；当“应交税费—应交增值税”为借方余额(即多缴增值税)时，应将其多缴的增值税转入该科目的借方，反映企业多缴的增值税。

“未交增值税”明细科目核算一般纳税人月份终了自“应交增值税”明细科目转入的未交或多交的增值税额。

企业发生当月上缴上月未交的增值税的情况时，应在“未交增值税”明细科目核算，其账务处理是：缴纳时，借记“应交税费—未交增值税”科目，贷记“银行存款”等有关科目。“未交增值税”明细科目期末可能无余额，也可能有余额，可能是贷方余额，也可能是借方余额。“未交增值税”明细科目期末如借方余额，则反映企业多交的增值税额。

(5) 城市维护建设税。城市维护建设税(以下简称城建税)是国家对缴纳增值税、消费税、营业税(以下简称“三税”)的单位和个人就其缴纳的“三税”税额为计税依据而征收的一种税。现行的《中华人民共和国城市维护建设税暂行条例》是国务院于1985年2月8日发布，并于1985年实施的。城建税实行差别比例税率，即按照纳税人所在地的不同，实行了三档地区差别比例税率，具体如下：

- 纳税人所在地为城市市区的，税率为7%。案例公司的城建税税率为7%。
- 纳税人所在地为县城、建制镇的，税率为5%。
- 纳税人所在地不在城市市区、县城或者建制镇的，税率为1%。

计算公式为

应纳城建税额=实际缴纳的“三税”税额之和×适用税率

(6) 教育费附加。教育费附加是对缴纳增值税、消费税、营业税的单位和个人征收的一种附加费，其作用是发展教育事业，扩大教育经费的资金来源。教育费附加的征收率为3%。计算公式为

应纳教育费附加=实际缴纳的“三税”税额之和×3%

(7) 地方教育费附加。地方教育费附加也是对缴纳增值税、消费税、营业税的单位和个人征收的一种附加费，其征收率为2%。计算公式为

应纳地方教育费附加=实际缴纳的“三税”税额之和×2%

4.1.3 虚拟业务场景

人物：曾志伟——财务部主管

张兰——财务部会计

罗迪——财务部出纳

场景一：财务主管曾志伟分配职员张兰计算与缴纳税费。

曾志伟：今天4月1号了。小张，你把第一季度的企业所得税和上月的税费计算并交

纳一下吧。

张兰：嗯，好的，我现在统计。（通过自定义转账计算地税和国税。）

场景二：张兰完成税费缴纳与制单。

（张兰网上缴纳税费后，通过“转账生成”生成凭证。）

场景三：会计张兰申请对凭证的出纳签字，主管签字与审核，并记账。

张兰：小罗，税费的记账凭证已经做好了，你确认一下吧。

罗迪：嗯，好的。（凭证的出纳签字）我签过了。

张兰：谢谢！（将凭证转给曾志伟。）

曾志伟：辛苦你了，我看一下。（凭证的主管签字、审核。）

（张兰做凭证记账。）

4.1.4 操作指导

1. 操作流程

图 4-3 是代扣代缴税费操作流程。

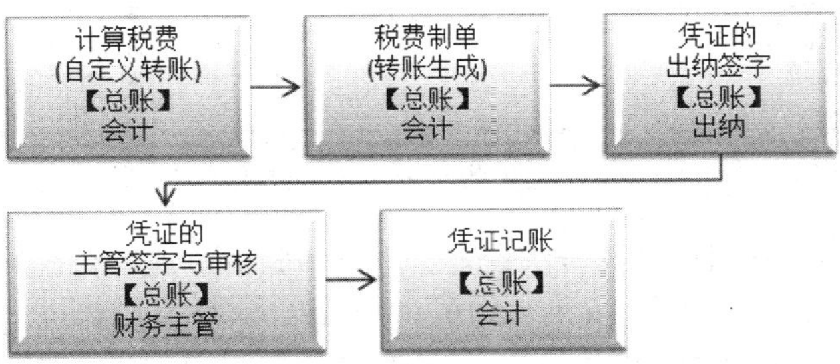

图 4-3 代扣代缴税费操作流程图

提示：操作流程图的每个流程框中，【××】（如【总账】）是操作的模块，最下面一行的文字是操作岗位的名称，如“会计”或“财务主管”。

请确认系统日期和业务日期为 2017 年 4 月 1 日。

2. 场景一的操作步骤

视频网址：http://www.mdmuke.com/mdmk/mcd/page/view.php?id=1255

任务说明：财务部会计张兰进行代扣代缴税费的计算。

（请以张兰的身份登录进入“企业应用平台”，下同，从略。）

(1) 打开“自定义转账设置”窗口。在“企业应用平台”的“业务工作”页签中，依次单击“财务会计/总账/期末/转账定义/自定义转账”项，系统打开“自定义转账设置”窗口。

(2) 进行“缴纳税费(地税)”的转账设置。

① 定义转账说明。单击工具栏的“增加”按钮，系统弹出“转账目录”对话框，编辑“转账序号”为 0001，“转账说明”为“缴纳税费(地税)”，单击“确定”按钮，返回“自定义转账设置”窗口。

② 提取各种地税税费。以提取应交个人所得税为例：在“自定义转账设置”窗口中，单击工具栏的“增行”按钮，编辑“科目编码”为 222104(应交个人所得税)，方向设定为“借”，单

击“金额公式”的参照按钮，在弹出的“公式向导”对话框中，选择公式名称为“期初余额”，单击“下一步”按钮，确认科目为222104，其他选项默认，单击“完成”按钮，返回“自定义转账设置”窗口，公式结果为QC(222104,月)。

以同样的方法提取应交城市维护建设税、应交教育费附加和应交地方教育费附加，将科目分别设置为222105(应交城市维护建设税)，222106(应交教育费附加)和222107(应交地方教育费附加)，“金额公式”分别设置为QC(222105,月)、QC(222106,月)和QC(222107,月)。

③ 设置结算方式。单击工具栏中的“增行”按钮，编辑“科目编码”为100201(工行存款)，方向设定为“贷”，金额公式为“JG()”(取对方科目计算结果)。

④ 保存。单击工具栏的“保存”按钮，保存所有转账设置，其结果如图4-4所示。

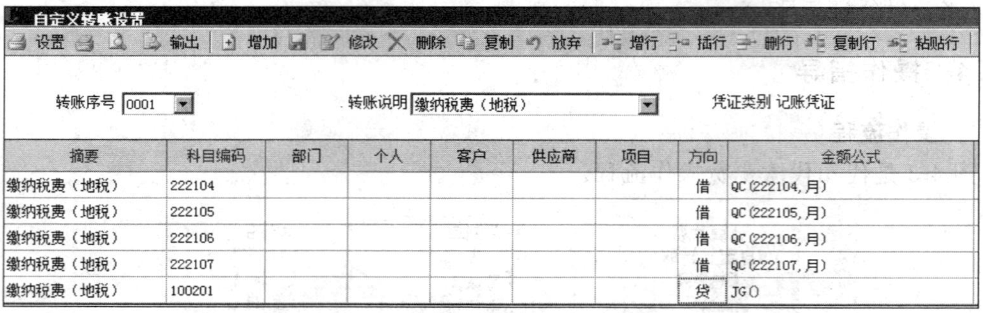

摘要	科目编码	部门	个人	客户	供应商	项目	方向	金额公式
缴纳税费（地税）	222104						借	QC(222104,月)
缴纳税费（地税）	222105						借	QC(222105,月)
缴纳税费（地税）	222106						借	QC(222106,月)
缴纳税费（地税）	222107						借	QC(222107,月)
缴纳税费（地税）	100201						贷	JG()

图4-4 缴纳地税的自定义转账公式定义结果

(3) 进行“缴纳税费(国税)”的转账设置。重复步骤(2)，提取企业的未交增值税和应交所得税，其科目分别设置为222102(未交增值税)、222103(应交所得税)，“金额公式”分别设置为QC(222102,月)和QC(222103,月)，结算方式为100201(工行存款)，结果如图4-5所示。

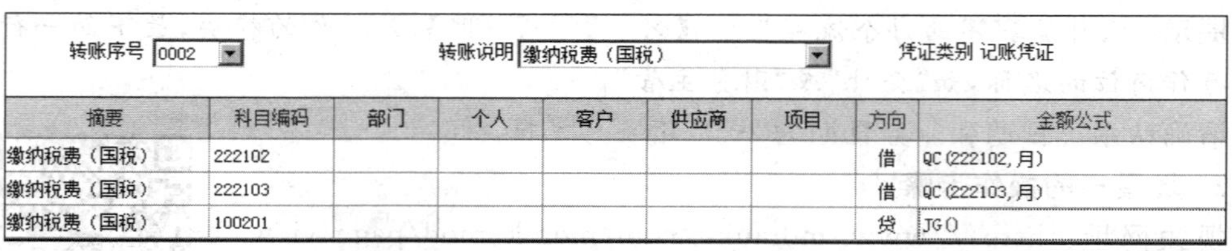

摘要	科目编码	部门	个人	客户	供应商	项目	方向	金额公式
缴纳税费（国税）	222102						借	QC(222102,月)
缴纳税费（国税）	222103						借	QC(222103,月)
缴纳税费（国税）	100201						贷	JG()

图4-5 缴纳国税的自定义转账公式定义结果图

(4) 退出。单击工具栏中的“退出”按钮，退出该窗口。

3. 场景二的操作步骤

视频网址： http://www.mdmuke.com/mdmk/mod/page/view.php?id=1256

任务说明： 财务部会计张兰进行代缴税费的凭证生成。

(1) 打开“转账生成”对话框。在“总账”子系统，依次单击“期末/转账生成”项，系统打开“转账生成”对话框。

(2) 转账生成凭证。在“转账生成”对话框中，选中“自定义转账”，双击“编号”为0001和0002的记录行的“是否结转”栏，使其出现Y字样，再单击“确定”按钮，系统弹出“转账”

窗口(此时生成了相应的记账凭证)。

(3) 编辑地税凭证的“结算方式”为 6。在“转账”窗口中,首先单击“工行存款”科目名称,然后将鼠标移动到“票号”区域,待其变成笔尖形状时双击,系统将打开“辅助项”对话框,参照生成或录入“结算方式”为 6,然后单击对话框中的“确定”按钮,返回“转账”窗口。

(4) 保存地税凭证。单击工具栏中的“保存”按钮,凭证左上角出现“已生成”字样,表示已保存该凭证,结果如图 4-6 所示。

已生成

记账凭证

记 字 0001　　制单日期: 2017.04.01　　审核日期:　　附单据数: 0

摘要	科目名称	借方金额	贷方金额
缴纳税费(地税)	应交税费/应交个人所得税	213096	
缴纳税费(地税)	应交税费/应交城市维护建设税	63000	
缴纳税费(地税)	应交税费/应交教育费附加	27000	
缴纳税费(地税)	应交税费/应交地方教育费附加	18000	
缴纳税费(地税)	银行存款/工行存款		321096
票号 日期	数量 单价 合计	321096	321096

备注 项目　部门　个人　客户　业务员

记账　审核　出纳　制单 张兰

图 4-6　地税缴税的记账凭证

(5) 编辑并保存国税凭证。在“转账”窗口中,单击“下张凭证”按钮,然后设置“工行存款”科目的“结算方式”为 6,然后单击工具栏中的“保存”按钮,结果如图 4-7 所示。

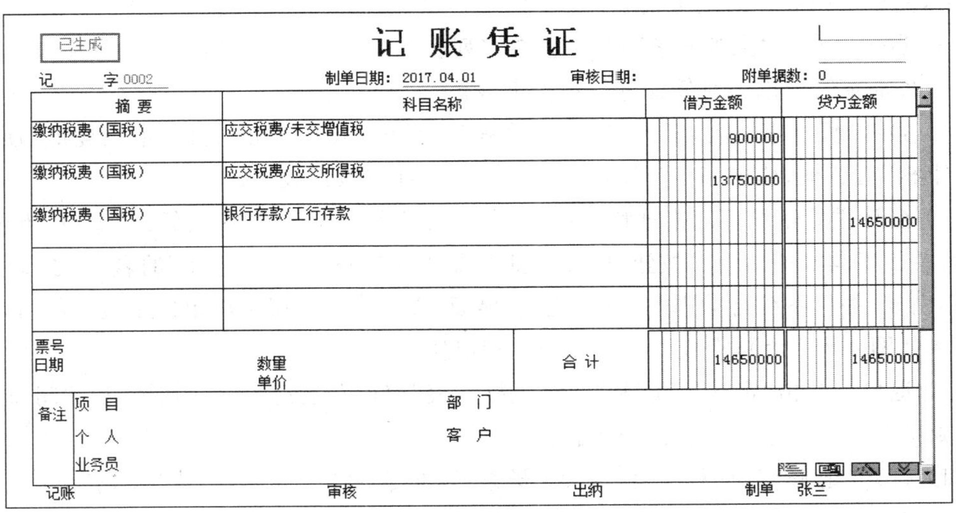

已生成

记账凭证

记 字 0002　　制单日期: 2017.04.01　　审核日期:　　附单据数: 0

摘要	科目名称	借方金额	贷方金额
缴纳税费(国税)	应交税费/未交增值税	900000	
缴纳税费(国税)	应交税费/应交所得税	13750000	
缴纳税费(国税)	银行存款/工行存款		14650000
票号 日期	数量 单价 合计	14650000	14650000

备注 项目　部门　个人　客户　业务员

记账　审核　出纳　制单 张兰

图 4-7　国税缴税的记账凭证

(6) 退出。单击“转账”窗口工具栏中的“退出”按钮,退出该窗口;再单击“转账生成”对话框右上角的“关闭”按钮,关闭该对话框。

4. 场景三的操作步骤

视频网址：http://www.mdmuke.com/mdmk/mod/page/view.php?id=1257

任务说明：代缴税费凭证由出纳罗迪签字，主管曾志伟签字与审核，会计张兰进行凭证记账。

【财务部出纳罗迪对凭证进行出纳签字】

（请以罗迪的身份，登录进入"企业应用平台"，下同，从略。）

(1) 打开"出纳签字列表"窗口。在"总账"子系统，依次单击"凭证/出纳签字"项，系统弹出"出纳签字"对话框，单击"确定"按钮，系统打开"出纳签字列表"窗口。

(2) 出纳签字。双击地税凭证所在的行，进入该凭证的"出纳签字"窗口，查阅信息无误后单击工具栏的"签字"按钮，即在凭证下方"出纳"处显示"罗迪"的名字，表示出纳签字完成。单击"下张凭证"按钮，查阅信息无误后再单击工具栏中的"签字"按钮(结果可参见图 4-8)，完成两张凭证的出纳签字。

(3) 退出。单击"出纳签字"和"出纳签字列表"窗口右上角的"关闭"按钮，关闭窗口。

【财务部主管曾志伟对凭证进行主管签字】

（请以曾志伟的身份，登录进入"企业应用平台"，下同，从略。）

(1) 打开"主管签字列表"窗口。在"总账"子系统，依次单击"凭证/主管签字"项，打开"主管签字"对话框，直接单击"确定"按钮，系统打开"主管签字列表"窗口。

(2) 会计主管签字。双击地税凭证所在的行，进入该凭证的"主管签字"窗口，查阅信息无误后单击工具栏中的"签字"按钮，即在凭证右上方显示"曾志伟"的红字印章，表示主管签字完成。单击"下张凭证"按钮，查阅信息无误后再单击工具栏中的"签字"按钮(结果可参见图 4-8)，完成两张凭证的主管签字。

(3) 退出。单击"主管签字"和"主管签字列表"右上角的"关闭"按钮，关闭窗口。

【财务部主管曾志伟对凭证进行主管审核】

(1) 打开"凭证审核列表"窗口。在"总账"子系统，依次单击"凭证/审核凭证"项，进入"凭证审核"对话框，单击"确定"按钮，系统打开"凭证审核列表"窗口。

(2) 会计主管审核。双击地税凭证所在的行，进入该凭证的"审核凭证"窗口，审核信息无误后单击工具栏的"审核"按钮，即在凭证下方"审核"处显示"曾志伟"的名字，表示主管审核工作完成，并且系统自动进入"下张凭证"界面，查阅信息无误后再单击工具栏的"审核"按钮(结果如图 4-8 所示)，完成两张凭证的主管审核。

(3) 退出。单击"审核凭证"和"凭证审核列表"窗口右上角的"关闭"按钮，关闭窗口。

【财务部会计张兰进行凭证记账】

(1) 打开"记账"对话框。在"总账"子系统，依次单击"凭证/记账"项，打开"记账"对话框。

(2) 记账。单击对话框中的"全选"按钮，再单击"记账"按钮，系统弹出"期初试算平衡板"对话框，直接单击"确定"按钮，系统自动记账完成，并弹出信息提示框。

(3) 退出。单击信息提示框中的"确定"按钮和"记账"对话框中的"退出"按钮。

曾志伟

记 账 凭 证

记 字 0002　　制单日期：2017.04.01　　审核日期：2017.04.01　　附单据数：0

摘要	科目名称	借方金额	贷方金额
缴纳税费（国税）	应交税费/未交增值税	900000	
缴纳税费（国税）	应交税费/应交所得税	13750000	
缴纳税费（国税）	银行存款/工行存款		14650000
票号 日期	数量 单价 合计	14650000	14650000

备注	项目	部门
	个人	客户
	业务员	

记账　　审核 曾志伟　　出纳 罗迪　　制单 张兰

图 4-8　签字审核后的国税缴税凭证

4.2 缴纳上月社会保险费和住房公积金

根据案例公司的会计制度和国家相关规定，需要每月月初缴纳上月的单位和个人承担的社会保险费，以及单位和个人承担的住房公积金。

4.2.1 业务概述与分析

4 月 1 日，根据开户行的付款通知，缴纳上月的社会保险费（单位负担部分和职工个人负担部分）和住房公积金（单位负担部分和职工个人负担部分），相应的原始单据可参见图 4-9 和图 4-10。以转账支票分别支付，合并制单。

委托收款凭证　（付款通知）

委托日期 2017年4月1日

收款人	全称	市直企业单位保险基金专户	付款人	全称	北京亮康眼镜有限公司
	账号	110202052678223674		账号	1102020526782987908
	开户银行	中国工商银行北京市昌平支行		开户银行	中国工商银行北京市昌平支行
委托金额	人民币（大写）			百 十 万 千 百 十 元 角 分	
款项内容	养老保险	委托收款凭据名称	社会保险基金专用收据	附寄单证张数	
备注：2017年4月养老保险		款项收妥日期 2017年 4月1日		付款人开户行盖章	

图 4-9　社会保险基金委托收款凭证

备注：医疗保险、工伤保险、失业保险和住房公积金的委托收款的单证和专用收据与图 4-9 和图 4-10 类似，在此省略。本笔业务要求合并制单，制单时不能填入支票号，所以转

社会保险基金专用收据（回单）

2017年4月1日

缴款单位	单位全称	北京亮康眼镜有限公司	收款单位	单位全称	省直企业单位保险基金专户
	单位编码	168306680		收费名目	养老保险
	在职人数	略		开户银行及账号	中国工商银行北京市昌平支行 1102020526782987922
	缴费基数			电　话	

缴款内容	缴款日期	应缴金额	实缴金额
单位应缴	2017年3月		
个人应缴	2017年3月		
实收金额合计（大写）			

图 4-10　社会保险基金专用收据

账支票的存根在此省略。

本笔业务是月初缴纳上月的单位和个人承担的社会保险费以及单位和个人承担的住房公积金业务，可以先通过“自定义转账”计算社会保险费和住房公积金，然后通过“转账生成”生成凭证，也可以直接在总账填制相应凭证。最后进行凭证的出纳签字、主管签字与审核，以及会计记账。

本节通过“自定义转账”操作，在总账中填制凭证的相关操作可参见 4.3.2 节。请注意凭证的结算方式为 202(转账支票)。

说明：由于凭证的出纳签字、主管签字与审核以及会计记账在 4.1.4 节的“4. 场景三的操作步骤”中已经详述，所以本节至 11.4 节之间的所有凭证均省略此步骤。

4.2.2　预备知识

社会保险费目前包括养老保险、医疗保险、生育保险、失业保险和工伤保险，共 5 个险种，简称“五险”；住房公积金简称为“一金”。其中养老保险、医疗保险和失业保险这 3 个险种是由企业和个人共同缴纳保费，工伤和生育保险完全是由企业承担的，个人不需要缴纳。

1. 社会保险费

社会保险费是社会保险的保险人(国家)为了承担法定的社会保险责任，而向被保险人(雇员和雇主)收缴的费用，通常分为养老保险、医疗保险、失业保险、工伤保险和生育保险。社会保险必须根据各种风险事故的发生概率，并按照给付标准事先估计的给付支出总额，求出被保险人所负担的一定比率，作为厘定保险费率的标准。

本公司按照有关规定，由单位承担并缴纳的养老保险、医疗保险、失业保险和工伤保险，分别按照本月职工应发工资总额的 20%、9.55%、1%、1%计算；职工个人承担的养老保险、医疗保险和失业保险，分别按照本人本月应发工资总额的 8%、2%、0.2%计算。

2. 住房公积金

住房公积金，是指国家机关、国有企业、城镇集体企业、外商投资企业、城镇私营企业及其他城镇企业、事业单位、民办非企业单位、社会团体及其在职职工缴存的长期住房储备金。

本公司按照有关规定，由单位承担并缴纳的住房公积金，按照职工本人本月应发工资总额的 12%计算；职工个人承担的也按照本人本月应发工资总额的 12%计算。

4.2.3 操作指导

请确认系统日期和业务日期为2017年4月1日。

视频网址：http://www.mdmuke.com/mdmk/mod/page/view.php?id=1258

任务说明：财务部会计张兰进行自定义转账设置和转账生成。

【财务部会计张兰做自定义转账设置】

(1) 打开“自定义转账设置”窗口。在“企业应用平台”的“业务工作”页签中，依次单击“财务会计/总账/期末/转账定义/自定义转账”项，进入“自定义转账设置”窗口，准备为“缴纳社会保险费和住房公积金”自定义转账公式。

(2) 定义转账项目。单击工具栏中的“增加”按钮，系统弹出“转账目录”对话框，编辑其“转账序号”为0003，“转账说明”为“缴纳社会保险费和住房公积金”，然后单击“确定”按钮返回“自定义转账设置”窗口。

(3) 定义公式。在“自定义转账设置”窗口中进行如下设置：

① 计算单位承担的应交社会保险费。单击工具栏的“增行”按钮，然后在表体部分参照生成或直接输入“科目编码”为221102(应付职工薪酬/社会保险费)，方向为“借”；单击“金额公式”参照按钮，在弹出的公式向导对话框中，选择公式名称为“期初余额”，单击“下一步”按钮，确认科目为221102，单击“完成”按钮，返回“自定义转账设置”窗口，其“金额公式”为QC(221102,月)。

② 计算单位承担的应交住房公积金。单击工具栏的“增行”按钮，参照生成或直接输入“科目编码”为221103(应付职工薪酬/住房公积金)，方向为“借”，“金额公式”为QC(221103,月)。

③ 计算个人承担的应交社会保险费。单击工具栏的“增行”按钮，参照生成或直接输入“科目编码”为224101(其他应付款/应付社会保险费)，方向为“借”，“金额公式”为QC(224101,月)。

④ 计算个人承担的应交住房公积金。单击工具栏的“增行”按钮，参照生成或直接输入“科目编码”为224102(其他应付款/应付住房公积金)，方向为“借”，“金额公式”为QC(224102,月)。

⑤ 结算方式设置。单击工具栏的“增行”按钮，参照生成或直接输入“科目编码”为100201(工行存款)，方向为“贷”，“金额公式”为“JG()”(取对方科目计算结果)。

(4) 保存。单击工具栏的“保存”按钮，结果如图4-11所示。

(5) 退出。单击工具栏的“退出”按钮，退出该窗口。

【财务部会计张兰进行转账生成】

(1) 打开“转账生成”对话框。在“总账”子系统，依次单击“期末/转账生成”项，系统打开“转账生成”对话框。

(2) 转账生成。在“转账生成”对话框中，选中“自定义转账”，双击“编号”为0003的记录行，使其“是否结转”栏出现Y字样，再单击“确定”按钮，系统弹出“转账”窗口，默认显示已生成的记账凭证。

(3) 编辑科目的辅助项。在“转账”窗口中，单击“工行存款”分录，将鼠标移至“票号”区

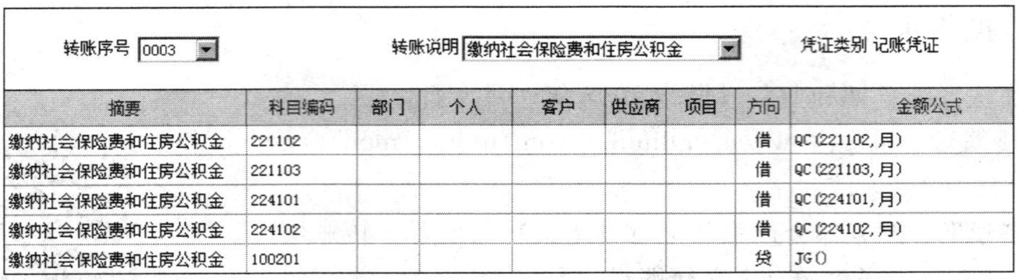

转账序号 0003　　转账说明 缴纳社会保险费和住房公积金　　凭证类别 记账凭证

摘要	科目编码	部门	个人	客户	供应商	项目	方向	金额公式
缴纳社会保险费和住房公积金	221102						借	QC(221102,月)
缴纳社会保险费和住房公积金	221103						借	QC(221103,月)
缴纳社会保险费和住房公积金	224101						借	QC(224101,月)
缴纳社会保险费和住房公积金	224102						借	QC(224102,月)
缴纳社会保险费和住房公积金	100201						贷	JG()

图 4-11　缴纳社会保险费和住房公积金的转账公式定义结果

域，待鼠标显示为笔尖形状时双击，系统打开“辅助项”对话框，参照生成其“结算方式”为“转账支票”，然后单击“确定”按钮返回“转账”窗口。

(4) 保存凭证。单击“转账”窗口工具栏中的“保存”按钮，结果如图 4-12 所示。

已生成　　记账凭证

记　字 0003 － 0005/0005　　制单日期：2017.04.01　　审核日期：　　附单据数：0

摘要	科目名称	借方金额	贷方金额
缴纳社会保险费和住房公积金	应付职工薪酬/住房公积金	150000	
缴纳社会保险费和住房公积金	其他应付款/应付社会保险费	1105680	
缴纳社会保险费和住房公积金	其他应付款/应付住房公积金	1300800	
缴纳社会保险费和住房公积金	银行存款/工行存款		7262800
票号 202 - 日期　数量 单价	合计	7262800	7262800

备注　项目　　部门
个人　　客户
业务员

记账　　审核　　出纳　　制单 张兰

图 4-12　缴纳社会保险费和住房公积金的记账凭证

(5) 退出。在“转账”窗口中，单击“退出”按钮退出该窗口；再单击“转账生成”对话框右上角的“关闭”按钮，关闭该对话框。

4.3　预支差旅费

差旅费是单位一项重要的经常性支出项目，主要包括因公出差期间所产生的交通费、住宿费和公杂费等各项费用。差旅费业务是企业在营运过程中由于各部门员工出差等事宜产生的成本。案例公司规定，销售部门人员的差旅费计入销售费用，采购部门人员的差旅费计入管理费用，预支的差旅费通过“其他应收款/个人往来”科目核算。

本节说明预支差旅费在用友 ERP-U8 中的操作流程，报销差旅费的操作流程将在 11.3 节详述。

4.3.1 业务概述与分析

4 月 1 日，财务部向批发部夏于预支差旅费 3000 元（借款单据可参见图 4-13），向采购部张新海预支差旅费 1000 元（借款单据从略），现金付讫。

借 款 单

2017 年 4 月 1 日

借款部门	批发部	姓名	夏于	事由	出差开会
借款金额	人民币（大写） 叁仟元整 小写 ￥3000.00				
部门负责人签署	略	借款人签章	略	注意事项	略
单位领导批示	略	财务经理审核意见	略		

图 4-13 借款单

本笔业务是预支差旅费业务，需要通过“填制凭证”进行个人往来应收款的凭证填制。

4.3.2 操作指导

请确认系统日期和业务日期为 2017 年 4 月 1 日。

视频网址：http://www.mdmuke.com/mdmk/mod/page/view.php?id=1259

任务说明：财务部会计张兰填制预支差旅费的凭证。

（1）打开“填制凭证”窗口。在“企业应用平台”的“业务工作”页签中，依次单击“财务会计/总账/凭证/填制凭证”项，系统打开“填制凭证”窗口。

（2）填制批发部夏于预支差旅费的凭证。单击“填制凭证”窗口的“增加”按钮（“＋”标志），系统打开一张空白的记账凭证，然后做如下编辑：

① 编辑摘要。在其“摘要”栏中参照生成或填入“预支差旅费”。

② 编辑第 1 笔分录。在第 1 行的“科目名称”栏中参照生成或输入 122101（其他应收款/个人往来），单击其他区域系统将弹出“辅助项”对话框，在其“部门”编辑框中参照生成“批发部”，“个人”参照生成“夏于”，然后单击“确定”按钮，返回“填制凭证”窗口，在第 1 行的“借方金额”中输入 3000，然后按回车键。

③ 编辑第 2 笔分录。在第 2 行的“科目名称”栏中输入 1001（库存现金），在“贷方金额”栏按“＝”键，由系统自动填充金额（3000）。

（3）保存夏于预支差旅费的凭证。单击工具栏中的“保存”按钮，完成夏于预支差旅费凭证填制，结果如图 4-14 所示。

提示：若“辅助明细”对话框中的“个人”参照不成功，是基础档案中人员档案的“业务员”属性和“业务/费用部门”的设置有问题。

（4）填制并保存采购部张新海预支差旅费的凭证。重复步骤（2）、（3），设置其“摘要”为“预支差旅费”；第 1 笔分录的“科目名称”为 122101（其他应收款/个人往来），“辅助项”的“部门”为“采购部”，“个人”为“张新海”，“借方金额”为 1000；第 2 笔分录“科目名称”为 1001（库存现金），“贷方金额”为 1000，并保存该凭证，如图 4-15 所示。

（5）退出。单击“填制凭证”窗口右上角的“关闭”按钮，关闭该窗口。

记 账 凭 证

记 字 0004　　制单日期：2017.04.01　　审核日期：　　附单据数：

摘要	科目名称	借方金额	贷方金额
预支差旅费	其他应收款/个人往来	300000	
预支差旅费	库存现金		300000
票号 日期 2017.04.01	数量 单价	合 计 300000	300000

备注：项 目　　部 门 批发部

个 人 夏于　　客 户

业务员

记账　　审核　　出纳　　制单 张兰

图 4-14　批发部夏于预支差旅费的记账凭证

记 账 凭 证

记 字 0005　　制单日期：2017.04.01　　审核日期：　　附单据数：

摘要	科目名称	借方金额	贷方金额
预支差旅费	其他应收款/个人往来	100000	000
预支差旅费	库存现金		100000
票号 日期 2017.04.01	数量 单价	合 计 100000	100000

备注：项 目　　部 门 采购部

个 人 张新海　　客 户

业务员

记账　　审核　　出纳　　制单 张兰

图 4-15　采购部张新海预支差旅费的记账凭证

4.4　银行放贷业务

银行贷款，是指银行根据国家政策，以一定的利率将资金贷放给有资金需要的个人或企业，并约定期限归还的一种经济行为。

4.4.1　业务概述与分析

4 月 1 日，公司收到工商银行发放的一笔 600 000 元的贷款，已存入公司工商银行账户，期限为五年，年利率为 7.2%，利息费用按月计提。相应的原始单据可参见图 4-16 和

图 4-17。

本笔业务是银行放贷业务，需要通过“填制凭证”进行银行放贷资金入账的凭证填制。

中国工商银行北京昌平支行贷款合同

借款单位（简称甲方）：北京亮康眼镜有限公司
地址：北京市昌平区昌平路 78 号
法定代表人：李吉棕
贷款银行（简称乙方）：中国工商银行北京市昌平支行
地址：北京市昌平区昌平路 18 号
法定代表人（负责人）：张宏

甲方为适应发展需要，特向乙方申请借款，经乙方审查同意发放。为明确双方责任，恪守信用，特签订本合同，共同遵守。

一、甲方向乙方借款人民币（大写）陆拾万元整，规定用于企业经营。

二、借款期约定为 5 年，即从 2017 年 4 月 1 日 至 2022 年 3 月 31 日，乙方保证按计划和下达的贷款指标额度供应资金，甲方保证按规定的用途用款。

三、贷款利息，自支用贷款之日起，以支用额按年息 7.2% 计算。

四、乙方有权检查贷款使用情况，了解甲方的经营管理、计划执行、财务活动、物资库存等情况。甲方保证按季提供有关统计、会计、财务等方面的报表和资料。

五、在本合同有效期内，甲方因实行承包、租赁，兼并等而变更经营方式的，必须通知乙方参与清产核资和承包、租赁、兼并合同（协议）的研究、签订的全过程，并根据国家有关规定落实债务、债权关系。

六、需要变更合同条款的，经甲乙双方协商一致，应签订补充文本。

其他约定：

一、本合同自签订之日起生效，贷款本息全部偿清后失效。

二、本合同正本 2 份，甲乙方各执一份，副本 2 份，送乙方财会部门和有关部门。

借款单位（公章）
法定代表人（签字）李吉棕
签订日期：2017 年 4 月 1 日

贷款银行（公章）
法定代表人或负责人（签字）张宏
签订日期：2017 年 4 月 1 日

图 4-16 贷款合同

中国工商银行进账单（收账通知）

2017 年 4 月 1 日

出票人	全称	中国工商银行股份有限公司	收款人	全称	北京亮康眼镜有限公司
	账号	1102020526782987922		账号	1102020526782987908
	开户银行	中国工商银行北京市昌平支行		开户银行	中国工商银行北京市昌平支行

金额	亿	千	百	十	万	千	百	十	元	角	分
人民币（大写）陆拾万元整		¥	6	0	0	0	0	0	0	0	

票据种类	转账支票	票据张数	
票据号码			
复核（略）	记账（略）	中国工商银行北京昌平支行 2017.04.01 转讫 收款人开户银行签章	

此联是收款人开户银行交给收款人的收账通知

图 4-17 贷款的银行进账单

4.4.2 操作指导

请确认系统日期和业务日期为2017年4月1日。

视频网址：http://www.mdmuke.com/mdmk/mod/page/view.php?id=1260

任务说明：财务部会计张兰填制银行放贷的记账凭证。

(1) 打开"填制凭证"窗口。在"企业应用平台"的"业务工作"页签中，依次单击"财务会计/总账/凭证/填制凭证"项，系统打开"填制凭证"窗口。

(2) 填制凭证。单击"填制凭证"窗口的"增加"按钮("+"标志)，系统打开一张空白的记账凭证，然后做如下编辑：

① 编辑摘要。在其"摘要"栏中参照生成或填入"银行放贷"。

② 编辑第1笔分录。在第1行的"科目名称"栏中参照生成或输入100201(银行存款/工行存款)，单击其他区域系统将弹出"辅助项"对话框，设置"结算方式"为"其他"，然后单击"确定"按钮，返回"填制凭证"窗口，在第1行的"借方金额"中输入600000，然后按回车键。

③ 编辑第2笔分录。在第2行的"科目名称"栏中输入2501(长期借款)，在"贷方金额"栏按"="键，由系统自动填充金额。

(3) 保存凭证。单击工具栏中的"保存"按钮，完成凭证填制，结果如图4-18所示。

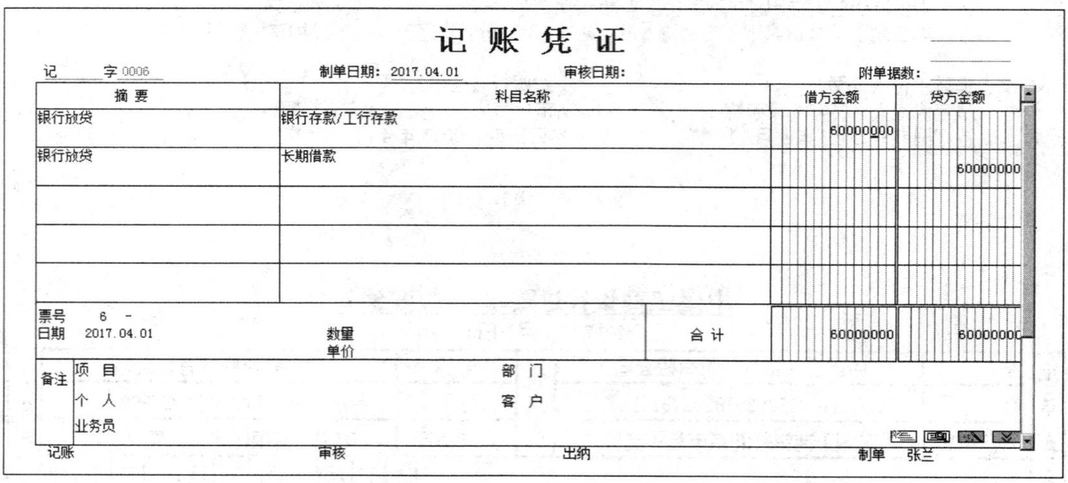

图4-18 银行放贷的记账凭证

(4) 退出。单击"填制凭证"窗口右上角的"关闭"按钮，关闭该窗口。

4.5 代发上月工资

4.5.1 业务概述与分析

4月1日，财务部开出现金支票(票号为10891202)，委托银行代发上月职工工资，相应的原始单据可参见图 4-19。

中国工商银行

现金支票存根

支票号码：10891202

附加信息 ____________

出票日期：2017年4月1日

收款人：北京亮康眼镜有限公司

金　额：￥106218.40

用　途：发放上月工资

单位主管：(略)　　会计：(略)

图 4-19　发放上月工资的支票存根

本笔业务是委托银行代发上月职工工资的转账设置与制单(即自定义转账并生成凭证)。

4.5.2　操作指导

请确认系统日期和业务日期为 2017 年 4 月 1 日。

视频网址：http://www.mdmuke.com/mdmk/mod/page/view.php?id＝1261

任务说明：财务部会计张兰计算并委托银行代发上月工资。

【财务部会计张兰对代发职工工资进行自定义设置】

(1) 打开“自定义转账设置”窗口。在“总账”子系统，依次单击“期末/转账定义/自定义转账”项。

(2) 定义“代发上月职工工资”转账项目。单击工具栏的“增加”按钮，在打开的对话框中编辑“转账序号”为 0004，“转账说明”为“代发上月职工二资”，然后单击“确定”按钮返回“自定义转账设置”窗口。

(3) 定义“代发上月职工工资”公式。在“自定义转账设置”窗口中进行以下操作：

① 提取经理办公室的工资。击工具栏的“增行”按钮，然后在表体部分参照生成或直接输入“科目编码”为 221101(应付职工薪酬/工资)，部门选择“经理办公室”，“方向”为“借”；单击“金额公式”参照按钮，在弹出的公式向导对话框中，选择公式名称为“期初余额”，单击“下一步”按钮，确认“科目”为 221101，“部门”为经理办公室，单击“完成”按钮，返回“自定义转账设置”窗口，此时“金额公式”为 QC(221101,月,,101)。

② 提取其他部门的工资。重复步骤①，或通过单击工具栏中的“复制行”、“粘贴行”按钮，复制并修改，以提取其他部门的工资，其“科目编码”均为 221101，“方向”均为“借”，“金额公式”分别为 QC (221101,月,,102)、QC (221101,月,,2)、QC (221101,月,,301)、QC (221101,月,,302)、QC (221101,月,,4)、QC (221101,月,,5)、QC (221101,月,,6)、QC (221101,月,,7)。

③ 设置结算方式。单击工具栏的“增行”按钮，输入“科目编码”为 100201(工行存款)，方向为“贷”，参照生成或输入“金额公式”为“JG()”(取对方科目计算结果)。

(4) 保存。单击工具栏中的“保存”按钮以保存“代发上月职工工资”的公式定义，结果如图 4-20 所示。

转账序号 0004　　转账说明 代发上月职工工资　　凭证类别 记账凭证

摘要	科目编码	部门	个人	客户	供应商	项目	方向	金额公式
代发上月职工工资	221101	经理办公室					借	QC(221101,月,,101)
代发上月职工工资	221101	行政办公室					借	QC(221101,月,,102)
代发上月职工工资	221101	财务部					借	QC(221101,月,,2)
代发上月职工工资	221101	批发部					借	QC(221101,月,,301)
代发上月职工工资	221101	门市部					借	QC(221101,月,,302)
代发上月职工工资	221101	采购部					借	QC(221101,月,,4)
代发上月职工工资	221101	仓管部					借	QC(221101,月,,5)
代发上月职工工资	221101	人力资源部					借	QC(221101,月,,6)
代发上月职工工资	221101	生产部					借	QC(221101,月,,7)
代发上月职工工资	100201						贷	JG()

图 4-20　代发上月职工工资的转账公式定义结果

(5) 退出。单击“自定义转账设置”窗口工具栏中的“退出”按钮。

【财务部会计张兰对代发职工工资制单】

任务说明：财务部会计张兰进行代发职工工资的凭证生成。

(1) 打开“转账生成”对话框。在“总账”子系统，依次单击“期末/转账生成”项，系统打开“转账生成”对话框。

(2) 转账生成并保存凭证。选中“自定义转账”，双击“编号”为 0004 的记录行(“是否结转”栏出现 Y 字样)，然后单击“确定”，系统弹出有未记账凭证的信息提示框，单击“是”按钮，打开“转账”窗口，系统默认显示了已经自动生成的记账凭证。

(3) 设置结算方式。单击“工行存款”分录，然后将鼠标移动到“票号”区域，待鼠标显示为笔尖形状时双击，系统打开“辅助项”对话框，选择“结算方式”为现金支票，“票号”为 10891202，单击“确定”按钮，返回“转账”窗口。

(4) 保存凭证。单击工具栏中的“保存”按钮，保存该凭证，结果如图 4-21 所示。

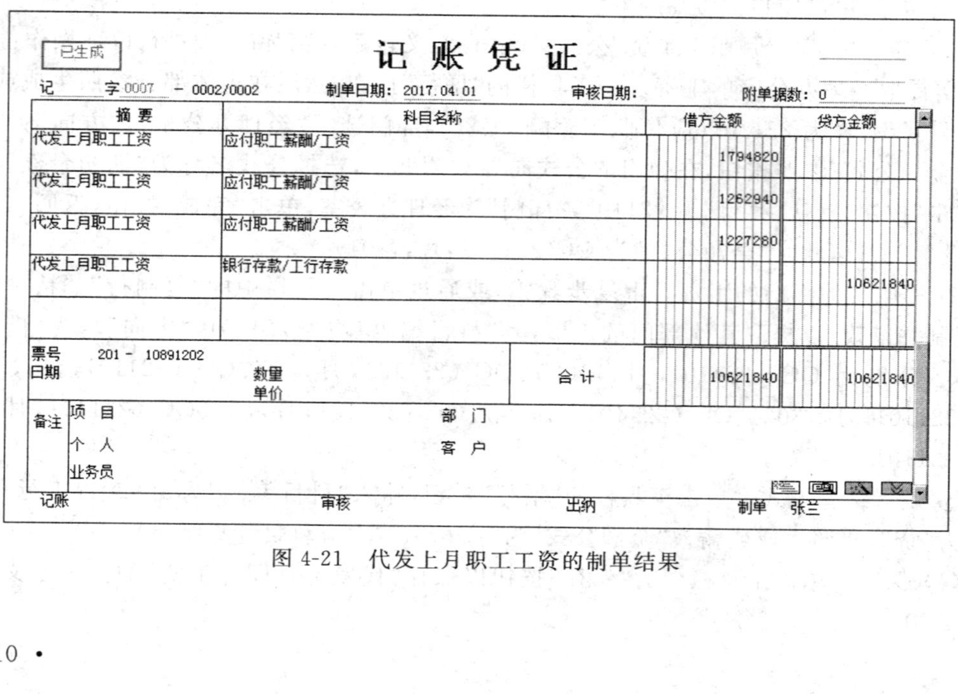
已生成

记 账 凭 证

记 字 0007 - 0002/0002　制单日期：2017.04.01　审核日期：　附单据数：0

摘要	科目名称	借方金额	贷方金额
代发上月职工工资	应付职工薪酬/工资	1794820	
代发上月职工工资	应付职工薪酬/工资	1262940	
代发上月职工工资	应付职工薪酬/工资	1227280	
代发上月职工工资	银行存款/工行存款		10621840
票号 201 - 10891202 日期　数量 单价	合计	10621840	10621840

备注　项目　部门　个人　客户　业务员

记账　审核　出纳　制单 张兰

图 4-21　代发上月职工工资的制单结果

(5) 退出。单击“转账”窗口的“退出”按钮，退出该窗口；再单击“转账生成”对话框中的“取消”按钮。

4.6　总经理预支房租费用

职工的房租费用属于非货币性职工福利。

4.6.1　业务概述与分析

4 月 1 日，总经理预支本月房租 6000 元，用现金支票付讫（票号 21622007），支票存根的原始单据可参见图 4-22。

中国工商银行
现金支票存根
支票号码：21622007
附加信息：
出票日期：2017 年 4 月 1 日
收款人：北京幸福房地产有限公司
金　额：￥6000.00
用　途：2017 年 4 月份总经理房租
单位主管：（略）　　会计：（略）

图 4-22　业务 4.6 的支票存根示意图

本笔业务是非货币性职工福利业务，需要通过“填制凭证”进行部门核算的凭证填制。

4.6.2　操作指导

请确认系统日期和业务日期为 2017 年 4 月 1 日。

视频网址：http://www.mdmuke.com/mdmk/mod/page/view.php?id=1262

任务说明：财务部会计张兰填制凭证。

(1) 打开“填制凭证”窗口。在“企业应用平台”的“业务工作”页签中，依次单击“财务会计/总账/凭证/填制凭证”项，系统打开“填制凭证”窗口。

(2) 填制凭证。单击“填制凭证”窗口的“增加”按钮（“＋”标志），系统打开一张空白的记账凭证，然后做如下编辑：

① 编辑摘要。在其“摘要”栏中参照生成或填入“预支房租费”。

② 编辑第 1 笔分录。在第 1 行的“科目名称”栏中参照生成或录入 221106（应付职工薪酬/非货币性福利），单击其他区域，系统将弹出“辅助项”对话框，在其“部门”编辑框中参照生成“经理办公室”，然后单击“确定”按钮，返回“填制凭证”窗口，在第 1 行的“借方金额”中输入 6000，然后按回车键。

③ 编辑第 2 笔分录。在第 2 行的“科目名称”栏中输入 100201（工行存款），并设置其结算方式为“现金支票”，票号为 21622007，然后在“贷方金额”栏按“＝”键，由系统自动填充金额（6000）。

（3）保存凭证。单击工具栏的“保存”按钮，完成凭证填制，结果如图 4-23 所示。

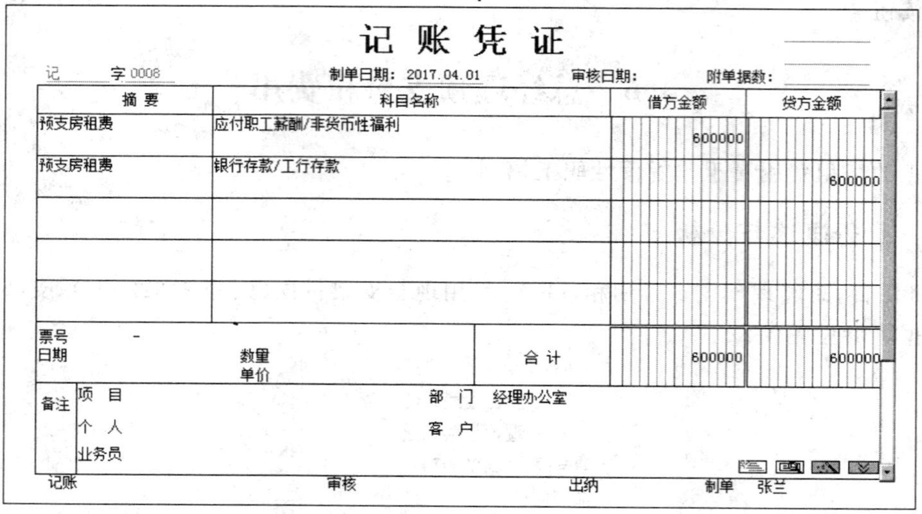

记账凭证

记 字 0008 制单日期：2017.04.01 审核日期： 附单据数：

摘要	科目名称	借方金额	贷方金额
预支房租费	应付职工薪酬/非货币性福利	600000	
预支房租费	银行存款/工行存款		600000
票号 - 日期	数量 单价 合计	600000	600000

备注 项目 部门 经理办公室

个人 客户

业务员

记账 审核 出纳 制单 张兰

图 4-23 总经理预支房租的记账凭证

（4）退出。单击“填制凭证”窗口右上角的“关闭”按钮，关闭该窗口。

第 5 章　采购与应付业务

采购业务管理是用友 ERP-U8 供应链的重要组成部分，它提供了请购、采购订货、采购到货、采购入库、采购开票、采购结算等业务管理，用户可以根据业务需要选用不同的业务单据和业务流程。而且，若企业类型不同则采购业务的管理也不同。

案例公司是工业企业，所以在新建账套时选择“企业类型”为“工业”，建立工业版账套。这样在采购管理系统中的存货、货物是指原材料、材料、包装物、低值易耗品、委外加工材料及企业自行生产的半成品、产成品等。

本章设计的业务包括有请购业务的采购、有报价降价、预付定金、代垫运费和有现付的普通采购业务，以及采购暂估结算、采购到货拒收、采购退货等采购业务中的特殊情况。

用友 ERP-U8 的应付款管理，通过对应付发票、其他应付单、付款单等单据的管理，可及时、准确地提供供应商的往来账款余额资料，有利于企业合理地进行资金的调配，提高资金的利用效率。

应付管理的日常业务工作包括企业日常的应付/付款的单据处理、应付/付款单据核销、应付转账等。

应付单据处理是指用友 ERP-U8 的用户可通过应付款管理系统进行单据的录入、查阅和分析等工作。由于案例公司同时启用了应付款管理和采购管理系统，所以采购发票由采购系统录入（相应的业务可参见 5.2 节至 5.8 节），在应付款管理系统中对这些单据进行审核、弃审、查询、核销、制单等处理，而且在应付款管理系统只需要录入应付单。

付款单据处理主要是对结算单据（付款单、收款单即红字付款单）的录入与审核。相应的业务可参见 5.5 节至 5.8 节。

单据核销是指用付款来核销应付款的工作。单据核销的作用是建立付款与应付款的核销记录，加强往来款项的管理。相应的业务，可参见 5.5 节至 5.7 节。

应付转账是进行应付冲应付（将一家供应商的应付款转到另一家供应商或把一个部门或业务员的应付款转到另一个部门或业务员中）、预付冲应付（将预付给供应商的款项与所欠供应商的货款进行转账核销处理）、应付冲应收（是用对某供应商的应付账款冲抵对某客户的应收账款）、红票对冲（将同一供应商的红票和其蓝字发票进行冲销）等操作，本章以预付冲应付为例（详见 5.7 节）进行相关业务的分析与操作说明。

需要说明的是，因为在日常采购、销售和库存管理业务过程中生成的凭证，若没有特殊需求，则其会计主管签字与审核不需要与业务同步，所以在第 5～10 章中生成的凭证在业务处理的过程中没有列出凭证签字与审核的操作步骤。本书将在第 11 章集中进行凭证的出纳签字、会计主管签字与审核以及凭证记账，读者可以随时进行凭证签字审核与记账的操作。

本章的操作请按照业务描述中的系统日期（如 4 月 1 日）和操作员（如采购部职员张新海），在第 4 章完成的基础上，在采购管理、库存管理、存货核算和应付款系统中进行。

如果没有完成第 4 章的总账期初业务的操作，可以到百度云盘空间（云盘地址：http://pan.baiud.com/s/1i5iB4aT，访问密码：dq38）的“实验账套数据”文件夹中，将“04 总账月初.rar”下载到实验用机上，然后引入（操作步骤详见 1.3.5 节）到 ERP-U8 系统中。

此外，本章完成的账套，其输出的压缩文件名为“05 采购应付.rar”。

需要注意的是，因云盘中的账套备份文件均为压缩文件，所以下载完成后，在引入之前，需要用解压缩工具进行解压(建议用 WinRAR 3.42 或以上版本)，得到相应可以引入的账套数据文件。

本章的所有业务实验操作都有配套的微视频，可以通过扫描二维码或者到指定的网页去观看。本教程配套的微视频均存放在北京神州明灯教育科技有限公司和合一集团的网站上，相应的访问说明请参见云盘中的“微视频访问说明.doc”。

5.1 请购与采购订货

采购请购是指企业内部向采购部门提出采购申请，或采购部门汇总企业内部采购需求提出采购清单。请购单是采购业务处理的起点，用于描述和生成采购的需求，如采购什么货物、采购多少、何时使用、谁用等内容；同时，也可为采购订单提供建议内容，如建议供应商、建议订货日期等。

采购订单是企业与供应商之间签订的采购合同、购销协议等，主要内容包括采购什么货物、采购多少、由谁供货，什么时间到货、到货地点、运输方式、价格、运费等。

5.1.1 业务概述与分析

4 月 1 日，生产部向采购部请购镜片树脂 1.5 千克，要求本月 5 日到货。采购员张新海请购，获得批准后与北京塑料二厂签订采购合同(合同编号 CG001，原始单据可参见图 5-1)，订购镜片树脂 1.5 千克，无税单价 6000 元，增值税 17%，本月 5 日到货。

购 销 合 同　　　　合同编号：CG001

卖方：北京塑料二厂

买方：北京亮康眼镜有限公司

为保护买卖双方的合法权益，买卖双方根据《中华人民共和国合同法》的有关规定，经友好协商，一致同意签订本合同，共同遵守。

一、货物的名称、数量及金额

货物的名称	规格型号	计量单位	数量	单　价（不含税）	金　额（不含税）	税　率	价税合计
镜片树脂		千克	1.5	6000.00	9000.00	17%	10530.00
合计					￥9000.00		￥10530.00

二、合同总金额：人民币壹万零伍佰叁拾元整（￥10530.00）。

三、付款时间及付款方式：

付款时间：自签订合同30日内，买方向卖方支付全部货款，即人民币壹万零伍佰叁拾元整（￥10530.00）。

付款结算方式：转账支票

四、时间与地点：交货时间为 2017 年 4 月 5 日，交货地点：北京亮康眼镜有限公司

五、发运方式与运输费用承担方式：由卖方负责发货并支付运费。

卖　　方：北京塑料二厂　　　　买　　方：北京亮康眼镜有限公司

授权代表：席子君　　　　授权代表：张新海

日期：2017 年 4 月 1 日　　　　日期：2017 年 4 月 1 日

图 5-1　CG001 合同的原始单据示意图

本笔业务是采购管理中的请购与采购订货业务，需要填制并审核采购请购单，填制并审核采购订单。

5.1.2 虚拟业务场景

人物：刘王——生产部主管。

刘静——采购部主管。

张新海——采购部职员。

席子君——北京塑料二厂销售部。

场景一：生产部提出采购申请，采购部填制并审核采购请购单。

刘正：喂，您好。这里是生产部。

张新海：您好，这里是采购部。

刘正：我们本月 5 日需要 1.5 千克镜片树脂。

张新海：好的，我马上请购。（填制请购单。）

张新海：刘总，生产部要求请购的镜片树脂的请购单已经填好了。您给审核一下？

刘静：好的。（审核完成。）

场景二：业务员打电话到北京塑料二厂询问价格，采购部填制并审核采购订单。

张新海：您好！北京塑料二厂吗？

席子君：是的，您是？

张新海：我是亮康公司的采购员。

席子君：您好！

张新海：我们最近需要一批镜片树脂，你们厂镜片树脂的价格和质量怎么样？

席子君：质量可以保证，6000 元每千克。

张新海：那好吧，先定 1.5 千克，本月 5 日要货。

席子君：好的，再见！

张新海：再见！（请购转采购，参照生成采购订单。）

张新海：刘总，我已经签了镜片树脂的采购合同了，请您审核。

刘静：好的。（审核完成。）

5.1.3 操作指导

1. 操作流程

图 5-2 是请购与采购的操作流程。

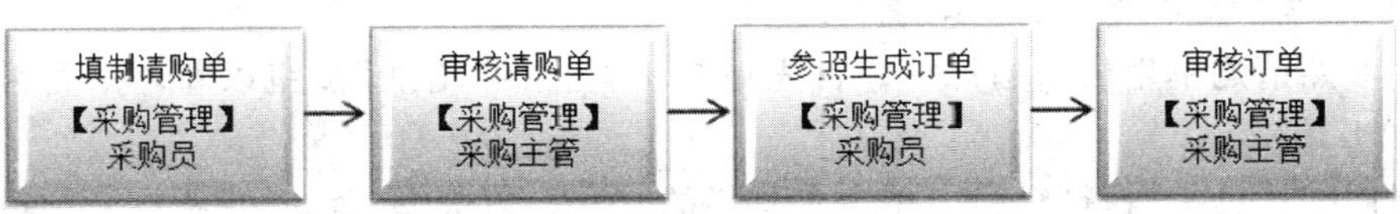

图 5-2 请购与采购的操作流程

请确认系统日期和业务日期为 2017 年 4 月 1 日。

2. 场景一的操作步骤

视频网址：http://www.mdmuke.com/mdmk/mod/page/view.php?id=1263

任务说明：采购部职员张新海填制请购单，主管刘静审核。

【采购部职员张新海填制请购单】

(1) 打开“采购请购单”窗口。在“企业应用平台”的“业务工作”页签中，依次单击“供应链/采购管理/请购/请购单”项，系统打开“采购请购单”窗口。

(2) 填制请购单。单击工具栏的“增加”按钮，新增一个请购单，然后做如下编辑：

① 表头编辑。参照生成“请购部门”为“生产部”，其他项不变。

② 表体编辑。参照生成表体的“存货编码”为12220（镜片树脂），并在“数量”栏填入1.5，修改“需求日期”为4月5日，其他项不变。

③ 保存。单击工具栏的“保存”按钮，保存该请购单，结果如图5-3所示。

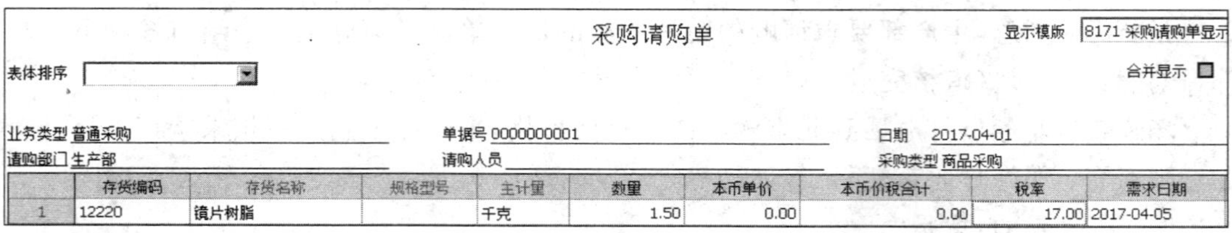
采购请购单

显示模版 8171 采购请购单显示

表体排序

合并显示

业务类型 普通采购　　单据号 0000000001　　日期 2017-04-01

请购部门 生产部　　请购人员　　采购类型 商品采购

	存货编码	存货名称	规格型号	主计量	数量	本币单价	本币价税合计	税率	需求日期
1	12220	镜片树脂		千克	1.50	0.00	0.00	17.00	2017-04-05

图 5-3　采购请购单

(3) 退出。单击“采购请购单”窗口右上角的“关闭”按钮，退出该窗口。

【采购部主管刘静审核采购请购单】

(1) 打开“采购请购单”窗口。

(2) 查阅与审核请购单。单击工具栏的“上张”按钮，查阅到相应的请购单，单击工具栏的“审核”按钮，完成审核工作。

(3) 退出。单击“采购请购单”窗口右上角的“关闭”按钮，关闭该窗口。

3. 场景二的操作步骤

视频网址：http://www.mdmuke.com/mdmk/mod/page/view.php?id=1264

任务说明：采购部职员张新海填制采购订单，主管刘静审核。

【采购部职员张新海填制采购订单】

(1) 打开“采购订单”窗口。在“采购管理”子系统，依次单击“采购订货/采购订单”项，系统打开“采购订单”窗口。

(2) 参照请购单生成采购订单。首先单击工具栏的“增加”按钮以新增一张采购订单，然后做如下编辑：

① 打开“拷贝并执行”窗口。单击工具栏的“生单/请购单”命令，系统打开“查询条件选择—采购请购单列表过滤”对话框，单击“确定”按钮，系统打开“拷贝并执行”窗口；

② 复制信息。在“拷贝并执行”窗口的上窗格，双击要选择的采购请购单所对应的“选择”栏，选择栏显示Y字样，此时单击工具栏的“确定”按钮，返回“采购订单”窗口，请购单资

料会自动传递过来。

(3) 编辑并保存采购订单。在“采购订单”窗口,做如下编辑:

① 修改表头。编辑“订单编号”(即合同编号)为 CG001,“采购类型”为材料进货,“供应商”为北京塑料二厂,“部门”为采购部,“业务员”为张新海,“备注”为“采购镜片树脂 1.5 千克”,其他项默认。

② 表体信息。修改或确认表体的“原币单价”为 6000 元,其他项默认。

③ 保存。单击工具栏的“保存”按钮,保存该订单,结果如图 5-4 所示。

采购订单

打印模版 8174 采购订单打印模版

表体排序

合并显示 □

业务类型 普通采购　订单日期 2017-04-01　订单编号 CG001

采购类型 材料进货　供应商 塑料二厂　部门 采购部

业务员 张新海　税率 17.00　付款条件

币种 人民币　汇率 1　订金 0.00　备注 采购镜片树脂1.5千克

	存货编码	存货名称	主计量	数量	原币含税单价	原币单价	原币金额	原币税额	原币价税合计	税率	计划到货日期
1	12220	镜片树脂	千克	1.50	7020.00	6000.00	9000.00	1530.00	10530.00	17.00	2017-04-05

图 5-4　采购订单

(4) 退出。单击“采购订单”窗口右上角的“关闭”按钮,关闭该窗口。

【采购部主管刘静审核采购订单】

(1) 打开“采购订单”窗口。

(2) 查阅并审核采购订单。单击工具栏的“上张”按钮,查阅到相应的采购订单,然后单击工具栏的“审核”按钮,完成审核工作。

(3) 退出。单击“采购订单”窗口右上角的“关闭”按钮,关闭并退出该窗口。

5.2　询价与采购订货(有定金)

在实际操作中,采购业务管理、成本核算和应收应付都需要与实际情况相符。

通常,在采购合同订立的过程中,买卖双方可能对价格进行磋商后导致报价降价的发生,也可能涉及预付定金等事项。采购的询价降价在用友 ERP-U8 v10.1 中需要通过采购询价计划单和采购询价单来记录。

定金是指在合同订立或在履行之前支付一定数额的金钱作为担保的担保方式。在用友 ERP-U8 中,采购的定金通过“预付款”反映。

5.2.1　业务概述与分析

4 月 1 日,销售批发部夏于请采购员张新海采购女士高端太阳镜 1000 副,要求本月 7 日到货。张新海填制采购询价计划单。主管刘静审核通过后,张新海向大运公司咨询其价格,对方报价为无税单价 320 元/副,增值税为 17%,张新海填制采购询价单,刘静审核。

经协商,对方同意降为 300 元/副,但要求支付定金 50 000 元。经张新海请示,采购主管刘静同意。张新海签订采购合同(合同编号 CG002,原始单据可参见图 5-5),约定本月 7 日到货。当天,出纳向大运公司预付定金 50 000 元,用转账支票支付(支付报告单可参见图 5-6),票号为 22456704(支票存根可参见图 5-7)。

购销合同 合同编号：CG002

卖方：北京大运眼镜公司

买方：北京亮康眼镜有限公司

为保护买卖双方的合法权益，买卖双方根据《中华人民共和国合同法》的有关规定，经友好协商，一致同意签订本合同，共同遵守。

一、货物的名称、数量及金额

货物的名称	规格型号	计量单位	数量	单价（不含税）	金额（不含税）	税率	价税合计
女士高端太阳镜		副	1000	300.00	300000.00	17%	351000.00
合计					￥300000.00		￥351000.00

三、合同总金额：人民币叁拾伍万壹仟元（￥351000.00）。

四、付款时间及付款方式：

付款时间：签订合同当日，以转账支票方式预付定金 人民币伍万元整（￥50000.00）。

2017年4月7日到货时，买方向卖方支付剩余全部货款。

付款结算方式：转账支票

四、时间与地点：交货时间为2017年4月7日，交货地点：北京亮康眼镜有限公司

五、发运方式与运输费用承担方式：由买方自提，运输费用由卖方承担。

卖　方：北京大运眼镜公司　　　　买　方：北京亮康眼镜有限公司

授权代表：刘小雨　　　　授权代表：张新港

日期：2017年4月1日　　　　日期：2017年4月1日

图5-5　CG002合同的原始单据示意

付 款 报 告 书

部门：采购部　　　　2017年4月1日　　　　编号:001

开支内容	金　额	结算方式
支付定金（合同编号CG002）	¥50000.00	转账支票
合计（大写）	人民币伍万元整	

会计主管：略　　单位负责人：略　　出纳：略　　经办人：略

图5-6　CG002合同定金的支付报告书

中国工商银行

转账支票存根

支票号码：22456704

附加信息：

出票日期：2017年4月1日

收款人：北京大运眼镜公司

金　额：￥50000.00

用　途：支付定金

单位主管：（略）　　会计：（略）

图5-7　CG002合同定金的支票存根

本笔业务是采购询价与降价、采购订货、采购定金支付的日常业务，需要填制并审核采购询价计划单，参照生成并审核采购询价单，参照生成并审核采购询价审批单，参照生成并

审核采购订单，填制定金的付款单，审核付款单并制单。

5.2.2 虚拟业务场景

人物：张新海——采购部职员。

刘静——采购部主管。

刘小雨——大运公司销售部。

罗迪——财务部出纳。

张兰——财务部会计。

场景一：销售部请采购部做询价计划，采购部填制并审核采购询价计划单。

夏于：小张，您好！根据销售计划，我们本月 7 日需要女士高端太阳镜 1000 副。

张新海：好的，我们马上处理。（填制采购询价计划单。）

张新海 刘总，今天销售部请购，我做了一个采购询价计划单，请您审核。

刘静：好的。（审核通过。）

场景二：向大运公司询价，采购部填制并审核采购询价单。

刘小雨：喂，您好。这里是大运公司销售部。

张新海：您好，我是亮康公司的采购员，请问贵公司女士高端太阳镜的价格。

刘小雨：我们公司的女士高端太阳镜每副 320 元。

张新海：320 有点儿贵，我们要定 1000 副，数量也不少，您看能不能便宜点儿？

刘小雨：这样的话，我得请示一下我们的主管。稍后给您回电话，您看怎么样？

张新海：那好的，我等您的电话。

（张新海填制与审核采购询价单，并填制询价审批单。）

张新海：刘总，我刚咨询了女士高端太阳镜的价格，并做了一个采购询价审批单，请您审核。

刘静：好的。（审核通过。）

场景三：大运公司同意降价，采购部填制并审核采购询价审批单。

刘小雨：喂，您好。我是大运公司销售部的业务员。

张新海：您好！

刘小雨：我们主管同意降价了，每副 300 元，但要求预付定金 5 万元。

张新海：我们订购 1000 副，要求 7 日到货，行吗？

刘小雨：没问题，希望我们下次能继续合作。

张新海：好的，再见。

刘小雨：再见。

（张新海填制采购询价审批单。）

张新海：刘总，我刚填制了采购询价审批单，请您审核一下。

刘静：好的。（审核完成。）

场景四：签订合同，采购部填制并审核采购订单。

（张新海通过询价审批单生成采购订单。）

张新海：刘总，我刚根据采购询价审批单生成了采购订单，麻烦您审核一下。

刘静：好的。（审核完成。）

刘静：小张，你通知一下财务部，今天把这笔订单的预付定金给付了。

张新海：好的，刘总。

场景五： 财务部出纳支付定金，财务部会计审核付款单并制单。

张新海：小罗，我们与大运公司签订了采购订单，要求预付定金5万。

罗迪：好的，我马上完成支付。（付款完成，并填制采购定金的付款单。）

罗迪：张兰，我已经完成给大运公司的采购定金5万的转账了，请审核制单。

张兰：好的，我马上做账务处理。（付款单的审核与制单。）

5.2.3 操作指导

1. 操作流程

本笔业务的操作流程如图5-8所示。

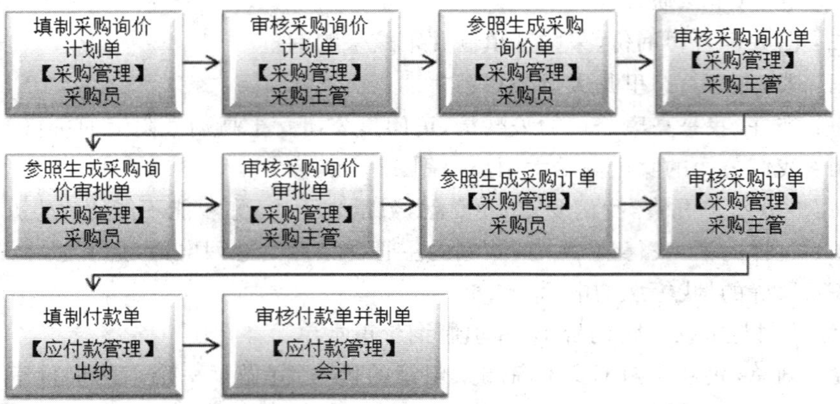

图5-8　本笔业务的操作流程图

请确认系统日期和业务日期为2017年4月1日。

2. 场景一的操作步骤

视频网址： http://www.mdmuke.com/mdmk/mod/page/view.php?id=1265

任务说明： 采购部职员张新海填制采购询价计划单，主管刘静审核。

【采购部职员张新海填制采购询价计划单】

（1）打开“采购询价计划单”窗口。在“采购管理”子系统中，依次单击“采购询价/采购询价计划单”项，系统打开“采购询价计划单”窗口。

（2）填制并保存采购询价计划单。单击工具栏的“增加”按钮，新增一张采购询价计划单，然后在表体的“存货编码”，参照生成为00002（女士高端太阳镜），“计划采购数量”栏输入1000，“需求日期”为2017-04-07，其他项默认。

（3）保存。单击工具栏的“保存”按钮，保存该单据，结果如图5-9所示。

（4）退出。单击“采购询价计划单”窗口右上角的“关闭”按钮，关闭该窗口。

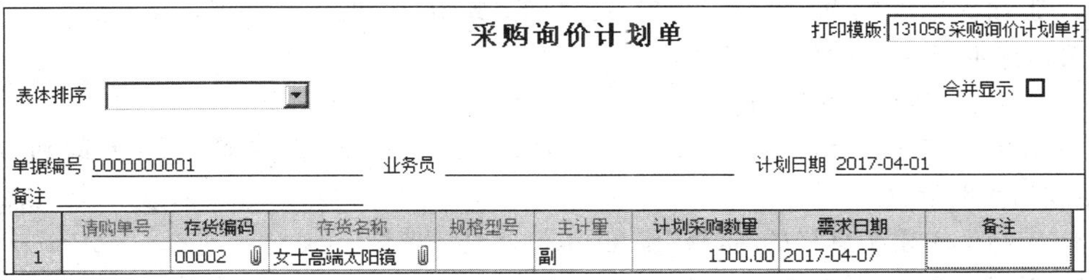

图 5-9　采购询价计划单

【采购部主管刘静审核采购询价计划单】

（1）打开“采购询价计划单”窗口。

（2）查阅本笔业务的采购询价计划单。单击工具栏的“浏览末张”按钮，查阅到本笔业务的采购询价计划单。

（3）审核。单击工具栏的“审核”按钮，审核通过该单据。

（4）退出。单击“采购询价计划单”窗口右上角的“关闭”按钮，关闭并退出该窗口。

3. 场景二的操作步骤

视频网址： http://www.mdmuke.com/mdmk/mod/page/view.php?id=1266

任务说明： 采购部职员张新海参照生成采购询价单，主管刘静审核。

【采购部职员张新海参照生成采购询价单】

（1）打开“采购询价单”窗口。在“采购管理”子系统中，依次单击“采购询价/采购询价单”项，系统打开“采购询价单”窗口。

（2）打开“参照生单”窗口。单击工具栏的“生单”按钮，系统弹出“查询条件选择”对话框，直接单击“确定”按钮，系统打开“参照生单”窗口。

（3）复制信息。双击上窗格中本业务生成的采购询价计划单所在行的“选择”栏，使其出现 Y 字样，然后单击工具栏的“确定”按钮，返回“采购询价单”窗口，采购询价计划单的信息自动带入。

（4）编辑信息。参照生成表头的“供应商”为大运公司，编辑表体的“原币单价”为 320，其他项默认。

（5）保存。单击工具栏的“保存”按钮，保存该单据，结果如图 5-10 所示。

图 5-10　采购询价单窗口

（6）退出。单击“采购询价单”窗口右上角的“关闭”按钮，关闭该窗口。

【采购部主管审核采购询价单】

（1）打开“采购询价单”窗口。

（2）查阅本笔业务生成的采购询价单。单击工具栏的“末张”浏览按钮，查阅到本笔业务中生成的采购询价单。

（3）审核。单击工具栏的“审核”按钮，审核通过该单据。

（4）退出。单击“采购询价单”窗口右上角的“关闭”按钮，关闭该窗口。

4. 场景三的操作步骤

视频网址：http://www.mdmuke.com/mdmk/mod/page/view.php?id=1267

任务说明：采购部职员张新海参照生成采购询价审批单，主管刘静审核。

【采购部职员张新海参照生成采购询价审批单】

（1）打开“采购询价审批单”窗口。在“采购管理”子系统中，依次单击“采购询价/采购询价审批单”项，系统打开“采购询价审批单”窗口。

（2）参照生成采购询价审批单。首先单击工具栏的“增加”按钮以新增一张采购询价审批单，然后做如下编辑：

① 打开“参照生单”窗口。单击工具栏的“生单”按钮，系统弹出“查询条件选择”对话框，直接单击“确定”按钮，系统打开“参照生单”窗口。

② 复制信息。双击上窗格中本业务生成的单据所在行的“选择”栏，使其出现 Y 字样，然后单击工具栏的“确定”按钮，返回“采购询价审批单”窗口，采购询价单的信息自动带入。

（3）保存。单击工具栏的“保存”按钮，保存该单据，结果如图 5-11 所示。

采购询价审批单

打印模版 131060 采购询价审批单打印模

表体排序

合并显示 ☐

单据编号 0000000001　订单日期 2017-04-01　询价计划单号 0000000001

业务员　采购类型 商品采购　供应类型 采购

价格标识 无税价　币种 人民币　汇率 1

税率 17.00　备注

	生单	选择	供…	供应商	存货编码	存货名称	主…	采购数量	原币含税单价	原币单价	原币金额	原币税额	原币价税合计	税率	扣税类别
1			001	大运公司	00002	女士高端太阳镜	副	1000.00	374.40	320.00	320000.00	54400.00	374400.00	17.00	应税外加

图 5-11　采购询价审批单窗口

（4）退出。单击“采购询价单”窗口右上角的“关闭”按钮，关闭该窗口。

【采购部主管审核采购询价审批单】

（1）打开“采购询价审批单”窗口。

（2）查阅本笔业务生成的采购询价审批单。单击工具栏的“末张”浏览按钮，查阅到本笔业务中生成的采购询价审批单，双击表体的“选择”栏，使其出现 Y 字样。

（3）审核。单击工具栏的“审核”按钮，审核通过该单据。

（4）退出。单击“采购询价审批单”窗口右上角的“关闭”按钮，关闭该窗口。

5. 场景四的操作步骤

视频网址：http://www.mdmuke.com/mdmk/mod/page/view.php?id=1268

任务说明：采购部职员张新海参照生成并修改采购订单，主管刘静审核。

【采购部职员张新海参照生成并修改采购订单】

(1) 打开“采购询价审批单”窗口。在“采购管理”子系统中，依次单击“采购询价/采购询价审批单”项，系统打开“采购询价审批单”窗口。

(2) 参照生成采购订单。单击工具栏的“末张”浏览按钮，查阅到相关的采购询价审批单，单击工具栏的“生成采购订单”按钮，系统弹出信息提示框，提示生成了采购订单，直接单击“确定”按钮，返回“采购询价审批单”窗口。

(3) 打开“采购订单”窗口。在“采购管理”子系统中，依次单击“采购订货/采购订单”项，系统打开“采购订单”窗口。

(4) 查阅已生成的采购单。单击工具栏的“末张”浏览按钮，查阅到本笔业务中自动生成的采购订单。

(5) 编辑信息。单击工具栏的“修改”按钮，编辑表头的“订单编号”为 CG002，“部门”为采购部，“业务员”为张新海，“订金”为 50 000，“备注”为“采购女士高端 1000 副有定金”，编辑表体的“原币单价”为 300，确认“计划到货日期”为 4 月 7 日，其他项默认。

(6) 保存。单击工具栏的“保存”按钮，保存该单据，结果如图 5-12 所示。

采购订单

显示模版 8173 采购订单显示模版

表体排序　　　　合并显示

业务类型 普通采购　　订单日期 2017-04-01　　订单编号 CG002

采购类型 商品采购　　供应商 大运公司　　部门 采购部

业务员 张新海　　税率 17.00　　付款条件

币种 人民币　　汇率 1　　订金 50000.00　　备注 采购女士高端1000副有定金”

	存货编码	存货名称	主…	数量	原币含税单价	原币单价	原币金额	原币税额	原币价税合计	税率	计划到货日期
1	00002	女士高端太…	副	1000.00	351.00	300.00	300000.00	51000.00	351000.00	17.00	2017-04-07

图 5-12　采购订单

(7) 退出。单击“采购订单”窗口右上角的“关闭”按钮，关闭该窗口。

【采购主管刘静审核采购订单】

(1) 打开“采购订单”窗口。

(2) 查阅并审核采购订单。在“采购订单”窗口中，单击工具栏的“上张”浏览按钮，查阅到相应的采购订单，然后单击“审核”按钮，完成审核工作。

(3) 退出。单击“采购订单”窗口右上角的“关闭”按钮，关闭该窗口。

6. 场景五的操作步骤

视频网址：http://www.mdmuke.com/mdmk/mod/page/view.php?id=1269

任务说明：财务部出纳罗迪支付定金，填制付款单；财务部会计张兰审核付款单并制单。

【财务部出纳罗迪填制付款单】

(1) 打开“收付款单录入”窗口。在“企业应用平台”的“业务工作”页签中，依次单击“财务会计/应付款管理/付款单据处理/付款单据录入”项，系统打开“收付款单录入”窗口。

(2) 填制定金的付款单。在“收付款单录入”窗口中，单击工具栏的“增加”按钮，新增一张付款单，然后做如下编辑：

① 表头编辑。在其表头依次编辑“供应商”为大运公司，“结算方式”为转账支票，“金额”为 50 000，“票据号”为 22456704，“部门”为财务部，“摘要”为“预付定金”，其他项默认。

② 表体编辑。首先在表体单击，表体出现一行数据，然后在表体的“款项类型”中选择“预付款”(默认为应付款)，并确认“供应商”“金额”与表头对应，结果如图 5-13 所示。

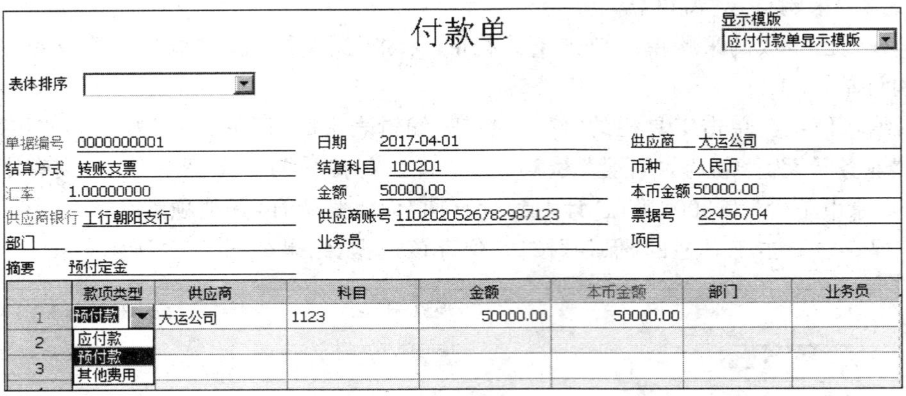

图 5-13　采购定金付款单

(3) 保存与退出。单击工具栏的“保存”按钮，再单击“收付款单录入”窗口右上角的“关闭”按钮。

【财务部会计张兰审核付款单并制单】

(1) 打开“收付款单列表”窗口。在“应付款管理”子系统，依次单击“付款单据处理/付款单据审核”项，系统弹出“付款单查询条件”对话框，直接单击其“确定”按钮，系统打开“收付款单列表”窗口。

(2) 查阅付款单。在“收付款单列表”窗口中，通过双击本业务生成的付款单所在行，打开相应的付款单窗口。

(3) 审核并制单。查阅信息无误后，单击工具栏的“审核”按钮，审核通过该单据；系统弹出信息框“是否立即制单?”单击“是”按钮，系统打开“填制凭证”窗口，并默认显示已生成的凭证信息(借记：预付账款，贷记：工行存款)。

(4) 保存凭证。单击工具栏的“保存”按钮，结果如图 5-14 所示。

(5) 退出。单击“填制凭证”“收付款单录入”和“收付款单列表”窗口右上角的“关闭”按钮，关闭窗口。

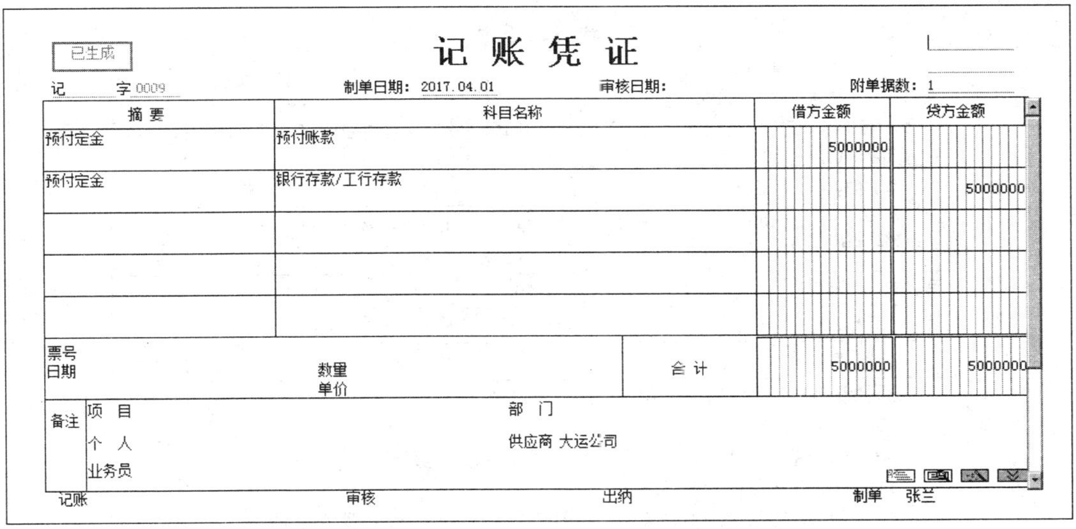

已生成

记 账 凭 证

记 字 0009 制单日期：2017.04.01 审核日期： 附单据数：1

摘要	科目名称	借方金额	贷方金额
预付定金	预付账款	5000000	
预付定金	银行存款/工行存款		5000000
票号 日期	数量 单价	合计 5000000	5000000

备注 项 目 部 门

个 人 供应商 大运公司

业务员

记账 审核 出纳 制单 张兰

图 5-14　采购定金付款的记账凭证

5.3　有赠品的采购商品业务(有应付票据和运费管理)

用友 ERP-U8 v10.1 将采购发票按发票类型分为增值税专用发票、普通发票和运费发票。在用友 ERP-U8 中可以处理数字化的采购发票，其中增值税专用发票的扣税类别默认为应税外加，不可修改；普通发票的扣税类别默认为应税内含，不可修改，但其税率可修改，默认税率为 0；运费发票的单价、金额都是含税的，其默认税率为 7%，可修改。

随着营业税改增值税政策的全面实施，用友 ERP-U8 v10.1 的采购运费发票功能，已经不能满足实际需要，所以本笔业务通过采购专用发票来管理运费发票，其税率为 11%。

因为有采购运费，所以本笔业务的采购结算需要进行手工结算，并在结算时将运费按数量分摊到入库单中。

5.3.1　业务概述与分析

4 月 1 日，采购员张新海与大运公司签订采购合同(合同编号 CG003，原始单据可参见图 5-15)，订购男士普通太阳镜 4000 副，无税单价 90 元，增值税 17%，合同约定有“买百赠一”的优惠活动，但运费买方自付。

当日，本公司收到这批货物 4000 副和赠送的 40 副眼镜，以及随货物发来的增值税发票(票号 61057801，价税合计 421 200 元，采购发票的原始单据可参见图 5-16)，并根据运费发票(票号为 62010201，运费价税合计 1110 元，运费发票的原始单据可参见图 5-17)，现金结清运费。太阳镜已验收并入大运公司仓库，当日开出银行承兑汇票(票号 31856821)全额支付货款，付款报告书从略，汇票的原始单据可参见图 5-18。

购销合同

合同编号：CG003

卖方：北京大运眼镜公司

买方：北京亮康眼镜有限公司

为保护买卖双方的合法权益，买卖双方根据《中华人民共和国合同法》的有关规定，经友好协商，一致同意签订本合同，共同遵守。

一、货物的名称、数量及金额

货物的名称	规格型号	计量单位	数量	单价（不含税）	金额（不含税）	税率	价税合计
男士普通太阳镜		副	4000	90.00	360000.00	17%	421200.00
男士普通太阳镜		副	40	0	0		0
合计					￥360000.00		￥421200.00

四、合同总金额：人民币肆拾贰万壹仟贰佰元（￥421200.00）。

五、付款时间及付款方式：

付款时间：签订合同当日支付全部货款，人民币肆拾贰万壹仟贰佰元（￥421200.00）。

付款结算方式：银行承兑汇票

四、时间与地点：交货时间为2017年4月1日，交货地点：北京亮康眼镜有限公司

五、发运方式与运输费用承担方式：由卖方发货并垫付运费，运输费用由买方承担。

六、卖方因有“买百赠一”的优惠活动，故赠送买方同型号的货物40副。

卖　　方：北京大运眼镜公司　　　　买　　方：北京亮康眼镜有限公司

授权代表：刘巍巍　　　　授权代表：张新海

日期：2017年4月1日　　　　日期：2017年4月1日

图 5-15　CG003 合同的原始单据

1100163320　　**北京增值税专用发票**　　No 61057801

发票联

开票日期：2017年4月1日

税总函[2016]362号北京市印钞有限公司

购买方	名　　称：北京亮康眼镜有限公司 纳税人识别号：1101082121202 地 址、电 话：北京市昌平区昌平路78号，电话：010-60228226 开户行及账号：中国工商银行北京市昌平支行 1102020526782987908					密码区	
货物或应税劳务名称	规格型号	单位	数量	单价	金额	税率	税额
男士普通太阳镜		副	4000	90.00	360000.00	17%	61200.00
合　　计					￥360000.00		￥61200.00
价税合计（大写）	⊗肆拾贰万壹仟贰佰元整				（小写）￥421200.00		
销售方	名　　称：北京大运眼镜公司 纳税人识别号：200106653865211 地 址、电 话：北京朝阳十里堡8号，电话：010-60228226 开户行及账号：中国工商银行北京市朝阳支行 1102020526782987123					备注	

第二联：发票联　购买方记账凭证

收款人：（略）　　复核：（略）　　开票人：（略）　　销售方：（章）

图 5-16　采购发票

1100163320 **上海增值税专用发票** No 62010201

发票联

开票日期：2017年4月1日

购买方	名称：北京亮康眼镜有限公司 纳税人识别号：1101082121202 地址、电话：北京市昌平区昌平路78号，电话：010-60228226 开户行及账号：中国工商银行北京市昌平支行 110202052678298 7908				密码区		
货物或应税劳务名称	规格型号	单位	数量	单价	金额	税率	税额
运费			1		1000.00	11%	110.00
合计					￥1000.00		￥110.00
价税合计（大写）	⊗壹仟壹佰壹拾元整				（小写）￥1110.00		
销售方	名称：上海顺风速递有限公司 纳税人识别号：310125549876478 地址、电话：上海浦东新区东方路11号，电话：021-54658233 开户行及账号：中国工商银行上海市浦东支行 110202052678298 7155				备注	已现金结清	

收款人：（略） 复核：（略） 开票人：（略） 销售方：（章）

税总函[2016]362号北京市印钞有限公司

第二联：发票联 购买方记账凭证

图 5-17 运费发票

银行承兑汇票

出票日期（大写）贰零壹柒年肆月壹日 31856821

出票人全称	北京亮康眼镜有限公司	收款人	全称	北京大运眼镜公司
出票人账号	110202052678298 7908		账号	110202052678298 7123
付款行全称	中国工商银行北京市昌平支行		开户银行	中国工商银行北京市朝阳支行
出票金额	人民币（大写） 肆拾贰万壹仟贰佰元整		亿 千 百 十 万 千 百 十 元 角 分	￥ 4 2 1 2 0 0 0 0
汇票到期日（大写）	贰零壹柒年伍月壹日	付款行	行号	632718
承兑协议编号	31647001		地址	北京市昌平支行
本汇票请你行承兑，到期无条件付款。 出票人盖章		本汇票已经承兑，到期日由本行付款。 承兑行盖章 承兑日期 2017年04月01日 备注：		复核：略 记账：略

图 5-18 银行承兑汇票

本笔业务是有运费的采购订货、到货、入库、发票以及采购结算的日常采购业务，需要填制并审核采购订单、到货单、入库单，填制货款的采购专用发票，填制与现付运费的采购专用发票，采购结算，填制应付票据，运费现付和商品采购的应付确认（即应付单据审核与制单），商品采购的应付核销，采购成本确认（即入库存货记账与制单）。

5.3.2 虚拟业务场景

人物：张新海——采购部职员。

刘巍巍——大运公司销售部。

刘静——采购部主管。

赵林——仓管部职员。

李莉——仓管部主管。

曾志伟——财务部主管。

张兰——财务部会计。

场景一：与大运公司签订采购合同，采购部填制并审核采购订单。

张新海：我是亮康公司的采购员。我们今天需要男士普通太阳镜 4000 副，你们公司的价格和质量怎么样？

刘巍巍：质量可以保证，价格 90 元每副，今天还有“买百赠一”的优惠活动，但运费由买方负担。

张新海：好的，今天能发货吗？

刘巍巍：没问题，马上能发货，请准备接货。

张新海：谢谢，再见！

刘巍巍：再见！

（张新海填制采购订单，包括赠品 40 副。）

张新海：刘总，请您审核一下刚与大运公司签订的采购订单。

刘静：好的。（审核完成。）

场景二：收到货物，采购部填制并审核到货单。

（张新海填制采购到货单。）

张新海：刘总，今天采购的男士普通太阳镜到货了，您审核一下。

刘静：好的，辛苦你了。（审核完成。）

场景三：验收入库，仓管部填制并审核采购入库单。

（赵林根据采购到货单填写入库单。）

赵林：李总，采购大运公司的男士普通太阳镜，货物已经入库，麻烦您审核一下。

李莉：好的，辛苦了。（审核完成。）

场景四：收到发票，采购部填制采购货物与运费的专用发票。

（张新海先填制两张采购专用发票，其中一张是运费的需要现付。）

张新海：刘总，今天采购的男士普通太阳镜的发票也到了，我已经填制好了。

刘静：好的，辛苦你了。（审核完成。）

场景五：采购业务完成，采购部进行采购结算。

刘静：小张，你做一下本笔业务的采购结算吧。因为有运费，请手工结算。

张新海：明白，我这就去办。（采购结算完成。）

场景六：财务部进行应付票据的填制、审核与制单。

曾志伟：罗迪，今天发出的一张银行承兑汇票，你做应付票据管理了吗？

罗迪：我马上做，谢谢提醒！（填制应付票据完成。）

罗迪：张兰，我刚填制了一张汇票，请你审核制单。

张兰：好的。（付款单的审核与制单。）

场景七：财务部进行采购应付确认。

曾志伟：张兰，今天有一笔采购业务已经完成了，你尽快做应付确认。

张兰：好的，我尽快完成。（应付审核与制单、应付核销。）

场景八：财务部进行采购成本确认。

曾志伟：张兰，今天完成的一笔采购业务，你做采购成本确认了吗？

张兰：哦，我马上处理。（存货记账与制单。）

5.3.3 操作指导

1. 操作流程

图 5-19 是本业务的操作流程。

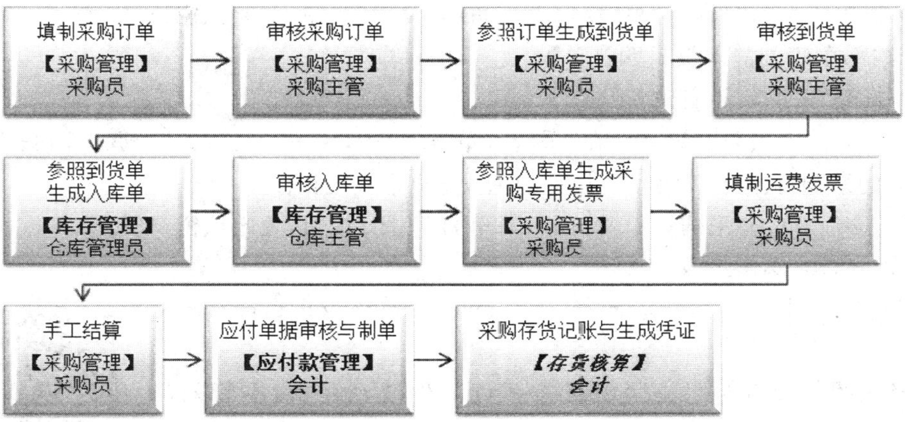

图 5-19　本业务的操作流程

请确认系统日期和业务日期为 2017 年 4 月 1 日。

2. 场景一的操作步骤

视频网址：http://www.mdmuke.com/mcmk/mod/page/view.php?id=1270

任务说明：采购部职员张新海填制采购订单，主管刘静审核。

【采购部职员张新海填制采购订单】

(1) 打开“采购订单”窗口。在“企业应用平台”的“业务工作”页签中，依次单击“供应链/采购管理/采购订货/采购订单”项，系统打开“采购订单”窗口。

(2) 填制采购订单。在“采购订单”窗口中，首先单击工具栏的“增加”按钮，新增一张采购订单，然后做如下编辑：

① 编辑表头。修改表头的“订单编号”(即合同编号)为 CG003，“供应商”为大运公司，“部门”为采购部，“业务员”为张新海，“备注”为“采购男士普通 4000 副”，其他项默认。

② 编辑表体。在第 1 行，参照生成“存货编码”为 00003(男士普通太阳镜)，“数量”编辑为 4000，其他项默认(默认“原币单价”为 90，“计划到货日期”为当日)；在第 2 行，参照生成“存货编码”为 00003，“数量”编辑为 40，“原币单价”为 0；其他项默认。

(3) 保存。单击工具栏的“保存”按钮，保存该单据，结果如图 5-20 所示。

采购订单

打印模版 8174 采购订单打印模版

表体排序

合并显示 □

业务类型 普通采购	订单日期 2017-04-01	订单编号 CG003
采购类型 商品采购	供应商 大运公司	部门 采购部
业务员 张新海	税率 17.00	付款条件
币种 人民币	汇率 1　订金 0.00	备注 采购男士普通4000副

	存货编码	存货名称	主…	数量	原币含税单价	原币单价	原币金额	原币税额	原币价税合计	税率	计划到货日期
1	00003	男士普通太阳镜	副	4000.00	105.30	90.00	360000.00	61200.00	421200.00	17.00	2017-04-01
2	00003	男士普通太阳镜	副	40.00	0.00	0.00	0.00	0.00	0.00	17.00	2017-04-01

图 5-20　采购订单

(4) 退出。单击“采购订单”窗口右上角的“关闭”按钮,关闭该窗口。

【采购部主管刘静审核采购订单】

(1) 打开“采购订单”窗口。

(2) 查阅并审核采购订单。在“采购订单”窗口中,单击工具栏的“上张”按钮,查阅到本业务生成的采购订单,然后单击“审核”按钮,完成审核工作。

(3) 退出。单击“采购订单”窗口右上角的“关闭”按钮,关闭该窗口。

3. 场景二的操作步骤

视频网址:http://www.mdmuke.com/mdmk/mod/page/view.php?id=1271

任务说明:采购部职员张新海参照订单生成到货单,主管刘静审核。

【采购部职员张新海参照订单生成并保存采购到货单】

(1) 打开“到货单”窗口。在“采购管理”子系统,依次单击“采购到货/到货单”项,系统打开“到货单”窗口。

(2) 参照订单生成采购到货单。首先单击工具栏的“增加”按钮,新增一张采购到货单,然后做如下操作:

① 打开“拷贝并执行”窗口。在“到货单”窗口中,单击“生单/采购订单”命令,系统打开“查询条件选择—采购订单列表过滤”对话框,单击其“确定”按钮,系统退出对话框并打开“拷贝并执行”窗口。

② 复制信息。在“拷贝并执行”窗口中,双击上窗格中“订单号”为 CG003 的采购订单所在行的“选择”栏,再单击其工具栏的“确定”按钮,系统返回“到货单”窗口,此时相关的信息已经有默认值,不需要修改。

(3) 保存。单击工具栏的“保存”按钮,保存该单据,结果如图 5-21 所示。

(4) 退出。单击“到货单”窗口右上角的“关闭”按钮,关闭该窗口。

【采购主管刘静审核到货单】

(1) 打开“到货单”窗口。

(2) 查阅并审核采购到货单。单击工具栏的“上张”按钮,查阅到本业务生成的采购到货单,然后单击“审核”按钮。

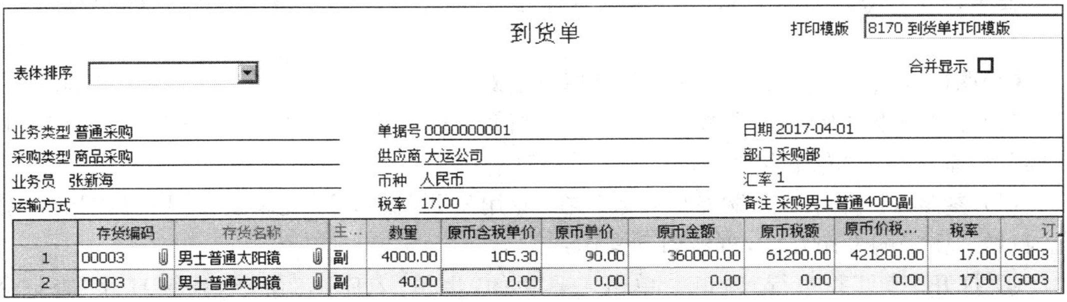

到货单

打印模版 8170 到货单打印模版

表体排序

合并显示 □

业务类型 普通采购　单据号 0000000001　日期 2017-04-01

采购类型 商品采购　供应商 大运公司　部门 采购部

业务员 张新海　币种 人民币　汇率 1

运输方式　税率 17.00　备注 采购男士普通4000副

	存货编码	存货名称	主…	数量	原币含税单价	原币单价	原币金额	原币税额	原币价税…	税率	订…
1	00003	男士普通太阳镜	副	4000.00	105.30	90.00	360000.00	61200.00	421200.00	17.00	CG003
2	00003	男士普通太阳镜	副	40.00	0.00	0.00	0.00	0.00	0.00	17.00	CG003

图 5-21　采购到货单

(3) 退出。单击“到货单”窗口右上角的“关闭”按钮，关闭该窗口。

4. 场景三的操作步骤

视频网址：http://www.mdmuke.com/mdmk/mod/page/view.php?id=1272

任务说明：仓管部职员赵林参照到货单生成采购入库单，主管李莉审核。

【仓管部职员赵林参照到货单生成采购入库单】

(1) 打开库存管理的“采购入库单”窗口。在“企业应用平台”的“业务工作”页签中，依次单击“供应链/库存管理/入库业务/采购入库单”项，系统打开“采购入库单”窗口。

(2) 参照到货单生成采购入库单。在“采购入库单”窗口中，首先单击工具栏的“增加”按钮，新增一张采购入库单，然后做如下操作：

① 打开“到货单生单列表”窗口。单击表头的“到货单号”的参照按钮，系统弹出“查询条件选择—采购到货单列表”对话框，直接单击该对话框的“确定”按钮，系统打开“到货单生单列表”窗口。

② 复制信息。在“到货单生单列表”窗口中，双击要选择的采购到货单所对应的“选择”栏(即场景二完成的采购到货单)，再单击工具栏的“确定”按钮，系统返回“采购入库单”窗口，此时相关的信息已经默认显示在入库单上。

(3) 保存。直接单击工具栏的“保存”按钮，保存该单据。

(4) 退出。单击“采购入库单”窗口右上角的“关闭”按钮，关闭并退出该窗口。

【仓管部主管李莉审核采购入库单】

(1) 打开库存管理的“采购入库单”窗口。

(2) 查阅并审核采购入库单。单击工具栏的“末张”按钮，查阅到本业务生成的采购入库单，然后单击工具栏的“审核”按钮，系统弹出信息框提示审核完成，单击“确定”按钮，完成审核工作。

(3) 退出。单击“采购入库单”窗口右上角的“关闭”按钮，关闭该窗口。

5. 场景四的操作步骤

视频网址：http://www.mdmuke.com/mdmk/mod/page/view.php?id=1273

任务说明：采购部职员张新海参照入库单生成采购专用发票，填制运费的采购专用发票。

【采购部职员张新海参照生成采购专用发票】

(1) 打开采购“专用发票”窗口。在“采购管理”子系统，依次单击“采购发票/专用采购发票”项，系统打开“专用发票”窗口。

(2) 参照入库单生成采购专用发票。在“专用发票”窗口中，先单击工具栏的“增加”按钮，新增一张采购专用发票，再做如下操作：

① 打开“拷贝并执行”窗口。单击工具栏的“生单/入库单”命令，系统打开“查询条件选择—采购入库单列表过滤”对话框，直接单击“确定”按钮，系统打开“拷贝并执行”窗口。

② 复制信息。在“拷贝并执行”窗口中，双击要选择的采购入库单（即场景三完成的采购入库单）所对应的“选择”栏，然后单击工具栏的“确定”按钮，返回“专用发票”窗口。

③ 编辑表头。修改“发票号”为 61057801、第 2 行“原币单价”为 0，其他项默认。

(3) 保存。单击工具栏的“保存”按钮，结果如图 5-22 所示。

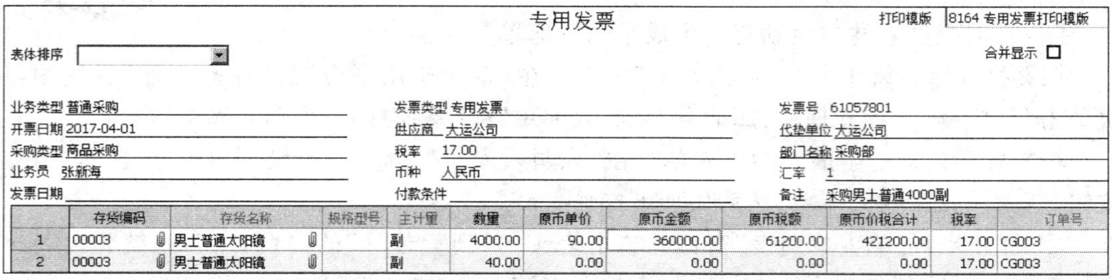
专用发票
打印模版 8164 专用发票打印模版
表体排序
合并显示 □
业务类型 普通采购
开票日期 2017-04-01
采购类型 商品采购
业务员 张新海
发票日期
发票类型 专用发票
供应商 大运公司
税率 17.00
币种 人民币
付款条件
发票号 61057801
代垫单位 大运公司
部门名称 采购部
汇率 1
备注 采购男士普通4000副

	存货编码	存货名称	规格型号	主计量	数量	原币单价	原币金额	原币税额	原币价税合计	税率	订单号
1	00003	男士普通太阳镜		副	4000.00	90.00	360000.00	61200.00	421200.00	17.00	CG003
2	00003	男士普通太阳镜		副	40.00	0.00	0.00	0.00	0.00	17.00	CG003

图 5-22 采购专用发票

(4) 退出。单击“专用发票”窗口右上角的“关闭”按钮，关闭该窗口。

【采购部职员张新海填制与现付运费的采购专用发票】

(1) 打开采购“专用发票”窗口。

(2) 编辑运费的专用发票。在“专用发票”窗口中，单击工具栏的“增加”按钮，新增一张采购专用发票，然后做如下编辑：

① 编辑表头。编辑“发票号”为 62010201，“税率”为 11，参照生成“供应商”为上海顺风速递，编辑“备注”为“采购男士普通 4000 副的运费”。

② 编辑表体。参照生成“存货编码”为 00005(运输费)，编辑“数量”为 1，“原币单价”为 1000，编辑或确认“税率”为 11，其他项默认。

(3) 保存。单击工具栏的“保存”按钮，保存该单据，结果可参见图 5-23。

(4) 运费现付。在“专用发票”窗口，单击工具栏的“现付”按钮，系统打开“采购现付”对话框。在该对话框的表体部分，选择“结算方式”为“现金”，录入相应的“原币金额”1110，然后单击对话框的“确定”按钮返回“专用发票”窗口，此时窗口左上方出现“已现付”字样，结果如图 5-23 所示。

(5) 退出。单击“专用发票”窗口右上角的“关闭”按钮，关闭该窗口。

已现付　　专用发票　　打印模版 8164 专用发票打印模版

表体排序　　合并显示 □

业务类型 普通采购　　发票类型 专用发票　　发票号 62010201

开票日期 2017-04-01　　供应商 上海顺风速递　　代垫单位 上海顺风速递

采购类型 商品采购　　税率 11.00　　部门名称

业务员　　币种 人民币　　汇率 1

发票日期　　付款条件　　备注 采购男士普通4000副的运费

	存货编码	存货名称	规格型号	主计量	数量	原币单价	原币金额	原币税额	原币价税合计	税率	订单号
1	00005	运输费		次	1.00	1000.00	1000.00	110.00	1110.00	11.00	

图 5-23　运费的专用发票

6. 场景五的操作步骤

视频网址：http://www.mdmuke.com/mdmk/moc/page/view.php?id=1274

任务说明：采购部职员张新海进行采购的手工结算。

(1) 打开"手工结算"窗口。在"采购管理"子系统，依次单击"采购结算/手工结算"项，系统打开"手工结算"窗口。

(2) 打开"结算选单"窗口并显示采购发票和入库单。在"手工结算"窗口中，单击工具栏的"选单"按钮，系统弹出"结算选单"窗口，单击其工具栏的"查询"按钮，然后在系统弹出的"查询条件选择—采购手工结算"对话框中，直接单击"确定"按钮，系统返回"结算选单"窗口并在上窗格显示发票列表，下窗格显示入库单列表。

(3) 运费分摊。

① 选单。在"结算选单"窗口中，选中上窗格的本业务生成的采购专用发票 3 行，再选中下窗格对应的入库单("存货名称"为男士普通太阳镜的 2 行)，然后单击工具栏的"确定"按钮，系统返回"手工结算"窗口。

② 费用分摊。选择上窗格底部的"按数量"单选按钮，然后单击工具栏的"分摊"按钮，并在系统弹出的信息提示中单击"是"和"确定"按钮，完成费用分摊，返回"手工结算"窗口。

(4) 完成采购结算。在"手工结算"窗口中，单击工具栏的"结算"按钮，系统弹出"完成结算"提示框，单击"确定"按钮，完成采购结算(通过双击"采购结算"菜单下的"结算单列表"菜单项，可查阅本业务生成的结算单，结果如图 5-24 所示)。

结算单　　打印模版 8176 结算单打印模版

表体排序　　合并显示 □

结算号 0000000000000001　　结算日期 2017-04-01　　业务类型 普通采购

供应商 大运公司　　部门名称 采购部　　业务员 张新海

采购类型 商品采购

	入库单号/代管挂账单号	发票号	存货编码	主计量	存货名称	结算数量	结算单价	结算金额	费用	暂估单价	暂估金额
1	0000000002	61057801	00003	副	男士普通太阳镜	4000.00	89.36	357440.00	990.10	90.00	360000.00
2	0000000002	61057801	00003	副	男士普通太阳镜	40.00	89.36	3560.00	9.90	89.36	3560.00
3		62010201	00005	次	运输费	0.00	0.00	0.00	0.00	0.00	0.00

图 5-24　采购结算单

(5) 退出。单击“手工结算”窗口右上角的“关闭”按钮，退出该窗口。

提示：

- 用户可以把某些运费、挑选整理费等费用按会计制度摊入采购成本。
- 用友 ERP-U8 中有两种费用分摊方式，即按金额、按数量，系统可自动将费用、折扣、存货发票记录、运费发票记录分摊到所选的入库单记录，并修改入库单记录的结算金额。
- 本笔业务的运费分摊是按数量进行的，即 1000/4040≈0.25，其暂估单价为 89.11(即 360000/4040≈89.11)，所以本业务的结算单价是 89.36，即暂估单价＋运费分摊。

7. 场景六的操作步骤

视频网址：http://www.mdmuke.com/mdmk/mod/page/view.php?id=1275

任务说明：财务部出纳罗迪填制银行承兑汇票，会计张兰审核与制单。

【财务部出纳罗迪填制银行承兑汇票】

(1) 打开“票据管理”窗口。在“企业应用平台”的“业务工作”页签下，依次单击“财务会计/应付款管理/票据管理”项，系统弹出“查询条件选择”对话框，直接单击其“确定”按钮，系统打开“票据管理”窗口。

(2) 填制汇票。单击工具栏的“增加”按钮，系统打开“应付票据”窗口，选择“票据类型”为银行承兑汇票，“票据编号”为 31856821，“结算方式”为银行承兑汇票，“出票日期”为 2017-4-1，“到期日”为 2017-5-1，“付款人银行”为“中国工商银行昌平支行”，“收款人”为大运公司，“金额”为 421200，其他项默认。

(3) 保存。单击工具栏的“保存”按钮，保存该单据，结果如图 5-25 所示。

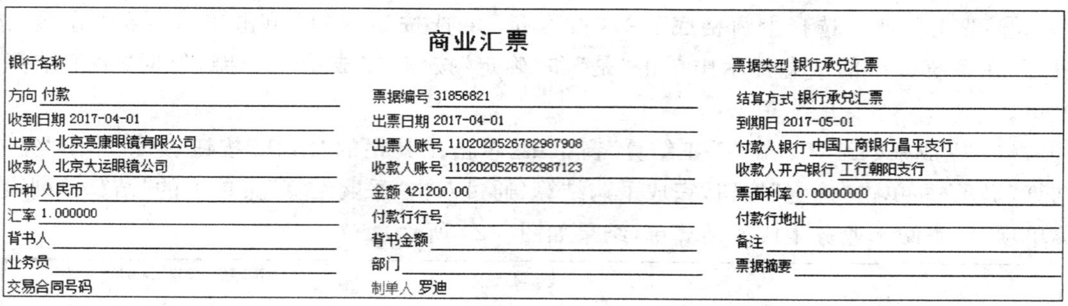

商业汇票

银行名称		票据类型 银行承兑汇票
方向 付款	票据编号 31856821	结算方式 银行承兑汇票
收到日期 2017-04-01	出票日期 2017-04-01	到期日 2017-05-01
出票人 北京亮康眼镜有限公司	出票人账号 1102020526782987908	付款人银行 中国工商银行昌平支行
收款人 北京大运眼镜公司	收款人账号 1102020526782987123	收款人开户银行 工行朝阳支行
币种 人民币	金额 421200.00	票面利率 0.00000000
汇率 1.000000	付款行行号	付款行地址
背书人	背书金额	备注
业务员	部门	票据摘要
交易合同号码	制单人 罗迪	

图 5-25　银行承兑汇票

提示：银行承兑汇票保存时，系统将自动生成付款单。

(4) 退出。单击“应付票据”和“票据管理”窗口右上角的“关闭”按钮。

【财务部会计张兰进行付款单审核与制单】

(1) 打开“收付款单列表”窗口。在“应付款管理”子系统，依次单击“付款单据处理/付款单据审核”项，系统弹出“付款单查询条件”对话框，直接单击其“确定”按钮，系统打开“收付款单列表”窗口。

(2) 打开“收付款单录入”窗口。在“收付款单列表”窗口中，系统列出了本业务自动生成的付款单，双击该单据所在的行，系统打开“收付款单录入”窗口。

(3) 审核付款单并制单。单击工具栏的“审核”按钮，系统完成审核并弹出信息提示框，询问“是否立即制单?”，单击“是”按钮，系统弹出“填制凭证”窗口，并默认显示了制单结果(借记：一般应付账款；贷记：银行承兑汇票)。

(4) 保存。单击工具栏的“保存”按钮，结果如图 5-26 所示。

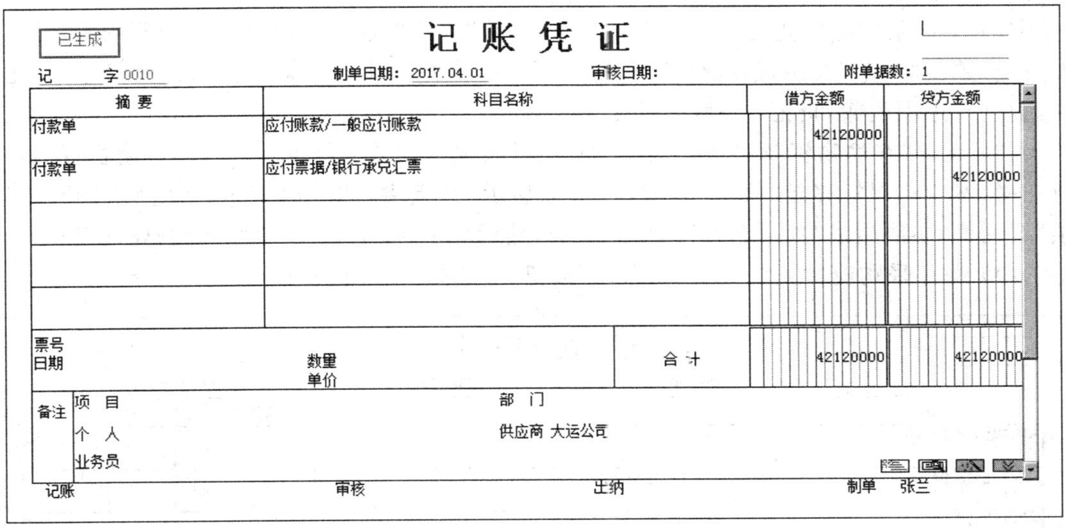

已生成

记 账 凭 证

记 字 0010　　制单日期：2017.04.01　　审核日期：　　附单据数：1

摘要	科目名称	借方金额	贷方金额
付款单	应付账款/一般应付账款	42120000	
付款单	应付票据/银行承兑汇票		42120000
票号 日期	数量 单价 合计	42120000	42120000

备注　项　目　　部　门

个　人　　供应商 大运公司

业务员

记账　　审核　　出纳　　制单 张兰

图 5-26　银行承兑汇票制单结果

(5) 退出。单击“填制凭证”“收付款单录入”和“收付款单列表”窗口右上角的“关闭”按钮。

8. 场景七的操作步骤

视频网址：http://www.mdmuke.com/mdmk/mod/page/view.php?id=1276

任务说明：财务部会计张兰进行应付确认(应付审核与制单)和应付核销。

【财务部会计张兰进行应付单据审核】

(1) 打开“单据处理”窗口。在“应付款管理”子系统，依次单击“应付单据处理/应付单据审核”项，系统弹出“应付单查询条件”对话框，增加勾选“包括已现结发票”复选框，然后单击该对话框的“确定”按钮，系统打开“单据处理”窗口。

(2) 审核应付单据。在“单据处理”窗口中，系统列出了本业务生成的两张采购专用发票，单击工具栏的“全选”“审核”按钮，系统提示审核成功(同时“审核人”栏出现“张兰”的名字)，单击“确定”按钮，退出信息提示框，返回“单据处理”窗口，结果如图 5-27 所示。

(3) 退出。单击“单据处理”窗口右上角的“关闭”按钮，退出该窗口。

【财务部会计张兰进行应付制单】

(1) 打开采购发票“制单”窗口。在“应付款管理”子系统，双击“制单处理”项，在系统弹出的“制单查询”对话框中，确认已选中“发票制单”和“现结制单”，然后单击“确定”按钮，系

应付单据列表

记录总数：2

选择	审核人	单据日期	单据类型	单据号	供应商名称	部门	业务员	制单人	币种	原币金额	本币金额	备注
	张兰	2017-04-01	采购专...	61057801	北京大运眼镜公司	采购部	张新海	张新海	人民币	421,200.00	421,200.00	采购男士普通4000副
	张兰	2017-04-01	采购专...	62010201	上海顺风速递有限公司			张新海	人民币	1,110.00	1,110.00	采购男士普通4000副的运费
合计										422,310.00	422,310.00	

图 5-27　应付单据列表

统打开“制单”窗口。

（2）生成采购应付凭证。单击工具栏的“全选”按钮以选中本业务生成的两张采购专用发票，再单击“制单”按钮，系统打开“填制凭证”窗口，并默认显示第一张凭证的信息(借记：在途物资、进项税额，贷记：一般应付账款)。

（3）设置“在途物资”科目的辅助项的“项目名称”为“男士普通”。单击“在途物资”科目所在栏，然后将鼠标移至“项目”区域，待鼠标显示为“笔尖”图标时双击，系统将打开“辅助项”对话框，参照生成“项目名称”为男士普通，然后单击“确定”按钮返回“填制凭证”窗口。

（4）保存采购应付凭证。单击“保存”按钮，结果如图 5-28 所示。

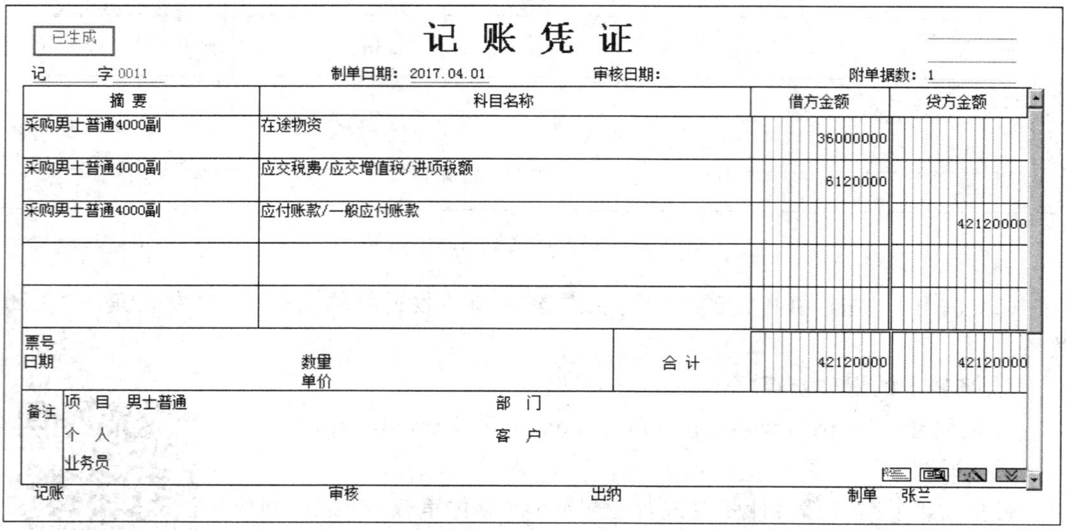

已生成

记账凭证

记　字 0011　　制单日期：2017.04.01　　审核日期：　　附单据数：1

摘要	科目名称	借方金额	贷方金额
采购男士普通4000副	在途物资	36000000	
采购男士普通4000副	应交税费/应交增值税/进项税额	6120000	
采购男士普通4000副	应付账款/一般应付账款		42120000
票号 日期	数量 单价 　合计	42120000	42120000

备注　项　目　男士普通　　部　门

个　人　　客　户

业务员

记账　　审核　　出纳　　制单　张兰

图 5-28　采购专用发票制单结果

（5）生成并保存运费应付凭证。单击工具栏的“下张凭证”按钮，系统将显示运费的制单信息，设置“在途物资”的“项目”为“103(男士普通)”后，单击“保存”按钮，结果如图 5-29 所示。

（6）退出。单击“填制凭证”和“制单”窗口右上角的“关闭”按钮，关闭窗口。

【财务部会计张兰进行应付核销】

（1）打开“单据核销”窗口。在“应付款管理”子系统，依次单击“核销处理/手工核销”项，在系统弹出的“核销条件”对话框中，参照生成“供应商”为大运公司，然后单击“确定”按钮，系统打开“单据核销”窗口。

（2）核销设置。在“单据核销”窗口的下窗体，双击“单据编号”为 61057801 所在的行，系统自动在该行的“本次结算”栏填入与“原币余额”相等的数字，结果如图 5-30 所示。

已生成

记 账 凭 证

记 字 0012　　制单日期：2017.04.01　　审核日期：　　附单据数：1

摘要	科目名称	借方金额	贷方金额
采购男士普通4000副的运费	在途物资	100000	
采购男士普通4000副的运费	应交税费/应交增值税/进项税额	11000	
采购男士普通4000副的运费	库存现金		111000
票号 日期	数量 单价 　合计	111000	111000

备注　项　目　男士普通　　部　门

个　人　　客　户

业务员

记账　　审核　　出纳　　制单　张兰

图 5-29　运费制单结果

单据日期	单据类型	单据编号	供应商	款项...	结算方式	币种	汇率	原币金额	原币余额	本次结算	订单号
2017-04-01	付款单	0000000001	大运公司	预付款	转账支票	人民币	1.00000000	50,000.00	50,000.00		
2017-04-01	付款单	0000000003	大运公司	应付款	银行承兑汇票	人民币	1.00000000	421,200.00	421,200.00	421,200.00	
合计								471,200.00	471,200.00	421,200.00	

单据日期	单据类型	单据编号	到期日	供应商	币种	原币金额	原币余额	可享受折扣	本次折扣	本次结算	订单号
2017-03-17	采购专用发票	0000001	2017-03-17	大运公司	人民币	1,638,000.00	1,638,000.00	0.00			
2017-03-20	采购专用发票	0000002	2017-03-20	大运公司	人民币	1,053,000.00	1,053,000.00	0.00			
2017-04-01	采购专用发票	61057801	2017-04-01	大运公司	人民币	421,200.00	421,200.00	0.00	0.00	421,200.00	CG003
合计						3,112,200.00	3,112,200.00	0.00		421,200.00	

图 5-30　应付设置结果

(3) 应付核销。单击工具栏的“保存”按钮，完成应付核销。

(4) 退出。单击“单据核销”窗口的“关闭”按钮，退出该窗口。

9. 场景八的操作步骤

视频网址：http://www.mdmuke.com/mdmk/mod/page/view.php?id=1277

任务说明：财务部会计张兰进行采购成本确认（入库存货记账、制单）。

【财务部会计张兰进行采购入库存货记账】

(1) 打开“未记账单据一览表”窗口。在“企业应用平台”的“业务工作”页签下，依次单击“供应链/存货核算/业务核算/正常单据记账”项，系统弹出“查询条件选择”对话框，直接单击其“确定”按钮，系统打开“未记账单据一览表”窗口。

(2) 入库记账。选中本业务生成的采购入库单（两行记录），然后单击工具栏的“记账”按钮，系统弹出信息框提示记账成功，单击其“确定”按钮，完成记账工作。

(3) 退出。单击“未记账单据一览表”窗口右上角的“关闭”按钮，退出当前窗口。

【财务部会计张兰进行入库存货制单】

（1）打开“生成凭证”窗口。在“存货核算”子系统，依次单击“财务核算/生成凭证”项，系统打开“生成凭证”窗口。

（2）打开“选择单据”窗口。单击工具栏的“选择”按钮，在系统弹出的“查询条件”对话框中，直接单击“确定”按钮，系统打开“选择单据”窗口。

（3）生成存货凭证。选中本业务生成的采购入库单，然后单击工具栏的“确定”按钮，系统返回“生成凭证”窗口，单击工具栏的“生成”按钮，系统打开“填制凭证”窗口，并默认显示了本业务入库单上的相关信息(借记：库存商品，贷记：在途物资)。

（4）修改存货凭证。设置“库存商品”和“在途物资”科目的辅助项的“项目名称”为“男士普通”。

（5）保存存货凭证。单击工具栏的“保存”按钮，结果如图 5-31 所示。

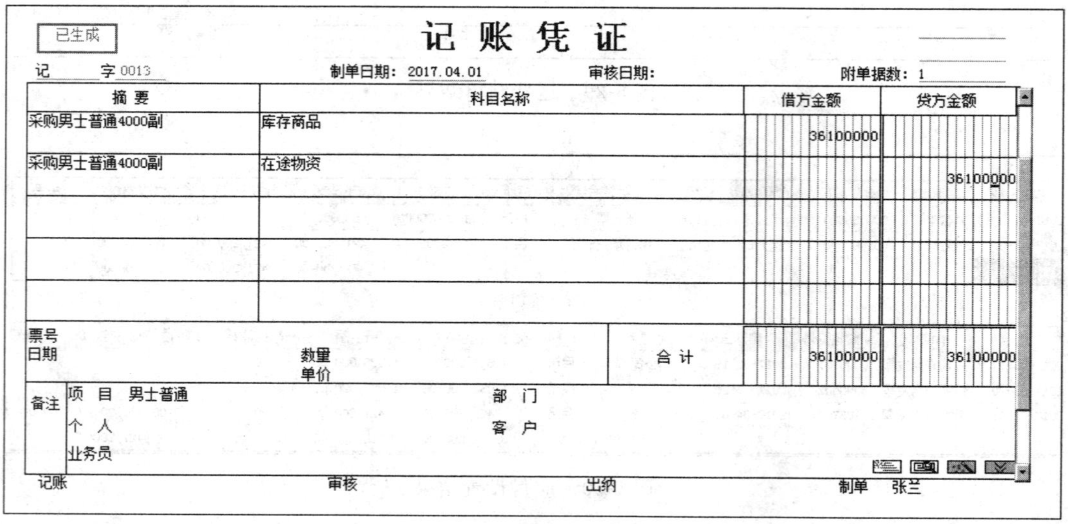

已生成

记账凭证

记　字 0013　　制单日期：2017.04.01　　审核日期：　　附单据数：1

摘要	科目名称	借方金额	贷方金额
采购男士普通4000副	库存商品	36100000	
采购男士普通4000副	在途物资		36100000
票号 日期	数量 单价	合计 36100000	36100000

备注　项　目　男士普通　　部　门

个　人　　客　户

业务员

记账　　审核　　出纳　　制单　张兰

图 5-31　存货凭证

（6）退出。单击“填制凭证”和“生成凭证”窗口右上角的“关闭”按钮，关闭窗口。

5.4　采购原材料到货与现付业务

用友 ERP-U8 中，在采购发票保存后就可以进行现付款处理，但在应付款管理中已审核的发票不能再做现付处理。

5.4.1　业务概述与分析

4 月 5 日，北京塑料二厂发来本月 1 日采购的镜片树脂(合同编码为 CG001)，仓管部验收入原材料仓库；随货到达的采购专用发票(发票号 61005502，原始单据可参见图 5-32)上标明镜片树脂 1.5 千克，无税单价 6000 元，税率 17%。财务部当日开具转账支票(票号 31002101，支票存根可参见图 5-33)，支付全部款项(支付报告书从略)。

1100163320　　**北京增值税专用发票**　　No 61005502

发票联　　开票日期：2017年4月5日

税总函[2016]362号北京市印钞有限公司

购买方	名　称：北京亮康眼镜有限公司 纳税人识别号：1101082121202 地 址、电 话：北京市昌平区昌平路78号，电话：010-60228226 开户行及账号：中国工商银行北京市昌平支行110202052678298790E						密码区	
货物或应税劳务名称	规格型号	单位	数量	单价	金额	税率	税额	
树脂镜片		千克	1.5	6000.00	9000.00	17%	1530.00	
合　计					￥9000.00		￥1530.00	
价税合计（大写）	⊗壹万零伍佰叁拾元整				（小写）￥10530.00			
销售方	名　称：北京塑料二厂 纳税人识别号：200106756865001 地 址、电 话：北京昌平区大新路33号 开户行及账号：中国招商银行北京市昌平支行622588012578298790E						备注	200106756865001 发票专用章

收款人：（略）　　复核：（略）　　开票人：（略）　　销售方：（章）

第三联：发票联　购买方记账凭证

图5-32　CG001合同的采购发票

中国工商银行

转账支票存根

支票号码：31002101

附加信息：

出票日期：2017年4月5日

收款人：北京塑料二厂

金　额：￥10530.00

用　途：支付CG001的货款

单位主管：（略）　会计：（略）

图5-33　CG001合同的货款支付支票存根

本业务有采购到货和对采购发票进行转账支票现付的业务，需要填制与审核采购到货单、入库单，填制与现付采购发票，在发票窗口进行采购结算，对现付发票的审核与制单，以及采购成本确认。

5.4.2 虚拟业务场景

人物：张新海——采购部职员。

刘静——采购部主管。

赵林——仓管部职员。

李莉——仓管部主管。

罗迪——财务部出纳。

张兰——财务部会计。

曾志伟——财务部主管。

场景一：采购到货，采购部填制和审核采购到货单。

（张新海填制采购到货单。）

张新海：刘总，本月1日采购的镜片树脂到货了，您审核一下。

刘静：好的，辛苦你了。（审核完成。）

场景二：货物验收入库，仓管部填制并审核采购入库单。

（赵林根据采购到货单填写入库单。）

赵林：李总，北京塑料二厂发来的镜片树脂已经验收入库了，麻烦您审核一下。

李莉：好的，辛苦了。（审核完成。）

场景三：收到发票并现付，采购部进行采购专用发票的填制、现付与结算。

张新海：小罗，北京塑料二厂的镜片树脂已经到货了，按合同今天需要支付货款。

罗迪：好的，我马上开张转账支票给你。

（递给张新海转账支票。）

张新海：谢谢！

（张新海参照采购入库单完成采购专用发票的生成，然后用转账支票进行现付，并在发票窗口进行采购自动结算。）

场景四：财务部进行现付审核与制单。

张新海：张兰，今天有一笔现付的采购业务已经完成了，麻烦您审核一下。

张兰：好的，我尽快完成相关的账务处理。（采购现付的审核与制单。）

场景五：财务部进行采购成本确认。

曾志伟：张兰，今天现付的一笔采购业务，请及时完成采购成本确认。

张兰：好的，我马上做。（存货记账与制单。）

5.4.3 操作指导

1. 操作流程

图 5-34 是本业务的操作流程。

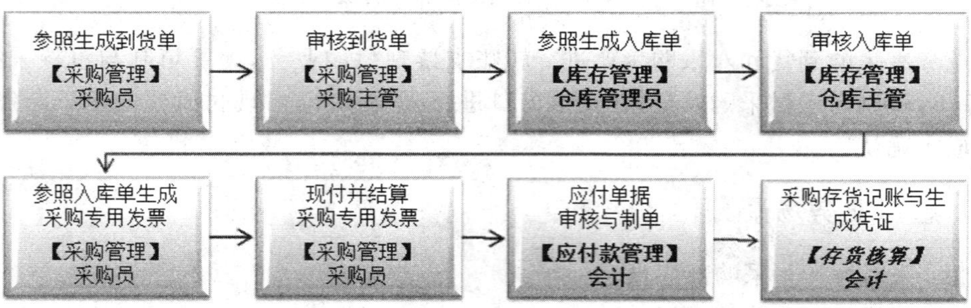

图 5-34 本业务的操作流程

请确认系统日期和业务日期为 2017 年 4 月 5 日。

2. 场景一的操作步骤

视频网址：http://www.mdmuke.com/mdmk/mod/page/view.php?id=1278

任务说明：采购部职员张新海填制到货单，主管刘静审核。

【采购部职员张新海填制采购到货单】

(1) 打开“到货单”窗口。在“企业应用平台”的“业务工作”页签中，依次单击“供应链/

采购管理/采购到货/到货单”项，系统打开“到货单”窗口。

（2）参照订单生成采购到货单。首先单击工具栏的“增加”按钮，新增一张采购到货单，再做如下操作：

① 打开“拷贝并执行”窗口。单击“生单/采购订单”命令，系统打开“查询条件选择—采购订单列表过滤”对话框，单击其“确定”按钮，系统打开“拷贝并执行”窗口。

② 复制信息。在“拷贝并执行”窗口的上窗格中，双击“订单号”为 CG001 的采购订单所在行的“选择”栏，再单击工具栏的“确定”按钮，系统返回“到货单”窗口，此时相关的信息已经有默认值，不需要修改。

（3）保存。单击工具栏的“保存”按钮，保存该到货单，结果如图 5-35 所示。

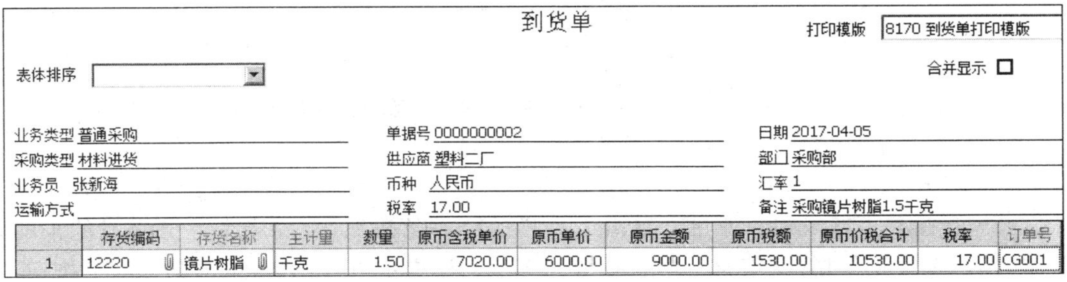
到货单

打印模版 8170 到货单打印模版

表体排序

合并显示

业务类型 普通采购　　单据号 0000000002　　日期 2017-04-05

采购类型 材料进货　　供应商 塑料二厂　　部门 采购部

业务员 张新海　　币种 人民币　　汇率 1

运输方式　　税率 17.00　　备注 采购镜片树脂1.5千克

	存货编码	存货名称	主计量	数量	原币含税单价	原币单价	原币金额	原币税额	原币价税合计	税率	订单号
1	12220	镜片树脂	千克	1.50	7020.00	6000.00	9000.00	1530.00	10530.00	17.00	CG001

图 5-35　采购到货单

（4）退出。单击“到货单”窗口右上角的“关闭”按钮，关闭该窗口。

【采购主管刘静审核采购到货单】

（1）打开“到货单”窗口。

（2）查阅并审核采购到货单。在“到货单”窗口中，单击工具栏的“上张”按钮，查阅到本业务生成的采购到货单，然后单击工具栏的“审核”按钮，完成审核工作。

（3）退出。单击“到货单”窗口右上角的“关闭”按钮，关闭并退出该窗口。

3. 场景二操作步骤

视频网址：http://www.mdmuke.com/mdmk/mod/page/view.php?id=1279

任务说明：仓管部职员赵林参照到货单生成入库单，主管李莉审核。

【仓管部职员赵林参照到货单生成采购入库单】

（1）打开库存管理的“采购入库单”窗口。在“企业应用平台”的“业务工作”页签中，依次单击“供应链/库存管理/入库业务/采购入库单”项，系统打开“采购入库单”窗口。

（2）参照到货单生成采购入库单。在“采购入库单”窗口中，首先单击工具栏的“增加”按钮，新增一张采购入库单，然后做如下操作：

① 打开“到货单生单列表”窗口。单击表头的“到货单号”的参照按钮，系统打开“查询条件选择—采购到货单列表”对话框，直接单击其“确定”按钮，系统打开“到货单生单列表”窗口。

② 复制信息。在“到货单生单列表”窗口的上窗格中，双击要选择的采购到货单所对应的“选择”栏（即场景一完成的采购到货单），再单击工具栏的“确定”按钮，系统返回“采购入

库单”窗口，此时相关的信息已经默认显示在入库单上。

(3) 保存。单击工具栏的“保存”按钮，保存该单据，结果如图 5-36 所示。

采购入库单

采购入库单打印模版

表体排序

蓝字　红字　合并显示

入库单号 0000000003　入库日期 2017-04-05　仓库 原材料仓库

订单号 CG001　到货单号 0000000002　业务号

供货单位 塑料二厂　部门 采购部　业务员 张新海

到货日期 2017-04-05　业务类型 普通采购　采购类型 材料进货

入库类别 材料采购入库　审核日期　备注 采购镜片树脂1.5千克

	存货编码	存货名称	规格型号	主计量单位	数量	本币单价	本币金额
1	12220	镜片树脂		千克	1.50	6000.00	9000.00

图 5-36　采购入库单

(4) 退出。单击“采购入库单”窗口右上角的“关闭”按钮，关闭该窗口。

【仓管部主管李莉审核采购入库单】

(1) 打开“采购入库单”窗口。

(2) 查阅并审核采购入库单。单击工具栏的“末张”按钮，查阅到本业务生成的采购入库单，然后单击工具栏的“审核”按钮，系统弹出信息框提示审核成功，单击其“确定”按钮，完成审核工作。

(3) 退出。单击“采购入库单”窗口右上角的“关闭”按钮，关闭并退出该窗口。

4. 场景三的操作步骤

视频网址：http://www.mdmuke.com/mdmk/mod/page/view.php?id=1280

任务说明：采购部职员张新海参照入库单生成采购专用发票，并现付及结算。

(1) 打开“专用发票”窗口。在“采购管理”子系统，依次单击“采购发票/专用采购发票”项，系统打开“专用发票”窗口。

(2) 参照入库单生成采购专用发票。在“专用发票”窗口中，单击工具栏的“增加”按钮，新增一张采购专用发票，再单击工具栏的“生单/入库单”命令，系统打开“查询条件选择—采购入库单列表过滤”对话框，直接单击其“确定”按钮，并在系统打开的“拷贝并执行”窗口中，双击上窗格中要选择的采购入库单(即场景二完成的采购入库单)所对应的“选择”栏，然后单击工具栏的“确定”按钮，返回“专用发票”窗口。

(3) 编辑并保存采购发票。在“专用发票”窗口中，编辑表头的“发票号”为 61005502，其他项默认，然后单击工具栏的“保存”按钮，结果可参见图 5-37。

(4) 采购发票现付。在“专用发票”窗口，单击工具栏的“现付”按钮，系统打开“采购现付”对话框；在该对话框的表体部分，选择“结算方式”为“转账支票”，录入相应的“原币金额”10530，输入“票据号”为 31002101，然后单击对话框的“确定”按钮返回“专用发票”窗口；此时窗口左上方出现“已现付”字样，结果可参见图 5-37。

(5) 采购发票窗口结算。在“专用发票”窗口，单击工具栏的“结算”按钮，此时窗口左上方出现“已结算”字样，表示该发票已经采购结算了，结果如图 5-37 所示。

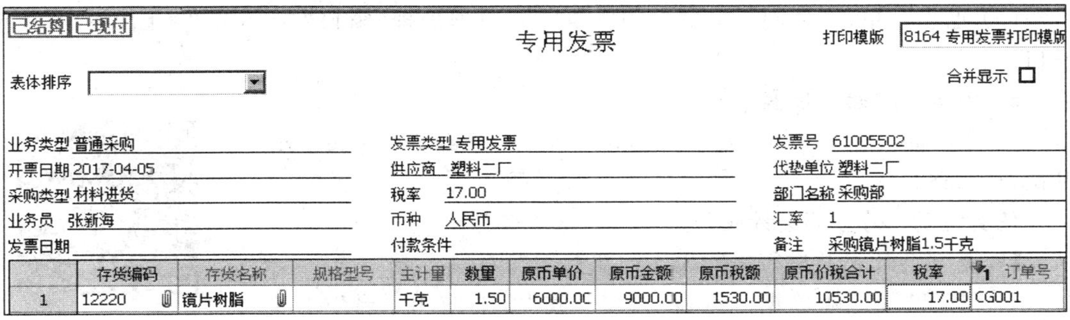
已结算 已现付

专用发票

打印模版 8164 专用发票打印模版

表体排序

合并显示 □

业务类型 普通采购　　发票类型 专用发票　　发票号 61005502
开票日期 2017-04-05　　供应商 塑料二厂　　代垫单位 塑料二厂
采购类型 材料进货　　税率 17.00　　部门名称 采购部
业务员 张新海　　币种 人民币　　汇率 1
发票日期　　付款条件　　备注 采购镜片树脂1.5千克

	存货编码	存货名称	规格型号	主计量	数量	原币单价	原币金额	原币税额	原币价税合计	税率	订单号
1	12220	镜片树脂		千克	1.50	6000.00	9000.00	1530.00	10530.00	17.00	CG001

图 5-37　采购专用发票(已现付、已结算)

(6) 退出。单击“专用发票”窗口右上角的“关闭”按钮,关闭该窗口。

5. 场景四的操作步骤

视频网址:http://www.mdmuke.com/mdmk/mod/page/view.php?id=1281

任务说明:财务部会计张兰进行现付审核与制单。

(1) 打开“单据处理”窗口。在“企业应用平台”的“业务工作”页签下,依次单击“财务会计/应付款管理/应付单据处理/应付单据审核”项,系统弹出“应付单查询条件”对话框,增加勾选“包含已现结发票”复选框,然后单击该对话框的“确定”按钮,系统退出该对话框并打开“单据处理”窗口。

(2) 查阅应付单据。在“单据处理”窗口中,系统列出了本业务的采购专用发票,双击该单据所在的行,系统打开相应的专用发票窗口。

(3) 审核并制单。查阅信息无误后,单击工具栏的“审核”按钮,审核通过该单据。系统弹出信息框“是否立即制单?”单击“是”按钮,系统打开“填制凭证”窗口,并默认显示已生成的凭证信息(借记:材料采购、进项税额,贷记:工行存款)。

(4) 保存凭证。单击“保存”按钮,结果如图 5-38 所示。

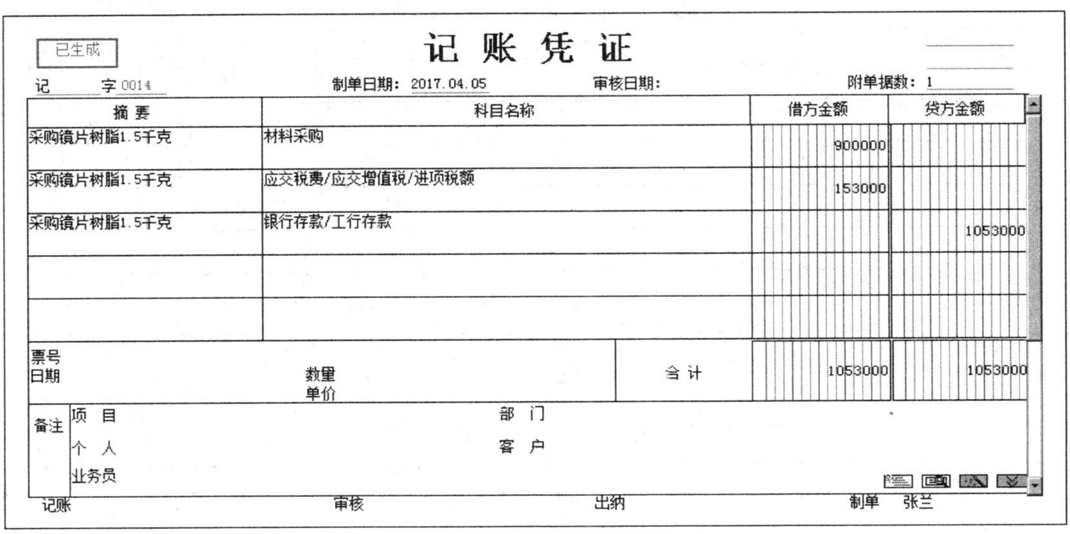
已生成

记 账 凭 证

记 字 0014　　制单日期: 2017.04.05　　审核日期:　　附单据数: 1

摘要	科目名称	借方金额	贷方金额
采购镜片树脂1.5千克	材料采购	900000	
采购镜片树脂1.5千克	应交税费/应交增值税/进项税额	153000	
采购镜片树脂1.5千克	银行存款/工行存款		1053000
票号 日期	数量 单价 合计	1053000	1053000

备注　项 目　　部 门
　　　个 人　　客 户
　　　业务员

记账　　审核　　出纳　　制单 张兰

图 5-38　采购专用发票制单结果

（5）退出。单击“填制凭证”“采购发票”和“单据处理”窗口右上角的“关闭”按钮，关闭窗口。

6．场景五的操作步骤

视频网址：http://www.mdmuke.com/mdmk/mod/page/view.php?id=1282

任务说明：财务部会计张兰进行采购成本确认。

【财务部会计张兰进行采购入库记账】

（1）打开“未记账单据一览表”窗口。在“企业应用平台”的“业务工作”页签下，依次单击“供应链/存货核算/业务核算/正常单据记账”项，系统弹出“查询条件选择”对话框，直接单击其“确定”按钮，系统打开“未记账单据一览表”窗口。

（2）入库记账。在“未记账单据一览表”窗口中，选中本业务生成的采购入库单，然后单击工具栏的“记账”按钮，系统弹出信息框提示记账成功，单击其“确定”按钮，完成记账工作。

（3）退出。单击“未记账单据一览表”窗口右上角的“关闭”按钮，退出当前窗口。

【财务部会计张兰进行入库制单】

（1）打开“生成凭证”窗口。在“存货核算”子系统，依次单击“财务核算/生成凭证”项，系统打开“生成凭证”窗口。

（2）打开“选择单据”窗口。单击工具栏的“选择”按钮，在系统弹出的“查询条件”对话框中，直接单击“确定”按钮，系统打开“选择单据”窗口。

（3）设置凭证信息。在“选择单据”窗口中，选中本业务生成的采购入库单，然后单击工具栏的“确定”按钮，系统退出“选择单据”窗口返回“生成凭证”窗口。

（4）生成存货凭证。单击工具栏的“生成”按钮，系统打开“填制凭证”窗口，并默认显示了本业务入库单上的相关信息（借记：原材料/镜片树脂，贷记：材料采购）。

（5）保存。单击工具栏的“保存”按钮，保存该凭证，结果如图 5-39 所示。

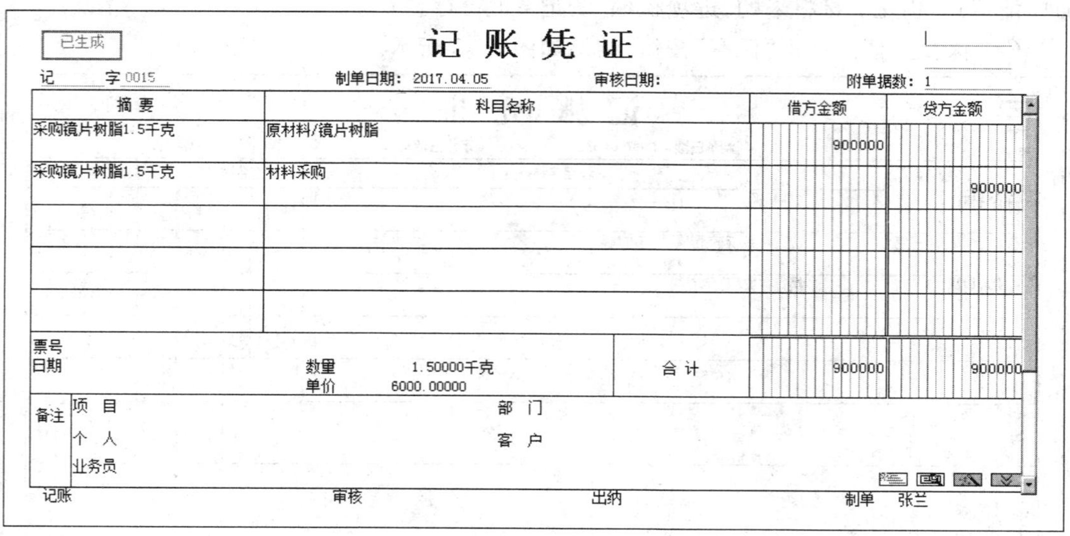
已生成

记账凭证

记 字 0015 制单日期：2017.04.05 审核日期： 附单据数：1

摘要	科目名称	借方金额	贷方金额
采购镜片树脂1.5千克	原材料/镜片树脂	900000	
采购镜片树脂1.5千克	材料采购		900000
票号 日期 数量 1.50000千克 单价 6000.00000	合计	900000	900000

备注 项目 部门

个人 客户

业务员

记账 审核 出纳 制单 张兰

图 5-39 存货凭证

（6）退出。单击“填制凭证”和“生成凭证”窗口右上角的“关闭”按钮，关闭窗口。

5.5 在途物资到货与汇票付款业务

在途物资是指企业购入尚未到达或尚未验收入库的各种物资（即在途物资），在用友 U8 中是上月发票已经审核并制单记账，但货物还没有到达或入库的情况。

5.5.1 业务概述与分析

4 月 5 日，采购员张新海收到大运公司送来的上月采购的男士高端太阳镜 4000 副和女士高端太阳镜 3000 副，已验收入库，用为期 30 天的商业承兑汇票（票号 32856811，汇票可参见图 5-40）支付全额货款 2 691 000 元（付款报告书从略）。

商业承兑汇票

出票日期（大写）贰零壹柒年 肆 月 伍 日　　**32856811**

出票人全称	北京亮康眼镜有限公司	收款人	全称	北京大运眼镜公司
出票人账号	110202052678 2987908	收款人	账号	110202052678 2987123
付款行全称	中国工商银行北京市昌平支行	收款人	开户银行	中国工商银行北京市朝阳支行
出票金额	人民币（大写） 贰佰陆拾玖万壹仟元整			
汇票到期日（大写）	贰零壹柒年伍月肆日	付款行	行号	632718
承兑协议编号	31647001	付款行	地址	北京市昌平支行

亿	千	百	十	万	千	百	十	元	角	分
	¥	2	6	9	1	0	0	0	0	0

本汇票已经本单位承兑，到期无条件付款。

出票单位盖章

备注：

汇票签发人盖章

复核：略　　记账：略

图 5-40 商业承兑汇票

本笔业务是上月票到本月货到的货到结算和付款业务，需要填制采购到货单和入库单（即本月货到），进行采购结算和采购成本确认，填制商业承兑汇票，进行付款单的审核与制单，进行应付核销。需要注意的是，由于存货凭证是按项目核算的，本业务到货的商品属于不同的项目，所以需要填制两张入库单，以利于存货制单。

5.5.2 虚拟业务场景

人物：张新海——采购部职员。

刘静——采购部主管。

曾志伟——财务主管。

张兰——财务部会计。

场景一：上月采购本月到货，采购部填制和审核采购到货单。

（张新海填制采购到货单。）

张新海：刘总，上月采购的男士高端和女士高端太阳镜到货了，您审核一下。

刘静：好的，辛苦你了。（审核完成。）

场景二：采购货物验收入库，仓管部填制并审核采购入库单。

（赵林参照采购到货单生成采购入库单。）

赵林：李总，有一批太阳镜已经验收入库了，麻烦您审核一下。

李莉：好的，辛苦了。（审核完成。）

场景三：采购部进行采购结算。

刘静：小张，上月采购的太阳镜，仓管部已经验收入库了，尽快做采购结算吧。

张新海：好的，我马上做。（采购自动结算。）

场景四：财务部进行采购成本确认。

曾志伟：张兰，今天有一笔在途物资的票到结算业务，请及时完成采购成本确认。

张兰：好的，我马上做。（存货记账与制单。）

场景五：财务部罗迪填制汇票，张兰对付款单进行审核与制单，并做应付核销。

（罗迪填制汇票完成，系统自动生成付款单。）

罗迪：张兰，我已经填制好了汇票，请您审核制单。

张兰：好的。（付款单审核、制单，应付核销。）

5.5.3 操作指导

1. 操作流程

图 5-41 是本业务的操作流程。

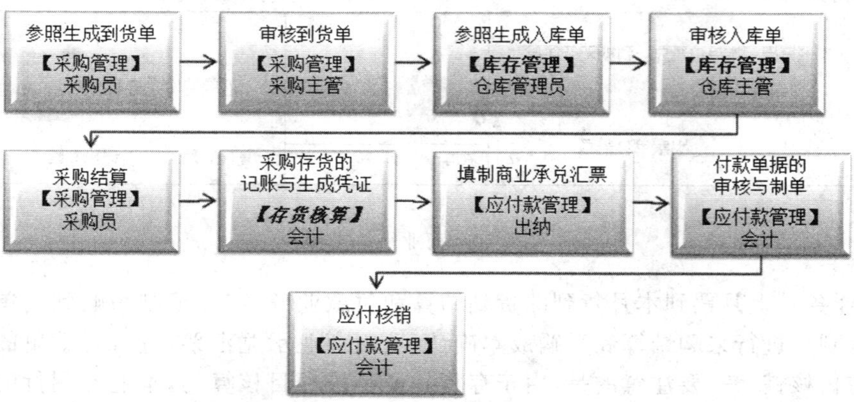

图 5-41 本业务的操作流程

请确认系统日期和业务日期为 2017 年 4 月 5 日。

2. 场景一的操作步骤

视频网址：http://www.mdmuke.com/mdmk/mod/page/view.php?id=1283

任务说明：采购部职员张新海填制到货单，主管刘静审核。

【采购部职员张新海填制采购到货单】

（1）打开“到货单”窗口。在“企业应用平台”的“业务工作”页签中，依次单击“供应链/采购管理/采购到货/到货单”项，系统打开“到货单”窗口。

（2）打开“拷贝并执行”窗口。单击工具栏的“增加”按钮，新增一张采购到货单，然后单击工具栏的“生单/采购订单”，在打开的“查询条件选择—采购订单列表过滤”对话框中，直接单击“确定”按钮，系统打开“拷贝并执行”窗口。

（3）复制信息。在上窗格双击 CG0301 和 CG0302 记录行的“选择”栏，使其出现 Y 字样，此时下窗格也自动带出并选定两条记录，然后单击工具栏的“确定”按钮，系统返回“到货单”窗口，结果可参见图 5-42。

（4）保存。单击工具栏的“保存”按钮，保存该到货单，结果如图 5-42 所示。

图 5-42 采购到货单

（5）退出。单击“到货单”窗口右上角的“关闭”按钮，关闭该窗口。

【采购主管刘静审核采购到货单】

（1）打开“到货单”窗口。

（2）查阅并审核采购到货单。在“到货单”窗口中，单击工具栏的“上张”按钮，查阅到本业务生成的采购到货单，然后单击工具栏的“审核”按钮，完成审核工作。

（3）退出。单击“到货单”窗口右上角的“关闭”按钮，关闭并退出该窗口。

3. 场景二操作步骤

视频网址：http://www.mdmuke.com/mdmk/mod/page/view.php?id=1284

任务说明：仓管部职员赵林参照到货单生成入库单，主管李莉审核。

提示：由于本业务到货的商品属于不同的项目，为正确设置库存商品的项目，在此需要填制两张入库单。

【仓管部职员赵林参照到货单生成采购入库单】

（1）打开库存管理的“采购入库单”窗口。在“企业应用平台”的“业务工作”页签中，依次单击“供应链/库存管理/入库业务/采购入库单”项，系统打开“采购入库单”窗口。

（2）参照到货单生成第 1 张采购入库单。在“采购入库单”窗口中，首先单击工具栏的“增加”按钮，新增一张采购入库单，然后做如下操作：

① 打开“到货单生单列表”窗口。单击表头的“到货单号”的参照按钮，系统打开“查询条件选择—采购到货单列表”对话框，直接单击其“确定”按钮，在系统打开“到货单生单列表”窗口。

② 复制信息。在“到货单生单列表”窗口的上窗格中，双击要选择的采购到货单所对应的“选择”栏（即场景一完成的采购到货单），然后在下窗格中仅选定第 1 行，再单

击工具栏的“确定”按钮，系统返回“采购入库单”窗口，此时相关的信息已经默认显示在入库单上。

③ 保存。单击工具栏的“保存”按钮，保存该单据，结果如图 5-43 所示。

采购入库单

采购入库单打印

表体排序

蓝字 红字 合并显示

入库单号 0000000005　入库日期 2017-04-05　仓库 大运仓库

订单号　到货单号 0000000003　业务号

供货单位 大运公司　部门 仓管部　业务员

到货日期 2017-04-05　业务类型 普通采购　采购类型 商品采购

入库类别 商品采购入库　审核日期　备注

	存货编码	存货名称	规格型号	主计量单位	数量	本币单价	本币金额
1	00001	男士高端太阳镜		副	4000.00	350.00	1400000.00

图 5-43　第 1 张采购入库单

(3) 参照到货单生成第 2 张采购入库单。重复步骤(2)，生成第 2 张采购入库单，结果如图 5-44 所示。

采购入库单

采购入库单打印

表体排序

蓝字 红字 合并显示

入库单号 0000000006　入库日期 2017-04-05　仓库 大运仓库

订单号　到货单号 0000000003　业务号

供货单位 大运公司　部门 仓管部　业务员

到货日期 2017-04-05　业务类型 普通采购　采购类型 商品采购

入库类别 商品采购入库　审核日期　备注

	存货编码	存货名称	规格型号	主计量单位	数量	本币单价	本币金额
1	00002	女士高端太阳镜		副	3000.00	300.00	900000.00

图 5-44　第 2 张采购入库单

(4) 退出。单击“采购入库单”窗口右上角的“关闭”按钮，关闭该窗口。

【仓管部主管李莉审核采购入库单】

(1) 打开“采购入库单”窗口。

(2) 查阅并审核采购入库单。单击工具栏的“末张”和“上张”按钮，查阅到本业务生成的两张采购入库单，然后逐一单击工具栏的“审核”按钮，并系统弹出信息框提示审核成功时，单击其“确定”按钮，完成审核工作。

(3) 退出。单击“采购入库单”窗口右上角的“关闭”按钮，关闭该窗口。

4. 场景三的操作步骤

视频网址：http://www.mdmuke.com/mdmk/mod/page/view.php?id=1285

任务说明：采购部职员张新海进行采购的手工结算。

(1) 打开“手工结算”窗口。在“采购管理”子系统，依次单击“采购结算/手工结算”项，系统打开“手工结算”窗口。

(2) 打开“结算选单”窗口并显示采购发票和入库单。在“手工结算”窗口中，单击工具栏的“选单”按钮，系统弹出“结算选单”窗口；单击其工具栏的“查询”按钮，然后在系统弹出的“查询条件选择—采购手工结算”对话框中，直接单击“确定”按钮，系统返回“结算选单”窗口并在上窗格显示发票列表，下窗格显示入库单列表。

(3) 选单。在“结算选单”窗口中，选中上窗格的期初采购专用发票(2 行，发票号为 61060301 和 61060302)，再选中下窗格对应的入库单(本业务生成的入库单，2 行)，然后单击工具栏的“确定”按钮，系统返回“手工结算”窗口。

(4) 完成采购结算。在“手工结算”窗口中，单击工具栏的“结算”按钮，系统弹出“完成结算”提示框，单击“确定”按钮，完成采购结算(通过双击“采购结算”菜单下的“结算单列表”菜单项，可查阅本业务生成的结算单，结果如图 5-45 所示)。

结算单　　打印模版 8176 结算单打印模版

表体排序　　合并显示 ☐

结算号 00000000000C0003　　结算日期 2017-04-05　　业务类型 普通采购

供应商 大运公司　　部门名称　　业务员

采购类型 商品采购

	入库单号/代管挂账单号	发票号	存货编码	主计量	存货名称	结算数量	结算单价	结算金额	费用	暂估单价	暂估金额
1	0000000005	61060301	00001	副	男士高端太阳镜	4000.00	350.00	1400000.00	0.00	350.00	1400000.00
2	0000000006	61060302	00002	副	女士高端太阳镜	3000.00	300.00	900000.00	0.00	300.00	900000.00

图 5-45　采购结算单

(5) 退出。单击“手工结算”窗口右上角的“关闭”按钮，退出该窗口。

5. 场景四的操作步骤

视频网址：http://www.mdmuke.com/mdmk/moc/page/view.php?id=1286

任务说明：财务部会计张兰进行采购成本确认。

【财务部会计张兰进行采购入库记账】

(1) 打开“未记账单据一览表”窗口。在“企业应用平台”的“业务工作”页签下，依次单击“供应链/存货核算/业务核算/正常单据记账”项，系统弹出“查询条件选择”对话框，直接单击其“确定”按钮，系统打开“未记账单据一览表”窗口。

(2) 入库记账。在“未记账单据一览表”窗口中，选中本业务生成的采购入库单(2 行)，然后单击工具栏的“记账”按钮，系统弹出信息框提示记账成功，单击其“确定”按钮，完成记账工作。

(3) 退出。单击“未记账单据一览表”窗口右上角的“关闭”按钮，退出当前窗口。

【财务部会计张兰进行入库制单】

(1) 打开“生成凭证”窗口。在“存货核算”子系统，依次单击“财务核算/生成凭证”项，系统打开“生成凭证”窗口。

(2) 打开“选择单据”窗口。单击工具栏的“选择”按钮，在系统弹出的“查询条件”对话框中，直接单击“确定”按钮，系统打开“选择单据”窗口。

(3) 生成存货凭证。在“选择单据”窗口中，选中本业务生成的采购入库单，然后单击工具栏的“确定”按钮，系统退出“选择单据”窗口返回“生成凭证”窗口；单击工具栏的“生成”按钮，系统自动生成两张凭证，并打开“填制凭证”窗口默认显示第1张凭证（借记：库存商品，贷记：在途物资）。

（4）编辑并保存第1张凭证。设置“库存商品”和“在途物资”的项目为“男士高端”，然后单击工具栏的“保存”按钮，保存该凭证，结果如图5-46所示。

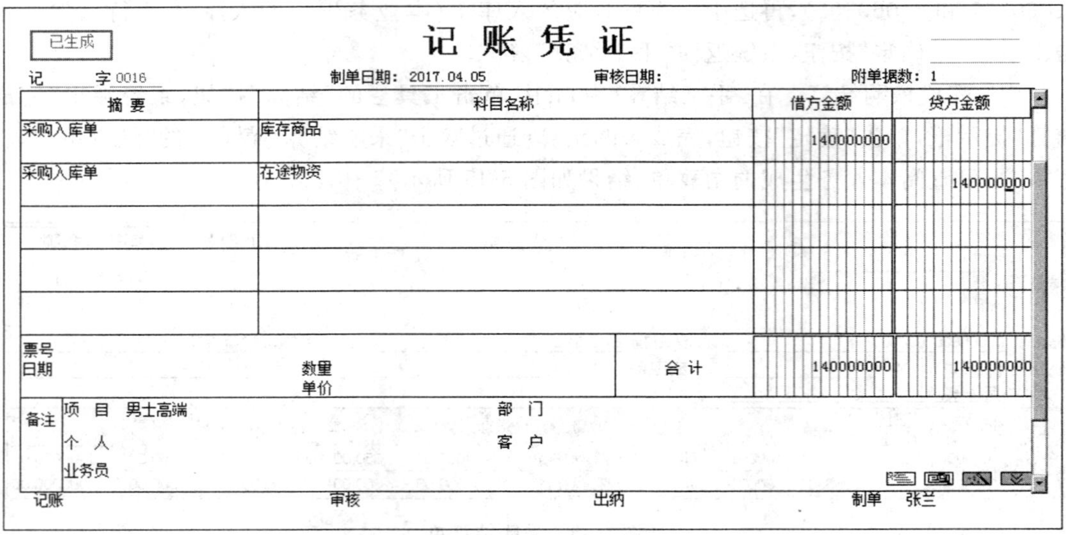

图5-46 男士高端存货凭证

（5）编辑并保存第2张凭证。先单击工具栏的“下张凭证”按钮，再设置“库存商品”和“在途物资”的项目为“女士高端”，然后单击工具栏的“保存”按钮保存该凭证，结果如图5-47所示。

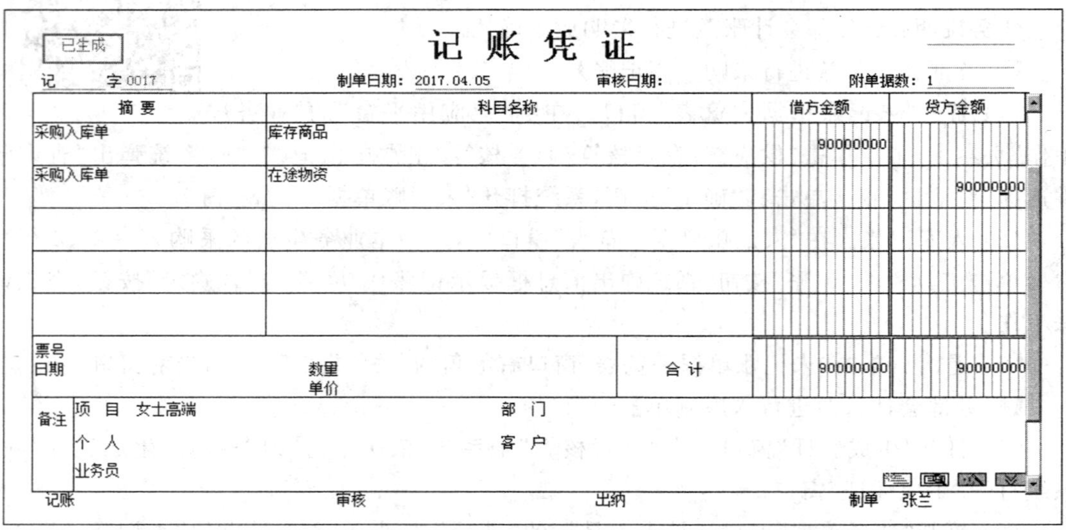

图5-47 女士高端存货凭证

（6）退出。单击“填制凭证”和“生成凭证”窗口右上角的“关闭”按钮，关闭窗口。

6. 场景五的操作步骤

视频网址：http://www.mdmuke.com/mdmk/mod/page/view.php?id=1287

任务说明：财务部出纳罗迪填制商业承兑汇票，会计张兰审核与制单。

【财务部出纳罗迪填制商业承兑汇票】

(1) 打开"票据管理"窗口。在"企业应用平台"的"业务工作"页签下，依次单击"财务会计/应付款管理/票据管理"项，系统弹出"查询条件选择"对话框，直接单击其"确定"按钮，系统打开"票据管理"窗口。

(2) 填制汇票。单击工具栏的"增加"按钮，系统打开"应付票据"窗口，选择"票据类型"为商业承兑汇票，"票据编号"为32856811，"结算方式"为商业承兑汇票，"出票日期"为2017-4-5，"到期日"为2017-5-4，"付款人银行"为"中国工商银行昌平支行"，"收款人"为大运公司，"金额"为2691000，其他项默认。

(3) 保存。单击工具栏的"保存"按钮，保存该单据，结果如图5-48所示。

商业汇票

银行名称

票据类型 商业承兑汇票

方向 付款 | 票据编号 32856811 | 结算方式 商业承兑汇票

收到日期 2017-04-05 | 出票日期 2017-04-05 | 到期日 2017-05-04

出票人 北京亮康眼镜有限公司 | 出票人账号 1102020526782987908 | 付款人银行 中国工商银行昌平支行

收款人 北京大运眼镜公司 | 收款人账号 1102020526782987123 | 收款人开户银行 工行朝阳支行

币种 人民币 | 金额 2691000.00 | 票面利率 0.00000000

汇率 1.000000 | 付款行行号 | 付款行地址

背书人 | 背书金额 | 备注

业务员 | 部门 | 票据摘要

交易合同号码 | 制单人 罗迪

图5-48 商业承兑汇票

提示：商业承兑汇票保存时，系统将自动生成付款单。

(4) 退出。单击"应付票据"和"票据管理"窗口右上角的"关闭"按钮。

【财务部会计张兰进行付款单审核与制单】

(1) 打开"收付款单列表"窗口。在"企业应用平台"的"业务工作"页签下，依次单击"财务会计/应付款管理/付款单据处理/付款单据审核"项，系统弹出"付款单查询条件"对话框，直接单击其"确定"按钮，系统打开"收付款单列表"窗口。

(2) 打开"收付款单录入"窗口。在"收付款单列表"窗口中，系统列出了本业务自动生成的付款单，双击该单据所在的行，系统打开"收付款单录入"窗口，

(3) 审核付款单并制单。单击工具栏的"审核"按钮，系统完成审核并弹出信息提示框，询问"是否立即制单?"单击"是"按钮，系统弹出"填制凭证"窗口，并默认显示制单结果(借记：一般应付账款，贷记：商业承兑汇票)。

(4) 保存。单击工具栏的"保存"按钮，结果如图5-49所示。

(5) 退出。单击"填制凭证""收付款单录入"和"收付款单列表"窗口右上角的"关闭"按钮。

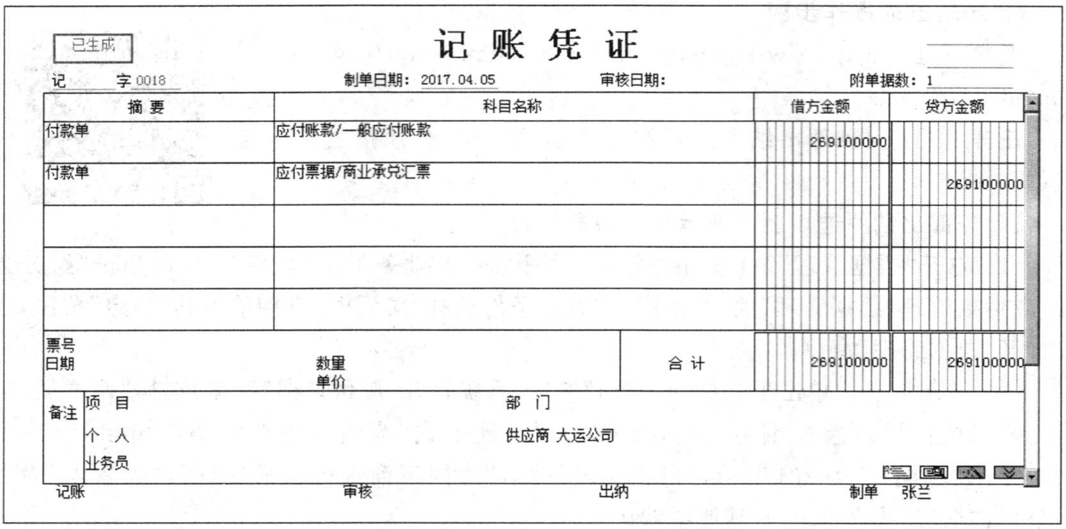

图 5-49　商业承兑汇票制单结果

【财务部会计张兰进行应付核销】

(1) 打开“单据核销”窗口。在“应付款管理”子系统，依次单击“核销处理/手工核销”项，在系统弹出的“核销条件”对话框中，参照生成“供应商”为大运公司，然后单击“确定”按钮，系统打开“单据核销”窗口。

(2) 核销应付款。在“单据核销”窗口的下窗格，双击“单据编号”为 0000001 和 0000002 的行，系统自动在该行的“本次结算”栏填入与“原币余额”相等的数字，然后单击工具栏的“保存”按钮，完成核销。

(3) 退出。单击“单据核销”窗口的“关闭”按钮，退出该窗口。

5.6　暂估结算与付款业务

存货暂估是外购入库的货物发票未到，在无法确定实际的采购成本时，财务人员期末暂时按估计价格入账，后续按照选择的暂估处理方式进行回冲或者补差处理。

用友 ERP-U8 提供 3 种暂估处理方式，即月初回冲、单到回冲和单到补差。月初回冲是指月初时系统自动生成红字回冲单，在报销处理时系统自动根据报销金额生成采购报销入库单。单到回冲是指报销处理时系统自动生成红字回冲单和采购报销入库单。单到补差是指报销处理时系统自动生成一笔调整单，调整金额为实际金额与暂估金额的差额。

案例公司采用单到回冲方式进行暂估处理。对于以前月份的暂估、本月全部报销的普通采购业务，用友 ERP-U8 的处理方法是首先查找存货明细账中对应的单据记录，依据其生成红字回冲单和蓝字报销单。红字回冲单的金额为原入库单据的暂估金额，方向与原暂估金额相反；蓝字报销单的金额为原入库单据的已报销金额(即相应的采购成本)。系统对自动生成的红字回冲单和蓝字报销单直接记入存货明细账，用户不能修改。

暂估业务的单到回冲方式处理参见表 5-1。

表 5-1　暂估业务的单到回冲方式处理

业务类型	业务描述	处　　理
上月暂估	采购业务先到货，发票未到，上月末处理	暂估入库单记账，生成凭证 借：存货（如库存商品、塑料、硅胶） 　贷：暂估应付账款
本月不处理	本月发票未到	不需处理
本月全部结算	本月发票到，与采购入库单全部结算	进行暂估处理，生成红字回冲单并制单 借：存货（红字） 　贷：暂估应付账款（红字） 生成蓝字回冲（报销）单并制单 借：存货（如库存商品、塑料、硅胶） 　贷：一般应付账款
本月部分结算	本月发票到，与采购入库单部分结算	暂估处理时，如果结算单对应的暂估入库单本月未生成红字回冲单，则根据结算单对应的暂估入库单生成红字回冲单，根据结算数量、结算单价、结算金额生成已结算的蓝字回冲单；如果结算单对应的暂估入库单本月已生成红字回冲单，则根据结算数量、结算单价、结算金额生成已结算的蓝字回冲单。 期末处理时，根据暂估入库数与结算数的差额生成未结算的蓝字回冲单，即作为暂估入库单。

5.6.1　业务概述与分析

4 月 5 日，采购员张新海收到大运公司发来的专用发票（票号 61055803，原始单据可参见图 5-50），发票上载明女士高端太阳镜 500 副，无税价格为 320 元/副，增值税为 17%，价税合计 187 200 元。本公司当日开出转账支票（票号 22856823，支票存根可参见图 5-52），支付全部款项（支付报告书如图 5-51 所示）。

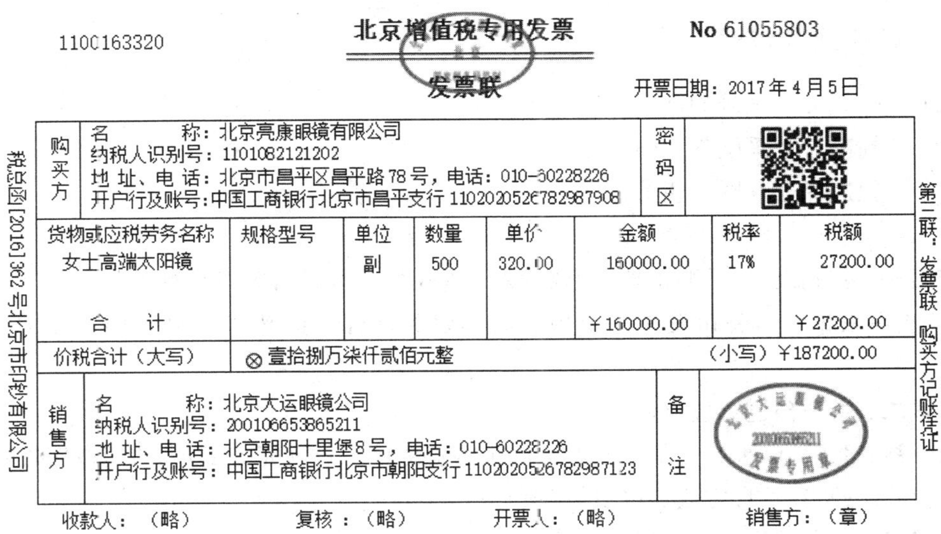

1100163320　　北京增值税专用发票　　No 61055803

发票联

开票日期：2017 年 4 月 5 日

购买方　名　　称：北京亮康眼镜有限公司
纳税人识别号：1101082121202
地 址、电 话：北京市昌平区昌平路 78 号，电话：010-60228226
开户行及账号：中国工商银行北京市昌平支行 1102020526782987908

密码区

货物或应税劳务名称	规格型号	单位	数量	单价	金额	税率	税额
女士高端太阳镜		副	500	320.00	160000.00	17%	27200.00
合　　计					￥160000.00		￥27200.00

价税合计（大写）⊗壹拾捌万柒仟贰佰元整　　（小写）￥187200.00

销售方　名　　称：北京大运眼镜公司
纳税人识别号：200106653865211
地 址、电 话：北京朝阳十里堡 8 号，电话：010-60228226
开户行及账号：中国工商银行北京市朝阳支行 1102020526782987123

备注

收款人：（略）　　复核：（略）　　开票人：（略）　　销售方：（章）

税总函[2016]362 号北京市印钞有限公司

第三联：发票联　购买方记账凭证

图 5-50　发票

付款报告书

部门：采购部　　2017年4月5日　　编号:006

开支内容	金 额	结算方式
支付货款（上月暂估入库）	¥187200.00	转账支票
合计（大写）	人民币壹拾捌万柒仟贰佰元整	

会计主管：略　　单位负责人：略　　出纳：略　　经办人：略

图 5-51　付款报告书

中国工商银行

转账支票存根

支票号码：22856823

附加信息：

出票日期：2017年4月1日

收款人：北京大运眼镜公司

金　额：¥187200.00

用　途：支付货款

单位主管：(略)　　会计：(略)

图 5-52　支票存根

经查，发票上载明的女士高端太阳镜，仓管部已于上月验收入库，暂估的入库价为300元/副。

本笔业务是上月暂估入库本月票到回冲的采购暂估成本结算业务，需要填制并现付采购发票(即本月票到)，进行采购结算、暂估与结算成本处理、红蓝回冲单制单，进行应付单据的审核与制单。

5.6.2　虚拟业务场景

人物：张新海——采购部职员。

刘静——采购部主管。

曾志伟——财务主管。

张兰——财务部会计。

场景一：收到发票，采购部填制、现付采购专用发票并进行窗口结算。

(张新海根据大运公司发来的专用发票和财务部开具的转账支票，填制发票并现付、结算。)

场景二：财务部进行应付确认。

张新海：张兰，今天有一笔票到回冲的采购业务已经付款完成了，麻烦您做应付确认。

张兰：好的，我尽快完成。(应付审核与制单。)

场景三：财务部进行暂估成本处理。

曾志伟：小张，今天有一笔票到回冲的采购业务，你记得做一些暂估成本处理。

张兰：好的，我马上做。（暂估成本处理、红蓝回冲单制单。）

5.6.3 操作指导

1. 操作流程

图 5-53 是本业务的操作流程。

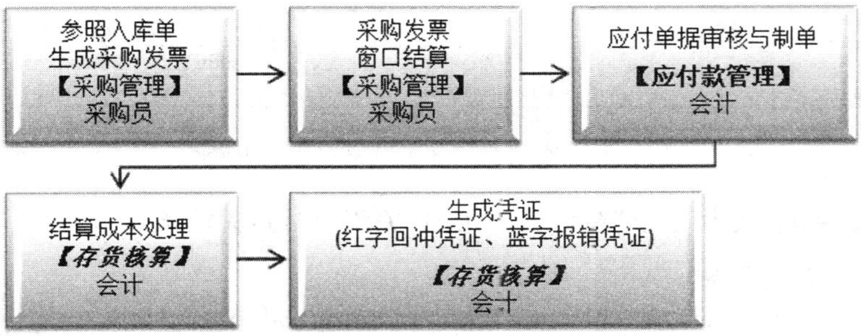

图 5-53　本业务的操作流程

请确认系统日期和业务日期为 2017 年 4 月 5 日。

2. 场景一的操作步骤

视频网址：http://www.mdmuke.com/mdmk/mod/page/view.php?id=1288

任务说明：采购部职员张新海填制采购专用发票，并进行窗口结算。

（1）打开采购“专用发票”窗口。在“企业应用平台”的“业务工作”页签下，依次单击“供应链/采购管理/采购发票/专用采购发票”项，系统打开“专用发票”窗口。

（2）参照入库单生成采购专用发票。在“专用发票”窗口中，单击工具栏的“增加”按钮，新增一张采购专用发票，再单击工具栏的“生单/入库单”命令，系统打开“查询条件选择—采购入库单列表过滤”对话框，直接单击该对话框的“确定”按钮，并在系统打开的“拷贝并执行”窗口的上窗格中，双击要选择的采购入库单（即期初的采购入库单）所对应的“选择”栏，然后单击工具栏的“确定”按钮，系统返回“专用发票”窗口。

（3）编辑并保存采购专用发票。在“专用发票”窗口中，编辑表头的“发票号”为 61055803，“备注”为“暂估票到女士高端 500 副”，表体的“原币单价”为 320，其他项默认，再单击工具栏的“保存”按钮，结果可参见图 5-54。

（4）采购发票现付。在“专用发票”窗口，单击工具栏的“现付”按钮，系统打开“采购现付”对话框；在该对话框的表体部分，选择“结算方式”为“转账支票”，录入相应的“原币金额”187 200，输入“票据号”为 22856823，然后单击对话框的“确定”按钮返回“专用发票”窗口，此时窗口左上方出现“已现付”字样，结果可参见图 5-54。

（5）采购发票窗口结算。在“专用发票”窗口，单击工具栏的“结算”按钮，此时窗口左上方出现“已结算”字样，表示该发票已经采购结算了，结果如图 5-54 所示。

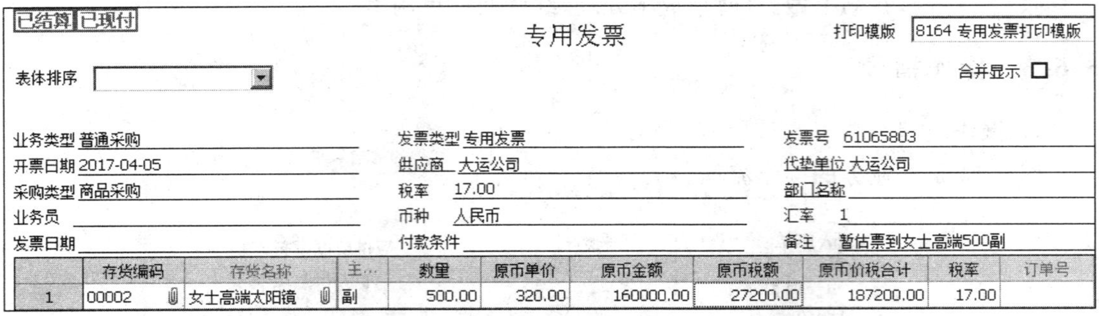

已结算 已现付

专用发票

打印模版 8164 专用发票打印模版

表体排序

合并显示 □

业务类型 普通采购
发票类型 专用发票
发票号 61065803
开票日期 2017-04-05
供应商 大运公司
代垫单位 大运公司
采购类型 商品采购
税率 17.00
部门名称
业务员
币种 人民币
汇率 1
发票日期
付款条件
备注 暂估票到女士高端500副

	存货编码	存货名称	主…	数量	原币单价	原币金额	原币税额	原币价税合计	税率	订单号
1	00002	女士高端太阳镜	副	500.00	320.00	160000.00	27200.00	187200.00	17.00	

图 5-54　采购专用发票(已现付、已结算)

(6) 退出。单击“专用发票”窗口右上角的“关闭”按钮,关闭该窗口。

3. 场景二的操作步骤

视频网址:http://www.mdmuke.com/mdmk/mod/page/view.php?id=1289

任务说明:财务部会计张兰进行应付审核与制单。

(1) 打开“单据处理”窗口。在“企业应用平台”的“业务工作”页签下,依次单击“财务会计/应付款管理/应付单据处理/应付单据审核”项,系统弹出“应付单查询条件”对话框,增加勾选“包含已现结发票”复选框,然后单击该对话框的“确定”按钮,系统打开应付“单据处理”窗口。

(2) 打开“采购发票”窗口。在“单据处理”窗口中,系统列出了本业务的采购专用发票,双击该单据所在行,系统打开“采购发票”窗口。

(3) 审核并制单。单击工具栏的“审核”按钮,系统审核成功并提示“是否立即制单?”单击“是”按钮,系统打开“填制凭证”窗口,并默认显示凭证的信息(借记:在途物资、进项税额,贷记:工行存款)。

(4) 设置“在途物资”科目的辅助项的“项目名称”为“女士高端”。单击“在途物资”科目所在栏,然后将鼠标移至“项目”区域,待鼠标显示为“笔尖”图标时双击,系统将打开“辅助项”对话框,参照生成“项目名称”为“女士高端”,然后单击“确定”按钮返回“填制凭证”窗口。

(5) 保存凭证。单击工具栏的“保存”按钮,结果如图 5-55 所示。

(6) 退出。单击“填制凭证”“采购发票”和“单据处理”窗口右上角的“关闭”按钮,关闭窗口。

4. 场景三的操作步骤

视频网址:http://www.mdmuke.com/mdmk/mod/page/view.php?id=1290

任务说明:财务部会计张兰进行暂估成本处理和红蓝回冲单制单。

【财务部会计张兰进行暂估成本处理】

(1) 打开“结算成本处理”窗口。在“企业应用平台”的“业务工作”页签下,依次单击“供

已生成

记 账 凭 证

记 字 0019　　制单日期：2017.04.05　　审核日期：　　附单据数：1

摘要	科目名称	借方金额	贷方金额
暂估票到女士高端500副	在途物资	16000000	
暂估票到女士高端500副	应交税费/应交增值税/进项税额	2720000	
暂估票到女士高端500副	银行存款/工行存款		18720000
票号 日期	数量 单价 合计	18720000	18720000

备注　项 目　女士高端　　部 门

个 人　　客 户

业务员

记账　　审核　　出纳　　制单　张兰

图 5-55　采购发票制单结果

应链/存货核算/业务核算/结算成本处理”项，系统打开“暂估处理查询”对话框，单击“全选”按钮选择所有的仓库，然后单击“确定”按钮，系统打开“结算成本处理”窗口。

（2）暂估处理。在“结算成本处理”窗口中，选中相应的期初采购入库单，然后单击工具栏的“暂估”按钮，系统自动完成暂估处理并给出信息提示框，单击信息框的“确定”按钮，退出信息提示框并返回“结算成本处理”窗口。

（3）退出。单击“结算成本处理”窗口右上角的“关闭”按钮，关闭该窗口。

提示：*存货系统自动生成红字回冲单和蓝字报销单，并直接记入存货明细账，用户不能修改，但可以通过单击“供应链/存货核算/日常业务/单据列表/红字回冲单列表”菜单项，打开“红字回冲单列表”窗口并查阅红字回冲单。同理，也可以查阅蓝字报销单。*

【财务部会计张兰根据红字回冲单制单】

（1）打开“生成凭证”窗口。在“存货核算”子系统，依次单击“财务核算/生成凭证”项，系统打开“生成凭证”窗口。

（2）打开“选择单据”窗口。单击工具栏的“选择”按钮，在系统弹出的“查询条件”对话框中，仅选择“(24)红字回冲单”复选框（先“全消”再勾选“(24)红字回冲单”），然后单击“确定”按钮，系统打开“选择单据”窗口。

（3）生成回冲凭证。

① 选择红字回冲单。在“选择单据”窗口中，选中本笔业务暂估处理时系统自动生成的红字回冲单，然后单击工具栏的“确定”按钮，系统返回“生成凭证”窗口。

② 生成凭证。在“生成凭证”窗口中，确认“科目类型”为“存货”的“科目名称”为“库存商品(1405)”，“科目类型”为“应付暂估”的“科目名称”为“暂估应付账款”(220202)，然后单击工具栏的“生成”按钮，系统打开“填制凭证”窗口，并显示默认生成的一张红字凭证（借记：库存商品，贷记：暂估应付账款）。

③ 修改凭证。单击第 1 笔分录“库存商品”所在栏，然后将鼠标移至“项目”区域，待鼠标显示为“笔尖”图标时双击，系统将打开“辅助项”对话框，参照生成项目为 102(女士高端)，然后单击“确定”按钮返回“填制凭证”窗口，其他项默认。

(4) 保存。单击工具栏的“保存”按钮，以保存该凭证，结果如图 5-56 所示。

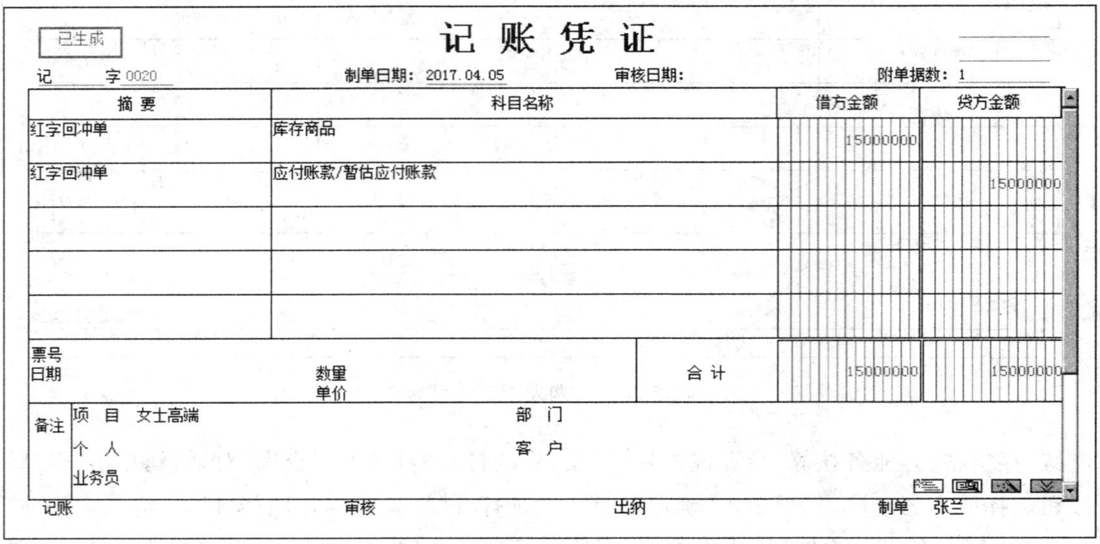

图 5-56 红字回冲单制单结果(借贷金额均为红字)

(5) 退出。单击“填制凭证”窗口和“生成凭证”窗口右上角的“关闭”按钮，关闭窗口。

【财务部会计张兰根据蓝字回冲单制单】

(1) 打开“生成凭证”窗口。

(2) 打开“选择单据”窗口。单击工具栏的“选择”按钮，在系统弹出的“查询条件”对话框中，仅选择“(30)蓝字回冲单(报销)”复选框，然后单击“确定”按钮，系统打开“选择单据”窗口。

(3) 生成报销凭证。

① 选择蓝字回冲单。在“选择单据”窗口中，选中本笔业务暂估处理时系统自动生成的蓝字回冲(报销)单，然后单击工具栏的“确定”按钮，系统返回“生成凭证”窗口。

② 生成凭证。在“生成凭证”窗口中，确认“对方”的“科目名称”为“在途物资”后，单击工具栏的“生成”按钮，系统打开“填制凭证”窗口，并显示默认生成的一张蓝字凭证(借记：库存商品，贷记：在途物资)。

③ 修改凭证。设置“库存商品”和“在途物资”科目的“项目”为 102(女士高端)，其他项默认。

(4) 保存。单击工具栏的“保存”按钮，以保存该凭证，结果如图 5-57 所示。

(5) 退出。单击“填制凭证”和“生成凭证”窗口右上角的“关闭”按钮，关闭窗口。

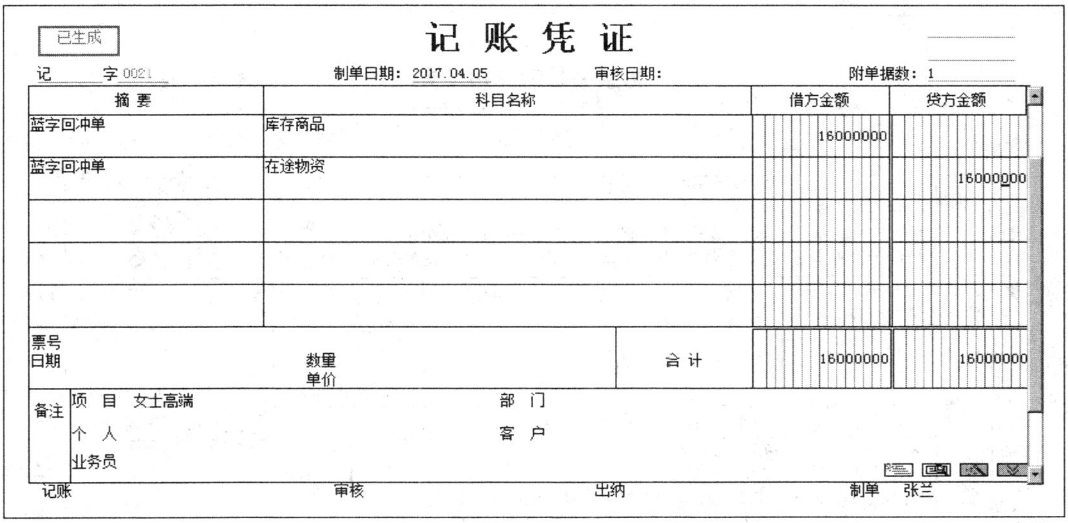

已生成

记 账 凭 证

记 字 0021　　制单日期：2017.04.05　　审核日期：　　附单据数：1

摘要	科目名称	借方金额	贷方金额
蓝字回冲单	库存商品	16000000	
蓝字回冲单	在途物资		16000000
票号 日期	数量 单价 合计	16000000	16000000

备注　项 目　女士高端　　部 门

个 人　　客 户

业务员

记账　　审核　　出纳　　制单　张兰

图 5-57　蓝字回冲单制单结果

5.7　到货拒收业务(有预付冲应付转账)

采购到货是采购订货和采购入库的中间环节，一般由采购业务员根据供方通知或送货单填写，确认对方所送货物、数量、价格等信息，以入库通知单的形式传递到仓库作为保管员收货的依据。

采购退货单表示入库后的退货，由采购业务员填退货通知单，仓库负责实物退库。此种业务的处理是：先参照原到货单或订单生成采购退货单，再根据采购退货单生成红字入库单。

对于入库前的拒收作业，可以通过填制到货拒收单来实现。如果在到货时能够直接确定拒收，则可将拒收数量填入到货单的"拒收数量"中，参照到货单的拒收数量生成到货拒收单；如果不能够确定是否拒收，则不录入拒收数量，参照到货单的到货数量减去已入库数量，生成到货拒收单。

值得注意的是，用友 ERP-U8 系统的处理逻辑是：如果到货单中录入了拒收数量，则只能在拒收数量的范围之内进行拒收。所以，如果到货时只能部分确定拒收，则不要将拒收数量录入到货单中，可以先录入到货拒收单，待拒收情况全部确定之后，再修改这张到货拒收单或录入另外一张到货拒收单。

5.7.1　业务概述与分析

4 月 7 日，收到大运公司发来合同编号为 CG002 的女士高端太阳镜 1000 副，到货验收时发现有不合格产品(数量暂时不确定)，要求退回。大运公司同意退货，经确认有 10 副不合格的产品，大运公司发来购销专用发票(原始单据可参见图 5-58)，票号为 61055804，发票上标明女士高端太阳镜 990 副，单价为 300 元，税率 17%，价税合计 347 490 元。当日案例公司开出转账支票(票号 22856820)支付尾款 297 490 元。支付报告书从略，支票存根可参见图 5-59。

1100163320　　　　　　北京增值税专用发票　　　　　　No 61055804

发票联　　　　　　开票日期：2017 年 4 月 7 日

税总函[2016] 362 号北京市印钞有限公司

购买方	名　　称：北京亮康眼镜有限公司 纳税人识别号：1101082121202 地 址、电 话：北京市昌平区昌平路 78 号，电话：010-60228226 开户行及账号：中国工商银行北京市昌平支行 1102020526782987908				密码区		
货物或应税劳务名称	规格型号	单位	数量	单价	金额	税率	税额
女士高端太阳镜		副	990	300.00	297000.00	17%	50490.00
合　计					￥297000.00		￥50490.00
价税合计（大写）	⊗叁拾肆万柒仟肆佰玖拾元				（小写）￥347490.00		
销售方	名　　称：北京大运眼镜公司 纳税人识别号：200106653865211 地 址、电 话：北京朝阳十里堡 8 号，电话：010-60228226 开户行及账号：中国工商银行北京市朝阳支行 1102020526782987123				备注		

收款人：（略）　　复核：（略）　　开票人：（略）　　销售方：（章）

第三联：发票联　购买方记账凭证

图 5-58　发票

中国工商银行

转账支票存根

支票号码：22856820

附加信息：

出票日期：2017 年 4 月 7 日

收款人：北京大运眼镜公司

金　额：￥297490.00

用　途：支付货款

单位主管：(略)　　会计：(略)

图 5-59　支票存根

本笔业务是入库前的到货拒收业务，且填制到货单时不确定拒收数量，所以需要填制并审核采购到货单、到货拒收单和入库单，填制采购发票并进行现付和窗口结算，完成现付的应付确认和预付冲应付转账以及采购成本确认。

5.7.2　虚拟业务场景

人物：张新海——采购部职员。

刘静——采购部主管。

赵林——仓管部职员。

李莉——仓管部主管。

曾志伟——财务部主管。

张兰——财务部会计。

场景一：采购部收到货物，填制与审核到货单。

（张新海填制采购到货单。）

张新海：刘总，本月 1 日我们采购的女士高端太阳镜 1000 副，今天到货了，我已做好到货单了，请您审核。

刘静：好的，辛苦你了。（审核完成。）

场景二：到货拒收，填制与审核到货拒收单。

张新海：刘总，刚到货的女式高端太阳镜验收时发现有不合格的，目前数量不定，您看如何处理?

刘静：咱们协商退回不合格商品吧，你联系一下大运公司，并尽快查清不合格商品的数量。

（张新海电话联系大运公司，对方同意退货。经查，不合格太阳镜有 10 副，张新海填制到货拒收单。）

张新海：刘总，大运公司同意退货，我已经做好拒收单了，您审核一下。

刘静：好的。（审核完成。）

场景三：仓管部验收入库，填制与审核采购入库单。

（赵林参照采购到货单生成采购入库单。）

赵林：李总，采购大运公司的女士高端太阳镜，合格的 990 副已经入库了，麻烦您审核一下。

李莉：好的，辛苦了。（审核完成。）

场景四：收到发票，采购部填制采购发票、现付并进行采购结算。

（张新海收到大运公司发来的 990 副太阳镜的专用发票，填制采购发票，在发票窗口做现付和结算。）

张新海：刘总，今天到货并有部分拒收的女士高端太阳镜的采购发票到了，我已经在 ERP 系统中填制、现付并做了采购结算。

刘静：好的，辛苦你了。

场景五：财务部进行应付确认、预付冲应付和应付核销。

曾志伟：张兰，今天有一笔采购业务已经完成了，本月 1 日预付过定金，你做一下账务处理。

张兰：好的，我尽快完成。（应付审核与制单，预付冲应付，采购成本确认。）

5.7.3 操作指导

1. 操作流程

图 5-60 是本业务的操作流程。

请确认系统日期和业务日期为 2017 年 4 月 7 日。

2. 场景一的操作步骤

视频网址：http://www.mdmuke.com/mdmk/mod/page/view.php?id=1291

任务说明：采购部职员张新海填制到货单，主管刘静审核。

【采购部职员张新海参照订单生成采购到货单】

(1) 打开“到货单”窗口。在“企业应用平台”的“业务工作”页签

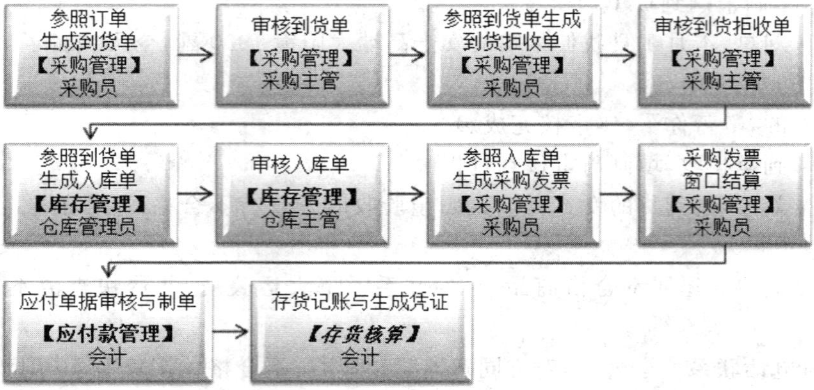

图 5-60　本业务的操作流程

中，依次单击“供应链/采购管理/采购到货/到货单”项，系统打开“到货单”窗口。

(2) 参照订单生成采购到货单。首先单击工具栏的“增加”按钮，新增一张采购到货单，再做如下操作。

① 打开“拷贝并执行”窗口。在“到货单”窗口中，单击“生单/采购订单”命令，系统打开“查询条件选择—采购订单列表过滤”对话框，单击其“确定”按钮，系统打开“拷贝并执行”窗口。

② 复制信息。在“拷贝并执行”窗口的上窗格，双击要选择的采购订单(订单编号为CG002)所在行的“选择”栏，再单击工具栏的“确定”按钮，系统返回“到货单”窗口，此时相关的信息已经有默认值，不需要修改(请注意，表体的“数量”为1000)。

(3) 保存。单击工具栏的“保存”按钮，保存该到货单。

(4) 退出。单击“到货单”窗口右上角的“关闭”按钮，关闭该窗口。

【采购主管刘静审核采购到货单】

(1) 打开“到货单”窗口。

(2) 查阅并审核采购到货单。单击工具栏的“上张”按钮，查阅到本业务生成的采购到货单，然后单击工具栏的“审核”按钮，完成审核工作。

(3) 退出。单击“到货单”窗口右上角的“关闭”按钮，关闭该窗口。

3. 场景二的操作步骤

视频网址：http://www.mdmuke.com/mdmk/mod/page/view.php?id=1292

任务说明：采购部职员张新海参照到货单生成到货拒收单，主管刘静审核。

【采购部职员张新海填制到货拒收单】

(1) 打开“到货拒收单”窗口。在“采购管理”子系统，依次单击“采购到货/到货拒收单”项，系统打开“到货拒收单”窗口。

(2) 参照到货单生成到货拒收单。首先单击工具栏的“增加”按钮，新增一张到货拒收单，再做如下操作。

① 打开“拷贝并执行”窗口。在“到货拒收单”窗口中，单击“生单/到货单”命令，系统打

开“查询条件选择一采购退货单列表过滤”对话框，单击对话框中的“确定”按钮，系统打开“拷贝并执行”窗口。

② 复制信息。在“拷贝并执行”窗口的上窗格中，双击要选择的到货单（即场景一完成的采购到货单）所在行的“选择”栏，再单击工具栏的“确定”按钮，返回“到货拒收单”窗口。

③ 编辑。修改“到货拒收单”表体的“数量”为－10，其他项默认。

（3）保存。单击工具栏的“保存”按钮，保存该单据，结果如图 5-61 所示。

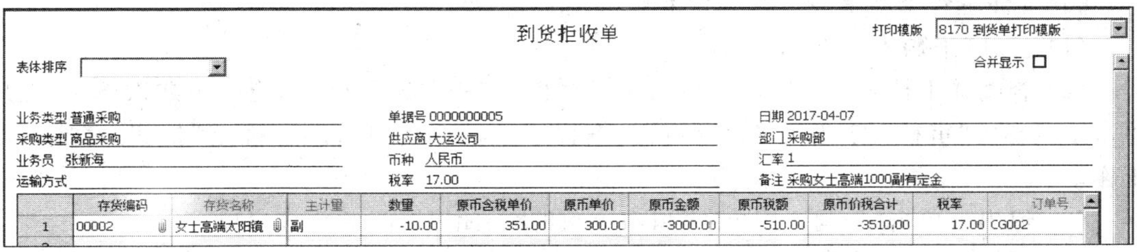

图 5-61　到货拒收单

（4）退出。单击“到货拒收单”窗口右上角的“关闭”按钮，关闭该窗口。

提示：

- 采购到货拒收单只能参照到货单生成。
- 已审核的到货单才能拒收，已关闭的到货单不允许再进行拒收。
- 到货拒收单保存时向到货单填写“已拒收数量”。
- 一张到货单允许多次进行拒收。

【采购主管刘静审核到货拒收单】

（1）打开“到货拒收单”窗口。

（2）查阅并审核到货拒收单。单击工具栏的“上张”按钮，查阅到本业务生成的到货拒收单，然后单击工具栏的“审核”按钮，完成审核工作。

（3）退出。单击“到货拒收单”窗口右上角的“关闭”按钮，关闭并退出该窗口。

4．场景三的操作步骤

视频网址：http://www.mdmuke.com/mdmk/mcd/page/view.php?id＝1293

任务说明：仓管部职员赵林参照到货单生成入库单，仓管部主管李莉审核。

【仓管部职员赵林填制采购入库单】

（1）打开库存管理的“采购入库单”窗口。在“企业应用平台”的“业务工作”页签中，依次单击“供应链/库存管理/入库业务/采购入库单”项，系统打开“采购入库单”窗口。

（2）参照到货单生成采购入库单。首先单击工具栏的“增加”按钮，新增一张采购入库单，然后做如下操作。

① 打开“到货单生单列表”窗口。单击表头的“到货单号”的参照按钮，系统打开“查询条件选择—采购到货单列表”对话框，直接单击对话框的“确定”按钮，系统打开“到货单生单列表”窗口。

② 复制信息。在“到货单生单列表”窗口的上窗格中，双击要选择的采购到货单所在行的“选择”栏（即本业务中完成的采购到货单），再单击“确定”按钮，系统返回“采购入库单”窗口，此时相关的信息已经默认显示在入库单上。

③ 确认信息。在“采购入库单”窗口中，确认表头的“仓库”为“大运仓库”，表体的“数量”为 990。

(3) 保存。单击工具栏的“保存”按钮，保存该单据。

(4) 退出。单击“采购入库单”窗口右上角的“关闭”按钮，关闭该窗口。

【仓管部主管李莉审核采购入库单】

(1) 打开“采购入库单”窗口。

(2) 查阅并审核采购入库单。单击工具栏的“末张”按钮查阅相应的采购入库单，然后单击工具栏的“审核”按钮，系统弹出信息框提示审核成功，单击其“确定”按钮，完成审核工作。

(3) 退出。单击“采购入库单”窗口右上角的“关闭”按钮，关闭该窗口。

5. 场景四的操作步骤

视频网址：http://www.mdmuke.com/mdmk/mod/page/view.php?id=1294

任务说明：采购部职员张新海参照入库单生成采购专用发票并结算。

(1) 打开“专用发票”窗口。在“采购管理”子系统，依次单击“采购发票/专用采购发票”项，系统打开“专用发票”窗口。

(2) 参照入库单生成并编辑采购专用发票。单击工具栏的“增加”按钮，新增一张采购专用发票，然后做如下操作。

① 打开“拷贝并执行”窗口。单击工具栏的“生单/入库单”命令，系统打开“查询条件选择—采购入库单列表过滤”对话框，直接单击其“确定”按钮，系统打开“拷贝并执行”窗口。

② 复制信息。在“拷贝并执行”窗口的上窗格中，双击要选择的采购入库单（即场景三完成的采购入库单）所在行的“选择”栏，然后单击工具栏的“确定”按钮，系统返回“专用发票”窗口。

③ 编辑。编辑表头的“发票号”为 61055804，“备注”为“采购女士高端 1000 拒收 10 副”，其他项默认。

(3) 保存。单击工具栏的“保存”按钮，保存该单据，结果可参见图 5-62。

(4) 采购发票现付。在“专用发票”窗口，单击工具栏的“现付”按钮，系统打开“采购现付”对话框，在该对话框的表体部分，选择“结算方式”为“转账支票”，录入相应的“原币金额”297490，输入“票据号”为 22856820，然后单击对话框的“确定”按钮返回“专用发票”窗口，此时窗口左上方出现“已现付”字样，结果可参见图 5-62。

(5) 采购发票窗口结算。单击工具栏的“结算”按钮，此时窗口左上方出现“已结算”字样，表示该发票已经采购结算了，结果如图 5-62 所示。

(6) 退出。单击“专用发票”窗口右上角的“关闭”按钮，关闭该窗口。

已结算 已现付

专用发票

打印模版 8164 专用发票打印模版

表体排序

合并显示 □

业务类型 普通采购　发票类型 专用发票　发票号 61055804

开票日期 2017-04-07　供应商 大运公司　代垫单位 大运公司

采购类型 商品采购　税率 17.00　部门名称 采购部

业务员 张新海　币种 人民币　汇率 1

发票日期　付款条件　备注 采购女士高端1000拒收10副

	存货编码	存货名称	主计量	数量	原币单价	原币金额	原币税额	原币价税合计	税率	订单号
1	00002	女士高端太阳镜	副	990.00	300.00	297000.00	50490.00	347490.00	17.00	CG002

图 5-62　采购专用发票(已现付、已结算)

6. 场景五的操作步骤

视频网址：http://www.mdmuke.com/mdmk/mod/page/view.php?id=1295

任务说明：财务部会计张兰进行应付审核与制单、预付冲应付与采购成本确认。

(1) 打开"单据处理"窗口。在"企业应用平台"的"业务工作"页签下，依次单击"财务会计/应付款管理/应付单据处理/应付单据审核"项，系统弹出"应付单查询条件"对话框，增加勾选"包括已现结发票"，然后单击"确定"按钮，系统打开"单据处理"窗口。

(2) 打开采购发票窗口。在"单据处理"窗口中，系统已列出本业务的采购专用发票，双击该单据所在行，系统打开"采购发票"窗口。

(3) 审核并制单。单击工具栏的"审核"按钮，系统审核完成并弹出提示框"是否立即制单?"单击"是"按钮，系统打开"填制凭证"窗口，并默认显示凭证的信息(借记：在途物资、进项税额，贷记：一般应付账款、工行存款)。

(4) 修改凭证。设置"在途物资"科目的"项目"为102(女士高端)，其他项默认。

(5) 保存。单击"填制凭证"窗口工具栏的"保存"按钮，结果如图 5-63 所示。

(6) 退出。单击"填制凭证""采购发票"和"单据处理"窗口右上角的"关闭"按钮，关闭窗口。

【财务部会计张兰做预付冲应付处理】

(1) 打开"预付冲应付"对话框。在"应付款管理"子系统，依次单击"转账/预付冲应付"项，系统打开"预付冲应付"对话框。

(2) 预付设置。在"预付款"选项卡，参照生成"供应商"为大运公司，然后单击其"过滤"按钮，系统列出相关信息，在其表体相应的行双击，使其"转账金额"等于其"原币余额"(50 000)。

(3) 应付设置。在"应付款"选项卡，先单击"过滤"按钮，再在表体"单据编号"为61055804 所在行的"转账金额"栏输入 50 000。

(4) 转账完成。单击"确定"按钮，转账完成；此时系统弹出信息提示框，询问"是否立即制单?"

(5) 转账制单。单击信息提示框的"是"按钮，系统弹出"填制凭证"对话框，并默认显示

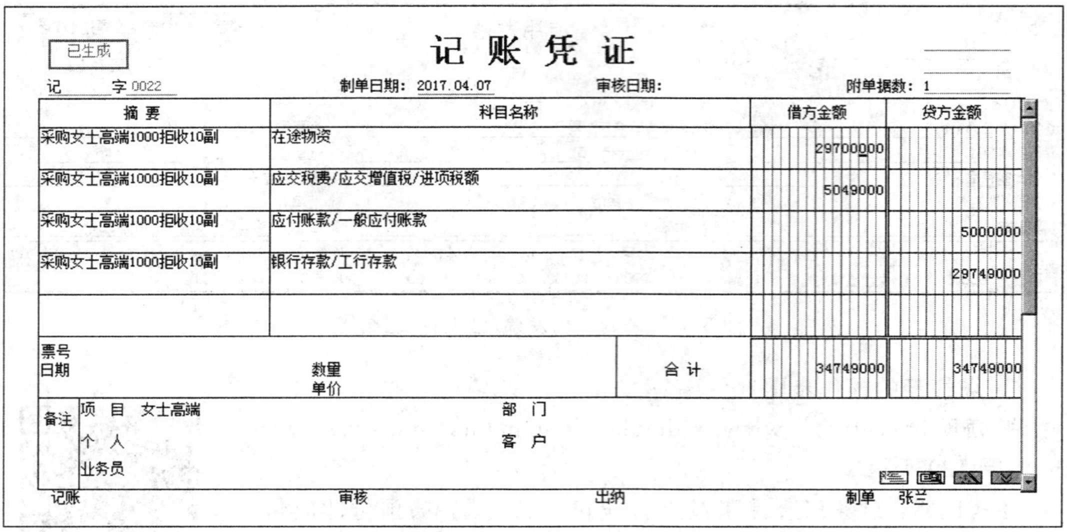

已生成

记 账 凭 证

记　字 0022　　制单日期：2017.04.07　　审核日期：　　附单据数：1

摘要	科目名称	借方金额	贷方金额
采购女士高端1000拒收10副	在途物资	29700000	
采购女士高端1000拒收10副	应交税费/应交增值税/进项税额	5049000	
采购女士高端1000拒收10副	应付账款/一般应付账款		5000000
采购女士高端1000拒收10副	银行存款/工行存款		29749000
票号 日期 数量 单价	合计	34749000	34749000

备注　项　目　女士高端　　部　门

个　人　　客　户

业务员

记账　　审核　　出纳　　制单　张兰

图 5-63　采购发票制单结果

凭证信息(借记：预付账款(红字)、一般应付账款，贷记：(无))，直接单击“填制凭证”对话框的“保存”按钮，结果如图 5-64 所示。

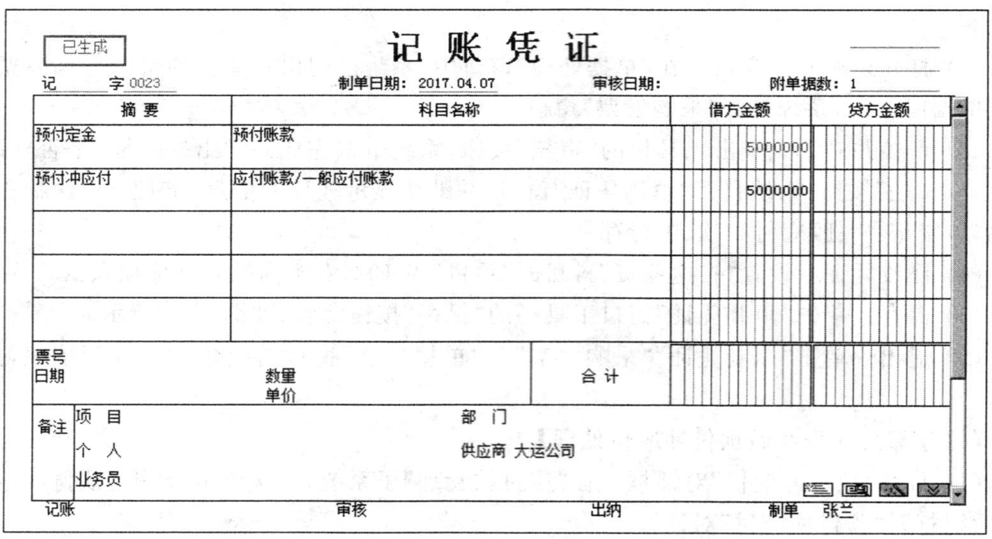

已生成

记 账 凭 证

记　字 0023　　制单日期：2017.04.07　　审核日期：　　附单据数：1

摘要	科目名称	借方金额	贷方金额
预付定金	预付账款	5000000	
预付冲应付	应付账款/一般应付账款	5000000	
票号 日期 数量 单价	合计		

备注　项　目　　部　门

个　人　　供应商　大运公司

业务员

记账　　审核　　出纳　　制单　张兰

图 5-64　大运公司的预付冲应付制单结果(预付账款的借方金额为红字)

(6) 退出。单击“填制凭证”对话框的“退出”按钮和“预付冲应付”对话框的“取消”按钮。

提示：若仅为企业的业务使用，建议将预付账款的红字借方金额修改为蓝字贷方金额(将鼠标定位到红字上单击，然后再按空格键，系统自动将红字借方金额移动到贷方金额，且显示为蓝字)。

但若参加会计技能大赛，因为评分规则约定预付账款科目只取借方金额判分，所以建议保留红字借方金额。

【财务部会计张兰进行采购入库记账】

(1) 打开“未记账单据一览表”窗口。在“企业应用平台”的“业务工作”页签下，依次单击“供应链/存货核算/业务核算/正常单据记账”项，系统弹出“查询条件选择”对话框，直接单击其“确定”按钮，系统打开“未记账单据一览表”窗口。

(2) 入库记账。在“未记账单据一览表”窗口中，选中本业务生成的采购入库单，然后单击工具栏的“记账”按钮，系统弹出信息框提示记账成功，单击“确定”按钮，完成记账工作。

(3) 退出。单击“未记账单据一览表”窗口右上角的“关闭”按钮，退出当前窗口。

【财务部会计张兰进行入库制单】

(1) 打开“生成凭证”窗口。在“存货核算”子系统，依次单击“财务核算/生成凭证”项，系统打开“生成凭证”窗口。

(2) 打开“选择单据”窗口。单击工具栏的“选择”按钮，在系统弹出的“查询条件”对话框中，直接单击“确定”按钮，系统退出对话框并打开“选择单据”窗口。

(3) 生成存货凭证。

① 选择采购入库单。在“选择单据”窗口中，选中本笔业务生成的采购入库单，然后单击工具栏的“确定”按钮，系统返回“生成凭证”窗口。

② 生成凭证。单击工具栏的“生成”按钮，系统打开“填制凭证”窗口，并显示默认生成的本业务入库单上的相关信息(借记：库存商品，贷记：在途物资)。

③ 修改凭证。修改“摘要”为“采购女士高端 990 副”，“库存商品”和“在途物资”的项目为 102(女士高端)，然后单击“确定”按钮返回“填制凭证”窗口，其他项默认。

(4) 保存。单击工具栏的“保存”按钮，以保存该凭证，结果如图 5-65 所示。

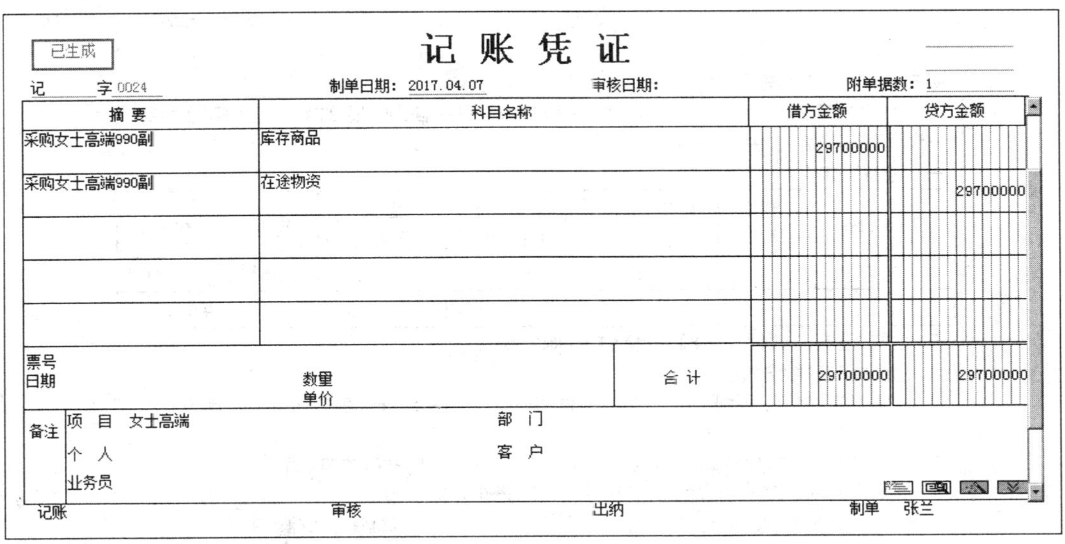

已生成

记账凭证

记 字 0024　　制单日期：2017.04.07　　审核日期：　　附单据数：1

摘要	科目名称	借方金额	贷方金额
采购女士高端990副	库存商品	29700000	
采购女士高端990副	在途物资		29700000
票号 日期	数量 单价 合计	29700000	29700000

备注　项目 女士高端　部门　个人　客户　业务员

记账　审核　出纳　制单 张兰

图 5-65　存货凭证

(5) 退出。单击“填制凭证”和“生成凭证”窗口右上角的“关闭”按钮，关闭窗口。

5.8 采购退货业务(合并制单)

采购退货是入库后的退货,其结算可以分为 3 种情况:

(1) 结算前全额退货,即已录入采购入库单,但未进行采购结算,并且全额退货。其业务流程为:首先填制并审核全额数量的退货单和红字采购入库单,然后把红字采购入库单与原入库单进行结算,冲抵原入库数据。

(2) 结算前部分退货,即已录入采购入库单,但未进行采购结算,并且部分退货。其业务流程为:首先填制并审核部分数量的退货单和红字采购入库单,然后填制一张对应的采购发票,其中发票上的数量=原入库单数量-红字入库单数量。再把红字入库单与原入库单、采购发票进行结算,冲抵原入库数据。

(3) 结算后退货,即已录入采购入库单、采购发票,并且已进行了采购结算,现在需要全额或部分退货。其业务流程为:首先填制并审核退货单和红字采购入库单,再填制一张相应的红字发票,然后把红字采购入库单与红字发票进行结算。

5.8.1 业务概述与分析

4 月 7 日,采购部张新海与河北硅胶三厂签订采购合同(合同编号 CG004,原始单据可参见图 5-66),订购硅胶 5 公斤,无税单价 1600 元,增值税率 17%,当日到货并入库,同时收到河北硅胶三厂发来的采购专用发票(发票号 61234505,原始单据可参见图 5-67),价税合计为 9360 元。

购 销 合 同　　　　合同编号:CG004

卖方:河北硅胶三厂

买方:北京亮康眼镜有限公司

为保护买卖双方的合法权益,买卖双方根据《中华人民共和国合同法》的有关规定,经友好协商,一致同意签订本合同,共同遵守。

一、货物的名称、数量及金额

货物的名称	规格型号	计量单位	数量	单价(不含税)	金额(不含税)	税率	价税合计
硅胶		公斤	5	1600.00	8000.00	17%	9360.00
合计					¥8000.00		¥9360.00

五、合同总金额:人民币玖仟叁佰陆拾元整(¥9360.00)。

六、付款时间及付款方式:

付款时间:签订合同当日,买方向卖方支付全部货款,人民币玖仟叁佰陆拾元整(¥9360.00)。

付款结算方式:转账支票

四、时间与地点:交货时间为 2017 年 4 月 7 日,交货地点:北京亮康眼镜有限公司。

五、发运方式与运输费用承担方式:由卖方发货,运输费用由卖方承担。

卖　方:河北硅胶三厂　　　　买　方:北京亮康眼镜有限公司

授权代表:刘新　　　　授权代表:张新海

日　期:2017 年 4 月 7 日　　　　日　期:2017 年 4 月 7 日

图 5-66　CG004 合同的原始单据

1300161130

河北增值税专用发票　　　　No 61234505

发票联

开票日期：2017年4月7日

购买方	名　　称：北京亮康眼镜有限公司 纳税人识别号：1101082121202 地 址、电 话：北京市昌平区昌平路78号，电话：010-60228226 开户行及账号：中国工商银行北京市昌平支行1102020526782987908						密码区	
货物或应税劳务名称	规格型号	单位	数量	单价	金额	税率	税额	
硅胶		公斤	5	1600.00	8000.00	17%	1360.00	
合　计					￥8000.00		￥1360.00	
价税合计（大写）	⊗玖仟叁佰陆拾元整				（小写）￥9360.00			
销售方	名　　称：河北硅胶三厂 纳税人识别号：300106224160365 地 址、电 话：河北省燕郊经济开发区20号 开户行及账号：中国工商银行河北燕郊支行1102020526782987351						备注	

税总函[2016]362号北京市印钞有限公司

第三联：发票联　购买方记账凭证

收款人：（略）　　复核：（略）　　开票人：（略）　　销售方：（章）

图 5-67　发票

入库后发现1公斤的硅胶不合格，要求退货，与河北硅胶三厂取得联系，对方同意退货。案例公司填写“开具红字增值税专用发票申请单”（参见图5-68），将申请单及已收到的增值税发票提交税务部门，当日晚些时候收到了税务局“开具红字增值税专用发票通知单”（参见图5-69），本公司取得销售方发来的红字专用发票（票号为62234501，可参见图5-70），价税合计1872元。

开具红字增值税专用发票申请单

填开日期：2017年4月7日　　　　No：87234505

销售方	名　称	河北硅胶三厂	购买方	名　称	北京亮康眼镜有限公司
	税务登记代码	300106224160365		税务登记代码	210019995461202

开具红字发票内容	货物（劳务）名称	单价	数量	金额	税率	税额
	硅胶	1600.00	1	1600.00	17%	272.00
	合　计			￥1600.00		￥272.00

说明	对应蓝字专用发票抵扣增值税销项税额情况： 已抵扣 ☐ 未抵扣 ☑ 纳税人识别号认证不符 ☐ 增值税专用发票代码、号码认证不符 ☐ 对应蓝字专用发票密码区内打印的代码：略 号码：61234505 开具红字专用发票理由：因质量问题退货

申明：我单位提供的《申请单》内容真实，否则将承担相关法律责任。

购买方经办人：略　　　　购买方名称（印章）

2017年4月7日

注：本申请单一式两联：第一联，申请方留存；第二联，申请方所属主管税务机关留存。

图 5-68　开具红字发票申请单

开具红字增值税专用发票通知单

填开日期：2017 年 4 月 7 日　　　　No：88234505

销售方	名　称	河北硅胶三厂	购买方	名　称	北京亮康眼镜有限公司
	税务登记代码	300106224160365		税务登记代码	210019995461202
开具红字发票内容	货物（劳务）名称	单价	数量	金额	税额
	硅胶	1600.00	1	1600.00	272.00
	合　计			￥1600.00	￥272.00
说明	需要作进项税额转出 ☑ 不需要作进项税额转出 □ 纳税人识别号认证不符□ 专用发票代码、号码认证不符 □ 对应蓝字专用发票密码区内打印的代码：略 号码：61234505 开具红字专用发票理由：因质量问题退货				

经办人（略）　　负责人（略）　　主管税务机关名称（印章）：略

图 5-69　开具红字发票通知单

河北增值税专用发票

1300161130　　　　发票联　　　　No 62234501

开票日期：2017 年 4 月 7 日

购买方	名　　称：北京亮康眼镜有限公司 纳税人识别号：1101082121202 地 址、电 话：北京市昌平区昌平路 78 号，电话：010-60228226 开户行及账号：中国工商银行北京市昌平支行 1102020526782987908					密码区		
货物或应税劳务名称	规格型号	单位	数量	单价	金额	税率	税额	
硅胶		公斤	1	1600.00	1600.00	17%	272.00	
合　计					￥1600.00		￥272.00	
价税合计（大写）	⊗壹仟捌佰柒贰元整				（小写）￥1872.00			
销售方	名　　称：河北硅胶三厂 纳税人识别号：300106224160365 地 址、电 话：河北省燕郊经济开发区 20 号 开户行及账号：中国工商银行河北燕郊支行 1102020526782987351					备注		

税总函[2016]362 号北京市印钞有限公司　　第三联：发票联　购买方记账凭证

收款人：（略）　　复核：（略）　　开票人：（略）　　销售方：（章）

图 5-70　红字发票(发票上是红字)

当日开出转账支票(票号 22856822，支票存根可参见图 5-71)，支付应付货款 7488 元。要求采购应付和成本确认做合并制单。

本笔业务是普通采购业务和采购结算后的部分退货业务，需要填制并审核采购订单、采购到货单、入库单，填制采购发票、现付并进行窗口结算，填制并审核采购退货单、红字采购入库单，填制红字采购发票并进行采购结算，进行红蓝应付单的审核与合并制单，采购存货的记账与合并制单。

中国工商银行

转账支票存根

支票号码：22856822

附加信息：

出票日期：2017年4月7日

收款人：河北硅胶三厂

金　额：￥7488.00

用　途：支付CG004的货款

单位主管：(略)　　会计：(略)

图 5-71　支票存根

5.8.2 虚拟业务场景

人物：张新海——采购部职员。

刘静——采购部主管。

刘新——河北硅胶三厂销售部。

赵林——仓管部职员。

李莉——仓管部主管。

曾志伟——财务主管。

张兰——财务部会计。

场景一：与河北硅胶三厂签订采购合同，采购部填制与审核采购订单。

张新海：您好！河北硅胶三厂吗？

刘新：对，您是？

张新海：我是亮康公司的采购员。

刘新：您好！

张新海：我们需要硅胶5公斤，今天发货，行吗？

刘新：好的，不含税单价1600元。

张新海：可以。

刘新：那我们马上发货，请准备接货。

张新海：谢谢，再见！

刘新：再见！

(张新海填制采购订单完毕。)

张新海：刘总，请您审核一下刚与河北硅胶三厂签订的采购订单。

刘静：好的。(审核完成。)

场景二：收到货物，采购部填制并审核采购到货单。

(张新海填制采购到货单。)

张新海：刘总，今天采购的硅胶到货了，您审核一下。

刘静：好的，辛苦你了。(审核完成。)

场景三：验收入库，仓管部填制并审核采购入库单。

（赵林参照采购到货单生成采购入库单。）

赵林：李总，采购河北硅胶三厂的硅胶，货物已经入库了，麻烦您审核一下。

李莉：好的，辛苦了。（审核完成。）

场景四：收到发票，采购部填制采购发票并进行现付、采购结算。

（张新海先填制采购发票，并进行现付、采购结算。）

张新海：刘总，今天采购的硅胶的发票也到了，我已经填制好并进行了采购结算。

刘静：好的，辛苦你了。

场景五：仓管部发现不合格硅胶，请采购部协商退货，采购部填制并审核退货单。

赵林：小张你好，我们入库后发现有 1 公斤的硅胶不合格，你帮忙协商一下看能否退货。

张新海：好的，你稍等。（给河北硅胶三厂的刘新打电话，对方同意退货。）小赵，对方同意退货了，你们把货发回去吧，我们马上填制审核退货单。

赵林：太好了，我们尽快发货。

（张新海填制采购退货单，刘静审核退货单。）

场景六：仓管部从仓库发出不合格硅胶，填制并审核红字采购入库单。

（赵林参照采购退货单生成红字入库单。）

赵林：李总，河北硅胶三厂的硅胶有 1 公斤不合格，从仓库退货已经完成了，麻烦您审核一下。

李莉：好的，辛苦了。（审核完成。）

场景七：取得发票，采购部填制红字采购发票并进行采购结算。

（张新海填制红字采购发票，并进行采购结算。）

张新海：刘总，今天退货的红字发票到了，我已经填制好并进行了采购结算。

刘静：好的，辛苦你了。

场景八：财务部进行应付确认、应付核销和采购成本确认。

曾志伟：张兰，今天有一笔采购普通业务和退货业务已经完成了，货款已经支付，麻烦做一下账务处理。

张兰：好的，我尽快完成。（普通采购与采购退货的成本确认，已现付的红蓝应付单的审核与制单、应付核销。）

5.8.3 操作指导

1. 操作流程

图 5-72 是本业务的操作流程。

请确认系统日期和业务日期为 2017 年 4 月 7 日。

2. 场景一的操作步骤

视频网址：http://www.mdmuke.com/mdmk/mod/page/view.php?id=1296

任务说明：采购部职员张新海填制采购订单，主管刘静审核。

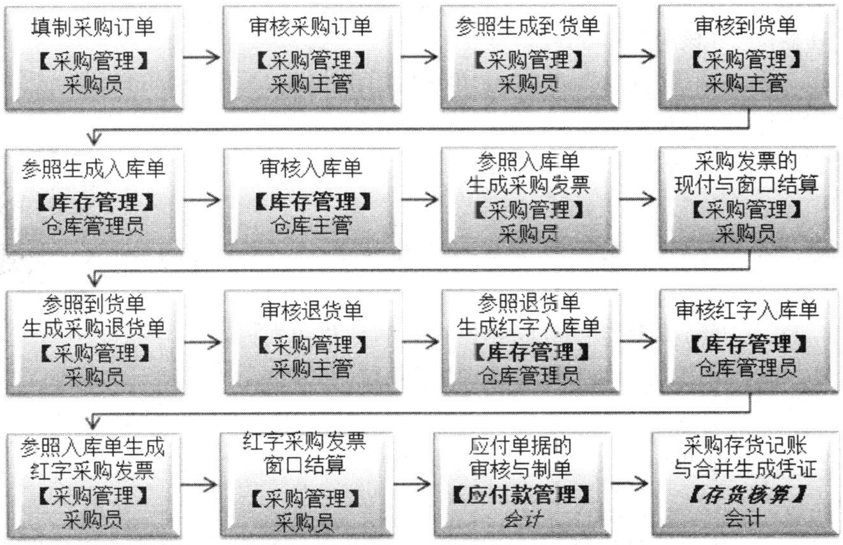

图 5-72　本业务的操作流程

【采购部职员张新海填制采购订单】

(1) 打开“采购订单”窗口。在“企业应用平台”的“业务工作”页签中,依次单击“供应链/采购管理/采购订货/采购订单”项,系统打开“采购订单”窗口。

(2) 填制并保存采购订单。单击工具栏的“增加”按钮,新增一张采购订单,然后做如下编辑。

① 编辑表头。编辑“订单编号”(即合同编号)为 CG004,“采购类型”为材料进货,“供应商”为硅胶三厂,“部门”为采购部、“业务员”为张新海、“备注”为“采购硅胶 5 千克”,其他项默认。

② 编辑表体。参照生成“存货编码”为 12310(硅胶),编辑“数量”为 5,确认“原币单价”为 1600,其他项默认。

③ 保存。单击工具栏的“保存”按钮,保存该单据,结果参见图 5-73。

图 5-73　采购订单

(3) 退出。单击“采购订单”窗口右上角的“关闭”按钮,关闭该窗口。

【采购部主管刘静审核采购订单】

(1) 打开“采购订单”窗口。

（2）查阅并审核采购订单。单击工具栏的“上张”按钮，查阅到本业务生成的采购订单，然后单击工具栏的“审核”按钮，完成审核工作。

（3）退出。单击“采购订单”窗口右上角的“关闭”按钮，关闭该窗口。

3. 场景二的操作步骤

视频网址：http://www.mdmuke.com/mdmk/mod/page/view.php?id=1297

任务说明：采购部职员张新海参照订单生成到货单，主管刘静审核。

【采购部职员张新海参照订单生成并保存采购到货单】

（1）打开“到货单”窗口。在“采购管理”子系统，依次单击“采购到货/到货单”项，系统打开“到货单”窗口。

（2）参照订单生成采购到货单。单击工具栏的“增加”按钮，新增一张采购到货单，然后做如下操作。

① 打开“拷贝并执行”窗口。单击“生单/采购订单”命令，系统打开“查询条件选择—采购订单列表过滤”对话框，直接单击其“确定”按钮，系统退出对话框并打开“拷贝并执行”窗口。

② 复制信息。在“拷贝并执行”窗口的上窗格中，双击要选择的采购订单（订单编号为CG004）所在行的“选择”栏，再单击其工具栏的“确定”按钮，系统返回“到货单”窗口，此时相关的信息已经有默认值，不需要修改。

（3）保存。单击工具栏的“保存”按钮，保存该单据，结果如图5-74所示。

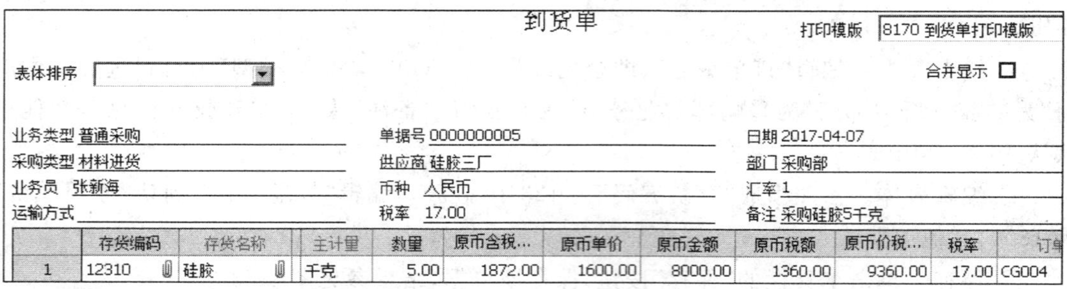

图5-74 采购到货单

（4）退出。单击“到货单”窗口右上角的“关闭”按钮，关闭该窗口。

【采购主管刘静审核采购到货单】

（1）打开“到货单”窗口。

（2）查阅并审核采购到货单。单击工具栏的“上张”按钮，查阅到本业务生成的采购到货单，然后单击工具栏的“审核”按钮，完成审核工作。

（3）退出。单击“到货单”窗口右上角的“关闭”按钮，关闭该窗口。

4. 场景三的操作步骤

视频网址：http://www.mdmuke.com/mdmk/mod/page/view.php?id=1298

任务说明：仓管部职员赵林参照到货单生成入库单，主管李莉审核。

【仓管部职员赵林参照到货单生成采购入库单】

(1) 打开库存管理的“采购入库单”窗口。在“企业应用平台”的“业务工作”页签中,依次单击“供应链/库存管理/入库业务/采购入库单”项,系统打开“采购入库单”窗口。

(2) 参照到货单生成采购入库单。首先单击工具栏的“增加”按钮,新增一张采购入库单,然后做如下操作。

① 打开“到货单生单列表”窗口。单击表头“到货单号”的参照按钮,系统弹出“查询条件选择—采购到货单列表”对话框,直接单击该对话框的“确定”按钮,系统打开“到货单生单列表”窗口。

② 复制信息。在“到货单生单列表”窗口的上窗格中,双击要选择的采购到货单(即场景二完成的采购到货单)所在行的“选择”栏,再单击工具栏的“确定”按钮,系统返回“采购入库单”窗口,此时相关的信息已经默认显示在入库单上.请确认表头的“仓库”为“原材料仓库”。

(3) 保存。单击工具栏的“保存”按钮,结果如图 5-75 所示。

采购入库单

表体排序

蓝字 红字 合并显示

入库单号 0000000008	入库日期 2017-04-07	仓库 原材料仓库
订单号 CG004	到货单号 0000000006	业务号
供货单位 硅胶三厂	部门 采购部	业务员 张新海
到货日期 2017-04-07	业务类型 普通采购	采购类型 材料进货
入库类别 材料采购入库	审核日期	备注 采购硅胶5千克

	存货编码	存货名称	规格型号	主计量单位	数量	本币单价	本币金额
1	12310	硅胶		千克	5.00	1600.00	8000.00

图 5-75 采购入库单

(4) 退出。单击“采购入库单”窗口右上角的“关闭”按钮,关闭该窗口。

【仓管部主管李莉审核采购入库单】

(1) 打开“采购入库单”窗口。

(2) 查阅并审核采购入库单。单击工具栏的“末张”按钮,查阅到本业务生成的采购入库单,然后单击工具栏的“审核”按钮,系统弹出信息框提示审核成功,单击“确定”按钮,完成审核工作。

(3) 退出。单击“采购入库单”窗口右上角的“关闭”按钮,关闭该窗口。

5. 场景四的操作步骤

视频网址:http://www.mdmuke.com/mdmk/mod/page/view.php?id=1299

任务说明:采购部职员张新海参照入库单生成采购专用发票并现付、结算。

(1) 打开“专用发票”窗口。在“采购管理”子系统,依次单击“采购发票/专用采购发票”项,系统打开“专用发票”窗口。

(2) 参照入库单生成采购专用发票。单击工具栏的“增加”按钮,新增一张采购专用发票，然后做如下操作。

① 打开“拷贝并执行”窗口。单击工具栏的“生单/入库单”命令，系统打开“查询条件选择—采购入库单列表过滤”对话框，直接单击其“确定”按钮，系统打开“拷贝并执行”窗口。

② 复制信息。在“拷贝并执行”窗口的上窗格中，双击要选择的采购入库单(即场景三完成的采购入库单)所在行的“选择”栏，然后单击工具栏的“确定”按钮，系统返回“专用发票”窗口。

③ 编辑。编辑表头的“发票号”为 61234505，其他项默认。

(3) 保存。单击工具栏的“保存”按钮，结果可参见图 5-76。

(4) 采购发票现付。在“专用发票”窗口，单击工具栏的“现付”按钮，系统打开“采购现付”对话框，在该对话框的表体部分，选择“结算方式”为“转账支票”，录入相应的“原币金额”7488，输入“票据号”为 22856822，然后单击对话框的“确定”按钮返回“专用发票”窗口，此时窗口左上方出现“已现付”字样，结果可参见图 5-76。

(5) 采购发票窗口结算。单击工具栏的“结算”按钮，此时窗口左上方出现“已结算”字样，表示该发票已经采购结算了，结果如图 5-76 所示。

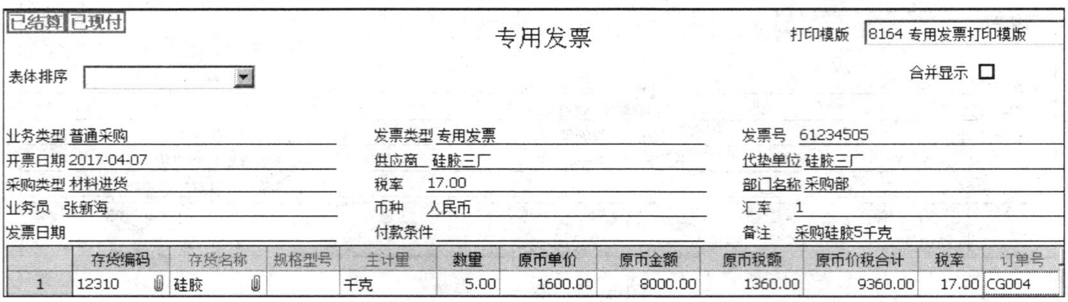
已结算 已现付

专用发票

打印模版 8164 专用发票打印模版

表体排序

合并显示 □

业务类型 普通采购 发票类型 专用发票 发票号 61234505

开票日期 2017-04-07 供应商 硅胶三厂 代垫单位 硅胶三厂

采购类型 材料进货 税率 17.00 部门名称 采购部

业务员 张新海 币种 人民币 汇率 1

发票日期 付款条件 备注 采购硅胶5千克

	存货编码	存货名称	规格型号	主计量	数量	原币单价	原币金额	原币税额	原币价税合计	税率	订单号
1	12310	硅胶		千克	5.00	1600.00	8000.00	1360.00	9360.00	17.00	CG004

图 5-76　采购专用发票(已现付、已结算)

(6) 退出。单击“专用发票”窗口右上角的“关闭”按钮，关闭该窗口。

6. 场景五的操作步骤

视频网址：http://www.mdmuke.com/mdmk/mod/page/view.php?id=1300

任务说明：采购部职员张新海参照到货单生成退货单，主管刘静审核。

【采购部职员张新海参照到货单生成退货单】

(1) 打开“采购退货单”窗口。在“采购管理”子系统，依次单击“采购到货/采购退货单”项，系统打开“采购退货单”窗口。

(2) 参照到货单生成采购退货单。先单击工具栏的“增加”按钮，新增一张采购退货单，然后做如下操作。

① 打开“拷贝并执行”窗口。单击“生单/到货单”命令，系统打开“查询条件选择—采购退货单列表过滤”对话框，直接单击其“确定”按钮，系统退出对话框并打开“拷贝并执行”窗口。

② 复制信息。在“拷贝并执行”窗口上窗格中,双击要选择的到货单(即本业务中完成的采购到货单)所在行的“选择”栏目,再单击其工具栏的“确定”按钮,系统返回“采购退货单”窗口,此时相关的信息已经有默认值。

③ 编辑。修改“采购退货单”表体的“数量”为－1,表头的“采购类型”为“采购退回”,“备注”为“采购退货硅胶 1 千克”,其他项默认。

(3) 保存。单击工具栏的“保存”按钮,保存该单据,结果如图 5-77 所示。

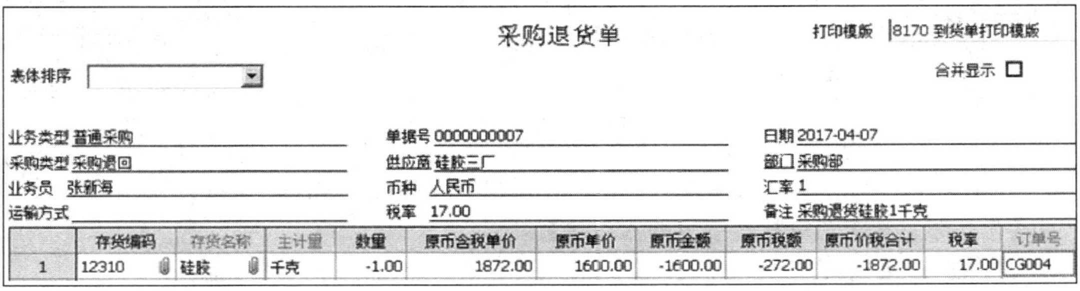

采购退货单

打印模版 8170 到货单打印模版

表体排序

合并显示 □

业务类型 普通采购　　单据号 0000000007　　日期 2017-04-07

采购类型 采购退回　　供应商 硅胶三厂　　部门 采购部

业务员 张新海　　币种 人民币　　汇率 1

运输方式　　税率 17.00　　备注 采购退货硅胶1千克

	存货编码	存货名称	主计量	数量	原币含税单价	原币单价	原币金额	原币税额	原币价税合计	税率	订单号
1	12310	硅胶	千克	-1.00	1872.00	1600.00	-1600.00	-272.00	-1872.00	17.00	CG004

图 5-77　采购退货单

(4) 退出。单击“采购退货单”窗口右上角的“关闭”按钮,关闭该窗口。

【采购主管刘静审核采购退货单】

(1) 打开“采购退货单”窗口。

(2) 查阅并审核采购退货单。单击工具栏的“上张”按钮,查阅到本业务生成的采购退货单,然后单击工具栏的“审核”按钮,完成审核工作。

(3) 退出。单击“采购退货单”窗口右上角的“关闭”按钮,关闭该窗口。

7. 场景六的操作步骤

视频网址: http://www.mdmuke.com/mdmk/mod/page/view.php?id=1301

任务说明: 仓管部职员赵林参照退货单生成红字采购入库单,主管李莉审核。

【仓管部职员赵林参照退货单生成红字采购入库单】

(1) 打开库存管理的“采购入库单”窗口。在“企业应用平台”的“业务工作”页签中,依次单击“供应链/库存管理/入库业务/采购入库单”项,系统打开“采购入库单”窗口。

(2) 参照退货单生成红字采购入库单。首先单击工具栏的“增加”按钮,新增一张采购入库单,然后做如下操作。

① 打开“到货单生单列表”窗口。先单击窗口右上角的“红字”单选按钮,再单击表头的“到货单号”的参照按钮,系统弹出“查询条件选择—采购到货单列表”对话框,直接单击其“确定”按钮,系统打开“到货单生单列表”窗口。

② 复制信息。在“到货单生单列表”窗口的上窗格中,双击要选择的采购到货单(即本业务中完成的采购退货单)所在行的“选择”栏,再单击工具栏的“确定”按钮,系统返回“采购入库单”窗口,此时相关的信息已经默认显示在入库单上,请确认表头的“仓库”为“原材料仓库”,其他项默认。

（3）保存。单击工具栏的“保存”按钮，结果如图 5-78 所示。

采购入库单

采购入库单打印

表体排序

蓝字

红字

合并显示

入库单号 0000000009	入库日期 2017-04-07	仓库 原材料仓库
订单号 CG004	到货单号 0000000007	业务号
供货单位 硅胶三厂	部门 采购部	业务员 张新海
到货日期 2017-04-07	业务类型 普通采购	采购类型 采购退回
入库类别 材料采购入库	审核日期	备注 采购退货硅胶1千克

	存货编码	存货名称	规格型号	主计量单位	数量	本币单价	本币金额
1	12310	硅胶		千克	-1.00	1600.00	-1600.00

图 5-78　采购入库单（红字）

（4）退出。单击“采购入库单”窗口右上角的“关闭”按钮，关闭该窗口。

【仓管部主管李莉审核红字采购入库单】

（1）打开“采购入库单”窗口。

（2）查阅并审核红字采购入库单。单击工具栏的“末张”按钮，查阅到本业务生成的红字采购入库单，然后单击工具栏的“审核”按钮，系统弹出信息框提示审核成功，单击其“确定”按钮，完成审核工作。

（3）退出。单击“采购入库单”窗口右上角的“关闭”按钮，关闭并退出该窗口。

8. 场景七的操作步骤

视频网址：http://www.mdmuke.com/mdmk/mod/page/view.php?id=1302

任务说明：采购部职员张新海参照红字入库单生成红字采购专用发票并结算。

（1）打开红字“专用发票”窗口。在“采购管理”子系统，依次单击“采购发票/红字专用采购发票”项，系统打开“专用发票”（红字）窗口。

（2）参照红字入库单生成红字采购专用发票。先单击工具栏的“增加”按钮，新增一张采购专用发票，再做如下操作。

① 打开“拷贝并执行”窗口。单击工具栏的“生单/入库单”命令，系统打开“查询条件选择—采购入库单列表过滤”对话框，直接单击其“确定”按钮，系统打开“拷贝并执行”窗口。

② 复制信息。在“拷贝并执行”窗口的上窗格中，双击要选择的采购入库单（即本业务中完成的红字采购入库单）所在行的“选择”栏，并单击工具栏的“确定”按钮，系统返回“专用发票”窗口。

③ 编辑。编辑表头的“发票号”为 62234501，其他项默认。

（3）保存。单击工具栏的“保存”按钮，结果可参见图 5-79。

（4）采购发票窗口结算。单击工具栏的“结算”按钮，此时窗口左上方出现“已结算”字样，表示该发票已经采购结算了，结果如图 5-79 所示。

（5）退出。单击“专用发票”窗口右上角的“关闭”按钮，关闭该窗口。

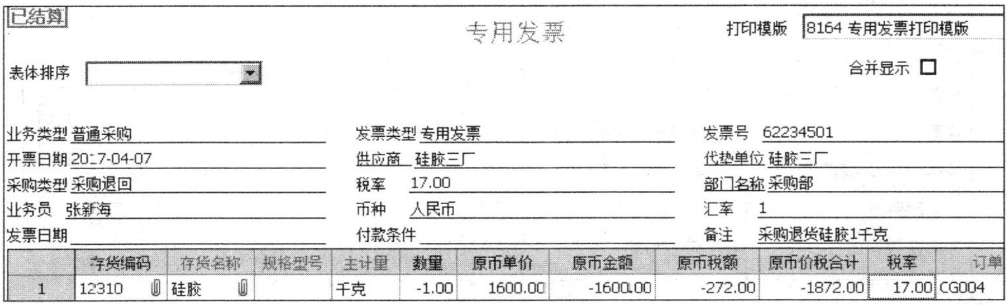

已结算

专用发票

打印模版 8164 专用发票打印模版

表体排序

合并显示 □

业务类型 普通采购　　发票类型 专用发票　　发票号 62234501

开票日期 2017-04-07　　供应商 硅胶三厂　　代垫单位 硅胶三厂

采购类型 采购退回　　税率 17.00　　部门名称 采购部

业务员 张新海　　币种 人民币　　汇率 1

发票日期　　付款条件　　备注 采购退货硅胶1千克

	存货编码	存货名称	规格型号	主计量	数量	原币单价	原币金额	原币税额	原币价税合计	税率	订单
1	12310	硅胶		千克	-1.00	1600.00	-1600.00	-272.00	-1872.00	17.00	CG004

图 5-79　红字采购专用发票(已结算)

9. 场景八的操作步骤

视频网址：http://www.mdmuke.com/mdmk/mod/page/view.php?id=1303

任务说明：财务部会计张兰进行应付审核与制单、采购成本确认。

【财务部会计张兰进行应付审核】

(1) 打开应付“单据处理”窗口。在“企业应用平台”的“业务工作”页签下，依次单击“财务会计/应付款管理/应付单据处理/应付单据审核”项，系统弹出“应付单查询条件”对话框，增加勾选“包括已现结发票”复选框，然后单击“确定”按钮，系统打开应付“单据处理”窗口。

(2) 审核应付单据。在“单据处理”窗口中，系统已列出本业务的采购专用发票(两张)，单击工具栏的“全选”“审核”按钮，系统提示审核成功，单击“确定”按钮，退出信息提示框，返回“单据处理”窗口。

(3) 退出。单击“单据处理”窗口右上角的“关闭”按钮，退出该窗口。

【财务部会计张兰进行应付合并制单】

(1) 打开应付“制单”窗口。在“应付款管理”子系统，双击“制单处理”项，在系统弹出的“制单查询”对话框中，确认已选中“发票制单”和“现结制单”，然后单击“确定”按钮，系统打开应付“制单”窗口。

(2) 生成并保存采购专用发票(两张)的应付凭证。单击“制单”窗口工具栏的“全选”按钮以选中本业务中的两张采购专用发票，再单击“合并”“制单”按钮，系统打开“填制凭证”窗口，并默认显示凭证的信息(借记：材料采购、进项税额，贷记：一般应付账款、工行存款)，保持数据项不变。

(3) 保存。单击工具栏的“保存”按钮，保存该凭证，结果如图 5-80 所示。

(4) 退出。单击“填制凭证”和“制单”窗口右上角的“关闭”按钮，关闭窗口。

【财务部会计张兰进行采购存货记账】

(1) 打开“未记账单据一览表”窗口。在“企业应用平台”的“业务工作”页签下，依次单击“供应链/存货核算/业务核算/正常单据记账”项，系统弹出“查询条件选择”对话框，直接单击该对话框的“确定”按钮，系统打开“未记账单据一览表”窗口。

(2) 入库记账。在“未记账单据一览表”窗口中，选中本业务生成的红蓝采购入库单，然后单击工具栏的“记账”按钮，系统弹出信息框提示记账成功，单击其“确定”按钮，完成记账工作。

(3) 退出。单击“未记账单据一览表”窗口右上角的“关闭”按钮，退出当前窗口。

已生成

记 账 凭 证

记 字 0025　　制单日期：2017.04.07　　审核日期：　　附单据数：2

摘要	科目名称	借方金额	贷方金额
采购退货硅胶1千克	材料采购	640000	
采购退货硅胶1千克	应交税费/应交增值税/进项税额	108800	
采购退货硅胶1千克	应付账款/一般应付账款		187200
采购硅胶5千克	应付账款/一般应付账款		187200
采购硅胶5千克	银行存款/工行存款		748800
票号 日期	数量 单价 合计	748800	748800

备注　项目　部门　个人　客户　业务员

记账　审核　出纳　制单 张兰

图 5-80　采购发票合并制单结果(第 3 笔分录的贷方金额为红字)

【财务部会计张兰进行采购存货制单】

(1) 打开“生成凭证”窗口。在“存货核算”子系统,依次单击“财务核算/生成凭证”项,系统打开“生成凭证”窗口。

(2) 打开“选择单据”窗口。单击工具栏的“选择”按钮,在系统弹出的“查询条件”对话框中,直接单击“确定”按钮,系统退出对话框并打开“选择单据”窗口。

(3) 生成并保存存货凭证。

① 选择采购入库单。在“选择单据”窗口中,选中本笔业务生成的两张采购入库单,然后单击工具栏的“确定”按钮,系统返回“生成凭证”窗口。

② 生成并保存凭证。先设置采购退货单的“对方”科目编码为1401(材料采购),然后单击工具栏的“合成”按钮,系统打开“填制凭证”窗口,并默认显示了本业务入库单上的相关信息(借记:原材料/硅胶,贷记:材料采购)。信息审核无误后,单击“保存”按钮,结果如图 5-81 所示。

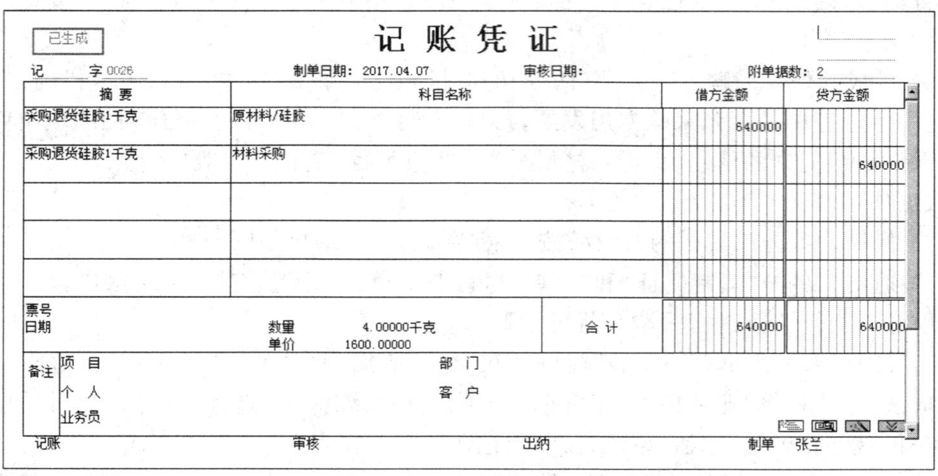

已生成

记 账 凭 证

记 字 0026　　制单日期：2017.04.07　　审核日期：　　附单据数：2

摘要	科目名称	借方金额	贷方金额
采购退货硅胶1千克	原材料/硅胶	640000	
采购退货硅胶1千克	材料采购		640000
票号 日期	数量 4.00000千克 单价 1600.00000 合计	640000	640000

备注　项目　部门　个人　客户　业务员

记账　审核　出纳　制单 张兰

图 5-81　存货凭证

(4) 退出。单击“填制凭证”和“生成凭证”窗口右上角的“关闭”按钮,关闭窗口。

第6章　库存与存货核算

工业企业的库存业务除了采购入库和销售出库业务外，还有领料出库、产成品入库业务以及所有企业都需要的调拨业务和存货盘点等业务。

在用友 ERP-U8 中，库存管理系统是其供应链的重要产品和基础产品，能够满足采购入库、销售出库、产成品入库、材料出库、其他出入库、盘点管理等业务需要，提供仓库货位管理、批次管理、保质期管理、出库跟踪入库管理、可用量管理、序列号管理等全面的业务应用。用友 ERP-U8 的库存管理系统既可以单独使用，也可以与采购管理、销售管理、委外管理、存货核算、主生产计划、需求规划、车间管理、生产订单、物料清单、设备管理、售后服务等集成使用，发挥更加强大的应用功能。

库存管理系统适用于各种类型的工商企业，如制造业、医药、食品、批发、零售、批零兼营、集团应用及远程仓库等，可完成工商业企业的绝大部分库存管理工作。

存货是指企业在生产经营过程中为销售或耗用而储存的各种资产，包括商品、产成品、半成品、在产品以及各种材料、燃料、包装物、低值易耗品等。存货是保证企业生产经营过程顺利进行的必要条件。为了保障生产经营过程连续不断地进行，企业要不断地购入、耗用或销售存货。

存货是企业的一项重要的流动资产，其价值在企业流动资产中占有很大的比重，存货成本直接影响利润水平，所以企业领导层希望能及时了解存货的资金占用及周转情况，因而使得存货会计人员的核算工作量越来越大。

用友 ERP-U8 的存货核算系统也是其供应链的重要产品，适用于工商业企业的各种存货核算形式，可极大地减轻材料会计的核算工作量。它从资金的角度来管理存货的出入库业务，主要用于核算企业的入库成本、出库成本、结余成本，可及时反映和监督存货的收发、领退和保管情况，可及时了解存货资金的占用情况。

本章的操作请按照业务描述中的系统日期（如 4 月 7 日）和操作员（如仓管部主管李莉），在第 5 章完成的账套中进行。

如果没有完成第 5 章的采购业务的操作，可以到百度云盘空间（云盘地址：http://pan.baidu.com/s/1i5iB4aT，访问密码：dq38）的“实验账套数据”文件夹中，将“05 采购应付.rar”下载到实验用机上，然后引入（操作步骤详见 1.3.5 节）到 ERP-U8 系统中。此外，本章完成的账套，其输出的压缩文件名为“06 库存存货.rar”。

需要注意的是，因云盘中的账套备份文件均为压缩文件，所以在下载完成后引入之前，需要用解压缩工具进行解压（建议用 WinRAR 3.42 或以上版本），得到相应可以引入的账套数据文件。

本章的所有业务实验操作都有配套的微视频，可以通过扫描二维码或者到指定的网页去观看。本教程配套的微视频均存放在北京神州明灯教育科技有限公司和合一集团的网站上，相应的访问说明请参见云盘中的“微视频访问说明.doc”。

6.1 生产领料出库业务

生产领料出库涉及材料出库单的填制和审核。材料出库单是领用材料时所填制的出库单据，当从仓库中领用材料用于生产或委外加工时，就需要填制材料出库单。

只有工业企业才有材料出库单。对于工业企业，生产用原辅料、包装材料的出库，研发用试剂耗材、原料的出库及设备维修所用的备品备件的出库，都可以由仓库根据材料出库单发料。

6.1.1 业务概述与分析

4 月 7 日，生产部因生产需要领出硅胶 5 公斤。

本笔业务是生产部领料出库业务，需要填制并审核材料出库单，进行领料出库成本确认。

6.1.2 虚拟业务场景

人物：赵林——仓管部职员。

李莉——仓管部主管。

刘正——生产部主管。

张兰——财务部会计。

场景一：领料出库，仓管部填制与审核材料出库单。

刘正：你好，我是生产部的刘正。根据生产规划及客户需求，我部现需硅胶 5 公斤，请帮忙安排材料出库。

赵林：好的，我们尽快将你需要的材料打包出库。

（赵林根据需求填写材料出库单。）

赵林：李总，生产部需要的 5kg 硅胶已经出库了，麻烦您审核一下。

李莉：好的，辛苦了。（审核出库单完成。）

场景二：财务部进行领料出库成本确认。

赵林：小张，你好，我是仓管部的赵林，今天出库了一些材料，请你做成本确认。

张兰：好的，我马上做。（存货记账与制单。）

6.1.3 操作指导

1. 操作流程

图 6-1 是本业务的操作流程。

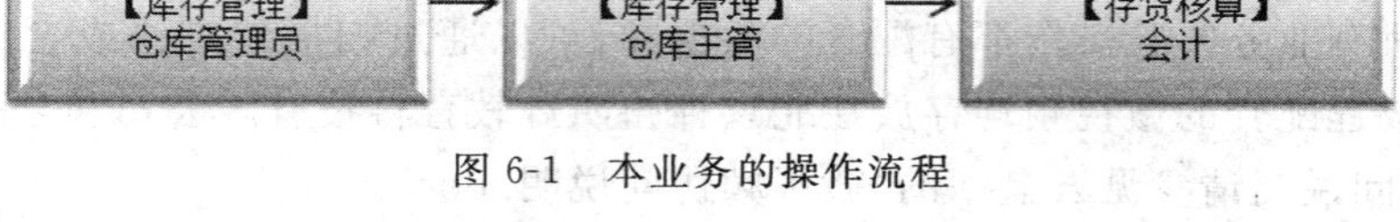

图 6-1 本业务的操作流程

请确认系统日期和业务日期为 2017 年 4 月 7 日。

2. 场景一的操作步骤

视频网址：http://www.mdmuke.com/mdmk/mod/page/view.php?id=1304

任务说明：仓管部职员赵林填制材料出库单，主管李莉审核。

【仓管部职员赵林填制材料出库单】

(1) 打开“材料出库单”窗口。在“企业应用平台”的“业务工作”页签下，依次单击“供应链/库存管理/出库业务/材料出库单”项，系统打开“材料出库单”窗口。

(2) 编辑材料出库单。单击工具栏的“增加”按钮，新增一张材料出库单，然后做如下编辑：

① 表头编辑。参照生成“仓库”为原材料仓库，“出库类别”为领料出库，“部门”为生产部。

② 表体编辑。参照生成“材料名称”为硅胶，编辑“数量”为 5，“单价”为 1600，其他项默认。

(3) 保存。单击工具栏的“保存”按钮，保存该单据，结果如图 6-2 所示。

材料出库单

材料出库单打印模版

表体排序

蓝字 红字

合并显示

出库单号 0000000001　出库日期 2017-04-07　仓库 原材料仓库

订单号　产品编码　产量 0.00

生产批号　业务类型 领料　业务号

出库类别 领料出库　部门 生产部　委外商

审核日期　备注

	材料编码	材料名称	规格型号	主计量单位	数量	单价	金额	子件补料申请单号
1	12310	硅胶		千克	5.00	1600.00	8000.00	
2								

图 6-2　材料出库单

(4) 退出。单击“材料出库单”窗口右上角的“关闭”按钮，关闭该窗口。

【仓管部主管李莉审核材料出库单】

(1) 打开“材料出库单”窗口。

(2) 查阅并审核材料出库单。在“材料出库单”窗口中，单击工具栏的“末张”按钮查阅相应的材料出库单，然后单击工具栏的“审核”按钮，系统弹出信息框提示审核成功，单击“确定”按钮，完成审核工作。

(3) 退出。单击“材料出库单”窗口右上角的“关闭”按钮，关闭该窗口。

3. 场景二的操作步骤

视频网址：http://www.mdmuke.com/mdmk/mod/page/view.php?id=1305

任务说明：财务部会计张兰进行材料出库记账和生成凭证。

【财务部会计张兰进行材料出库记账】

(1) 打开“未记账单据一览表”窗口。在“企业应用平台”的“业务工作”页签下，依次单击“供应链/存货核算/业务核算/正常单据记账”项，系统弹出“查询条件选择”对话框，直接单击其“确定”按钮，系统打开“未记账单据一览表”窗口。

(2) 材料出库记账。在“未记账单据一览表”窗口中，选中本业务生成的材料出库单，然后单击工具栏的“记账”按钮，系统弹出信息框提示记账成功，单击“确定”按钮，完成记账工作。

(3) 退出。单击“未记账单据一览表”窗口右上角的“关闭”按钮，退出当前窗口。

【财务部会计张兰进行材料出库制单】

(1) 打开“生成凭证”窗口。在“存货核算”子系统，依次单击“财务核算/生成凭证”项，系统打开“生成凭证”窗口。

(2) 打开“选择单据”窗口。单击工具栏的“选择”按钮，在系统弹出的“查询条件”对话框中，直接单击“确定”按钮，系统退出对话框并打开“选择单据”窗口。

(3) 生成并保存存货凭证。

① 选择材料出库单。在“选择单据”窗口中，选中本笔业务生成的材料出库单，然后单击工具栏的“确定”按钮，系统返回“生成凭证”窗口。

② 编辑对方科目。在“生成凭证”窗口的“科目类型”为“对方”的行，参照生成或直接录入“科目编码”为50010102(生产成本/直接生产成本/直接材料)，其他项默认。

③ 生成并保存凭证。单击工具栏的“生成”按钮，系统打开“填制凭证”窗口，并默认显示了相关信息(借记：生产成本/直接生产成本/直接材料，贷记：原材料/硅胶)。信息审核无误后，单击“保存”按钮，结果如图6-3所示。

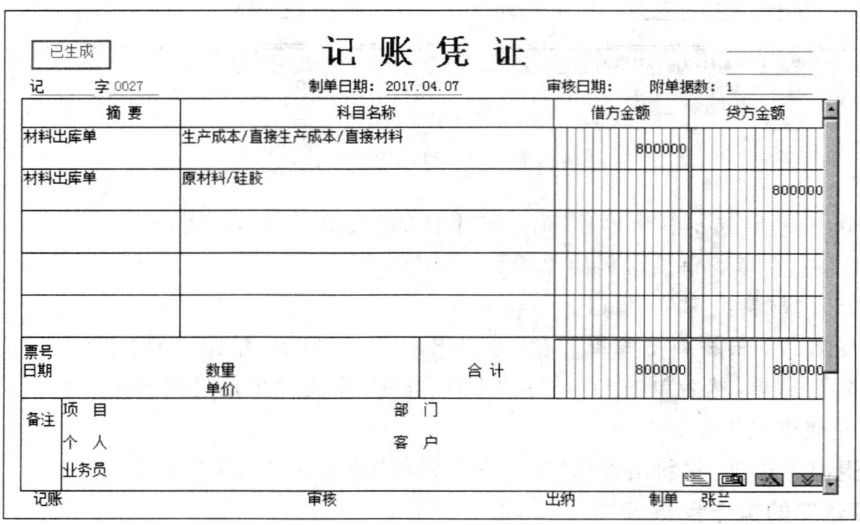

图 6-3 存货凭证

(4) 退出。单击“填制凭证”和“生成凭证”窗口右上角的“关闭”按钮，关闭窗口。

6.2 产成品入库与成本分配业务

对于工业企业，产成品入库单一般指产成品验收入库时所填制的入库单据。

产成品一般在入库时无法确定产品的总成本和单位成本，所以在填制产成品入库单时，一般只有数量，没有单价和金额。

产成品成本分配，是对已入库未记明细账的产成品进行成本分配。

6.2.1 业务概述与分析

4 月 11 日，仓管部收到生产部生产完工的眼镜 400 副，验收入产成品仓库。经核算，该批亮康眼镜的生产成本为 64 000 元，其中直接材料费为 44 000 元，直接人工费为 20 000 元。

本笔业务是产成品入库业务，需要填制并审核产成品入库单，进行产成品成本分配。

6.2.2 虚拟业务场景

人物：赵林——仓管部职员。

李莉——仓管部主管。

刘正——生产部职员。

张兰——财务部会计。

场景一：完工入库，仓管部填制和审核产成品入库单。

刘正：你好，我是生产部的刘正，这是刚生产完毕的 400 副眼镜，请验收入库。

赵林：好的，我会尽快验收这批产品。

（赵林验收产品并填写产成品入库单。）

赵林：李总，生产部生产的 400 副眼镜已经验收入库了，麻烦您审核一下。

李莉：好的，辛苦了。（审核完成。）

场景二：财务部进行入库成本分配和成本确认。

赵林：小张你好，我是仓管部的赵林，今天有一批刚生产的眼镜入库，请你做一下成本处理。

张兰：好的，我马上做。（产成品成本分配、存货记账与生成凭证。）

6.2.3 操作指导

1. 操作流程

图 6-4 是本业务的操作流程。

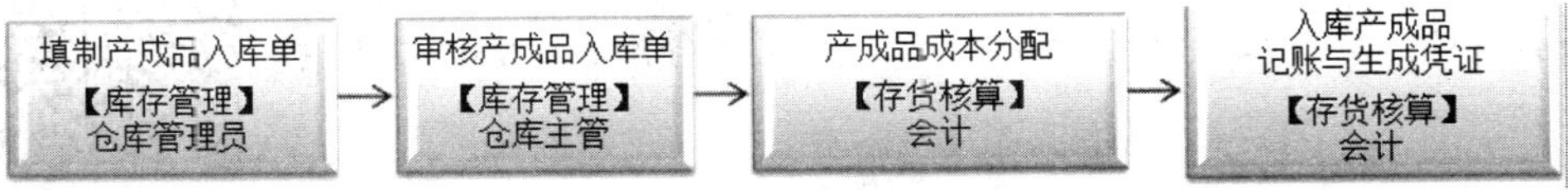

图 6-4 本业务的操作流程

请确认系统日期和业务日期为 2017 年 4 月 11 日。

2. 场景一的操作步骤

视频网址：http://www.mdmuke.com/mdmk/mod/page/view.php?id=1306

任务说明：仓管部职员赵林填制产成品入库单，主管李莉审核。

【仓管部职员赵林填制产成品入库单】

(1) 打开"产成品入库单"窗口。在"企业应用平台"的"业务工作"页签下，依次单击"供应链/库存管理/入库业务/产成品入库单"项，系统打开"产成品入库单"窗口。

(2) 编辑产成品入库单。单击工具栏的"增加"按钮，新增一张产成品入库单，然后做如下编辑：

① 编辑表头。参照生成"仓库"为产成品仓库，"部门"为生产部，"入库类别"为产成品入库，其他项默认；

② 编辑表体。参照生成"产品名称"为亮康眼镜，编辑"数量"为400，其他项默认。

(3) 保存。单击工具栏的"保存"按钮，保存该单据，结果如图6-5所示。

图6-5 产成品入库单

(4) 退出。单击"产成品入库单"窗口右上角的"关闭"按钮，关闭该窗口。

【仓管部主管李莉审核产成品入库单】

(1) 打开"产成品入库单"窗口。

(2) 查阅并审核产成品入库单。单击工具栏的"末张"按钮查阅相应的产成品入库单，然后单击工具栏的"审核"按钮，系统弹出信息框提示审核成功，单击"确定"按钮，完成审核工作。

(3) 退出。单击"产成品入库单"窗口右上角的"关闭"按钮，关闭该窗口。

3. 场景二的操作步骤

视频网址：http://www.mdmuke.com/mdmk/mod/page/view.php?id=1307

任务说明：财务部会计张兰进行产成品成本分配、存货记账和生成凭证。

【财务部会计张兰进行产成品成本分配】

(1) 打开"产成品成本分配表"窗口。在"企业应用平台"的"业务工作"页签下，依次单击"供应链/存货核算/业务核算/产成品成本分配"项，系统打开"产成品成本分配表"窗口。

(2) 查询产成品成本。单击工具栏的“查询”按钮，系统弹出“产成品成本分配表查询”对话框，勾选“产成品仓库”后，单击该对话框的“确定”按钮，系统返回“产成品成本分配表”窗口，此时已有相应数据，结果可参见图 6-6。

(3) 编辑成本金额。在第 1 行的“金额”栏输入 64 000，结果如图 6-6 所示。

产成品成本分配							
存货/分类编码	存货/分类名称	存货代码	规格型号	计量单位	数量	金额	单价
	存货 合计				400.00	64,000.00	160.00
01	商品小计				400.00	64,000.00	160.00
0102	亮康眼镜小计				400.00	64,000.00	160.00
10000	亮康眼镜			副	400.00	64,000.00	160.00

图 6-6　产成品成本分配表

(4) 退出。单击“产成品成本分配表”窗口右上角的“关闭”按钮，退出当前窗口。

【财务部会计张兰进行产成品入库记账】

(1) 打开“未记账单据一览表”窗口。在“企业应用平台”的“业务工作”页签下，依次单击“供应链/存货核算/业务核算/正常单据记账”项，系统弹出“查询条件选择”对话框，直接单击该对话框的“确定”按钮，系统打开“未记账单据一览表”窗口。

(2) 产成品入库记账。在“未记账单据一览表”窗口中，选中本业务生成的产成品入库单，然后单击工具栏的“记账”按钮，系统弹出信息框提示记账成功，单击“确定”按钮，完成记账工作。

(3) 退出。单击“未记账单据一览表”窗口右上角的“关闭”按钮，退出当前窗口。

【财务部会计张兰进行产成品入库制单】

(1) 打开“生成凭证”窗口。在“存货核算”子系统，依次单击“财务核算/生成凭证”项，系统打开“生成凭证”窗口。

(2) 打开“选择单据”窗口。单击工具栏的“选择”按钮，在系统弹出的“查询条件”对话框中，直接单击“确定”按钮，系统退出对话框并打开“选择单据”窗口。

(3) 生成并保存存货凭证。

① 选择产成品入库单。在“选择单据”窗口中，选中本笔业务生成的产成品入库单，然后单击工具栏的“确定”按钮，系统返回“生成凭证”窗口。

② 编辑对方科目。在“生成凭证”窗口的“科目类型”为“对方”的行，参照生成或直接录入“科目编码”为 50010102(生产成本/直接生产成本/直接材料)，其他项默认。

③ 生成凭证。单击工具栏的“生成”按钮，系统打开“填制凭证”窗口，并默认显示了相关信息(借记：库存商品，贷记：生产成本/直接生产成本/直接材料)。

④ 修改第 1 条分录“库存商品”的辅助项的“项目名称”为亮康眼镜。单击第 1 条分录“库存商品”，然后将鼠标移至“项目”区域，待鼠标显示为“笔尖”图标时双击，系统将打开“辅助项”对话框，参照生成“项目名称”为亮康眼镜，然后单击“确定”按钮返回“填制凭证”窗口，其他项默认。

⑤ 修改第 2 条分录。修改直接材料的“贷方金额”为 44 000，按回车键。

⑥ 增加第 3 条分录。在第 3 条分录，编辑其“科目名称”为“直接人工”(50010101)，在其“贷方金额”栏按“＝”键，或输入“贷方金额”为 20 000。

⑦ 保存。单击工具栏的“保存”按钮，结果如图 6-7 所示。

已生成

记账凭证

记 字 0028 制单日期：2017.04.11 审核日期： 附单据数：1

摘要	科目名称	借方金额	贷方金额
产成品入库单	库存商品	6400000	
产成品入库单	生产成本/直接生产成本/直接材料		4400000
产成品入库单	生产成本/直接生产成本/直接人工		2000000
票号 日期	数量 单价 合计	6400000	6400000

备注 项目 部门

个人 客户

业务员

记账 审核 出纳 制单 张兰

图 6-7 存货凭证

（4）退出。单击“填制凭证”和“生成凭证”窗口右上角的“关闭”按钮，关闭窗口。

6.3 调拨业务

调拨业务主要是因为某些仓库涉及维修等，必须要将其中商品转移到另外的仓库所产生的业务。在这一过程中要生成调拨申请单、出库单、入库单等单据，继而要进行相应成本确认和凭证生成。

6.3.1 业务概述与分析

4 月 11 日，由于原材料仓库需要维修，仓管部赵林申请将原材料仓库的所有存货全部调入半成品仓库，仓管部李东经核查该方案可行并批复，仓管部主管审批通过。赵林负责完成了调拨工作。

本笔业务是仓库调拨业务，应该进行实物和财务的调拨处理，所以需要填制、批复与审核调拨申请单，填制与审核调拨单，进行调拨出、入库单的记账与生成凭证。

需要注意的是，为了更加全面地了解用友 ERP-U8 的功能，本业务中设计了存货的现存量查询、存货单价的查询与修改等操作。本业务中的存货单价修改是在相应出入库单已经审核且做弃审的条件下完成的。

6.3.2 虚拟业务场景

人物：赵林——仓管部职员。
李东——仓管部职员。
李莉——仓管部主管。
张兰——财务部会计。

场景一：仓库调拨申请，仓管部填制与批复调拨申请单。

（因为原材料仓库需要维修，赵林希望将原材料仓库的所有存货调拨到半成品仓库，所以赵林查询了原材料仓库的存货现存量，并填写了调拨申请单。）

赵林：李东，因为原材料仓库需要维修，我填写了调拨申请单，计划把原材料仓库的存货调拨到半成品仓库，请你批复一下。

李东：好的。（开始查询调拨申请单，并根据半成品仓库的存储能力判断。）我已经批复了，没有问题。

赵林：谢谢！

场景二：调拨申请单的审核。

赵林：李总，因为原材料仓库需要维修，这个仓库的所有存货都需要调拨到半成品仓库，我们已经做好调拨申请单了，请您审核。

李莉：好的。（审核通过。）你做个调拨单，准备仓库调拨吧。

赵林：好的。

场景三：调拨申请通过，仓管部填制与审核调拨单。

（赵林填写调拨单。）

赵林：李总，申请将原材料仓库的存货调拨到半成品仓库的业务，我已经填好调拨单了，请您审核。

李莉：好的。（审核完成，系统自动生成其他出、入库单。）

场景四：调拨完成，仓管部审核出入库单，并查询与填写单价。

（赵林完成调拨出库。）

赵林：李东，原材料仓库的存货已经全部调拨出库了，请准备接收。

李东：好的。（验收调拨来的存货，并全部存放于半成品仓库。）我们已经接收完成，请放心。

（赵林来到李莉的办公室。）

赵林：李总，我们已经完成从原材料仓库到半成品仓库的调拨任务了，而且实物品种数量与调拨单上的一致，请您审核调拨出入库单。因为我们不知道存货单价，故请您审核时填写一下单价。

李莉：知道了，谢谢提醒！

（李莉查询存货单价，修改并审核调拨出、入库单。）

场景五：财务部进行调拨的记账与生成凭证。

赵林：小张你好，我是仓管部的赵林，今天有一批货物从原材料仓库调拨到半成品仓库，请你记账。

张兰：好的，我马上做。（调拨的存货记账与制单。）

6.3.3 操作指导

1. 操作流程

图 6-8 是本业务的操作流程。

请确认系统日期和业务日期为 2017 年 4 月 21 日。

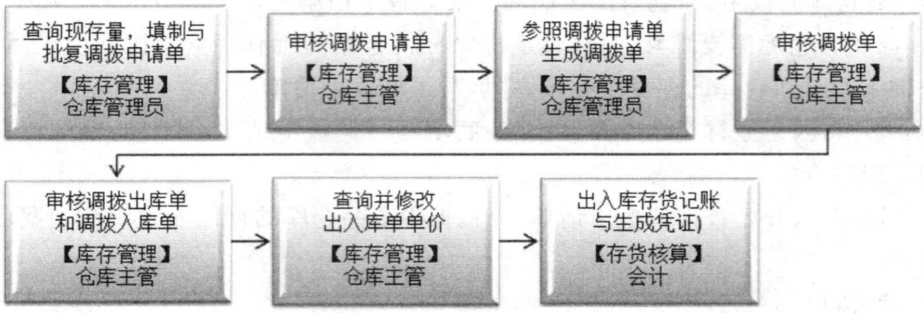

图 6-8　本业务的操作流程

2. 场景一的操作步骤

视频网址：http://www.mdmuke.com/mdmk/mod/page/view.php?id=1308

任务说明：仓管部职员赵林填制调拨申请单，职员李东批复。

【仓管部职员赵林查询原材料仓库所有存货的现存量】

(1) 打开"现存量查询"窗口。在"企业应用平台"的"业务工作"页签下，依次单击"供应链/库存管理/报表/库存账/现存量查询"项，系统弹出"查询条件选择—现存量查询"对话框。

(2) 设置查阅仓库。在对话框中，参照生成"仓库编码"为0020(原材料仓库)，然后单击"确定"按钮，系统打开"现存量查询"窗口，并列出原材料仓库的存货，其中塑料 10 千克，镜片树脂 1.5 千克，硅胶为 9 千克。

(3) 退出。单击"现存量查询"窗口的"退出"按钮，退出该窗口。

【仓管部职员赵林填制调拨申请单】

(1) 打开"调拨申请单"窗口。在"库存管理"子系统，依次单击"调拨业务/调拨申请单"项，系统打开"调拨申请单"窗口。

(2) 编辑调拨申请单。单击工具栏的"增加"按钮，新增一张调拨申请单，然后做如下编辑：

① 编辑表头。参照生成"转出部门"和"转入部门"为仓管部，"转出仓库"为原材料仓库，"转入仓库"为半成品仓库，"入库类别"为调拨入库，"出库类别"为调拨出库。

② 编辑表体。在第 1 行，参照生成"存货名称"为"塑料"，编辑"数量"为 10；第 2 行的"存货名称"为"镜片树脂"，"数量"为 1.5；第 3 行的"存货名称"为"硅胶"，"数量"为 9。

(3) 保存。单击工具栏的"保存"按钮，保存该单据，结果如图 6-9 所示。

(4) 退出。单击"调拨申请单"窗口右上角的"关闭"按钮，关闭该窗口。

【仓管部职员李东批复调拨申请单】

(1) 打开"调拨申请单"窗口。

(2) 查阅并批复调拨申请单。单击工具栏的"末张"按钮查阅相应的调拨申请单，然后单击工具栏的"批复"按钮，表体中"批复数量"栏自动填充为调拨"数量"栏的数字。

(3) 保存批复。单击"保存"按钮，完成批复工作。

(4) 退出。单击"调拨申请单"窗口右上角的"关闭"按钮，关闭该窗口。

调拨申请单

表体排序

合并显示

单据号 0000000001 日期 2017-04-11 转出部门 仓管部

转入部门 仓管部 转出仓库 原材料仓库 转入仓库 半成品仓库

入库类别 调拨入库 出库类别 调拨出库 申请人

审核日期 备注

	存货编码	存货名称	规格型号	主计量单位	批复数量	数量	单价	金额
1	12210	塑料		千克		10.00		
2	12220	镜片树脂		千克		1.50		
3	12310	硅胶		千克		9.00		
4								

图 6-9 调拨申请单

3. 场景二的操作步骤

视频网址：http://www.mdmuke.com/mdmk/mod/page/view.php?id=1309

任务说明：仓管部主管李莉审核调拨申请单。

(1) 打开“调拨申请单”窗口。

(2) 查阅并审核调拨申请单。单击工具栏的“末张”按钮查阅相应的调拨申请单，然后在需要审核的调拨申请单窗口中，单击工具栏的“审核”按钮，系统弹出信息框提示审核成功，单击“确定”按钮，完成审核工作。

(3) 退出。单击“调拨申请单”窗口右上角的“关闭”按钮，关闭该窗口。

4. 场景三的操作步骤

视频网址：http://www.mdmuke.com/mdmk/mod/page/view.php?id=1310

任务说明：仓管部职员赵林填制调拨单，主管李莉审核。

【仓管部职员赵林填制调拨单】

(1) 打开“调拨单”窗口。在“库存管理”子系统，依次单击“调拨业务/调拨单”项，系统打开“调拨单”窗口。

(2) 编辑调拨单。单击工具栏的“增加”按钮，新增一张调拨单，然后做如下操作：

① 打开“调拨申请单生单列表”窗口。单击工具栏的“生单/调拨申请单”命令，系统打开“查询条件选择—调拨申请单生单列表”对话框，单击对话框的“确定”按钮，系统打开“调拨申请单生单列表”窗口。

② 拷贝信息。在“调拨申请单生单列表”窗口的上窗格，双击要选择的调拨申请单所对应的“选择”栏，再单击工具栏的“确定”按钮，系统返回“调拨单”窗口，此时相关的信息已经有默认值。

(3) 保存。单击工具栏的“保存”按钮，保存该单据，结果如图 6-10 所示。

(4) 退出。单击“调拨单”窗口右上角的“关闭”按钮，关闭该窗口。

【仓管部主管李莉审核调拨单】

(1) 打开“调拨单”窗口。

(2) 查阅并审核调拨单。单击工具栏的“末张”按钮查阅相应的调拨单，然后单击工具栏的“审核”按钮，系统弹出信息框提示审核成功，单击“确定”按钮，完成审核工作。

调拨单

调拨单打印模版

表体排序

合并显示

单据号 0000000001　日期 2017-04-11　调拨申请单号 0000000001

转出部门 仓管部　转入部门 仓管部　转出仓库 原材料仓库

转入仓库 半成品仓库　出库类别 调拨出库　入库类别 调拨入库

经手人　审核日期 2017-04-11　备注

	存货编码	存货名称	规格型号	主计量单位	数量	单价	金额
1	12210	塑料		千克	10.00		
2	12220	镜片树脂		千克	1.50		
3	12310	硅胶		千克	9.00		

图 6-10　调拨单

（3）退出。单击“调拨单”窗口右上角的“关闭”按钮，关闭该窗口。

提示：审核调拨单时，系统将自动生成其他出库单（即调拨出库单）和其他入库单（即调拨入库单）。

5．场景四的操作步骤

视频网址：http://www.mdmuke.com/mdmk/mod/page/view.php?id=1311

任务说明：仓管部主管李莉审核调拨出、入库单，查询原材料仓库的存货单价并修改调拨出入库单上的存货单价。

【仓管部主管李莉审核调拨出库单】

（1）打开库存管理的“其他出库单”窗口。在“企业应用平台”的“业务工作”页签下，依次单击“供应链/库存管理/出库业务/其他出库单”项，系统打开“其他出库单”窗口。

（2）查阅并审核其他出库单。单击工具栏的“末张”按钮查阅相应的其他出库单，然后单击工具栏的“审核”按钮，系统弹出信息框提示审核成功，单击“确定”按钮，完成审核工作。

（3）退出。单击“其他出库单”窗口右上角的“关闭”按钮，关闭该窗口。

【仓管部主管李莉审核调拨入库单】

（1）打开库存管理的“其他入库单”窗口。在“库存管理”子系统，依次单击“入库业务/其他入库单”项，系统打开“其他入库单”窗口。

（2）查阅并审核其他入库单。单击工具栏的“末张”按钮查阅相应的其他入库单，然后单击工具栏的“审核”按钮，系统弹出信息框提示审核成功，单击“确定”按钮，完成审核工作。

（3）退出。单击“其他入库单”窗口右上角的“关闭”按钮，关闭并退出该窗口。

【仓管部主管李莉查询原材料仓库存货的库存单价】

（1）打开“明细账查询”窗口。在“企业应用平台”的“业务工作”页签下，依次单击“供应链/存货核算/账表/账簿/明细账”项，系统弹出“明细账查询”对话框。

（2）查阅原材料仓库的存货单价。在“明细账查询”对话框中，参照生成“仓库”为原材料仓库，“存货分类”为原材料，然后单击“确定”按钮，系统打开“明细账”窗口，依次参照生成“存货”为塑料、镜片树脂、硅胶，并记录其“结存”的“单价”（分别为 1000、6000 和 1600）。

（3）退出。单击“明细账”窗口右上角的“关闭”按钮，关闭该窗口。

【仓管部主管李莉修改调拨出库单上的存货单价】

（1）打开存货核算的“其他出库单”窗口。在“存货核算”子系统，依次单击“日常业务/

其他出库单”项，系统打开“其他出库单”窗口。

（2）修改其他出库单的存货单价。在“其他出库单”窗口中，查阅到本业务自动生成的其他出库单，然后单击工具栏的“修改”按钮，分别修改表体中 3 种存货的单价，然后单击工具栏的“保存”按钮，结果如图 6-11 所示。

蓝字　红字

其他出库单

其他出库单打印模版

表体排序

出库单号 0000000001　出库日期 2017-04-11　仓库 原材料仓库

出库类别 调拨出库　业务类型 调拨出库　业务号 0000000001

部门 仓管部　审核日期 2017-04-11　备注

	存货编码	存货名称	规格型号	主计量单位	数量	单价	金额
1	12210	塑料		千克	10.00	1000.00	10000.00
2	12220	镜片树脂		千克	1.50	6000.00	9000.00
3	12310	硅胶		千克	9.00	1600.00	14400.00

图 6-11　其他出库单

（3）退出。单击“其他出库单”窗口右上角的“关闭”按钮，关闭该窗口。

【仓管部主管李莉修改调拨入库单上的存货单价】

（1）打开存货核算的“其他入库单”窗口。在“存货核算”子系统，依次单击“日常业务/其他入库单”项，系统打开“其他入库单”窗口。

（2）修改其他入库单的存货单价。在“其他入库单”窗口中，查阅到本业务自动生成的其他入库单，然后单击工具栏的“修改”按钮，分别修改表体中 3 种存货的单价，然后单击工具栏的“保存”按钮。

（3）退出。单击“其他入库单”窗口右上角的“关闭”按钮，关闭并退出该窗口。

6. 场景五的操作步骤

视频网址：http://www.mdmuke.com/mdmk/mod/page/view.php?id=1312

任务说明：财务部会计张兰进行调拨出、入库单的记账与制单。

【财务部会计张兰进行调拨出、入库记账】

（1）打开“未记账单据一览表”窗口。在“企业应用平台”的“业务工作”页签下，依次单击“供应链/存货核算/业务核算/正常单据记账”项，系统弹出“查询条件选择”对话框，直接单击其“确定”按钮，系统打开“未记账单据一览表”窗口。

（2）调拨出、入库记账。在“未记账单据一览表”窗口中，单击工具栏的“全选”按钮选中本业务生成的出、入库单（共 6 行），然后单击工具栏的“记账”按钮，系统弹出信息框提示记账成功，单击“确定”按钮，完成记账工作。

（3）退出。单击“未记账单据一览表”窗口右上角的“关闭”按钮，退出当前窗口。

【财务部会计张兰生成调拨出、入库凭证】

（1）打开“生成凭证”窗口。在“存货核算”子系统，依次单击“财务核算/生成凭证”项，系统打开“生成凭证”窗口。

（2）打开“选择单据”窗口。单击工具栏的“选择”按钮，在系统弹出的“查询条件”对话框中，直接单击“确定”按钮，系统退出对话框并打开“选择单据”窗口。

(3) 选择调拨出、入库单在“选择单据”窗口中，选中本笔业务生成的调拨出、入库单(共2行)，然后单击工具栏的“确定”按钮，系统返回“生成凭证”窗口。

(4) 编辑存货凭证。具体的操作步骤如下：

① 编辑“其他出库单”的科目。分别编辑“其他出库单”的“科目类型”为“存货”、“科目名称”为塑料、镜片树脂和硅胶的相应“对方”的“科目编码”为140301(塑料)、140302(镜片树脂)和140303(硅胶)。

② 编辑“其他入库单”的科目。分别编辑“其他入库单”的“科目类型”为“存货”的、“科目名称”为塑料、镜片树脂和硅胶的相应“对方”的“科目编码”为140301(塑料)、140302(镜片树脂)和140303(硅胶)，结果如图6-12所示。

凭证类别 记 记账凭证

选择	单据类型	单据号	摘要	科目类型	科目编码	科目名称	借方金额	贷方金额	借方数量	贷方数量	科目方向	存货编码	存货名称
1	其他出库单	0000000001	其他...	对方	140301	塑料	10,000.00		10.00		1	12210	塑料
				存货	140301	塑料		10,000.00		10.00	2	12210	塑料
				对方	140302	镜片树脂	9,000.00		1.50		1	12220	镜片树脂
				存货	140302	镜片树脂		9,000.00		1.50	2	12220	镜片树脂
				对方	140303	硅胶	14,400.00		9.00		1	12310	硅胶
				存货	140303	硅胶		14,400.00		9.00	2	12310	硅胶
	其他入库单		其他...	存货	140301	塑料	10,000.00		10.00		1	12210	塑料
				对方	140301	塑料		10,000.00		10.00	2	12210	塑料
				存货	140302	镜片树脂	9,000.00		1.50		1	12220	镜片树脂
				对方	140302	镜片树脂		9,000.00		1.50	2	12220	镜片树脂
				存货	140303	硅胶	14,400.00		9.00		1	12310	硅胶
				对方	140303	硅胶		14,400.00		9.00	2	12310	硅胶
合计							66,800.00	66,800.00					

图 6-12 “生成凭证”设置结果图

(5) 生成凭证。单击工具栏的“生成”按钮，系统打开“填制凭证”窗口，默认生成了两张凭证(可参见图6-13)。

已生成

记 账 凭 证

记 字 0030 - 0001/0002 制单日期：2017.04.11 审核日期： 附单据数：1

摘 要	科目名称	借方金额	贷方金额
其他出库单	原材料/塑料	1000000	
其他出库单	原材料/镜片树脂	900000	
其他出库单	原材料/硅胶	1440000	
其他出库单	原材料/塑料		1000000
其他出库单	原材料/镜片树脂		900000
票号 日期	数量 10.00000千克 单价 1000.00000	合 计 3340000	3340000

备注 项 目 部 门

个 人 客 户

业务员

记账 审核 出纳 制单 张兰

图 6-13 调拨出库的存货凭证

(6) 保存。单击工具栏的“成批保存凭证”按钮，系统弹出信息“共有 2 张凭证保存成功”提示框，单击该提示框的“确定”按钮，系统返回“填制凭证”窗口，生成的其他出库单凭证如图 6-13 所示(其他入库单凭证与图 6-13 的内容一致，故没有截图)。

(7) 退出。单击“填制凭证”和“生成凭证”窗口右上角的“关闭”按钮，关闭窗口。

6.4 存货盘点工作

为了保证企业库存资产的安全和完整，做到账实相符，企业必须对存货进行定期或不定期的清查，查明存货盘盈、盘亏、损毁的数量以及造成的原因，并据以编制存货盘点报告表，按规定程序报有关部门审批。

盘盈盘亏简单讲就是实物与账面的差异。盘点实物存数或价值大于账面存数或价值，就是盘盈；盘点实物存数或价值小于账面存数或价值，就是盘亏。

对于存货的盘盈盘亏，应及时办理存货的账务手续，按盘盈盘亏存货的计划成本或估计成本调整存货账面数，记入“待处理流动资产损益”科目。具体的账务处理如下：

(1) 存货的盘盈。

借：存货(如库存商品、塑料、硅胶等)。

贷：待处理流动资产损益。

(2) 存货的盘亏。

① 对于盘亏的存货，根据“存货盘存报告单”所列金额，做如下处理：

借：待处理流动资产损益。

贷：存货(如库存商品、塑料、硅胶等)。

② 对于购进的存货，因发生非正常损失引起的存货盘亏，做如下处理：

借：待处理流动资产损益。

贷：存货(如库存商品、塑料、硅胶等)，应交税费/应交增值税/进项税额转出。

经查明原因和有关部门批准后，盘盈的存货应冲减当期的管理费用；盘亏的存货，在减去过失人或者保险公司等赔款和残料价值之后，属于正常损失的，计入当期管理费用；属于非常损失的，计入营业外支出。本业务相关的账务处理流程请参阅 11.4 节。

6.4.1 业务概述与分析

4 月 11 日，仓管部对各个仓库进行盘点，发现刚刚调拨入半成品仓库的塑料比账面多了 0.5 公斤，成本单价为 1000 元，合计为 500 元；产成品仓库的亮康眼镜比账面少了 5 副，成本单价为 160 元，合计为 800 元。盘盈盘亏的原因待查。

本笔业务是盘点业务，需要填制并审核盘点单，审核因盘盈盘亏系统自动生成的其他入库单和其他出库单，盘盈盘亏存货的记账与生成凭证。

6.4.2 虚拟业务场景

人物：赵林——仓管部职员。

李莉——仓管部主管。

张兰——财务部会计。

场景一：仓管部进行盘点单的填制、审核，以及其他出、入库单的审核。

赵林：李总你好，我对各仓库进行了盘点。刚调拨入半成品仓库的塑料盘盈 0.5 公斤，产成品仓库盘亏亮康眼镜 5 副。盘点单我已经填制完毕，请您审核。

李莉：好的，我马上审核盘点单和相应的出、入库单。

场景二：财务部进行成本确认。

赵林：张兰你好，我是仓管部的赵林，我们对仓库进行了盘点，有盘盈盘亏的情况，领导已经审批通过，但原因待查，请你做一下账务处理。

张兰：好的，我马上做。

6.4.3 操作指导

1. 操作流程

图 6-14 是本业务的操作流程。

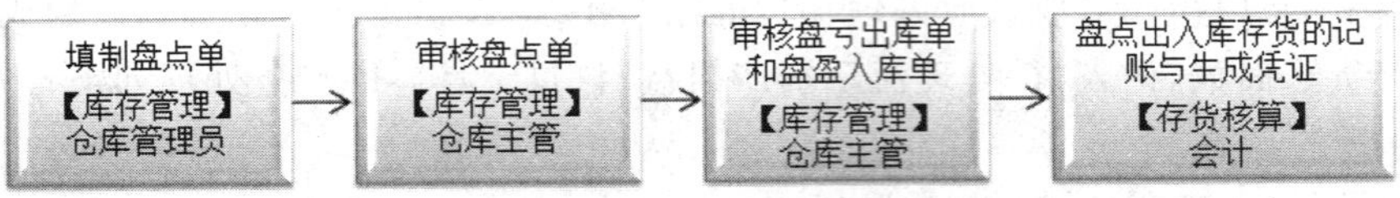

图 6-14 本业务的操作流程

请确认系统日期和业务日期为 2017 年 4 月 11 日。

2. 场景一的操作步骤

视频网址：http://www.mdmuke.com/mdmk/mod/page/view.php?id=1313

任务说明：仓管部职员赵林填制盘点单，仓管部主管李莉审核盘点单以及盘盈盘亏生成的其他入库单和出库单。

【仓管部职员赵林填制盘点单】

(1) 打开"盘点单"窗口。在"企业应用平台"的"业务工作"页签下，依次单击"供应链/库存管理/盘点业务"项，系统打开"盘点单"窗口。

(2) 编辑并保存大运公司仓库的盘点单。单击工具栏的"增加"按钮，新增一张盘点单，编辑的操作步骤如下：

① 表头编辑。参照生成表头的"盘点仓库"为"半成品仓库"，"出库类别"为"盘亏出库"，"入库类别"为"盘盈入库"，"部门"为"仓管部"。

② 盘库。单击工具栏的"盘库"按钮，此时系统弹出"盘库将删除未保存的所有记录，是否继续？"信息提示框，单击"是"按钮，系统弹出"盘点处理"对话框，确认"盘点方式"为"按仓库盘点"，然后单击"确认"按钮，返回"盘点单"窗口。

③ 编辑表体。编辑"塑料"的"单价"为 1000，实际的"盘点数量"为账面数量加 0.5(即 10.5)。

④ 保存。单击工具栏的"保存"按钮，保存该盘点单，其结果如图 6-15 所示。

(3) 编辑并保存产成品仓库的盘点单。单击工具栏的"增加"按钮，再新增一张盘点单，编辑的操作步骤如下：

① 编辑表头。参照生成表头的"盘点仓库"为"产成品仓库"，"出库类别"为"盘亏出

图 6-15　大运仓库的盘点单

库”,“入库类别”为“盘盈入库”,“部门”为“仓管部”。

② 盘库。单击工具栏的“盘库”按钮,此时系统弹出“盘库将删除未保存的所有记录,是否继续?”信息提示框,单击“是”按钮,系统弹出“盘点处理”对话框,确认“盘点方式”为“按仓库盘点”,然后单击“确认”按钮,返回“盘点单”窗口。

③ 编辑表体。编辑“亮康眼镜”的“单价”为 160,实际的“盘点数量”为账面数量减 5(即 20395)。

④ 保存。单击工具栏的“保存”按钮,保存该盘点单,其结果如图 6-16 所示。

图 6-16　产成品仓库的盘点单

(4) 退出。单击“盘点单”窗口右上角的“关闭”按钮,关闭该窗口。

【仓管部主管李莉审核盘点单】

(1) 打开“盘点单”窗口。

(2) 查阅并审核盘点单。单击工具栏的“末张”和“上张”按钮查阅相应的盘点单,然后在需要审核的盘点单窗口中(本业务有两笔盘点单),单击工具栏的“审核”按钮,系统弹出信息框提示审核成功,单击“确定”按钮,完成审核工作,系统自动生成盘盈入库单和盘亏出库单,结果可参见图 6-17、图 6-18 所示。

(3) 退出。单击“盘点单”窗口右上角的“关闭”按钮,关闭该窗口。

【仓管部主管李莉审核盘盈入库单】

(1) 打开库存管理的“其他入库单”窗口。在“企业应用平台”的“业务工作”页签下,依次单击“供应链/库存管理/入库业务/其他入库单”项,系统打开“其他入库单”窗口。

(2) 查阅并审核其他入库单。单击工具栏的“末张”按钮查阅到本业务的其他入库单,然后单击工具栏的“审核”按钮,系统弹出信息框提示审核成功,单击“确定”按钮,完成审核工作,结果如图 6-17 所示。

其他入库单

其他入库单打印

表体排序 | ◉ 蓝字 ◉ 红字 | 合并显示 □

入库单号 0000000005　入库日期 2017-04-11　仓库 半成品仓库

入库类别 盘盈入库　业务类型 盘盈入库　业务号 0000000002

部门 仓管部　审核日期 2017-04-11　备注

	存货编码	存货名称	规格型号	主计量单位	数量	单价	金额
1	12210	塑料		千克	0.50	1000.00	500.00

图 6-17　盘盈入库单

(3) 退出。单击“其他入库单”窗口右上角的“关闭”按钮,关闭该窗口。

【仓管部主管李莉审核盘亏出库单】

(1) 打开库存管理的“其他出库单”窗口。在“库存管理”子系统,依次单击“出库业务/其他出库单”项,系统打开“其他出库单”窗口。

(2) 查阅并审核其他出库单。单击工具栏的“末张”按钮查阅到本业务的其他出库单,然后单击工具栏的“审核”按钮,系统弹出信息框提示审核成功,单击“确定”按钮,完成审核工作,结果如图 6-18 所示。

其他出库单

其他出库单打印

表体排序 | ◉ 蓝字 ◉ 红字 | 合并显示 □

出库单号 0000000004　出库日期 2017-04-11　仓库 产成品仓库

出库类别 盘亏出库　业务类型 盘亏出库　业务号 0000000003

部门 仓管部　审核日期 2017-04-11　备注

	存货编码	存货名称	规格型号	主计量单位	数量	单价	金额
1	10000	亮康眼镜		副	5.00	160.00	800.00

图 6-18　盘亏出库单

(3) 退出。单击“其他出库单”窗口右上角的“关闭”按钮,关闭该窗口。

3. 场景二的操作步骤

视频网址:http://www.mdmuke.com/mdmk/mod/page/view.php?id=1314

任务说明:财务部会计张兰进行盘点出、入库单的记账与制单。

【财务部会计张兰进行盘点出、入库记账】

(1) 打开“未记账单据一览表”窗口。在“企业应用平台”的“业务工作”页签下,依次单击“供应链/存货核算/业务核算/正常单据记账”项,系统弹出“查询条件选择”对话框,直接单击其“确定”按钮,系统打开“未记账单据一览表”窗口。

(2) 盘点出、入库记账。在“未记账单据一览表”窗口中,选中本业务生成的出、入库单,然后单击工具栏的“记账”按钮,系统弹出信息框提示记账成功,单击“确定”按钮,完成记账工作。

(3) 退出。单击“未记账单据一览表”窗口右上角的“关闭”按钮,退出当前窗口。

【财务部会计张兰生成盘点出、入库凭证】

(1) 打开“生成凭证”窗口。在“存货核算”子系统,依次单击“财务核算/生成凭证”项,系统打开“生成凭证”窗口。

(2) 打开“选择单据”窗口。单击工具栏的“选择”按钮，在系统弹出的“查询条件”对话框中，直接单击“确定”按钮，系统退出对话框并打开“选择单据”窗口。

(3) 选择盘点出入库单。在“选择单据”窗口中，选中本笔业务生成的盘点出入库单，然后单击工具栏的“确定”按钮，系统返回“生成凭证”窗口。

(4) 生成并保存盘盈入库和盘亏出库的存货凭证。单击工具栏的“生成”按钮，系统打开“填制凭证”窗口，并默认生成了两张凭证(可参见图 6-19 和图 6-20)，在此需要修改盘亏商品的辅助核算项目，具体的操作步骤如下：

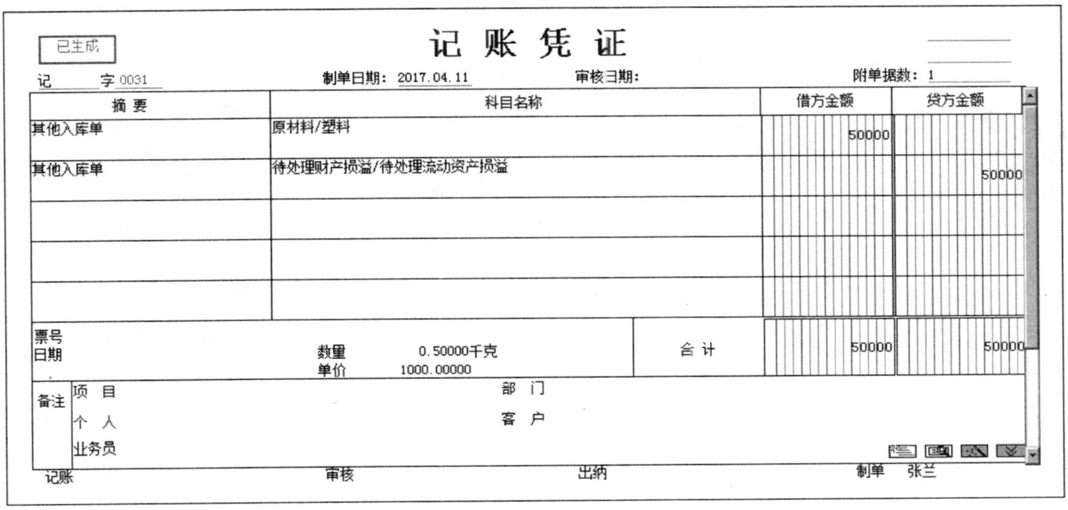

图 6-19　盘盈入库的存货凭证

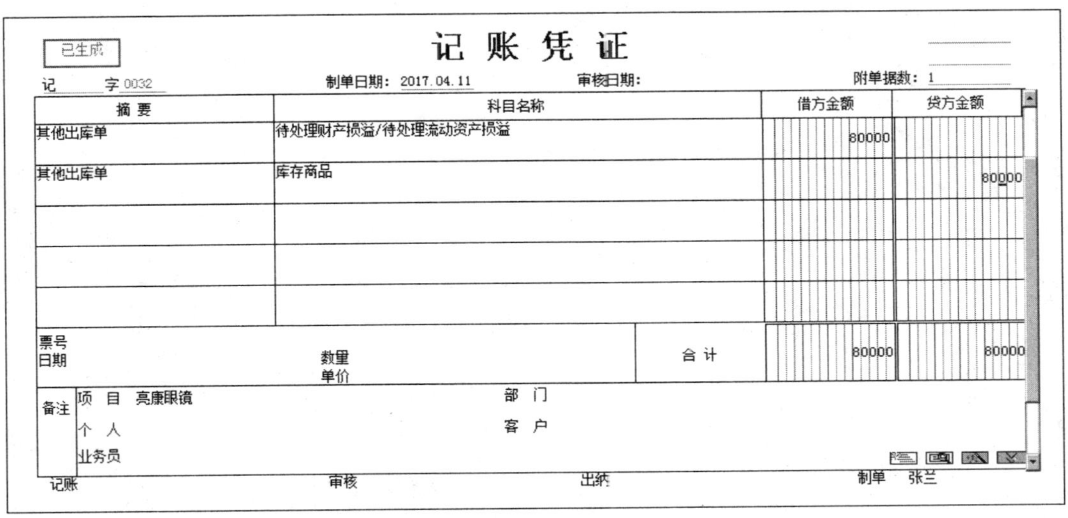

图 6-20　盘亏出库的存货凭证

① 保存盘盈入库凭证。在盘盈入库的存货凭证上，单击工具栏的“保存”按钮，以保存该凭证，操作结果如图 6-19 所示。

② 编辑盘亏出库凭证。单击工具栏的“下张凭证”按钮，查找到下一张凭证(盘亏出库

的存货凭证)，将该凭证的"库存商品"分录的"项目"设置为亮康眼镜(操作：单击"库存商品"科目所在栏，然后将鼠标移至"项目"区域，待鼠标显示为"笔尖"图标时双击，系统将打开"辅助项"对话框，参照生成"项目名称"为亮康眼镜，然后单击"确定"按钮返回"填制凭证"窗口)。

③ 保存盘亏出库凭证。单击工具栏的"保存"按钮，结果如图 6-20 所示。

(5) 退出。单击"填制凭证"和"生成凭证"窗口右上角的"关闭"按钮，关闭窗口。

第 7 章　销售与应收业务

销售是企业生产经营成果的实现过程，是企业经营活动的中心。用友 ERP-U8 的销售管理提供了报价、订货、发货、开票的完整销售流程管理，支持普通销售、委托代销、分期收款、直运、零售等多种类型的销售业务，以及销售退货等逆向业务；可以进行现结业务、代垫费用、销售支出的业务处理；可以制定销售计划，对价格和信用进行实时监控。

用友 ERP-U8 的销售管理可实现一次销售全部发货（详见 7.2 节和 7.3 节）以及一次销售分批发货（详见 7.1 节）。

普通销售又可分为先发货后开票业务和开票直接发货业务。先发货后开票业务是指根据销售订单或其他销售合同向客户先发出货物，然后根据发货单开票的业务。发货单作为仓库出货及填制销售发票的依据，可以对应企业的专用票据，如销售小票、提货单、发送单等。相关的业务描述和操作流程详见 7.1 节和 7.2 节。

开票直接发货业务是指根据销售订单或其他销售合同向客户开具销售发票，客户根据发票到指定仓库提货。一般流程是：销售部门根据销售订单生成销售发票，客户或送货人依据销售发票中的某联到仓库提货。在实际业务中，仓库依据销售发票中某联作为出货依据，但用友 ERP-U8 系统会自动生成销售发货单，并根据系统参数的设置自动或手工生成销售出库单。相关的业务描述和操作流程详见 7.3 节。

分期收款业务是指货物提前发给客户，分期收回货款，其特点是：一次发货，当时不确认收入，分次确认收入，在确认收入的同时配比性地结转成本。相关的业务描述和操作流程详见 7.4 节。

委托代销业务指企业将商品委托他人进行销售，但商品所有权仍归本企业的销售方式。委托代销商品销售后，受托方与企业进行结算，并开具正式的销售发票，形成销售收入，商品所有权转移。相关的业务描述和操作流程详见 7.5 节。委托代销业务只能先发货后开票，不能开票直接发货。

销售退货业务是指客户因货物质量、品种、数量等不符合要求而将已购货物退回本企业的业务。相关的业务描述和操作流程详见 7.7 节。

直运业务是指产品无须入库即可完成购销业务，由供应商直接将商品发给企业的客户；结算时，由购销双方分别与企业结算。直运业务包括直运销售业务和直运采购业务，没有实物的出入库，货物流向是直接从供应商到客户，财务结算通过直运销售发票、直运采购发票处理。相关的业务描述和操作流程详见 7.9 节。

零售业务指企业用户将商品销售给零售客户的销售业务，本系统通过零售日报的方式接收用户的零售业务原始数据。相关的业务描述和操作流程详见本教程的 7.10 节。

售后回购交易是一种特殊形式的销售业务，它是指卖方在销售商品的同时，与购货方签订合同，规定日后按照合同条款（如回购价格等内容），将售出的商品又重新买回的一种交易方式。相关的业务描述和操作流程详见 7.8 节和 7.12 节。

对外捐赠是企业非日常或非固定产生的经济利益的流出，相关的业务描述和操作流程详见 7.11 节。

本章的操作请按照业务描述中的系统日期(如 4 月 11 日)和操作员(如销售部主管赵飞),在第 6 章完成的基础上,在销售管理、库存管理、存货核算和应收款管理系统中进行。

如果没有完成第 6 章的库存业务的操作,可以到百度云盘空间(云盘地址: http://pan.baidu.com/s/1i5iB4aT,访问密码: dq38)的"实验账套数据"文件夹中,将"06 库存存货.rar"下载到实验用机上,然后引入(操作步骤详见 1.3.5 节)到 ERP-U8 系统中。此外,本章完成的账套,其输出的压缩文件名为"07 销售应收.rar"。

需要注意的是,因云盘中的账套备份文件均为压缩文件,所以下载完成后,在引入之前,需要用解压缩工具进行解压(建议用 WinRAR 3.42 或以上版本),得到相应可以引入的账套数据文件。

本章的所有业务实验操作都有配套的微视频,可以通过扫描二维码或者到指定的网页去观看。本教程配套的微视频均存放在北京神州明灯教育科技有限公司和合一集团的网站上,相应的访问说明请参见云盘中的"微视频访问说明.doc"。

7.1 先发货后开票(分批发货和全额收款)

普通销售业务根据"发货一开票"的实际业务流程不同,可以分为两种业务模式,即先发货后开票模式和开票直接发货模式。系统处理两种业务模式的流程不同,但允许两种模式并存。系统判断两种模式的最本质区别是先录入发货单还是先录入发票。

先发货后开票模式是先录入发货单,再根据发货单开票。

7.1.1 业务概述与分析

4 月 11 日,销售批发部夏于与雪亮公司签订销售合同(合同编号为 XS001,原始单据可参见图 7-1),出售女士高端太阳镜 900 副,无税单价 360 元,增值税 17%。合同约定当日发货 600 副,开具全额增值税发票(数量 900,票号为 81306401,原始单据可参见图 7-2),价税合计 379 080 元;剩下 300 副 12 日发货。

4 月 12 日,完成剩下 300 副眼镜的发货和出库,并收到用转账支票(票号 22586710)转入的全额货款(银行进账单可参见图 7-3)。

本业务是一次销售分批发货的先发货后开票业务,11 日需要填制并审核销售订单和发货单(600 副),审核出库单,填制并复核销售发票(900 副),进行应收确认与销售成本结转;12 日需要填制并审核发货单(300 副),审核出库单,填制收款单,进行收款单的审核与制单以及应收核销。

7.1.2 虚拟业务场景

人物:赵飞——销售部主管。
夏于——批发部职员。
张兰——财务部会计。
曾志伟——财务部主管。

购 销 合 同

合同编号：XS001

卖方：北京亮康眼镜有限公司

买方：上海雪亮眼镜公司

为保护买卖双方的合法权益，买卖双方根据《中华人民共和国合同法》的有关规定，经友好协商，一致同意签订本合同，共同遵守。

一、货物的名称、数量及金额

货物的名称	规格型号	计量单位	数量	单　价（不含税）	金　额（不含税）	税率	价税合计
女士高端太阳镜		副	900	360.00	324000.00	17%	379080.00
合计					￥324000.00		￥379080.00

六、合同总金额：人民币叁拾柒万玖仟零捌拾元整（￥379080.00）。

七、付款时间及付款方式：

付款时间：签订合同之日，买方向卖方支付全部货款，即人民币叁拾柒万玖仟零捌拾元整（￥379080.00）。

付款结算方式：转账支票

四、时间与地点：交货时间为 2017 年 4 月 11 日、2017 年 4 月 12 日，交货地点：上海雪亮眼镜公司

五、发运方式与运输费用承担方式：4 月 11 日发货 600 副，4 月 12 号发货 300 副，运输费用由买方承担。

卖　　方：北京亮康眼镜有限公司　　　　买　　方：上海雪亮眼镜公司

授权代表：夏于　　　　授权代表：王强

日期：2017 年 4 月 11 日　　　　日期：2017 年 4 月 11 日

图 7-1　XS001 合同的单据

北京增值税专用发票

1100163320　　　　No 81306401

此联不作报销、扣税凭证使用　　　　开票日期：2017 年 4 月 11 日

税总函[2016]362号北京市印钞有限公司

购买方	名　　称：上海雪亮眼镜公司 纳税人识别号：310104712121774 地 址、电 话：上海徐汇天平路8号 开户行及账号：中国工商银行上海市徐汇支行 1102020526782987138				密码区		
货物或应税劳务名称	规格型号	单位	数量	单价	金额	税率	税额
女士高端太阳镜		副	900	360.00	324000.00	17%	55080.00
合　计					￥324000.00		￥55080.00
价税合计（大写）	⊗ 叁拾柒万玖仟零捌拾元整					（小写）￥379080.00	
销售方	名　　称：北京亮康眼镜有限公司 纳税人识别号：1101082121202 地 址、电 话：北京市昌平区昌平路 78 号，电话：010-60228226 开户行及账号：中国工商银行北京市昌平支行 1102020526782987908				备注		

第一联：记账联　销货方记账凭证

收款人：（略）　　复核：（略）　　开票人：（略）　　销售方：（章）

图 7-2　本业务的发票

中国工商银行进账单（收账通知）

2017年4月12日

付款人	全称	上海雪亮眼镜公司	收款人	全称	北京亮康眼镜有限公司
	账号	1102020526782987158		账号	1102020526782987908
	开户银行	中国工商银行上海市徐汇支行		开户银行	中国工商银行北京市昌平支行

金额	人民币（大写）叁拾柒万玖仟零捌拾元整	亿	千	百	十	万	千	百	十	元	角	分
				¥	3	7	9	0	8	0	0	0

票据种类	转账支票	票据张数	1
票据号码	22586710		
复　核（略）	记账（略）	中国工商银行北京昌平支行 2017.04.12 转讫	收款人开户银行盖章

此联是收款人开户银行交给收款人的收账通知

图7-3　本业务的银行进账单

王强——雪亮公司采购部采购员。

场景一：销售部职员与雪亮公司签订销售合同，批发部填制与审核销售订单。

（雪亮公司采购部打来电话。）

王强：您好！请问是亮康公司吗？

夏于：对，请问您是？

王强：我是雪亮公司的采购员王强。

夏于：王先生您好！

王强：我们想采购900副女士高端太阳镜，你们公司的价格和质量怎么样？

夏于：眼镜质量绝对可以保证，价钱每副360元。

王强：那好的，我们签过合同之后就先发600副，剩下300副明天发货可以吗？

夏于：（查询现存量之后）好的，没问题。

（夏于填制销售订单完成。）

夏于：赵总，请您审核一下今天和雪亮公司签订的销售订单。

赵飞：好的。（审核完成。）小夏，你再把销售发货单填一下吧，辛苦了。

场景二：销售部参照销售订单填制并审核发货单。

（夏于参照销售订单生成了600副眼镜的发货单。）

夏于：赵总，我已经填好雪亮公司的第一批眼镜的发货单，请您审核一下。

赵飞：好的。（审核完成，系统自动生成出库单。）

场景三：销售部通知仓管部发货，仓管部审核出库单。

夏于：喂，您好，是仓管部吗？

李莉：您好，是仓管部。

夏于：雪亮公司订购的眼镜需要今天发出第一批，我们已经填制审核发货单了，请你安排出库。

李莉：好的，我马上处理。

（仓管部出库完成后，李莉审核出库单。）

场景四：销售部职员夏于填制销售专用发票，主管赵飞复核。

(夏于填制销售专用发票。)

夏于：赵总，我已经参照生成了销售发票，请您复核。

赵飞：好的。(复核完毕。)

场景五：财务部进行应收确认和第一批发货的成本结转。

赵飞：小张，今天有一笔销售给雪亮公司眼镜的业务，麻烦进行一下应收确认和销售成本结转。

张兰：好的，没问题。

(张兰审核销售发票并制单。)

(张兰进行销售成本结转。)

场景六：销售部和仓管部完成第二批发货。

(12 日，夏于参照销售订单生成了 300 副眼镜的发货单。)

(赵飞在 ERP 系统中审核夏于刚刚完成的 300 副眼镜的发货单。)

(仓管部根据发货单完成出库后，李莉审核出库单。)

场景七：财务部收到银行进账单，填制收款单，进行收款单审核、制单以及应收核销。

曾志伟：罗迪，XS001 业务的银行进账单到了，你做个收款单吧。

罗迪：好的。(填制收款单完成。)

罗迪：张兰，我已经填制好了一张收款单，请您审核制单。

张兰：好的。(收款单审核、制单，应收核销。)

7.1.3 操作指导

1. 操作流程

图 7-4 是本业务的操作流程。

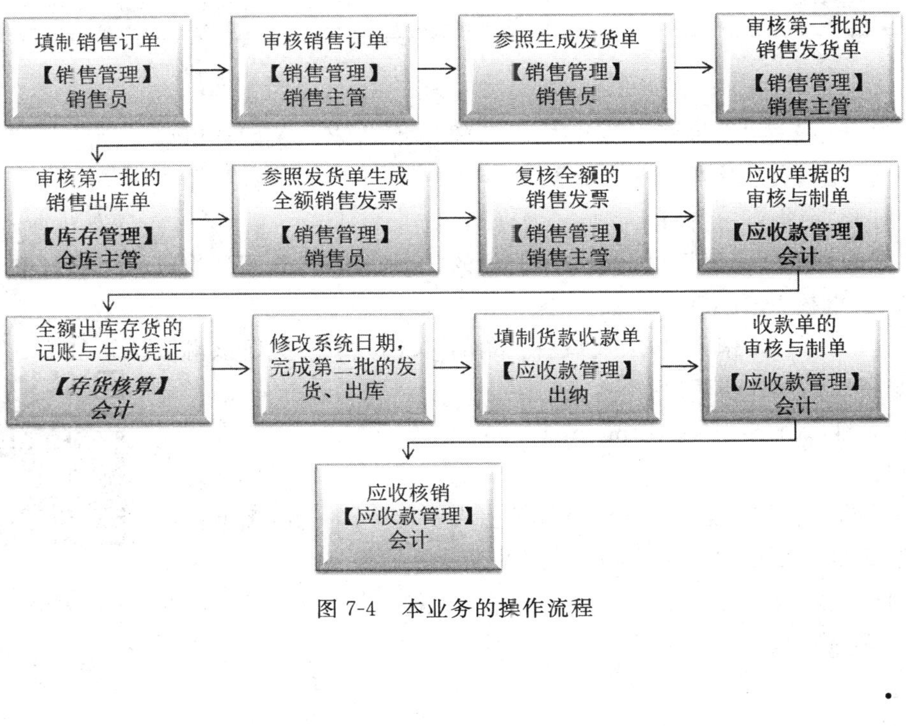

图 7-4 本业务的操作流程

请确认系统日期和业务日期为 2017 年 4 月 11 日。

2. 场景一的操作步骤

视频网址：http://www.mdmuke.com/mdmk/mod/page/view.php?id=1315

任务说明：销售部职员夏于填制销售订单，主管赵飞审核。

（1）打开"销售订单"窗口。在"企业应用平台"的"业务工作"页签中，依次单击"供应链/销售管理/销售订货/销售订单"项，系统打开"销售订单"窗口。

（2）编辑销售订单。先单击工具栏的"增加"按钮，新增一张销售订单，然后做如下编辑：

① 编辑表头。修改"订单号"为 XS001，确认"业务类型"为"普通销售"，"销售类型"为"批发销售"，参照生成"客户简称"为"雪亮公司"，"销售部门"为"批发部"，"业务员"为"夏于"，"备注"为"销售女士高端 900 副分批发货"，其他项默认。

② 编辑表体的两条记录。参照生成"存货名称"为"女士高端太阳镜"，第一行"数量"为 600，修改或确认"无税单价"为 360，确认"预发货日期"为当日；第二行"数量"为 300，"无税单价"为 360，"预发货日期"为 4 月 12 日。

（3）保存。单击工具栏的"保存"按钮，保存该单据，结果如图 7-5 所示。

销售订单

打印模版 销售订单打印模版

表体排序

合并显示 □

订单号 XS001　订单日期 2017-04-11　业务类型 普通销售

销售类型 批发销售　客户简称 雪亮公司　付款条件

销售部门 批发部　业务员 夏于　税率 17.00

币种 人民币　汇率 1　定金原币金额　备注 销售女士高端900副分批发货

	存货编码	存货名称	规格型号	主计量	数量	报价	含税单价	无税单价	无税金额	税额	价税合计	税率（%）	折扣额	扣率（%）	扣率2（%）	预发货日期
1	00002	女士高端太…		副	600.00	360.00	421.20	360.00	216000.00	36720.00	252720.00	17.00	0.00	100.00	100.00	2017-04-11
2	00002	女士高端太…		副	300.00	360.00	421.20	360.00	108000.00	18360.00	126360.00	17.00	0.00	100.00	100.00	2017-04-12

图 7-5　销售订单

（4）退出。单击"销售订单"窗口右上角的"关闭"按钮，关闭该窗口。

【销售部主管赵飞审核销售订单】

（1）打开"销售订单"窗口。

（2）查阅并审核销售订单。单击工具栏的"上张"按钮，查阅到相应的销售订单，然后单击工具栏的"审核"按钮，完成审核工作。

（3）退出。单击"销售订单"窗口右上角的"关闭"按钮，关闭该窗口。

3. 场景二的操作步骤

视频网址：http://www.mdmuke.com/mdmk/mod/page/view.php?id=1316

任务说明：销售部夏于参照销售订单生成发货单，主管赵飞审核。

【批发部职员夏于参照生成第一批的发货单】

（1）打开"发货单"窗口。在"销售管理"子系统，依次单击"销售发货/发货单"项，系统打开"发货单"窗口。

(2) 参照销售订单生成发货单。

① 打开“参照生单”窗口。单击工具栏的“增加”按钮，系统弹出“查询条件选择—参照订单”对话框，直接单击对话框的“确定”按钮，系统打开“参照生单”窗口。

② 复制信息。在“参照生单”窗口的上窗格中，双击要选择的销售订单(订单编号为XS001)所对应的“选择”栏，使其出现 Y 字样，然后在其下窗格双击第二行记录的“选择”栏以取消默认的选择，再单击工具栏的“确定”按钮，系统返回“发货单”窗口，此时相关的信息已经有默认值，保持数据不变。

(3) 保存。单击工具栏的“保存”按钮，保存该发货单，结果如图 7-6 所示。

发货单

打印模版 发货单打

表体排序

合并显示

发货单号 0000000001　　发货日期 2017-04-11　　业务类型 普通销售

销售类型 批发销售　　订单号 XS001　　发票号

客户简称 雪亮公司　　销售部门 批发部　　业务员 夏于

发货地址　　发运方式　　付款条件

税率 17.00　　币种 人民币　　汇率 1

备注 销售女士高端900副分批发货

	存货编码	存货名称	规格型号	主计量	数量	报价	含税单价	无税单价	无税金额	税额	价税合计	税率(%)	折扣额
1	00002	女士高端太阳镜		副	600.00	360.00	421.20	360.00	216000.00	36720.00	252720.00	17.00	0.00

图 7-6　发货单

(4) 退出。单击“发货单”窗口右上角的“关闭”按钮，关闭该窗口。

【销售部主管赵飞审核发货单】

(1) 打开“发货单”窗口。

(2) 查阅并审核发货单。单击工具栏的“上张”按钮，查阅到相应的发货单，然后单击工具栏的“审核”按钮，完成审核工作(根据本公司的账套初始设置，系统将自动生成销售出库单)。

(3) 退出。单击“发货单”窗口右上角的“关闭”按钮，关闭该窗口。

4. 场景三的操作步骤

视频网址：http://www.mdmuke.com/mdmk/mod/page/view.php?id=1317

任务说明：仓管部完成第一批的发货，仓管部主管李莉审核第一批的出库单。

(1) 打开“销售出库单”窗口。在“库存管理”子系统，依次单击“出库业务/销售出库单”项，系统打开“销售出库单”窗口。

(2) 查阅并审核销售出库单。单击工具栏的“末张”按钮，查阅到相应的销售出库单，然后单击工具栏的“审核”按钮，系统弹出信息框提示审核成功，单击“确定”按钮，完成审核工作。

(3) 退出。单击“销售出库单”窗口右上角的“关闭”按钮，关闭该窗口。

5. 场景四的操作步骤

视频网址：http://www.mdmuke.com/mdmk/mod/page/view.php?id=1318

任务说明：销售批发部职员夏于参照第一批的发货单生成金额销售专用发票，主管赵飞复核发票。

【批发部职员夏于参照生成销售专用发票】

（1）打开“销售专用发票”窗口。在“销售管理”子系统，依次单击“销售开票/销售专用发票”项，系统打开“销售专用发票”窗口。

（2）参照发货单生成销售专用发票。单击工具栏的“增加”按钮，系统弹出“查询条件选择—发票参照发货单”对话框，直接单击“确定”按钮系统打开“参照生单”窗口，在该窗口的上窗格中，选中相应的发货单，再单击工具栏的“确定”按钮，返回“销售专用发票”窗口。

（3）编辑并保存销售专用发票。在“销售专用发票”窗口中，编辑表头的“发票号”为81306401，表体的“数量”为900，然后单击工具栏的“保存”按钮，结果如图7-7所示。

销售专用发票

打印模版 销售专用发票打

表体排序

合并显示 □

发票号 81306401　开票日期 2017-04-11　业务类型 普通销售

销售类型 批发销售　订单号 XS001　发货单号 0000000001

客户简称 雪亮公司　销售部门 批发部　业务员 夏于

付款条件　客户地址 上海徐汇天平路8号　联系电话 021-84658236

开户银行 工行徐汇支行　账号 110202052678298 7158　税号 310104712121774

币种 人民币　汇率 1　税率 17.00

备注 销售女士高端900副分批发货

	仓库名称	存货编码	存货名称	规格型号	主计量	数量	报价	含税单价	无税单价	无税金额	税额	价税合计	税率(%)	折扣额
1	大运仓库	00002	女士高端太阳镜		副	900.00	360.00	421.20	360.00	324000.00	55080.00	379080.00	17.00	0.00

图 7-7　销售专用发票

（4）退出。单击“销售专用发票”窗口右上角的“关闭”按钮，关闭该窗口。

【销售部主管赵飞复核销售专用发票】

（1）打开“销售专用发票”窗口。

（2）查阅并复核销售专用发票。单击工具栏的“上张”按钮，查阅到相应的销售专用发票，然后单击工具栏的“复核”按钮，完成复核工作。

（3）退出。单击“销售专用发票”窗口右上角的“关闭”按钮，关闭该窗口。

6. 场景五的操作步骤

视频网址：http://www.mdmuke.com/mdmk/mod/page/view.php?id=1319

任务说明：财务部会计张兰进行应收确认和销售成本结转。

【财务部会计张兰进行应收单据审核与制单】

（1）打开应收“单据处理”窗口。在“企业应用平台”的“业务工作”页签下，依次单击“财务会计/应收款管理/应收单据处理/应收单据审核”项，系统弹出“应收单查询条件”对话框，直接单击“确定”按钮，系统打开应收“单据处理”窗口。

（2）查询发票。在应收“单据处理”窗口中，系统已列出本业务的销售专用发票，双击发票所在的行，系统打开“销售发票”窗口，默认显示本业务生成的销售专用发票。

（3）审核并制单。单击工具栏的“审核”按钮，系统完成审核并弹出信息提示框，询问“是否立即制单?”单击“是”按钮，系统退出信息提示框并打开“填制凭证”窗口，并默认显示凭证的信息（借记：应收账款，贷记：主营业务收入、销项税额）。

（4）编辑凭证。设置“主营业务收入”科目的辅助项的“项目名称”为“女士高端”：单击“主营业务收入”科目所在栏，然后将鼠标移至“项目”区域，待鼠标显示为笔尖图标时双击，系统将打开“辅助项”对话框，参照生成“项目名称”为“女士高端”，然后单击“确定”按钮返回“填制凭证”窗口。

（5）保存。单击工具栏的“保存”按钮，保存该单据，结果如图 7-8 所示。

图 7-8　销售发票制单结果

（6）退出。单击“填制凭证”“销售发票”和“单据处理”窗口右上角的“关闭”按钮，关闭窗口。

【财务部会计张兰进行销售出库记账】

（1）打开“未记账单据一览表”窗口。在“企业应用平台”的“业务工作”页签下，依次单击“供应链/存货核算/业务核算/正常单据记账”项，系统弹出“查询条件选择”对话框，直接单击该对话框的“确定”按钮，系统打开“未记账单据一览表”窗口。

（2）销售出库记账。在“未记账单据一览表”窗口中，选中本业务生成的销售发票，然后单击工具栏的“记账”按钮，系统弹出信息框提示记账成功，单击“确定”按钮，完成记账工作。

（3）退出。单击“未记账单据一览表”窗口右上角的“关闭”按钮，退出当前窗口。

【财务部会计张兰进行销售出库制单】

（1）打开“生成凭证”窗口。在“存货核算”子系统，依次单击“财务核算/生成凭证”项，系统打开“生成凭证”窗口。

（2）打开“选择单据”窗口。单击工具栏的“选择”按钮，在系统弹出的“查询条件”对话框中，直接单击“确定”按钮，系统退出对话框并打开“选择单据”窗口。

（3）生成存货凭证。

① 选择销售发票。在“选择单据”窗口中，选中本业务生成的销售发票，然后单击工具栏的“确定”按钮，系统返回“生成凭证”窗口。

② 生成并保存凭证。单击工具栏的“生成”按钮，系统打开“填制凭证”窗口，并默认显

示了本业务的存货相关信息(借记：主营业务成本，贷记：库存商品)。

(4) 编辑存货凭证。在“填制凭证”窗口中，修改“主营业务成本”和“库存商品”的辅助项的项目名称为“女士高端”，其他项默认。

(5) 保存。单击工具栏的“保存”按钮，保存该凭证，结果如图 7-9 所示。

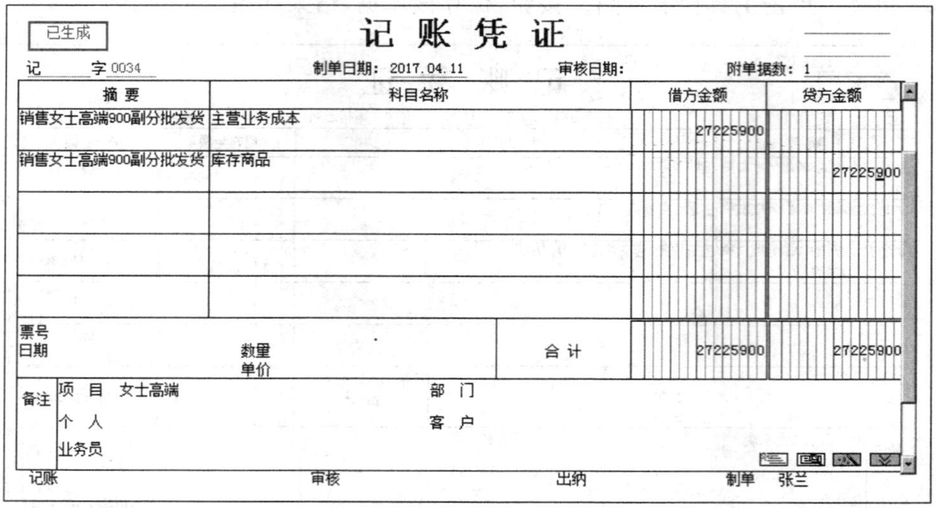
已生成

记账凭证

记 字 0034 制单日期：2017.04.11 审核日期： 附单据数：1

摘要	科目名称	借方金额	贷方金额
销售女士高端900副分批发货	主营业务成本	27225900	
销售女士高端900副分批发货	库存商品		27225900
票号 日期	数量 单价	合计 27225900	27225900

备注 项目 女士高端 部门

个人 客户

业务员

记账 审核 出纳 制单 张兰

图 7-9 存货出库凭证

(6) 退出。单击“填制凭证”和“生成凭证”窗口右上角的“关闭”按钮，关闭窗口。

请确认系统日期和业务日期为 2017 年 4 月 12 日。

7. 场景六的操作步骤

视频网址：http://www.mdmuke.com/mdmk/mod/page/view.php?id=1320

任务说明：销售部职员夏于生成第二批的发货单，主管赵飞审核，仓管部主管李莉审核自动生成的第二批的销售出库单。

【批发部职员夏于参照生成第二批的发货单】

(1) 打开销售“发货单”窗口。

(2) 参照销售订单生成发货单(300 副眼镜)。单击工具栏的“增加”按钮，系统弹出“查询条件选择—参照订单”对话框，直接单击“确定”按钮，然后在系统打开的“参照生单”窗口的上窗格中，双击要选择的销售订单(订单编号为 XS001)所对应的“选择”栏，再单击工具栏的“确定”按钮，系统返回“发货单”窗口，此时相关的信息已经有默认值，保持数据不变。

(3) 保存。单击工具栏的“保存”按钮，保存该发货单。

(4) 退出。单击“发货单”窗口右上角的“关闭”按钮，关闭该窗口。

【销售部主管赵飞审核第二批的发货单】

(1) 打开销售“发货单”窗口。

(2) 查阅并审核发货单。单击工具栏的“上张”按钮，查阅到相应的发货单，然后单击工具栏的“审核”按钮，完成审核工作(根据本公司的账套初始设置，系统将自动生成销售出库单)。

（3）退出。单击“发货单”窗口右上角的“关闭”按钮，关闭该窗口。

【仓管部主管李莉审核第二批的销售出库单】

（1）打开“销售出库单”窗口。

（2）查阅并审核销售出库单。单击工具栏的“末张”按钮，查阅到相应的销售出库单，然后单击工具栏的“审核”按钮，系统弹出信息框提示审核成功，单击“确定”按钮，完成审核工作。

（3）退出。单击“销售出库单”窗口右上角的“关闭”按钮，关闭该窗口。

提示：由于本案例账套的存货核算的销售成本确认的核算方式为“销售发票”，故第二批的销售成本不需要结转；若销售成本确认的核算方式为“销售出库单”，则两批发货都需要进行成本确认与结转。

8. 场景七的操作步骤

视频网址：http://www.mdmuke.com/mdmk/mod/page/view.php?id=1321

任务说明：财务部出纳罗迪填制收款单，会计张兰进行收款单的审核、制单以及应收核销。

【财务部出纳罗迪填制收款单】

（1）打开“收付款单录入”窗口。在“企业应用平台”的“业务工作”页签中，依次单击“财务会计/应收款管理/收款单据处理/收款单据录入”项，打开“收付款单录入”窗口。

（2）编辑并保存收款单。单击工具栏的“增加”按钮，新增一张收款单，编辑其表头的“客户”为“雪亮公司”，“结算方式”为“转账支票”，“金额”为 379 080，“票据号”为 22586710，“部门”为“财务部”，“摘要”为“收到 XS001 货款”，然后单击表体部分，系统将自动生成一条记录，注意确认“款项类型”为“应收款”，然后单击工具栏的“保存”按钮，结果如图 7-10 所示。

收款单

打印模版 应收收款单打印模板

表体排序

单据编号 0000000001　日期 2017-04-12　客户 雪亮公司

结算方式 转账支票　结算科目 100201　币种 人民币

汇率 1　金额 379080.00　本币金额 379080.00

客户银行 工行徐汇支行　客户账号 1102020526782987158　票据号 22586710

部门 采购部　业务员　项目

摘要 收到XS001货款

	款项类型	客户	部门	业务员	金额	本币金额	科目
1	应收款	雪亮公司	采购部		379080.00	379080.00	1122

图 7-10　XS001 合同货款的收款单

（3）退出。单击“收付款单录入”窗口右上角的“关闭”按钮，关闭该窗口。

【财务部会计张兰对收款单进行审核与制单】

（1）打开“收付款单列表”窗口。在“应收款管理”子系统，依次单击“收款单据处理/收款单据审核”项，系统弹出“收款单查询条件”对话框，直接单击“确定”按钮，系统退出该对话框并打开“收付款单列表”窗口。

（2）查阅收款单。双击本业务填制的收款单所在行，系统打开“收付款单录入”窗口，并显示本业务的收款单。

（3）审核收款单并制单。单击工具栏的“审核”按钮，系统完成审核工作，并弹出信息提示框，询问“是否立即制单?”单击“是”按钮，系统弹出“填制凭证”窗口，并显示默认生成的凭证(借记：工行存款，贷记：应收账款)。

(4) 保存凭证。单击工具栏的“保存”按钮，生成的凭证结果如图 7-11 所示。

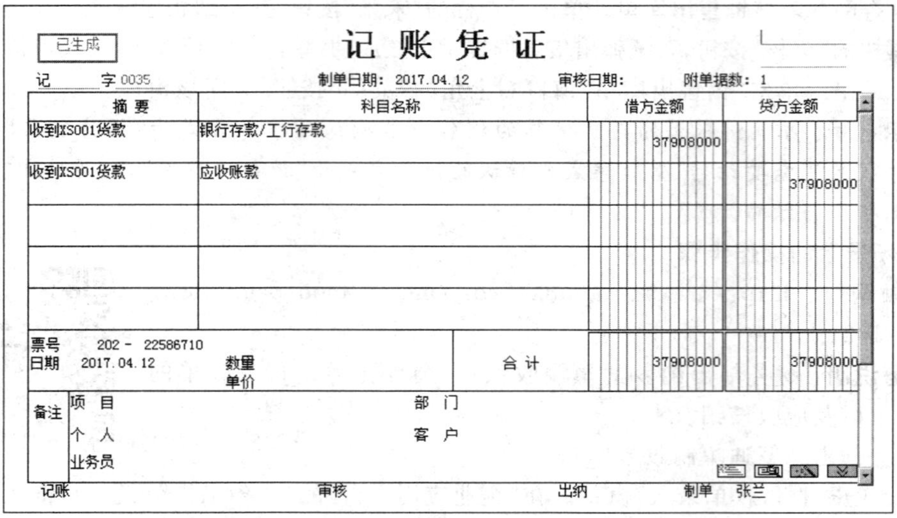

图 7-11 XS001 合同货款的收款制单结果

(5) 退出。单击“填制凭证”“收付款单录入”和“收付款单列表”窗口右上角的“关闭”按钮，关闭窗口。

【财务部会计张兰进行应收核销】

(1) 打开“单据核销”窗口。在“应收款管理”子系统，依次单击“核销处理/手工核销”项，在系统弹出的“核销条件”对话框中，参照生成“客户”为雪亮公司，然后单击“确定”按钮，系统打开“单据核销”窗口。

(2) 核销。在其下窗格，双击“单据编号”为 81306401 所在的行，系统自动在该行的“本次结算”栏填入与“原币余额”相等的数字，单击工具栏的“保存”按钮，完成核销。

(3) 退出。单击“单据核销”窗口的“关闭”按钮，关闭该窗口。

提示：*系统在核销时自动生成核销明细单，可通过“应收款管理”子系统的“单据查询/应收核销明细表”查看。*

7.2 先发货后开票(有定金和代垫运费)

如前所述，定金是指在合同订立或在履行之前支付一定数额的金钱作为担保的担保方式。在用友 ERP-U8 中，销售业务的定金通过“预收款”反映。

销售业务中，代垫费用指随货物销售所发生的，不通过发票处理而形成的，暂时代垫将来需向客户收取的费用项目，如运杂费、保险费等。代垫费用实际上形成了对客户的应收款。

代垫运费指本该由购货方承担的运费，由于承运人不便到购货方收款，而由销售方代购货方垫付给承运部门并取得运费发票，然后向购买方收回代垫款项。本笔业务的销售运费将先由案例公司垫付，形成对客户的应收款。

7.2.1 业务概述与分析

4 月 12 日，销售批发部夏于与光明公司签订销售合同(合同编号 XS002，相应单据可参见图 7-12)，出售男士普通太阳镜 4000 副，无税单价 108 元，增值税 17%。合同签订当日，光明公司用转账支票(票号为 22416505，相应的银行进账单可参见图 7-13)转入定金 40 000 元。

购 销 合 同　　　　合同编号：XS002

卖方：北京亮康眼镜有限公司

买方：北京光明眼镜公司

为保护买卖双方的合法权益，买卖双方根据《中华人民共和国合同法》的有关规定，经友好协商，一致同意签订本合同，共同遵守。

一、货物的名称、数量及金额

货物的名称	规格型号	计量单位	数量	单价（不含税）	金额（不含税）	税率	价税合计
男士普通太阳镜		副	4000	108.00	432000.00	17%	505440.00
合计					￥432000.00		￥505440.00

二、合同总金额：人民币伍拾万零伍仟肆佰肆拾元整（¥505440.00）。

三、付款时间及付款方式：

付款时间：签订合同当日，买方向卖方支付货款定金肆万元整（￥40000.00）；剩余货款买方收货30日之内，全部支付 人民币肆拾陆万伍仟肆佰肆拾元整（￥465440.00）。

付款结算方式：转账支票

四、时间与地点：交货时间为 2017 年 4 月 12 日　　交货地点：北京亮康眼镜有限公司

五、发运方式与运输费用承担方式：运输费用由买方承担。

卖　方：北京亮康眼镜有限公司　　　　买　方：北京光明眼镜公司

授权代表：夏于　　　　授权代表：刘欣

日期：2017 年 4 月 12 日　　　　日期：2017 年 4 月 12 日

图 7-12　XS002 合同的单据

中国工商银行进账单（收账通知）

2017 年 4 月 12 日

付款人	全称	北京光明眼镜公司	收款人	全称	北京亮康眼镜有限公司
	账号	6227000526782987908		账号	1102020526782987908
	开户银行	中国工商银行上海市海淀支行		开户银行	中国工商银行北京市昌平支行
金额	人民币（大写）	肆万元整		亿千百十万千百十元角分	￥4000000
票据种类	转账支票	票据张数	1		
票据号码	22416505				
复　核（略）		记账（略）		收款人开户银行盖章	

此联是收款人开户银行交给收款人的收帐通知

图 7-13　定金银行进账单

本公司当日发货，用现金支票代垫运费 1221 元（票号 10416501，支票存根可参见图 7-14），全额货款增值税发票和运费发票随货送出。款项尚未收到。货款增值税发票的票号为 81306602，价税合计 505 440 元，相应单据可参见图 7-15。

中国工商银行

现金支票存根

支票号码：10416501

附加信息：

出票日期：2017 年 4 月 12 日

收款人：上海顺风速递有限公司

金　额：￥1221.00

用　途：支付运费

单位主管：(略)　　　会计：(略)

图 7-14　支票存根

1100163320　　　　**北京增值税专用发票**　　　　No 81306602

此联不作报销、扣税凭证使用　　　　开票日期：2017 年 4 月 12 日

购买方	名　　称：北京光明眼镜公司 纳税人识别号：200106653865885 地 址、电 话：北京海淀学院路 1 号 开户行及账号：中国工商银行海淀支行支行 6227000526782987908				密码区		
货物或应税劳务名称	规格型号	单位	数量	单价	金额	税率	税额
男士普通太阳镜		副	4000	108.00	432000.00	17%	73440.00
合　计					￥432000.00		￥73440.00
价税合计（大写）	⊗ 伍拾万零伍仟肆佰肆拾元整				（小写）￥505440.00		
销售方	名　　称：北京亮康眼镜有限公司 纳税人识别号：1101082121202 地 址、电 话：北京市昌平区昌平路 78 号，电话：010-60228226 开户行及账号：中国工商银行北京市昌平支行 1102020526782987908				备注	北京亮康眼镜有限公司 1101082121202 发票专用章	

收款人：（略）　　复核：（略）　　开票人：（略）　　销售方：（章）

税总函[2016]362 号北京市印钞有限公司

第一联：记账联　销货方记账凭证

图 7-15　销售发票

本笔业务是一次销售全部发货出库的先发货后开票业务，还涉及销售定金和代垫运费的处理，需要填制并审核销售订单和发货单，审核出库单，填制并复核销售发票，填制并审核代垫费用，填制定金的收款单（预收款），进行收款单据的审核与制单、销售应收确认、代垫运费的应收确认以及销售成本结转。

提示：本笔业务的预收冲应收转账处理和应收收款处理，详见 7.6 节。

7.2.2　虚拟业务场景

人物：赵飞——销售部主管。

夏于——批发部职员。

刘欣——光明公司采购部采购员。

李莉——仓管部主管。

张兰——财务部会计。

罗迪——财务部出纳。

曾志伟——财务部主管。

场景一：与光明公司签订销售合同，销售批发部填制与审核销售订单。

（光明公司的采购部打来电话。）

夏于：喂，您好，这里是亮康公司销售部。

刘欣：您好！我是光明公司采购部的采购员。我们想订购男士普通太阳镜，请问你们的眼镜价格和质量怎么样？

夏于：眼镜的质量没有问题，无税单价108元，运费买方负责。

刘欣：那我们订4000副，今天就要货，可预付定金4万元。

夏于：（现存量查询之后）好的，我们可以先代垫运费，共1221元。还请尽快发来定金，合作愉快！

（夏于填制销售订单。）

夏于：赵总，请您审核一下刚与光明公司签订的销售订单。

赵飞：好的。（审核完成。）

场景二：销售发货，销售部填制并审核发货单。

（夏于参照销售订单生成发货单。）

夏于：赵总，光明公司的发货单我已经填制好了，请您审核。

赵飞：好的，我马上审核，待会你就去通知仓管部发货吧。（审核完成。）

场景三：开具发票，销售部填制销售专用发票和代垫费用单，赵飞复核销售发票并审核代垫费用单。

赵飞：小夏，把这笔业务的销售专用发票和运费的代垫费用单填制一下。

夏于：好的。（开始填制售专用发票和代垫费用单。）

夏于：主管，已经填制好销售专用发票和代垫费用单了，麻烦您审核。

赵飞：好的。（发票复核和代垫费用单审核。）

场景四：销售出库，仓管部审核出库单。

夏于：李总，光明公司订购了4000副男士普通太阳镜，请您安排一下发货吧。

李莉：好的，我们马上准备。

（仓管部出库完成后，李莉审核出库单。）

场景五：定金处理，财务部出纳罗迪填制收款单，张兰审核与制单。

夏于：小罗，你看一下与光明公司签订的销售订单，这是他们今天送来的4万元转账支票，用作定金。

罗迪：好的。（填制收款单完毕。）

罗迪：张兰，光明公司的收款单填好了，请您审核一下。

张兰：好的。（审核收款单并制单。）

场景六：财务部张兰进行销售的应收确认和销售成本结转，以及代垫运费的应收单审核与制单。

曾志伟：张兰，今天有一笔销售业务已经完成，而且有代垫运费1221元。

张兰：明白了，我马上做账务处理。（销售发票的审核与制单，销售成本结转，代垫费用应收单的审核与制单。）

7.2.3 操作指导

1. 操作流程图

图 7-16 是本业务的操作流程。

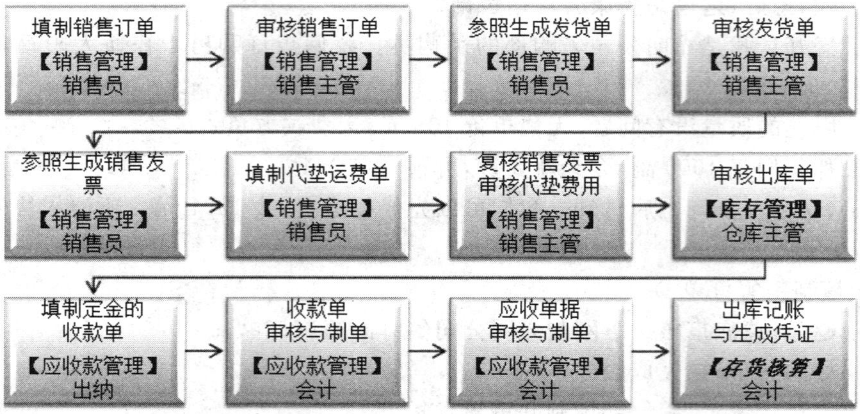

图 7-16 本业务的操作流程

请确认系统日期和业务日期为 2017 年 4 月 12 日。

2. 场景一的操作步骤

视频网址：http://www.mdmuke.com/mdmk/mod/page/view.php?id=1322

任务说明：销售部职员夏于填制销售订单，主管赵飞审核。

【销售部职员夏于填制销售订单】

（1）打开“销售订单”窗口。在“企业应用平台”的“业务工作”页签中，依次单击“供应链/销售管理/销售订货/销售订单”项，系统打开“销售订单”窗口。

（2）编辑销售订单。单击工具栏的“增加”按钮，新增一张销售订单，并做如下编辑：

① 编辑表头。修改“订单号”为 XS002，“客户简称”为“光明公司”，“销售部门”为“批发部”，“业务员”为“夏于”，“定金原币金额”为 40 000，“备注”为“销售男士普通 4 千副有定金”。

② 编辑表体。参照生成“存货名称”为“男士普通太阳镜”，“数量”栏输入 4000，“无税单价”为 108 元，其他项默认。

（3）保存。单击工具栏的“保存”按钮，保存该订单，结果如图 7-17 所示。

（4）退出。单击“销售订单”窗口右上角的“关闭”按钮，关闭该窗口。

【销售部主管赵飞审核销售订单】

（1）打开“销售订单”窗口。

（2）查阅并审核销售订单。单击工具栏的“上张”按钮，查阅到相应的销售订单，然后单击工具栏的“审核”按钮，完成审核工作。

（3）退出。单击“销售订单”窗口右上角的“关闭”按钮，关闭该窗口。

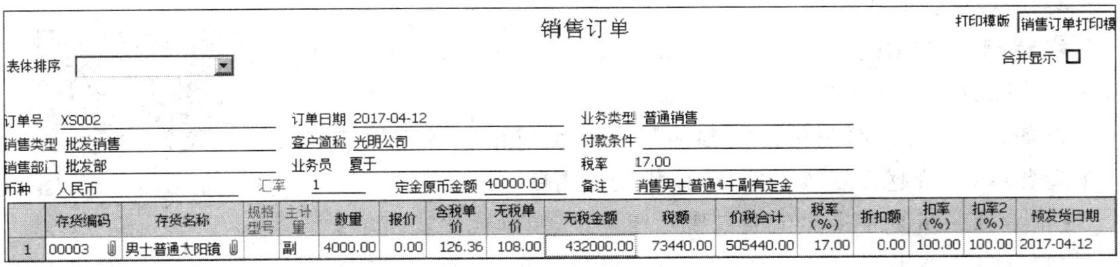

销售订单

打印模版 销售订单打印模

表体排序

合并显示 □

订单号 XS002　订单日期 2017-04-12　业务类型 普通销售

销售类型 批发销售　客户简称 光明公司　付款条件

销售部门 批发部　业务员 夏于　税率 17.00

币种 人民币　汇率 1　定金原币金额 40000.00　备注 消售男士普通4千副有定金

	存货编码	存货名称	规格型号	主计量	数量	报价	含税单价	无税单价	无税金额	税额	价税合计	税率(%)	折扣额	扣率(%)	扣率2(%)	预发货日期
1	00003	男士普通太阳镜		副	4000.00	0.00	126.36	108.00	432000.00	73440.00	505440.00	17.00	0.00	100.00	100.00	2017-04-12

图 7-17　销售订单

3. 场景二的操作步骤

视频网址：http://www.mdmuke.com/mdmk/mod/page/view.php?id=1323

任务说明：销售部夏于参照销售订单生成发货单，主管赵飞审核。

【批发部职员夏于参照生成发货单】

（1）打开"发货单"窗口。在"销售管理"子系统，依次单击"销售发货/发货单"项，系统打开"发货单"窗口。

（2）参照销售订单生成发货单。单击工具栏的"增加"按钮，系统弹出"查询条件选择—参照订单"对话框，直接单击其"确定"按钮，然后在系统打开的"参照生单"窗口的上窗格中，双击要选择的销售订单（订单编号为 XS002）所对应的"选择"栏，再单击工具栏的"确定"按钮，系统返回"发货单"窗口，此时相关的信息已经有默认值，保持数据不变。

（3）保存。单击工具栏的"保存"按钮，保存该发货单，结果如图 7-18 所示。

发货单

打印模版 发货单打印

表体排序

合并显示 □

发货单号 0000000003　发货日期 2017-04-12　业务类型 普通销售

销售类型 批发销售　订单号 XS002　发票号

客户简称 光明公司　销售部门 批发部　业务员 夏于

发货地址　发运方式　付款条件

税率 17.00　币种 人民币　汇率 1

备注 销售男士普通4千副有定金

	仓库名称	存货编码	存货名称	规格型号	主计量	数量	报价	含税单价	无税单价	无税金额	税额	价税合计	税率(%)	折扣额
1	大运仓库	00003	男士普通太阳镜		副	4000.00	0.00	126.36	108.00	432000.00	73440.00	505440.00	17.00	0.00

图 7-18　发货单

（4）退出。单击"发货单"窗口右上角的"关闭"按钮，关闭该窗口。

【销售部主管赵飞审核发货单】

（1）打开"发货单"窗口。

（2）查阅并审核发货单。单击工具栏的"上张"按钮，查阅到相应的发货单，然后单击工具栏的"审核"按钮，完成审核工作（根据本公司的账套初始设置，系统将自动生成销售出库单）。

（3）退出。单击"发货单"窗口右上角的"关闭"按钮，关闭该窗口。

4. 场景三的操作步骤

视频网址：http://www.mdmuke.com/mdmk/mod/page/view.php?id=1324

任务说明：批发部职员夏于参照发货单生成销售专用发票，填制代垫运费单；主管赵飞复核发票，审核代垫费用单。

【批发部职员夏于参照生成销售专用发票，填制代垫运费单】

(1) 打开“销售专用发票”窗口。在“销售管理”子系统，依次单击“销售开票/销售专用发票”项，系统打开“销售专用发票”窗口。

(2) 参照发货单生成销售专用发票。单击工具栏的“增加”按钮，系统弹出“查询条件选择—发票参照发货单”对话框，直接单击“确定”按钮系统打开“参照生单”窗口，在该窗口的上窗格中，双击要选择的发货单(其对应的“订单号”为 XS002)所对应的“选择”栏，使其出现 Y 字样，再单击工具栏的“确定”按钮，返回“销售专用发票”窗口。

(3) 编辑并保存销售专用发票。在“销售专用发票”窗口中，编辑表头的“发票号”为 81306602，然后单击工具栏的“保存”按钮，结果如图 7-19 所示。

销售专用发票

打印模版 销

表体排序

合并显

发票号 81306602	开票日期 2017-04-12	业务类型 普通销售
销售类型 批发销售	订单号 XS002	发货单号 0000000003
客户简称 光明公司	销售部门 批发部	业务员 夏于
付款条件	客户地址 北京海淀学院路1号	联系电话 010-62338229
开户银行 工行海淀支行	账号 6227000526782987908	税号 200106653865885
币种 人民币	汇率 1	税率 17.00
备注 销售男士普通4千副有定金		

	仓库名称	存货编码	存货名称	规格型号	主计量	数量	报价	含税单价	无税单价	无税金额	税额	价税合计	税率(%)	折扣额
1	大运仓库	00003	男士普通太阳镜		副	4000.00	0.00	126.36	108.00	432000.00	73440.00	505440.00	17.00	0.00

图 7-19 销售专用发票

(4) 编辑并保存代垫运费单。

① 打开“代垫费用单”窗口。单击“销售专用发票”窗口工具栏的“代垫”按钮，系统打开“代垫费用单”窗口。

② 信息编辑。在“代垫费用单”窗口的表体中，编辑表头的“代垫单号”为 62306602，参照生成表体的“费用项目”为“运输费”，编辑“代垫金额”为 1221 元。

③ 保存。单击工具栏的“保存”按钮，保存该单据，结果如图 7-20 所示。

(5) 退出。单击“代垫费用单”和“销售专用发票”窗口右上角的“关闭”按钮，关闭该窗口。

【销售部主管赵飞复核销售专用发票】

(1) 打开“销售专用发票”窗口。

(2) 查阅并复核销售专用发票。单击工具栏的“上张”按钮，查阅到相应的销售专用发票，然后单击工具栏的“复核”按钮。

(3) 退出。单击“销售专用发票”窗口右上角的“关闭”按钮，关闭该窗口。

图 7-20　代垫费用单

【销售部主管赵飞审核代垫费用单】

(1) 打开“代垫费用单”窗口。在“销售管理”子系统,依次单击“代垫费用/代垫费用单”项,系统打开“代垫费用单”窗口。

(2) 查阅并审核代垫费用单。单击工具栏的“上张”按钮,查阅到相应的代垫费用单,然后单击工具栏的“审核”按钮,完成审核工作。

(3) 退出。单击“代垫费用单”窗口右上角的“关闭”按钮,关闭该窗口。

5. 场景四的操作步骤

视频网址:http://www.mdmuke.com/mdmk/mod/page/view.php?id=1325

任务说明:仓管部主管李莉审核出库单。

(1) 打开“销售出库单”窗口。在“企业应用平台”的“业务工作”页签中,依次单击“供应链/库存管理/出库业务/销售出库单”项,系统打开“销售出库单”窗口。

(2) 查阅并审核销售出库单。单击工具栏的“末张”按钮,查阅到相应的销售出库单,然后单击工具栏的“审核”按钮,系统弹出信息框提示审核成功,单击“确定”按钮,完成审核工作。

(3) 退出。单击“销售出库单”窗口右上角的“关闭”按钮,关闭该窗口。

6. 场景五的操作步骤

视频网址:http://www.mdmuke.com/mdmk/mod/page/view.php?id=1326

任务说明:财务部出纳罗迪填制收款单,会计张兰审核并制单。

【财务部出纳罗迪填制收款单】

(1) 打开“收付款单录入”窗口。在“企业应用平台”的“业务工作”页签中,依次单击“财务会计/应收款管理/收款单据处理/收款单据录入”项,打开“收付款单录入”窗口。

(2) 编辑收款单。单击工具栏的“增加”按钮,新增一张收款单,然后做如下编辑:

① 编辑表头。编辑其表头的“客户”为“光明公司”,“结算方式”为“转账支票”,“金额”为 40 000,“票据号”为 22416505,“部门”为“财务部”,“摘要”为“光明公司 XS002 的定金”。

② 编辑表体。单击表体部分,系统将自动生成一条记录,注意将“款项类型”默认的“应收款”修改为“预收款”,其他项默认,结果如图 7-21 所示。

(3) 保存。单击工具栏的“保存”按钮,保存该单据。

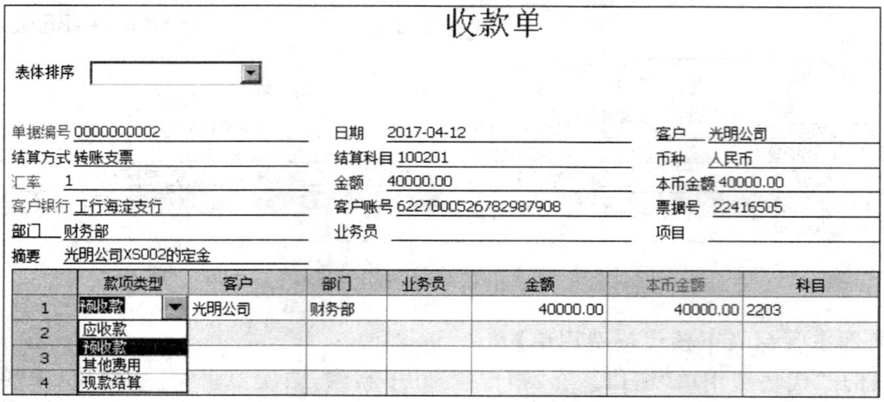

图 7-21　定金收款单

(4) 退出。单击“收付款单录入”窗口右上角的“关闭”按钮,关闭该窗口。

【财务会计张兰审核收款单并制单】

(1) 打开“收付款单列表”窗口。在“应收款管理”子系统,依次单击“收款单据处理/收款单据审核”项,系统弹出“收款单查询条件”对话框,直接单击“确定”按钮,系统退出该对话框并打开“收付款单列表”窗口。

(2) 查阅收款单。在“收付款单列表”窗口中,双击本笔业务中生成的收款单,系统打开“收付款单录入”窗口,窗口中默认显示相应的收款单。

(3) 审核并制单。单击工具栏的“审核”按钮,系统审核完成并弹出提示框“是否立即制单?”单击“是”按钮,系统打开“填制凭证”窗口,并默认显示凭证的信息(借记:工行存款,贷记:预收账款)。

(4) 保存。单击工具栏的“保存”按钮,结果如图 7-22 所示。

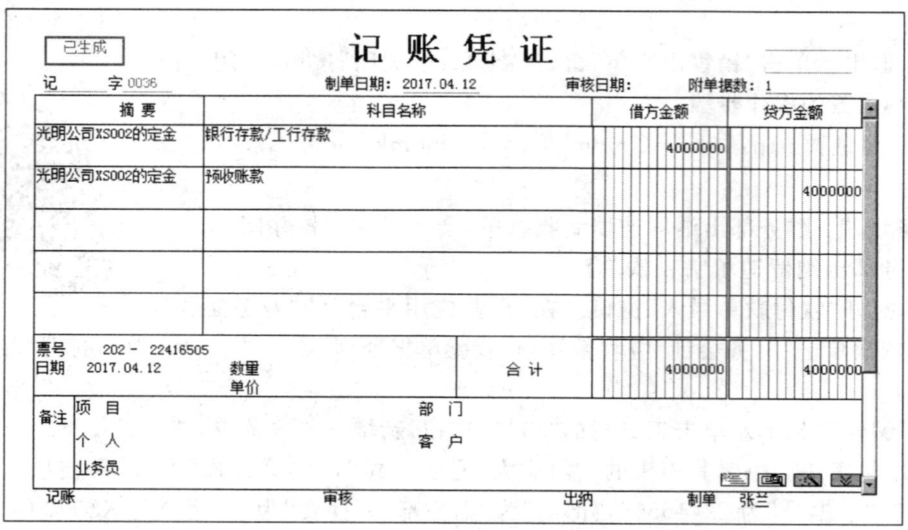

图 7-22　收款单制单结果

(5) 退出。单击“填制凭证”“收付款单录入”和“收付款单列表”窗口右上角的“关闭”按钮，关闭窗口。

7. 场景六的操作步骤

视频网址：http://www.mdmuke.com/mdmk/mod/page/view.php?id=1327

任务说明：财务部会计张兰进行应收确认和销售成本结转。

【财务部会计张兰进行销售专用发票和代垫费用单的应收审核】

（1）打开应收"单据处理"窗口。在"应收款管理"子系统，依次单击"应收单据处理/应收单据审核"项，系统弹出"应收单查询条件"对话框，直接单击其"确定"按钮，系统打开"单据处理"窗口。

（2）审核应收单据。在应收"单据处理"窗口中，系统已列出本业务的销售专用发票和代垫费用单，单击工具栏的"全选"按钮，选中这两个单据，再单击"审核"按钮，系统弹出信息框提示审核成功，单击"确定"按钮，完成审核工作。

（3）退出。单击"单据处理"窗口右上角的"关闭"按钮，退出该窗口。

【财务部会计张兰进行销售专用发票和代垫费用单的应收制单】

（1）打开应收"制单"窗口。在"应收款管理"子系统，双击"制单处理"项，在系统弹出的"制单查询"对话框中，确认已选中"发票制单"和"应收单制单"，然后单击"确定"按钮，系统打开"制单"窗口。

（2）编辑并保存应收款的记账凭证。具体的操作步骤如下：

① 生成凭证。单击工具栏的"全选"按钮，以选中本业务填制的销售专用发票和代垫运费单，再单击"制单"按钮，系统打开"填制凭证"窗口，并默认显示第 1 张凭证（销售专用发票对应的凭证）的信息（借记：应收账款，贷记：主营业务收入、销项税额）。

② 编辑销售发票的应收凭证。设置"主营业务收入"科目的辅助项的"项目名称"为"男士普通"，单击"保存"按钮，结果如图 7-23 所示。

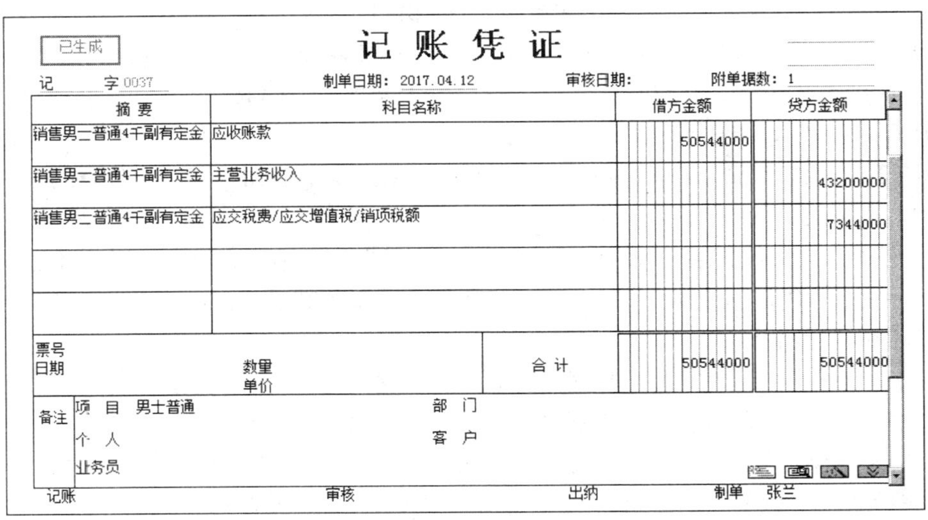

图 7-23　销售专用发票制单结果

③ 编辑代垫费用的应收凭证。单击"填制凭证"窗口的"下张凭证"按钮，系统显示第 2

张凭证(代垫费用对应的凭证)的信息(借记：应收账款，贷记：库存现金)；修改其“摘要”为“代垫光明公司的运费”，贷方科目为“工行存款”(100201)，并设置其“票号”的辅助项“结算方式”为“现金支票”，“票号”为62306602，然后单击“保存”按钮，结果如图7-24所示。

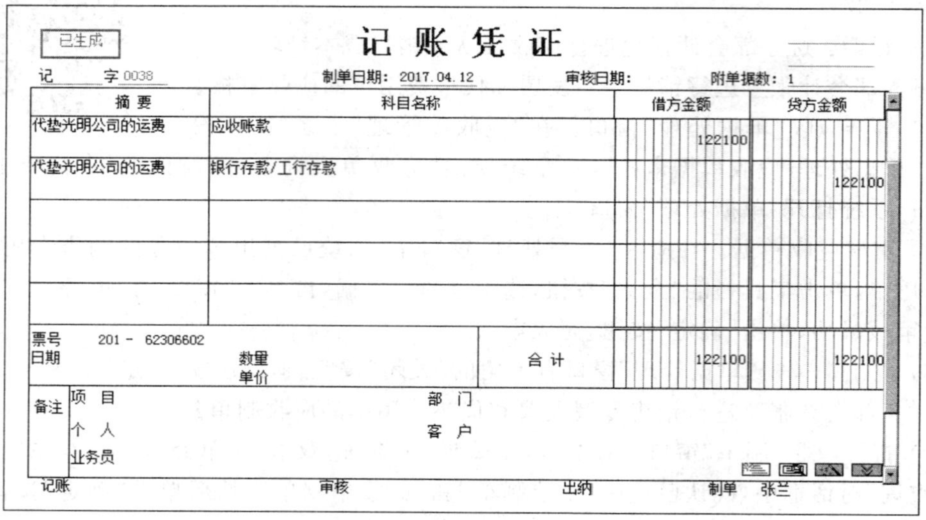

已生成

记账凭证

记 字 0038 制单日期：2017.04.12 审核日期： 附单据数：1

摘要	科目名称	借方金额	贷方金额
代垫光明公司的运费	应收账款	122100	
代垫光明公司的运费	银行存款/工行存款		122100
票号 201 - 62306602 日期	数量 单价 合计	122100	122100

备注 项目 部门

个人 客户

业务员

记账 审核 出纳 制单 张兰

图7-24 代垫费用制单结果

(3) 退出。单击“填制凭证”和“制单”窗口右上角的“关闭”按钮，关闭窗口。

【财务部会计张兰进行销售出库记账】

(1) 打开“未记账单据一览表”窗口。在“企业应用平台”的“业务工作”页签下，依次单击“供应链/存货核算/业务核算/正常单据记账”项，系统弹出“查询条件选择”对话框，直接单击该对话框的“确定”按钮，系统打开“未记账单据一览表”窗口。

(2) 销售出库记账。在“未记账单据一览表”窗口中，选中本业务生成的销售发票，然后单击工具栏的“记账”按钮，系统弹出信息框提示记账成功，单击“确定”按钮，完成记账工作。

(3) 退出。单击“未记账单据一览表”窗口右上角的“关闭”按钮，退出当前窗口。

【财务部会计张兰进行销售出库制单】

(1) 打开“生成凭证”窗口。在“存货核算”子系统，依次单击“财务核算/生成凭证”项，系统打开“生成凭证”窗口。

(2) 打开“选择单据”窗口。单击工具栏的“选择”按钮，在系统弹出的“查询条件”对话框中，直接单击“确定”按钮，系统退出对话框并打开“选择单据”窗口。

(3) 生成存货凭证。

① 选择销售发票。在“选择单据”窗口中，选中本笔业务生成的销售发票，然后单击工具栏的“确定”按钮，系统返回“生成凭证”窗口。

② 生成并保存凭证。单击工具栏的“生成”按钮，系统打开“填制凭证”窗口，并默认显示本业务销售出库的相关信息(借记：主营业务成本，贷记：库存商品)。

(4) 编辑存货凭证。在“填制凭证”窗口中，修改“主营业务成本”和“库存商品”的辅助项的项目名称为“男士普通”，其他项默认。

(5) 保存。单击工具栏的“保存”按钮，保存该凭证，结果如图7-25所示。

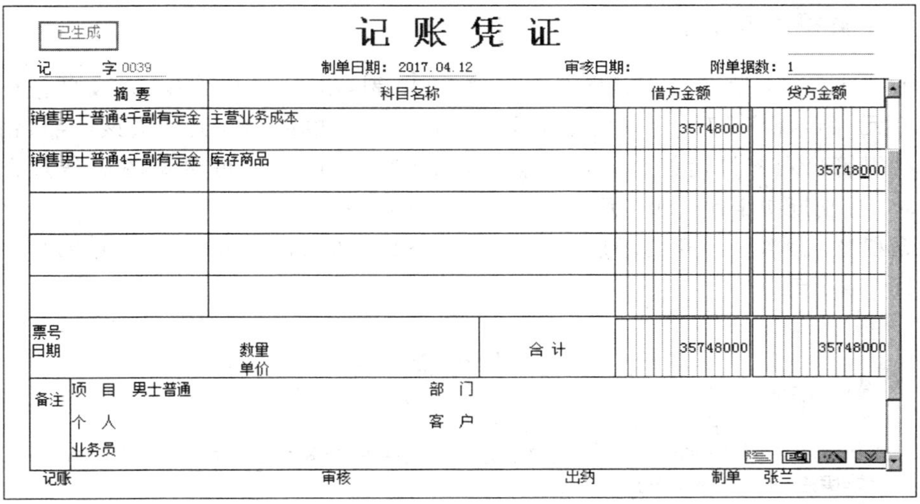

已生成

记账凭证

记 字 0039　制单日期：2017.04.12　审核日期：　附单据数：1

摘要	科目名称	借方金额	贷方金额
销售男士普通4千副有定金	主营业务成本	35748000	
销售男士普通4千副有定金	库存商品		35748000
票号 日期 数量 单价	合计	35748000	35748000

备注　项目 男士普通　部门

个人　客户

业务员

记账　审核　出纳　制单 张兰

图 7-25　存货出库凭证

(6) 退出。单击“填制凭证”和“生成凭证”窗口右上角的“关闭”按钮，关闭窗口。

7.3　开票直接发货(有报价和折扣)

销售报价是企业向客户提供货品、规格、价格、结算方式等信息，双方达成协议后，销售报价单转为有效的销售订单。

销售过程中的折扣可分为商业折扣和现金折扣。

商业折扣(税法中又称“折扣销售”)，指实际销售商品或提供劳务时，将价目单中的报价打一个折扣后提供给客户，这个折扣就叫商业折扣。商业折扣是企业在销售商品时先打折再销售，折扣在前销售在后，是在交易成立及实际付款之前予以扣除，所以对库存现金和主营业务收入不产生影响。商业折扣需要明列出来，通常以百分数如5%、10%的形式表示，买方只需按照标明价格的百分比付款即可。

现金折扣(又称销售折扣)，是指企业为了鼓励客户偿还货款而允诺在一定期限内给予的规定的折扣优待。在用友 ERP-U8 中称为付款条件，通常可表示为“5/10，2/20，n/30”，它的意思是：客户在10天内偿还货款，可得到5%的折扣，即只付原价的95%的货款；在20天内偿还货款，可得到2%的折扣，即只要付原价的98%的货款；在30天内偿还货款，则须按照全额支付货款；在30天以后偿还货款，则不仅要按全额支付货款，还可能要支付延期付款利息或违约金。

现金折扣发生在销货之后，是一种融资性质的理财费用，因此现金折扣不得从销售额中减除。由于现金折扣直接影响企业的现金流量，所以必须在会计中反映。我国新企业会计准则要求采用总价法入账，即在销售商品时以发票价格同时记录应收账款和销售收入，不考虑现金折扣。如购货企业享受现金折扣，则以“销售折扣”账户或在“财务费用”账户中反映现金折扣。销售折扣作为销售收入的减项列入利润表。

案例企业规定在“财务费用”账户中反映现金折扣，相应的操作详见8.3节。

7.3.1 业务概述与分析

4月12日，雪亮公司计划订购亮康眼镜5000副，出价180元/副，批发部报价为无税单价200元/副，税率17%。雪亮公司同意按每副无税单价200元购买该产品，销售部夏于与雪亮眼镜公司签订销售合同（合同编号XS003，相应单据可参见图7-26），合同约定当日发货，商业折扣金额4000元，付款条件（即现金折扣）为“4/10，2/20，n/30”（折扣基数为不含税款）。本公司开具增值税发票（票号81306603，相应单据可参见图7-27），价税合计1 166 000元。

购 销 合 同 合同编号：XS003

卖方：北京亮康眼镜有限公司

买方：上海雪亮眼镜公司

为保护买卖双方的合法权益，买卖双方根据《中华人民共和国合同法》的有关规定，经友好协商，一致同意签订本合同，共同遵守。

一、货物的名称、数量及金额

货物的名称	规格型号	计量单位	数量	单 价（不含税）	金 额（不含税）	税率	价税合计
亮康眼镜		副	5000	200.00	1000000.00	17%	1170000.00
亮康眼镜					-4000.00		
合计					￥996000.00		￥1166000.00

二、经过协商，可有4000元的商品折扣，合同总金额：人民币壹佰壹拾陆万陆仟元整（￥1166000.00）。

三、付款时间及付款方式：

付款时间：自签订合同30日之内，买方向卖方支付全部货款，即人民币壹佰壹拾陆万陆仟元整（￥1166000.00），付款条件为4/10，2/20，n/30（折扣基数不含税款）。

付款结算方式：转账支票

四、时间与地点：交货时间为2017年4月12日　　交货地点：上海雪亮眼镜公司

五、发运方式与运输费用承担方式：运输费用由买方承担。

卖　方：北京亮康眼镜有限公司　　买　方：上海雪亮眼镜公司

授权代表：夏于　　授权代表：米娟

日期：2017年4月12日　　日期：2017年4月12日

图7-26 XS003合同的单据

本笔业务是一次销售全部发货出库的开票直接发货业务，还涉及销售报价、商业折扣和现金折扣的业务处理，需要填制并审核销售报价单和销售订单，填制并复核销售发票（扣除商业折扣），审核出库单，进行应收确认与销售成本结转。

提示：本笔业务的收款处理详见8.3节。

7.3.2 虚拟业务场景

人物：赵飞——销售部主管。

米娟——雪亮公司采购部采购员。

夏于——批发部职员。

李莉——仓管部主管。

张兰——财务部会计。

曾志伟——财务部主管。

1100163320 **北京增值税专用发票** No 81306603

此联不作报销、扣税凭证使用　　开票日期：2017年4月12日

购买方	名　　称：上海雪亮眼镜公司 纳税人识别号：310104712121774 地 址、电 话：上海徐汇天平路8号 开户行及账号：中国工商银行上海市徐汇支行 1102020526782987158					密码区		
货物或应税劳务名称	规格型号	单位	数量	单价	金额	税率	税额	
亮康眼镜		副	5000	200	1000000.00	17%	170000.00	
亮康眼镜					-4000.00			
合　计					¥996000.00		¥170000.00	
价税合计（大写）	⊗壹佰壹拾陆万陆仟元整				（小写）¥1166000.00			
销售方	名　　称：北京亮康眼镜有限公司 纳税人识别号：1101082121202 地 址、电 话：北京市昌平区昌平路78号，电话：010-60228226 开户行及账号：中国工商银行北京市昌平支行 1102020526782987908					备注	1101082121202 发票专用章	

收款人：（略）　　复核：（略）　　开票人：（略）　　销售方：（章）

税总函[2016]362号北京市印钞有限公司

第一联：记账联　销售方记账凭证

图 7-27　发票

场景一：向雪亮公司进行销售报价，销售部填制并审核销售报价单。

（雪亮公司采购部打来电话。）

夏于：喂，您好，这里是亮康公司销售部。

米娟：您好！我是雪亮公司采购部的采购员，请问你公司的亮康眼镜可以按每副180元出售吗?我们计划订5000副。

夏于：不好意思，我们的眼镜质量特别好，最低每副200元。您能接受吗?

米娟：这样啊，那我和我们主管商量之后再联系您吧。

夏于：好的，希望我们合作愉快！

（夏于填制销售报价单。）

夏于：赵总，请您审核一下今天的销售报价单。

赵飞：好的。（审核完毕。）

场景二：销售部同意折扣销售，并填制和审核订单。

（夏于给雪亮公司采购部打电话。）

米娟：您好，这里是雪亮公司采购部。

夏于：您好，我是亮康公司的夏于。请问关于亮康眼镜，贵公司考虑得怎样了?

米娟：我们主管同意每副200元的价格，但希望能有些商业折扣，而且今天出货。

夏于：太好了！（查询现存量之后）今天能出货。商业折扣也没问题，我的权限最多可以优惠4000元，但可以给更好的现金折扣，10天内付款4%的折扣，20天内2%，30天的账期，您能接受吗?

米娟：好的，那咱们签订购销合同吧。

夏于：好的。（参照销售报价单填制销售订单完毕。）

夏于：赵总，与雪亮公司的销售订单做好了，对方要求了商业折扣和现金折扣，请您审核。

赵飞：好的。（审核完成。）

场景三：开具发票，销售部填制并复核销售发票，查阅发货单。

（夏于参照销售订单，填制销售专用发票完毕。）

夏于：赵总，给雪亮公司的销售专用发票我做好了，请您复核。

赵飞：好的。（复核通过发票，并查阅了发货单。）你去通知仓管部出货吧。

场景四：销售出库，夏于发站内信通知仓管部发货，仓管部审核出库单。

夏于：今天有一笔销售业务，对方要求今天出货，发货单我们已经审核通过，请您尽快发货。

李莉：好的，我们尽快完成。

（仓管部出库完成后，李莉审核出库单。）

场景五：财务部进行应收确认和销售成本结转。

曾志伟：小张，今天有笔雪亮公司的业务已经完成，麻烦做账务处理。

张兰：好的，马上处理。（审核应收发票并制单，销售成本结转。）

7.3.3 操作指导

1. 操作流程

图 7-28 是本业务的操作流程。

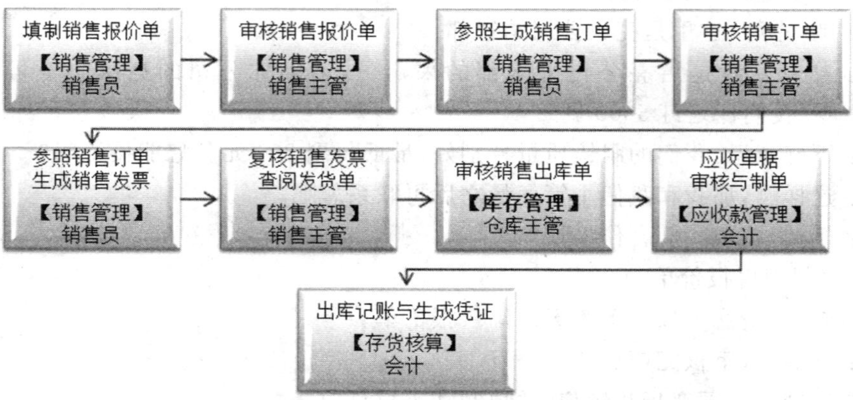

图 7-28 本业务的操作流程

请确认系统日期和业务日期为 2017 年 4 月 12 日。

2. 场景一的操作步骤

视频网址：http://www.mdmuke.com/mdmk/mod/page/view.php?id=1328

任务说明：销售部职员夏于填制销售报价单，主管赵飞审核。

【销售部职员夏于填制销售报价单】

（1）打开“销售报价单”窗口。在“企业应用平台”的“业务工作”页签中，依次单击“供应链/销售管理/销售报价/销售报价单”项，系统打开“销售报价单”窗口。

（2）编辑销售报价单。单击工具栏的“增加”按钮，新增一张销售报价单，然后做如下编辑：

① 编辑表头。编辑“客户简称”为“雪亮公司”，“销售部门”为“批发部”，“业务员”为“夏

于”，其他项默认。

② 编辑表体。在表体的“存货名称”参照生成“亮康眼镜”，“数量”栏输入5000，确认“报价”为200元，其他项默认。

(3) 保存。单击工具栏的“保存”按钮，保存该单据，结果如图7-29所示。

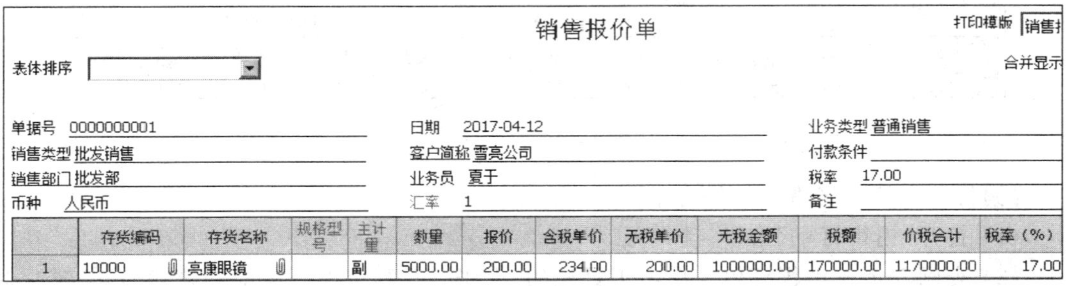
销售报价单

打印模版 销售报

表体排序

合并显示

单据号 0000000001　日期 2017-04-12　业务类型 普通销售

销售类型 批发销售　客户简称 雪亮公司　付款条件

销售部门 批发部　业务员 夏于　税率 17.00

币种 人民币　汇率 1　备注

	存货编码	存货名称	规格型号	主计量	数量	报价	含税单价	无税单价	无税金额	税额	价税合计	税率（%）
1	10000	亮康眼镜		副	5000.00	200.00	234.00	200.00	1000000.00	170000.00	1170000.00	17.00

图7-29 销售报价单

(4) 退出。单击“销售报价单”窗口右上角的“关闭”按钮，关闭该窗口。

【销售部主管赵飞审核销售报价单】

(1) 打开“销售报价单”窗口。

(2) 查阅并审核销售报价单。单击工具栏的“上张”，查阅到相应的销售报价单，然后单击工具栏的“审核”按钮，完成审核工作。

(3) 退出。单击“销售报价单”窗口右上角的“关闭”按钮，关闭该窗口。

3. 场景二的操作步骤

视频网址：http://www.mdmuke.com/mdmk/mod/page/view.php?id=1329

任务说明：销售部职员夏于参照生成销售订单，主管赵飞审核。

【销售部职员夏于参照生成销售订单】

(1) 打开“销售订单”窗口。在“销售管理”子系统，依次单击“销售订货/销售订单”项，系统打开“销售订单”窗口。

(2) 参照生成销售订单。

① 打开“参照生单”窗口。单击工具栏的“增加”按钮，新增一张销售订单，再单击工具栏的“生单/报价”命令，系统打开“查询条件选择—订单参照报价单”对话框，直接单击“确定”按钮，系统打开“参照生单”窗口。

② 复制信息。在“参照生单”窗口的上窗格中，双击要选择的销售报价单所对应的“选择”栏，然后单击工具栏的“确定”按钮，系统返回“销售订单”窗口。

(3) 编辑销售订单。

① 编辑表头。编辑“订单号”为XS003，“付款条件”为“4/10,2/20,n/30”，“备注”为“销售亮康眼镜5千副有折扣”。

② 编辑表体。在表体录入“折扣额”为4000，结果如图7-30所示。

(4) 保存。单击工具栏的“保存”按钮，保存该单据。

(5) 退出。单击“销售订单”窗口右上角的“关闭”按钮，关闭该窗口。

销售订单

显示模版 销售订单显示模版

表体排序 　　　　　　　　合并显示 □

订单号 XS003　　订单日期 2017-04-12　　业务类型 普通销售

销售类型 批发销售　　客户简称 雪亮公司　　付款条件 4/10,2/20,n/30

销售部门 批发部　　业务员 夏于　　税率 17.00

币种 人民币　　汇率 1　　定金原币金额　　备注 销售亮康眼镜5千副有折扣

	存货编码	存货名称	主计量	数量	报价	含税单价	无税单价	无税金额	税额	价税合计	税率(%)	折扣额
1	10000	亮康眼镜	副	5000.00	200.00	233.20	199.32	996581.20	169418.80	1166000.00	17.00	4000.00

图 7-30　销售订单

【销售部主管赵飞审核销售订单】

(1) 打开“销售订单”窗口。

(2) 查阅并审核销售订单。单击工具栏的“上张”按钮，查阅到相应的销售订单，然后单击工具栏的“审核”按钮，完成审核工作。

(3) 退出。单击“销售订单”窗口右上角的“关闭”按钮，关闭该窗口。

4. 场景三的操作步骤

视频网址：http://www.mdmuke.com/mdmk/mod/page/view.php?id=1330

任务说明：批发部职员夏于参照销售订单生成销售专用发票，主管赵飞复核，再查阅自动生成和审核的发货单。

【批发部职员夏于参照生成销售专用发票】

(1) 打开“销售专用发票”窗口。在“销售管理”子系统，依次单击“销售开票/销售专用发票”项，系统打开“销售专用发票”窗口。

(2) 打开“参照生单”窗口。单击工具栏的“增加”按钮，系统弹出“查询条件选择—发票参照发货单”对话框，直接单击“取消”按钮系统返回“销售专用发票”窗口，单击工具栏的“生单/参照订单”命令，系统弹出“查询条件选择—参照订单”对话框，直接单击“确定”按钮，系统打开“参照生单”窗口。

(3) 参照销售订单生成销售专用发票。在“参照生单”窗口的上窗格中，选中相应的销售订单(订单号 XS003)，然后单击工具栏的“确定”按钮，返回“销售专用发票”窗口，此时销售发票上已经有系统默认的信息。

(4) 编辑销售专用发票。在“销售专用发票”窗口中，编辑表头的“发票号”为 81306603，其他项默认。

(5) 保存。单击工具栏的“保存”按钮，结果如图 7-31 所示。

(6) 退出。单击“销售专用发票”窗口右上角的“关闭”按钮，关闭该窗口。

【销售部主管赵飞复核销售专用发票】

(1) 打开“销售专用发票”窗口。

(2) 查阅并复核销售专用发票。单击工具栏的“上张”按钮，查阅到相应的销售专用发票，然后单击工具栏的“复核”按钮，完成复核工作。

请注意，此时系统将自动生成并审核发货单，然后自动生成出库单，因为是开票直接发货模式，发货单将由系统自动生成并审核，而且根据本公司的账套初始设置，系统将根据审

销售专用发票

打印模版 销售专用发票打

表体排序

合并显示

发票号 81306603　开票日期 2017-04-12　业务类型 普通销售

销售类型 批发销售　订单号 XS003　发货单号

客户简称 雪亮公司　销售部门 批发部　业务员 夏于

付款条件 4/10,2/20,n/30　客户地址 上海徐汇天平路8号　联系电话 021-84658236

开户银行 工行徐汇支行　账号 1102020526782987158　税号 310104712121774

币种 人民币　汇率 1　税率 17.00

备注 销售亮康眼镜5千副有折扣

	仓库名称	存货编码	存货名称	主计量	数量	报价	含税单价	无税单价	无税金额	税额	价税合计	税率（%）	折扣额
1	产成品仓库	10000	亮康眼镜	副	5000.00	200.00	233.20	199.32	996581.20	169418.80	1166000.00	17.00	4000.00

图 7-31　销售专用发票

核的发货单自动生成销售出库单。

(3) 退出。单击“销售专用发票”窗口右上角的“关闭”按钮，关闭该窗口。

【销售部主管赵飞查阅发货单】

(1) 打开“发货单”窗口。在“销售管理”子系统，依次单击“销售发货/发货单”项，系统打开“发货单”窗口。

(2) 查阅发货单。单击工具栏的“上张”按钮，查阅到相应的发货单，可见其已经是审核状态。

(3) 退出。单击“发货单”窗口右上角的“关闭”按钮，关闭该窗口。

5. 场景四的操作步骤

视频网址：http://www.mdmuke.com/mdmk/mod/page/view.php?id=1331

任务说明：仓管部主管李莉审核出库单。

(1) 打开“销售出库单”窗口。在“企业应用平台”的“业务工作”页签中，依次单击“供应链/库存管理/出库业务/销售出库单”项，系统打开“销售出库单”窗口。

(2) 查阅并审核销售出库单。单击工具栏的“末张”按钮，查阅到相应的销售出库单，然后单击工具栏的“审核”按钮，系统弹出信息框提示审核成功，单击“确定”按钮，完成审核工作。

(3) 退出。单击“销售出库单”窗口右上角的“关闭”按钮，关闭该窗口。

6. 场景五的操作步骤

视频网址：http://www.mdmuke.com/mdmk/mod/page/view.php?id=1332

任务说明：财务部会计张兰进行应收审核、制单以及结转销售成本。

【财务部会计张兰进行销售专用发票的应收审核与制单】

(1) 打开应收“单据处理”窗口。在“企业应用平台”的“业务工作”页签下，依次单击“财务会计/应收款管理/应收单据处理/应收单据审核”项，系统弹出“应收单查询条件”对话框，直接单击“确定”按钮，系统打开应收“单据处理”窗口。

(2) 查阅发票。在应收“单据处理”窗口中，双击本笔业务中生成的销售专用发票，系统打开“销售发票”窗口，窗口中默认显示相应的发票。

(3) 审核并制单。单击工具栏的“审核”按钮，系统审核完成并弹出信息框提示“是否立即制单?”单击“是”按钮，系统打开“填制凭证”窗口，并显示已生成的凭证(借记：应收账款，贷记：主营业务收入、销项税额)。

(4) 编辑并保存。先设置“主营业务收入”科目的辅助项的“项目名称”为“亮康眼镜”，然后单击工具栏的“保存”按钮，结果如图 7-32 所示。

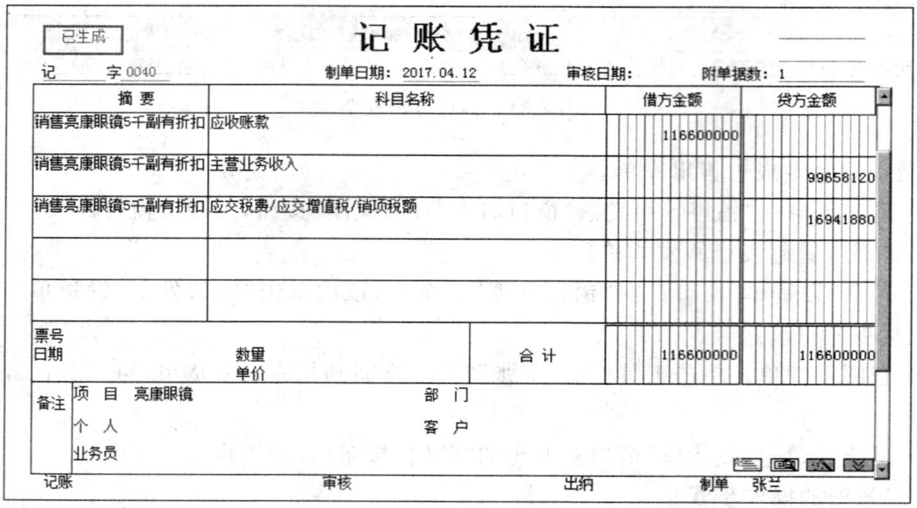

已生成

记账凭证

记 字 0040　制单日期：2017.04.12　审核日期：　附单据数：1

摘要	科目名称	借方金额	贷方金额
销售亮康眼镜5千副有折扣	应收账款	116600000	
销售亮康眼镜5千副有折扣	主营业务收入		99658120
销售亮康眼镜5千副有折扣	应交税费/应交增值税/销项税额		16941880
票号 日期	数量 单价 合计	116600000	116600000

备注　项目　亮康眼镜　部门
个人　客户
业务员

记账　审核　出纳　制单　张兰

图 7-32　销售专用发票制单结果

(5) 退出。单击“填制凭证”“销售专票”和“单据处理”窗口右上角的“关闭”按钮，关闭窗口。

【财务部会计张兰进行销售出库记账】

(1) 打开“未记账单据一览表”窗口。在“企业应用平台”的“业务工作”页签下，依次单击“供应链/存货核算/业务核算/正常单据记账”项，系统弹出“查询条件选择”对话框，直接单击该对话框的“确定”按钮，系统打开“未记账单据一览表”窗口。

(2) 销售出库记账。在“未记账单据一览表”窗口中，选中本业务生成的销售发票，然后单击工具栏的“记账”按钮，系统弹出信息框提示记账成功，单击“确定”按钮，完成记账工作。

(3) 退出。单击“未记账单据一览表”窗口右上角的“关闭”按钮，退出当前窗口。

【财务部会计张兰进行销售出库制单】

(1) 打开“生成凭证”窗口。在“存货核算”子系统，依次单击“财务核算/生成凭证”项，系统打开“生成凭证”窗口。

(2) 打开“选择单据”窗口。单击工具栏的“选择”按钮，在系统弹出的“查询条件”对话框中，直接单击“确定”按钮，系统退出对话框并打开“选择单据”窗口。

(3) 生成存货凭证。

① 选择销售发票。在“选择单据”窗口中，选中本业务生成的销售发票，然后单击工具栏的“确定”按钮，系统返回“生成凭证”窗口。

② 生成并保存凭证。单击工具栏的“生成”按钮，系统打开“填制凭证”窗口，并默认显示了本业务销售的存货相关信息(借记：主营业务成本，贷记：库存商品)。

(4) 编辑存货凭证。在“填制凭证”窗口中，修改“主营业务成本”和“库存商品”的辅助项的“项目名称”为“亮康眼镜”，其他项默认。

(5) 保存。单击工具栏的“保存”按钮，保存该凭证，结果如图 7-33 所示。

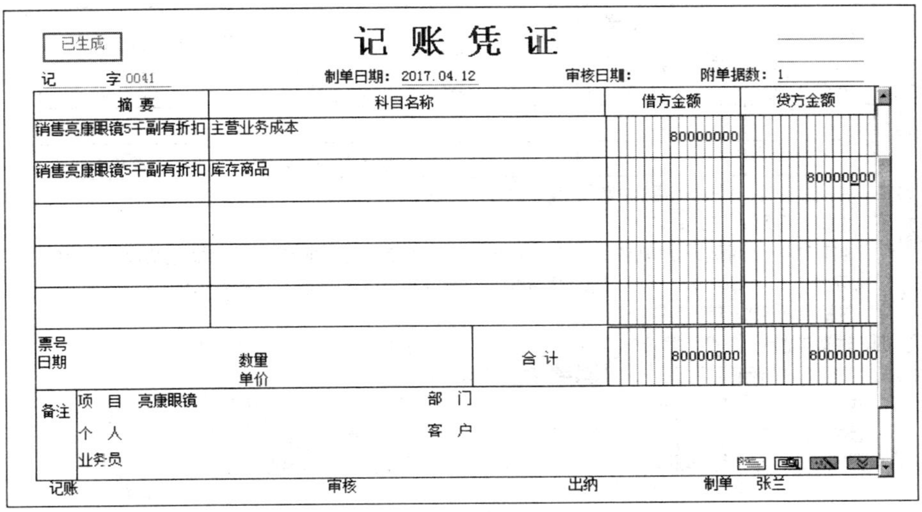

已生成

记账凭证

记 字 0041　　制单日期：2017.04.12　　审核日期：　　附单据数：1

摘要	科目名称	借方金额	贷方金额
销售亮康眼镜5千副有折扣	主营业务成本	80000000	
销售亮康眼镜5千副有折扣	库存商品		80000000
票号 日期　数量 单价	合计	80000000	80000000

备注　项目 亮康眼镜　部门　个人　客户　业务员

记账　审核　出纳　制单 张兰

图 7-33　存货出库凭证

(6) 退出。单击“填制凭证”和“生成凭证”窗口右上角的“关闭”按钮，关闭窗口。

7.4 分期收款业务(现结)

分期收款业务是指商品已经售出，但货款分期收回的一种销售方式。分期收款业务只能先发货后开票，不能开票直接发货。在用友 ERP-U8 中，该业务需要在填制销售报价单、销售订单时，选择“业务类型”为“分期收款”。

7.4.1 业务概述与分析

4 月 12 日，光明公司向批发部订购亮康眼镜 10 000 副，要求分期收款，批发部与其签订销售合同(合同编号 XS004，相应单据可参见图 7-34)，以 200 元/副(无税单价)成交，税率 17%。合同规定当日发货，分两次收款。案例公司当日全部发出货物，并开具 6000 副的增值税发票(票号为 81306804，相应单据可参见图 7-35)，价税合计 1 404 000 元。当日收到以转账支票方式(票号 22586711，相应的银行进账单可参见图 7-36)转入的价税款 1 404 000 元。

4 月 13 日，案例公司依据 XS004 合同，开具 4000 副亮康眼镜的增值税发票(票号为 81306805，相应单据可参见图 7-37)，价税合计 936 000 元。当日收到以转账支票(票号 22586712，相应的银行进账单可参见图 7-38)方式转入的价税款 936 000 元。

购 销 合 同

合同编号：XS004

卖方：北京亮康眼镜有限公司

买方：北京光明眼镜公司

为保护买卖双方的合法权益，买卖双方根据《中华人民共和国合同法》的有关规定，经友好协商，一致同意签订本合同，共同遵守。

一、货物的名称、数量及金额

货物的名称	规格型号	计量单位	数量	单 价（不含税）	金 额（不含税）	税率	价税合计
亮康眼镜		副	10000	200.00	2000000.00	17%	2340000.00
合计					￥2000000.00		￥2340000.00

二、合同总金额：人民币贰佰叁拾肆万元整（￥2340000.00）。

三、付款时间及付款方式：

付款时间：分两次开票和收款。签订合同当日，买方向卖方支付六成货款，即人民币壹佰肆拾万零肆仟元整（￥1404000.00）；第二天支付剩余货款人民币玖拾叁万陆仟元整（￥936000.00）。

付款结算方式：转账支票

四、时间与地点：交货时间为2017年4月12日　　交货地点：北京光明眼镜公司

五、发运方式与运输费用承担方式：运输费用由买方承担。

卖　方：北京亮康眼镜有限公司　　买　方：北京光明眼镜公司

授权代表：夏于　　授权代表：孙婷

日期：2017年4月12日　　日期：2017年4月12日

图 7-34　XS004 合同的单据

1100163320　　**北京增值税专用发票**　　No 81306804

此联不作报销、扣税凭证使用　　开票日期：2017年4月12日

税总函[2016]362号北京市印钞有限公司

购买方	名　　称：北京光明眼镜公司 纳税人识别号：200106653865885 地 址、电 话：北京海淀学院路1号 开户行及账号：中国工商银行海淀支行支行 6227000526782987908					密码区	
货物或应税劳务名称	规格型号	单位	数量	单价	金额	税率	税额
亮康眼镜		副	6000	200.00	1200000.00	17%	204000.00
合　计					￥1200000.00		￥204000.00
价税合计（大写）	⊗壹佰肆拾万零肆仟元整				（小写）￥1404000.00		
销售方	名　　称：北京亮康眼镜有限公司 纳税人识别号：1101082121202 地 址、电 话：北京市昌平区昌平路78号，电话：010-60228226 开户行及账号：中国工商银行北京市昌平支行 1102020526782987908					备注	

第一联：记账联　销货方记账凭证

收款人：（略）　　复核：（略）　　开票人：（略）　　销售方：（章）

图 7-35　第一期发票

中国工商银行进账单（收账通知）

2017 年 4 月 12 日

付款人	全　称	北京光明眼镜公司	收款人	全称	北京亮康眼镜有限公司
	账　号	6227000526782987908		账号	11020205267829879O8
	开户银行	中国工商银行上海市海淀支行		开户银行	中国工商银行北京市昌平支行

金额	人民币（大写）壹佰肆拾万零肆仟元整	亿	千	百	十	万	千	百	十	元	角	分
			¥	1	4	0	4	0	0	0	0	0

票据种类	转账支票	票据张数	1	
票据号码	22586711			
复　核（略）		记账（略）		收款人开户银行盖章

此联是收款人开户银行交给收款人的收账通知

图 7-36　第一期银行进账单

北京增值税专用发票　　No 81306805

1100163320

此联不作报销、扣税凭证使用　　开票日期：2017 年 4 月 13 日

购买方	名　　称：北京光明眼镜公司 纳税人识别号：200106653865885 地 址、电 话：北京海淀学院路 1 号 开户行及账号：中国工商银行海淀支行 6227000526782987908	密码区	

货物或应税劳务名称	规格型号	单位	数量	单价	金额	税率	税额
亮康眼镜		副	4000	200.00	800000.00	17%	136000.00
合　计					¥800000.00		¥136000.00
价税合计（大写）	⊗玖拾叁万陆仟元整				（小写）¥936000.00		

销售方	名　　称：北京亮康眼镜有限公司 纳税人识别号：1101082121202 地 址、电 话：北京市昌平区昌平路 78 号，电话：010-60228226 开户行及账号：中国工商银行北京市昌平支行 11020205267829879O8	备注	

收款人：（略）　　复核：（略）　　开票人：（略）　　销售方：（章）

税总函[2016]362 号北京市印钞有限公司

第一联：记账联　销货方记账凭证

图 7-37　第二期发票

中国工商银行进账单（收账通知）

2017 年 4 月 13 日

付款人	全　称	北京光明眼镜公司	收款人	全称	北京亮康眼镜有限公司
	账　号	6227000526782987908		账号	11020205267829879O8
	开户银行	中国工商银行上海市海淀支行		开户银行	中国工商银行北京市昌平支行

金额	人民币（大写）玖拾叁万陆仟元整	亿	千	百	十	万	千	百	十	元	角	分
			¥		9	3	6	0	0	0	0	0

票据种类	转账支票	票据张数	1	
票据号码	22586712			
复　核（略）		记账（略）		收款人开户银行盖章

此联是收款人开户银行交给收款人的收账通知

图 7-38　第二期银行进账单

本笔业务是分期收款业务，即先全部发货，再分期开票和确认收入、成本，需要填制并审核销售订单和发货单，审核出库单；填制并复核第一期的销售发票，进行第一期的应收确认，发出商品成本结转，以及进行第一期的销售成本结转；填制并复核第二期的销售发票，进行

第二期的应收确认与销售成本结转。

7.4.2 虚拟业务场景

人物：赵飞——销售部主管。

夏于——批发部职员。

孙婷——光明公司采购部采购员。

李莉——仓管部主管。

张兰——财务部会计。

曾志伟——财务部主管。

场景一：签订销售合同，销售部填制并审核销售订单。

孙婷：您好！我是光明公司的采购员孙婷。

夏于：孙女士您好！

孙婷：我们今天需要1万副亮康眼镜，有货吗？

夏于：我先看看存货。（查询现存量。）有现货，还是给您最低价200元每副吧。

孙婷：好的。但能做分期收款吗？我们希望今天只确认6千副的销售，明天再确认剩余4千副的销售就好了。

夏于：没问题。那我们把合同签了，我安排仓管部尽快给您发货。

孙婷：好的。

（夏于填制销售订单。）

夏于：赵总，今天光明公司订货1万副亮康眼镜，要求分期确认销售，订单我填好了，请您审核。

赵飞：好的，你辛苦了。（审核完成。）要求今天就发货？那你尽快填制发货单吧。

夏于：好的。

场景二：销售发货，销售部夏于填制发货单，赵飞审核。

（夏于填制当天的销售发货单。）

夏于：赵总，光明公司的今天需要的发货单我填好了，请您审核。

赵飞：好的。（审核完成。）麻烦你通知仓管部尽快发货。

夏于：没问题。

场景三：销售出库，销售部夏于发站内信通知仓管部发货，李莉审核出库单。

夏于：光明公司的发货单已经准备好，请尽快发出1万副亮康眼镜。

李莉：好的，我们马上准备。

（仓管部出库完成后，李莉审核出库单。）

场景四：发出商品成本结转。

曾志伟：小张，今天销售部完成了一笔分期收款销售的发货业务，麻烦做一下发出商品成本结转。

张兰：好的，我现在就处理。（进行发出商品成本结转。）

场景五：第一期开票，销售部夏于填制第一期的增值税发票并现结，主管赵飞复核。

（夏于填制销售专用发票完成。）

夏于：赵总，我已经按照要求填制了6千副亮康眼镜的销售发票，请您复核。

赵飞：好的。(复核完成。)

场景六：第一期的应收确认，财务部完成业务操作。

曾志伟：小张，今天销售部已经完成分期收款的第一期业务，麻烦做一下应收确认和销售成本结转。

张兰：好的，我现在就处理。(进行第一期应收确认和销售成本结转。)

场景七：第二期开票，销售部填制、现结并复核销售专用发票。

(夏于填制并现结第二期 4000 副眼镜的销售专用发票。)

(赵飞复核第二期的销售专用发票。)

场景八：财务部完成第二期的应收确认和销售成本结转。

(张兰进行第二期的应收审核与制单、销售成本结转。)

7.4.3 操作指导

1. 操作流程

图 7-39 是本业务的操作流程。

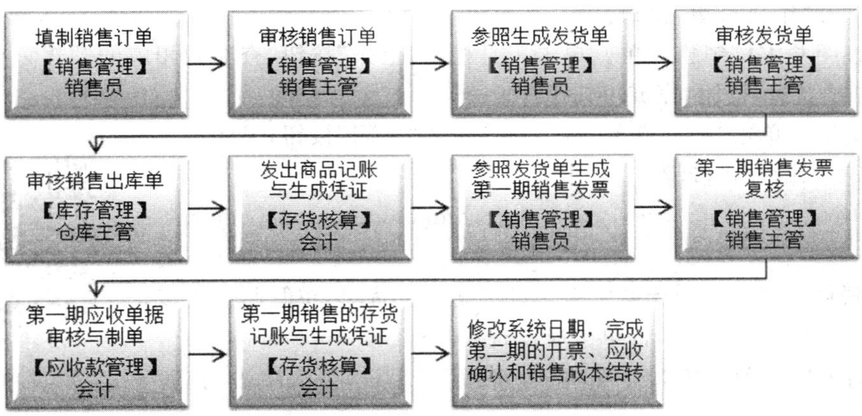

图 7-39 本业务的操作流程

请确认系统日期和业务日期为 2017 年 4 月 12 日。

2. 场景一的操作步骤

视频网址：http://www.mdmuke.com/mdmk/mod/page/view.php?id=1333

任务说明：销售批发部职员夏于填制销售订单，主管赵飞审核。

【批发部职员夏于填制销售订单】

(1) 打开"销售订单"窗口。在"企业应用平台"的"业务工作"页签中，依次单击"供应链/销售管理/销售订货/销售订单"项，系统打开"销售订单"窗口。

(2) 编辑销售订单。单击工具栏的"增加"按钮，新增一张销售订单，然后做如下编辑：

① 编辑表头。修改"订单号"为 XS004，选择"业务类型"为"分期收款"，参照生成"客户简称"为"光明公司"，"销售部门"为"批发部"，"业务员"为"夏于"，"备注"为"销售亮康眼镜

1 万副分期收款”，其他项默认。

② 编辑表体。参照生成“存货名称”为“亮康眼镜”，“数量”为 10 000，其他项默认。

(3) 保存。单击工具栏的“保存”按钮，保存该单据，结果如图 7-40 所示。

销售订单

打印模版 销售订单打印

表体排序

合并显示 □

订单号 XS004　订单日期 2017-04-12　业务类型 分期收款

销售类型 批发销售　客户简称 光明公司　付款条件

销售部门 批发部　业务员 夏于　税率 17.00

币种 人民币　汇率 1　定金原币金额 0.00　备注 销售亮康眼镜1万副分期收款

	存货编码	存货名称	主计量	数量	报价	含税单价	无税单价	无税金额	税额	价税合计	税率(%)
1	10000	亮康眼镜	副	10000.00	200.00	234.00	200.00	2000000.00	340000.00	2340000.00	17.00

图 7-40　销售订单

(4) 退出。单击“销售订单”窗口右上角的“关闭”按钮，关闭该窗口。

【销售部主管赵飞审核销售订单】

(1) 打开“销售订单”窗口。

(2) 查阅并审核销售订单。单击工具栏的“上张”按钮，查阅到相应的销售订单，然后单击工具栏的“审核”按钮，完成审核工作。

(3) 退出。单击“销售订单”窗口右上角的“关闭”按钮，关闭该窗口。

3. 场景二的操作步骤

视频网址：http://www.mdmuke.com/mdmk/mod/page/view.php?id=1334

任务说明：销售部夏于参照销售订单生成发货单，主管赵飞审核。

【批发部职员夏于参照订单生成发货单】

(1) 打开“发货单”窗口。在“销售管理”子系统，依次单击“销售发货/发货单”项，系统打开“发货单”窗口。

(2) 参照销售订单生成发货单。

① 打开“参照生单”窗口。单击工具栏的“增加”按钮，系统弹出“查询条件选择—参照订单”对话框，此时其“业务类型”为“普通销售”，单击其“取消”按钮，系统返回“发货单”窗口，然后编辑发货单表头的“业务类型”为分期收款，再单击工具栏的“订单”按钮，系统再次弹出“查询条件选择—参照订单”对话框，此时其“业务类型”为“分期收款”；然后单击对话框的“确定”按钮，系统打开“参照生单”窗口；

② 复制信息。在“参照生单”窗口的上窗格中，双击要选择的销售订单(订单编号为 XS004)所对应的“选择”栏，再单击工具栏的“确定”按钮，系统返回“发货单”窗口，此时相关的信息已经有默认值。

(3) 保存。单击工具栏的“保存”按钮，保存该发货单，结果如图 7-41 所示。

(4) 退出。单击“发货单”窗口右上角的“关闭”按钮，关闭该窗口。

【销售部主管赵飞审核发货单】

(1) 打开“发货单”窗口。

发货单

打印模版 发货单打印模版

表体排序

合并显示 □

发货单号 0000000005　　发货日期 2017-04-12　　业务类型 分期收款
销售类型 批发销售　　订单号 XS004　　发票号
客户简称 光明公司　　销售部门 批发部　　业务员 夏于
发货地址　　发运方式　　付款条件
税率 17.00　　币种 人民币　　汇率 1
备注 销售亮康眼镜1万副分期收款

	仓库名称	存货编码	存货名称	主计量	数量	报价	含税单价	无税单价	无税金额	税额	价税合计	税率(%)	折扣额
1	产成品仓库	10000	亮康眼镜	副	10000.00	200.00	234.00	200.00	2000000.00	340000.00	2340000.00	17.00	0.00

图 7-41　发货单

（2）查阅并审核发货单。单击工具栏的“上张”按钮，查阅到相应的发货单，然后单击工具栏的“审核”按钮，完成审核工作（根据本公司的账套初始设置，系统将自动生成销售出库单）。

（3）退出。单击“发货单”窗口右上角的“关闭”按钮，关闭该窗口。

4. 场景三的操作步骤

视频网址：http://www.mdmuke.com/mdmk/mod/page/view.php?id=1335

任务说明：仓管部主管李莉审核出库单。

（1）打开“销售出库单”窗口。在“企业应用平台”的“业务工作”页签中，依次单击“供应链/库存管理/出库业务/销售出库单”项，系统打开“销售出库单”窗口。

（2）查阅并审核销售出库单。单击工具栏的“末张”按钮，查阅到相应的销售出库单，然后单击工具栏的“审核”按钮，系统弹出信息框提示审核成功，单击“确定”按钮，完成审核工作。

（3）退出。单击“销售出库单”窗口右上角的“关闭”按钮，关闭该窗口。

5. 场景四的操作步骤

视频网址：http://www.mdmuke.com/mdmk/mod/page/view.php?id=1336

任务说明：财务部会计张兰对发出商品进行成本结转。

【财务部会计张兰进行发出商品记账】

（1）打开“未记账单据一览表”窗口。在“企业应用平台”的“业务工作”页签下，依次单击“供应链/存货核算/业务核算/发出商品记账”项，系统弹出“查询条件选择”对话框，直接单击该对话框的“确定”按钮，系统打开“未记账单据一览表”窗口。

（2）出库记账。在“未记账单据一览表”窗口中，选中本业务生成的销售发货单，然后单击工具栏的“记账”按钮，系统弹出信息框提示记账成功，单击“确定”按钮，完成记账工作。

（3）退出。单击“未记账单据一览表”窗口右上角的“关闭”按钮，退出当前窗口。

【财务部会计张兰进行发出商品制单】

（1）打开“生成凭证”窗口。在“存货核算”子系统，依次单击“财务核算/生成凭证”项，系统打开“生成凭证”窗口。

(2) 打开“选择单据”窗口。单击工具栏的“选择”按钮，在系统弹出的“查询条件”对话框中，直接单击“确定”按钮，系统打开“选择单据”窗口。

(3) 生成记账凭证。在“选择单据”窗口中，选中本业务生成的发货单，然后单击工具栏的“确定”按钮，系统退出“选择单据”窗口返回“生成凭证”窗口，单击工具栏的“生成”按钮，系统打开“填制凭证”窗口，并默认显示本业务发货单上相关信息的凭证(借记：发出商品，贷记：库存商品)。

(4) 编辑和保存发货的记账凭证。在“填制凭证”窗口中，修改“摘要”为“发货1万亮康眼镜分期收款”，设置“库存商品”的辅助项的“项目名称”为“亮康眼镜”，然后单击“保存”按钮，结果如图7-42所示。

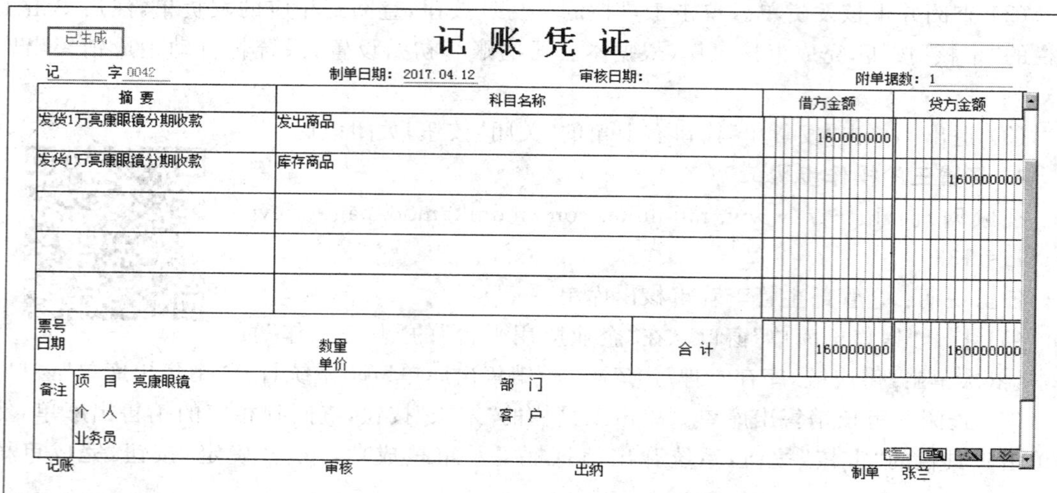

已生成

记账凭证

记 字 0042　制单日期：2017.04.12　审核日期：　附单据数：1

摘要	科目名称	借方金额	贷方金额
发货1万亮康眼镜分期收款	发出商品	160000000	
发货1万亮康眼镜分期收款	库存商品		160000000
票号 日期　数量 单价	合计	160000000	160000000

备注　项目 亮康眼镜　部门
个人　客户
业务员

记账　审核　出纳　制单 张兰

图7-42　发出商品凭证

6. 场景五的操作步骤

视频网址：http://www.mdmuke.com/mdmk/mod/page/view.php?id=1337

任务说明：批发部夏于参照发货单生成第一期的销售专用发票，主管赵飞复核。

【批发部职员夏于参照生成并现结销售专用发票】

(1) 打开“销售专用发票”窗口。在“销售管理”子系统，依次单击“销售开票/销售专用发票”项，系统打开“销售专用发票”窗口。

(2) 参照发货单生成销售专用发票。

① 打开“参照生单”窗口。单击工具栏的“增加”按钮，系统弹出“查询条件选择—发票参照发货单”对话框，选择其“业务类型”为“分期收款”，然后单击“确定”按钮，系统打开“参照生单”窗口。

② 复制信息。在“参照生单”窗口的上窗格中，选中相应的发货单，然后单击工具栏的“确定”按钮，返回“销售专用发票”窗口。

(3) 编辑并保存销售专用发票。编辑表头的“发票号”为81306804、“备注”为“销售亮康眼镜1万副收款6千副”，修改表体“数量”为6000，其他项默认。单击工具栏的“保存”按钮，保存该发票，结果可参见图7-43。

(4) 现结。在“销售专用发票”窗口，单击工具栏的“现结”按钮，系统打开“销售现结”对话框，在该对话框的表体部分，选择“结算方式”为“转账支票”，输入相应的“原币金额”1 404 000，输入“票据号”为22586711，然后单击对话框的“确定”按钮返回“专用发票”窗口，此时窗口左上方出现“现结”字样，结果如图7-43所示。

现结

销售专用发票

打印模版 销售专用发票打印模

表体排序

合并显示 □

发票号 81306804　开票日期 2017-04-12　业务类型 分期收款

销售类型 批发销售　订单号 XS004　发货单号 0000000005

客户简称 光明公司　销售部门 批发部　业务员 夏于

付款条件　客户地址 北京海淀学院路1号　联系电话 010-62338229

开户银行 工行海淀支行　账号 6227000526782987908　税号 200106653865885

币种 人民币　汇率 1　税率 17.00

备注 销售亮康眼镜1万副收款6千副

	仓库名称	存货编码	存货名称	主计量	数量	报价	含税单价	无税单价	无税金额	税额	价税合计	税率(%)	折扣额
1	产成品仓库	10000	亮康眼镜	副	6000.00	200.00	234.00	200.00	1200000.00	204000.00	1404000.00	17.00	0.00

图7-43　第一期销售专用发票

(5) 退出。单击“销售专用发票”窗口右上角的“关闭”按钮，关闭该窗口。

【销售部主管赵飞复核销售专用发票】

(1) 打开“销售专用发票”窗口。

(2) 查阅并复核销售专用发票。单击工具栏的“上张”按钮，查阅到相应的销售专用发票，然后单击工具栏的“复核”按钮，完成复核工作。

(3) 退出。单击“销售专用发票”窗口右上角的“关闭”按钮，关闭该窗口。

7. 场景六的操作步骤

视频网址：http://www.mdmuke.com/mdmk/mod/page/view.php?id=1338

任务说明：财务部会计张兰对第一期的发票进行应收审核与制单，并对第一期的销售发货进行成本结转。

【财务部会计张兰进行销售专用发票的应收审核与制单】

(1) 打开“单据处理”窗口。在“企业应用平台”的“业务工作”页签下，依次单击“财务会计/应收款管理/应收单据处理/应收单据审核”项，系统弹出“应收单查询条件”对话框，增加勾选“包括已现结发票”复选框，然后单击“确定”按钮，系统打开应收“单据处理”窗口。

(2) 查阅发票。在应收“单据处理”窗口中，双击本笔业务中生成的销售专用发票，系统打开“销售发票”窗口，窗口中默认显示相应的发票。

(3) 审核并制单。单击工具栏的“审核”按钮，系统审核完成并弹出信息框提示“是否立即制单?”单击“是”按钮，系统打开“填制凭证”窗口，并默认显示凭证的信息(借记：工行存款，贷记：主营业务收入、销项税额)。

(4) 编辑并保存。先设置“主营业务收入”科目的辅助项的“项目名称”为“亮康眼镜”，然后单击工具栏的“保存”按钮，结果如图 7-44 所示。

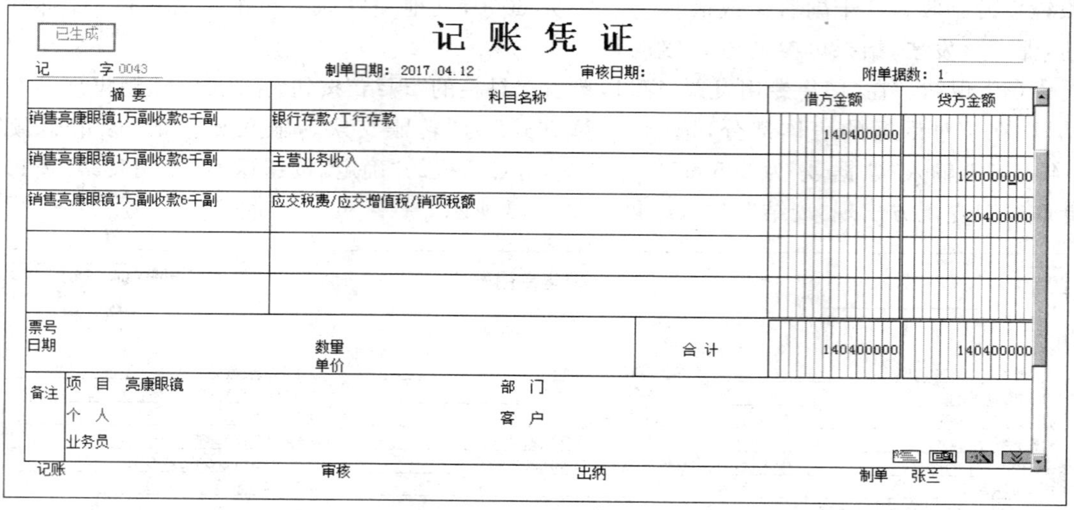
已生成

记账凭证

记 字 0043　　制单日期：2017.04.12　　审核日期：　　附单据数：1

摘要	科目名称	借方金额	贷方金额
销售亮康眼镜1万副收款6千副	银行存款/工行存款	140400000	
销售亮康眼镜1万副收款6千副	主营业务收入		120000000
销售亮康眼镜1万副收款6千副	应交税费/应交增值税/销项税额		20400000
票号 日期	数量 单价　合计	140400000	140400000

备注　项目　亮康眼镜　　部门

个人　　客户

业务员

记账　　审核　　出纳　　制单　张兰

图 7-44　第一期销售专用发票制单结果

（5）退出。单击“填制凭证”“销售专用发票”和“单据处理”窗口右上角的“关闭”按钮，关闭窗口。

【财务部会计张兰进行销售出库记账】

（1）打开“未记账单据一览表”窗口。在“企业应用平台”的“业务工作”页签下，依次单击“供应链/存货核算/业务核算/发出商品记账”菜单项，系统弹出“查询条件选择”对话框，直接单击该对话框的“确定”按钮，系统打开“未记账单据一览表”窗口。

（2）出库记账。在“未记账单据一览表”窗口中，选中本业务生成的销售发货单和销售发票，然后单击工具栏的“记账”按钮，系统弹出信息框提示记账成功，单击“确定”按钮，完成记账工作。

（3）退出。单击“未记账单据一览表”窗口右上角的“关闭”按钮，退出当前窗口。

【财务部会计张兰进行销售出库制单】

（1）打开“生成凭证”窗口。在“存货核算”子系统，依次单击“财务核算/生成凭证”项，系统打开“生成凭证”窗口。

（2）打开“选择单据”窗口。单击工具栏的“选择”按钮，在系统弹出的“查询条件”对话框中，直接单击“确定”按钮，系统打开“选择单据”窗口。

（3）生成记账凭证。在“选择单据”窗口中，选中本业务生成的发货单和销售发票，然后单击工具栏的“确定”按钮，系统退出“选择单据”窗口返回“生成凭证”窗口，单击工具栏的“生成”按钮，系统打开“填制凭证”窗口，并默认显示凭证信息(借记：主营业务成本，贷记：发出商品)。

（4）编辑和保存发票的记账凭证。修改“主营业务成本”辅助项的“项目名称”为亮康眼镜，然后单击“保存”按钮，结果如图 7-45 所示。

（5）退出。单击“填制凭证”和“生成凭证”窗口右上角的“关闭”按钮，退出窗口。

请确认系统日期和业务日期为 2017 年 4 月 13 日。

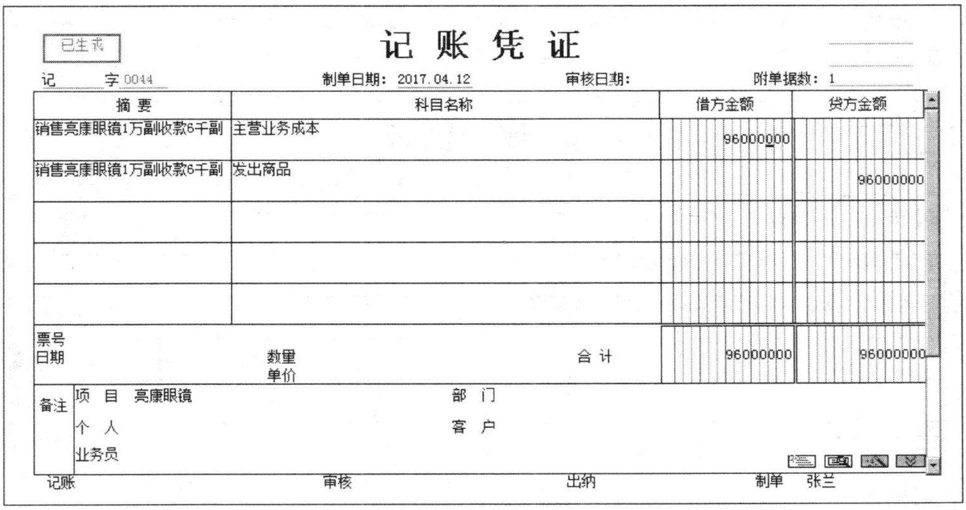

已生效

记 账 凭 证

记　字 0044　　制单日期：2017.04.12　　审核日期：　　附单据数：1

摘要	科目名称	借方金额	贷方金额
销售亮康眼镜1万副收款6千副	主营业务成本	96000000	
销售亮康眼镜1万副收款6千副	发出商品		96000000
票号 日期　　数量 单价	合计	96000000	96000000

备注　项　目　亮康眼镜　　部　门

个　人　　客　户

业务员

记账　　审核　　出纳　　制单　张兰

图 7-45　第一期销售出库凭证

8. 场景七的操作步骤

视频网址： http://www.mdmuke.com/mdmk/mod/page/view.php?id=1339

任务说明： 批发部夏于参照发货单生成第二期的销售专用发票，主管赵飞复核。

本场景中相关任务的操作步骤，请参见本节的"6. 场景五的操作步骤"（请注意修改"发票号"为 81306805，"备注"为"销售亮康眼镜 1 万副收款 4 千副"，并确认发票表体的"数量"为 4000，现结时转账支票号为 22586712，金额为 936 000 元，其余的相同），在此不再赘述，结果如图 7-46 所示。

现结

销售专用发票

打印模版　销售专用发票打印

表体排序　　　　合并显示 □

发票号 81306805	开票日期 2017-04-13	业务类型 分期收款
销售类型 批发销售	订单号 XS004	发货单号 0000000005
客户简称 光明公司	销售部门 批发部	业务员 夏于
付款条件	客户地址 北京海淀学院路1号	联系电话 010-62338229
开户银行 工行海淀支行	账号 6227000526782987908	税号 200106653865885
币种 人民币	汇率 1	税率 17.00
备注 销售亮康眼镜1万副收款4千副		

	仓库名称	存货编码	存货名称	主计量	数量	报价	含税单价	无税单价	无税金额	税额	价税合计	税率（%）	折扣额
1	产成品仓库	10000	亮康眼镜	副	4000.00	200.00	234.00	200.00	800000.00	136000.00	936000.00	17.00	0.00

图 7-46　第二期销售发票

9. 场景八的操作步骤

视频网址： http://www.mdmuke.com/mdmk/mod/page/view.php?id=1340

任务说明： 财务部会计张兰对第二期的发票进行应收审核与制单、销售成本结转。

本场景中相关任务的操作步骤请参见本节的“7. 场景六的操作步骤”，结果如图 7-47 和图 7-48 所示。

已生成

记 账 凭 证

记 字 0045　　制单日期：2017.04.13　　审核日期：　　附单据数：1

摘要	科目名称	借方金额	贷方金额
销售亮康眼镜1万副收款4千副	银行存款/工行存款	93600000	
销售亮康眼镜1万副收款4千副	主营业务收入		80000000
销售亮康眼镜1万副收款4千副	应交税费/应交增值税/销项税额		13600000
票号 日期	数量 单价 合计	93600000	93600000

备注　项 目 亮康眼镜　　部 门

个 人　　客 户

业务员

记账　　审核　　出纳　　制单 张兰

图 7-47　第二期销售发票制单结果

已生成

记 账 凭 证

记 字 0046　　制单日期：2017.04.13　　审核日期：　　附单据数：1

摘要	科目名称	借方金额	贷方金额
销售亮康眼镜1万副收款4千副	主营业务成本	64000000	
销售亮康眼镜1万副收款4千副	发出商品		64000000
票号 日期	数量 单价 合计	64000000	64000000

备注　项 目 亮康眼镜　　部 门

个 人　　客 户

业务员

记账　　审核　　出纳　　制单 张兰

图 7-48　第二期销售出库凭证

7.5 委托代销业务

委托代销业务指企业将商品委托他人进行销售，但商品所有权仍归本企业的销售方式。委托代销的特点是：受托方只是一个代理商，委托方将商品发出后，所有权并未转移给受托方，因此商品所有权上的主要风险和报酬仍在委托方。只有在受托方将商品售出后，商品所有权上的主要风险和报酬才转移出委托方。所以，企业采用委托代销方式销售商品时，应在受托方售出商品并取得受托方提供的代销清单时才确认销售收入。

委托代销业务只能先发货后开票，不能开票直接发货。

委托代销商品销售后，受托方与企业进行结算，并开具正式的销售发票，形成销售收入。在用友 ERP-U8 系统中，委托代销结算之后，系统自动生成发票。

7.5.1 业务概述与分析

4 月 13 日，批发部委托同方公司销售亮康眼镜 4000 副，订单号为 WT001（相应单据可参见图 7-49）。合同规定，每月 15 日清算一次，统一的销售定价为无税单价 200 元，税率 17%；代销手续费为不含税货款的 10%。委托代销的商品当日从案例公司产成品仓库发出。

商品代销合同　　　　合同编号：WT001

委托方：北京亮康眼镜有限公司

受托方：北京同方眼镜公司

为保护委托方和受托方的合法权益，委托方与受托方根据《中华人民共和国合同法》的有关规定，经友好协商，一致同意签订本合同，共同遵守。

一、货物的名称、数量及金额

货物的名称	规格型号	计量单位	数量	单价（不含税）	金额（不含税）	税率	价税合计
亮康眼镜		副	4000	200.00	800000.00	17%	936000.00
合计					￥800000.00		￥936000.00

二、委托代销方式：

采用收手续费的方式由委托方委托受托方代销货物，即受托方只能按照合同规定的价格进行销售。受托方将代销的商品销售后，按总价款（不含增值税）的10%给予受托方手续费，商品销售款归委托方所有。

三、合同总金额：人民币玖拾叁万陆仟元整（￥936000.00）。

四、付款时间及付款方式：

根据代销商品销售情况，每月15日受托方向委托方发送代销清单并进行月结。付款方式：转账支票

五、交货时间与交货地点：交货时间为签订合同当日，交货地点：北京同方眼镜公司。

六、如受托方没有将商品售出时可以将商品退回给委托方，或受托方因代销商品出现亏损时可以要求委托方补偿。

七、发运方式与运输费用承担方式：由委托方送货，运输费用由委托方承担。

委托方：北京亮康眼镜有限公司　　　　受托方：北京同方眼镜公司

授权代表：夏于　　　　授权代表：赵飞

日期：2017年4月13日　　　　日期：2017年4月13日

图 7-49　WT001 合同的单据

4 月 15 日，案例公司根据同方公司发来的代销售出清单（相应单据可参见图 7-50）开具销售专用发票（票号为 83306806，相应单据可参见图 7-51），发票上载明已销售亮康眼镜 2000 副，结算价 200 元/副，税率为 17%，价税合计 468 000 元。案例公司尚未收到手续费发票和代销货款。

备注：本业务的代销手续费发票和货款将在 8.4 节处理，相应的操作包括应付手续费的红字应收单填制、审核、制单以及应收核销。

案例公司的委托代销成本是按发出商品核算（详见 3.3.1 节），本笔业务是委托代销的发货出库和结算业务，故需要填制并审核委托代销的订单和发货单，审核出库单，进行发出商品成本结转，填制并审核委托代销的结算单、复核销售发票，进行委托销售的应收确认和销售成本结转。

代销商品销售清单

编制单位：北京同方眼镜公司销售部　　　　2017 年 4 月 15 日

编　码	产品名称	规　格	单　位	单　价	数　量	金　额	备　注
003	亮康眼镜		副	200.00	2000	468000.00	
合　计						￥468000.00	

制单人：略

图 7-50　销售清单

1100163320　　**北京增值税专用发票**　　**No** 83306806

此联不作报销、扣税凭证使用　　开票日期：2017 年 4 月 15 日

税总函[2016]362 号北京市印钞有限公司

购买方	名　　称：北京同方眼镜公司 纳税人识别号：200121554863995 地 址、电 话：北京海淀成府路 3 号 开户行及账号：中国光大银行北京市海淀支行 622700052678298797 3					密码区	
货物或应税劳务名称	规格型号	单位	数量	单价	金额	税率	税额
亮康眼镜		副	2000	200.00	400000.00	17%	68000.00
合　　计					￥400000.00		￥68000.00
价税合计（大写）	⊗肆拾陆万捌仟元整				（小写）￥468000.00		
销售方	名　　称：北京亮康眼镜有限公司 纳税人识别号：110108212120 2 地 址、电 话：北京市昌平区昌平路 78 号，电话：010-60228226 开户行及账号：中国工商银行北京市昌平支行 110202052678298790 8					备注	

第一联：记账联　销货方记账凭证

收款人：（略）　　复核：（略）　　开票人：（略）　　销售方：（章）

图 7-51　发票

7.5.2　虚拟业务场景

人物：夏于——批发部职员。

赵飞——销售部主管。

李莉——仓管部主管。

曾志伟——财务部主管。

张兰——财务部会计。

场景一：委托代销合同，销售部填制委托代销销售订单并审核。

赵飞：小夏，我们委托同方公司代销我们的亮康眼镜 4000 副，今天发货出库，没有问题吧？

夏于：没有问题，我尽快填制完成该订单。

（夏于填制委托代销订单完毕。）

夏于：赵总，同方公司的委托代销订单我已经填制好，麻烦您审核。

赵飞：好的，没问题。（审核完成。）

场景二：委托代销发货，销售部填制并审核发货单。

夏于：赵总，委托代销发货单我已经填制好，麻烦您审核。

赵飞：好的，没问题。

场景三：委托代销商品出库，仓管部审核出库单。

夏于：李总您好，请仓管部发 4000 副亮康眼镜给咱们的受托方——同方公司，今天能完成吗？

李莉：没问题，我们马上准备。

（仓管部出库完成后，李莉审核出库单。）

场景四：财务部进行委托代销商品出库的成本结转。

曾志伟：小张，今天有一笔委托代销发出商品，需要你做一些成本结转。

张兰：好的，马上完成。（委托代销发出商品成本结转。）

场景五：委托代销结算，销售部填制并审核委托代销结算单，复核委托销售发票。

（夏于根据同方公司发过来的售出清单填制委托代销结算单。）

夏于：赵总，我已经根据同方公司发过来的售出清单填制了委托代销结算单，请您审核结算单，并复核发票。

赵飞：好的。（审核结算单、复核发票完毕。）

场景六：财务部进行委托代销应收确认和销售成本结转。

曾志伟：小张，今天有一笔委托代销的结算发票，麻烦做应收确认和销售成本结转。

张兰：好的，没问题。（应收发票的审核与制单，委托代销销售成本结转。）

7.5.3 操作指导

1. 操作流程图

图 7-52 是本业务的操作流程。

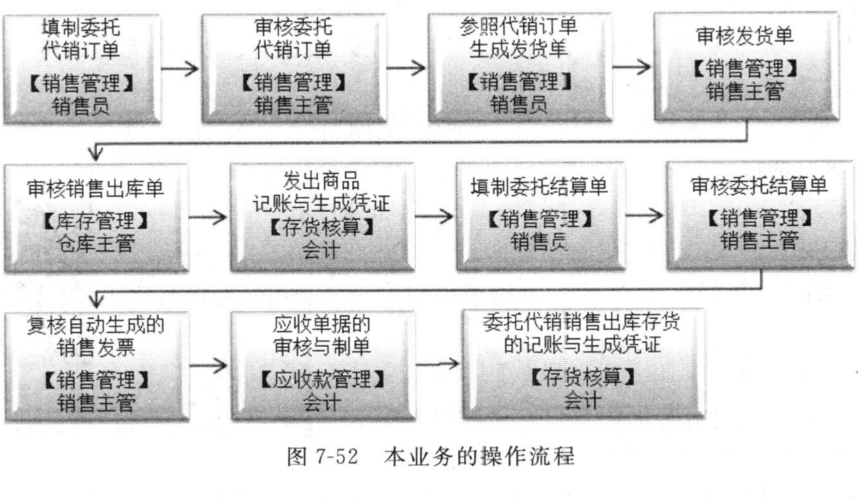

图 7-52　本业务的操作流程

请确认系统日期和业务日期为 2017 年 4 月 13 日。

2. 场景一的操作步骤

视频网址：http://www.mdmuke.com/mdmk/mcd/page/view.php?id=1341

任务说明：销售部职员夏于填制委托代销订单，主管赵飞审核。

【批发部职员夏于填制委托代销订单】

(1) 打开“销售订单”窗口。在“企业应用平台”的“业务工作”页签中,依次单击“供应链/销售管理/销售订货/销售订单”项,系统打开“销售订单”窗口。

(2) 编辑委托代销订单。单击工具栏的“增加”按钮,新增一张销售订单,然后做如下编辑:

① 编辑表头。修改“订单号”为 WT001,选择“业务类型”为“委托代销”,参照生成“客户简称”为“同方公司”,“销售部门”为“批发部”,“业务员”为“夏于”,“备注”为“委托代销亮康眼镜 4000 副”,其他项默认。

② 编辑表体。参照生成“存货名称”为“亮康眼镜”,“数量”为 4000,其他项默认。

(3) 保存。单击工具栏的“保存”按钮,保存该单据,结果如图 7-53 所示。

图 7-53　委托代销订单

(4) 退出。单击“销售订单”窗口右上角的“关闭”按钮,关闭该窗口。

【销售部主管赵飞审核销售订单】

(1) 打开“销售订单”窗口。

(2) 查阅并审核销售订单。单击工具栏的“上张”按钮,查阅到相应的销售订单,然后单击工具栏的“审核”按钮,完成审核工作。

(3) 退出。单击“销售订单”窗口右上角的“关闭”按钮,关闭该窗口。

3. 场景二的操作步骤

视频网址:http://www.mdmuke.com/mdmk/mod/page/view.php?id=1342

任务说明:销售部夏于参照委托代销订单生成发货单,主管赵飞审核。

【批发部职员夏于参照生成发货单】

(1) 打开“委托代销发货单”窗口。在“销售管理”子系统,依次单击“委托代销/委托代销发货单”项,系统打开“委托代销发货单”窗口。

(2) 参照订单生成发货单。单击工具栏的“增加”按钮,系统弹出“查询条件选择—参照订单”对话框,其“业务类型”已经默认为“委托代销”,所以直接单击其“确定”按钮,并在系统打开的“参照生单”窗口的上窗格中,双击要选择的订单(编号为 WT001)所对应的“选择”栏,再单击工具栏的“确定”按钮,系统返回“委托代销发货单”窗口,此时相关的信息已经有默认值。

(3) 确认发货单的相关信息。在“委托代销发货单”窗口,确认表体的“仓库名称”为“产成品仓库”，“数量”为 4000。

（4）保存。单击工具栏的“保存”按钮，保存该单据，结果如图 7-54 所示。

委托代销发货单

打印模版 委托代销发货单打

表体排序

合并显示 □

发货单号 0000000001　发货日期 2017-04-13　业务类型 委托代销

销售类型 批发销售　订单号 WT001　税率 17.00

客户简称 同方公司　销售部门 批发部　业务员 夏于

发货地址　发运方式　付款条件

币种 人民币　汇率 1　备注 委托代销亮康眼镜4000副

	仓库名称	存货编码	存货名称	主计量	数量	报价	含税单价	无税单价	无税金额	税额	价税合计
1	产成品仓库	10000	亮康眼镜	副	4000.00	200.00	234.00	200.00	800000.00	136000.00	936000.00

图 7-54　委托代销发货单

（5）退出。单击“委托代销发货单”窗口右上角的“关闭”按钮，关闭该窗口。

【销售部主管赵飞审核委托代销发货单】

（1）打开“委托代销发货单”窗口。

（2）查阅并审核委托代销发货单。单击工具栏的“上张”按钮，查阅到相应的委托代销发货单，然后单击工具栏的“审核”按钮，完成审核工作（根据案例公司的账套初始设置，系统将自动生成销售出库单）。

（3）退出。单击“委托代销发货单”窗口右上角的“关闭”按钮，关闭该窗口。

4. 场景三的操作步骤

视频网址：http://www.mdmuke.com/mdmk/mod/page/view.php?id=1343

任务说明：仓管部主管李莉审核出库单。

（1）打开“销售出库单”窗口。在“企业应用平台”的“业务工作”页签中，依次单击“供应链/库存管理/出库业务/销售出库单”项，系统打开“销售出库单”窗口。

（2）查阅并审核销售出库单。单击工具栏的“末张”按钮，查阅到相应的销售出库单，然后单击工具栏的“审核”按钮，系统弹出信息框提示审核成功，单击“确定”按钮，完成审核工作。

（3）退出。单击“销售出库单”窗口右上角的“关闭”按钮，关闭该窗口。

5. 场景四的操作步骤

视频网址：http://www.mdmuke.com/mdmk/mod/page/view.php?id=1344

任务说明：财务部会计张兰进行委托代销发出商品成本结转。

【财务部会计张兰进行发出商品记账】

（1）打开“未记账单据一览表”窗口。在“企业应用平台”的“业务工作”页签下，依次单击“供应链/存货核算/业务核算/发出商品记账”项，系统弹出“查询条件选择”对话框，直接单击其“确定”按钮，系统打开“未记账单据一览表”窗口。

（2）发出商品记账。在“未记账单据一览表”窗口中，选中本业务生成的委托代销发货单，然后单击工具栏的“记账”按钮，系统弹出信息框提示记账成功，单击“确定”按钮，完成记账工作。

(3) 退出。单击“未记账单据一览表”窗口右上角的“关闭”按钮，退出当前窗口。

【财务部会计张兰进行发出商品的存货制单】

(1) 打开“生成凭证”窗口。在“存货核算”子系统，依次单击“财务核算/生成凭证”项，系统打开“生成凭证”窗口。

(2) 打开“单据选择”窗口。单击工具栏的“选择”按钮，在系统弹出的“查询条件”对话框中，直接单击“确定”按钮，系统退出对话框并打开“选择单据”窗口。

(3) 生成记账凭证。

① 选择单据。在“选择单据”窗口中，选中本业务生成的委托代销发货单，然后单击工具栏的“确定”按钮，系统退出“选择单据”窗口返回“生成凭证”窗口。

② 生成凭证。在“生成凭证”窗口，单击工具栏的“生成”按钮，系统打开“填制凭证”窗口，并默认显示凭证的信息(借记：发出商品，贷记：库存商品)。

(4) 编辑与保存凭证。修改“库存商品”辅助项的项目名称为“亮康眼镜”，其他项默认，单击工具栏的“保存”按钮，结果如图 7-55 所示。

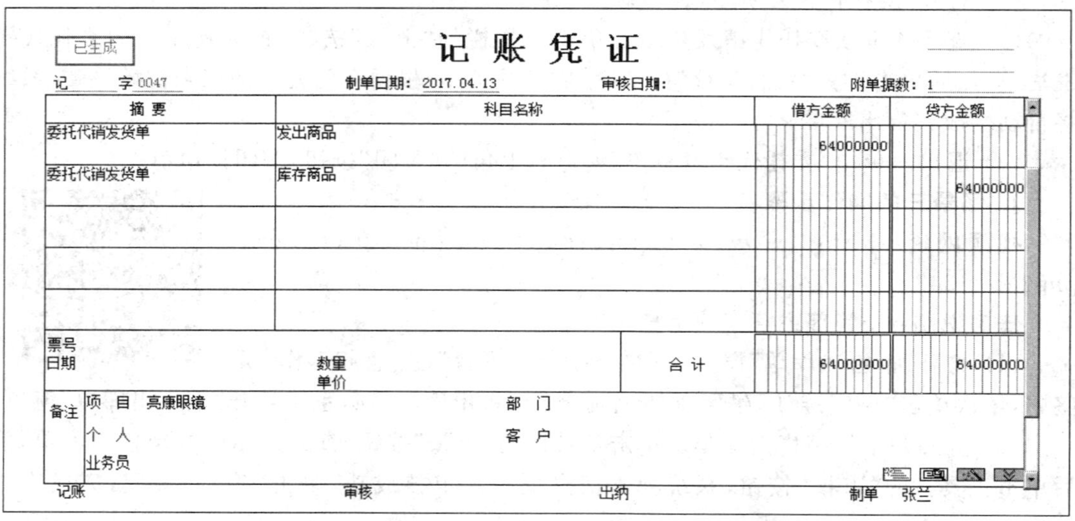

已生成

记账凭证

记 字 0047 制单日期：2017.04.13 审核日期： 附单据数：1

摘要	科目名称	借方金额	贷方金额
委托代销发货单	发出商品	64000000	
委托代销发货单	库存商品		64000000
票号 日期	数量 单价 合计	64000000	64000000

备注 项目 亮康眼镜 部门

个人 客户

业务员

记账 审核 出纳 制单 张兰

图 7-55 委托代销发出商品记账凭证

(5) 退出。单击“填制凭证”和“生成凭证”窗口右上角的“关闭”按钮，退出窗口。

请确认系统日期和业务日期为 2017 年 4 月 15 日。

6. 场景五的操作步骤

视频网址：http://www.mdmuke.com/mdmk/mod/page/view.php?id=1345

任务说明：批发部夏于填制委托代销结算单，主管赵飞审核结算单并复核发票。

【批发部职员夏于参照生成委托代销结算单】

(1) 打开“委托代销结算单”窗口。在“销售管理”子系统，依次单击“委托代销/委托代销结算单”项，系统打开“委托代销结算单”窗口。

（2）参照订单生成结算单。

① 打开"参照生单"窗口。单击工具栏的"增加"按钮，新增一张委托代销结算单，系统弹出"查询条件选择—委托结算参照发货单"对话框，直接单击其"确定"按钮，系统打开"参照生单"窗口。

② 复制信息。在"参照生单"窗口的上窗格中，双击要选择的订单（订单号为 WT001）所对应的"选择"栏，然后单击工具栏的"确定"按钮，系统返回"委托代销结算单"窗口，此时相关的信息已经有默认值。

（3）编辑结算单。在"委托代销结算单"窗口，修改表头的"发票号"为 83306806，"备注"为"委托结算亮康眼镜 2000 副"，编辑表体的"数量"为 2000，其他项默认。

（4）保存。单击工具栏的"保存"按钮，保存该结算单，结果如图 7-56 所示。

委托代销结算单

表体排序

结算单号 0000000001　结算日期 2017-04-15　销售类型 批发销售
客户简称 同方公司　销售部门 批发部　业务员 夏于
付款条件　币种 人民币　汇率 1
税率 17.00　备注 委托结算亮康眼镜2000副　发票号 83306806

	仓库名称	货物编码	存货名称	主计量	数量	报价	含税单价	无税单价	无税金额	税额	价税合计
1	产成品仓库	10000	亮康眼镜	副	2000.00	200.00	234.00	200.00	400000.00	68000.00	468000.00

图 7-56　结算单

（5）退出。单击"委托代销结算单"窗口右上角的"关闭"按钮，关闭该窗口。

【销售部主管赵飞审核委托代销结算单】

（1）打开"委托代销结算单"窗口。

（2）查阅并审核结算单。单击工具栏的"上张"按钮，查阅到相应的结算单，然后单击工具栏的"审核"按钮，系统弹出"请选择发票类型"提示框，选中"专用发票"单选按钮后单击"确定"按钮，系统返回"委托代销结算单"窗口，完成审核工作（委托代销结算单审核时，ERP-U8 系统将自动生成销售专用发票）。

（3）退出。单击"委托代销结算单"窗口右上角的"关闭"按钮，关闭并退出该窗口。

【销售部主管赵飞复核委托代销结算的销售专用发票】

（1）打开"销售专用发票"窗口。在"销售管理"子系统，依次单击"销售开票/销售专用发票"项，系统打开"销售专用发票"窗口。

（2）查阅并复核销售专用发票。单击工具栏的"上张"按钮，查阅到委托代销的销售专用发票，然后单击工具栏的"复核"按钮，完成复核工作，结果如图 7-57 所示。

（3）退出。单击"销售专用发票"窗口右上角的"关闭"按钮，关闭该窗口。

7. 场景六的操作步骤

视频网址：http://www.mdmuke.com/mdmk/mod/page/view.php?id=1346

任务说明：财务部会计张兰进行应收确认和销售成本结转。

销售专用发票

打印模版 销售专用发票

表体排序

合并显示 □

发票号 83306806　开票日期 2017-04-15　业务类型 委托

销售类型 批发销售　订单号 WT001　发货单号 0000000001

客户简称 同方公司　销售部门 批发部　业务员 夏于

付款条件　客户地址 北京海淀成府路3号　联系电话 010-82338278

开户银行 光大银行海淀支行　账号 6227000526782987973　税号 200121554863995

币种 人民币　汇率 1　税率 17.00

备注 委托结算亮康眼镜2000副

	仓库名称	存货编码	存货名称	主计量	数量	报价	含税单价	无税单价	无税金额	税额	价税合计
1	产成品仓库	10000	亮康眼镜	副	2000.00	200.00	234.00	200.00	400000.00	68000.00	468000.00

图 7-57　销售专用发票

【财务部会计张兰进行销售专用发票的应收审核与制单】

(1) 打开应收"单据处理"窗口。在"企业应用平台"的"业务工作"页签下，依次单击"财务会计/应收款管理/应收单据处理/应收单据审核"项，系统弹出"应收单查询条件"对话框，直接单击其"确定"按钮，系统打开应收"单据处理"窗口。

(2) 查阅发票。在应收"单据处理"窗口中，双击本笔业务中生成的销售专用发票，系统打开"销售发票"窗口，窗口中默认显示相应的发票。

(3) 审核并制单。单击工具栏的"审核"按钮，系统审核完成并弹出提示框"是否立即制单?"单击"是"按钮，系统打开"填制凭证"窗口，并默认显示凭证的信息(借记：应收账款，贷记：主营业务收入、销项税额)。

(4) 编辑并保存。先设置"主营业务收入"科目的辅助项的"项目名称"为"亮康眼镜"，然后单击工具栏的"保存"按钮，结果如图 7-58 所示。

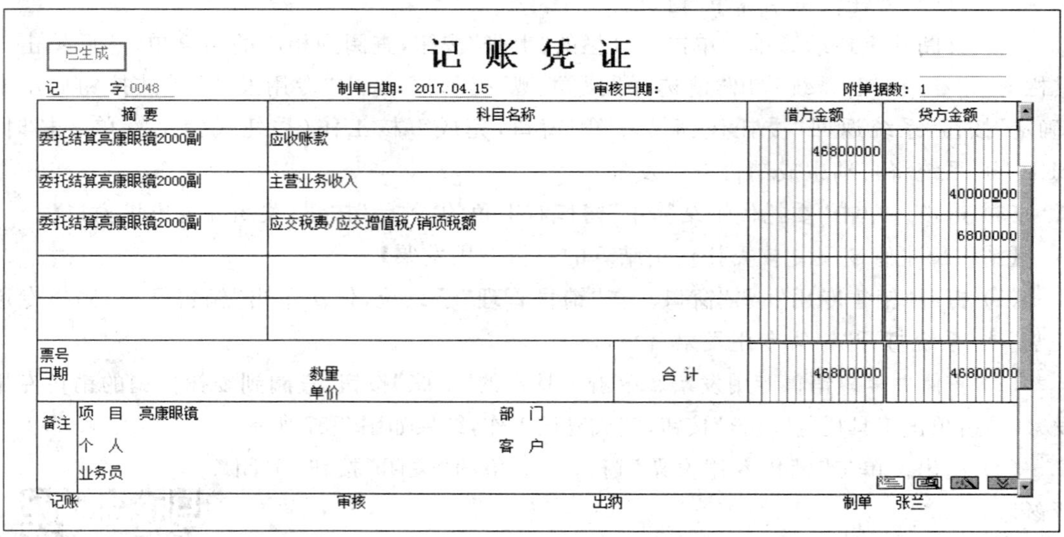

已生成

记 账 凭 证

记　字 0048　制单日期：2017.04.15　审核日期：　附单据数：1

摘要	科目名称	借方金额	贷方金额
委托结算亮康眼镜2000副	应收账款	46800000	
委托结算亮康眼镜2000副	主营业务收入		40000000
委托结算亮康眼镜2000副	应交税费/应交增值税/销项税额		6800000
票号 日期　数量 单价	合计	46800000	46800000

备注　项目 亮康眼镜　部门

个人　客户

业务员

记账　审核　出纳　制单 张兰

图 7-58　销售发票制单结果

(5) 退出。单击"填制凭证""销售发票"和"单据处理"窗口右上角的"关闭"按钮，关闭窗口。

【财务部会计张兰进行委托代销发票的存货记账】

（1）打开“未记账单据一览表”窗口。在“企业应用平台”的“业务工作”页签下，依次单击“供应链/存货核算/业务核算/发出商品记账”项，系统弹出“查询条件选择”对话框，直接单击其“确定”按钮，系统打开“未记账单据一览表”窗口。

（2）销售发票记账。在“未记账单据一览表”窗口中，选中本业务生成的销售发票，然后单击工具栏的“记账”按钮，系统弹出信息框提示记账成功，单击“确定”按钮，完成记账工作。

（3）退出。单击“未记账单据一览表”窗口右上角的“关闭”按钮，退出窗口。

【财务部会计张兰进行委托代销的存货制单】

（1）打开“生成凭证”窗口。在“存货核算”子系统，依次单击“财务核算/生成凭证”项，系统打开“生成凭证”窗口。

（2）打开“单据选择”窗口。单击工具栏的“选择”按钮，在系统弹出的“查询条件”对话框中，直接单击“确定”按钮，系统退出对话框并打开“选择单据”窗口。

（3）生成记账凭证。

① 选择单据。在“选择单据”窗口中，选中本业务生成的销售发票，然后单击工具栏的“确定”按钮，系统退出“选择单据”窗口返回“生成凭证”窗口。

② 生成凭证。在“生成凭证”窗口，单击工具栏的“生成”按钮，系统打开“填制凭证”窗口，并默认显示凭证的信息（借记：主营业务成本，贷记：发出商品）。

（4）编辑与保存凭证。修改“主营业务成本”辅助项的项目名称为“亮康眼镜”，其他项默认，单击工具栏的“保存”按钮，结果如图 7-59 所示。

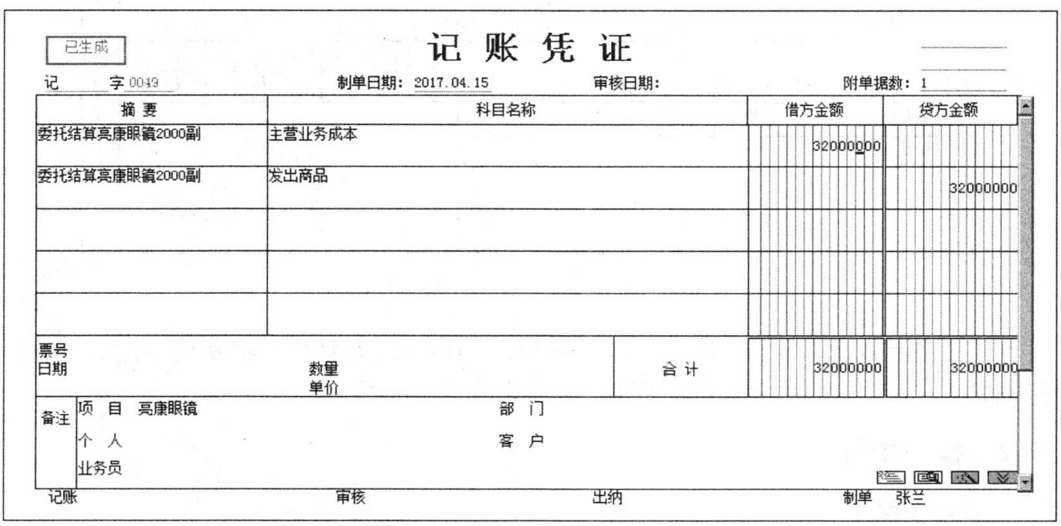

图 7-59 委托代销结算的存货凭证

（5）退出。单击“填制凭证”和“生成凭证”窗口右上角的“关闭”按钮，退出窗口。

7.6 销售收款与转账业务

企业的销售收款，是收到客户的款项，款项性质包括应收款、预收款、销售定金、现款结算、其他费用等。在用友 U8 中，销售收款通过应收款管理系统中的收款单据处理，进行收款单据的录入与审核。

如果希望指明收款是收的哪几笔销售业务的款项，可以对该收款单进行核销处理。收款核销是指确定收款、付款单（即红字收款单）与原始的发票、应收单之间的对应关系的操作。

企业的应收转账，通常包括应收冲应收、预收冲应收、应收冲应付和红票对冲。应收冲应收是指将客户、部门、业务员、项目和合同的应收款转到另一个中去，以调整应收业务，解决应收款业务在不同客户、部门、业务员、项目和合同间入错户或合并户问题。预收冲应收是处理客户的预收款和该客户应收欠款的转账核销业务。应收冲应付是用某客户的应收账款，冲抵某供应商的应付款项。红票对冲是用某客户的红字发票与其蓝字发票进行冲抵。

7.6.1 业务概述与分析

4 月 15 日，收到光明公司用转账支票（票号 32002101，相应的银行进账单参见图 7-60）支付的 XS002 合同的尾款和代垫运费款，共 466 661 元。

中国工商银行进账单（收账通知）

2017 年 4 月 15 日

付款人	全称	北京光明眼镜公司	收款人	全称	北京亮康眼镜有限公司
	账号	6227000526782987908		账号	1102020526782987908
	开户银行	中国工商银行上海市海淀支行		开户银行	中国工商银行北京市昌平支行
金额	人民币（大写）	肆拾陆万陆仟陆佰陆拾壹元整		亿千百十万千百十元角分	¥46666100
票据种类	转账支票	票据张数	1		
票据号码	32002101				
	复核（略）	记账（略）		收款人开户银行盖章	

此联是收款人开户银行交给收款人的收帐通知

图 7-60 银行进账单

本笔业务是收款、预收冲应收的转账和应收核销业务，需要填制收款单，对收款单进行审核、制单以及应收核销，做预收冲应收的转账与制单。

7.6.2 操作指导

1. 操作流程图

图 7-61 是本业务的操作流程。

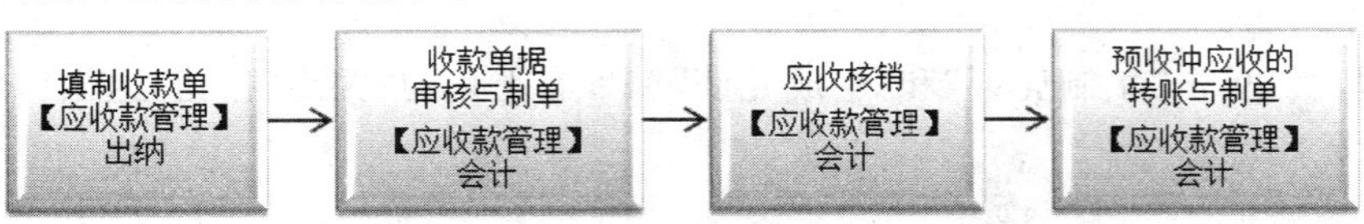

图 7-61 本业务的操作流程

请确认系统日期和业务日期为 2017 年 4 月 15 日。

2. 本业务的操作步骤

视频网址：http://www.mdmuke.com/mdmk/mod/page/view.php?id=1347

任务说明：财务部出纳罗迪填制收款单，会计张兰审核收款单并制单，进行应收核销、预收冲应收处理。

【财务部出纳罗迪填制收款单】

（1）打开“收付款单录入”窗口。在“企业应用平台”的“业务工作”页签中，依次单击“财务会计/应收款管理/收款单据处理/收款单据录入”项，打开“收付款单录入”窗口。

（2）编辑收款单。单击工具栏的“增加”按钮，新增一张收款单，编辑其表头的“客户”为“光明公司”，“结算方式”为“转账支票”，“金额”为 466661，“票据号”为 32002101，“部门”为“财务部”，“摘要”为“收到 XS002 尾款和代垫运费款”，然后单击表体部分，系统将自动生成一条记录，注意确认“款项类型”为“应收款”，然后单击工具栏的“保存”按钮，结果如图 7-62 所示。

收款单

打印模版 应收收款单打印模板

表体排序

单据编号 0000000005　日期 2017-04-15　客户 光明公司
结算方式 转账支票　结算科目 100201　币种 人民币
汇率 1　金额 466661.00　本币金额 466661.00
客户银行 工行海淀支行　客户账号 6227000526782987908　票据号 32002101
部门 财务部　业务员　项目
摘要 收到XS002尾款和代垫运费款

	款项类型	客户	部门	业务员	金额	本币金额	科目
1	应收款	光明公司	财务部		466661.00	466661.00	1122

图 7-62　XS002 合同尾款和代垫运费的收款单

（3）退出。单击“收付款单录入”窗口右上角的“关闭”按钮，关闭该窗口。

【财务部会计张兰对收款单进行审核与制单】

（1）打开“收付款单列表”窗口。在“应收款管理”子系统，依次单击“收款单据处理/收款单据审核”项，系统弹出“收款单查询条件”对话框，直接单击“确定”按钮，系统退出该对话框并打开“收付款单列表”窗口。

（2）查阅收款单。双击本业务填制的收款单所在行，系统打开“收付款单录入”窗口，默认显示本业务生成的收款单。

（3）审核收款单并制单。单击工具栏的“审核”按钮，系统完成审核工作，并弹出信息提示框，询问“是否立即制单？”单击“是”按钮，系统弹出“填制凭证”窗口，并显示默认生成的凭证（借记：工行存款，贷记：应收账款）。

（4）保存凭证。单击工具栏的“保存”按钮，生成的凭证结果如图 7-63 所示。

（5）退出。单击“填制凭证”“收付款单录入”和“收付款单列表”窗口右上角的“关闭”按钮，关闭窗口。

【财务部会计张兰进行应收核销】

（1）打开“单据核销”窗口。在“应收款管理”子系统，依次单击“核销处理/手工核销”项，在系统打开的“核销条件”对话框中，参照生成“客户”为光明公司，然后单击“确定”按钮，

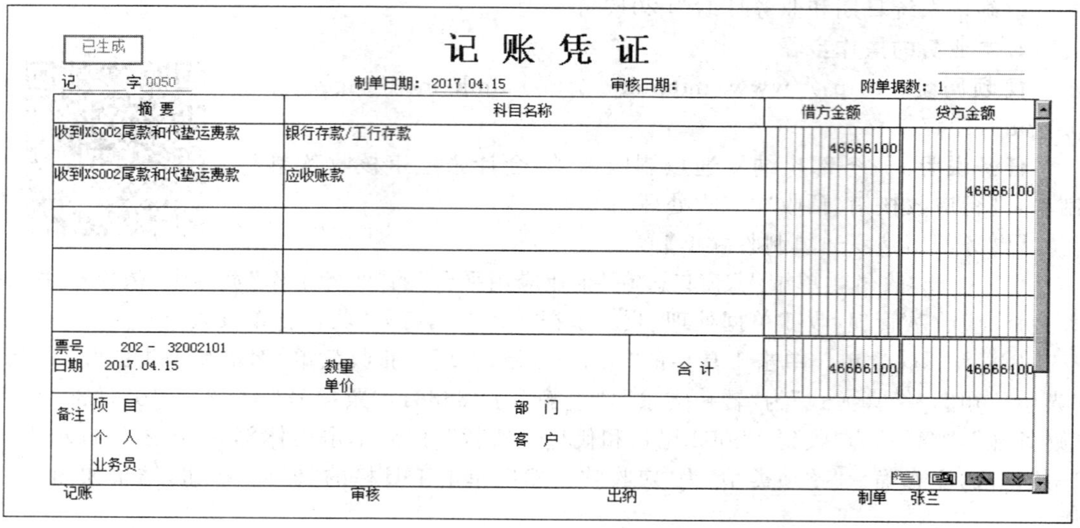

图 7-63 XS002 合同尾款与运费的收款制单结果

系统打开“单据核销”窗口。

(2) 核销设置。双击下窗格中“单据日期”为 4 月 12 日的两个单据所在的行(需要先双击运费所在行，再双击销售发票所在行)，使其“本次结算”金额出现结算数据，结果如图 7-64 所示。

单据日期	单据类型	单据编号	客户	款项类型	结算方式	币种	汇率	原币金额	原币余额	本次结算金额	订单号
2017-04-12	收款单	0000000002	光明公司	预收款	转账支票	人民币	1.00000000	40,000.00	40,000.00		
2017-04-15	收款单	0000000005	光明公司	应收款	转账支票	人民币	1.00000000	466,661.00	466,661.00	466,661.00	
合计								506,661.00	506,661.00	466,661.00	

单据日期	单据类型	单据编号	到期日	客户	币种	原币金额	原币余额	可享受折扣	本次折扣	本次结算	订单号	凭证号
2017-04-12	其他应收单	0000000001	2017-04-12	光明公司	人民币	1,221.00	1,221.00	0.00	0.00	1,221.00		记-0038
2017-03-25	销售专用发票	81090301	2017-03-25	光明公司	人民币	1,965,600.00	1,965,600.00	0.00				
2017-04-12	销售专用发票	81306602	2017-04-12	光明公司	人民币	505,440.00	505,440.00	0.00	0.00	465,440.00	XS002	记-0037
合计						2,472,261.00	2,472,261.00	0.00		466,661.00		

图 7-64 核算设置结果

(3) 核销。单击工具栏的“保存”按钮，系统自动完成应收核销工作。

(4) 退出。单击“单据核销”窗口右上角的“关闭”按钮，关闭窗口。

【财务部会计张兰进行预收冲应收转账】

(1) 打开“预收冲应收”对话框。在“应收款管理”子系统，依次单击“转账/预收冲应收”项，系统打开“预收冲应收”对话框。

(2) 预收设置。在“预收款”选项卡，参照生成“客户”为光明公司，然后单击“过滤”按钮，系统在表体列出相关信息。在表体双击相应行，使该行的“转账金额”与“原币余额”数字相等(40 000)。

(3) 应收设置。在“应收款”选项卡，先单击“过滤”按钮，再在表体双击“单据编号”为 81306602 的行，使该行的“转账金额”与“预收款”选项卡中“转账金额”数字相等(40 000)。

(4) 转账完成与制单。单击“确定”按钮，系统自动完成转账并弹出信息提示框，询问

"是否立即制单?"单击其"是"按钮,系统弹出"填制凭证"对话框,默认显示凭证信息(借记:(无),贷记:预收账款(红字)、应收账款),单击"填制凭证"对话框的"保存"按钮,结果如图 7-65 所示。

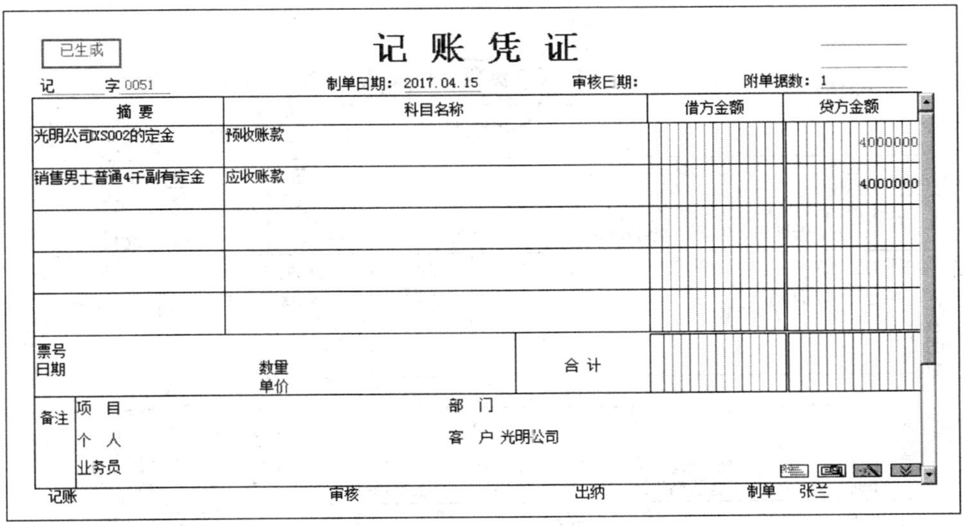

图 7-65 预收冲应收制单结果(第 1 行的贷方金额为红字)

(5) 退出。单击"填制凭证"对话框的"退出"按钮和"预收冲应收"对话框的"取消"按钮。

提示:若仅为企业的业务使用,建议将预收账款的红字贷方金额修改为蓝字借方金额(将鼠标定位到红字上单击,然后再按空格键,系统自动将红字贷方金额移动到借方金额,且显示为蓝字)。

但若参加会计技能大赛,因为评分规则约定预收账款科目只取贷方金额判分,所以建议保留红字贷方金额。

7.7 销售退货业务(现结)

销售退货业务是指客户因货物质量、品种、数量不符合要求或者其他原因,而将已购货物退回给本单位的业务。销售退货与正常销售的流程基本相同,若销售退货时未开票未出库,则可直接修改或作废发货单;若销售退货时已开票,则需要先填写退货单,审核退货单时系统自动生成红字销售出库单,到库房办理入库手续,再根据退货单开具红字销售发票。

销售退货单是发货单的红字单据,可以处理客户的退货业务,退货数量≤0。退货单也可以处理换货业务,货物发出后客户要求换货,则用户先按照客户要求退货的货物开退货单,然后再按照客户所换的货物开发货单。

7.7.1 业务概述与分析

4 月 16 日,光明公司因产品质量问题要求退货,退回依据合同 XS002 购买的男士普通太阳镜 50 副,案例公司同意退货和退款。当日收到退回的眼镜(入大运仓库)并取得税务局的"开具红字增值税专用发票通知单"(原始单据从略),开具相应的红字专用发票(票号为81306807,参见图7-66),同时办理退款手续(按无税单价108元、税率17%退款,价税合计6318元,支付报告单可参见图7-67),用转账支票支付(票号22456706,支票存根可参见图7-68)。

1100163320　　**北京增值税专用发票**　　No 81306807

此联不作报销、扣税凭证使用　　开票日期:2017年4月16日

购买方	名　　称:北京光明眼镜公司 纳税人识别号:200106653865885 地 址、电 话:北京海淀学院路1号 开户行及账号:中国工商银行海淀支行支行6227000526782987908				密码区		
货物或应税劳务名称	规格型号	单位	数量	单价	金额	税率	税额
男士普通太阳镜		副	50	108.00	5400.00	17%	918.00
合　计					¥540.00		¥918.00
价税合计(大写)	⊗陆仟叁佰壹拾捌元整				(小写)¥6318.00		
销售方	名　　称:北京亮康眼镜有限公司 纳税人识别号:110108212120 地 址、电 话:北京市昌平区昌平路78号,电话:010-60228226 开户行及账号:中国工商银行北京市昌平支行1102020526782987908				备注		

收款人:(略)　　复核:(略)　　开票人:(略)　　销售方:(章)

税总函[2016]362号北京市印钞有限公司

第一联:记账联　销货方记账凭证

图7-66　红字发票(发票上是红字)

付 款 报 告 书

部门:采购部　　2017年4月16日　　编号:016

开支内容	金　额	结算方式
支付退货货款(合同XS002)	¥6318.00	转账支票
合计(大写)	人民币陆仟叁佰壹拾捌元整	

会计主管:略　　单位负责人:略　　出纳:略　　经办人:略

图7-67　支付报告单

中国工商银行

转账支票存根

支票号码:22456706

附加信息:

出票日期:2017年4月16日

收款人:北京光明眼镜公司

金　额:¥6318.00

用　途:支付退货货款

单位主管:(略)　　会计:(略)

图7-68　支票存根

本笔业务是已完成开票和收款工作的、同时收货和退款的退货业务,其操作可先退货后开票,也可开票直接退货,相应的业务流程和操作说明如下:

（1）先退货后开票。退货单的填制、审核(数量为－50)；红字出库单的填制、审核；红字专用销售发票的填制、现结(金额为－6318)、复核；成本结转和应收确认(应收单审核与制单)。

（2）开票直接退货。红字专用销售发票的填制、现结(金额为－6318)、复核；红字出库单的审核；成本结转和应收确认(应收单审核与制单)。

下面以先退货后开票方法为例，进行业务场景和操作流程说明。

7.7.2 虚拟业务场景

人物：赵飞——销售部主管。

夏于——批发部职员。

刘欣——光明公司采购员。

李莉——仓管部主管。

张兰——财务部会计。

场景一：光明公司咨询退货问题，销售批发部夏于填写退货单并请主管审核。

(光明公司采购部打来电话。)

夏于：喂，您好，这里是北京亮康眼镜有限公司销售部。

刘欣：您好！我是光明公司采购部的采购员。我们本月12日订购了男士普通太阳镜，刚发现有50副有质量问题，今天能办退货吗?

夏于：没问题，退货的"开具红字增值税专用发票通知单"能随货发来吗?

刘欣：好的，马上把退货和通知单发给您，请注意查收。

夏于：好的。(填制销售退货单完毕。)

夏于：赵总，光明公司于本月12日订购的男士普通太阳眼镜4千副，今天刚发现有50副有质量问题。我已经填好退货单了，请您审核一下。

赵飞：好的。(审核完毕，系统自动生成红字出库单。)

场景二：销售退货入库，仓管部审核红字出库单。

夏于：李总您好，光明公司今天退回了50副男士普通太阳镜，请您注意接收货物。

李莉：好的。

(仓管部收到货物，李莉审核红字出库单。)

场景三：销售部取得红字发票，填制、现结并复核红字专用销售发票。

(夏于取得红字发票和相应的退款转账支票，填制并现结红字销售专用发票完毕。)

夏于：赵总，光明公司的退货发票填制完毕了，并且已经现结，请您复核。

赵飞：好的。(复核完成。)

场景四：财务部进行退货的应收确认和销售成本结转。

曾志伟：小张，今天光明公司的退货业务已经完成了，请做应收确认和销售成本结转。

张兰：好的，没问题。(应收确认和销售成本结转完成。)

7.7.3 操作指导

1. 操作流程(先退货后开票方法)

图7-69是本业务的操作流程。

请确认系统日期和业务日期为2017年4月16日。

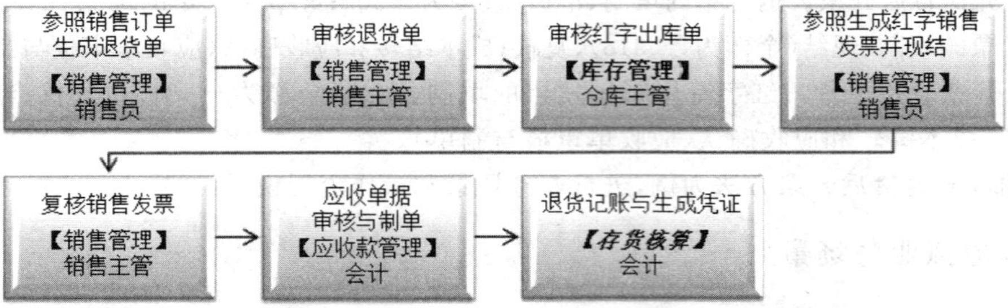

图 7-69　本业务的操作流程

2. 场景一的操作步骤

视频网址：http://www.mdmuke.com/mdmk/mod/page/view.php?id=1348

任务说明：销售批发部夏于参照销售订单生成退货单，主管赵飞审核。

【销售批发部职员夏于参照生成退货单】

(1) 打开“退货单”窗口。在“企业应用平台”的“业务工作”页签中，依次单击“供应链/销售管理/销售发货/退货单”项，系统打开“退货单”窗口。

(2) 参照销售订单生成退货单。

① 打开“参照生单”窗口。单击工具栏的“增加”按钮，系统打开“查询条件选择—参照订单”对话框，直接单击对话框的“确定”按钮，系统打开“参照生单”窗口。

② 复制信息。在“参照生单”窗口的上窗格中，双击要选择的销售订单(订单编号为XS002)所对应的“选择”栏，再单击工具栏的“确定”按钮，系统返回“退货单”窗口，此时相关的信息已经有默认值。

(3) 编辑退货单。修改表头的“销售类型”为“销售退回”，“备注”为“销售退货男士普通50 副”，表体的“数量”为－50，其他项默认。

(4) 保存。单击工具栏的“保存”按钮，保存该退货单，结果如图 7-70 所示。

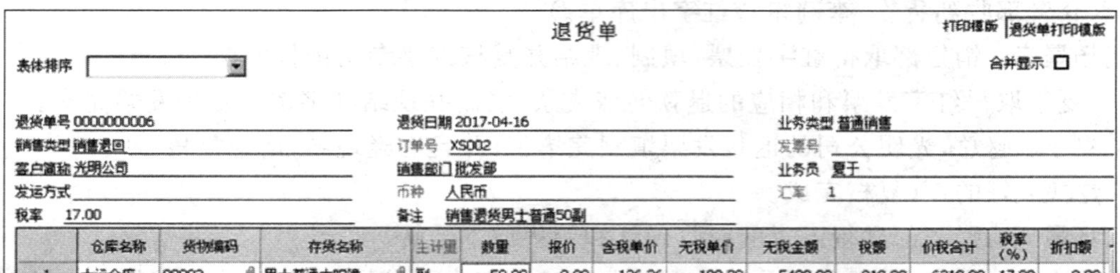

图 7-70　退货单

(5) 退出。单击“发货单”窗口右上角的“关闭”按钮，关闭该窗口。

【销售部主管赵飞审核退货单】

(1) 打开“退货单”窗口。

(2) 查阅并审核退货单。单击工具栏的“上张”按钮，查阅到相应的退货单，然后单击工具栏的“审核”按钮，完成审核工作(根据本公司的账套初始设置，系统将自动生成红字销售出库单)。

(3) 退出。单击“退货单”窗口右上角的“关闭”按钮，关闭该窗口。

3. 场景二的操作步骤

视频网址：http://www.mdmuke.com/mdmk/mcd/page/view.php?id=1349

任务说明：仓管部主管李莉审核红字出库单。

(1) 打开“销售出库单”窗口。在“企业应用平台”的“业务工作”页签中，依次单击“供应链/库存管理/出库业务/销售出库单”项，系统打开“销售出库单”窗口。

(2) 查阅并审核红字销售出库单。在“销售出库单”窗口中，单击工具栏的“末张”按钮，查阅到本业务生成的红字销售出库单，然后单击“审核”按钮，系统弹出信息框提示审核成功，单击“确定”按钮，完成审核工作。

(3) 退出。单击“销售出库单”窗口右上角的“关闭”按钮，关闭该窗口。

4. 场景三的操作步骤

视频网址：http://www.mdmuke.com/mdmk/mcd/page/view.php?id=1350

任务说明：批发部职员夏于参照退货单生成红字销售专用发票并现结，主管赵飞复核。

【批发部职员夏于参照生成红字销售专用发票并现结】

(1) 打开红字的“销售专用发票”窗口。在“销售管理”子系统，依次单击“销售开票/红字专用销售发票”项，系统打开红字的“销售专用发票”窗口。

(2) 参照退货单生成红字销售专用发票。

① 打开“参照生单”窗口。单击工具栏的“增加”按钮，系统弹出“查询条件选择—发票参照发货单”对话框，选择其“发货单类型”为“红字记录”，然后单击“确定”按钮，系统打开“参照生单”窗口，并已经显示本业务的退货单。

② 复制信息。在“参照生单”窗口的上窗格中，单击工具栏的“全选”按钮，以选中相应的退货单(其“订单号”为XS002)，单击工具栏的“确定”按钮，系统返回“销售专用发票”窗口。

(3) 编辑销售专用发票。编辑表头的“发票号”为81306807，其他项默认。

(4) 保存销售专用发票。单击工具栏的“保存”按钮，保存该发票，结果可参见图7-71。

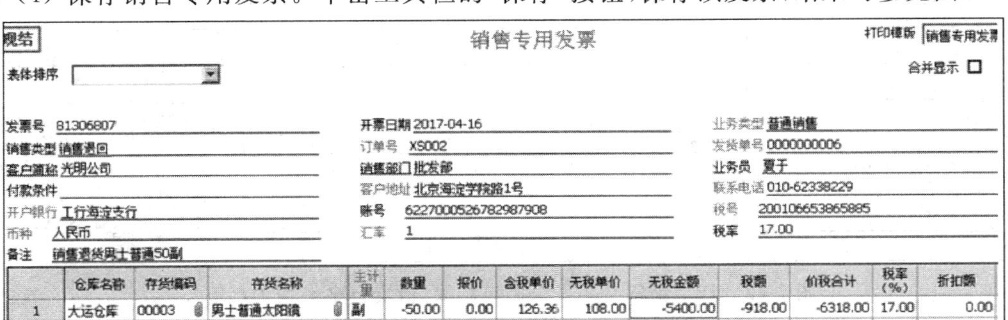
现结

销售专用发票

打印模版 销售专用发票

表体排序

合并显示 □

发票号 81306807　开票日期 2017-04-16　业务类型 普通销售
销售类型 销售退回　订单号 XS002　发货单号 0000000006
客户简称 光明公司　销售部门 批发部　业务员 夏于
付款条件　客户地址 北京海淀学院路1号　联系电话 010-62338229
开户银行 工行海淀支行　账号 6227000526782987908　税号 200106653865885
币种 人民币　汇率 1　税率 17.00
备注 销售退货男士普通50副

	仓库名称	存货编码	存货名称	主计量	数量	报价	含税单价	无税单价	无税金额	税额	价税合计	税率(%)	折扣额
1	大运仓库	00003	男士普通太阳镜	副	-50.00	0.00	126.36	108.00	-5400.00	-918.00	-6318.00	17.00	0.00

图 7-71　红字销售专用发票

(5) 现结销售专用发票。单击工具栏的“现结”按钮,系统弹出“现结”对话框,选择其“结算方式”为“转账支票”,编辑其“原币金额”为－6318 元、“票据号”为 22456706,再单击“确定”按钮,系统返回“销售专用发票”窗口,结果如图 7-71 所示。

(6) 退出。单击“销售专用发票”窗口右上角的“关闭”按钮,关闭窗口。

【销售部主管赵飞复核销售专用发票】

(1) 打开红字的“销售专用发票”窗口。

(2) 查阅并复核红字销售专用发票。单击工具栏的“上张”按钮,查阅到相应的红字销售专用发票,然后单击工具栏的“复核”按钮,完成复核工作。

(3) 退出。单击“销售专用发票”窗口右上角的“关闭”按钮,关闭窗口。

5. 场景四的操作步骤

视频网址: http://www.mdmuke.com/mdmk/mod/page/view.php?id=1351

任务说明: 财务部会计张兰做现结的应收审核与制单、销售成本结转。

【财务部会计张兰进行现结的应收审核与制单】

(1) 打开应收“单据处理”窗口。在“企业应用平台”的“业务工作”页签下,依次单击“财务会计/应收款管理/应收单据处理/应收单据审核”项,系统弹出“应收单查询条件”对话框,增加勾选“包括已现结发票”,然后单击“确定”按钮,系统打开应收“单据处理”窗口。

(2) 查阅发票。在应收“单据处理”窗口中,双击本笔业务中生成的销售专用发票,系统打开“销售发票”窗口,窗口中默认显示相应的红字发票。

(3) 审核并制单。单击工具栏的“审核”按钮,系统审核完成并弹出提示框“是否立即制单?”单击“是”按钮,系统打开“填制凭证”窗口,并默认显示凭证的信息(借记:工行存款,贷记:主营业务收入、销项税额),均为红字。

(4) 编辑并保存。先设置“主营业务收入”科目的辅助项的“项目名称”为“男士普通”,然后单击工具栏的“保存”按钮,结果如图 7-72 所示。

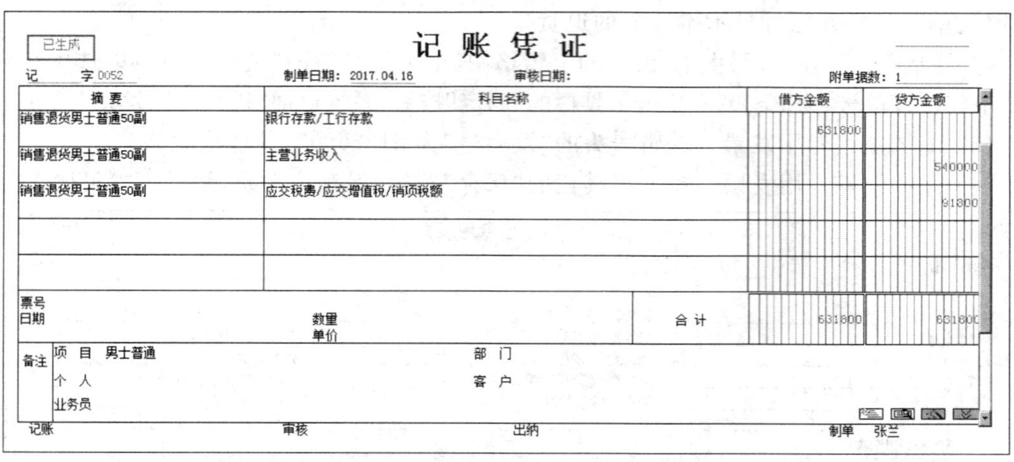

图 7-72 红字销售专用发票制单结果(借贷方金额均为红字)

(5) 退出。单击“填制凭证”“销售发票”和“单据处理”窗口右上角的“关闭”按钮,关闭窗口。

【财务部会计张兰进行销售出库记账】

(1) 打开“未记账单据一览表”窗口。在“企业应用平台”的“业务工作”页签下，依次单击“供应链/存货核算/业务核算/正常单据记账”项，系统弹出“查询条件选择”对话框，直接单击其“确定”按钮，系统打开“未记账单据一览表”窗口。

(2) 出库记账。在“未记账单据一览表”窗口中，选中本业务生成的销售发票，然后单击工具栏的“记账”按钮，系统弹出信息框提示记账成功，单击“确定”按钮，完成记账工作。

(3) 退出。单击“未记账单据一览表”窗口右上角的“关闭”按钮，退出窗口。

【财务部会计张兰进行出库制单】

(1) 打开“生成凭证”窗口。在“存货核算”子系统，依次单击“财务核算/生成凭证”项，系统打开“生成凭证”窗口。

(2) 打开“选择单据”窗口。单击工具栏的“选择”按钮，在系统弹出的“查询条件”对话框中，直接单击“确定”按钮，系统打开“选择单据”窗口。

(3) 打开“填制凭证”窗口。在“选择单据”窗口中，单击工具栏的“全选”按钮，以选中本业务生成的销售发票，然后单击工具栏的“确定”按钮，系统返回“生成凭证”窗口，此时先设置“对方”的“科目编码”为 6001(主营业务成本)，然后单击工具栏的“生成”按钮，系统打开“填制凭证”窗口。

(4) 编辑凭证。在“填制凭证”窗口中，系统已默认显示凭证信息(借记：主营业务成本，贷记：库存商品)，设置“主营业务成本”和“库存商品”的辅助项目为“男士普通”，其他项默认。

(5) 保存凭证。单击工具栏的“保存”按钮，结果如图 7-73 所示。

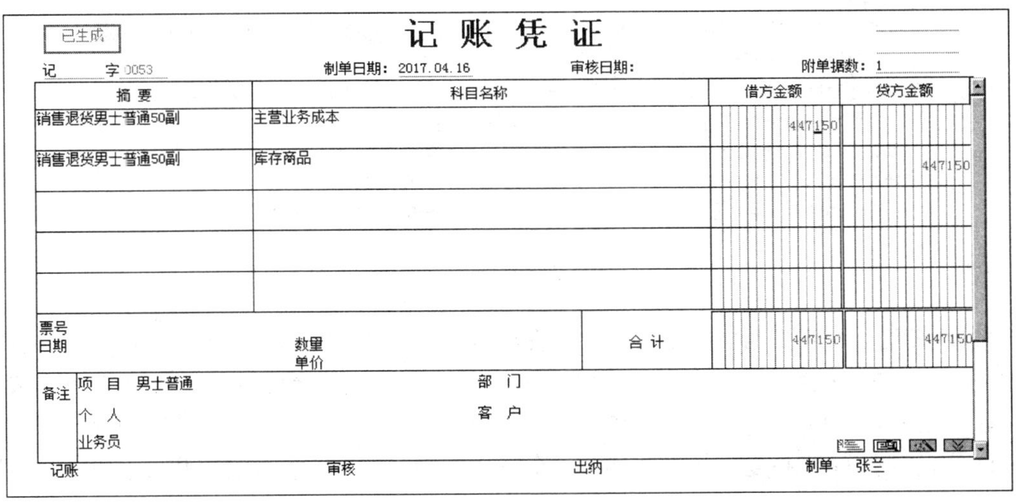

图 7-73 红字出库凭证(借贷方金额均为红字)

(6) 退出。单击“填制凭证”和“生成凭证”窗口右上角的“关闭”按钮，退出窗口。

7.8 售后回购的销售业务(融资性质)

售后回购交易是一种特殊形式的销售业务，它是指卖方在销售商品的同时，与购货方签订合同，规定日后按照合同条款(如回购价格等内容)将售出的商品又重新买回的一种交易方式。《企业会计制度》规定，在售后回购业务中，在通常情况下，所售商品所有权上的主要风险和报酬没有从销售方转移到购货方，因而不能确认相关的销售商品收入。

企业应在签订合同并收到销售款的当天，确认其他应付款等负债科目；在支付售后回购的商品款时，确认财务费用(详见 7.12 节)。

7.8.1 业务概述与分析

4 月 16 日，案例公司与光明公司签订售后回购合同(合同编号为 XS005，相应的单据可参见图 7-74)，合同约定：销售 2000 副女士高端太阳镜，无税单价 350 元，价税合计 819 000 元；4 月 25 日案例公司将所售商品购回，回购价为 71 万元(不含增值税额)。

购 销 合 同　　　　合同编号：XS005

卖方：北京亮康眼镜有限公司

买方：北京光明眼镜公司

为保护买卖双方的合法权益，买卖双方根据《中华人民共和国合同法》的有关规定，经友好协商，一致同意签订本合同，共同遵守。

一、货物的名称、数量及金额

货物的名称	规格型号	计量单位	数量	单　价(不含税)	金　额(不含税)	税率	价税合计
女士高端太阳镜		副	2000	350.00	700000.00	17%	819000.00
合计					￥700000.00		￥819000.00

二、合同总金额：人民币捌拾壹万玖仟元整（￥819000.00）。

三、付款时间及付款方式：

付款时间：签订合同当日，买方向卖方支付全部货款，即人民币壹拾壹万玖仟元整（￥819000.00）。

付款结算方式：转账支票

四、时间与地点：交货时间为 2017 年 4 月 16 日，交货地点：北京光明眼镜公司

五、发运方式与运输费用承担方式：由买方自提，运输费用由买方承担。

卖　方：北京亮康眼镜有限公司　　　　买　方：北京光明眼镜公司

授权代表：赵亮　　　　授权代表：李　红

日期：2017 年 4 月 16 日　　　　日期：2017 年 4 月 16 日

图 7-74　售后回购合同 XS005 的单据

当日，案例公司开具相应的增值税专用发票(票号 81306808，发票可参见图 7-75)，光明公司已通过转账支票全额转入(票号 22456707，相应的银行进账单参见图 7-76)。商品并未发出。

本笔业务是售后回购业务的签订合同和收款业务，商品未发出，所以仅需要填制并审核销售订单，填制、现结并复核销售发票，以及确认其他应付款(即本笔销售业务形成的是应付款)。

提示：因为本笔业务是虚拟销售，所以不需要进行销售成本结转。另外，也可以在总账中直接填制凭证(结果可参见图 7-80)，不做销售业务处理。

7.8.2 虚拟业务场景

人物：夏于——批发部职员。

赵飞——销售部主管。

张兰——财务部会计。

1100163320　　**北京增值税专用发票**　　No 81306808

此联不作报销、扣税凭证使用　　开票日期：2017年4月16日

税总函[2016]362号北京市印钞有限公司

购买方	名　　称：北京光明眼镜公司 纳税人识别号：200106653865885 地 址、电 话：北京海淀学院路1号 开户行及账号：中国工商银行海淀支行支行 6227000526782987908					密码区		
货物或应税劳务名称	规格型号	单位	数量	单价	金额	税率	税额	
女士高端太阳镜		副	2000	350.00	700000 00	17%	11900.00	
合　计					￥700000.00		￥11900.00	
价税合计（大写）	⊗捌拾壹万玖仟元				（小写）￥819000.00			
销售方	名　　称：北京亮康眼镜有限公司 纳税人识别号：1101082121202 地 址、电 话：北京市昌平区昌平路78号，电话：010-60228226 开户行及账号：中国工商银行北京市昌平支行 1102020526782987908					备注	北京亮康眼镜有限公司 1101082121202 发票专用章	

收款人：（略）　　复核：（略）　　开票人：（略）　　销售方：（章）

第一联：记账联 销货方记账凭证

图 7-75　发票

中国工商银行进账单（收账通知）

2017年4月16日

付款人	全　称	北京光明眼镜公司	收款人	全称	北京亮康眼镜有限公司
	账　号	6227000526782987908		账号	1102020526782987908
	开户银行	中国工商银行北京市海淀支行		开户银行	中国工商银行北京市昌平支行

金额	人民币（大写）捌拾壹万玖仟元整	亿	千	百	十	万	千	百	十	元	角	分
				￥	8	1	9	0	0	0	0	0

票据种类	转账支票	票据张数	1	中国工商银行北京昌平支行 2017.04.16 转讫 收款人开户银行盖章
票据号码	22456707			
复　核（略）		记账（略）		

此联是收款人开户银行交给收款人

图 7-76　银行进账单

曾志伟——财务部主管。

场景一：与光明公司签订售后回购的销售合同，销售部填制并审核销售订单。

赵飞：小夏，今天公司与光明公司签订了一个售后回购的销售合同，麻烦你在 ERP-U8 系统中填制一下。

夏于：好的，马上完成。（填制销售订单完毕。）

夏于：赵总，请您审核一下。

赵飞：好的，辛苦了！（审核完成。）

场景二：开具销售发票并取得货款的进账通知单，销售部填制、现结与复核销售发票。

（夏于填制并现结销售发票完毕。）

夏于：赵总，销售回购的销售发票我已经填制和现结了，请您复核。

赵飞：好的，辛苦了！（复核完成。）

场景三：财务部确认销售回购的应付款。

曾志伟：张兰，今天有一笔销售回购业务的款项已经入账，你尽快做账务处理吧。

张兰：好的，我马上做。（销售现结发票的审核与制单。）

7.8.3 操作指导

1. 操作流程图

图 7-77 是本业务的操作流程。

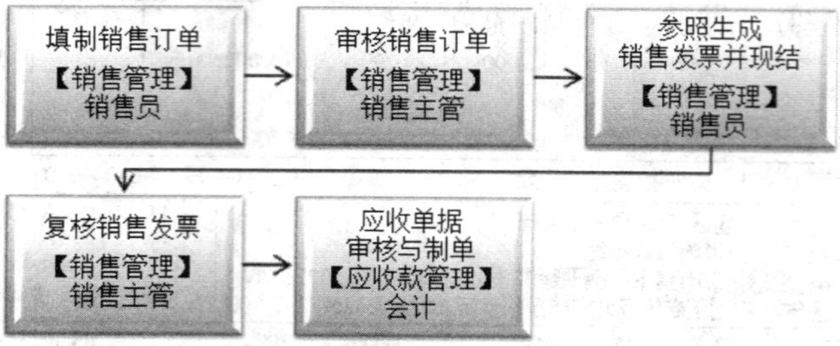

图 7-77 本业务的操作流程

请确认系统日期和业务日期为 2017 年 4 月 16 日。

2. 场景一的操作步骤

视频网址：http://www.mdmuke.com/mdmk/mod/page/view.php?id=1352

任务说明：销售部职员夏于填制销售订单，主管赵飞审核。

【销售部职员夏于填制销售订单】

（1）打开“销售订单”窗口。在“企业应用平台”的“业务工作”页签中，依次单击“供应链/销售管理/销售订货/销售订单”项，系统打开“销售订单”窗口。

（2）编辑销售订单。单击工具栏的“增加”按钮，新增一张销售订单，并做如下编辑：

① 编辑表头。修改“订单号”为 XS005，“客户简称”为“光明公司”，“销售部门”为“批发部”，“业务员”为“夏于”，“备注”为“售后回购”。

② 编辑表体。参照生成“存货名称”为“女士高端太阳镜”，“数量”栏输入 2000，“报价”为 0，“无税单价”为 350 元，其他项默认。

（3）保存。单击工具栏的“保存”按钮，保存该订单，结果如图 7-78 所示。

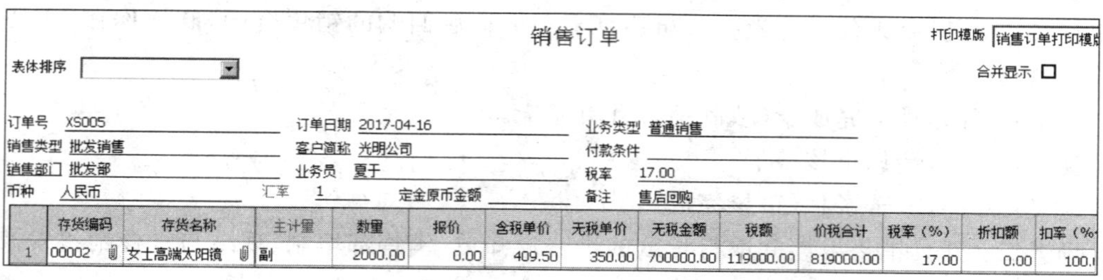

销售订单

打印模版 销售订单打印模版

表体排序

合并显示 □

订单号 XS005　订单日期 2017-04-16　业务类型 普通销售

销售类型 批发销售　客户简称 光明公司　付款条件

销售部门 批发部　业务员 夏于　税率 17.00

币种 人民币　汇率 1　定金原币金额　备注 售后回购

	存货编码	存货名称	主计量	数量	报价	含税单价	无税单价	无税金额	税额	价税合计	税率（%）	折扣额	扣率（%）
1	00002	女士高端太阳镜	副	2000.00	0.00	409.50	350.00	700000.00	119000.00	819000.00	17.00	0.00	100.(

图 7-78 销售订单

（4）退出。单击“销售订单”窗口右上角的“关闭”按钮，关闭该窗口。

【销售部主管赵飞审核销售订单】

（1）打开“销售订单”窗口。

（2）查阅并审核销售订单。单击工具栏的“上张”按钮，查阅到相应的销售订单，然后单击工具栏的“审核”按钮，完成审核工作。

（3）退出。单击“销售订单”窗口右上角的“关闭”按钮，关闭该窗口。

3. 场景二的操作步骤

视频网址：http://www.mdmuke.com/mdmk/mod/page/view.php?id=1353

任务说明：批发部职员夏于参照销售订单生成销售专用发票并现结，主管赵飞复核。

【批发部职员夏于参照生成销售专用发票并现结】

（1）打开“销售专用发票”窗口。在“销售管理”子系统，依次单击“销售开票/销售专用发票”项，系统打开“销售专用发票”窗口。

（2）参照销售订单生成销售专用发票。

① 打开“参照生单”窗口。单击工具栏的“增加”按钮，系统弹出“查询条件选择—发票参照发货单”对话框，因为本业务是参照销售订单生成发票，所以先直接单击“取消”按钮退出对话框，再单击工具栏的“生单/参照订单”，此时系统弹出“查询条件选择—参照订单”对话框，直接单击“确定”按钮，系统打开“参照生单”窗口。

② 拷贝信息。在“参照生单”窗口的上窗格中，选中相应的销售订单（其“订单号”为XS005），单击二具栏的“确定”按钮，系统返回“销售专用发票”窗口。

（3）编辑发票。编辑表头的“发票号”为81306808，其他项默认。

（4）保存发票。单击工具栏的“保存”按钮，保荐该发票，结果可参见图7-79。

现结
销售专用发票
打印模版 销售专用发票打
表体排序
合并显示

发票号 81306808
开票日期 2017-04-16
业务类型 普通销售
销售类型 批发销售
订单号 XS005
发货单号
客户简称 光明公司
销售部门 批发部
业务员 夏于
付款条件
客户地址 北京海淀学院路1号
联系电话 010-62338229
开户银行 工行海淀支行
账号 6227000526782987908
税号 200106653865885
币种 人民币
汇率 1
税率 17.00
备注 售后回购

	仓库名称	存货编码	存货名称	主计量	数量	报价	含税单价	无税单价	无税金额	税额	价税合计	税率(%)	折扣额
1	大运仓库	00002	女士高端太阳镜	副	2000.00	0.00	409.50	350.00	700000.00	119000.00	819000.00	17.00	0.00

图7-79　销售专用发票

（5）现结销售专用发票。单击工具栏的“现结”按钮，系统弹出“现结”对话框，选择其“结算方式”为“转账支票”，编辑其“原币金额”为819 000元、“票据号”为22456707，再单击“确定”按钮，系统返回“销售专用发票”窗口，结果如图7-79所示。

（6）退出。单击“销售专用发票”窗口右上角的“关闭”按钮，关闭该窗口。

【销售部主管赵飞复核销售专用发票】

（1）打开红字的“销售专用发票”窗口。

（2）查阅并复核红字销售专用发票。单击工具栏的“上张”按钮，查阅到相应的红字销售专用发票，然后单击工具栏的“复核”按钮，完成复核工作。

（3）退出。单击“销售专用发票”窗口右上角的“关闭”变钮，关闭窗口。

4. 场景三的操作步骤

视频网址：http://www.mdmuke.com/mdmk/mod/page/view.php?id=1354

任务说明：财务部会计张兰进行现结的应收审核与制单。

【财务部会计张兰进行现结的应收审核与制单】

(1) 打开应收“单据处理”窗口。在“企业应用平台”的“业务工作”页签下，依次单击“财务会计/应收款管理/应收单据处理/应收单据审核”项，系统弹出“应收单查询条件”对话框，增加勾选“包括已现结发票”，然后单击“确定”按钮，系统打开应收“单据处理”窗口。

(2) 查阅发票。在应收“单据处理”窗口中，双击本笔业务中生成的销售专用发票，系统打开“销售发票”窗口，窗口中默认显示相应的发票。

(3) 审核并制单。单击工具栏的“审核”按钮，系统审核完成并弹出提示框“是否立即制单?”单击“是”按钮，系统打开“填制凭证”窗口，并默认显示凭证的信息(借记：工行存款，贷记：主营业务收入、销项税额)。

(4) 编辑并保存。先修改“主营业务收入”科目为224104(其他应付款/单位往来)，其辅助项的“供应商”为“光明公司”，然后单击工具栏的“保存”按钮，结果如图7-80所示。

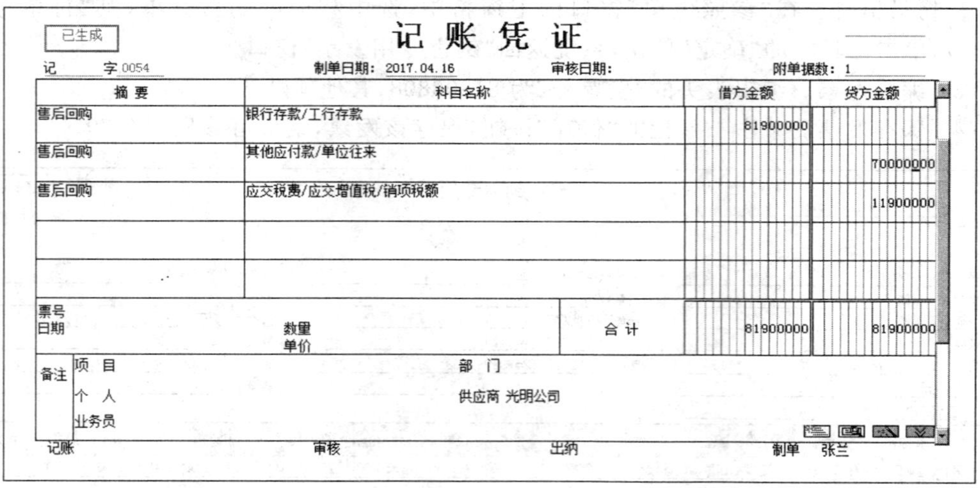

已生成

记账凭证

记 字 0054 制单日期：2017.04.16 审核日期： 附单据数：1

摘要	科目名称	借方金额	贷方金额
售后回购	银行存款/工行存款	81900000	
售后回购	其他应付款/单位往来		70000000
售后回购	应交税费/应交增值税/销项税额		11900000
票号 日期 数量 单价	合计	81900000	81900000

备注 项目 部门 个人 供应商 光明公司 业务员

记账 审核 出纳 制单 张兰

图 7-80　销售专用发票制单结果

(5) 退出。单击“填制凭证”“销售发票”和“单据处理”窗口右上角的“关闭”按钮，关闭窗口。

7.9 直运业务

直运商品销售是指企业将商品直接由供货单位调运给购货单位，不经过企业仓库的销售。采用直运商品销售方式，可以减少商品出入库手续，有利于加速商品流转，节约商品流通费用。结算时，由购销双方分别与企业结算。案例企业使用“在途物资”科目进行结算，不通过"库存商品"科目。

7.9.1 业务概述与分析

4月16日，雪亮公司向批发部订购男士高端太阳镜1000副，无税单价108元，批发部与其签订销售合同(合同编号XS006，合同参见图7-81)，并开具专用发票(票号81306809，发票参见图7-82)，价税合计126 360元。当日收到雪亮公司以转账支票(票号22586713)转入的全额款项(相应的银行进账单参见图7-83)。

购销合同 合同编号：XS006

卖方：北京亮康眼镜有限公司

买方：上海雪亮眼镜公司

为保护买卖双方的合法权益，买卖双方根据《中华人民共和国合同法》的有关规定，经友好协商，一致同意签订本合同，共同遵守。

一、货物的名称、数量及金额

货物的名称	规格型号	计量单位	数量	单价（不含税）	金额（不含税）	税率	价税合计
男士普通太阳镜		副	1000	108.00	108000.00	17%	126360.00
合计					￥108000.00		￥126360.00

二、合同总金额：人民币壹拾贰万陆仟叁佰陆拾元整（￥126360.00）。

三、付款时间及付款方式：

付款时间：签订合同当日，买方向卖方支付全部货款，即人民币壹拾贰万陆仟叁佰陆拾元整（￥126360.00）。

付款结算方式：转账支票

四、时间与地点：交货时间为2017年4月16日，交货地点：上海雪亮眼镜公司

五、发运方式与运输费用承担方式：由卖方发货，运输费用由买方承担

卖　方：北京亮康眼镜有限公司　　买　方：上海雪亮眼镜公司

授权代表：夏于　　授权代表：王强

日期：2017年4月16日　　日期：2017年4月16日

图7-81 XS006合同的单据

北京增值税专用发票 No 81306809

1100163320

此联不作报销、扣税凭证使用　　开票日期：2017年4月16日

税总函[2016]362号北京市印钞有限公司

购买方	名称：上海雪亮眼镜公司 纳税人识别号：310104712121774 地址、电话：上海徐汇天平路8号 开户行及账号：中国工商银行上海市徐汇支行1102020526782987158	密码区					
货物或应税劳务名称	规格型号	单位	数量	单价	金额	税率	税额
男士普通太阳镜		副	1000	108.00	108000.00	17%	18360.00
合计					￥108000.00		￥18360.00
价税合计（大写）	⊗壹拾贰万陆仟叁佰陆拾元整						（小写）￥126360.00
销售方	名称：北京亮康眼镜有限公司 纳税人识别号：1101082121202 地址、电话：北京市昌平区昌平路78号，电话：010-60228226 开户行及账号：中国工商银行北京市昌平支行1102020526782987908	备注					

收款人：（略）　复核：（略）　开票人：（略）　销售方：（章）

第一联：记账联　销货方记账凭证

图7-82 销售发票

中国工商银行进账单（收账通知）

2017 年 4 月 16 日

付款人			收款人		
付款人	全　称	上海雪亮眼镜公司	收款人	全称	北京亮康眼镜有限公司
	账　号	1102020526782987158		账号	1102020526782987908
	开户银行	中国工商银行上海市徐汇支行		开户银行	中国工商银行北京市昌平支行

金额	亿	千	百	十	万	千	百	十	元	角	分
人民币（大写）壹拾贰万陆仟叁佰陆拾元整			¥	1	2	6	3	6	0	0	0

票据种类	转账支票	票据张数	1
票据号码	22586713		

复　核（略）　　记账（略）

中国工商银行北京昌平支行 2017.04.16 转讫

收款人开户银行盖章

此联是收款人开户银行交给收款人的收账通知

图 7-83　银行进账单

当日，因库存不足，采购部向大运公司订购男士普通太阳镜 1000 副，无税单价 90 元，增值税率 17%，合同编号为 CG005（相应的合同参见图 7-84）；大运公司当日将增值税发票送达本公司（票号为 61234508，价税合计 105 300 元，发票参见图 7-85），并承诺当日将货直接发给雪亮公司。案例公司当日以转账支票（票号 22586734）支付全额款项，相应的支付报告单参见图 7-86，支票存根参见图 7-87。

购 销 合 同　　　　合同编号：CG005

卖方：北京大运眼镜公司

买方：北京亮康眼镜有限公司

为保护买卖双方的合法权益，买卖双方根据《中华人民共和国合同法》的有关规定，经友好协商，一致同意签订本合同，共同遵守。

一、货物的名称、数量及金额

货物的名称	规格型号	计量单位	数量	单　价（不含税）	金　额（不含税）	税 率	价税合计
男士普通太阳镜		副	1000	90.00	90000.00	17%	105300.00
合计					¥90000.00		¥105300.00

二、合同总金额：人民币拾万零伍仟叁佰元整（¥105300.00）。

三、付款时间及付款方式：

付款时间：自签订合同之日 30 内，买方向卖方支付全部货款，即人民币 拾万零伍仟叁佰元整（¥105300.00）

付款结算方式：转账支票

四、时间与地点：交货时间为 2017 年 4 月 16 日，交货地点：上海雪亮眼镜公司

五、发运方式与运输费用承担方式：由卖方发货，运输费用由买方承担。

卖　　方：北京大运眼镜公司　　　　买　　方：北京亮康眼镜有限公司

授权代表：刘小雨　　　　授权代表：夏于

日期：2017 年 4 月 16 日　　　　日期：2017 年 4 月 16 日

图 7-84　CG005 合同的单据

本笔业务是直运业务，需要填制并审核直运销售订单、直运采购订单，填制、现结并复核销售发票，填制并现付采购发票，进行销售的应收确认和成本结转以及采购的应付确认和成本确认。

1100163320 **北京增值税专用发票** No 61234508

发票联

开票日期：2017年4月16日

税总函[2016]362号北京市印钞有限公司

购买方	名　　称：北京亮康眼镜有限公司 纳税人识别号：1101082121202 地 址、电 话：北京市昌平区昌平路78号，电话：010-60228226 开户行及账号：中国工商银行北京市昌平支行 1102020526782987908				密码区		
货物或应税劳务名称	规格型号	单位	数量	单价	金额	税率	税额
男士普通太阳镜		副	1000	90.00	90000.00	17%	15300.00
合　计					￥90000.00		￥15300.00
价税合计（大写）	⊗拾万零伍仟叁佰元整				（小写）￥105300.00		
销售方	名　　称：北京大运眼镜公司 纳税人识别号：200106653865211 地 址、电 话：北京朝阳十里堡8号，电话：010-60228226 开户行及账号：中国工商银行北京市朝阳支行 1102020526782987123				备注	北京大运眼镜公司 200106653865211 发票专用章	

收款人：（略）　复核：（略）　开票人：（略）　销售方：（章）

第二联：发票联 购买方记账凭证

图 7-85　采购发票

付 款 报 告 书

部门：采购部　2017年4月16日　编号:017

开支内容	金　额	结算方式
支付货款（CG005）	￥105300.00	转账支票
合计（大写）	人民币拾万零伍仟叁佰元整	

会计主管：略　单位负责人：略　出纳：略　经办人：略

图 7-86　付款报告书

中国工商银行

转账支票存根

支票号码：22586734

附加信息：

出票日期：2017年4月16日

收款人：北京大运眼镜公司

金　额：￥105300.00

用　途：支付货款

单位主管：(略)　会计：(略)

图 7-87　支票存根

7.9.2　虚拟业务场景

人物：夏于——批发部职员。

王强——雪亮公司采购部采购员。

赵飞——销售部主管。

刘静——采购部主管。

张新海——采购部职员。

刘小雨——大运公司销售部职员。

张兰——财务部会计。

曾志伟——财务部主管。

场景一：与雪亮公司签订销售合同，销售部填制并审核直运销售订单。

王强：您好！请问是北京亮康眼镜公司批发部吗？

夏于：对，您是雪亮公司的王强吧？

王强：是的。我们今天需要进1000副男士高端太阳镜，最近行情如何？

夏于：价格还是每副108元，质量绝对保证。

王强：那好，咱们签合同，请今天一定发货。

夏于：好的，合作愉快！

（夏于查阅现存量，发现库存不足，计划采用直运业务，填制直运销售订单完毕。）

夏于：赵总，请您审核一下和雪亮公司刚刚签订的直运销售订单，咱们的库存不足。

赵飞：好的。（审核完毕。）请尽快通知采购部做直运采购吧。

夏于：好的。

场景二：采购部订货，与大运公司签订直运采购合同，填制并审核直运采购订单。

（批发部夏于电话通知采购部张新海。）

夏于：小张，雪亮公司今天订购了1000副男士普通太阳镜，但咱们的库存不足了，麻烦您联系一下订货的事儿吧。

张新海：好的。

（张新海电话询问大运公司。）

刘小雨：您好！这里是大运公司销售部。

张新海：您好，我是亮康公司的采购员。请问你们公司的男士普通太阳镜今天能出货1000副吗？

刘小雨：有现货，数量和质量都能保证。价格最低每副90元，能接受吗？

张新海：行，那请今天直接发货至雪亮公司，并把增值税发票送达我们公司吧。

刘小雨：好的，我们马上发货和开票。

张新海：好的，合作愉快！

刘小雨：合作愉快！

（采购部张新海填制直运采购订单。）

（采购部刘静审核直运采购订单。）

场景三：取得销售发票和银行进账单，销售部填制、现结并复核直运销售专用发票。

（批发部夏于填制直运销售发票。）

夏于：赵总，请您审核一下开给雪亮公司的直运销售专用发票。

赵飞：好的。（复核完毕。）

场景四：取得采购发票和付款报告书，采购部填制、现付直运采购专用发票。

刘静：小张，与大运公司的直运采购发票到了，你在ERP系统中填制一下吧。

张新海：好的，我马上填。（填制直运采购发票完毕。）

场景五：财务部张兰进行直运业务的应收确认和销售成本结转。

曾志伟：小张，今天的直运销售业务已经完成，麻烦做应收确认和成本结转吧。

张兰：好的，没问题。（应收审核与制单、销售成本结转。）

场景六：财务部张兰对本笔直运采购业务进行应付确认和成本确认。

曾志伟：小张，今天的直运采购业务也完成了-记得做应付确认和采购成本确认。

张兰：好的，没问题。（应付审核与制单，采购成本确认。）

7.9.3 操作指导

1. 操作流程

图 7-88 是本业务的操作流程。

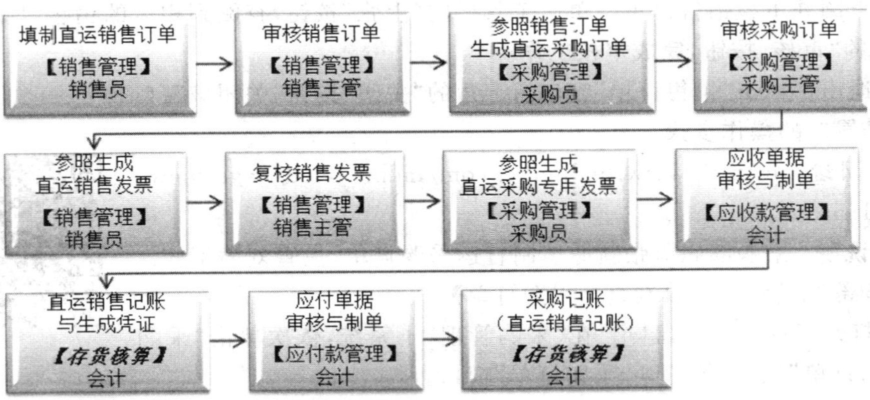

图 7-88 本业务的操作流程

请确认系统日期和业务日期为 2017 年 4 月 16 日。

2. 场景一的操作步骤

视频网址：http://www.mdmuke.com/mdmk/mod/page/view.php?id=1355

任务说明：批发部职员夏于填制直运销售订单，主管赵飞审核。

【批发部职员夏于填制直运销售订单】

(1) 打开“销售订单”窗口。在“企业应用平台”的“业务工作”页签中，依次单击“供应链/销售管理/销售订货/销售订单”项，系统打开“销售订单”窗口。

(2) 编辑直运销售订单。单击工具栏的“增加”按钮，新增一张销售订单，然后做如下编辑：

① 编辑表头。修改“订单号”为 XS006，选择“业务类型”为“直运销售”，参照生成“客户简称”为“雪亮公司”，“销售部门”为“批发部”，“业务员”为“夏于”，“备注”为“直运销售男士普通 1000 副”，其他项默认。

② 编辑表体。参照生成“存货名称”为“男士普通太阳镜”，编辑“数量”为 1000，编辑“无税单价”为 108，确认“预发货日期”为当日 4 月 16 日。

(3) 保存。单击工具栏的“保存”按钮，保存该单据，结果如图 7-89 所示。

(4) 退出。单击“销售订单”窗口右上角的“关闭”按钮，关闭该窗口。

【销售部主管赵飞审核直运销售订单】

(1) 打开“销售订单”窗口。

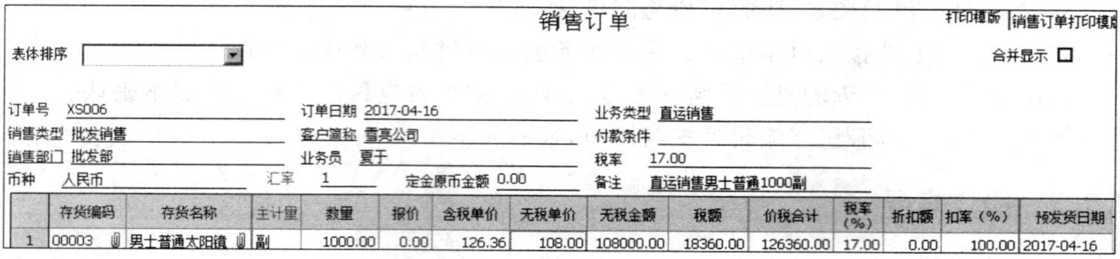

	存货编码	存货名称	主计量	数量	报价	含税单价	无税单价	无税金额	税额	价税合计	税率（%）	折扣额	扣率（%）	预发货日期
1	00003	男士普通太阳镜	副	1000.00	0.00	126.36	108.00	108000.00	18360.00	126360.00	17.00	0.00	100.00	2017-04-16

图 7-89 直运销售订单

（2）查阅并审核销售订单。单击工具栏的“上张”按钮，查阅到相应的销售订单，然后单击工具栏的“审核”按钮，完成审核工作。

（3）退出。单击“销售订单”窗口右上角的“关闭”按钮，关闭该窗口。

3. 场景二的操作步骤

视频网址：http://www.mdmuke.com/mdmk/mod/page/view.php?id=1356

任务说明：采购部职员张新海填制直运采购订单，主管刘静审核。

【采购部职员张新海填制直运采购订单】

（1）打开“采购订单”窗口。在“采购管理”子系统，依次单击“采购订货/采购订单”项，系统打开“采购订单”窗口。

（2）生成直运采购订单。首先单击工具栏的“增加”按钮，新增一张采购订单，然后做如下操作：

① 打开“拷贝并执行”窗口。在“采购订单”窗口的表头，选择“业务类型”为直运采购，再单击工具栏的“生单/销售订单”命令，并在系统弹出的“查询条件选择—销售订单列表过滤”对话框中，直接单击“确定”按钮，系统退出对话框并打开“拷贝并执行”窗口。

② 复制信息。选择“拷贝并执行”窗口上窗格中相应的销售订单（订单号为 XS006），再单击工具栏的“确定”按钮，系统返回“采购订单”窗口，此时采购订单上已经有系统默认的信息。

（3）编辑直运采购订单。修改“订单号”为 CG005，“供应商”为“大运公司”，“部门”为“采购部”，“业务员”为“张新海”，其他项默认。

（4）保存。单击工具栏的“保存”按钮，保存该单据，结果如图 7-90 所示。

	存货编码	存货名称	主…	数量	原币含税单价	原币单价	原币金额	原币税额	原币价税合计	税率	计划到货日期
1	00003	男士普通太阳镜	副	1000.00	105.30	90.00	90000.00	15300.00	105300.00	17.00	2017-04-16

图 7-90 直运采购订单

（5）退出。单击“采购订单”窗口右上角的“关闭”按钮，关闭该窗口。

【采购部主管刘静审核采购订单】

(1) 打开“采购订单”窗口。

(2) 查阅并审核采购订单。单击工具栏的“上张”按钮,查阅到相应的采购订单,然后单击工具栏的“审核”按钮,完成审核工作。

(3) 退出。单击“采购订单”窗口右上角的“关闭”按钮,关闭该窗口。

4. 场景三的操作步骤

视频网址: http://www.mdmuke.com/mdmk/mod/page/view.php?id=1357

任务说明: 批发部职员夏于参照直运销售订单生成直运销售专用发票,主管赵飞复核。

【批发部职员夏于参照生成并现结直运销售专用发票】

(1) 打开“销售专用发票”窗口。在“销售管理”子系统,依次单击“销售开票/销售专用发票”项,系统打开“销售专用发票”窗口。

(2) 参照销售订单生成直运销售专用发票。

① 增加单据。单击工具栏的“增加”按钮,新增一张销售专用发票,系统弹出“查询条件选择—发票参照发货单”对话框,因其“业务类型”默认为普通销售,且不能修改为“直运销售”,所以直接单击“取消”按钮,系统返回“销售专用发票”窗口。

② 打开“参照生单”窗口。选择销售发票的“业务类型”为“直运销售”,然后单击工具栏的“生单/参照订单”命令,系统弹出“查询条件选择—参照订单”对话框,默认其“业务类型”为“直运销售”,直接单击“确定”按钮,系统打开“参照生单”窗口。

③ 拷贝信息。在“参照生单”窗口中选中相应的销售订单(订单号为 XS006),单击工具栏的“确定”按钮,返回“销售专用发票”窗口,此时销售发票上已经有系统默认的信息。

(3) 编辑并保存。在“销售专用发票”窗口中,编辑表头的“发票号”为 81306809,其他项默认,然后单击工具栏的“保存”按钮,结果可参见图 7-91。

(4) 现结。在“销售专用发票”窗口,单击工具栏的“现结”按钮,系统打开“现结”对话框,在该对话框的表体部分,选择“结算方式”为“转账支票”,录入相应的“原币金额”126 360,输入“票据号”为 22586713,然后单击对话框的“确定”按钮返回“专用发票”窗口,此时窗口左上方出现“已现结”字样,结果如图 7-91 所示。

现结
销售专用发票
打印模版 销售专用
表体排序
合并显示
发票号 81306809
开票日期 2017-04-16
业务类型 直运销售
销售类型 批发销售
订单号 XS006
发货单号
客户简称 雪亮公司
销售部门 批发部
业务员 夏于
付款条件
客户地址 上海徐汇天平路8号
联系电话 021-84658236
开户银行 工行徐汇支行
账号 110202052678298 7158
税号 310104712121774
币种 人民币
汇率 1
税率 17.00
备注 直运销售男士普通1000副

	仓库名称	存货编码	存货名称	主计量	数量	报价	含税单价	无税单价	无税金额	税额	价税合计
1		00003	男士普通太阳镜	副	1000.00	0.00	126.36	108.00	108000.00	18360.00	126360.00

图 7-91 直运销售专用发票

(5) 退出。单击“销售专用发票”窗口右上角的“关闭”按钮，关闭该窗口。

【销售部主管赵飞复核销售专用发票】

(1) 打开“销售专用发票”窗口。

(2) 查阅并复核销售专用发票。单击工具栏的“上张”按钮，查阅到相应的销售专用发票，然后单击工具栏的“复核”按钮。

(3) 退出。单击“销售专用发票”窗口右上角的“关闭”按钮，关闭该窗口。

5. 场景四的操作步骤

视频网址：http://www.mdmuke.com/mdmk/mod/page/view.php?id=1358

任务说明：采购部职员张新海参照直运采购订单生成直运采购专用发票，并现付。

(1) 打开采购“专用发票”窗口。在“采购管理”子系统，依次单击“采购发票/专用采购发票”项，系统打开“专用发票”窗口。

(2) 参照直运采购订单生成直运采购专用发票。先单击工具栏的“增加”按钮，新增一张采购专用发票，然后做如下操作：

① 打开“拷贝并执行”窗口。修改发票表头的“业务类型”为“直运采购”，然后单击工具栏的“生单/采购订单”命令，系统弹出“查询条件选择—采购订单列表过滤”对话框，直接单击“确定”按钮，系统打开“拷贝并执行”窗口。

② 复制信息。在“拷贝并执行”窗口的上窗格中，双击要选择的采购订单(订单号为CG005)所对应的“选择”栏，再单击工具栏的“确定”按钮，系统返回“专用发票”窗口，此时发票上已经有系统默认的信息。

(3) 编辑并保存。在“专用发票”窗口中，编辑表头的“发票号”为61234506，其他项默认，然后单击工具栏的“保存”按钮，结果可参见图7-92。

(4) 采购发票现付。在“专用发票”窗口，单击工具栏的“现付”按钮，系统打开“采购现付”对话框，在该对话框的表体部分，选择“结算方式”为“转账支票”，输入相应的“原币金额”105 300，输入“票据号”为61234508，然后单击对话框的“确定”按钮返回“专用发票”窗口，此时窗口左上方出现“已现付”字样，结果如图7-92所示。

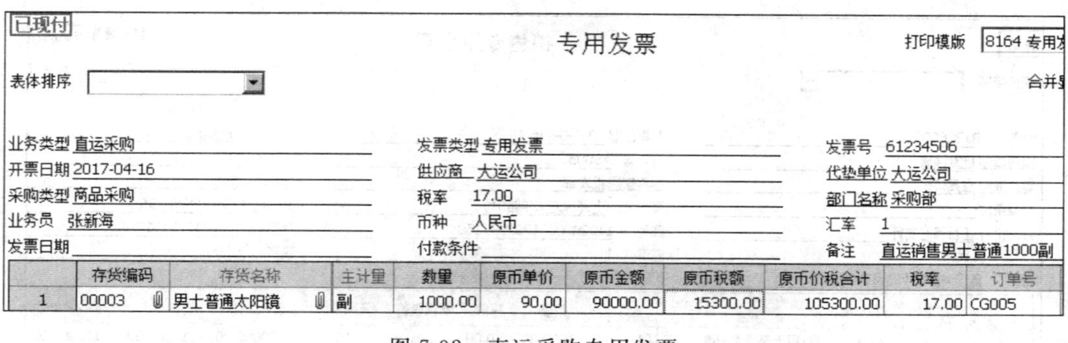

图 7-92 直运采购专用发票

(5) 退出。单击“专用发票”窗口右上角的“关闭”按钮，关闭该窗口。

6. 场景五的操作步骤

视频网址：http://www.mdmuke.com/mdmk/mod/page/view.php?id=1359

任务说明：财务部会计张兰对销售业务进行应收确认和销售成本结转。

【财务部会计张兰进行直运业务的应收审核与制单】

（1）打开应收“单据处理”窗口。在“企业应用平台”的“业务工作”页签下，依次单击“财务会计/应收款管理/应收单据处理/应收单据审核”项，系统弹出“应收单查询条件”对话框，增加勾选“已现结发票”，然后单击“确定”按钮，系统打开应收“单据处理”窗口。

（2）查阅发票。在应收“单据处理”窗口中，双击本笔业务中生成的销售专用发票，系统打开“销售发票”窗口，窗口中默认显示本业务的销售专用发票。

（3）审核并制单。单击工具栏的“审核”按钮，系统审核完成并弹出提示框“是否立即制单？”单击“是”按钮，系统打开“填制凭证”窗口，并默认显示凭证的信息（借记：工行存款，贷记：主营业务收入、销项税额）。

（4）编辑并保存。先设置“主营业务收入”科目的辅助项的“项目名称”为男士普通，然后单击工具栏的“保存”按钮，结果如图 7-93 所示。

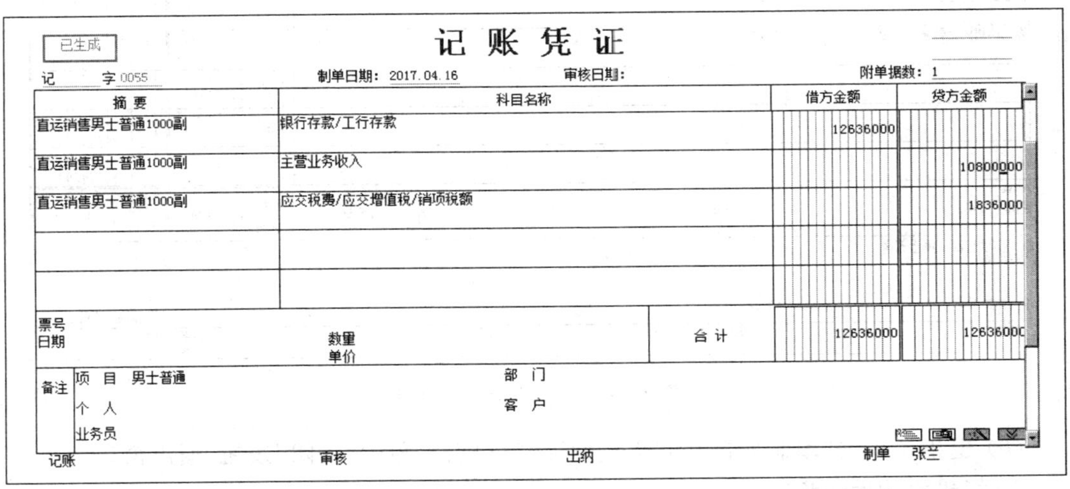

已生成　记账凭证

记 字 0055　制单日期：2017.04.16　审核日期：　附单据数：1

摘要	科目名称	借方金额	贷方金额
直运销售男士普通1000副	银行存款/工行存款	12636000	
直运销售男士普通1000副	主营业务收入		10800000
直运销售男士普通1000副	应交税费/应交增值税/销项税额		1836000
票号 日期　数量 单价	合计	12636000	12636000

备注　项目 男士普通　部门　个人　客户　业务员

记账　审核　出纳　制单 张兰

图 7-93　销售专用发票制单结果

（5）退出。单击“填制凭证”“销售发票”和“单据处理”窗口右上角的“关闭”按钮，关闭窗口。

【财务部会计张兰进行销售记账】

（1）打开“未记账单据一览表”窗口。在“企业应用平台”的“业务工作”页签下，依次单击“供应链/存货核算/业务核算/直运销售记账”项，系统弹出“直运采购发票核算查询条件”对话框，直接单击“确定”按钮，系统打开“未记账单据一览表”（直运销售记账）窗口。

（2）销售发票记账。在“未记账单据一览表”窗口中，选中本业务生成的销售专用发票（注意：不选取采购发票），然后单击工具栏的“记账”按钮，系统弹出信息框提示记账成功，单击“确定”按钮，完成记账工作。

(3) 退出。单击“未记账单据一览表”窗口右上角的“关闭”按钮,退出窗口。

【财务部会计张兰进行直运销售制单】

(1) 打开“生成凭证”窗口。在“存货核算”子系统,依次单击“财务核算/生成凭证”项,系统打开“生成凭证”窗口。

(2) 打开“选择单据”窗口。单击工具栏的“选择”按钮,在系统弹出的“查询条件”对话框中,直接单击“确定”按钮,系统打开“选择单据”窗口。

(3) 生成销售凭证。在“选择单据”窗口中,选中本业务生成的销售发票,然后单击工具栏的“确定”按钮,系统返回“生成凭证”窗口,直接单击工具栏的“生成”按钮,系统打开“填制凭证”窗口,并默认显示本业务发票上的相关信息(借记:主营业务成本,贷记:在途物资)。

(4) 编辑销售凭证。在“填制凭证”窗口中,修改“主营业务成本”和“在途物资”的辅助项的“项目名称”为“男士普通”,其他项默认。

(5) 保存。单击工具栏的“保存”按钮,结果如图 7-94 所示。

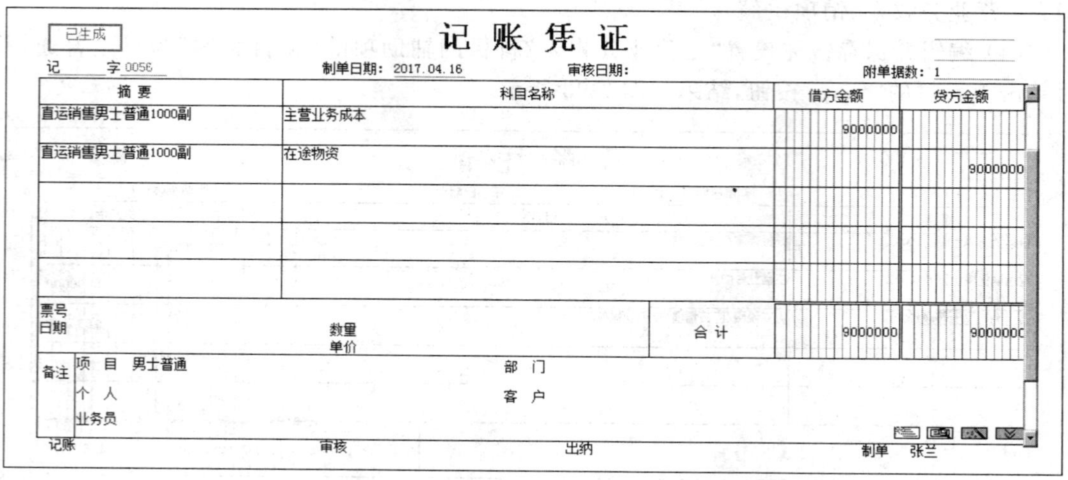

图 7-94 销售成本结转凭证

(6) 退出。单击“填制凭证”和“生成凭证”窗口右上角的“关闭”按钮,退出窗口。

7. 场景六的操作步骤

视频网址:http://www.mdmuke.com/mdmk/mod/page/view.php?id=1360

任务说明:财务部会计张兰进行应付确认和采购成本确认。

【财务部会计张兰进行直运业务的应付审核与制单】

(1) 打开应付“单据处理”窗口。在“企业应用平台”的“业务工作”页签下,依次单击“财务会计/应付款管理/应付单据处理/应付单据审核”项,系统弹出“应付单查询条件”对话框,增加勾选“已现结发票”,然后单击“确定”按钮,系统打开应付“单据处理”窗口。

(2) 查阅发票。在应付“单据处理”窗口中,双击本笔业务中生成的采购专用发票,系统打开“采购发票”窗口,窗口中默认显示本业务生成的采购专用发票。

(3) 审核并制单。单击工具栏的“审核”按钮,系统审核完成并弹出提示框“是否立即制单?”单击“是”按钮,系统打开“填制凭证”窗口,并默认显示凭证的信息(借记:在途物资、进项税额,贷记:工行存款)。

(4) 编辑并保存。在“填制凭证”窗口中,修改“在途物资”的辅助项的“项目名称”为“男士普通”,单击工具栏的“保存”按钮,结果如图 7-95 所示。

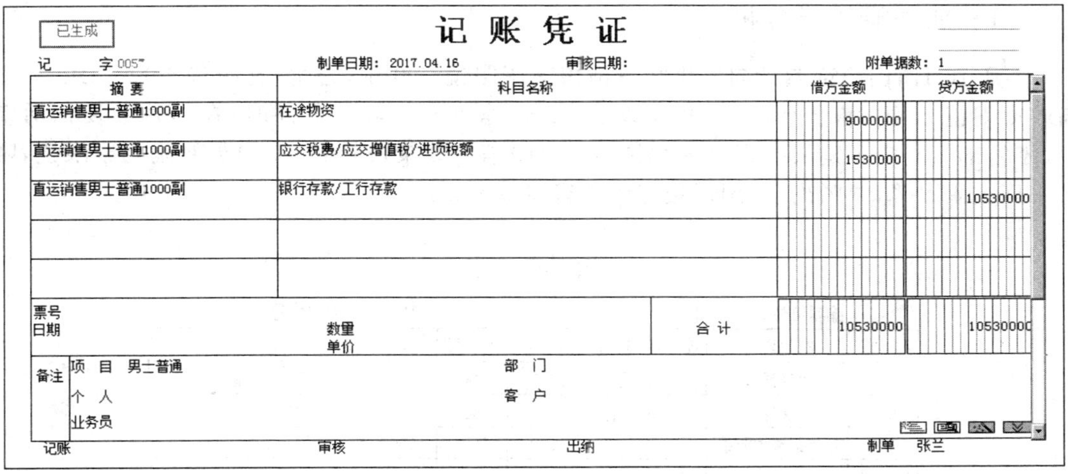

图 7-95　直运采购专用发票制单结果

(5) 退出。单击“填制凭证”“采购发票”和“单据处理”窗口右上角的“关闭”按钮,关闭窗口。

【财务部会计张兰进行采购记账】

(1) 打开“未记账单据一览表”窗口。在“企业应用平台”的“业务工作”页签下,依次单击“供应链/存货核算/业务核算/直运销售记账”项,系统弹出“直运采购发票核算查询条件”对话框,直接单击“确定”按钮,系统打开“未记账单据一览表”窗口。

(2) 采购发票的存货记账。在“未记账单据一览表”窗口中,选中本业务生成的采购发票,然后单击工具栏的“记账”按钮,系统弹出信息框提示记账成功,单击“确定”按钮,完成记账工作。

(3) 退出。单击“未记账单据一览表”窗口右上角的“关闭”按钮,退出窗口。

提示: 直运业务中,若直运采购发票已制单,则直运采购成本在确认时不需要生成凭证。

7.10　零售日报业务(有赠品)

零售业务是一种特殊的销售业务种类。零售日报不是原始的销售单据,是零售业务数据的日汇总。零售日报可以用来处理企业对零散客户的销售。对于这部分客户,企业可以用一个公共客户(如零散客户)代替,然后将零散客户的销售凭单先按日汇总,再录入零售日报进行管理。

送赠品是商家常用的促销手段之一,赠品的形式多样。税法规定将自产、委托加工或购买的货物，以实物折扣的形式无偿赠送他人，应视同销售计缴增值税。本业务是对同种商品做买二赠一的促销活动，所以在零售日报（相当于销售发票）上体现为数量折扣（参见图 7-98）。该促销活动，本公司将赠品的成本结转按广告费用处理，借记“销售费用/广告促销费”，贷记“库存商品”。当然，也可以按量大从优的销售折扣处理，此时赠品的成本结转借记“主营业务成本”，贷记“库存商品”。

7.10.1 业务概述与分析

4 月 16 日，门市部累计向零售客户销售亮康眼镜 100 副，售价（含税单价）234 元，男士高端太阳镜 20 副，售价 468 元，税率均为 17%，全部现金收讫。同时，在本月的促销活动中，零售部门制定了购买亮康眼镜“买二赠一”的销售政策，即顾客每购买两副亮康眼镜，赠送一副亮康眼镜，共赠出 50 副。相应的零售清单参见图 7-96。

销售清单

编制单位：门市部　　　　2017 年 4 月 16 日

编　码	产品名称	规 格	单 位	单 价	数 量	金 额	备 注
201	亮康眼镜		副	234.00	100	23400.00	有买二赠一活动
201	亮康眼镜		副		50		赠品
101	男士高端太阳镜		副	468.00	20	9360.00	
合 计						32760.00	

制单：略

图 7-96　零售清单

本笔业务是零售日报业务，需要填制、现结并复核零售日报单（含赠品），审核销售出库单，进行销售的应收确认和成本结转。

7.10.2 虚拟业务场景

人物：李华——门市部职员。

赵飞——销售部主管。

张兰——财务部会计。

曾志伟——财务部主管。

场景一：零售日报工作，门市部李华填制并现结零售日报（含赠品），主管赵飞复核。

赵飞：李华，请汇总上报一下今天的零售情况。

李华：好的。（填制零售日报完成。）

李华：赵总，今天的零售日报填制完成了，麻烦您复核一下。

赵飞：好的，我知道了。（复核完毕。）

场景二：门市出库，仓管部审核零售的销售出库单。

李华：李总，今天的零售日报我们已经上报，请您关注零售货物的出库情况。

李莉：好的。（审核出库单完毕。）

场景三：财务部进行零售日报的应收确认和销售成本结转。

赵飞：小张，我们门市部的零售日报已经上报并现结了，请做一下收款确认。

张兰：好的，没问题。（现结的应收确认和销售成本结转。）

7.10.3 操作指导

1. 操作流程图

图 7-97 是本业务的操作流程。

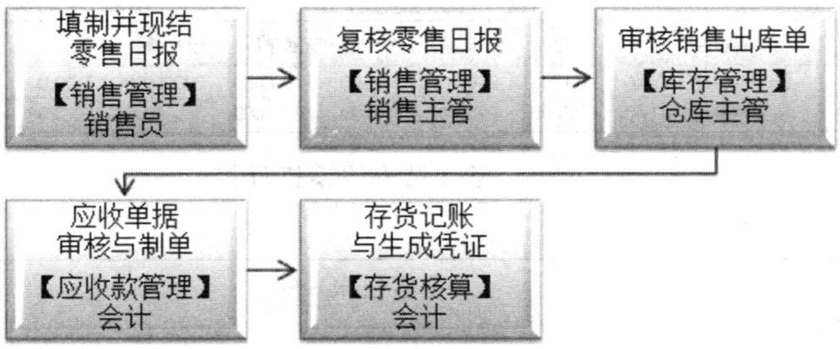

图 7-97 本业务的操作流程

请确认系统日期和业务日期为 2017 年 4 月 16 日。

2. 场景一的操作步骤

视频网址：http://www.mdmuke.com/mdmk/mod/page/view.php?id=1361

任务说明：门市部职员李华填制并现结零售日报（两张），主管赵飞逐一复核。

【门市部职员李华填制并现结零售日报】

提示：因为当日的两种零售货物在进行应收确认和成本结转的制单处理时都涉及“主营业务收入”“主营业务成本”等项目核算类的科目，所以在填制零售日报时需要分开填制，否则之后的凭证需要手工增加会计分录。

（1）打开“零售日报”窗口。在“企业应用平台”的“业务工作”页签中，依次单击“供应链/销售管理/零售日报/零售日报”项，系统打开“零售日报”窗口。

（2）编辑亮康眼镜的零售日报。单击工具栏的“增加”按钮，新增一张零售日报单，然后做如下编辑：

① 编辑表头。修改“销售类型”为“门市零售”，“客户简称”为“零散客户”，“销售部门”为“门市部”，“业务员”为“李华”，“税率”为 17，“备注”为“零售亮康眼镜 100 副赠品 50 副”，其他项默认。

② 编辑表体。在第 1 行，参照生成“存货名称”为“亮康眼镜”，编辑“数量”为 100，“含税单价”为 234 元，其他项默认；在第 2 行，输入赠品信息，即“存货名称”为“亮康眼镜”，“数量”为 50，“含税单价”为 0 元，其他项默认。

（3）保存。单击工具栏的“保存”按钮，保存该单据，结果可参见图 7-98。

（4）现结零售日报。单击工具栏的“现结”按钮，然后在系统打开的“现结”对话框中参照生成“结算方式”为“现金”，“原币金额”为 23 400，再单击“确定”按钮，返回“零售日报”窗口，结果如图 7-98 所示。

（5）重复以上（2）～（4）步，完成零售男士高端 20 副（含税单价 468 元）的零售日报单填制与现结工作，结果如图 7-99 所示。

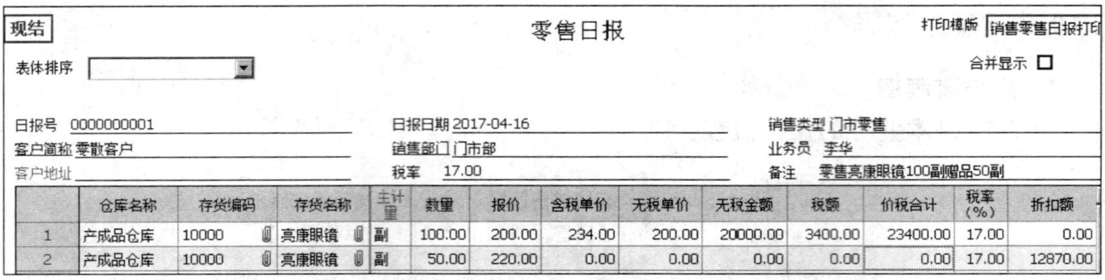

现结　　零售日报　　打印模版 销售零售日报打印

表体排序　　合并显示 □

日报号 0000000001　　日报日期 2017-04-16　　销售类型 门市零售

客户简称 零散客户　　销售部门 门市部　　业务员 李华

客户地址　　税率 17.00　　备注 零售亮康眼镜100副赠品50副

	仓库名称	存货编码	存货名称	主计量	数量	报价	含税单价	无税单价	无税金额	税额	价税合计	税率(%)	折扣额
1	产成品仓库	10000	亮康眼镜	副	100.00	200.00	234.00	200.00	20000.00	3400.00	23400.00	17.00	0.00
2	产成品仓库	10000	亮康眼镜	副	50.00	220.00	0.00	0.00	0.00	0.00	0.00	17.00	12870.00

图 7-98　亮康眼镜的零售日报

现结　　零售日报　　打印模版 销售零售日报打印

表体排序　　合并显示 □

日报号 0000000002　　日报日期 2017-04-16　　销售类型 门市零售

客户简称 零散客户　　销售部门 门市部　　业务员 李华

客户地址　　税率 17.00　　备注 零售男士高端20副

	仓库名称	存货编码	存货名称	主计量	数量	报价	含税单价	无税单价	无税金额	税额	价税合计	税率(%)	折扣额
1	大运仓库	00001	男士高端太阳镜	副	20.00	0.00	468.00	400.00	8000.00	1360.00	9360.00	17.00	0

图 7-99　男士高端太阳镜的零售日报

(6) 退出。单击“零售日报”窗口右上角的“关闭”按钮，关闭该窗口。

【销售部主管赵飞复核零售日报单】

(1) 打开“零售日报”窗口。

(2) 查阅并复核零售日报。单击工具栏的“上张”或“下张”按钮，查阅到相应的零售日报，然后在需要复核的零售日报单窗口中，单击工具栏的“复核”按钮，分别复核以上两张零售日报单。

提示：一张零售日报复核时自动生成一张发货单，一张发货单可以分仓库生成多张销售出库单。根据案例公司账套的初始设置和以上零售日报的特点，在此每张零售日报复核时将自动生成一张发货单和一张出库单。

(3) 退出。单击“零售日报”窗口右上角的“关闭”按钮，关闭该窗口。

3. 场景二的操作步骤

视频网址：http://www.mdmuke.com/mdmk/mod/page/view.php?id=1362

任务说明：仓管部主管李莉审核出库单。

(1) 打开“销售出库单”窗口。在“企业应用平台”的“业务工作”页签中，依次单击“供应链/库存管理/出库业务/销售出库单”项，系统打开“销售出库单”窗口。

(2) 查阅并审核销售出库单。单击工具栏的“末张”“上张”按钮，查阅到相应的销售出库单，然后在需要审核的销售出库单窗口中，单击工具栏的“审核”按钮，逐一审核两张零售日报单复核时自动生成的两张出库单，完成审核工作。

(3) 退出。单击“销售出库单”窗口右上角的“关闭”按钮，关闭该窗口。

4. 场景三的操作步骤

视频网址：http://www.mdmuke.com/mdmk/mod/page/view.php?id=1363

任务说明：财务部会计张兰进行现结的零售日报审核与制单，以及销售成本结转。

【财务部会计张兰进行零售日报的应收审核】

（1）打开"单据处理"窗口。在"企业应用平台"的"业务工作"页签下，依次单击"财务会计/应收款管理/应收单据处理/应收单据审核"项，系统弹出"应收单查询条件"对话框，增加勾选"包括已现结发票"复选框，然后单击"确定"按钮，系统打开"单据处理"窗口。

（2）审核应收单据。在"单据处理"窗口中，系统已列出本业务的两张零售日报单，选中这些单据并单击工具栏的"审核"按钮，系统提示审核成功，单击"确定"按钮，退出信息提示框，返回"单据处理"窗口。

（3）退出。单击"单据处理"窗口右上角的"关闭"按钮，退出该窗口。

【财务部会计张兰进行应收制单】

（1）打开"制单"窗口。在"应收款管理"子系统，双击"制单处理"项，在系统弹出的"制单查询"对话框中，增加勾选"现结制单"复选框，然后单击"确定"按钮，系统打开"制单"窗口。

（2）打开"填制凭证"窗口。单击工具栏的"全选"按钮，以选中本业务填制的两张零售日报，然后单击工具栏的"制单"按钮，系统打开"填制凭证"窗口。

（3）编辑并保存亮康眼镜的收款凭证。在"填制凭证"窗口中，系统默认显示相关信息，通过单击工具栏的"上张凭证""下张凭证"按钮，查阅到亮康眼镜的记账凭证信息（借记：库存现金，贷记：主营业务收入、销项税额），设置其"主营业务收入"科目的辅助项的"项目名称"为"亮康眼镜"，其他项默认，单击工具栏的"保存"按钮，结果如图 7-100 所示。

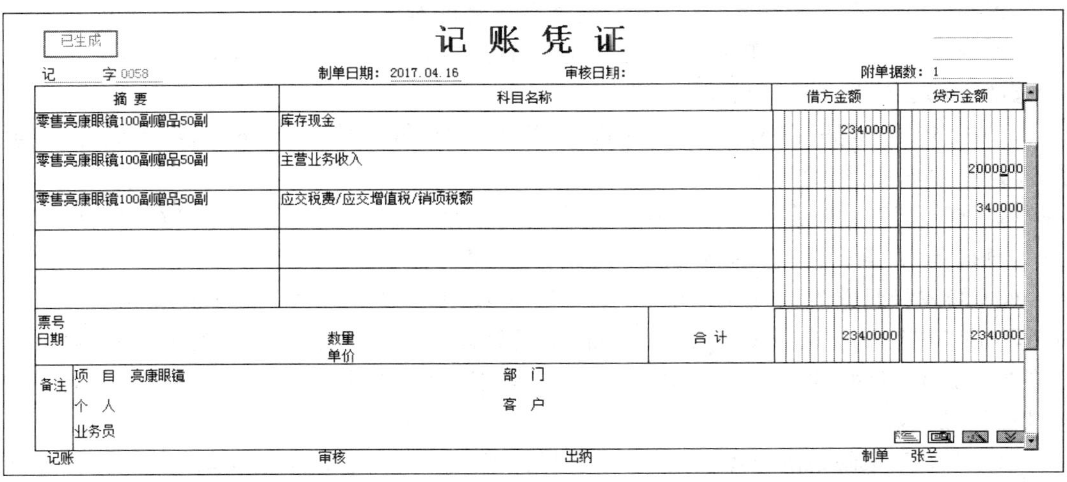
已生成

记账凭证

记 字 0058　　制单日期：2017.04.16　　审核日期：　　附单据数：1

摘要	科目名称	借方金额	贷方金额
零售亮康眼镜100副赠品50副	库存现金	2340000	
零售亮康眼镜100副赠品50副	主营业务收入		2000000
零售亮康眼镜100副赠品50副	应交税费/应交增值税/销项税额		340000
票号 日期	数量 单价 合计	2340000	2340000

备注　项 目 亮康眼镜　　部 门

个 人　　客 户

业务员

记账　　审核　　出纳　　制单 张兰

图 7-100　亮康眼镜的现结制单结果

（4）重复步骤（3），完成男士高端太阳镜的收款凭证的编辑与保存，结果如图 7-101 所示。

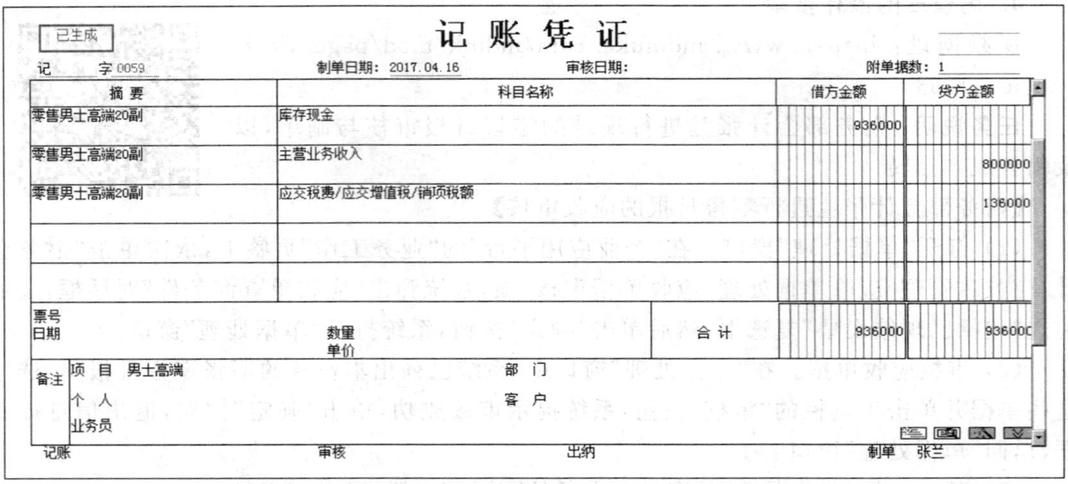

已生成

记 账 凭 证

记　字 0059　　制单日期：2017.04.16　　审核日期：　　附单据数：1

摘要	科目名称	借方金额	贷方金额
零售男士高端20副	库存现金	936000	
零售男士高端20副	主营业务收入		800000
零售男士高端20副	应交税费/应交增值税/销项税额		136000
票号 日期	数量 单价	合计 936000	936000

备注　项目　男士高端　　部门

个人　　客户

业务员

记账　　审核　　出纳　　制单　张兰

图 7-101　男士高端太阳镜的现结制单结果

(5) 退出。单击“填制凭证”和“制单”窗口右上角的“关闭”按钮，关闭窗口。

【财务部会计张兰进行销售出库记账】

(1) 打开“未记账单据一览表”窗口。在“企业应用平台”的“业务工作”页签下，依次单击“供应链/存货核算/业务核算/正常单据记账”项，系统弹出“查询条件选择”对话框，直接单击“确定”按钮，系统打开“未记账单据一览表”窗口。

(2) 出库记账。在“未记账单据一览表”窗口中，选中本业务生成的两张零售日报单(3条记录)，然后单击工具栏的“记账”按钮，系统弹出信息框提示记账成功，单击“确定”按钮，完成记账工作。

提示：*在“未记账单据一览表”窗口中，还列出了7.8节的售后回购业务中生成的销售发票，因为该业务是虚拟销售，所以不需要进行销售成本结转。*

(3) 退出。单击“未记账单据一览表”窗口右上角的“关闭”按钮，退出该窗口。

【财务部会计张兰进行出库制单】

(1) 打开“生成凭证”窗口。在“存货核算”子系统，依次单击“财务核算/生成凭证”项，系统打开“生成凭证”窗口。

(2) 打开“选择单据”窗口。单击工具栏的“选择”按钮，在系统弹出的“查询条件”对话框中，直接单击“确定”按钮，系统打开“选择单据”窗口。

(3) 修改科目并生成凭证。在“选择单据”窗口中，选中本业务生成的两张零售日报单，然后单击工具栏的“确定”按钮，系统返回“生成凭证”窗口；修改亮康眼镜的“借方数量”为50的“对方”科目为660104(销售费用/广告促销费)，然后单击工具栏的“生成”按钮，系统打开“填制凭证”窗口。

(4) 生成亮康眼镜的出库凭证。在“填制凭证”窗口中，通过单击工具栏的“上张凭证”“下张凭证”按钮，查阅到亮康眼镜的出库凭证信息(借记：主营业务成本、广告促销费，贷记：库存商品)。

(5) 编辑并保存亮康眼镜的出库凭证。设置“主营业务成本”和“库存商品”的辅助项的“项目名称”为“亮康眼镜”，其他项默认，最后单击工具栏的“保存”按钮，结果如图7-102

所示。

已生成

记 账 凭 证

记 字 0060 制单日期：2017.04.16 审核日期： 附单据数：1

摘要	科目名称	借方金额	贷方金额
零售亮康眼镜100副赠品50副	主营业务成本	1600000	
零售亮康眼镜100副赠品50副	销售费用/广告促销费	800000	
零售亮康眼镜100副赠品50副	库存商品		2400000
票号 日期	数量 单价 合 计	2400000	2400000

备注 项 目 亮康眼镜 部 门

个 人 客 户

业务员

记账 审核 出纳 制单 张兰

图 7-102 亮康眼镜出库凭证（含赠品）

(6) 重复步骤(4)、(5)，完成男士高端太阳镜的出库凭证的编辑与保存，结果如图 7-103 所示。

已生成

记 账 凭 证

记 字 0061 制单日期：2017.04.16 审核日期： 附单据数：1

摘要	科目名称	借方金额	贷方金额
零售男士高端20副	主营业务成本	700000	
零售男士高端20副	库存商品		700000
票号 日期	数量 单价 合 计	700000	700000

备注 项 目 男士普通 部 门

个 人 客 户

业务员

记账 审核 出纳 制单 张兰

图 7-103 男士高端太阳镜出库凭证

(7) 退出。单击“填制凭证”和“生成凭证”窗口右上角的“关闭”按钮，退出窗口。

7.11 对外捐赠处理

对外捐赠是企业非日常或非固定产生的经济利益的流出，该支出不分公益救济性与非公益救济性捐赠，一律在营业外支出科目核算。对外捐赠引起企业的库存商品等资产流出事项（虽然税法将其视同销售处理）并不符合《企业会计准则第 14 号——收入》中销售收入确认的 5 个条件，企业不会因为捐赠增加现金流量，也不会增加企业的利润，因此会计核算不作销售处理，而按成本转账。

若涉及捐出固定资产，应首先通过固定资产清理科目核算，对捐出固定资产的账面价值、发生的清理费用、相关税费等进行归集，最后将其余额转入营业外支出的借方。若企业对捐出资产已计提了减值准备的，捐出资产会计核算还必须同时结转已计提的资产减值准备。

7.11.1 业务概述与分析

4 月 16 日，为了响应政府关爱老年人的号召，案例公司向当地敬老院捐赠亮康眼镜 100 副，成本单价 160 元，市场单价 234 元，取得的原始单据如图 7-104 所示。

公益性单位接受捐赠统一收据

国财　　2017 年　4 月　16　日　　　　　NO 81265401

捐 赠 者 北京亮康眼镜贸易有限公司

捐赠项目 向河北廊坊市敬老院捐赠一批老花镜

捐赠金额(实物价值)　大写 (人民币) 贰万叁仟肆佰元整

	佰	拾	万	仟	佰	拾	元	角	分
小写		¥	2	3	4	0	0	0	0

货币(实物)种类　亮康眼镜

备注：　100 副，市场价格 234 元/副

接收单位盖章(签章)　　审核：略　　经手人：略

图 7-104　原始单据

本笔业务是对外捐赠本公司的主营产品，不是销售业务，所以可以通过填制其他出库单完成赠品出库，然后进行赠品的成本结转和税额计算(借：营业外支出 19 400，贷：库存商品 16 000，销项税额 3400)。

7.11.2 虚拟业务场景

人物：李吉综——总经理。

李莉——仓管部主管。

张兰——财务部会计。

场景一：对外捐赠，仓管部填制并审核其他出库单。

李吉综：李莉，咱们计划对外捐赠一批亮康眼镜，请仓管部完成送货任务。

李莉：好的。(填制并审核其他出库单完毕。)

场景二：对外捐赠的成本结转。

李莉：张兰，今天有一批亮康眼镜捐赠出库了。

张兰：谢谢李总提醒，我马上做账务处理。(赠品的成本结转和税额计算完成。)

7.11.3 操作指导

请确认系统日期和业务日期为 2017 年 4 月 16 日。

1. 场景一的操作步骤

视频网址：http://www.mdmuke.com/mdmk/mod/page/view.php?id=1364

任务说明：仓管部主管李莉填制并审核其他出库单。

(1) 打开“其他出库单”窗口。在“企业应用平台”的“业务工作”页签中，依次单击“供应链/库存管理/出库业务/其他出库单”项，系统打开“其他出库单”窗口。

(2) 填制出库单。在“其他出库单”窗口中，单击工具栏的“增加”按钮，修改表头的“仓库”为“产成品仓库”，“出库类别”为“赠品出库”，“备注”为“赠送亮康眼镜 100 副”，其他项默认。参照生成表体的“存货编码”为 10000(亮康眼镜)，编辑“数量”为 100，其他项默认。

(3) 保存并审核出库单。先单击“保存”按钮，然后单击“审核”按钮，系统弹出信息框提示审核成功，单击“确定”按钮，完成审核工作，结果如图 7-105 所示。

	存货编码	存货名称	规格型号	主计量单位	数量	单价	金额
1	10000	亮康眼镜		副	100.00	160.00	16000.00

图 7-105　其他出库单

(4) 退出。单击“其他出库单”窗口的“关闭”按钮，关闭该窗口。

2. 场景二的操作步骤

视频网址：http://www.mdmuke.com/mdmk/mod/page/view.php?id=1365

任务说明：财务部会计张兰进行对外捐赠的成本结转。

【财务部会计张兰进行其他出库记账】

(1) 打开“未记账单据一览表”窗口。在“企业应用平台”的“业务工作”页签下，依次单击“供应链/存货核算/业务核算/正常单据记账”项，系统弹出“查询条件选择”对话框，直接单击“确定”按钮，系统打开“未记账单据一览表”窗口。

(2) 出库记账。在“未记账单据一览表”窗口中，选中本业务生成的出库单，然后单击工具栏的“记账”按钮，系统弹出信息框提示记账成功，单击“确定”按钮，完成记账工作。

(3) 退出。单击“未记账单据一览表”窗口右上角的“关闭”按钮，退出该窗口。

【财务部会计张兰进行出库制单】

(1) 打开“生成凭证”窗口。在“存货核算”子系统，依次单击“财务核算/生成凭证”项，系统打开“生成凭证”窗口。

(2) 打开“选择单据”窗口。单击工具栏的“选择”按钮，在系统弹出的“查询条件”对话框中，直接单击“确定”按钮，系统打开“选择单据”窗口。

(3) 打开“填制凭证”窗口。在“选择单据”窗口中，选中本业务生成的出库单，然后单击工具栏的“确定”按钮，系统返回“生成凭证”窗口，此时单击工具栏的“生成”按钮，系统打开“填制凭证”窗口，并默认显示凭证信息(借记：营业外支出，贷记：库存商品)。

(4) 编辑凭证。在“填制凭证”窗口中，先设置“库存商品”的辅助项目为“亮康眼镜”，然后按回车键以增加第3条分录，并设置其“摘要”为“赠送亮康眼镜100副”，科目为22210103(销项税额)，“贷方金额”为3400，最后在第1条分录的“借方金额”处按“=”键，其结果变为19400。

(5) 保存存货凭证。单击工具栏的“保存”按钮，结果如图7-106所示。

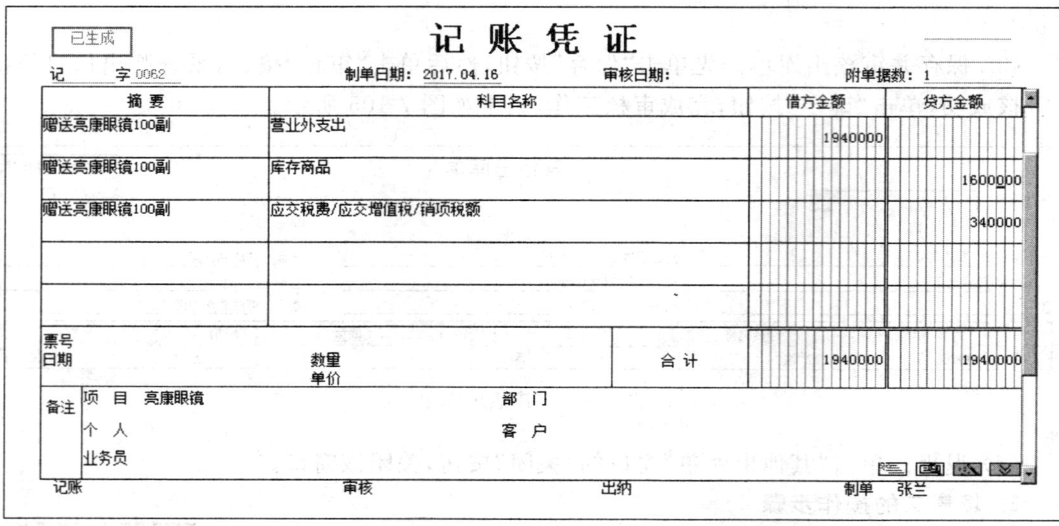

图7-106 赠品出库凭证

(6) 退出。单击“填制凭证”和“生成凭证”窗口右上角的“关闭”按钮，退出窗口。

7.12 售后回购的回购业务(支付回购款)

7.12.1 业务概述与分析

4月25日，案例公司向光明公司回购女士高端太阳镜2000副(虚拟回购的采购订单号为CG006)，收到的增值税专用发票(票号61234507，发票见图7-107)上注明的商品款为710 000元，税额120 700元，价税合计830 700元。

当日，案例公司通过转账支票(票号22456724)支付全部相关款项，相应的支票存根见图7-108。

本笔业务是售后回购业务的回购，因为在其签订合同和收款时商品未发出(详见7.8节)，所以在此需要首先虚拟发货出库，然后再虚拟采购入库，具体操作包括：修改与审核销售出库单(在7.8节复核销售发票时，系统自动生成了发货单和出库单)；采购订单的填制与

北京增值税专用发票　　No 61234507

1100163320　　　　**发票联**　　　　开票日期：2017年4月25日

税总函[2016]362号北京市印钞有限公司

购买方	名　　称：北京亮康眼镜有限公司 纳税人识别号：110108212120 地 址、电 话：北京市昌平区昌平路78号，电话：010-60228226 开户行及账号：中国工商银行北京市昌平支行1102020526782987908				密码区		
货物或应税劳务名称	规格型号	单位	数量	单价	金额	税率	税额
女士高端太阳镜		副	2000	355.00	710000.00	17%	120700.00
合　计					￥710000.00		￥120700.00
价税合计（大写）	⊗捌拾叁万零柒佰元整				（小写）￥830700.00		
销售方	名　　称：北京光明眼镜公司 纳税人识别号：200106653865885 地 址、电 话：北京海淀学院路1号 开户行及账号：中国工商银行海淀支行支行6227000526782987908				备注	200106653865885 发票专用章	

收款人：（略）　　复核：（略）　　开票人：（略）　　销售方：（章）

第二联：发票联　购买方记账凭证

图 7-107　发票

中国工商银行

转账支票存根

支票号码：22456724

附加信息：

出票日期：2017年4月25日

收款人：北京光明眼镜公司

金　额：￥830700.00

用　途：售后回购的回购款

单位主管：(略)　　会计：(略)

图 7-108　支票存根

审核，采购到货单的填制与审核，采购入库单的填制与审核，采购发票的填制、现付与窗口结算；销售成本结转和采购成本确认；采购应付确认。

需要注意的是，因为是虚拟销售与采购，所以销售出库单应该与采购入库单的单价一致，而且存货凭证的科目应该一致，但借贷金额相反。另外，回购货款(不含税)为710 000元，但虚拟销售的货款为700 000元，其中的差额10 000元应该计入财务费用。

当然，因为是虚拟后销售与采购，所以也可以不作销售和采购业务处理，而是直接在总账中填制凭证，结果如图7-117。

7.12.2　虚拟业务场景

人物：张新海——采购部职员。

刘灿——光明公司销售部职员。

刘静——采购部主管。

赵林——仓管部职员。

李莉——仓管部主管。

曾志伟——财务部主管。

张兰——财务部会计。

场景一：虚拟销售出库，仓管部审核销售出库单。

（李莉修改与审核销售出库单）

场景二：虚拟采购订货，采购部填制并审核采购订单。

（张新海填制采购订单，刘静审核）

场景三：虚拟采购到货，采购部填制并审核采购到货单。

（张新海填制采购到货单，刘静审核）

场景四：虚拟采购入库，仓管部填制并审核采购入库单。

（赵林填制采购入库单，李莉审核）

场景五：收到销售回购的发票并现付，采购部填制、现付并窗口结算采购专用发票。

（张新海填制、现付与窗口结算采购专用发票）

场景六：财务部确认销售回购的虚拟销售成本结转、虚拟采购成本确认，以及虚拟采购的现付确认。

曾志伟：张兰，今天有一笔销售回购业务的回购付款，你尽快做账务处理吧。

张兰：好的，我马上做。

（张兰进行虚拟销售成本结转、虚拟采购成本确认以及虚拟采购的现付确认。）

7.12.3 操作指导

1. 操作流程

图 7-109 是本业务的操作流程。

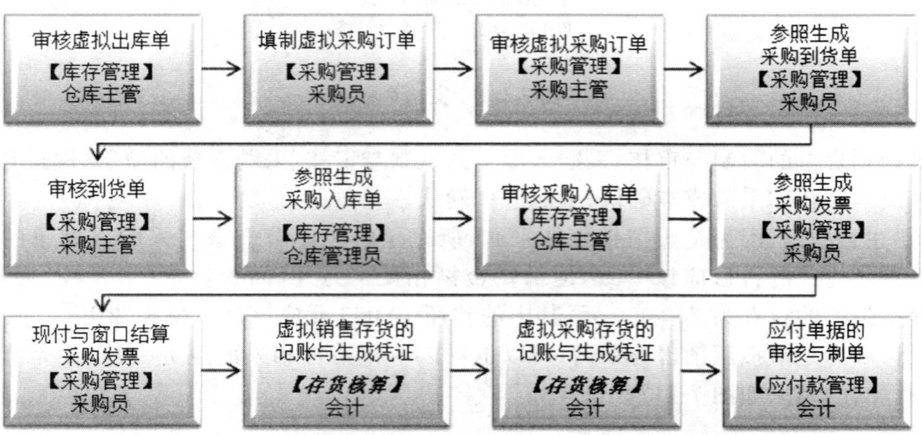

图 7-109　本业务的操作流程

请确认系统日期和业务日期为 2017 年 4 月 25 日。

2. 场景一的操作步骤

视频网址：http://www.mdmuke.com/mdmk/mod/page/view.php?id=1366

任务说明：仓管部主管李莉审核出库单。

（1）打开“销售出库单”窗口。在“企业应用平台”的“业务工作”页签中,依次单击“供应链/库存管理/出库业务/销售出库单”项,系统打开“销售出库单”窗口。

(2) 查阅并修改销售出库单。单击工具栏的“末张”“上张”按钮,查阅到销售女士高端太阳镜 2000 副的出库单,然后单击工具栏的“修改”按钮,修改其“单价”为 355(即与虚拟采购的单价一致),然后单击“保存”按钮,结果可参见图 7-110。

(3) 审核销售出库单。单击工具栏的“审核”按钮,系统弹出信息提示框,提示审核成功,单击其“确定”按钮,完成审核工作,结果如图 7-110 所示。

销售出库单　　销售出库单打印模版

表体排序　　○蓝字　○红字　　合并显示 □

出库单号 0000000008　出库日期 2017-04-16　仓库 大运仓库

出库类别 销售出库　业务类型 普通销售　业务号 81306808

销售部门 批发部　业务员 夏于　客户 光明公司

审核日期 2017-04-25　备注 售后回购

	存货编码	存货名称	规格型号	主计量单位	数量	单价	金额
1	00002	女士高端太阳镜		副	2000.00	355.00	710000.00

图 7-110　销售出库单

(4) 退出。单击“销售出库单”窗口右上角的“关闭”按钮,关闭该窗口。

3. 场景二的操作步骤

视频网址:http://www.mdmuke.com/mdmk/mod/page/view.php?id=1367

任务说明:采购部采购员张新海填制采购订单,主管刘静审核。

【采购部职员张新海填制采购订单】

(1) 打开“采购订单”窗口。在“企业应用平台”的“业务工作”页签中,依次单击“供应链/采购管理/采购订货/采购订单”项,系统打开“采购订单”窗口。

(2) 填制采购订单。单击工具栏的“增加”按钮,然后在表头编辑“订单编号”为 CG006,“供应商”为“光明公司”,“部门”为“采购部”,“业务员”为“张新海”,“备注”为“虚拟采购女士高端 2000 副”,其他项默认。参照生成表体的“存货编码”为 00002,编辑“数量”为 2000,“原币单价”为 355,其他项不变。

(3) 保存。单击工具栏的“保存”按钮,保存该请购单,结果如图 7-111 所示。

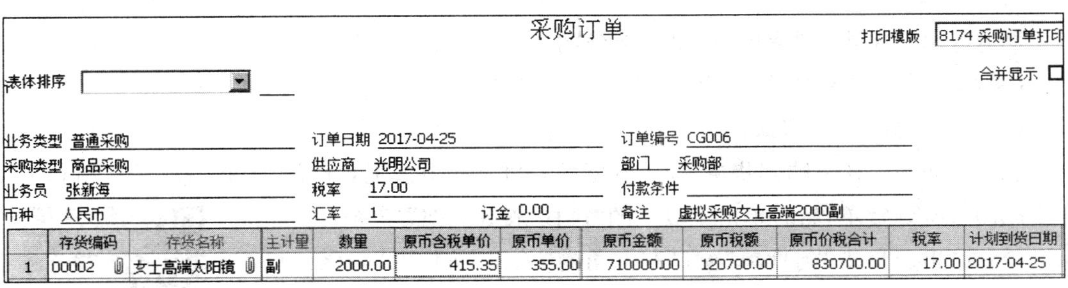

采购订单　　打印模版 8174 采购订单打印

表体排序　　合并显示 □

业务类型 普通采购　订单日期 2017-04-25　订单编号 CG006

采购类型 商品采购　供应商 光明公司　部门 采购部

业务员 张新海　税率 17.00　付款条件

币种 人民币　汇率 1　订金 0.00　备注 虚拟采购女士高端2000副

	存货编码	存货名称	主计量	数量	原币含税单价	原币单价	原币金额	原币税额	原币价税合计	税率	计划到货日期
1	00002	女士高端太阳镜	副	2000.00	415.35	355.00	710000.00	120700.00	830700.00	17.00	2017-04-25

图 7-111　虚拟采购订单

(4) 退出。单击“采购订单”窗口右上角的“关闭”按钮,关闭该窗口。

【采购部主管刘静审核采购订单】

(1) 打开“采购订单”窗口。

(2) 查阅并审核采购订单。单击工具栏的“上张”按钮,查阅到相应的采购订单,然后单击工具栏的“审核”按钮,完成审核工作。

(3) 退出。单击“采购订单”窗口右上角的“关闭”按钮,关闭该窗口。

4. 场景三的操作步骤

视频网址:http://www.mdmuke.com/mdmk/mod/page/view.php?id=1368

任务说明:采购部采购员张新海填制采购到货单,主管刘静审核。

【采购部职员张新海填制采购到货单】

(1) 打开“到货单”窗口。在“采购管理”子系统,依次单击“采购到货/到货单”项,系统打开“到货单”窗口。

(2) 参照订单生成采购到货单。首先单击工具栏的“增加”按钮,新增一张采购到货单,再做如下操作:

① 打开“拷贝并执行”窗口。单击“生单/采购订单”命令,系统打开“查询条件选择—采购订单列表过滤”对话框,单击“确定”按钮,系统打开“拷贝并执行”窗口。

② 复制信息。在“拷贝并执行”窗口的上窗格中,双击“订单号”为 CG006 的采购订单所在行的“选择”栏,再单击工具栏的“确定”按钮,系统返回“到货单”窗口,此时相关的信息已经有默认值,不需要修改。

(3) 保存。单击工具栏的“保存”按钮,保存该到货单,结果如图 7-112 所示。

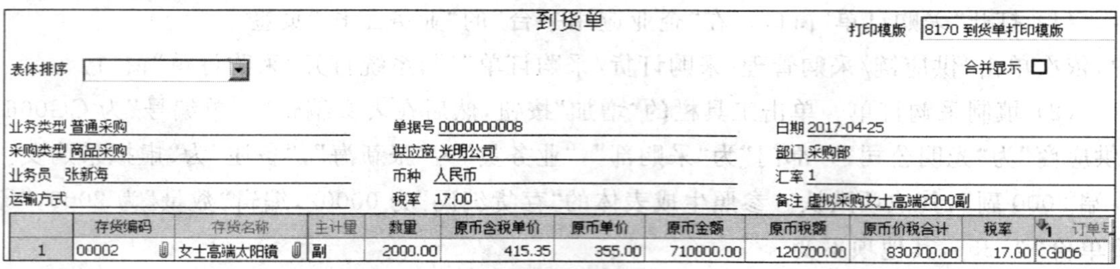

图 7-112 虚拟到货单

(4) 退出。单击“到货单”窗口右上角的“关闭”按钮,关闭该窗口。

【采购主管刘静审核采购到货单】

(1) 打开“到货单”窗口。

(2) 查阅并审核采购到货单。在“到货单”窗口中,单击工具栏的“上张”按钮,查阅到本业务生成的采购到货单,然后单击工具栏的“审核”按钮,完成审核工作。

(3) 退出。单击“到货单”窗口右上角的“关闭”按钮,关闭该窗口。

5. 场景四的操作步骤

视频网址:http://www.mdmuke.com/mdmk/mod/page/view.php?id=1369

任务说明：仓管部职员赵林参照到货单生成入库单，主管李莉审核。

【仓管部职员赵林参照到货单生成采购入库单】

(1) 打开库存管理的“采购入库单”窗口。在“企业应用平台”的“业务工作”页签中，依次单击“供应链/库存管理/入库业务/采购入库单”项，系统打开“采购入库单”窗口。

(2) 参照到货单生成采购入库单。首先单击工具栏的“增加”按钮，新增一张采购入库单，然后做如下操作：

① 打开“到货单生单列表”窗口。单击表头的“到货单号”的参照按钮，系统打开“查询条件选择—采购到货单列表”对话框，直接单击“确定”按钮，系统打开“到货单生单列表”窗口。

② 复制信息。在“到货单生单列表”窗口的上窗格中，双击要选择的采购到货单所对应的“选择”栏(即场景三完成的采购到货单)，再单击工具栏的“确定”按钮，系统返回“采购入库单”窗口，此时相关的信息已经默认显示在入库单上。

(3) 保存。单击工具栏的“保存”按钮，保存该单据，结果如图 7-113 所示。

采购入库单　　采购入库单打印

表体排序　　◉ 蓝字　○ 红字　　合并显示 □

入库单号 0000000010　　入库日期 2017-04-25　　仓库 大运仓库

订单号 CG006　　到货单号 0000000008　　业务号

供货单位 光明公司　　部门 采购部　　业务员 张新海

到货日期 2017-04-25　　业务类型 普通采购　　采购类型 商品采购

入库类别 商品采购入库　　审核日期　　备注 虚拟采购女士高端2000副

	存货编码	存货名称	规格型号	主计量单位	数量	本币单价	本币金额
1	00002	女士高端太阳镜		副	2000.00	355.00	710000.00

图 7-113　虚拟入库单

(4) 退出。单击“采购入库单”窗口右上角的“关闭”按钮，关闭该窗口。

【仓管部主管李莉审核采购入库单】

(1) 打开“采购入库单”窗口。

(2) 查阅并审核采购入库单。单击工具栏的“末张”按钮，查阅到本业务生成的采购入库单，然后单击工具栏的“审核”按钮，系统弹出信息框提示审核成功，单击“确定”按钮，完成审核工作。

(3) 退出。单击“采购入库单”窗口右上角的“关闭”按钮，关闭该窗口。

6. 场景五的操作步骤

视频网址：http://www.mdmuke.com/mdmk/mod/page/view.php?id=1370

任务说明：采购部职员张新海参照入库单生成采购专用发票，并现付与结算。

(1) 打开“专用发票”窗口。在“采购管理”子系统，依次单击“采购发票/专用采购发票”项，系统打开“专用发票”窗口。

(2) 参照入库单生成采购专用发票。在“专用发票”窗口中，单击工具栏的“增加”按钮，新增一张采购专用发票，再单击工具栏的“生单/入库单”命令，系统打开“查询条件选择—采购入库单列表过滤”对话框，直接单击“确定”按钮.并在系统打开的“拷贝并执行”窗口中，双击上窗格中要选择的采购入库单(即场景四完成的采购入库单)所对应的“选择”栏，然后单击工具栏的“确定”按钮，返回“专用发票”窗口。

(3) 编辑并保存采购发票。在“专用发票”窗口中，编辑表头的“发票号”为61234507，其他项默认，然后单击工具栏的“保存”按钮，结果可参见图7-114。

(4) 采购发票现付。在“专用发票”窗口，单击工具栏的“现付”按钮，系统打开“采购现付”对话框，在该对话框的表体部分，选择“结算方式”为“转账支票”，输入相应的“原币金额”830 700，输入“票据号”为22456724，然后单击对话框的“确定”按钮返回“专用发票”窗口，此时窗口左上方出现“已现付”字样，结果可参见图7-114。

(5) 采购发票窗口结算。在“专用发票”窗口，单击工具栏的“结算”按钮，此时窗口左上方出现“已结算”字样，表示该发票已经采购结算了，结果如图7-114所示。

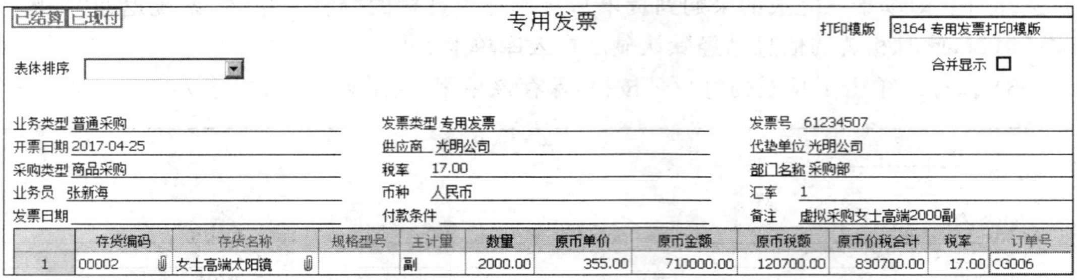

图7-114 采购专用发票(已现付、已结算)

(6) 退出。单击“专用发票”窗口右上角的“关闭”按钮，关闭该窗口。

7. 场景六的操作步骤

视频网址：http://www.mdmuke.com/mdmk/mod/page/view.php?id=1371

任务说明：财务部会计张兰进行虚拟销售的成本结转、虚拟采购的成本确认以及虚拟采购的现付确认。

【财务部会计张兰进行虚拟销售出库和采购入库的记账】

(1) 打开“未记账单据一览表”窗口。在“企业应用平台”的“业务工作”页签下，依次单击“供应链/存货核算/业务核算/正常单据记账”项，系统弹出“查询条件选择”对话框，直接单击“确定”按钮，系统打开“未记账单据一览表”窗口。

(2) 销售出库记账。在“未记账单据一览表”窗口中，选中7.8节生成的销售发票和本业务生成的采购入库单，然后单击工具栏的“记账”按钮，系统弹出信息框提示记账成功，单击“确定”按钮，完成记账工作。

(3) 退出。单击“未记账单据一览表”窗口右上角的“关闭”按钮，退出该窗口。

【财务部会计张兰进行入库制单】

(1) 打开“生成凭证”窗口。在“存货核算”子系统，依次单击“财务核算/生成凭证”项，系统打开“生成凭证”窗口。

(2) 打开“选择单据”窗口。单击工具栏的“选择”按钮，在系统弹出的“查询条件”对话框中，直接单击“确定”按钮，系统打开“选择单据”窗口。

(3) 设置凭证信息。在“选择单据”窗口中，选中本业务生成的采购入库单(请注意不选择销售发票)，然后单击工具栏的“确定”按钮，系统退出“选择单据”窗口，返回“生成凭证”窗口。

(4) 生成存货凭证。单击工具栏的“生成”按钮，系统打开“填制凭证”窗口，并默认显示本业务入库单上的相关信息（借记：库存商品，贷记：在途物资）。

(5) 编辑并保存。设置“库存商品”和“在途物资”的项目核算为“女士高端”，然后单击工具栏的“保存”按钮，保存该凭证，结果如图 7-115 所示。

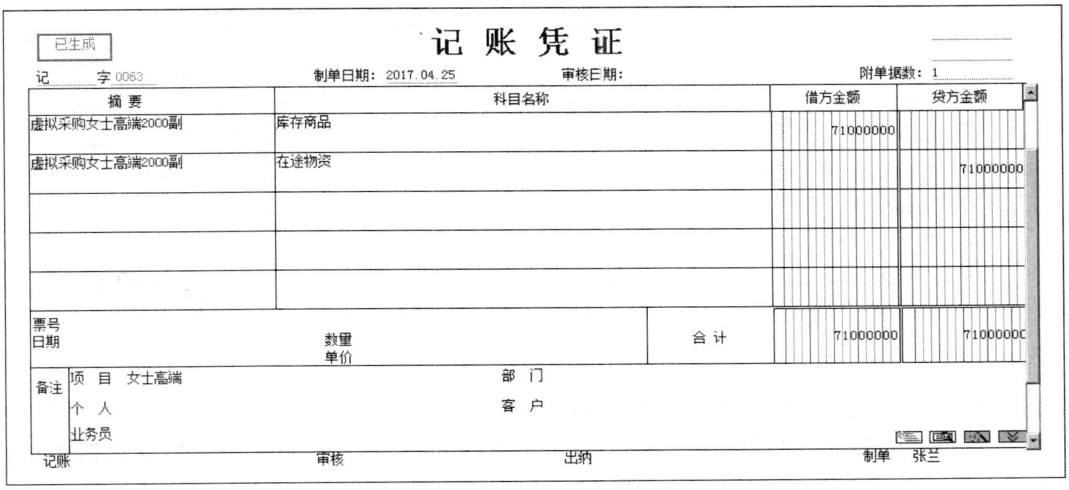

已生成

记账凭证

记 字 0063　　制单日期：2017.04.25　　审核日期：　　附单据数：1

摘要	科目名称	借方金额	贷方金额
虚拟采购女士高端2000副	库存商品	71000000	
虚拟采购女士高端2000副	在途物资		71000000
票号 日期　数量 单价	合计	71000000	71000000

备注　项目 女士高端　　部门
个人　　客户
业务员

记账　审核　出纳　制单 张兰

图 7-115　虚拟入库凭证

(6) 退出。单击“填制凭证”和“生成凭证”窗口右上角的“关闭”按钮，关闭窗口。

【财务部会计张兰进行销售出库制单】

(1) 打开“生成凭证”窗口。在“存货核算”子系统，依次单击“财务核算/生成凭证”项，系统打开“生成凭证”窗口。

(2) 打开“选择单据”窗口。单击工具栏的“选择”按钮，在系统弹出的“查询条件”对话框中，直接单击“确定”按钮，系统退出对话框并打开“选择单据”窗口。

(3) 生成存货凭证。

① 选择销售发票。在“选择单据”窗口中，选中 7.8 节生成的销售发票，然后单击工具栏的“确定”按钮，系统返回“生成凭证”窗口。

② 编辑并保存凭证。在“生成凭证”窗口中，修改“对方”科目为 1402（在途物资），“借方金额”和“贷方金额”为 710 000，然后单击工具栏的“生成”按钮，系统打开“填制凭证”窗口，并默认显示相关信息（借记：在途物资，贷记：库存商品）。

(4) 编辑存货凭证。在“填制凭证”窗口中，设置“在途物资”和“库存商品”的辅助项的项目名称为“女士高端”，其他项默认。

(5) 保存。单击工具栏的“保存”按钮，保存该凭证，结果如图 7-116 所示。

(6) 退出。单击“填制凭证”和“生成凭证”窗口右上角的“关闭”按钮，关闭窗口。

【财务部会计张兰进行现付审核与制单】

(1) 打开“单据处理”窗口。在“企业应用平台”的“业务工作”页签下，依次单击“财务会计/应付款管理/应付单据处理/应付单据审核”项，系统弹出“应付单查询条件”对话框，增加勾选“包含已现结发票”复选框，然后单击该对话框的“确定”按钮，系统打开“单据处理”窗口。

(2) 查阅应付单据。在“单据处理”窗口中，系统列出了本业务的采购专用发票，双击该

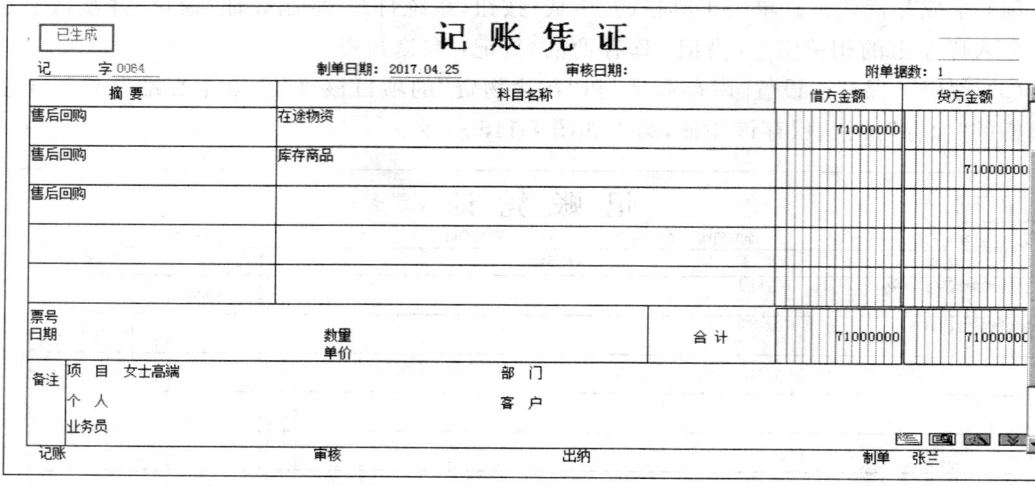

已生成

记 账 凭 证

记 字 0064 制单日期：2017.04.25 审核日期： 附单据数：1

摘要	科目名称	借方金额	贷方金额
售后回购	在途物资	71000000	
售后回购	库存商品		71000000
售后回购			
票号 日期	数量 单价	合计 71000000	71000000

备注 项 目 女士高端 部 门
个 人 客 户
业务员

记账 审核 出纳 制单 张兰

图 7-116 虚拟出库凭证

单据所在的行，系统打开相应的采购发票窗口。

(3) 审核并制单。查阅信息无误后，单击工具栏的“审核”按钮，系统审核通过该单据并弹出信息框“是否立即制单?”单击“是”按钮，系统打开“填制凭证”窗口，并默认显示了已生成的凭证信息(借记：在途物资、进项税额，贷记：工行存款)。

(4) 编辑并保存凭证。修改“在途物资”科目为224104(其他应付款/单位往来)，并设置其辅助项“供应商”为“光明公司”，修改其“借方金额”为700 000，然后在第2行“插分”并设置“科目名称”为6603(财务费用)，“借方金额”为10 000，最后单击“保存”按钮，结果如图7-117所示。

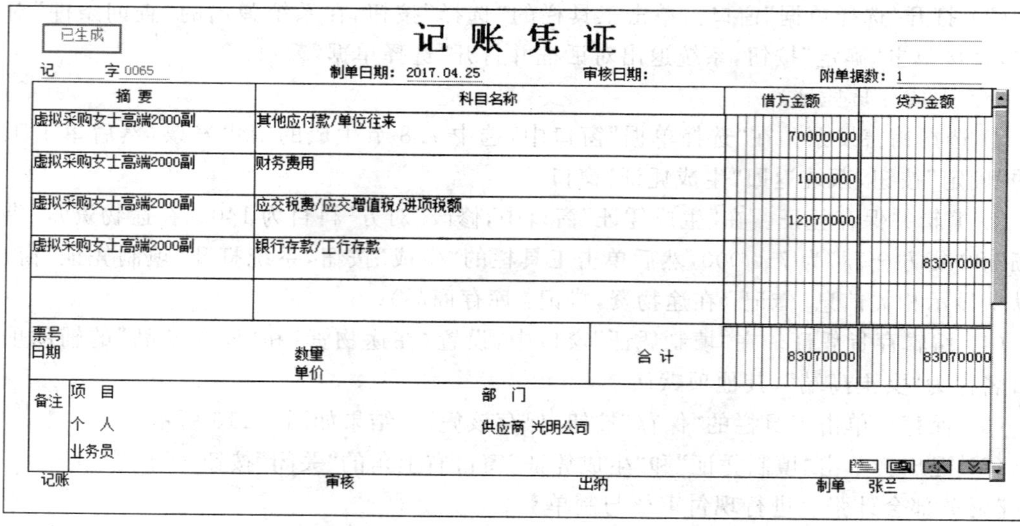

已生成

记 账 凭 证

记 字 0065 制单日期：2017.04.25 审核日期： 附单据数：1

摘要	科目名称	借方金额	贷方金额
虚拟采购女士高端2000副	其他应付款/单位往来	70000000	
虚拟采购女士高端2000副	财务费用	1000000	
虚拟采购女士高端2000副	应交税费/应交增值税/进项税额	12070000	
虚拟采购女士高端2000副	银行存款/工行存款		83070000
票号 日期	数量 单价	合计 83070000	83070000

备注 项 目 部 门
个 人 供应商 光明公司
业务员

记账 审核 出纳 制单 张兰

图 7-117 采购专用发票制单结果

(5) 退出。单击“填制凭证”“采购发票”和“单据处理”窗口右上角的“关闭”按钮，关闭窗口。

第 8 章　应收其他业务

用友 ERP-U8 的应收款管理，通过对发票、其他应收单、收款单等单据的管理，可及时、准确地提供客户的往来账款余额资料，提供各种分析报表，如账龄分析、周转分析、欠款分析、坏账分析、回款分析等，有利于企业合理地进行资金的调配，提高资金的利用效率。

应收管理的日常业务工作包括企业日常的应收/收款的单据处理、应收/收款单据核销、应收转账、汇兑损益、坏账处理和制单处理等。

应收单据处理是指用友 ERP-U8 的用户可通过应收款管理系统进行单据的录入、查阅和分析等工作。由于案例公司同时启用了应收款管理和销售管理系统，所以销售发票和代垫费用产生的应收单据由销售系统录入，在应收款管理系统中对这些单据进行审核、弃审、查询、核销、制单等处理。相应的业务可参见 7.1 节至 7.5 节、7.8 节、7.9 节等。

收款单据处理主要是对结算单据（收款单、付款单即红字收款单）的录入与审核。相应的业务可见 8.2 节至 8.4 节。

单据核销是指用收款来核销应收款的工作。单据核销的作用是建立收款与应收款的核销记录，加强往来款项的管理。相应的业务可参见 8.2 节至 8.4 节。

应收转账是进行应收冲应收（将一家客户的应收款转到另一家客户中）、预收冲应收（处理客户的预收款和该客户应收欠款的转账核销业务）、应收冲应付（用某客户的应收账款冲抵某供应商的应付款项）、红票对冲（用某客户的红字发票与其蓝字发票进行冲抵）等操作，本教程以预收冲应收为例（详见 7.6 节）进行了相关业务的分析与操作说明。

坏账处理包括计提应收坏账准备处理、坏账发生后的处理、坏账收回后的处理等功能，其作用是系统自动计提应收款的坏账准备，当坏账发生时即可进行坏账核销，当被核销坏账又收回时，即可进行相应处理。坏账计提业务请参见 8.6 节，坏账发生与收回业务请参见 8.1 节。

制单即生成凭证，并将凭证传递至总账，相应的业务可参见各个章节，比如 4.1 节中通过自定义转账生成凭证，4.3 节、5.2 节至 5.4 节、7.1 节至 7.4 节、7.6 节至 7.12 节中通过手工制单生成应收、应付的记账凭证。

本章的操作请按照业务描述中的系统日期（如 4 月 25 日）和操作员（如财务部会计张兰），在第 7 章完成的基础上，在应收款管理系统中进行。

如果没有完成第 7 章的业务操作，可以到百度云盘空间（云盘地址：http://pan.baidu.com/s/1i5iB4aT，访问密码：dq38）的“实验账套数据”文件夹中，将“07 销售应收.rar”下载到实验用机上，然后引入（操作步骤详见 1.3.5 节）到 ERP-U8 系统中。此外，本章完成的账套，其输出的压缩文件名为“08 其他应收.rar”。

需要注意的是，因云盘中的账套备份文件均为压缩文件，所以下载完成后，在引入之前，需要用解压缩工具进行解压（建议用 WinRAR 3.42 或以上版本），得到相应可以引入的账套数据文件。

本章的所有业务实验操作都有配套的微视频，可以通过扫描二维码或者到指定的网页去观看。本教程配套的微视频均存放在北京神州明灯教育科技有限公司和合一集团的网站上，相应的访问说明请参见云盘中的“微视频访问说明.doc”。

8.1 坏账发生与收回

案例公司采用备抵法，设置了“坏账准备”账户，按期(每月)估计坏账损失，提取坏账准备并转作当期费用。在实际发生坏账时，直接冲减已计提坏账准备，同时转销相应的应收账款余额。

发生坏账时，借记坏账准备，贷记应收账款。

确认坏账收回，借记应收账款，贷记坏账准备；同时，借记银行存款，贷记应收账款。

8.1.1 业务概述与分析

4月25日，有确切消息表明，明乐公司经营出现问题，赊销给明乐公司的全部货款(44928)已无法收回。因此，案例公司决定对相应的应收账款进行注销。

4月27日，经与明乐公司多次交涉，明乐公司支付欠款总额的50%，即22 464元，用现金支票转入(票号10516502)。

本笔业务是坏账的发生与收回业务。在坏账发生时，记录坏账发生的金额并制单；在坏账收回时，填制收款单(注意：收款单不能审核)，坏账收回制单。

8.1.2 虚拟业务场景

人物：夏于——销售部职员。
张兰——财务部会计。
罗迪——财务部出纳。
曾志伟—财务部主管。

场景一：销售部通知财务发生坏账，财务部做坏账发生处理。

夏于：喂，您好，我是销售部的夏于。明乐公司的经营出现了问题，领导同意将其应收款44 928元做成坏账。

张兰：好的。(坏账发生处理完毕。)

场景二：财务部收到银行进账单，做坏账收回的收款单处理。

(罗迪填制收款单完毕。)

罗迪：张兰，刚才收到银行进账单，是明乐公司支付的咱们已经做了坏账处理的欠款，收款单我已经填制完成了。

张兰：好的，我知道了，我马上做坏账收回的处理。

(张兰做坏账收回处理。)

8.1.3 操作指导

1. 操作流程

图8-1是本业务的操作流程。

请确认系统日期和业务日期为2017年4月25日。

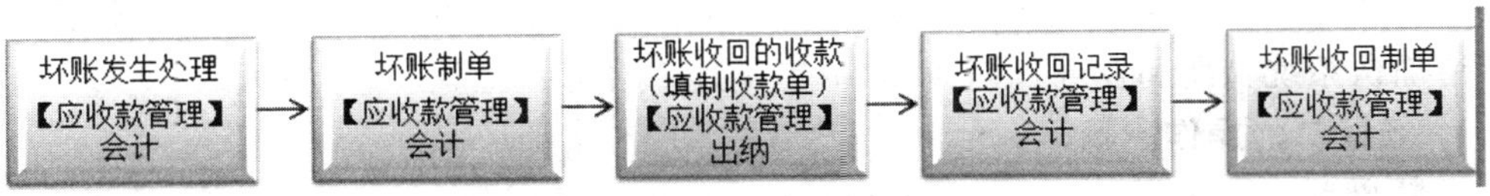

图 8-1　本业务的操作流程

2. 场景一的操作步骤

视频网址：http://www.mdmuke.com/mdmk/mod/page/view.php?id＝1372

任务说明：财务部会计张兰记录发生的坏账并制单。

（1）打开“发生坏账”对话框。在“企业应用平台”的“业务工作”页签中，依次单击“财务会计/应收款管理/坏账处理/坏账发生”项，系统弹出“坏账发生”对话框。

（2）打开“发生坏账损失”窗口。在“坏账发生”对话框中，参照生成“客户”为明乐公司，然后单击“确定”按钮，系统打开“发生坏账损失”窗口。

（3）设置坏账发生的金额。在“发生坏账损失”窗口中，双击“余额”栏，使“本次发生坏账金额”栏的数字为“余额”数字（即 44 928），结果如图 8-2 所示。

坏账发生单据明细

单据类型	单据编号	单据日期	到期日	余额	部门	业务员	本次发生坏账金额
销售专用发票	81790304	2017-03-28	2017-03-28	44,928.00	批发部	夏于	44,928.00
合计				44,928.00			44,928.00

图 8-2　坏账发生单据设置

（4）保存并制单。单击工具栏的“确定”按钮，系统记录该坏账损失，并弹出信息提示框，询问“是否立即制单?”单击“是”按钮，系统打开“填制凭证”窗口。

（5）保存凭证。在“填制凭证”窗口中，系统默认显示相关信息（借记：坏账准备，贷记：应收账款），直接单击“保存”按钮，结果如图 8-3 所示。

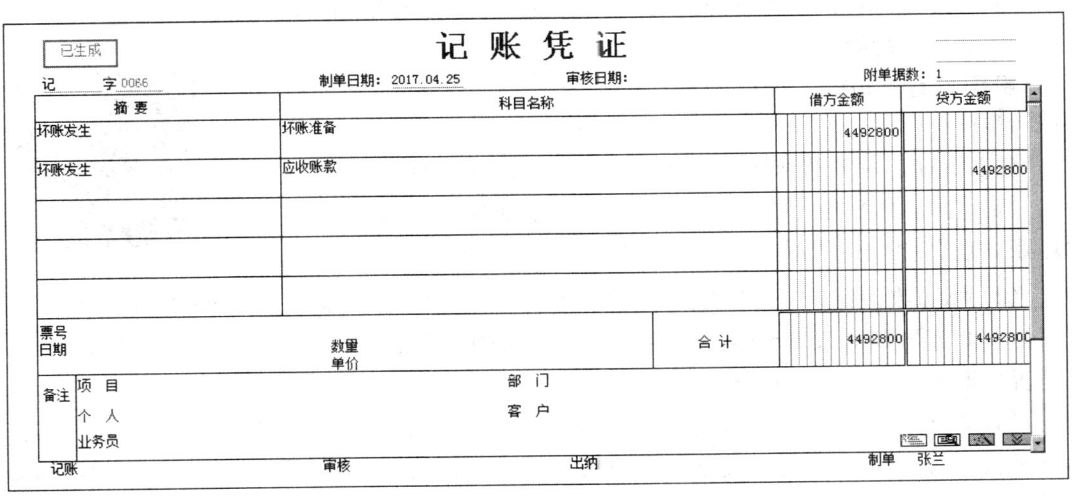
已生成
记账凭证
记　字 0066　制单日期：2017.04.25　审核日期：　附单据数：1

摘要	科目名称	借方金额	贷方金额
坏账发生	坏账准备	4492800	
坏账发生	应收账款		4492800
票号 日期	数量 单价 合计	4492800	4492800

备注　项目　部门
个人　客户
业务员
记账　审核　出纳　制单　张兰

图 8-3　坏账发生制单结果

(6) 退出。单击“填制凭证”和“发生坏账损失”窗口右上角的“关闭”按钮，关闭窗口。

请确认系统日期和业务日期为 2017 年 4 月 27 日。

3. 场景二的操作步骤

视频网址：http://www.mdmuke.com/mdmk/mod/page/view.php?id=1373

任务说明：财务部出纳罗迪填制坏账收回的收款单。

提示：当收回一笔坏账时，应该首先录入一张收款单，该收款单的金额即为收回的坏账的金额，该收款单不能审核。

(1) 打开“收付款单录入”窗口。在“应收款管理”子系统，依次单击“收款单据处理/收款单据录入”项，系统打开“收付款单录入”窗口。

(2) 编辑收款单。单击工具栏的“增加”按钮，新增一张收款单，然后做如下编辑：

① 编辑表头。参照生成“客户”为“明乐公司”，“结算方式”为“现金支票”，“金额”为 22 464，“票据号”为 10516502，“部门”为“财务部”，“摘要”为“收回明乐公司坏账的 50%”。

② 编辑表体。在表体区域单击，则表头的相关信息自动带入表体的第一行，确认“款项类型”为“应收款”，其余项默认。

(3) 保存。单击工具栏的“保存”按钮，保存该单据，结果如图 8-4 所示。

收款单

打印模版 应收收款单打印模板

表体排序

单据编号 0000000010　日期 2017-04-27　客户 明乐公司

结算方式 现金支票　结算科目 100201　币种 人民币

汇率 1　金额 22464.00　本币金额 22464.00

客户银行 工行晋城支行　客户账号 6227000526030287586　票据号 10516502

部门 财务部　业务员　项目

摘要 收回明乐公司坏账的50%

	款项类型	客户	部门	业务员	金额	本币金额	科目
1	应收款	明乐公司	财务部		22464.00	22464.00	1122

图 8-4　收款单

(4) 退出。单击“收付款单录入”窗口右上角的“关闭”按钮，关闭该窗口。

4. 场景三的操作步骤

视频网址：http://www.mdmuke.com/mdmk/mod/page/view.php?id=1374

任务说明：财务部会计张兰做坏账收回的记录与制单。

(1) 打开“坏账收回”对话框。在“应收款管理”子系统，依次单击“坏账处理/坏账收回”项，系统弹出“坏账收回”对话框。

(2) 坏账收回记录。在“坏账收回”对话框中，参照生成“客户”为“明乐公司”，“结算单号”为本业务填制的收款单号，然后单击“确定”按钮，系统完成坏账收回的信息处理，并弹出“是否立即制单？”信息提示框。

(3) 坏账收回制单。单击信息提示框的“是”按钮，系统打开“填制凭证”窗口，默认显示凭证信息(借记：工行存款、应收账款，贷记：应收账款、坏账准备)，直接单击“保存”按钮，结果如图 8-5 所示。

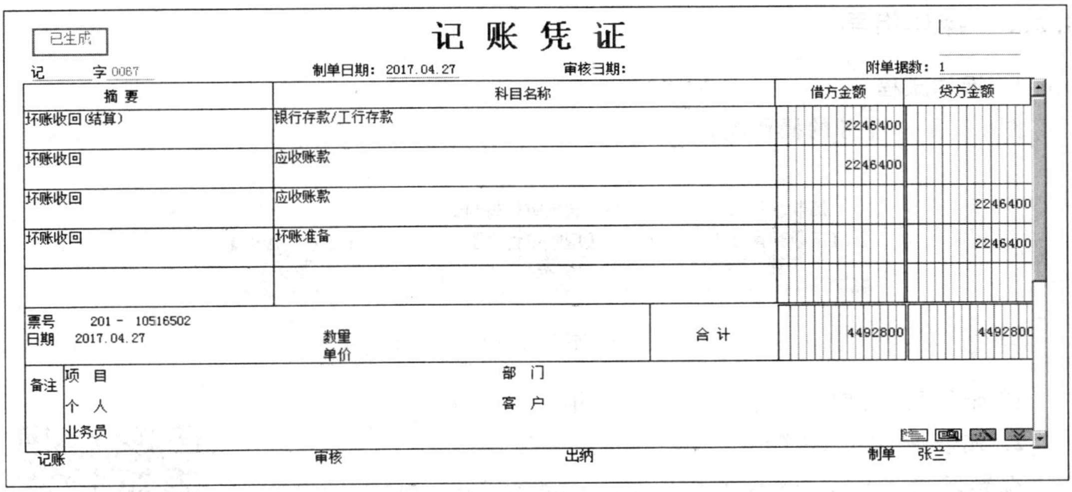

已生成

记账凭证

记 字 0067　　制单日期：2017.04.27　　审核日期：　　附单据数：1

摘要	科目名称	借方金额	贷方金额
坏账收回(结算)	银行存款/工行存款	2246400	
坏账收回	应收账款	2246400	
坏账收回	应收账款		2246400
坏账收回	坏账准备		2246400
票号 201 - 10516502 日期 2017.04.27	数量 单价 合计	4492800	4492800

备注　项目　　部门

个人　　客户

业务员

记账　　审核　　出纳　　制单　张兰

图 8-5　坏账收回制单结果

（4）退出。单击“填制凭证”窗口右上角的“关闭”按钮，退出该窗口。

8.2　上月销售的到款及核销

核销是指对某项往来款项的清偿，它与冲销、转销不同。冲销是对错误的会计记录进行冲抵，如红字冲销法；而转销是按照一定的法规和会计政策对某项会计记录予以撤销，例如对无法回收的应收账款予以转销。

8.2.1　业务概述与分析

4 月 27 日，收到光明公司的转账支票（票号 22586708，金额 1 965 600 元），用于支付上月从本公司购买男士高端太阳镜 4000 副的全部货款；收到雪亮公司的转账支票（票号 22586709，金额 1 263 600 元），用于支付上月向本公司购买女士高端太阳镜 3000 副的全部货款。相应的银行进账单可参见图 8-1，在此从略。

本笔业务是收款与应收核销业务，需要填制收款单，收款单审核与制单，应收核销。

8.2.2　虚拟业务场景

人物：罗迪——财务部出纳。

张兰——财务部会计。

曾志伟——财务部主管。

场景一：财务部收到银行进账单，罗迪填制收款单。

（罗迪填制两张收款单。）

场景二：财务部张兰对收款单进行审核与制单，并做应收核销。

罗迪：张兰，我已经填制好了两张收款单，请您审核制单。

张兰：好的。（收款单审核、制单，应收核销。）

8.2.3 操作指导

1. 操作流程

图 8-6 是本业务的操作流程。

图 8-6　本业务的操作流程

请确认系统日期和业务日期为 2017 年 4 月 27 日。

2. 场景一的操作步骤

视频网址：http://www.mdmuke.com/mdmk/mod/page/view.php?id=1375

任务说明：财务部出纳罗迪填制收款单。

(1) 打开“收付款单录入”窗口。在“企业应用平台”的“业务工作”页签中，依次单击“财务会计/应收款管理/收款单据处理/收款单据录入”项，打开“收付款单录入”窗口。

(2) 编辑并保存光明公司的收款单。单击工具栏的“增加”按钮，新增一张收款单，编辑其表头的“客户”为“光明公司”，“结算方式”为“转账支票”，“金额”为 1 965 600，“票据号”为 22586708，“部门”为“财务部”，“摘要”为“光明公司上月货款”，然后单击表体部分，系统将自动生成一条记录，注意确认“款项类型”为“应收款”，然后单击工具栏的“保存”按钮，结果如图 8-7 所示。

图 8-7　光明公司的收款单

(3) 编辑并保存雪亮公司的收款单。再单击工具栏的“增加”按钮，以新增一张收款单，编辑其表头的“客户”为“雪亮公司”，“结算方式”为“转账支票”，“金额”为 1 263 600，“票据号”为 22586709，“部门”为“财务部”，“摘要”为“雪亮公司上月货款”，然后单击表体部分，系统将自动生成一条记录，注意确认“款项类型”为“应收款”，然后单击工具栏的“保存”按钮，结果如图 8-8 所示。

(4) 退出。单击“收付款单录入”窗口右上角的“关闭”按钮，关闭该窗口。

图 8-8 雪亮公司的收款单

3. 场景二的操作步骤

视频网址：http://www.mdmuke.com/mdmk/mod/page/view.php?id=1376

任务说明：财务部会计张兰进行收款单的审核、制单以及应收核销。

【财务部会计张兰审核收款单】

(1) 打开"收付款单列表"窗口。在"应收款管理"子系统，依次单击"收款单据处理/收款单据审核"项，系统弹出"收款单查询条件"对话框，直接单击"确定"按钮，系统退出该对话框并打开"收付款单列表"窗口。

(2) 查阅并审核收款单。在"收付款单列表"窗口中，选中本业务生成的两张单据，然后单击工具栏的"审核"按钮，系统弹出信息框提示审核成功，单击"确定"按钮，完成审核工作。

(3) 退出。单击"收付款单列表"窗口右上角的"关闭"按钮，关闭该窗口。

【财务部会计张兰进行收款单制单】

(1) 打开应收"制单"窗口。在"应收款管理"子系统，双击"制单处理"项，在系统弹出的"制单查询"对话框中，增加勾选"收付款单制单"，然后单击"确定"按钮，系统打开应收"制单"窗口。

(2) 编辑并保存收款凭证。具体的操作步骤如下：

① 选择单据。在"制单"窗口中，选中本业务填制的两张收款单，然后单击"制单"按钮，系统打开"填制凭证"窗口。

② 保存光明公司的收款凭证。凭证上默认借记为工行存款，贷记为应收账款，直接单击工具栏的"保存"按钮，结果如图 8-9 所示。

③ 保存雪亮公司的凭证。单击工具栏的"下张凭证"按钮，默认显示凭证信息(借记：工行存款，贷记：应收账款)，直接单击工具栏的"保存"按钮，结果如图 8-10 所示。

(3) 退出。单击"填制凭证"和"制单"窗口右上角的"关闭"按钮，关闭窗口。

【财务部会计张兰进行应收核销】

(1) 打开"单据核销"窗口。在"应收款管理"子系统，依次单击"核销处理/手工核销"项，在系统弹出的"核销条件"对话框中，参照生成"客户"为"光明公司"，然后单击"确定"按钮，系统打开"单据核销"窗口。

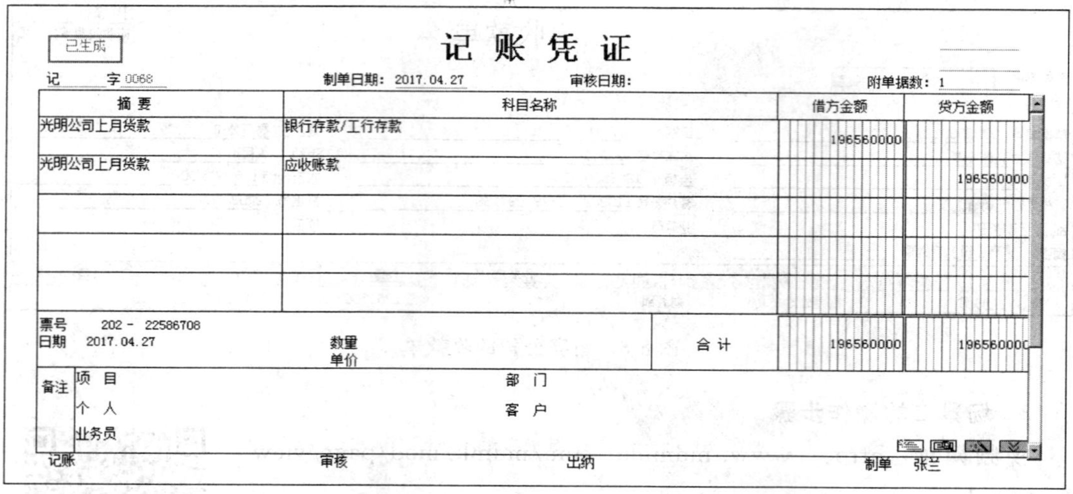

图 8-9　光明公司的收款单制单结果

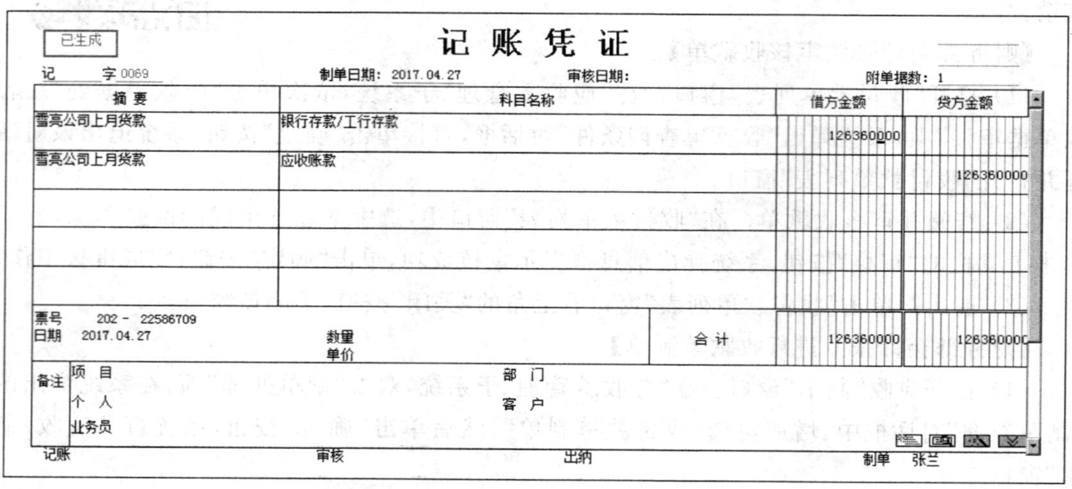

图 8-10　雪亮公司的收款单制单结果

(2) 核销光明公司上月的应收款。在“单据核销”窗口的下窗格，双击“单据编号”为 81090301 所在的行，系统自动在该行的“本次结算”栏填入与“原币余额”相等的数字，此时单击工具栏的“保存”按钮，完成光明公司的上月应收款核销。

(3) 核销雪亮公司上月的应收款。单击工具栏的“查询”按钮，在系统弹出的“核销条件”对话框中，参照生成“客户”为“雪亮公司”，然后单击“确定”按钮，系统返回“单据核销”窗口，然后在其下窗格，双击“单据编号”为 81320302 所在的行，系统自动在该行的“本次结算”栏填入与“原币余额”相等的数字，此时单击工具栏的“保存”按钮，完成雪亮公司的上月应收款核销。

(4) 退出。单击“单据核销”窗口的“关闭”按钮，关闭该窗口。

8.3 现金折扣处理

通常，核算现金折扣的方法有 3 种：总价法、净价法和备抵法。我国新企业会计准则要求采用总价法入账，即在销售商品时以发票价格同时记录应收账款和销售收入，不考虑现金折扣。如购货企业享受现金折扣，则以“销售折扣”账户或在“财务费用”账户中反映现金折扣。案例企业规定在“财务费用”账户中反映现金折扣。

8.3.1 业务概述与分析

4 月 27 日，雪亮公司依据合同 XS003，以转账支票(票号 22586714)向本公司转入 98% 的不含税货款 976 650 元，税款 169 418.8 元，合计 1 146 068.8 元(按合同的付款条件，给予对方 2%的现金折扣)。

本笔业务是有现金折扣的收款业务，需要通过“选择收款”进行收款单的填制和应收核销，然后制单。“选择收款”功能可以一次对多个客户、多笔款项进行收款与核销的业务处理，而且收款单不需要审核和核销(自动完成核销处理)。

8.3.2 虚拟业务场景

人物：夏于——批发部职员。
罗迪——财务部出纳。
张兰——财务部会计。
曾志伟——财务部主管。

场景一：财务部收到银行进账单，罗迪填制收款单。

(罗迪填制有现金折扣的收款单。)

场景二：财务部会计张兰对选择收款单进行审核与制单。

罗迪：小张，今天有一张有现金折扣的收款单，我通过选择收款填制了收款单，请你进行制单处理。

张兰：好的，我马上处理。(选择收款制单和核销制单。)

8.3.3 操作指导

请确认系统日期和业务日期为 2017 年 4 月 27 日。

1. 场景一的操作步骤

视频网址：http://www.mdmuke.com/mdmk/mcd/page/view.php?id=1377

任务说明：财务部出纳罗迪填制选择收款单。

(1) 打开“选择收款—单据”窗口。在“企业应用平台”的“业务工作”页签中，依次单击“财务会计/应收款管理/选择收款”项，系统弹出“选择收款—条件”对话框，参照生成“客户”为雪亮公司，并勾选“可享受折扣”复选框，然后单击“确定”按钮，系统退出对话框，打开“选择收款—单据”窗口。

(2) 编辑收款单。双击“单据编号”为 81306603 的行，在其“本次折扣”栏输入 19 931.2，则其“收款金额”栏自动填入 1 146 068.8，结果如图 8-11 所示。

选择收款列表

收款总计

客户	单据类型	单据编号	部门	业务员	摘要	单据日期	到期日	原币金额	原币余额	可享受折扣	本次折扣	收款金额
雪亮公司	销售专用发票	81306603	批发部	夏于	销售亮...	2017-04-12	2017-05-12	1,166,000.00	1,166,000.00	23,320.00	19,931.2	1,146,068.80
合计								1,166,000.00	1,166,000.00	23,320.00		

图 8-11 “选择收款—单据”窗口

(3) 保存收款单。单击工具栏的“确认”按钮,系统打开“选择收款—收款单”对话框,选择“结算方式”为转账支票,“票据号”为 22586714,单击“确定”按钮,系统完成收款与核销处理,并返回“选择收款—单据”窗口。

提示:选择收款的收款单,不需要审核和核销,系统自动完成核销处理。

(4) 退出。单击“选择收款—单据”窗口右上角的“关闭”按钮,关闭该窗口。

2. 场景二的操作步骤

视频网址:http://www.mdmuke.com/mdmk/mod/page/view.php?id=1378

任务说明:财务部会计张兰进行选择收款单制单和核销制单。

(1) 打开“制单”窗口。在“应收款管理”子系统,双击“制单处理”项,在系统弹出的“制单查询”对话框中,增加选中“收付款单制单”和“核销制单”,然后单击“确定”按钮,系统打开“制单”窗口。

(2) 生成凭证。在“制单”窗口的单据列表中,选中本业务中生成的收款单和核销单(“金额”为 1166000 的行),再单击工具栏的“制单”按钮,系统打开“填制凭证”窗口,默认已生成两张凭证。

(3) 编辑与保存收款凭证。首先查阅到收款单凭证,然后单击工具栏的“保存”按钮,结果如图 8-12 所示。

已生成

记账凭证

记 字 0070　　制单日期: 2017.04.27　　审核日期:　　附单据数: 1

摘要	科目名称	借方金额	贷方金额
销售亮康眼镜5千副有折扣	银行存款/工行存款	114606880	
销售亮康眼镜5千副有折扣	应收账款		114606880
票号 202 - 22586714 日期 2017.04.27	数量 单价　　合计	114606880	114606880

备注　项目　　部门

个人　　客户

业务员

记账　　审核　　出纳　　制单 张兰

图 8-12 收款制单结果

(4) 编辑与保存核销凭证。再查阅到核销单,直接单击工具栏的“保存”按钮,结果如图 8-13 所示。

(5) 退出。单击“填制凭证”和“制单”窗口右上角的“关闭”按钮,关闭窗口。

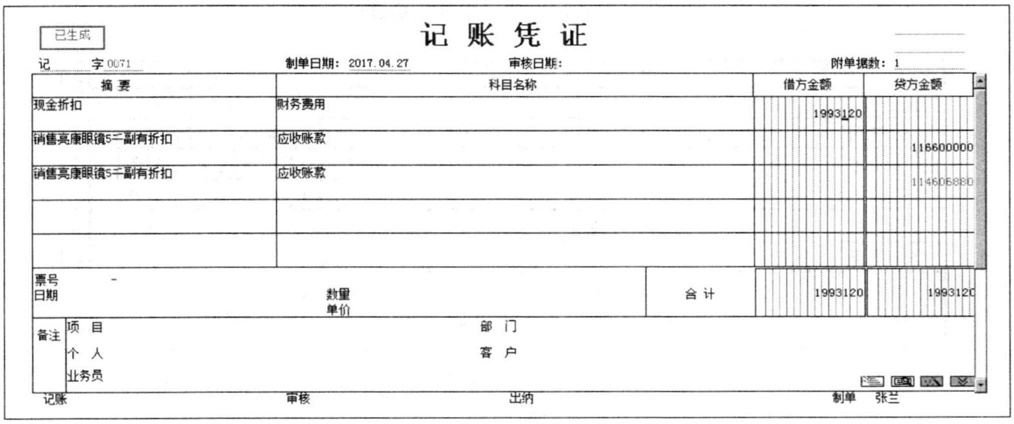

已生成

记 账 凭 证

记 字 0071 制单日期：2017.04.27 审核日期： 附单据数：1

摘要	科目名称	借方金额	贷方金额
现金折扣	财务费用	1993120	
销售亮康眼镜5==副有折扣	应收账款		116600000
销售亮康眼镜5==副有折扣	应收账款		114606880
票号 - 日期	数量 单价 合计	1993120	1993120

备注 项目 部门

个人 客户

业务员

记账 审核 出纳 制单 张兰

图 8-13 核销制单结果

8.4 委托代销手续费与货款处理(红票对冲)

委托代销商品销售后,受托方与企业进行结算,并开具正式的销售发票,形成销售收入。在用友 ERP-U8 系统中,委托代销结算之后,系统自动生成发票。

本公司规定,委托代销手续费属于销售费用中的其他费用。

8.4.1 业务概述与分析

4 月 27 日,本公司收到同方公司送达的代销手续费发票(票号 84306810,发票上载明手续费 37 735.85 元,增值税税率为 6%,税额 2264.15 元,价税合计 40 000 元,发票见图 8-14),以及扣除手续费后的货款(用转账支票支付,票号 22456815,转账金额 428 000 元,相应的银行进账单见图 8-15)。

1100163320 **北京增值税专用发票** No 84306810

发票联 开票日期：2017 年 4 月 27 日

购买方	名称：北京亮康眼镜有限公司 纳税人识别号：110108212120 地址、电话：北京市昌平区昌平路 78 号，电话：010-60228226 开户行及账号：中国工商银行北京市昌平支行 110202052678298 7908	密码区				
货物或应税劳务名称	规格型号	单位	数量	单价	金额	税率	税额
手续费					37735.85	6%	2264.15
合计					￥37735.85		￥2264.15
价税合计（大写）	⊗肆万元整				（小写）￥40000.00		
销售方	名称：北京同方眼镜公司 纳税人识别号：200121554863995 地址、电话：北京海淀成府路 3 号 开户行及账号：中国光大银行北京市海淀支行 62270005267829 87973	备注				

收款人：（略） 复核：（略） 开票人：（略） 销售方：（章）

税总函[2016]362 号北京市印钞有限公司

第三联：发票联 购买方记账凭证

图 8-14 手续费发票

中国工商银行进账单（收账通知）

2017年4月27日

付款人	全称	北京同方眼镜公司	收款人	全称	北京亮康眼镜有限公司
	账号	6227000526782987973		账号	1102020526782987908
	开户银行	中国光大银行北京市海淀支行		开户银行	中国工商银行北京市昌平支行

金额	人民币（大写） 肆拾贰万捌仟元整	亿	千	百	十	万	千	百	十	元	角	分
				¥	4	2	8	0	0	0	0	0

票据种类	转账支票	票据张数	1	中国工商银行北京昌平支行 2017.04.27 转讫
票据号码	22456815			
复核（略）		记账（略）		收款人开户银行盖章

此联是收款人开户银行交收款人的收帐通知

图 8-15　银行进账单

案例公司的委托代销成本是按发出商品核算（详见 3.3.1 节），而且 WT001 合同约定按不含税货款的 10%收取手续费。本笔业务是收到委托代销手续费发票和货款业务，故需要进行货款收款单的填制、审核与制单，应付手续费的红字应收单的填制、审核与制单，应收核销与红票对冲。

需要注意的是，委托代销手续费是案例公司的应付业务，但因其付款对象是客户而不是供应商，所以在本教程在应收款系统中做红字应收单。

如果付款对象既是客户又是供应商，也可以在应付款系统中做委托手续费的应付处理，相应地处理流程可以表述为：(1)出纳在应收款系统填制收款单；(2)会计在应收款系统对收款单进行审核与制单；(3)采购员在采购管理系统填制手续费的采购专用发票；(4)会计在应付款系统对应付单进行审核与制单；(5)会计在应付款系统进行应付冲应收处理与制单；(6)会计在应收款系统进行应收核销。

8.4.2　虚拟业务场景

人物：罗迪——财务部出纳。
张兰——财务部会计。
曾志伟——财务部主管。

场景一：财务部收到代销手续费发票和货款的银行进账单，填制红字应收单和收款单。

曾志伟：罗迪，本月的委托代销手续费发票和货款到了吗？

罗迪：到了，我们马上做应付和收款处理。（填制蓝字收款单。）

罗迪：张兰，有张委托代销手续费的发票与扣除手续费后的货款一起到了。

张兰：好的，既然用货款直接抵扣了手续费，那我马上填制一张红字应收单。

（张兰填制红字应收单。）

场景二：财务部进行红字应收单和蓝字收款单的审核、制单以及应收核销。

罗迪：张兰，我已经完成了本月委托代销货款的收款操作，麻烦你审核一下。

张兰：好的，我尽快做后续处理。

（张兰进行红字应收单和蓝字收款单的审核与制单、应收核销与红票对冲。）

8.4.3　操作指导

1. 操作流程

图 8-16 是本业务的操作流程。

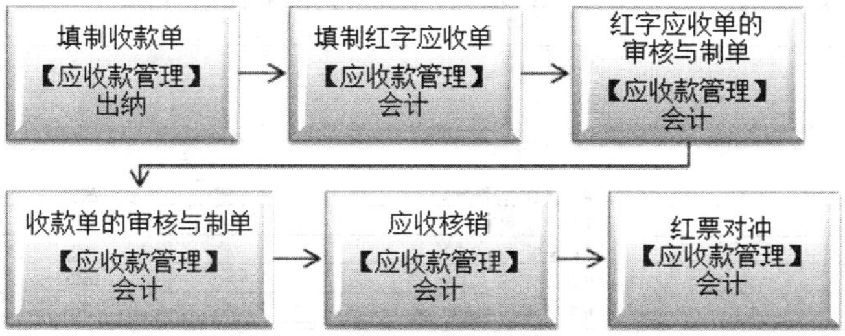

图 8-16　本业务的操作流程

请确认系统日期和业务日期为 2017 年 4 月 27 日。

2. 场景一的操作步骤

视频网址：http://www.mdmuke.com/mdmk/mcd/page/view.php?id=1379

任务说明：财务部出纳罗迪填制收款单，会计张兰填制红字应收单。

【财务部出纳罗迪填制蓝字收款单】

(1) 打开“收付款单录入”窗口。在“企业应用平台”的“业务工作”页签中，依次单击“财务会计/应收款管理/收款单据处理/收款单据录入”项，打开“收付款单录入”窗口。

(2) 编辑并保存蓝字收款单。单击工具栏的“增加”按钮，新增一张收款单，编辑其表头的“客户”为“同方公司”，“结算方式”为转账支票，“金额”为 428 000，“票据号”为 22456815，“部门”为“财务部”，“摘要”为“同方公司委托代销货款”，然后单击表体部分，系统将自动生成一条记录，注意确认“款项类型”为“应收款”，然后单击工具栏的“保存”按钮，结果如图 8-17 所示。

	款项类型	客户	部门	业务员	金额	本币金额	科目
1	应收款	同方公司	财务部		428000.00	428000.00	1122

图 8-17　委托代销货款收款单

【财务部会计张兰填制红字应收单】

(1) 打开红字“应收单”窗口。在“应收款管理”子系统，依次单击“应收单据处理/应收单据录入”项，系统弹出“单据类别”对话框，选择“类型”为“其他应收单”，“方向”为“负向”，然后单击“确定”按钮，系统退出对话框，打开红字“应收单”窗口。

(2) 增加并编辑应收单的表头。首先单击工具栏的“增加”按钮，然后编辑“客户”为“同方公司”，“金额”为 40 000，“摘要”为“委托代销手续费”。

(3) 编辑应收单的表体。在第 1 行中设置“贷”记 660106(销售费用/其他)，“金额”为 −37 735.85；在第 2 行中设置“贷”记 22210103(销项税额)，“金额”为 2264.15。

(4) 保存。单击工具栏的“保存”按钮,保存该单据,结果如图 8-18 所示。

打印模版

应收单打印模

应收单

表体排序

单据编号 0000000002　　单据日期 2017-04-27　　客户 同方公司

科目 1122　　币种 人民币　　汇率 1

金额 40000.00　　本币金额 40000.00　　数量 0.00

部门　　业务员　　项目

付款条件　　摘要 委托代销手续费

	方向	科目	币种	汇率	金额	本币金额	部门	业务员	项目	摘要
1	贷	660106	人民币	1.000000...	-37735.85	-37735.85				委托代销手续费
2	贷	22210103	人民币	1.000000...	-2264.15	-2264.15				委托代销手续费

图 8-18　委托代销手续费的红字应收单编辑窗口

(5) 退出。单击“应收单”窗口右上角的“关闭”按钮,关闭该窗口。

3. 场景二的操作步骤

视频网址:http://www.mdmuke.com/mdmk/mod/page/view.php?id=1380

任务说明:财务部会计张兰对应收单和收款单进行审核与制单,以及应收核销与红票对冲。

【财务部会计张兰审核红字应收单并制单】

(1) 打开“单据处理”窗口。在“应收款管理”子系统,依次单击“应收单据处理/应收单据审核”项,系统弹出“应收单查询条件”对话框,直接单击“确定”按钮,系统退出该对话框并打开“单据处理”窗口。

(2) 查阅应收单。在“单据处理”窗口中,双击本业务生成的单据所在行,系统打开“应收单”窗口。

(3) 审核应收单并制单。在“应收单”窗口中,单击工具栏的“审核”按钮,系统自动审核并弹出信息框,询问“是否立即制单?”单击“是”按钮,系统打开“填制凭证”窗口,默认显示凭证信息(借记:应收账款,贷记:销售费用/其他,销项税额)。

(4) 编辑与保存凭证。将“销项税额”的红字贷方金额,通过点按空格键修改为蓝字借方金额,然后单击工具栏的“保存”按钮,结果如图 8-19 所示。

(5) 退出。单击“填制凭证”“应收单”和“单据处理”窗口右上角的“关闭”按钮,关闭窗口。

【财务部会计张兰审核收款单并制单】

(1) 打开“收付款单列表”窗口。在“应收款管理”子系统,依次单击“收款单据处理/收款单据审核”项,系统弹出“收款单查询条件”对话框,直接单击“确定”按钮,系统退出该对话框并打开“收付款单列表”窗口。

(2) 查阅收款单。在“收付款单列表”窗口中,双击本业务生成的单据所在行,系统打开“收付款单录入”窗口,并默认显示相应的收款单。

(3) 审核收款单并制单。在“收付款单录入”窗口中,单击工具栏的“审核”按钮,系统自动审核并弹出信息框,询问“是否立即制单?”单击“是”按钮,系统打开“填制凭证”窗口,默认显示凭证信息(借记:工行存款,贷记:应收账款)。

(4) 保存凭证。单击工具栏的“保存”按钮,结果如图 8-20 所示。

(5) 退出。单击“填制凭证”“收付款单录入”和“收付款单列表”窗口右上角的“关闭”按

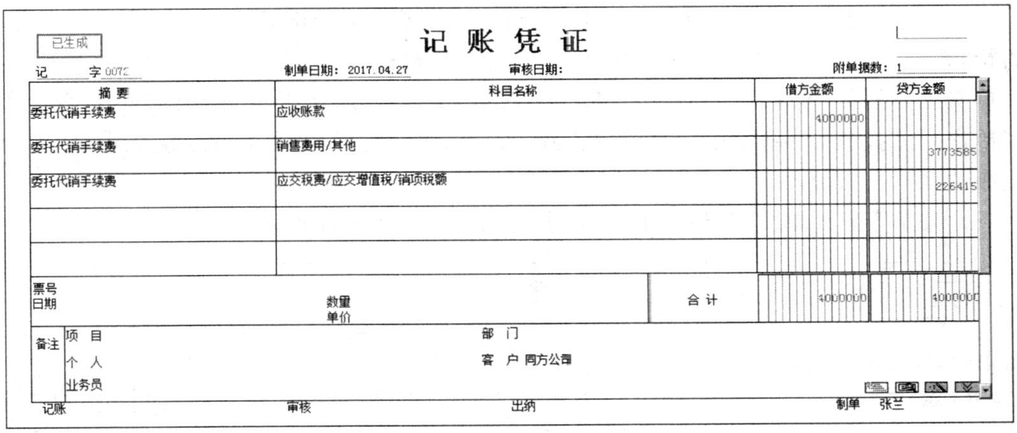
已生成

记账凭证

记 字 0072 制单日期：2017.04.27 审核日期： 附单据数：1

摘要	科目名称	借方金额	贷方金额
委托代销手续费	应收账款	4000000	
委托代销手续费	销售费用/其他		3773585
委托代销手续费	应交税费/应交增值税/销项税额		226415
票号 日期	数量 单价 合计	4000000	4000000

备注 项目 部门

个人 客户 同方公司

业务员

记账 审核 出纳 制单 张兰

图 8-19 委托代销手续费的制单结果(第 1,2 笔分录为红字)

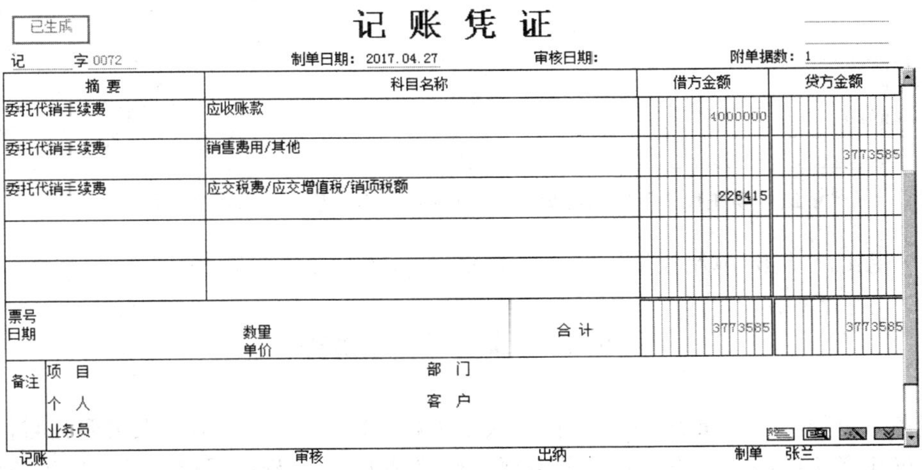
已生成

记账凭证

记 字 0072 制单日期：2017.04.27 审核日期： 附单据数：1

摘要	科目名称	借方金额	贷方金额
委托代销手续费	应收账款	4000000	
委托代销手续费	销售费用/其他		3773585
委托代销手续费	应交税费/应交增值税/销项税额	226415	
票号 日期	数量 单价 合计	3773585	3773585

备注 项目 部门

个人 客户

业务员

记账 审核 出纳 制单 张兰

图 8-20 委托代销货款的收款制单结果

钮，关闭窗口。

【财务部会计张兰进行应收核销】

(1) 打开“单据核销”窗口。在“应收款管理”子系统，依次单击“核销处理/手工核销”项，在系统弹出的“核销条件”对话框中，参照生成“客户”为同方公司，然后单击“确定”按钮，系统打开“单据核销”窗口。

(2) 核销应收款。在“单据核销”窗口的下窗格，双击“单据编号”为 83306806 的行，系统自动在该行的“本次结算”栏填入与上窗格的“本次结算金额”相等的数字(428000)，此时单击工具栏的“保存”按钮，完成应收款的部分核销，还有 40 000 元应收款。

(3) 退出。单击“单据核销”窗口的“关闭”按钮，关闭该窗口。

【财务部会计张兰进行红票对冲】

(1) 打开“红票对冲”窗口。在“应收款管理”子系统，依次单击“转账/红票对冲/手工对冲”项，在系统弹出的“红票对冲条件”对话框中，参照生成“客户”为同方公司，然后单击“确定”按钮，系统打开“红票对冲”窗口。

（2）对冲应收款并制单。在“红票对冲”窗口的下窗格，双击“单据编号”为 83306806 所在的行，系统自动在该行的“对冲金额”栏填入与上窗格的“对冲金额”相等的数字（40 000），此时单击工具栏的“保存”按钮，系统完成应收款的对冲，并弹出信息框询问“是否立即制单？”单击“是”按钮，系统打开“填制凭证”窗口，默认显示凭证信息（借记：应收账款（红字）、应收账款，贷记：无）。

（3）保存凭证。单击工具栏的“保存”按钮，结果如图 8-21 所示。

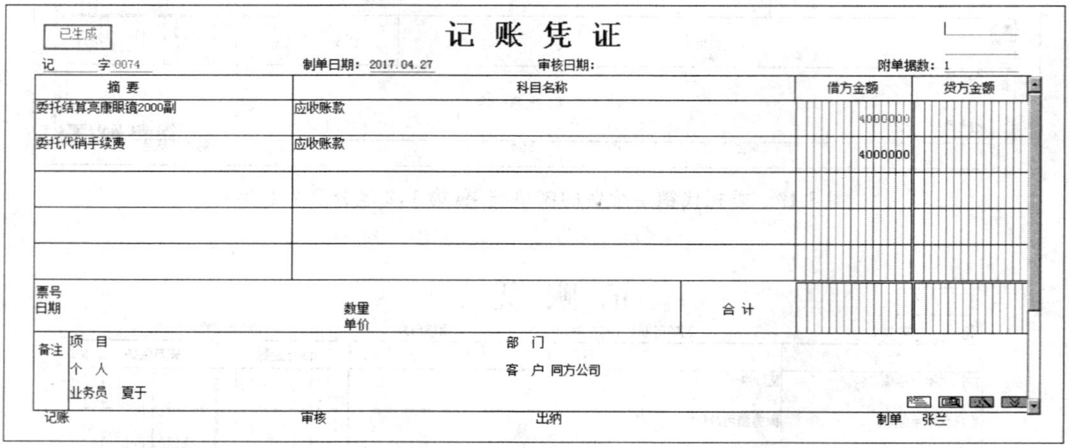

已生成

记账凭证

记 字 0074　制单日期：2017.04.27　审核日期：　附单据数：1

摘要	科目名称	借方金额	贷方金额
委托结算亮康眼镜2000副	应收账款	4000000	
委托代销手续费	应收账款	4000000	
票号 日期	数量 单价	合计	

备注　项目　部门
个人　客户 同方公司
业务员 夏于

记账　审核　出纳　制单 张兰

图 8-21　委托代销货款的红票对冲制单结果（第 1 笔分录的借方金额为红字）

（4）退出。单击“填制凭证”和“红票对冲”窗口的“关闭”按钮，关闭窗口。

8.5　债务重组业务

债务重组又称债务重整，是指在债务人发生财务困难情况下，债权人按照其与债务人达成的协议或者法院的裁定作出让步的事项。也就是说，只要修改了原定债务偿还条件的，即债务重组时确定的债务偿还条件不同于原协议的，均作为债务重组。包括：以低于债务账面价值的现金清偿债务；以非现金资产清偿债务；债务转为资本；修改其他债务条件，如延长债务偿还期限、延长债务偿还期限并加收利息、延长债务偿还期限并减少债务本金或债务利息等；以上两种或两种以上方式的组合。

债务重组本身意味着债权人作出了让步，遭受一定的利益损失。

8.5.1　业务概述与分析

4 月 27 日，华飞公司发生财务困难，无力按时支付货款 449 280 元，经协商，案例公司和华飞公司签订债务重组协议（见图 8-22）。协议约定：案例公司将持有华飞公司的债权 449 280 元，转为持有华飞公司公允价值为 400 000 元的股权。华飞公司债转股前股本为 7 600 000 元，债转股后华飞公司股本变为 8 000 000 元，案例公司持有华飞公司 5%股权。案例公司将该股权归入可供出售金融资产。

本笔业务是债转股业务，是将华飞公司的应收款转为可供出售的金融资产（400 000 元）和营业外支出（49 280 元）。因为应收账款是应收款系统的受控科目，只能在应收款系统中

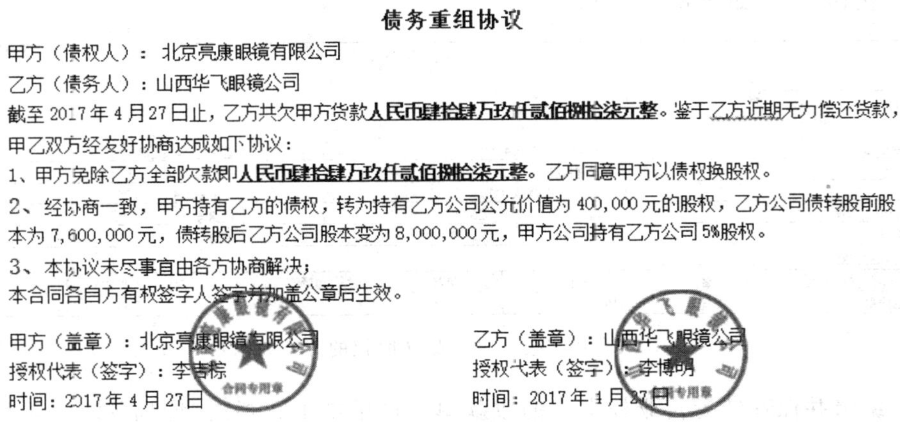

债务重组协议

甲方（债权人）： 北京亮康眼镜有限公司

乙方（债务人）：山西华飞眼镜公司

截至 2017 年 4 月 27 日止，乙方共欠甲方货款**人民币肆拾肆万玖仟贰佰捌拾柒元整**。鉴于乙方近期无力偿还货款，甲乙双方经友好协商达成如下协议：

1、甲方免除乙方全部欠款即**人民币肆拾肆万玖仟贰佰捌拾柒元整**。乙方同意甲方以债权换股权。

2、经协商一致，甲方持有乙方的债权，转为持有乙方公司公允价值为 400,000 元的股权，乙方公司债转股前股本为 7,600,000 元，债转股后乙方公司股本变为 8,000,000 元，甲方公司持有乙方公司 5%股权。

3、本协议未尽事宜由各方协商解决；

本合同各自方有权签字人签字并加盖公章后生效。

甲方（盖章）：北京亮康眼镜有限公司	乙方（盖章）：山西华飞眼镜公司
授权代表（签字）：李吉棕	授权代表（签字）：李博明
时间：2017 年 4 月 27 日	时间：2017 年 4 月 27 日

图 8-22 债务重组协议示意图

使用，所以本业务不能在总账中直接填制凭证，需要在应收款系统中填制两张虚拟收款单，即股权的虚拟收款单（结算方式选择其他）和营业外支出的虚拟收款单（在结算科目中输入科目），并对收款单进行审核与制单，以及对华飞公司进行应收核销。

8.5.2 操作指导

1. 操作流程

图 8-23 是本业务的操作流程。

图 8-23 本业务的操作流程

请确认系统日期和业务日期为 2017 年 4 月 27 日。

2. 本业务的操作步骤

视频网址：http://www.mdmuke.com/mdmk/mod/page/view.php?id=1381

任务说明：财务部出纳罗迪填制虚拟收款单两张，会计张兰进行收款单的审核、制单以及应收核销。

（1）打开“收付款单录入”窗口。在“企业应用平台”的“业务工作”页签中，依次单击“财务会计/应收款管理/收款单据处理/收款单据录入”项，打开“收付款单录入”窗口。

（2）编辑并保存转为股权的收款单。单击工具栏的“增加”按钮，新增一张收款单，编辑其表头的“客户”为“华飞公司”，“结算方式”为“其他”，“结算科目”为“可供出售金融资产/成本”（150301），“金额”为 400 000，“部门”为“财务部”，“摘要”为“华飞的货款转股权”，然后单击表体部分，系统将自动生成一条记录，注意确认“款项类型”为“应收款”，然后单击工具栏的“保存”按钮，结果如图 8-24 所示。

收款单

打印模版 应收收款单打印模
表体排序

单据编号 0000000015　日期 2017-04-27　客户 华飞公司
结算方式 其他　结算科目 150301　币种 人民币
汇率 1　金额 400000.00　本币金额 400000.00
客户银行 光大银行太原支行　客户账号 6227000526782987984　票据号
部门 财务部　业务员　项目
摘要 华飞的货款转股权

	款项类型	客户	部门	业务员	金额	本币金额	科目
1	应收款	华飞公司	财务部		400000.00	400000.00	1122

图 8-24　华飞公司的货款转股权的虚拟收款单

（3）编辑并保存转为营业外支出的收款单。再单击工具栏的“增加”按钮，新增一张收款单，编辑其表头的“客户”为“华飞公司”，“结算方式”为“其他”，“结算科目”为“营业外支出”(6711)，“金额”为 49 280，“部门”为“财务部”，“摘要”为“华飞的货款转营业外支出”，然后单击表体部分，系统将自动生成一条记录，注意确认“款项类型”为“应收款”，然后单击工具栏的“保存”按钮，结果如图 8-25 所示。

收款单

应收收款单打印
表体排序

单据编号 0000000016　日期 2017-04-27　客户 华飞公司
结算方式 其他　结算科目 6711　币种 人民币
汇率 1　金额 49280.00　本币金额 49280.00
客户银行 光大银行太原支行　客户账号 6227000526782987984　票据号
部门 财务部　业务员　项目
摘要 华飞的货款转营业外支出

	款项类型	客户	部门	业务员	金额	本币金额	科目
1	应收款	华飞公司	财务部		49280.00	49280.00	1122

图 8-25　华飞公司的货款转营业外支出的虚拟收款单

（4）退出。单击“收付款单录入”窗口右上角的“关闭”按钮，关闭该窗口。

【财务部会计张兰审核收款单】

（1）打开“收付款单列表”窗口。在“应收款管理”子系统，依次单击“收款单据处理/收款单据审核”项，系统弹出“收款单查询条件”对话框，直接单击“确定”按钮，系统退出该对话框并打开“收付款单列表”窗口。

（2）查阅并审核收款单。单击工具栏的“全选”按钮，以选中本业务中填制的两张收款单单据，然后单击“审核”按钮，系统完成审核工作并弹出信息框，提示审核成功，单击其“确定”按钮，返回“收付款单列表”窗口。

（3）退出。单击“收付款单列表”窗口右上角的“关闭”按钮，关闭该窗口。

【财务部会计张兰进行收款单制单】

（1）打开“制单”窗口。在“应收款管理”子系统，双击“制单处理”项，在系统弹出的“制单查询”对话框中，增加选中“收付款单制单”复选框，然后单击“确定”按钮，系统打开“制单”窗口。

（2）编辑并保存收款凭证。具体的操作步骤如下：

① 制单。在“制单”窗口中，选中本业务填制的两张收款单，再单击工具栏的“制单”

按钮，系统打开“填制凭证”窗口，并自动生成的两张凭证，其默认的信息与两张收款单对应。

② 保存凭证。单击工具栏的“成批保存凭证”按钮，系统自动生成的凭证结果如图 8-26 和图 8-27 所示。

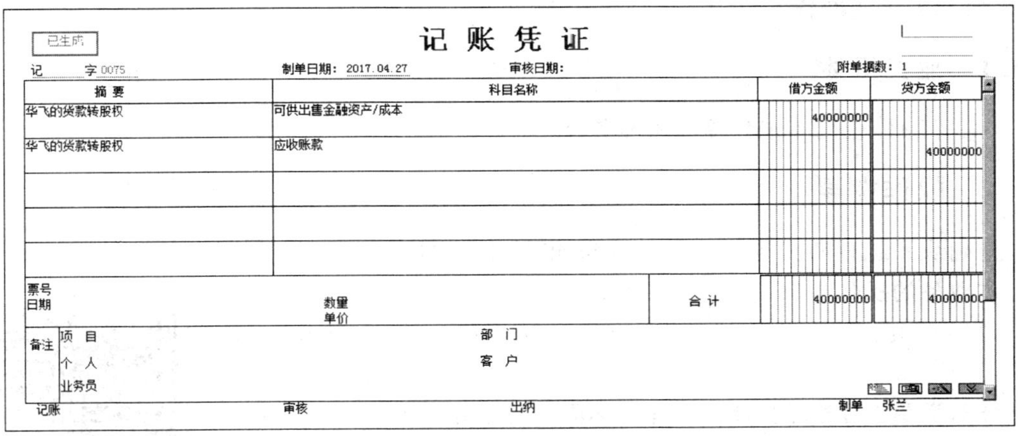

已生成

记账凭证

记 字 0075　制单日期：2017.04.27　审核日期：　附单据数：1

摘要	科目名称	借方金额	贷方金额
华飞的货款转股权	可供出售金融资产/成本	40000000	
华飞的货款转股权	应收账款		40000000
票号 日期	数量 单价 合计	40000000	40000000

备注　项目　部门　个人　客户　业务员

记账　审核　出纳　制单 张兰

图 8-26　华飞公司的货款转股权的虚拟收款单制单结果

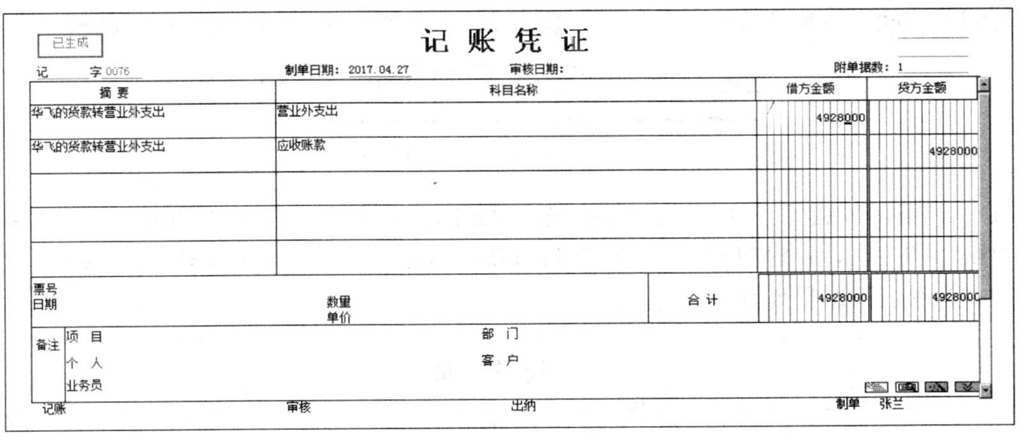

已生成

记账凭证

记 字 0076　制单日期：2017.04.27　审核日期：　附单据数：1

摘要	科目名称	借方金额	贷方金额
华飞的货款转营业外支出	营业外支出	4928000	
华飞的货款转营业外支出	应收账款		4928000
票号 日期	数量 单价 合计	4928000	4928000

备注　项目　部门　个人　客户　业务员

记账　审核　出纳　制单 张兰

图 8-27　华飞公司的货款转营业外支出的虚拟收款单制单结果

（3）退出。单击“填制凭证”和“制单”窗口右上角的“关闭”按钮，关闭窗口。

【财务部会计张兰进行应收核销】

（1）打开“单据核销”窗口。在“应收款管理”子系统，依次单击“核销处理/手工核销”项，在系统弹出的“核销条件”对话框中，参照生成“客户”为“华飞公司”，然后单击“确定”按钮，系统打开“单据核销”窗口。

（2）核销应收款。在“单据核销”窗口的下窗格，双击“单据编号”为 81890303 的行，系统自动在该行的“本次结算”栏填入与“原币金额”相等的数字（449280），此时单击工具栏的“保存”按钮，完成应收款核销。

（3）退出。单击“单据核销”窗口的“关闭”按钮，关闭该窗口。

8.6 计提坏账准备金

坏账计提是指对坏账准备科目的计提。计提坏账准备的会计分录是：借记为资产减值损失，贷记为坏账准备。

8.6.1 业务概述

4 月 27 日，视同年末计提坏账准备金。

8.6.2 操作指导

请确认系统日期和业务日期为 2017 年 4 月 27 日。

本业务的操作步骤

视频网址：http://www.mdmuke.com/mdmk/mod/page/view.php?id=1382

任务说明：财务部会计张兰计提坏账准备金并制单。

(1) 计提坏账准备金。在“企业应用平台”的“业务工作”页签下，依次单击“财务会计/应收款管理/坏账处理/计提坏账准备”项，系统完成计提并打开“应收账款百分比法”窗口，显示本月的计提结果，结果如图 8-28 所示。

应收账款...	计提比率	坏账准备	坏账准备余额	本次计提
0.00	0.500%	0.00	-16,611.42	16,611.42

图 8-28 坏账准备金计提结果

(2) 计提坏账制单。单击工具栏的“确定”按钮，系统弹出“是否立即制单？”的信息提示框，单击“是”按钮，系统打开“填制凭证”窗口，默认的凭证信息与本业务对应，直接单击工具栏的“保存”按钮，结果如图 8-29 所示。

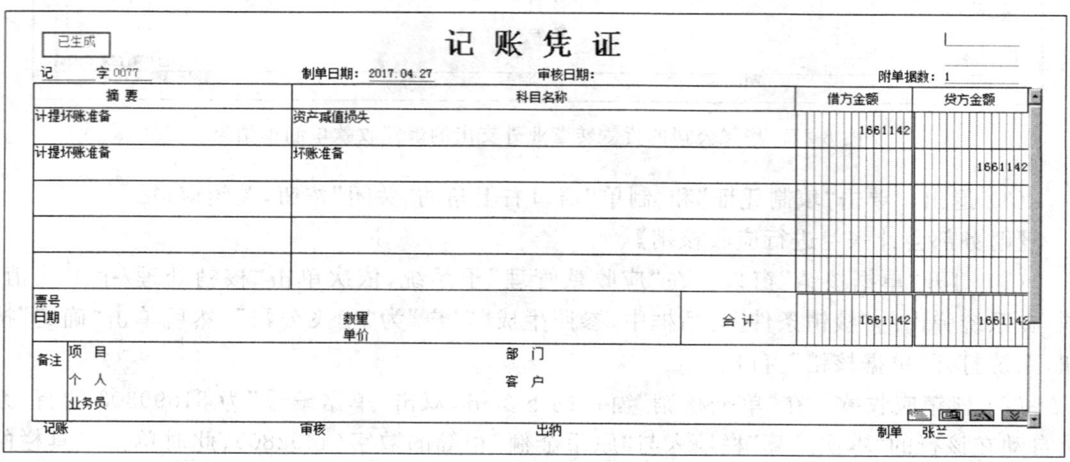

图 8-29 坏账准备金计提制单结果

(3) 退出。单击“填制凭证”和“应收账款百分比法”窗口“关闭”按钮，关闭窗口。

第9章　薪资业务

用友 ERP-U8 的薪资管理系统可进行各类企事业单位的工资基本数据管理、工资核算、工资发放、工资费用分摊、工资统计分析和个人所得税核算等。

本章的操作请按照业务描述中的系统日期(如 4 月 27 日)和操作员(如人力资源部主管王军),在第 8 章完成的基础上,在薪资管理和总账系统中进行。

如果没有完成第 8 章的应付业务的操作,可以到百度云盘空间(云盘地址: http://pan.baidu.com/s/1i5iB4aT,访问密码: dq38)的“实验账套数据”文件夹中,将“08 其他应收.rar”下载到实验用机上,然后引入(操作步骤详见 1.3.5 节)到 ERP-U8 系统中。此外,本章完成的账套,其输出的压缩文件名为“09 薪资管理.rar”。

需要注意的是,因云盘中的账套备份文件均为压缩文件,所以下载完成后,在引入之前,需要用解压缩工具进行解压(建议用 WinRAR 3.42 或以上版本),得到相应可以引入的账套数据文件。

本章的所有业务实验操作都有配套的微视频,可以通过扫描二维码或者到指定的网页去观看。本教程配套的微视频均存放在北京神州明灯教育科技有限公司和合一集团的网站上,相应的访问说明请参见云盘中的“微视频访问说明.doc”。

9.1　新员工的薪资处理

9.1.1　业务概述与分析

4 月 27 日,招聘林意(编号: 0402,性别: 女)到采购部作采购人员,本月为试用期且月末报到,所以仅发工资 2000 的一半(1000 元),交通补助 50 元,银行代发工资账号为 6222020220332016018。

本笔业务是新员工的薪资处理业务,需要新增人员档案,新增在职人员和进行工资变动操作。在操作时,需要在基础档案的人员档案和薪资管理模块分别添加。

9.1.2　操作指导

1. 操作流程

新员工的薪资处理业务的操作流程如图 9-1 所示。

图 9-1　本业务的操作流程

请确认系统日期和业务日期为 2017 年 4 月 27 日。

2. 本业务的操作步骤

视频网址：http://www.mdmuke.com/mdmk/mod/page/view.php?id=1383

任务说明：人力资源部主管王军，在基础档案的人员档案模块新增人员档案、在薪资管理模块新增在职人员和进行工资变动。

【人力资源部主管王军新增人员档案】

(1) 打开基础档案的“人员档案”窗口。在“企业应用平台”的“基础设置”页签，依次单击“基础档案/机构人员/人员档案”项，系统打开“人员档案”窗口。

(2) 编辑新增人员档案。单击工具栏的“增加”按钮，在系统弹出的“人员档案”对话框中，做如下编辑：在“人员编码”栏输入 0402，“人员姓名”栏输入“林意”，“性别”选择为“女”，“行政部门”参照生成“采购部”，“雇佣状态”选择“在职”，“人员类别”参照生成“采购人员”，在“银行名称”栏中选择“中国工商银行”，在“账号”栏输入 6222020220332016018，选中“是否业务员”复选框。

(3) 保存新增人员档案。单击“保存”按钮，保存该人员档案，系统自动增加下一个单据。

(4) 退出。单击“人员列表”窗口工具栏的“退出”按钮，系统提示“是否保存对当前单据的编辑？”单击“否”退出；再单击“人员档案”窗口右上角的“关闭”按钮，关闭该窗口。

【人力资源部主管王军新增在职人员】

(1) 打开薪资管理的“人员档案”窗口。在“企业应用平台”的“业务工作”页签，依次单击“人力资源/薪资管理/设置/人员档案”项，系统打开“人员档案”窗口。

(2) 编辑并保存在职人员信息。单击工具栏的“增加”按钮，系统打开“人员档案明细”对话框，参照生成“人员姓名”为“林意”，然后单击“确定”按钮，系统保存该人员档案并返回“人员档案明细”对话框，自动打开下一条人员记录，单击对话框的“取消”按钮，系统返回“人员档案”窗口，结果如图 9-2 所示。

人员档案

总人数：18

选择	薪资部门名称	工号	人员编号	人员姓名	人员类别	账号	中方人员	是否计税	工资停发	核算计件工资	现金发放
	经理办公室		0100	李吉棕	企管人员	6222020220332016001	是	是	否	否	否
	行政办公室		0101	陈虹	企管人员	6222020220332016002	是	是	否	否	否
	财务部		0200	曾志伟	企管人员	6222020220332016003	是	是	否	否	否
	财务部		0201	张兰	企管人员	6222020220332016004	是	是	否	否	否
	财务部		0202	罗迪	企管人员	6222020220332016005	是	是	否	否	否
	批发部		0300	赵飞	销售人员	6222020220332016006	是	是	否	否	否
	批发部		0301	夏于	销售人员	6222020220332016007	是	是	否	否	否
	门市部		0302	李华	销售人员	6222020220332016008	是	是	否	否	否
	采购部		0400	刘静	采购人员	6222020220332016009	是	是	否	否	否
	采购部		0401	张新海	采购人员	6222020220332016010	是	是	否	否	否
	采购部		0402	林意	采购人员	6222020220332016018	是	是	否	否	否
	仓管部		0500	李莉	企管人员	6222020220332016011	是	是	否	否	否
	仓管部		0501	赵林	企管人员	6222020220332016012	是	是	否	否	否
	仓管部		0502	李东	企管人员	6222020220332016013	是	是	否	否	否
	人力资源部		0600	王军	企管人员	6222020220332016014	是	是	否	否	否
	人力资源部		0601	梁京	企管人员	6222020220332016015	是	是	否	否	否
	生产部		0700	刘正	生产人员	6222020220332016016	是	是	否	否	否
	生产部		0701	李江	生产人员	6222020220332016017	是	是	否	否	否

图 9-2　新增人员后的人员档案列表

(3) 退出。单击“人员档案”窗口右上角的“关闭”按钮,关闭该窗口。

【人力资源部主管王军做工资变动操作】

(1) 打开薪资管理的“人员档案”窗口。

(2) 打开“人员档案明细”对话框。双击“林意”所在行,系统打开“人员档案明细”对话框。

(3) 编辑“林意”的工资信息。单击对话框的“数据档案”按钮,系统弹出“工资数据录入—页编辑”对话框,编辑其“基本工资”为 1000,“交通补助”为 50,然后单击对话框的“保存”按钮,系统返回“人员档案明细”对话框。

(4) 保存“林意”的工资信息。单击对话框的“确定”按钮,在系统弹出的“写入该人员档案信息吗?”提示框,再单击“确定”按钮完成录入,系统返回“人员档案明细”对话框并自动进入下一条记录。

(5) 返回。单击“人员档案明细”对话框的“取消”按钮,返回“人员档案”窗口。

(6) 退出。单击“人员档案”窗口右上角的“关闭”按钮,关闭该窗口。

9.2 工资数据变动与计算工资

9.2.1 业务概述与分析

4 月 28 日,设置本月的职工工资数据。经过人力资源部绩效考核,总经理李吉棕批准:4 月份对销售部每人增加绩效工资 500 元,其他人按上月标准发放;自 4 月份开始给每位职工发放交通补助,标准为“企管人员”和“销售人员”补助 100 元/月,其他人员 50 元/月。

本笔业务是设置工资项目公式和变更本月职工工资数据的业务,需要首先进行工资项目公式编辑(交通补助的公式设置),然后进行工资数据变动,最后计算与汇总工资。

9.2.2 操作指导

1. 操作流程

工资数据变动与计算工资业务的操作流程如图 9-3 所示。

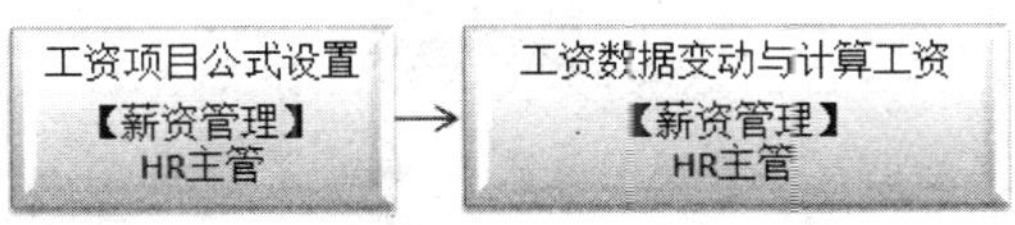

图 9-3 本业务的操作流程图

请确认系统日期和业务日期为 2017 年 4 月 28 日。

2. 本业务的操作步骤

视频网址:http://www.mdmuke.com/mdmk/mod/page/view.php?id=1384

任务说明:人力资源部主管王军进行工资项目公式设置,做工资数据变动和工资计算。

【人力资源部主管王军进行工资项目公式设置】

(1) 打开“工资项目设置”对话框。在“企业应用平台”的“业务工作”页签,依次单击“人力资源/薪资管理/设置/工资项目设置”项，系统打开“工资项目设置”对话框。

(2) 设置“交通补助”工资项目的公式。首先选择“工资项目设置”对话框的“公式设置”选项卡，然后单击“增加”按钮，并选中左上角“工资项目”列表中的“交通补助”，做如下公式设置操作：

① 单击“函数公式导入”按钮，打开“函数向导——步骤之1”对话框，单击“函数名”列表中的iff函数。

② 单击“下一步”按钮，打开“函数向导——步骤之2”对话框，单击“逻辑表达式”栏的参照按钮，打开“参照”对话框，选择“参照列表”栏的“人员类别”，并选中“企管人员”，单击“确定”按钮，返回“函数向导——步骤之2”对话框，在“算术表达式1”文本框中输入100，单击“完成”按钮，返回“工资项目设置”对话框。

③ 将光标置于右括号前面，再单击“函数公式导入”按钮，打开“函数向导——步骤之1”对话框，然后单击“函数名”列表中的iff函数。

④ 单击“下一步”按钮，打开“函数向导——步骤之2”对话框，单击“逻辑表达式”栏的参照按钮，打开“参照”对话框，选择“参照列表”栏的“人员类别”，并选中“销售人员”，单击“确定”按钮，返回“函数向导——步骤之2”对话框，在“算术表达式1”文本框中输入100，在“算术表达式2”文本框中输入50。

⑤ 单击“完成”按钮，返回“工资项目设置”对话框，此时“交通补助定义公式”为“iff(人员类别="企管人员",100,iff(人员类别="销售人员",100,50))”，结果如图9-4所示，单击“公式确认”按钮，完成“交通补助”的公式定义。

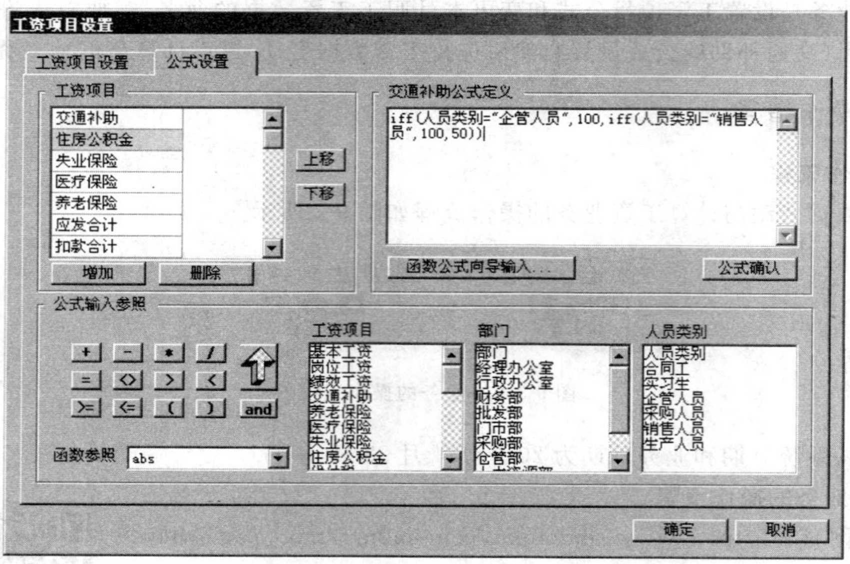

图9-4　工资项目公式设置的结果

(3) 退出。在“工资项目设置”对话框中，单击“确定”按钮，退出该对话框。

【人力资源部主管王军做工资数据变动与计算工资】

(1) 打开“工资变动”窗口。在“薪资管理”子系统，依次单击“业务处理/工资变动”项，系统打开“工资变动”窗口。

(2) 打开“工资项数据更替”对话框。单击工具栏的“全选”按钮,选择所有员工,然后单击“替换”按钮,系统弹出“工资项数据更替”对话框。

(3) 编辑工资数据。在“工资项数据更替”对话框中,选中“将工资项目”下拉列表中的“绩效工资”,并在“替换成”栏输入“绩效工资＋500”,设置“替换条件”为“部门”“＝”“销售部”;再单击“确定”按钮,系统弹出“数据更替后将不可恢复,是否继续?”信息提示框,单击“是”按钮,系统弹出“3 条记录被替换,是否重新计算?”信息提示框,单击“是”按钮,返回“工资变动”窗口。

(4) 计算工资。再单击工具栏的“全选”、“计算”和“汇总”按钮,完成全部工资项内容的计算与汇总,结果如图 9-5 所示。

工资变动

过滤器 所有项目　　☐ 定位器

选择	人员编号	姓名	部门	人员类别	基本工资	岗位工资	绩效工资	交通补助	应发合计	养老保险	医疗保险	失业保险	住房公积金	扣款合计	实发合计
	0100	李吉棕	经理办公室	企管人员	2,000.00	1,000.00	5,000.00	100.00	8,100.00	648.00	162.00	16.20	972.00	1,973.38	6,120.00
	0101	陈虹	行政办公室	企管人员	2,000.00	1,000.00	3,000.00	100.00	6,100.00	488.00	122.00	12.20	732.00	1,391.57	4,700.00
	0200	曾志伟	财务部	企管人员	2,000.00	1,000.00	4,000.00	100.00	7,100.00	568.00	142.00	14.20	852.00	1,673.58	5,420.00
	0201	张兰	财务部	企管人员	2,000.00	900.00	3,000.00	100.00	6,000.00	480.00	120.00	12.00	720.00	1,367.04	4,630.00
	0202	罗迪	财务部	企管人员	2,000.00	900.00	3,000.00	100.00	6,000.00	480.00	120.00	12.00	720.00	1,367.04	4,630.00
	0300	赵飞	批发部	销售人员	2,000.00	1,000.00	4,500.00	100.00	7,600.00	608.00	152.00	15.20	912.00	1,823.48	5,770.00
	0301	夏于	批发部	销售人员	2,000.00	900.00	3,500.00	100.00	6,500.00	520.00	130.00	13.00	780.00	1,493.70	5,000.00
	0302	李华	门市部	销售人员	2,000.00	900.00	3,500.00	100.00	6,500.00	520.00	130.00	13.00	780.00	1,493.70	5,000.00
	0400	刘静	采购部	采购人员	2,000.00	900.00	4,000.00	50.00	6,950.00	556.00	139.00	13.90	834.00	1,628.61	5,320.00
	0401	张新海	采购部	采购人员	2,000.00	500.00	3,000.00	50.00	5,550.00	444.00	111.00	11.10	666.00	1,256.64	4,290.00
	0402	林意	采购部	采购人员	1,000.00			50.00	1,050.00	84.00	21.00	2.10	126.00	233.10	810.00
	0500	李莉	仓管部	企管人员	2,000.00	700.00	4,000.00	100.00	6,800.00	544.00	136.00	13.60	816.00	1,583.64	5,210.00
	0501	赵林	仓管部	企管人员	2,000.00	700.00	3,000.00	100.00	5,800.00	464.00	116.00	11.60	696.00	1,317.97	4,480.00
	0502	李东	仓管部	企管人员	2,000.00	700.00	3,000.00	100.00	5,800.00	464.00	116.00	11.60	696.00	1,317.97	4,480.00
	0600	王军	人力资源部	企管人员	2,000.00	1,000.00	4,000.00	100.00	7,100.00	568.00	142.00	14.20	852.00	1,673.58	5,420.00
	0601	梁京	人力资源部	企管人员	2,000.00	700.00	3,000.00	100.00	5,800.00	464.00	116.00	11.60	696.00	1,317.97	4,480.00
	0700	刘正	生产部	生产人员	2,000.00	700.00	4,000.00	50.00	6,750.00	540.00	135.00	13.50	810.00	1,568.65	5,180.00
	0701	李江	生产部	生产人员	2,000.00	700.00	3,000.00	50.00	5,750.00	460.00	115.00	11.50	690.00	1,305.71	4,440.00
合计					35,000.00	14,200.00	60,500.00	1,550.00	111,250.00	8,900.00	2,225.00	222.50	13,350.00	25,787.33	85,380.00

图 9-5　本月工资变动的结果

(5) 退出。单击“工资变动”窗口右上角的“关闭”按钮,关闭该窗口。

9.3　工资分摊设置和计提工资总额

工资是应付职工薪酬的一部分,应付职工薪酬包括工资、奖金、社保(医疗保险费、养老保险费、失业保险费和工伤保险费)、住房公积金、工会经费和职工教育经费等。

医疗保险、养老保险和失业保险通常简称为“三险”,这 3 种险是由企业和个人共同缴纳的保费;“一金”通常指住房公积金,也是由企业和个人共同缴纳。

案例公司规定,职工个人承担的养老保险、医疗保险、失业保险分别按照本人本月应发工资总额的 8%、2%、0.2%计算,住房公积金按照本人本月应发工资总额的 12%计算。

9.3.1 业务概述与分析

4 月 28 日，分配和计提本月职工工资。计提工资的设置如表 9-1 所示。

表 9-1 “计提工资总额”中每个工资项目的分配科目设置

部　门	人员类别	工资总额 100%	
		借 方 科 目	贷方科目
经理办公室 行政办公室 财务部 仓管部 人力资源部	企管人员	660201 管理费用—职工薪酬	221101 应付职工薪酬—工资
采购部	采购人员	660201 管理费用—职工薪酬	
批发部	销售人员	660101 销售费用—职工薪酬	
门市部			
生产部	生产人员	50010101 直接人工	

本笔业务是职工工资的分摊设置以及本月职工工资的计提业务，需要进行工资费用分摊科目设置，以及对职工应发工资与个人承担的“三险一金”的归集与制单。

需要说明的是，个人承担的“三险一金”计提比例是在账套初始设置时通过工资项目公式设置实现的，详见 3.5.4 节。

9.3.2 操作指导

请确认系统日期和业务日期为 2017 年 4 月 28 日。

本业务的操作步骤

视频网址：http://www.mdmuke.com/mdmk/mod/page/view.php?id=1385

任务说明：财务部会计张兰进行工资分摊设置，归集职工应发工资与个人承担的“三险一金”，并制单。

【财务部会计张兰进行工资分摊科目设置】

(1) 打开“工资分摊”对话框。在“企业应用平台”的“业务工作”页签，依次单击“人力资源/薪资管理/业务处理/工资分摊”项，系统打开“工资分摊”对话框。

(2) 工资总额分摊计提比例设置。在“工资分摊”对话框中，单击“工资分摊设置”按钮，系统打开“分摊类型设置”对话框，再单击对话框中的“增加”按钮，系统打开“分摊计提比例设置”对话框，在“计提类型名称”栏输入“计提工资总额”，“分摊计提比例”为 100%。

(3) 工资总额分摊构成设置。单击“下一步”按钮，系统打开“分摊构成设置”对话框，在该对话框中，根据表 9-1 逐一编辑“部门名称”、“人员类别”、“工资项目”(即应发合计)、“借方科目”、“贷方科目”，结果见图 9-6。

(4) 退出。单击“分摊构成设置”对话框的“完成”按钮，系统返回到“分摊类型设置”对话框，单击“返回”按钮，返回“工资分摊”对话框。

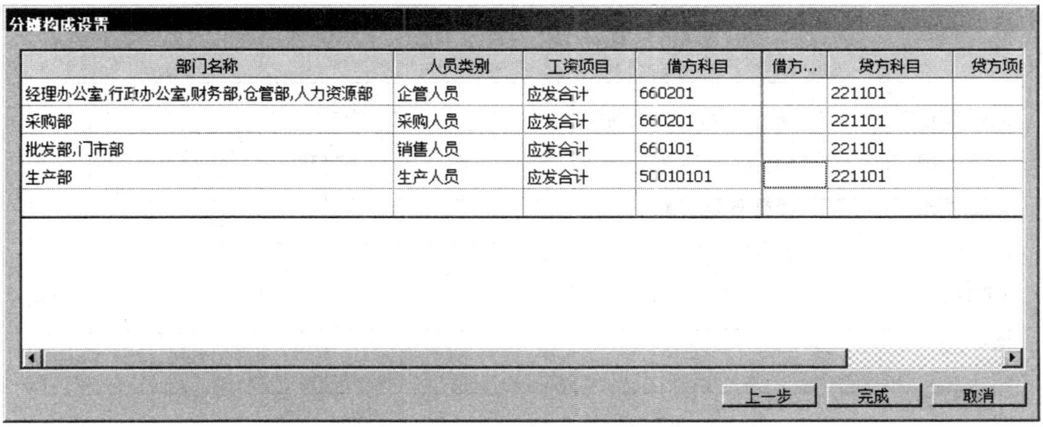

分摊构成设置

部门名称	人员类别	工资项目	借方科目	借方…	贷方科目	贷方项目
经理办公室,行政办公室,财务部,仓管部,人力资源部	企管人员	应发合计	660201		221101	
采购部	采购人员	应发合计	660201		221101	
批发部,门市部	销售人员	应发合计	660101		221101	
生产部	生产人员	应发合计	50010101		221101	

上一步　完成　取消

图 9-6　工资总额分摊构成设置的结果

【财务部会计张兰进行工资分配与制单】

(1) 打开“工资分摊”对话框。

(2) 本月职工工资的分配归集。在“工资分摊”对话框中,选中“计提费用类型”选项区的“计提工资总额”复选框,并且选中所有的核算部门,确认勾选“明细到工资项目”和“按项目核算”复选框,然后单击“确定”按钮,完成本月职工工资的分配归集工作,系统打开“工资分摊明细”窗口,在其中显示“工资总额一览表”,结果如图 9-7 所示。

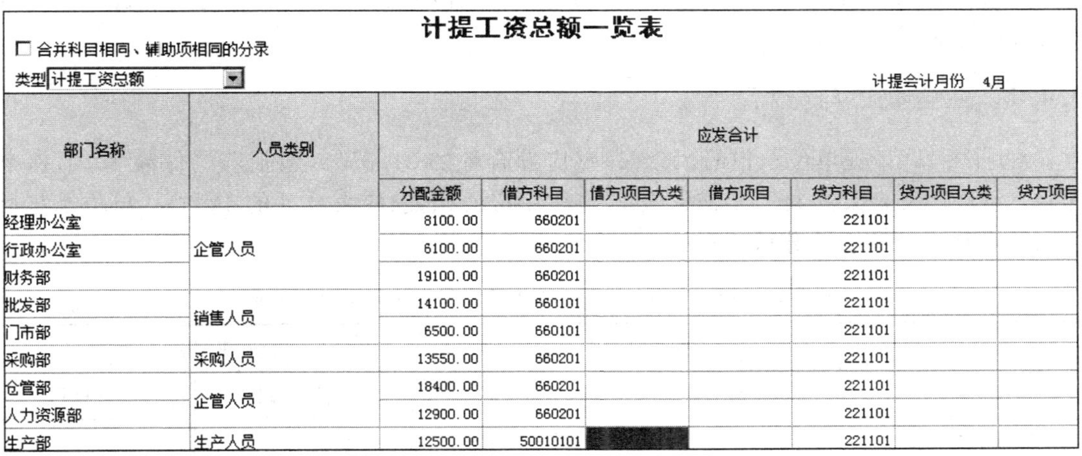

计提工资总额一览表

☐ 合并科目相同、辅助项相同的分录

类型 计提工资总额

计提会计月份　4月

部门名称	人员类别	应发合计						
		分配金额	借方科目	借方项目大类	借方项目	贷方科目	贷方项目大类	贷方项目
经理办公室	企管人员	8100.00	660201			221101		
行政办公室		6100.00	660201			221101		
财务部		19100.00	660201			221101		
批发部	销售人员	14100.00	660101			221101		
门市部		6500.00	660101			221101		
采购部	采购人员	13550.00	660201			221101		
仓管部	企管人员	18400.00	660201			221101		
人力资源部		12900.00	660201			221101		
生产部	生产人员	12500.00	50010101			221101		

图 9-7　计提工资总额一览表

(3) 工资分配的制单。在“工资分摊明细”窗口中,选中“合并科目相同、辅助项相同的分录”,再单击工具栏的“制单”按钮,系统打开“填制凭证”窗口,选择凭证分类为“记账凭证”,单击工具栏的“保存”按钮,结果如图 9-8 所示。

(4) 退出。单击“填制凭证”和“工资分摊明细”窗口右上角的“关闭”按钮,关闭窗口。

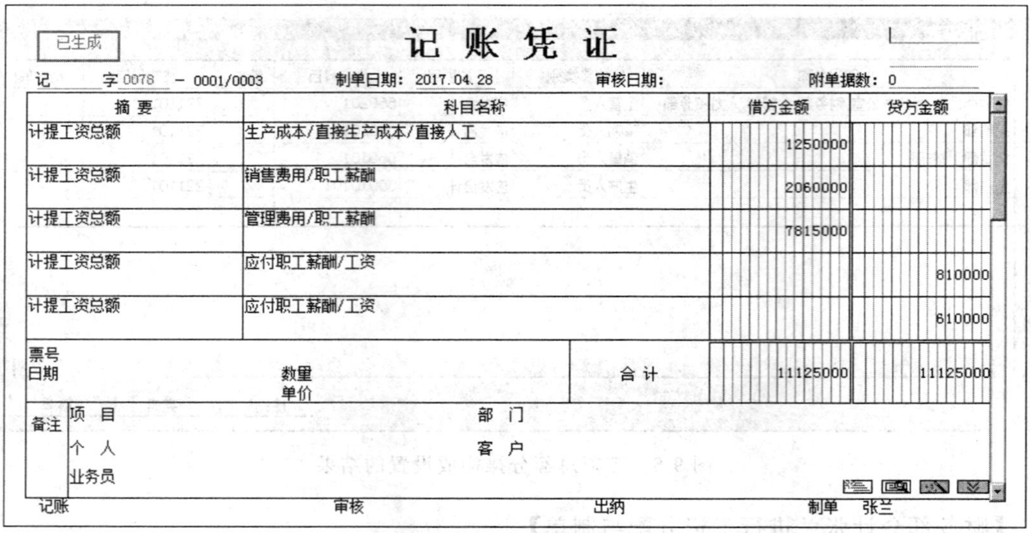

摘要	科目名称	借方金额	贷方金额
计提工资总额	生产成本/直接生产成本/直接人工	1250000	
计提工资总额	销售费用/职工薪酬	2060000	
计提工资总额	管理费用/职工薪酬	7815000	
计提工资总额	应付职工薪酬/工资		810000
计提工资总额	应付职工薪酬/工资		610000
票号 日期	数量 单价	合计 11125000	11125000

图 9-8　工资总额制单结果

9.4　计提单位承担的社会保险费与住房公积金

案例公司规定，由单位承担并缴纳的养老保险、医疗保险、失业保险和工伤保险分别按照职工本月应发工资的 20%、9.55%、1%、1%计算，由单位承担并缴纳的住房公积金按照职工本月应发的 12%计算。

9.4.1　业务概述与分析

4 月 28 日，计提单位承担的社会保险（应发合计的 31.55%，包括养老保险 20%、医疗保险 9.55%、失业保险 1%、工伤保险 1%）和住房公积金（应发合计的 12%）。单位承担社会保险和住房公积金的分摊科目如表 9-2 所示。

表 9-2　单位承担社会保险和住房公积金的分摊科目设置

<table>
<tr><th rowspan="2">部　　门</th><th rowspan="2">人员类别</th><th colspan="2">单位承担社会保险(31.55%)</th><th colspan="2">单位承担住房公积金(12%)</th></tr>
<tr><th>借方科目</th><th>贷方科目</th><th>借方科目</th><th>贷方科目</th></tr>
<tr><td>经理办公室
行政办公室
人力资源部
财务部
仓管部</td><td>企管人员</td><td>660201 管理费用-职工薪酬</td><td rowspan="4">221102 应付职工薪酬-社会保险费</td><td>660201 管理费用-职工薪酬</td><td rowspan="4">221103 应付职工薪酬-住房公积金</td></tr>
<tr><td>采购部</td><td>采购人员</td><td>660201 管理费用-职工薪酬</td><td>660201 管理费用-职工薪酬</td></tr>
<tr><td>销售部(批发部和门市部)</td><td>销售人员</td><td>660101 销售费用-职工薪酬</td><td>660101 销售费用-职工薪酬</td></tr>
<tr><td>生产部</td><td>生产人员</td><td>50010101 直接人工</td><td>50010101 直接人工</td></tr>
</table>

本笔业务是单位承担社会保险费和住房公积金的设置、分摊与制单，需要进行单位承担社会保险和住房公积金费用分摊科目设置、工资费用分摊与制单。

9.4.2 操作指导

请确认系统日期和业务日期为2017年4月28日。

视频网址：http://www.mdmuke.com/mdmk/mod/page/view.php?id=1386

任务说明：财务部会计张兰进行单位承担社会保险和住房公积金的科目设置、计提与制单。

【财务部会计张兰进行单位承担社会保险费和住房公积金的分摊科目设置】

（1）打开"工资分摊"对话框。在"企业应用平台"的"业务工作"页签，依次单击"人力资源/薪资管理/业务处理/工资分摊"项，系统打开"工资分摊"对话框。

（2）打开"分摊类型设置"对话框。在"工资分摊"对话框，单击其"工资分摊设置"按钮，系统打开"分摊类型设置"对话框。

（3）单位承担社会保险计提比例设置。在"分摊类型设置"对话框中，单击对话框中的"增加"按钮，系统打开"分摊计提比例设置"对话框，在"计提类型名称"栏输入"单位承担社会保险费"，"分摊计提比例"为31.55%。

（4）单位承担社会保险费分摊构成设置。单击"下一步"按钮，系统打开"分摊构成设置"对话框，在该对话框中，根据表9-2逐一编辑"部门名称"、"人员类别"、"工资项目"（应发合计）、"借方科目"、"贷方科目"，录入完成的结果如图9-9所示。

分摊构成设置

部门名称	人员类别	工资项目	借方科目	借方项目…	借方项目	贷方科目	贷方项目大
经理办公室,行政办公室,财务部,仓管部,人力资源部	企管人员	应发合计	660201			221102	
采购部	采购人员	应发合计	660201			221102	
批发部,门市部	销售人员	应发合计	660101			221102	
生产部	生产人员	应发合计	50010101			221102	

图9-9 单位承担社会保险费分摊科目设置的结果

（5）单击"完成"按钮，保存该分摊构成设置，系统返回"分摊类型设置"对话框。

（6）重复步骤(3)～(5)，完成"单位承担住房公积金"分摊设置，"分摊比例"为12%，结果如图9-10所示。

部门名称	人员类别	工资项目	借方科目	借方项目	贷方科目
经理办公室,行政办公室,财务部,仓管部,人力资源部	企管人员	应发合计	660201		221103
采购部	采购人员	应发合计	660201		221103
批发部,门市部	销售人员	应发合计	660101		221103
生产部	生产人员	应发合计	50010101		221103

图9-10 单位承担住房公积金分摊科目设置的结果

（7）退出。单击"分摊构成设置"对话框的"返回"按钮，系统返回"工资分摊"对话框。

【财务部会计张兰进行单位承担社会保险费和住房公积金的计提与制单】

(1) 打开“工资分摊”对话框。

(2) 计提单位承担的社会保险费。在“工资分摊”窗口中，仅选中“单位承担社会保险费”，并选中所有的核算部门，确认勾选“明细到工资项目”和“按项目核算”，然后单击“确定”按钮以完成计提工作，系统打开“工资分摊明细”窗口，显示“单位承担社会保险费一览表”，结果如图 9-11 所示。

单位承担社会保险费一览表

□ 合并科目相同、辅助项相同的分录

类型 单位承担社会保险费

计提会计月份 4月

部门名称	人员类别	应发合计						
		计提基数	计提比例	计提金额	借方科目	借方项目大类	借方项目	贷方科目
经理办公室	企管人员	8100.00	31.55%	2555.55	660201			221102
行政办公室		6100.00	31.55%	1924.55	660201			221102
财务部		19100.00	31.55%	6026.05	660201			221102
批发部	销售人员	14100.00	31.55%	4448.55	660101			221102
门市部		6500.00	31.55%	2050.75	660101			221102
采购部	采购人员	13550.00	31.55%	4275.03	660201			221102
仓管部	企管人员	18400.00	31.55%	5805.20	660201			221102
人力资源部		12900.00	31.55%	4069.95	660201			221102
生产部	生产人员	12500.00	31.55%	3943.75	50010101			221102

图 9-11 单位承担社会保险费一览表

(3) 单位承担社会保险费的分摊制单。在“单位承担社会保险费一览表”窗口中，选中“合并科目相同、辅助项相同的分录”，再单击工具栏的“制单”按钮，系统打开“填制凭证”窗口，选择凭证分类为“记账凭证”，单击“保存”按钮，结果如图 9-12 所示。

已生成

记 账 凭 证

记 字 0079 - 0001/0003 制单日期：2017.04.28 审核日期： 附单据数：0

摘 要	科目名称	借方金额	贷方金额
单位承担社会保险费	生产成本/直接生产成本/直接人工	394375	
单位承担社会保险费	销售费用/职工薪酬	649930	
单位承担社会保险费	管理费用/职工薪酬	2465633	
单位承担社会保险费	应付职工薪酬/社会保险费		255555
单位承担社会保险费	应付职工薪酬/社会保险费		192455
票号 日期	数量 单价 合计	3509938	3509938

备注 项 目 部 门

个 人 客 户

业务员

记账 审核 出纳 制单 张兰

图 9-12 单位承担社会保险费制单结果

(4) 退出。单击“填制凭证”和“工资分摊明细”窗口的“关闭”按钮，退出窗口。

(5) 计提单位承担的公积金。重复步骤(1)～(4)，完成单位承担住房公积金的计提和制单，制单结果如图 9-13 所示。

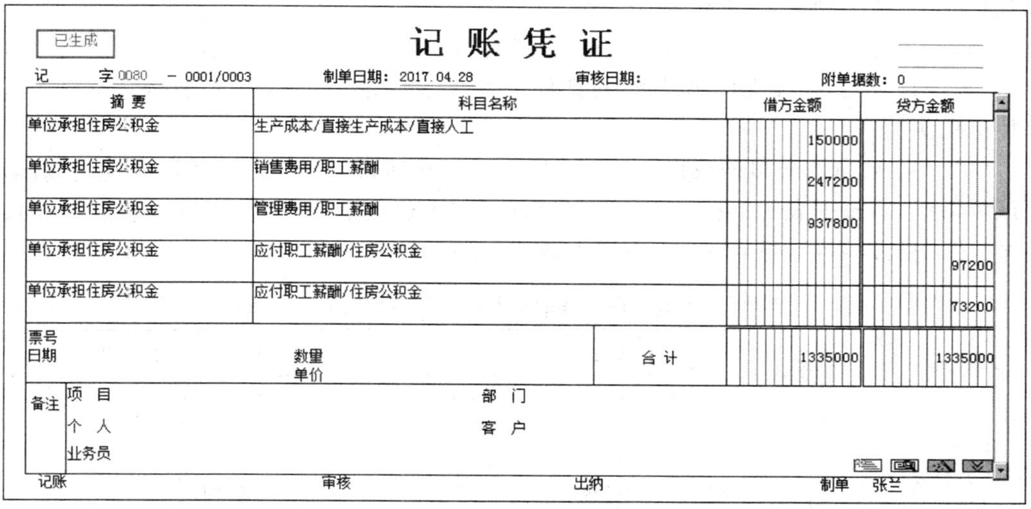

已生成

记账凭证

记 字 0080 - 0001/0003 制单日期：2017.04.28 审核日期： 附单据数：0

摘要	科目名称	借方金额	贷方金额
单位承担住房公积金	生产成本/直接生产成本/直接人工	150000	
单位承担住房公积金	销售费用/职工薪酬	247200	
单位承担住房公积金	管理费用/职工薪酬	937800	
单位承担住房公积金	应付职工薪酬/住房公积金		97200
单位承担住房公积金	应付职工薪酬/住房公积金		73200
票号 日期	数量 单价 合计	1335000	1335000

备注 项目 部门 个人 客户 业务员

记账 审核 出纳 制单 张兰

图 9-13 单位承担住房公积金制单结果

9.5 计提工会经费和职工教育经费

工会经费是指工会依法取得的并且是开展正常活动所需的费用，职工教育经费是指企业按工资总额的一定比例提取用于职工教育事业的一项费用，是企业为职工学习先进技术和提高文化水平而支付的费用。

本公司规定，按应发工资总额的2%计提工会经费，2.5%计提职工教育经费。

9.5.1 业务概述与分析

4月28日，计提本月工会经费(应发合计的2%)、职工教育经费(应发合计的2.5%)，单位计提工会经费和职工教育经费的分摊科目如表9-3所示。

本笔业务是单位计提工会经费和职工教育经费的设置、分摊与制单，需要进行计提工会经费和职工教育经费的科目设置、工资费用分摊与制单。

9.5.2 操作指导

请确认系统日期和业务日期为2017年4月28日。

视频网址：http://www.mdmuke.com/mdmk/mod/page/view.php?id=1387

任务说明：财务部会计张兰进行单位承担工会经费和职工教育经费的科目设置，计提与制单。

【财务部会计张兰进行工会会费和职工教育经费的分摊科目设置】

(1) 打开“工资分摊”对话框。在“企业应用平台”的“业务工作”页签，依次单击“人力资源/薪资管理/业务处理/工资分摊”项，系统打开“工资分摊”对话框。

(2) 打开“分摊类型设置”对话框。在“工资分摊”对话框，单击其“工资分摊设置”按钮，系统打开“分摊类型设置”对话框。

(3) 工会会费的计提比例设置。在“分摊类型设置”对话框中，单击对话框中的“增加”按钮，系统打开“分摊计提比例设置”对话框，在“计提类型名称”栏输入“计提工会会费”，“分摊计提比例”为 2%。

(4) 工会会费的分摊构成设置。单击“下一步”按钮，系统打开“分摊构成设置”对话框，在该对话框中，根据表 9-3 逐一编辑“部门名称”、“人员类别”、“工资项目”(应发合计)、“借方科目”、“贷方科目”，录入完成的结果如图 9-14 所示。

表 9-3　单位计提工会经费和职工教育经费的分摊科目

部　门	人员类别	工会经费(2%)		职工教育经费(2.5%)	
		借方科目	贷方科目	借方科目	贷方科目
经理办公室 行政办公室 财务部 仓管部 人力资源部	企管人员	660201 管理费用-职工薪酬	221104 应付职工薪酬-工会经费	660201 管理费用-职工薪酬	221105 应付职工薪酬-职工教育经费
采购部	采购人员	660201 管理费用-职工薪酬		660201 管理费用-职工薪酬	
销售部	销售人员	660101 销售费用-职工薪酬		660101 销售费用-职工薪酬	
生产部	生产人员	50010101 直接人工		50010101 直接人工	

部门名称	人员类别	工资项目	借方科目	借方项目	贷方科目
经理办公室,行政办公室,财务部,仓管部,人力资源部	企管人员	应发合计	660201		221104
采购部	采购人员	应发合计	660201		221104
批发部,门市部	销售人员	应发合计	660101		221104
生产部	生产人员	应发合计	50010101		221104

图 9-14　工会会费分摊科目设置的结果

(5) 单击“完成”按钮，保存该分摊构成设置，系统返回“分摊类型设置”对话框。

(6) 重复步骤(3)～(5)，完成“计提职工教育经费”分摊设置，“分摊比例”为 2.5%，录入完成的结果如图 9-15 所示。

部门名称	人员类别	工资项目	借方科目	借方项目	贷方科目
经理办公室,行政办公室,财务部,仓管部,人力资源部	企管人员	应发合计	660201		221105
采购部	采购人员	应发合计	660201		221105
批发部,门市部	销售人员	应发合计	660101		221105
生产部	生产人员	应发合计	50010101		221105

图 9-15　职工教育经费分摊科目设置的结果

(7) 退出。单击“分摊构成设置”对话框的“返回”按钮，系统返回“工资分摊”对话框。

【财务部会计张兰进行工会会费和职工教育经费的计提与制单】

(1) 打开“工资分摊”对话框。

（2）计提工会会费。在“工资分摊”对话框中，仅选中“计提工会会费”，并选中所有的核算部门，确认勾选“明细到工资项目”和“按项目核算”，单击“确定”按钮以完成计提工作，系统打开“工资分摊明细”窗口，显示“工会会费一览表”。

（3）工会会费的分摊制单。在“工资分摊明细”窗口中，选中“合并科目相同、辅助项相同的分录”，再单击工具栏的“制单”按钮，系统打开“填制凭证”窗口，选择凭证分类为“记账凭证”，单击“保存”按钮，结果如图 9-16 所示。

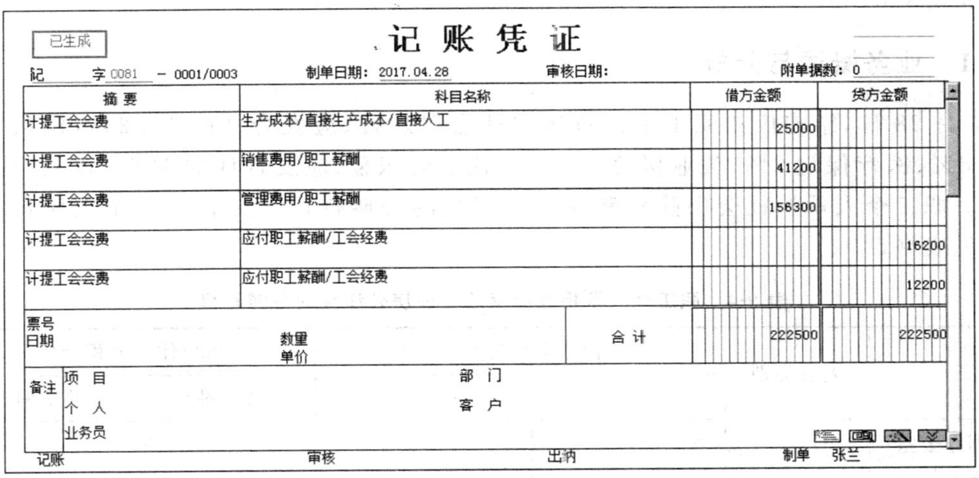

已生成

记账凭证

记 字 0081 － 0001/0003　　制单日期：2017.04.28　　审核日期：　　附单据数：0

摘要	科目名称	借方金额	贷方金额
计提工会会费	生产成本/直接生产成本/直接人工	25000	
计提工会会费	销售费用/职工薪酬	41200	
计提工会会费	管理费用/职工薪酬	156300	
计提工会会费	应付职工薪酬/工会经费		16200
计提工会会费	应付职工薪酬/工会经费		12200
票号 日期　数量 单价	合计	222500	222500

备注　项目　　部门
　　　个人　　客户
　　　业务员

记账　审核　出纳　制单 张兰

图 9-16　工会会费制单结果

（4）退出。单击“填制凭证”和“工资分摊明细”窗口的“关闭”按钮，退出窗口。

（5）计提职工教育经费。重复步骤(1)～(4)，完成职工教育经费的计提和制单，结果如图 9-17 所示。

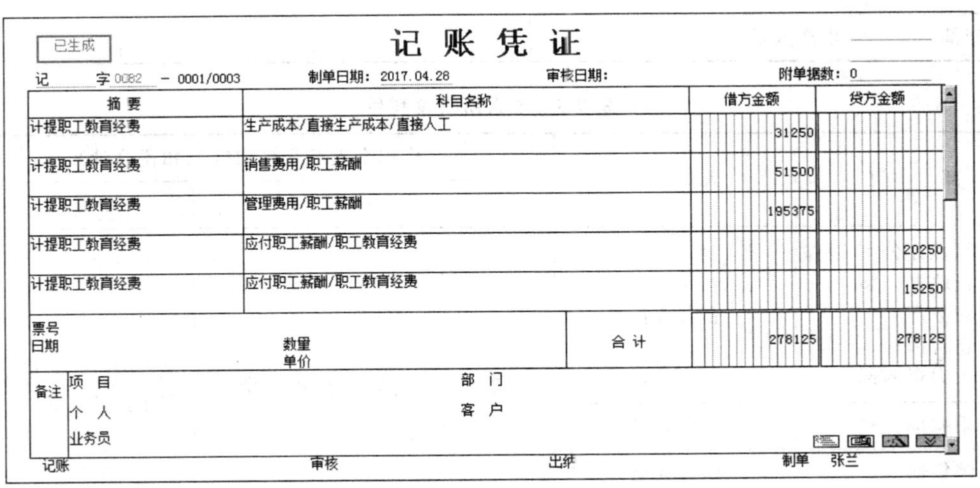

已生成

记账凭证

记 字 0082 － 0001/0003　　制单日期：2017.04.28　　审核日期：　　附单据数：0

摘要	科目名称	借方金额	贷方金额
计提职工教育经费	生产成本/直接生产成本/直接人工	31250	
计提职工教育经费	销售费用/职工薪酬	51500	
计提职工教育经费	管理费用/职工薪酬	195375	
计提职工教育经费	应付职工薪酬/职工教育经费		20250
计提职工教育经费	应付职工薪酬/职工教育经费		15250
票号 日期　数量 单价	合计	278125	278125

备注　项目　　部门
　　　个人　　客户
　　　业务员

记账　审核　出纳　制单 张兰

图 9-17　职工教育经费制单结果

（6）退出。单击“填制凭证”和“工资分摊明细”窗口的“关闭”按钮，退出窗口。

9.6 计提个人三险一金和代扣个人所得税

“三险一金”是指养老保险、失业保险、医疗保险以及住房公积金。

个人所得税是国家对本国公民、居住在本国境内的个人的所得和境外个人来源于本国的所得征收的一种所得税。根据有关规定，案例公司代扣个人所得税，相关的设置和初始值参见3.5.5节。

9.6.1 业务概述与分析

4月28日，结转代扣职工个人负担的社会保险费(应发合计的10.2%，包括养老保险8%、医疗保险2%、失业保险0.2%)、住房公积金(应发合计的12%)以及个人所得税。职工个人承担社会保险费和住房公积金的分摊科目参见表9-4，个人所得税科目参见表9-5。

表9-4 职工个人承担社会保险和住房公积金的分摊科目

<table>
<tr><th rowspan="2">部　　门</th><th rowspan="2">人员类别</th><th colspan="2">个人承担社会保险费(10.2%)</th><th colspan="2">个人承担住房公积金(12%)</th></tr>
<tr><th>借方科目</th><th>贷方科目</th><th>借方科目</th><th>贷方科目</th></tr>
<tr><td>经理办公室
行政办公室
人力资源部
财务部
仓管部</td><td>企管人员</td><td rowspan="4">221101应付职工薪酬-工资</td><td rowspan="4">224101其他应付款-应付社会保险费</td><td rowspan="4">221101应付职工薪酬-工资</td><td rowspan="4">224102其他应付款-应付住房公积金</td></tr>
<tr><td>采购部</td><td>采购人员</td></tr>
<tr><td>销售部</td><td>销售人员</td></tr>
<tr><td>生产部</td><td>生产人员</td></tr>
</table>

表9-5 个人所得税科目

<table>
<tr><th rowspan="2">部　　门</th><th rowspan="2">人员类别</th><th colspan="2">代扣个人所得税(100%扣税合计)</th></tr>
<tr><th>借方科目</th><th>贷方科目</th></tr>
<tr><td>经理办公室
行政办公室
财务部
仓管部
人力资源部</td><td>企管人员</td><td rowspan="4">221101应付职工薪酬-工资</td><td rowspan="4">222104应交税费-应交个人所得税</td></tr>
<tr><td>采购部</td><td>采购人员</td></tr>
<tr><td>销售部</td><td>销售人员</td></tr>
<tr><td>生产部</td><td>生产人员</td></tr>
</table>

本笔业务是代扣职工个人承担的“三险”(应发合计的10.2%，包括养老保险8%、医疗保险2%、失业保险0.2%)、“一金”(住房公积金，应发合计的12%)、个人所得税，需要进行

计提个人承担的“三险一金”的科目设置、分摊与制单，以及凭证的主管签字、审核与记账，代扣个人所得税申报与制单操作。

9.6.2 虚拟业务场景

人物：张兰——财务部会计。

罗迪——财务部出纳。

曾志伟——财务部主管。

场景一：财务部主管曾志伟提醒会计张兰进行个人承担的社会保险费和住房公积金分摊设置、计提与制单。

曾志伟：小张，月末了，请你设置个人承担的社会保险费和住房公积金的分摊科目，并计提与制单本月职工个人承担的社会保险和住房公积金吧，辛苦了！

张兰：应该的，曾总，我马上办。

（张兰做分摊科目设置、计提与制单。）

场景二：曾志伟提醒会计张兰进行个人所得税的制表与制单。

曾志伟：小张，人力资源部已经完成本月的职工工资变动，请你进行代扣个人所得税的制表与制单吧。

张兰：好的。（对代扣个人所得税进行制表、分摊设置、计算与制单。）

9.6.3 操作指导

1. 操作流程

结转代扣个人“三险一金”和个人所得税业务的操作流程如图 9-18 所示。

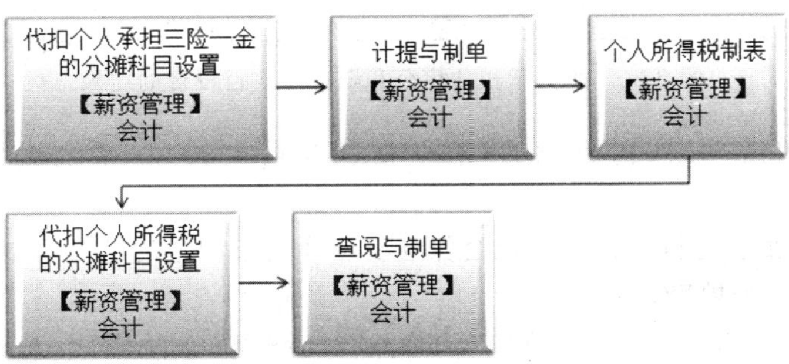

图 9-18 本业务的操作流程图

请确认系统日期和业务日期为 2017 年 4 月 28 日。

2. 场景一的操作步骤

视频网址：http://www.mdmuke.com/mdmk/mod/page/view.php?id=1388

任务说明：财务部会计张兰进行个人承担的社会保险费和住房公积金分摊设置、计提与制单。

【财务部会计张兰进行个人承担社会保险费和住房公积金的分摊科目设置】

(1) 打开“工资分摊”对话框。在“企业应用平台”的“业务工作”页签，依次单击“人力资源/薪资管理/业务处理/工资分摊”项，系统打开“工资分摊”对话框。

(2) 打开“分摊类型设置”对话框。在“工资分摊”对话框，单击其“工资分摊设置”按钮，系统打开“分摊类型设置”对话框。

(3) 个人承担社会保险费的计提比例设置。在“分摊类型设置”对话框中，单击对话框中的“增加”按钮，系统打开“分摊计提比例设置”对话框，在“计提类型名称”栏输入“个人承担社会保险费”，“分摊计提比例”为 10.2%。

(4) 个人承担社会保险费的分摊构成设置。单击“下一步”按钮，系统打开“分摊构成设置”对话框，在该对话框中，根据表 9-4 逐一编辑“部门名称”、“人员类别”、“工资项目”(应发合计)、“借方科目”、“贷方科目”，录入完成的结果如图 9-19 所示。

部门名称	人员类别	工资项目	借方科目	借方项目	贷方科目
经理办公室,行政办公室,财务部,仓管部,人力资源部	企管人员	应发合计	221101		224101
采购部	采购人员	应发合计	221101		224101
批发部,门市部	销售人员	应发合计	221101		224101
生产部	生产人员	应发合计	221101		224101

图 9-19　个人承担社会保险费分摊科目设置的结果

(5) 单击“完成”按钮，保存该分摊构成设置，系统返回“分摊类型设置”对话框。

(6) 重复步骤(3)～(5)，完成“个人承担住房公积金”分摊设置，“分摊比例”为 12%，设置结果如图 9-20 所示。

部门名称	人员类别	工资项目	借方科目	借方项目	贷方科目
经理办公室,行政办公室,财务部,仓管部,人力资源部	企管人员	应发合计	221101		224102
采购部	采购人员	应发合计	221101		224102
批发部,门市部	销售人员	应发合计	221101		224102
生产部	生产人员	应发合计	221101		224102

图 9-20　个人承担住房公积金分摊科目设置的结果

(7) 退出。单击“分摊构成设置”对话框的“返回”按钮，系统返回“工资分摊”对话框。

【财务部会计张兰进行个人承担社会保险费和住房公积金的计提与制单】

(1) 打开“工资分摊”对话框。

(2) 计提个人承担的“三险”。在“工资分摊”对话框中，仅选中“个人承担社会保险费”，并选中所有的核算部门，确认勾选“明细到工资项目”和“按项目核算”，单击“确定”按钮以完成计提工作，系统打开“工资分摊明细”窗口，显示“个人承担社会保险费一览表”。

(3) 个人承担的“三险”的分摊制单。在“工资分摊明细”窗口中，选中“合并科目相同、辅助项相同的分录”，再单击工具栏的“制单”按钮，系统打开“填制凭证”窗口，选择凭证分类为“记账凭证”，单击“保存”按钮，结果如图 9-21 所示。

(4) 退出。单击“填制凭证”和“工资分摊明细”窗口的“关闭”按钮，退出窗口。

(5) 计提个人承担住房公积金。重复步骤(1)～(4)，完成个人承担住房公积金的计提和制单，制单结果如图 9-22 所示。

(6) 退出。单击“填制凭证”和“工资分摊明细”窗口的“关闭”按钮，退出窗口。

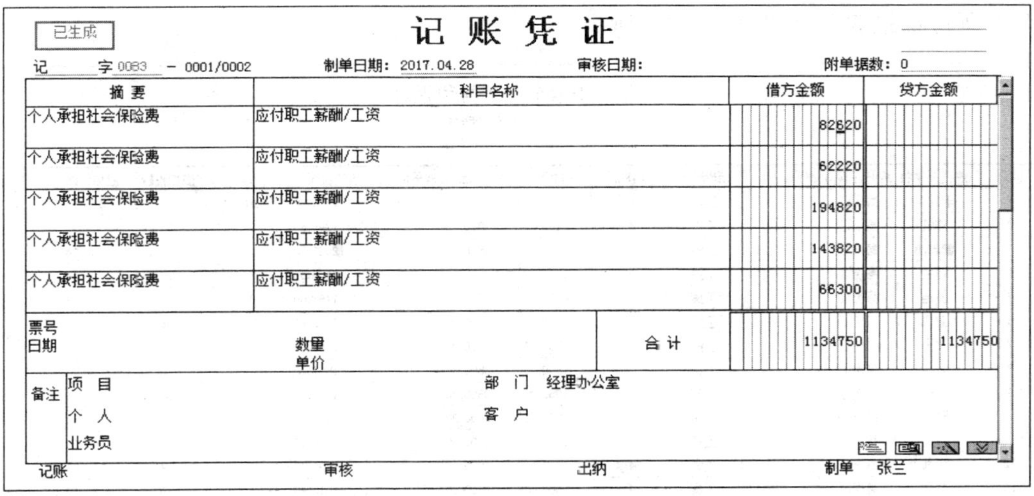

已生成

记 账 凭 证

记 字 0083 - 0001/0002 制单日期：2017.04.28 审核日期： 附单据数：0

摘要	科目名称	借方金额	贷方金额
个人承担社会保险费	应付职工薪酬/工资	82620	
个人承担社会保险费	应付职工薪酬/工资	62220	
个人承担社会保险费	应付职工薪酬/工资	194820	
个人承担社会保险费	应付职工薪酬/工资	143820	
个人承担社会保险费	应付职工薪酬/工资	66300	
票号 日期	数量 单价 / 合 计	1134750	1134750

备注 项 目 部 门 经理办公室
个 人 客 户
业务员

记账 审核 出纳 制单 张兰

图 9-21 个人承担社会保险费制单结果

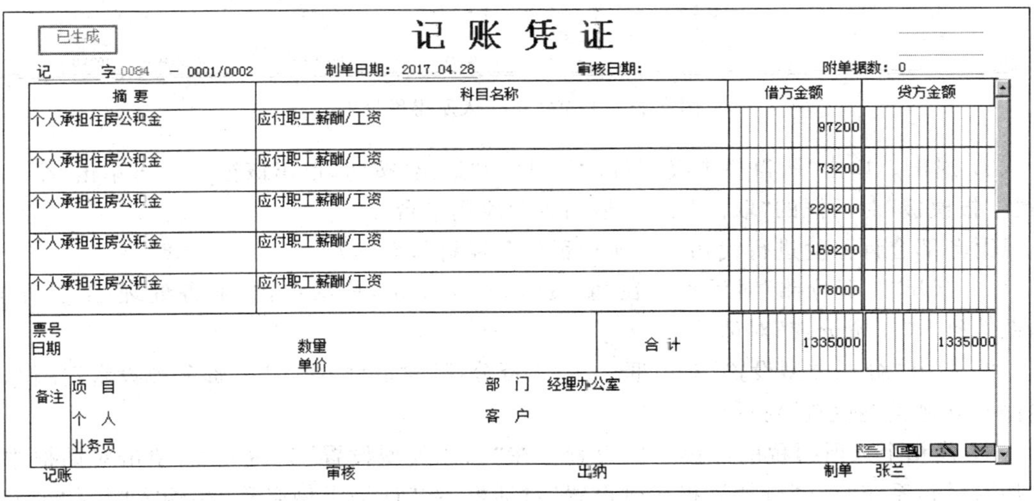

已生成

记 账 凭 证

记 字 0084 - 0001/0002 制单日期：2017.04.28 审核日期： 附单据数：0

摘要	科目名称	借方金额	贷方金额
个人承担住房公积金	应付职工薪酬/工资	97200	
个人承担住房公积金	应付职工薪酬/工资	73200	
个人承担住房公积金	应付职工薪酬/工资	229200	
个人承担住房公积金	应付职工薪酬/工资	169200	
个人承担住房公积金	应付职工薪酬/工资	78000	
票号 日期	数量 单价 / 合 计	1335000	1335000

备注 项 目 部 门 经理办公室
个 人 客 户
业务员

记账 审核 出纳 制单 张兰

图 9-22 个人承担住房公积金制单结果

3. 场景二的操作步骤

视频网址：http://www.mdmuke.com/mdmk/mod/page/view.php?id=1389

任务说明：财务部会计张兰进行代扣个人所得税制表、分摊设置、计提与制单。

【财务部会计张兰进行代扣个人所得税制表】

（1）打开“个人所得税申报模板”对话框。在“薪资管理”子系统，依次单击“业务处理/扣缴所得税”项，系统打开“个人所得税申报模板”对话框。

（2）所得税申报。在“个人所得税申报模板”对话框中，在“请选择所在地区名”中选择“北京”，并在其表体中选中“北京扣缴个人所得税报表”，然后单击该对话框的“打开”按钮，系统打开“所得税申报”对话框，单击“确定”按钮，系统打开“所得税申报”窗口，显示“北京扣缴个人所得税报表”,结果如图 9-23 所示。

北京扣缴个人所得税报表

2017年4月 -- 2017年4月

总人数: 18

序号	纳税人姓名	身份证照...	身份证照...	所得项目	所得期间	收入额	费用扣除...	准予扣除...	应纳税所...	税率	应扣税额	已扣税额	备注
1	李吉棕	身份证		工资	4	8100.00	3500.00		2801.80	10	175.18	175.18	
2	陈虹	身份证		工资	4	6100.00	3500.00		1245.80	3	37.37	37.37	
3	曾志伟	身份证		工资	4	7100.00	3500.00		2023.80	10	97.38	97.38	
4	张兰	身份证		工资	4	6000.00	3500.00		1168.00	3	35.04	35.04	
5	罗迪	身份证		工资	4	6000.00	3500.00		1168.00	3	35.04	35.04	
6	赵飞	身份证		工资	4	7600.00	3500.00		2412.80	10	136.28	136.28	
7	夏于	身份证		工资	4	6500.00	3500.00		1557.00	10	50.70	50.70	
8	李华	身份证		工资	4	6500.00	3500.00		1557.00	10	50.70	50.70	
9	刘静	身份证		工资	4	6950.00	3500.00		1907.10	10	85.71	85.71	
10	张新海	身份证		工资	4	5550.00	3500.00		817.90	3	24.54	24.54	
11	林意	身份证		工资	4	1050.00	3500.00		0.00	0	0.00	0.00	
12	李莉	身份证		工资	4	6800.00	3500.00		1790.40	10	74.04	74.04	
13	赵林	身份证		工资	4	5800.00	3500.00		1012.40	3	30.37	30.37	
14	李东	身份证		工资	4	5800.00	3500.00		1012.40	3	30.37	30.37	
15	王军	身份证		工资	4	7100.00	3500.00		2023.80	10	97.38	97.38	
16	梁京	身份证		工资	4	5800.00	3500.00		1012.40	3	30.37	30.37	
17	刘正	身份证		工资	4	6750.00	3500.00		1751.50	10	70.15	70.15	
18	李江	身份证		工资	4	5750.00	3500.00		973.50	3	29.21	29.21	
合计						111250.00	63000.00		26235.60		1089.83	1089.83	

图 9-23 北京扣缴个人所得税报表

(3) 退出。单击“所得税申报”窗口工具栏的“退出”按钮,退出该窗口。再单击“个人所得税申报模板”对话框的“取消”按钮,返回企业应用平台。

【财务部会计张兰进行代扣个人所得税的分摊科目设置】

(1) 打开“工资分摊”对话框。在“薪资管理”子系统,依次单击“业务处理/工资分摊”项,系统打开“工资分摊”对话框。

(2) 打开“分摊类型设置”对话框。在“工资分摊”对话框,单击“工资分摊设置”按钮,系统打开“分摊类型设置”对话框。

(3) 代扣个人所得税的计提比例设置。在“分摊类型设置”对话框中,单击对话框中的“增加”按钮,系统打开“分摊计提比例设置”对话框,在“计提类型名称”栏输入“代扣个人所得税”,“分摊计提比例”为 100%。

(4) 代扣个人所得税的分摊构成设置。单击“下一步”按钮,系统打开“分摊构成设置”对话框,在该对话框中,根据表 9-5 逐一编辑“部门名称”、“人员类别”、“工资项目”(扣税合计)、“借方科目”、“贷方科目”,设置结果如图 9-24 所示。

部门名称	人员类别	工资项目	借方科目	借方...	贷方科目
经理办公室,行政办公室,财务部,仓管部,人力资源部	企管人员	扣税合计	221101		222104
采购部	采购人员	扣税合计	221101		222104
批发部,门市部	销售人员	扣税合计	221101		222104
生产部	生产人员	扣税合计	221101		222104

图 9-24 个人所得税分摊科目设置的结果

(5) 单击“完成”按钮,保存该分摊构成设置,系统返回“分摊类型设置”对话框。

(6) 退出。单击“分摊构成设置”对话框的“返回”按钮,系统返回“工资分摊”对话框。

【财务部会计张兰进行个人所得税的查阅与制单】

(1) 打开“工资分摊”对话框。

(2) 查阅个人所得税。在“工资分摊”对话框中,仅选中“代扣个人所得税”,并选中所有的核算部门,确认勾选“明细到工资项目”,单击工具栏的“确定”按钮以完成计提工作,系统打开“工资分摊明细”窗口,显示“代扣个人所得税一览表”。

(3) 代扣个人所得税制单。在“代扣个人所得税一览表”中,选中“合并科目相同、辅助项相同的分录”,再单击工具栏的“制单”按钮,系统打开“填制凭证”窗口,选择凭证分类为“记账凭证”,单击“保存”按钮,结果如图 9-25 所示。

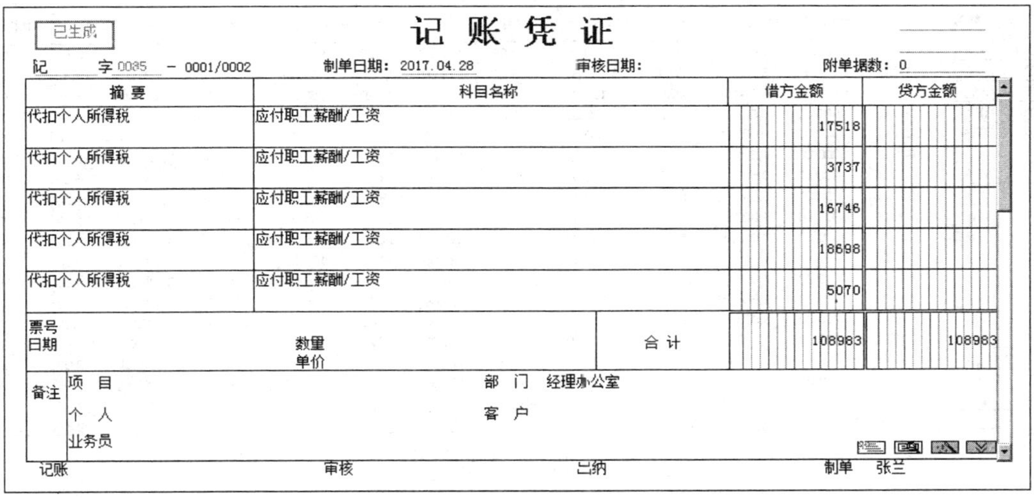

已生成

记账凭证

记 字 0085 - 0001/0002 制单日期:2017.04.28 审核日期: 附单据数:0

摘要	科目名称	借方金额	贷方金额
代扣个人所得税	应付职工薪酬/工资	17518	
代扣个人所得税	应付职工薪酬/工资	3737	
代扣个人所得税	应付职工薪酬/工资	16746	
代扣个人所得税	应付职工薪酬/工资	18698	
代扣个人所得税	应付职工薪酬/工资	5070	
票号 日期 数量 单价	合计	108983	108983

备注 项目 部门 经理办公室

个人 客户

业务员

记账 审核 出纳 制单 张兰

图 9-25 个人所得税制单结果

(4) 退出。单击“填制凭证”和“工资分摊明细”窗口的“关闭”按钮,退出窗口。

9.7 查询并输出工资信息

9.7.1 业务概述与分析

4 月 28 日,人力资源部主管王军查看薪资发放条、部门工资汇总表等,输出为“薪资发放条.xls”和“部门工资汇总表.xls”。

本笔业务是查询与输出工资统计信息,需要进行账表查询,并以 Excel 文件格式输出。

9.7.2 操作指导

请确认系统日期和业务日期为 2017 年 4 月 28 日。

视频网址:http://www.mdmuke.com/mdmk/mod/page/view.php?id=1390

任务说明:人力资源部主管王军查看并输出薪资发放条和部门工资汇总表。

【人力资源部主管王军查看并输出薪资发放条】

(1) 打开“工资表”对话框。在“企业应用平台”的“业务工作”页签,依次单击“人力资源/薪资管理/统计分析/账表/工资表”项,系统打开“工资表”对话框。

(2) 打开“工资发放条”窗口。在“工资表”对话框中,选中“工资发放条”,然后单击“查看”按钮,系统打开“工资发放条”对话框,选中所有部门和“选定下级部门”,单击“确定”按钮,系统打开“工资发放条”窗口,结果如图 9-26 所示。

工资发放条

2017 年 04 月

部门 全部　　会计月份 四月　　人数: 18

人员编号	姓名	基本工资	岗位工资	绩效工资	交通补助	应发合计	养老保险	医疗保险	失业保险	住房公积金	扣款合计	实发合计	本月扣零	代扣税
0100	李吉棕	2,000.00	1,000.00	5,000.00	100.00	8,100.00	648.00	162.00	16.20	972.00	1,973.38	6,120.00	6.62	175.18
0101	陈虹	2,000.00	1,000.00	3,000.00	100.00	6,100.00	488.00	122.00	12.20	732.00	1,391.57	4,700.00	8.43	37.37
0200	曾志伟	2,000.00	1,000.00	4,000.00	100.00	7,100.00	568.00	142.00	14.20	852.00	1,673.58	5,420.00	6.42	97.38
0201	张兰	2,000.00	900.00	3,000.00	100.00	6,000.00	480.00	120.00	12.00	720.00	1,367.04	4,630.00	2.96	35.04
0202	罗迪	2,000.00	900.00	3,000.00	100.00	6,000.00	480.00	120.00	12.00	720.00	1,367.04	4,630.00	2.96	35.04
0300	赵飞	2,000.00	1,000.00	4,500.00	100.00	7,600.00	608.00	152.00	15.20	912.00	1,823.48	5,770.00	6.52	136.28
0301	夏于	2,000.00	900.00	3,500.00	100.00	6,500.00	520.00	130.00	13.00	780.00	1,493.70	5,000.00	6.30	50.70
0302	李华	2,000.00	900.00	3,500.00	100.00	6,500.00	520.00	130.00	13.00	780.00	1,493.70	5,000.00	6.30	50.70
0400	刘静	2,000.00	900.00	4,000.00	50.00	6,950.00	556.00	139.00	13.90	834.00	1,628.61	5,320.00	1.39	85.71
0401	张新海	2,000.00	500.00	3,000.00	50.00	5,550.00	444.00	111.00	11.10	666.00	1,256.64	4,290.00	3.36	24.54
0402	林意	1,000.00			50.00	1,050.00	84.00	21.00	2.10	126.00	233.10	810.00	6.90	
0500	李莉	2,000.00	700.00	4,000.00	100.00	6,800.00	544.00	136.00	13.60	816.00	1,583.64	5,210.00	6.36	74.04
0501	赵林	2,000.00	700.00	3,000.00	100.00	5,800.00	464.00	116.00	11.60	696.00	1,317.97	4,480.00	2.03	30.37
0502	李东	2,000.00	700.00	3,000.00	100.00	5,800.00	464.00	116.00	11.60	696.00	1,317.97	4,480.00	2.03	30.37
0600	王军	2,000.00	1,000.00	4,000.00	100.00	7,100.00	568.00	142.00	14.20	852.00	1,673.58	5,420.00	6.42	97.38
0601	梁京	2,000.00	700.00	3,000.00	100.00	5,800.00	464.00	116.00	11.60	696.00	1,317.97	4,480.00	2.03	30.37
0700	刘正	2,000.00	700.00	4,000.00	50.00	6,750.00	540.00	135.00	13.50	810.00	1,568.65	5,180.00	1.35	70.15
0701	李江	2,000.00	700.00	3,000.00	50.00	5,750.00	460.00	115.00	11.50	690.00	1,305.71	4,440.00	4.29	29.21
合计		35,000.00	14,200.00	60,500.00	1,550.00	111,250.00	8,900.00	2,225.00	222.50	13,350.00	25,787.33	85,380.00	82.67	1,089.83

图 9-26　工资发放条

(3) 输出“工资发放条”。在“工资表”对话框中,单击“输出”按钮,系统打开“另存为”对话框,在该对话框中,选择输出的路径,编辑“文件名”为“薪资发放条”,“文件类型”为“.xls”,然后单击“保存”按钮,系统打开“请输入表/工作单名”对话框,直接单击“确认”按钮,完成工资条的输出。

(4) 退出。单击“工资发放条”窗口的“退出”按钮。

【人力资源部主管王军查看并输出部门工资汇总表】

(1) 打开“工资表”对话框。

(2) 打开“部门工资汇总表”窗口。在“工资表”对话框中,选中“部门工资汇总表”,然后单击“查看”按钮,系统打开“部门工资汇总表—选择部门范围”对话框,选中所有部门和“选定下级部门”,单击“确定”按钮,系统弹出“部门工资汇总表”对话框并默认选定了“一级部门”和“二级部门”复选框,直接单击“确定”按钮,系统打开“部门工资汇总表”窗口,结果如图 9-27 所示。

(3) 输出“部门工资汇总表”。在“部门工资汇总表”对话框中,单击“输出”按钮,系统打开“另存为”对话框,在该对话框中,选择输出的路径,编辑“文件名”为“部门工资汇总表”,“文件类型”为“.xls”,然后单击“保存”按钮,系统打开“请输入表/工作单名”对话框,直接单击“确认”按钮,完成部门工资汇总表的输出。

(4) 退出。单击“部门工资汇总表”窗口的“退出”按钮。

部门工资汇总表

2017 年 4 月

会计月份 四月

部门	人数	基本工资	岗位工资	绩效工资	交通补助	应发合计	养老保险	医疗保险	失业保险	住房公积金	扣款合计	实发合计	本月扣零	上月扣零	代扣税
公司总部	2	4,000.00	2,000.00	8,000.00	200.00	14,200.00	1,136.00	284.00	28.40	1,704.00	3,364.95	10,820.00	15.05		212.55
经理办公室	1	2,000.00	1,000.00	5,000.00	100.00	8,100.00	648.00	162.00	16.20	972.00	1,973.38	6,120.00	6.62		175.18
行政办公室	1	2,000.00	1,000.00	3,000.00	100.00	6,100.00	488.00	122.00	12.20	732.00	1,391.57	4,700.00	8.43		37.37
财务部	3	6,000.00	2,800.00	10,000.00	300.00	19,100.00	1,528.00	382.00	38.20	2,292.00	4,407.66	14,680.00	12.34		167.46
销售部	3	6,000.00	2,800.00	11,500.00	300.00	20,600.00	1,648.00	412.00	41.20	2,472.00	4,810.88	15,770.00	19.12		237.68
批发部	2	4,000.00	1,900.00	8,000.00	200.00	14,100.00	1,128.00	282.00	28.20	1,692.00	3,317.18	10,770.00	12.82		186.98
门市部	1	2,000.00	900.00	3,500.00	100.00	6,500.00	520.00	130.00	13.00	780.00	1,493.70	5,000.00	6.30		50.70
采购部	3	5,000.00	1,400.00	7,000.00	150.00	13,550.00	1,084.00	271.00	27.10	1,626.00	3,118.35	10,420.00	11.65		110.25
仓管部	3	6,000.00	2,100.00	10,000.00	300.00	18,400.00	1,472.00	366.00	36.80	2,208.00	4,219.58	14,170.00	10.42		134.78
人力资源部	2	4,000.00	1,700.00	7,000.00	200.00	12,900.00	1,032.00	256.00	25.80	1,548.00	2,991.55	9,900.00	8.45		127.75
生产部	2	4,000.00	1,400.00	7,000.00	100.00	12,500.00	1,000.00	250.00	25.00	1,500.00	2,874.36	9,620.00	5.64		99.36
合计	18	35,000.00	14,200.00	60,500.00	1,550.00	111,250.00	8,900.00	2,225.00	222.50	13,350.00	25,787.33	85,380.00	82.67		1,089.83

图 9-27　部门工资汇总表

第 10 章　固定资产业务

固定资产是企业为生产产品、提供劳务、出租或者经营管理而持有的、使用时间超过 12 个月的，价值达到一定标准的非货币性资产，包括房屋、建筑物、机器、机械、运输工具以及其他与生产经营活动有关的设备、器具、工具等。

用友 ERP-U8 的固定资产系统可以处理资产购置、资产变动和计提折旧等日常业务以及各种账表查询。资产变动包括原值变动、部门转移、使用状况变动、使用年限调整、折旧方法调整、净残值(率)调整、工作总量调整、累计折旧调整、资产类别调整等；计提折旧功能提供折旧公式的自定义，并按分配表自动生成记账凭证。

本章设计了购置固定资产、固定资产调配、固定资产报废以及计提固定资产折旧业务。

本章的操作请按照业务描述中的系统日期(如 4 月 28 日)和操作员(如财务部会计张兰)，在第 9 章完成的基础上，在固定资产和总账系统中进行。

如果没有完成第 9 章的薪资业务的操作，可以到百度云盘空间(云盘地址：http://pan.baidu.com/s/1i5iB4aT，访问密码：dq38)的“实验账套数据”文件夹中，将“09 薪资管理.rar”下载到实验用机上，然后引入(操作步骤详见 1.3.5 节)到 ERP-U8 系统中。此外，本章完成的账套，其输出的压缩文件名为“10 固定资产.rar”。

需要注意的是，因云盘中的账套备份文件均为压缩文件，所以下载完成后，在引入之前，需要用解压缩工具进行解压(建议用 WinRAR 3.42 或以上版本)，得到相应可以引入的账套数据文件。

本章的所有业务实验操作都有配套的微视频，可以通过扫描二维码或者到指定的网页去观看。本教程配套的微视频均存放在北京神州明灯教育科技有限公司和合一集团的网站上，相应的访问说明请参见云盘中的“微视频访问说明.doc”。

10.1　购置固定资产业务

10.1.1　业务概述与分析

4 月 28 日，案例公司采购部向极速公司购置两台联想电脑(采购合同编号 CG007，见图 10-1)，型号为“天逸 5050 台式机”，无税单价 6000 元，收到增值税发票(票号 61234508，见图 10-2)，税率 17%，价税合计 14 040 元，用转账支票(票号 22456825，支票存根见图 10-3)全额支付。

该固定资产的交接单(见图 10-4)载明：增加方式为直接购入，使用情况为在用，使用部门为经理办公室，使用年限 5 年，折旧方法为平均年限法(一)，开始使用日期为当日，净残值率为 3%，对应折旧科目为管理费用。

本笔业务是固定资产购置业务，购置的固定资产将于当月使用，所以在用友 ERP-U8 系统中可以通过采购管理系统进行固定资产的采购订单、到货单、采购专用发票的处理，在

购 销 合 同

合同编号：CG007

卖方：河北极速商贸公司

买方：北京亮康眼镜有限公司

为保护买卖双方的合法权益，买卖双方根据《中华人民共和国合同法》的有关规定，经友好协商，一致同意签订本合同，共同遵守。

一、货物的名称、数量及金额

货物的名称	规格型号	计量单位	数量	单 价（不含税）	金 额（不含税）	税率	价税合计
联想电脑	天逸 5050 台式机	台	2	6000.00	12000.00	17%	14040.00
合计					￥12000.00		￥14040.00

二、合同总金额：人民币壹万肆仟零肆拾元整（￥14040.00）。

三、付款时间及付款方式：

付款时间：签订合同当日，买方向卖方支付全部货款，即人民币壹万肆仟零肆拾元整（￥14040.00）。

付款结算方式：转账支票

四、时间与地点：交货时间为 2017 年 4 月 28 日，交货地点：北京亮康眼镜有限公司

五、发运方式与运输费用承担方式：由卖房免费送货。

卖　　方：河北极速商贸公司　　　　买　　方：北京亮康眼镜有限公司

授权代表：刘洁　　　　授权代表：张新海

日期：2017 年 4 月 28 日　　　　日期：2017 年 4 月 28 日

图 10-1　CG007 合同的原始单据

北京增值税专用发票　　　　No 61234508

1100163320　　　　发票联　　　　开票日期：2017 年 4 月 28 日

税总函[2016]362 号北京市印钞有限公司

购买方	名　　称：北京亮康眼镜有限公司 纳税人识别号：1101082121202 地 址、电 话：北京市昌平区昌平路 78 号，电话：010-60228226 开户行及账号：中国工商银行北京市昌平支行 1102020526782987908					密码区	
货物或应税劳务名称	规格型号	单位	数量	单价	金额	税率	税额
联想电脑	天逸 5050 台式机	台	2	6000.00	12000.00	17%	2040.00
合　　计					￥12000.00		￥2040.00
价税合计（大写）	⊗壹万肆仟零肆拾元整				（小写）￥14040.00		
销售方	名　　称：河北极速商贸公司 纳税人识别号：300106224160389 地 址、电 话：河北省燕郊经济开发区 25 号 开户行及账号：中国工商银行河北燕郊支行 1102020523782987379					备注	

收款人：（略）　　复核：（略）　　开票人：（略）　　销售方：（章）

第二联：发票联　购买方记账凭证

图 10-2　采购发票

中国工商银行

转账支票存根

支票号码：22456825

附加信息：

出票日期：2017年4月28日

收款人：河北极速商贸公司

金　额：￥14040.00

用　途：支付购买联想电脑货款

单位主管：（略）　　会计：（略）

图 10-3　支票存根

固定资产验收交接单

固定资产类别：办公设备

固定资产项目名称	联想电脑	型号及规格	天逸 5050 台式机	供货商	极速公司	取得来源	直接购入
原值	6000.00	其中安装费		预计净残值率	3%		
建造日期		验收日期	2017.4.28	开始使用日期	2017.4.28	预计使用年限	5
年折旧额		年折旧率		月折旧额		月折旧率	
投入日期	2017.4.28	投入时已使用年限		尚能使用年限		投入时已提折旧额	
验收意见	符合规定质量标准，验收合格。				负责人：略 2017年4月28日		
移交单位	采购部			接受单位负责人	略	移交人	略
接管单位	经理办公室			接管单位负责人	略	移交人	略

图 10-4　固定资产交接单（以一台电脑为例）

库存管理中进行采购入库处理，在应付款管理中进行应付确认，最后在固定资产系统中通过“采购资产”生成固定资产卡片。本笔业务需要填制与审核固定资产采购订单、到货单和入库单，填制、现付与结算采购专用发票，进行应付确认，进行固定资产增加处理。

10.1.2　虚拟业务场景

人物：张新海——采购部职员。

刘洁——极速公司销售部职员。

刘静——采购部主管。

赵林——仓管部职员。

李莉——仓管部主管。

曾志伟——财务部主管。

张兰——财务部会计。

场景一：与极速公司签订固定资产采购合同，采购部填制并审核采购订单。

张新海：你好，我是北京亮康眼镜有限公司的采购员。我们今天需要购买一台电脑，你们公司有货吗？

刘洁：有的，我们的联想电脑性价比很高，每台 6000 元，而且今天有活动，可提供免费送货上门和安装服务。

张新海：好的，我们订购两台，可以货到付款吗？

刘洁：没问题，我们马上送货，两台的价税合计 14 040 元。

张新海：好的，请随货送来购销合同和发票。

刘洁：好的，合作愉快！

（张新海填制固定资产采购订单完毕。）

张新海：刘总，请您审核一下刚与极速公司签订的采购订单。

刘静：好的。（审核完成。）

场景二：收到货物，采购部填制并审核到货单。

（张新海填制采购到货单。）

张新海：刘总，今天采购的联想电脑到货了，您审核一下。

刘静：好的，辛苦你了。（审核完成。）

场景三：安装验收完毕，仓管部填制并审核采购入库单。

（赵林根据采购到货单填写入库单。）

赵林：李总，采购极速公司的联想电脑，货物已经送到经理办公室并安装测试好了，麻烦您审核一下入库单。

李莉：好的，辛苦了。（审核完成。）

场景四：收到发票，采购部填制采购专用发票，并现付和结算。

（张新海填制采购专用发票完毕。）

张新海：刘总，今天采购联想电脑的发票也到了，我已经填制好了。

刘静：好的，辛苦你了。（审核完成。）

场景五：财务部进行采购应付确认。

张新海：张兰，今天有一笔采购业务已经完成了，麻烦您进行应付确认。

张兰：好的，我尽快完成相关的财务处理。（应付审核与制单。）

场景六：财务部进行固定资产增加处理。

曾志伟：张兰，今天完成的一笔采购业务，您做采购成本确认了吗？

张兰：哦，我马上处理。（存货记账与制单。）

10.1.3 操作指导

1. 操作流程

固定资产采购业务的操作流程如图 10-5 所示。

请确认系统日期和业务日期为 2017 年 4 月 28 日。

2. 场景一的操作步骤

视频网址：http://www.mdmuke.com/mdmk/mod/page/view.php?id=1391

任务说明：采购部职员张新海填制采购订单，主管刘静审核。

【采购部职员张新海填制采购订单】

(1) 打开“采购订单”窗口。在“企业应用平台”的“业务工作”页签中，依次单击“供应链/采购管理/采购订货/采购订单”项，系统打开“采购订单”窗口。

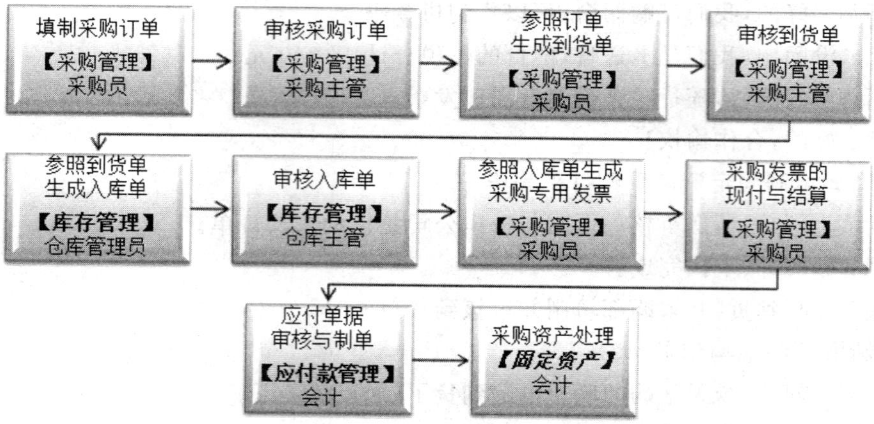

图 10-5　本业务的操作流程

(2) 填制采购订单。在"采购订单"窗口中，首先单击工具栏的"增加"按钮，新增一张采购订单，然后做如下编辑：

① 编辑表头。修改表头的"业务类型"为"固定资产"，"订单编号"（即合同编号）为CG007，"供应商"为"极速公司"，"部门"为"采购部"，"业务员"为"张新海"，"备注"为"采购联想电脑"，其他项默认。

② 编辑表体。在第 1 行，参照生成"存货编码"为 00006（联想电脑）、"数量"编辑为 2，"原币单价"为 6000，其他项默认。

(3) 保存。单击工具栏的"保存"按钮，保存该单据，结果如图 10-6 所示。

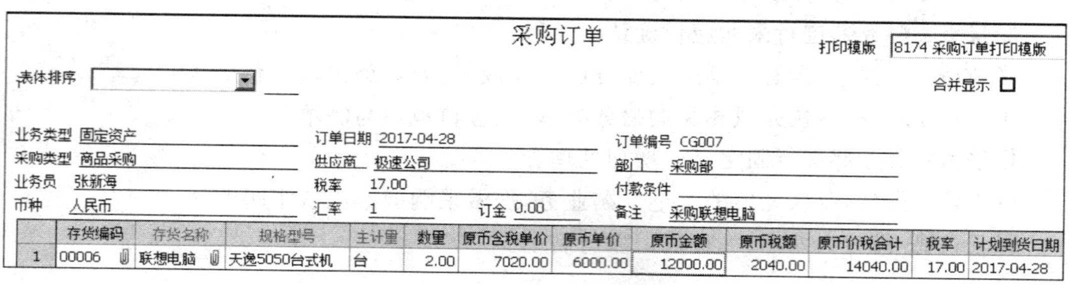

采购订单

打印模版　8174 采购订单打印模版

表体排序　　　　合并显示 □

业务类型　固定资产　　订单日期　2017-04-28　　订单编号　CG007
采购类型　商品采购　　供应商　极速公司　　部门　采购部
业务员　张新海　　税率　17.00　　付款条件
币种　人民币　　汇率　1　　订金　0.00　　备注　采购联想电脑

	存货编码	存货名称	规格型号	主计量	数量	原币含税单价	原币单价	原币金额	原币税额	原币价税合计	税率	计划到货日期
1	00006	联想电脑	天逸5050台式机	台	2.00	7020.00	6000.00	12000.00	2040.00	14040.00	17.00	2017-04-28

图 10-6　固定资产采购订单

(4) 退出。单击"采购订单"窗口右上角的"关闭"按钮，关闭该窗口。

【采购部主管刘静审核采购订单】

(1) 打开"采购订单"窗口。

(2) 查阅并审核采购订单。在"采购订单"窗口中，单击工具栏的"上张"按钮，查阅到本业务生成的采购订单，然后单击"审核"按钮，完成审核工作。

(3) 退出。单击"采购订单"窗口右上角的"关闭"按钮，关闭该窗口。

3. 场景二的操作步骤

视频网址：http://www.mdmuke.com/mdmk/mod/page/view.php?id=1392

任务说明：采购部职员张新海参照订单生成到货单，主管刘静审核。

【采购部职员张新海参照订单生成并保存采购到货单】

（1）打开“到货单”窗口。在“采购管理”子系统，依次单击“采购到货/到货单”项，系统打开“到货单”窗口。

（2）参照订单生成采购到货单。首先单击工具栏的“增加”按钮，新增一张采购到货单，然后做如下操作：

① 打开“拷贝并执行”窗口。在“到货单”窗口中，首先设置表头的“业务类型”为“固定资产”，然后单击工具栏的“生单/采购订单”命令，系统打开“查询条件选择—采购订单列表过滤”对话框，直接单击“确定”按钮，系统打开“拷贝并执行”窗口。

② 复制信息。在“拷贝并执行”窗口中，双击上窗格中“订单号”为 CG007 的采购订单所在行的“选择”栏，再单击其工具栏的“确定”按钮，系统返回“到货单”窗口，此时相关的信息已经有默认值，不需要修改。

（3）保存。单击工具栏的“保存”按钮，保存该单据，结果如图 10-7 所示。

到货单　　打印模版 8170 到货单打印模版

表体排序　　合并显示 □

业务类型 固定资产　　单据号 0000000009　　日期 2017-04-28

采购类型 商品采购　　供应商 极速公司　　部门 采购部

业务员 张新海　　币种 人民币　　汇率 1

运输方式　　税率 17.00　　备注 采购联想电脑

	存货编码	存货名称	规格型号	主计量	数量	原币含税单价	原币单价	原币金额	原币税额	原币价税合计	税率	订单号
1	00006	联想电脑	天逸5050台式机	台	2.00	7020.00	6000.00	12000.00	2040.00	14040.00	17.00	CG007

图 10-7　固定资产采购到货单

（4）退出。单击“到货单”窗口右上角的“关闭”按钮，关闭该窗口。

【采购主管刘静审核到货单】

（1）打开“到货单”窗口。

（2）查阅并审核采购到货单。单击工具栏的“上张”按钮，查阅到本业务生成的采购到货单，然后单击“审核”按钮。

（3）退出。单击“到货单”窗口右上角的“关闭”按钮，关闭该窗口。

4. 场景三的操作步骤

视频网址：http://www.mdmuke.com/mdmk/mod/page/view.php?id=1393

任务说明：仓管部职员赵林参照到货单生成入库单，主管李莉审核。

【仓管部职员赵林参照到货单生成采购入库单】

（1）打开库存管理的“采购入库单”窗口。在“企业应用平台”的“业务工作”页签中，依次单击“供应链/库存管理/入库业务/采购入库单”项，系统打开“采购入库单”窗口。

（2）参照到货单生成采购入库单。在“采购入库单”窗口中，首先单击工具栏的“增加”按钮，新增一张采购入库单，然后做如下操作：

① 打开“到货单生单列表”窗口。单击表头的“到货单号”的参照按钮，系统弹出“查询

条件选择—采购到货单列表”对话框，先设置“业务类型”为“固定资产”，然后单击“确定”按钮，系统打开“到货单生单列表”窗口。

② 复制信息。在“到货单生单列表”窗口中，双击要选择的采购到货单所对应的“选择”栏目(即场景二完成的采购到货单)，再单击工具栏的“确定”按钮，系统返回“采购入库单”窗口，此时相关的信息已经默认显示在入库单上。

(3) 保存。单击工具栏的“保存”按钮，结果如图 10-8 所示。

采购入库单

表体排序 蓝字 红字 合并显示

入库单号 0000000011　入库日期 2017-04-28　仓库 固定资产仓库

订单号 CG007　到货单号 0000000009　业务号

供货单位 极速公司　部门 采购部　业务员 张新海

到货日期 2017-04-28　业务类型 固定资产　采购类型 商品采购

入库类别 商品采购入库　审核日期　备注 采购联想电脑

	存货编码	存货名称	规格型号	主计量单位	数量	本币单价	本币金额
1	00006	联想电脑	天逸5050台式机	台	2.00	6000.00	12000.00

图 10-8　固定资产采购入库单

(4) 退出。单击“采购入库单”窗口右上角的“关闭”按钮，关闭该窗口。

【仓管部主管李莉审核采购入库单】

(1) 打开库存管理的“采购入库单”窗口。

(2) 查阅并审核采购入库单。单击工具栏的“末张”按钮，查阅到本业务生成的采购入库单，然后单击工具栏的“审核”按钮，系统弹出信息框提示审核完成，单击“确定”按钮，完成审核工作。

(3) 退出。单击“采购入库单”窗口右上角的“关闭”按钮，关闭该窗口。

5. 场景四的操作步骤

视频网址：http://www.mdmuke.com/mdmk/mod/page/view.php?id=1394

任务说明：采购部职员张新海参照入库单生成采购专用发票，并且现付和窗口结算。

(1) 打开“专用发票”窗口。在“采购管理”子系统，依次单击“采购发票/专用采购发票”菜单项，系统打开“专用发票”窗口。

(2) 新增发票。在“专用发票”窗口中，单击工具栏的“增加”按钮，新增一张采购专用发票。

(3) 参照入库单生成发票。首先设置表头的“业务类型”为“固定资产”，再单击工具栏的“生单/入库单”命令，系统打开“查询条件选择—采购入库单列表过滤”对话框，直接单击“确定”按钮，并在系统打开的“拷贝并执行”窗口中，双击上窗格中要选择的采购入库单(即场景三完成的采购入库单)所对应的“选择”栏，然后单击工具栏的“确定”按钮，返回“专用发票”窗口。

(4) 编辑并保存发票。在“专用发票”窗口中，编辑表头的“发票号”为 61234508，其他项默认，然后单击工具栏的“保存”按钮，结果可参见图 10-9。

（5）采购发票现付。在“专用发票”窗口，单击工具栏的“现付”按钮，系统打开“采购现付”对话框，在该对话框的表体部分，选择“结算方式”为“转账支票”，输入相应的“原币金额”14 040，输入“票据号”为22456825，然后单击对话框的“确定”按钮返回“专用发票”窗口，此时窗口左上方出现“已现付”字样，结果可参见图10-9。

（6）采购发票窗口结算。在“专用发票”窗口，单击工具栏的“结算”按钮，此时窗口左上方出现“已结算”字样，表示该发票已经采购结算了，结果如图10-9所示。

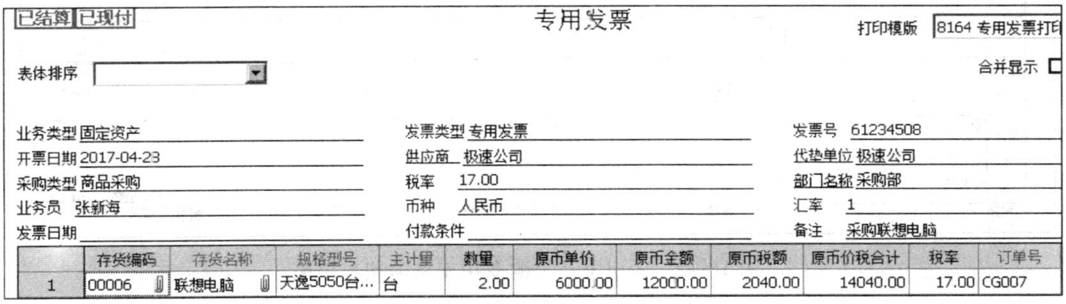

	存货编码	存货名称	规格型号	主计量	数量	原币单价	原币金额	原币税额	原币价税合计	税率	订单号
1	00006	联想电脑	天逸5050台…	台	2.00	6000.00	12000.00	2040.00	14040.00	17.00	CG007

图10-9　固定资产采购的专用发票(已现付、已结算)

（7）退出。单击“专用发票”窗口右上角的“关闭”按钮，关闭该窗口。

6. 场景五的操作步骤

视频网址：http://www.mdmuke.com/mdmk/mod/page/view.php?id=1395

任务说明：财务部会计张兰进行现付审核与制单。

（1）打开“单据处理”窗口。在“企业应用平台”的“业务工作”页签下，依次单击“财务会计/应付款管理/应付单据处理/应付单据审核”项，系统弹出“应付单查询条件”对话框，增加勾选“包含已现结发票”复选框，然后单击该对话框的“确定”按钮，系统退出该对话框并打开“单据处理”窗口。

（2）查阅应付单据。在“单据处理”窗口中，系统列出了本业务的采购专用发票，双击该单据所在的行，系统打开“采购发票”窗口，显示相应的专用发票。

（3）审核并制单。检查信息无误后，单击工具栏的“审核”按钮，审核通过该单据，系统弹出信息框“是否立即制单?”单击“是”按钮，系统打开“填制凭证”窗口，并默认显示了已生成的凭证信息(借记：在途物资、进项税额，贷记：工行存款)。

（4）编辑并保存凭证。编辑科目“在途物资”为“固定资产”(1601)，然后单击“保存”按钮，结果如图10-10所示。

（5）退出。单击“填制凭证”“采购发票”和“单据处理”窗口右上角的“关闭”按钮，关闭窗口。

7. 场景六的操作步骤

视频网址：http://www.mdmuke.com/mdmk/mod/page/view.php?id=1396

任务说明：财务部会计张兰做采购资产处理。

已生成

记账凭证

记 字 0086　　制单日期：2017.04.28　　审核日期：　　附单据数：1

摘要	科目名称	借方金额	贷方金额
采购联想电脑	固定资产	1200000	
采购联想电脑	应交税费/应交增值税/进项税额	204000	
采购联想电脑	银行存款/工行存款		1404000
票号 日期	数量 单价 合计	1404000	1404000

备注　项目　　部门

个人　　客户

业务员

记账　　审核　　出纳　　制单 张兰

图 10-10　固定资产采购专用发票的制单结果

(1) 打开“采购资产”窗口。在“企业应用平台”的“业务工作”页签，依次单击“财务会计/固定资产/卡片/采购资产”项，系统打开“采购资产”窗口，列出“未转采购资产订单列表”，双击上窗格的“选择”栏，使其出现Y字样，结果如图 10-11 所示。

未转采购资产订单列表

选择	行号	订单号	存货编号	存货名称	规格型号	可转资产数量	可转资产单价	可转资产金额	可转资产增值税
Y	1	CG007	00006	联想电脑	天逸5050台式机	2.00	6000.00	12000.00	2040.00

未转采购资产入库单明细子表

入库日期	入库单号	入库单类型	数量	本币单价	本币金额	本币增值税	币种	汇率
2017-04-28	0000000011	蓝字	2.00	6000.00	12000.00	2040.00	人民币	1.000000

图 10-11　采购资产列表

(2) 打开“采购资产分配设置”窗口。单击工具栏的“增加”按钮，系统弹出“采购资产分配设置”窗口，结果可参见图 10-12。

(3) 卡片设置。在“采购资产分配设置”窗口的表体，参照生成资产“类别编号”为 022（办公设备），“使用部门”为“经理办公室”，修改“按存货数量生成卡片”为“是”，“使用状况”为“在用”，结果如图 10-12 所示。

采购资产分配设置

栏目　新增行　删除行　退出

采购订单号：CG007　　存货编码：00006　　存货名称：联想电脑

规格型号：天逸5050台式机　　币种：人民币　　汇率：1.000000

可转资产数量：2.00　　可转资产单价：6,000.00　　可转资产金额：12,000.00

可转资产增值税：2,040.00

卡片...	固定资产名称	类别编号	类别名称	使用部门	开始使用日期	存货...	单价	原值	净值	增值税	抵扣增...	新增...	按存货数量生成卡片	增加方式	使用状况	使用
00005	联想电脑	022	办公设备	经理办公室	2017-04-28	2.00	6000.00	12000.00	12000....	2040.00	是	否	是	直接购入	在用	

图 10-12　采购资产卡片设置

(4) 打开“固定资产卡片”窗口。单击“采购资产分配设置”窗口的“保存”按钮，系统打开“固定资产卡片”窗口，并默认新增了两张卡片。

（5）编辑卡片。在“固定资产卡片”窗口，编辑或确认“固定资产名称”为“联想电脑”，“规格型号”为“天逸 5050 台式机”，“使用部门”为“经理办公室”，“增加方式”为“直接购入”，“使用状况”为“在用”，“使用年限（月）”为 60，“原值”为 6000，“净残值率”为 3%，“对应折旧科目”为 660202（管理费用/折旧费），结果如图 10-13 所示。

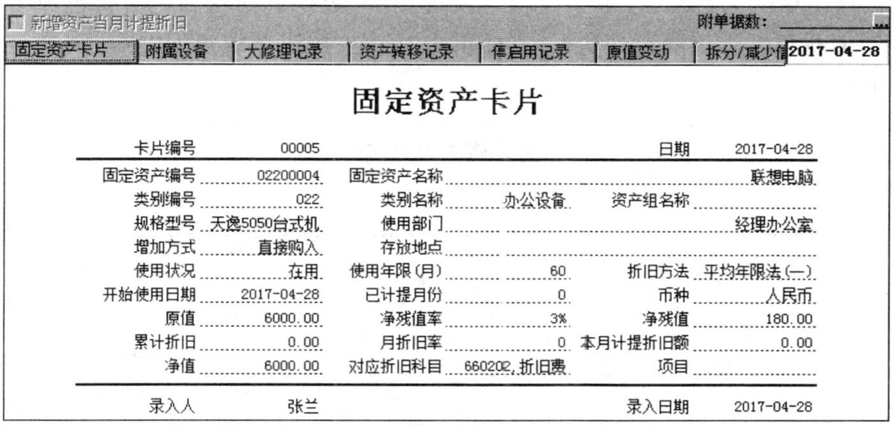

图 10-13　新增固定资产卡片的结果

（6）保存第 1 张卡片。单击工具栏的“保存”按钮，系统提示保存成功，单击提示框的“确定”按钮，系统自动进入下一张卡片。

（7）编辑并保存第 2 张卡片。重复步骤（5）和（6），保存第 2 张卡片，系统弹出信息提示框，提示成功生成了两张卡片，单击其“确定”按钮，系统返回“采购资产”窗口。

（8）退出。单击“采购资产”和“固定资产卡片”窗口右上角的“关闭”按钮，关闭窗口。

10.2　固定资产调配业务

10.2.1　业务概述与分析

4 月 28 日，公司领导陈虹批复将批发部的联想 T4202 电脑转给行政办公室使用，变动原因是公司统一调配资源。

本笔业务是公司固定资产变动业务，需要填制部门转移的固定资产变动单。

需要注意的是，进行部门转移变动的资产，在变动当月就按变动后的部门计提折旧。

10.2.2　操作指导

请确认系统日期和业务日期为 2017 年 4 月 28 日。

视频网址：http://www.mdmuke.com/mdmk/moc/page/view.php?id=1397

任务说明：财务部会计张兰填制固定资产变动单。

(1) 打开“固定资产变动单”窗口。在“企业应用平台”的“业务工作”页签，依次单击“财务会计/固定资产/卡片/变动单/部门转移”项，系统打开“固定资产变动单”窗口。

(2) 编辑变动单。在“固定资产变动单”窗口中，参照生成或直接录入“卡片编号”为00003(联想 T4202 电脑)，“变动后部门”为“单部门使用”下的“行政办公室”，在“变动原因”栏输入“公司统一调配资源”，其他项默认。

(3) 保存。单击工具栏的“保存”按钮，系统提示“数据成功保存！部门已改变，请检查资产对应折旧科目是否正确！”信息框，直接单击“确定”按钮系统返回“固定资产变动单”窗口，结果如图 10-14 所示。

固定资产变动单

— 部门转移 —

变动单编号	00001			变动日期	2017-04-28
卡片编号	00003	资产编号	02200003	开始使用日期	2015-11-01
资产名称			联想T4202电脑	规格型号	
变动前部门			批发部	变动后部门	行政办公室
存放地点				新存放地点	
变动原因					公司统一调配资源
				经手人	张兰

图 10-14 固定资产变动单编辑结果

(4) 退出。单击“固定资产变动单”窗口“关闭”按钮，关闭该窗口。

10.3 计提本月固定资产折旧

固定资产折旧是指在固定资产使用寿命内按照确定的方法对应计折旧额进行系统分摊。常见的固定资产计提折旧的方法有平均年限法、工作量法、双倍余额递减法以及年数总和法。

10.3.1 业务概述与分析

4 月 30 日，会计对各部门的固定资产计提本月折旧。

本笔业务是计提当月的固定资产折旧业务，需要进行本月的折旧计提与制单。

10.3.2 操作指导

请确认系统日期和业务日期为 2017 年 4 月 30 日。

视频网址：http://www.mdmuke.com/mdmk/mod/page/view.php?id=1398

任务说明：财务部会计张兰计提折旧并制单。

(1) 打开“折旧清单”窗口。在“企业应用平台”的“业务工作”页签，依次单击“财务会计/固定资产/处理/计提本月折旧”项，系统弹出“是否要查看折旧清单？”信息提示框，单击“是”按钮，系统提示“本操作将计提本月折旧，并花费一定时间，是否继续？”单击“是”按钮，系统打开“折旧清单”窗口，结果如图 10-15 所示。

2017.04(登录)(最新)

按部门查询

固定资产部门编码目录
1 公司总部
2 财务部
3 销售部
4 采购部
5 仓管部
6 人力资源部
7 生产部

卡片编号	资产编号	资产名称	原值	计提原值	本月计提折旧额	累计折旧	本年计提折旧	减值准备	净值	净残值	折旧率	单位折旧	本月工作量	累计工作量
00001	02200001	华硕A8电脑	000.00	20,000.00	324.00	14,904.00	324.00	0.00	096.00	600.00	0.0162		0.000	0.000
00002	02200002	IBMX60电脑	000.00	20,000.00	324.00	5,508.00	324.00	0.00	492.00	600.00	0.0162		0.000	0.000
00003	02200003	联想T4202	000.00	10,000.00	162.00	2,754.00	162.00	0.00	246.00	300.00	0.0162		0.000	0.000
00004	01200001	厂房	000.00	720,000.00	1,944.00	165,240.00	1,944.00	0.00	760.00	4,400.00	0.0027		0.000	0.000
合计			000.00	770,000.00	2,754.00	188,406.00	2,754.00	0.00	594.00	5,900.00			0.000	0.000

图 10-15　4 月固定资产折旧清单

(2) 打开“折旧分配表”窗口。单击“折旧清单”窗口的“退出”按钮，系统提示计提折旧完成，单击信息提示框的“确定”按钮，系统打开“折旧分配表”窗口，结果如图 10-16 所示。

◉ 按部门分配　○ 按类别分配　部门分配条件...

01(2017.04—>2017.04)

部门编号	部门名称	项目编号	项目名称	科目编号	科目名称	折旧额
101	经理办公室			660202	折旧费	324.00
102	行政办公室			660202	折旧费	162.00
2	财务部			660202	折旧费	324.00
7	生产部			5101	制造费用	1,944.00
合计						2,754.00

图 10-16　4 月固定资产部门折旧分配表

(3) 折旧制单。单击工具栏的“凭证”按钮，系统打开“填制凭证”窗口，设置凭证类别为“记账凭证”、贷方“科目名称”为累计折旧(1602)，然后单击工具栏的“保存”按钮，保存该凭证，结果如图 10-17 所示。

已生成

记账凭证

记　字 0087　　制单日期：2017.04.30　　审核日期：　　附单据数：0

摘要	科目名称	借方金额	贷方金额
计提第[4]期间折旧	管理费用/折旧费	32400	
计提第[4]期间折旧	管理费用/折旧费	16200	
计提第[4]期间折旧	管理费用/折旧费	32400	
计提第[4]期间折旧	制造费用	194400	
计提第[4]期间折旧	累计折旧		275400
票号 日期	数量 单价　合计	275400	275400

备注　项目　　部门
个人　　客户
业务员

记账　　审核　　出纳　　制单　张兰

图 10-17　4 月计提固定资产折旧的记账凭证

(4) 退出。单击“填制凭证”和“折旧分配表”窗口的“关闭”按钮，关闭窗口。

10.4 固定资产报废处理(有残值收入)

固定资产报废是固定资产清理的一种,是固定资产减少业务。因为本账套设置了计提折旧,所以需在计提折旧后才可执行资产减少。

10.4.1 业务概述与分析

4 月 30 日,公司对固定资产进行清理,账实相符。经理办公室的一台 2013 年购入的华硕 A8 电脑申请报废,总经理李吉棕同意报废,残值收入为 351 元现金,发票见图 10-18。

1100163320　　北京增值税专用发票　　No 81306672

此联不作报销、扣税凭证使用　　开票日期:2017 年 4 月 30 日

购买方	名　　称:王守 纳税人识别号: 地 址、电 话: 开户行及账号:					密码区	
货物或应税劳务名称	规格型号	单位	数量	单价	金额	税率	税额
电脑	华硕 A8	台	1	300.00	300.00	17%	51.00
合　计					￥300.00		￥51.00
价税合计(大写)	⊗ 叁佰伍拾壹元整				(小写)￥351.00		
销售方	名　　称:北京亮康眼镜有限公司 纳税人识别号:1101082121202 地 址、电 话:北京市昌平区昌平路 78 号,电话:010-60228226 开户行及账号:中国工商银行北京市昌平支行 1102020526782987908					备注	现金结清

收款人:(略)　　复核:(略)　　开票人:(略)　　销售方:(章)

税总函[2016]362 号北京市印钞有限公司

第一联:记账联　销货方记账凭证

图 10-18　残值收入发票

本笔业务是公司固定资产减少业务,需要进行固定资产减少单据的录入与制单,固定资产清理转营业外支出的制单。

10.4.2 操作指导

1. 操作流程

固定资产报废处理业务的操作流程如图 10-19 所示。

图 10-19　本业务的操作流程

请确认系统日期和业务日期为 2017 年 4 月 30 日。

2. 本业务的操作步骤

视频网址：http://www.mdmuke.com/mdmk/mod/page/view.php?id=1399

任务说明：财务部会计张兰填制固定资产减少单据并制单。

【财务部会计张兰填制固定资产减少单】

(1) 打开“资产减少”窗口。在“企业应用平台”的“业务工作”页签，依次单击“财务会计/固定资产/卡片/资产减少”项，系统打开“资产减少”窗口。

(2) 编辑资产减少单的表头。在“资产减少”窗口中，首先录入或参照生成表头的“卡片编号”为00001(华硕A8电脑)，然后单击其右上角的“增加”按钮，使表体增加一条记录。

(3) 编辑资产减少单的表体。在表体，参照生成“减少方式”为“报废”，“清理收入”为351，“增值税”为51，“清理原因”为“报废”，结果如图10-20所示。

图 10-20　资产减少单结果

(4) 保存与退出。单击“资产减少”窗口的“确定”按钮，系统提示“所选卡片已经减少成功”，单击“确定”按钮退出。

【财务部会计张兰对报废的固定资产制单】

(1) 打开“批量制单”窗口。在“固定资产”子系统，依次单击“处理/批量制单”项，系统弹出“查询条件选择—批量制单”对话框，直接单击“确定”按钮，系统打开“批量制单”窗口。

(2) 选择需要制单的业务。在“制单选择”选项卡，双击其“业务类型”为“资产减少”所在行的“选择”栏，使其出现Y字样，表明选中了要制单的业务。

(3) 科目设置。在“制单设置”页签下，确认或编辑第1行科目为1602(累计折旧)，第2行科目为1606(固定资产清理)，第3行科目为1601(固定资产)，第4行科目为1001(库存现金)，第5行科目为1606(固定资产清理)，第6行科目也为1606(固定资产清理)，第7行科目为22210103(销项税额)，结果如图10-21所示。

图 10-21　制单设置结果

(4) 生成与编辑凭证。单击工具栏的“凭证”按钮，系统生成凭证并打开“填制凭证”窗口，设置或确认其凭证类别为“记账凭证”。

（5）保存。单击工具栏的“保存”按钮，保存该凭证，结果如图 10-22 所示。

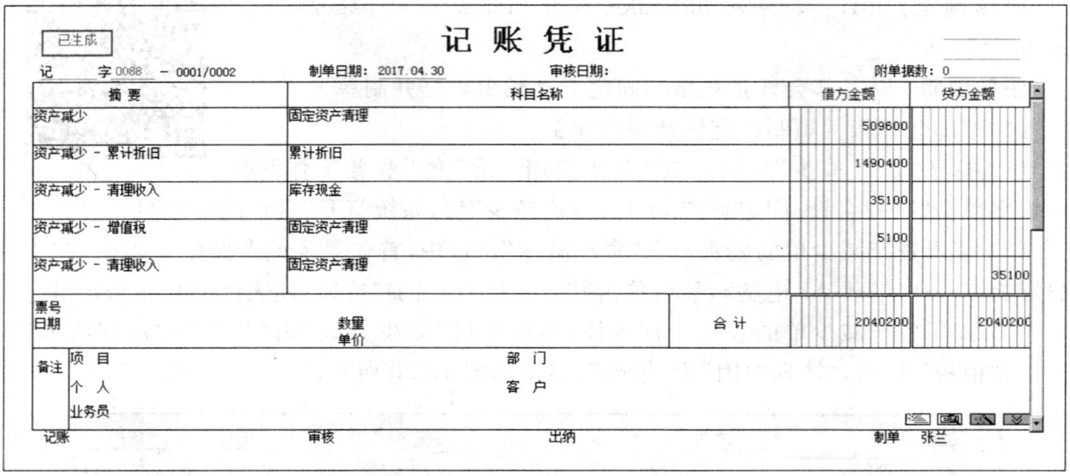

已生成

记 账 凭 证

记 字 0088 － 0001/0002　　制单日期：2017.04.30　　审核日期：　　附单据数：0

摘要	科目名称	借方金额	贷方金额
资产减少	固定资产清理	509600	
资产减少 － 累计折旧	累计折旧	1490400	
资产减少 － 清理收入	库存现金	35100	
资产减少 － 增值税	固定资产清理	5100	
资产减少 － 清理收入	固定资产清理		35100
票号 日期	数量 单价 合计	2040200	2040200

备注　项目　　部门

个人　　客户

业务员

记账　　审核　　出纳　　制单 张兰

图 10-22　固定资产清理的制单结果

（6）退出。单击“填制凭证”和“批量制单”窗口“关闭”按钮，关闭窗口。

【财务部会计张兰做固定资产清理转营业外支出】

（1）打开“填制凭证”窗口。在“企业应用平台”的“业务工作”页签中，依次单击“财务会计/总账/凭证/填制凭证”项，系统打开“填制凭证”窗口。

（2）增加凭证。单击工具栏的“增加”按钮（“＋”标志），系统打开一张空白的记账凭证。

（3）编辑凭证和查询科目余额。先参照生成“摘要”为“固定资产清理转营业外支出”，第 1 笔分录的科目为 1606（固定资产清理），然后单击工具栏的“余额”按钮，系统弹出“最新余额一览表”对话框，结果如旅途 10-23 所示。

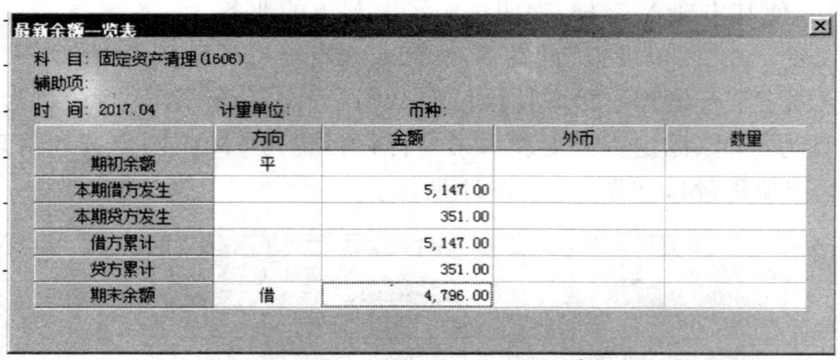

最新余额一览表

科　目：固定资产清理(1606)

辅助项：

时　间：2017.04　　计量单位：　　币种：

	方向	金额	外币	数量
期初余额	平			
本期借方发生		5,147.00		
本期贷方发生		351.00		
借方累计		5,147.00		
贷方累计		351.00		
期末余额	借	4,796.00		

图 10-23　固定资产清理科目的最新余额

（4）编辑并保存凭证。单击“最新余额一览表”对话框的“关闭”按钮，退出该对话框，然后在第 1 笔分录的“贷方余额”录入 4796，再按回车键，并设置第 2 笔分录的科目为 6711（营业外支出），在其“借方金额”栏按“＝”键，最后单击工具栏的“保存”按钮，系统提示保存成功，单击提示框的“确定”按钮，系统返回“填制凭证”窗口，结果如图 10-24 所示。

（5）退出。单击“填制凭证”窗口右上角的“关闭”按钮，关闭窗口。

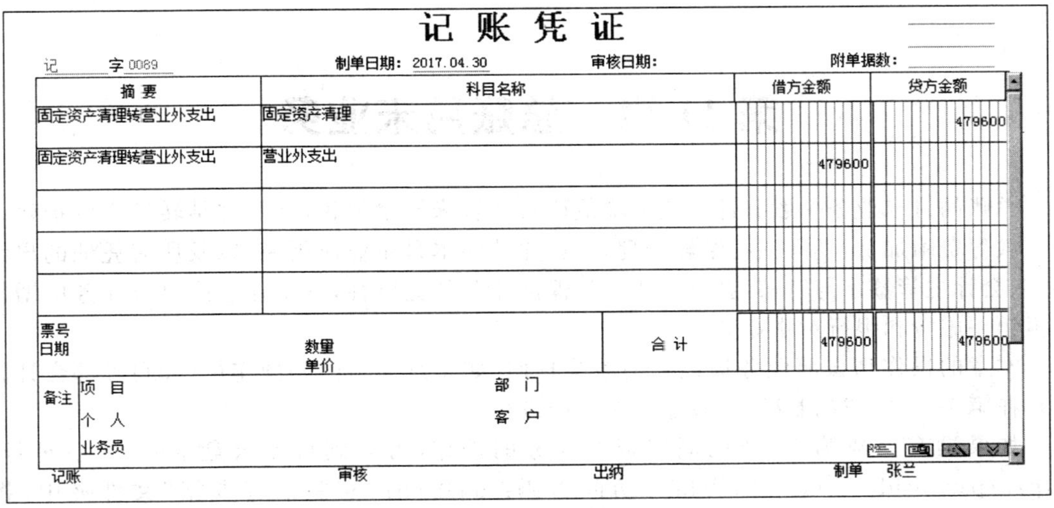

记 账 凭 证

记 字 0089 制单日期：2017.04.30 审核日期： 附单据数：

摘要	科目名称	借方金额	贷方金额
固定资产清理转营业外支出	固定资产清理		479600
固定资产清理转营业外支出	营业外支出	479600	
票号 日期 数量 单价	合计	479600	479600

备注 项目 部门 个人 客户 业务员

记账 审核 出纳 制单 张兰

图 10-24 资产报废凭证

第 11 章　总账月末业务

总账的月末业务一般有计算应交增值税及结转未缴增值税，计算并结转城市维护建设税及教育费附加费，期间损益结转处理，计算并结转本月企业所得税，以及所有凭证的出纳签字、会计主管签字与审核、会计记账。为保证业务的完整性，本章在总账月末业务中增加了报销差旅费和银行对账业务。

本章的操作请按照业务描述中的系统日期（如 4 月 30 日）和操作员（如财务部会计张兰），在第 10 章完成的基础上，在总账系统中进行。

如果没有完成第 10 章的固定资产业务的操作，可以到百度云盘空间（云盘地址：http://pan.baidu.com/s/1i5iB4aT，访问密码：dq38）的“实验账套数据”文件夹中，将“10 固定资产.rar”下载到实验用机上，然后引入（操作步骤详见 1.3.5 节）到 ERP-U8 系统中。此外，本章完成的账套，其输出的压缩文件名为“11 总账月末.rar”。

需要注意的是，因云盘中的账套备份文件均为压缩文件，所以下载完成后，在引入之前，需要用解压缩工具进行解压（建议用 WinRAR 3.42 或以上版本），得到相应可以引入的账套数据文件。

本章的所有业务实验操作都有配套的微视频，可以通过扫描二维码或者到指定的网页去观看。本教程配套的微视频均存放在北京神州明灯教育科技有限公司和合一集团的网站上，相应的访问说明请参见云盘中的“微视频访问说明.doc”。

11.1　支付本月贷款利息

11.1.1　业务概述与分析

4 月 30 日，收到中国工商银行贷款计息（回单），载明本月的贷款利息费用为 3000 元，详见图 11-1。

中国工商银行贷款计息（回单）

2017 年 4 月 30 日　　　　第 5057 号

付款人	全称	北京亮康眼镜有限公司	收款人	全称	中国工商银行北京市昌平支行
	帐号	1102020526782987908		帐号	
	开户银行	中国工商银行北京市昌平支行		开户银行	

人民币（大写）	千	百	十	万	千	百	十	元	角	分
叁仟陆百元整				¥	3	6	0	0	0	0

你单位贷款从 2017 年 4 月 1 日起至 2022 年 3 月 31 日止，计息基数为陆拾万元，年利率 7.2%。月利息叁仟陆百元，加息积数为 零 元，罚息率 %，加息 零 元。	中国工商银行北京市昌平支行 2017.04.30 转讫 已盖章 转讫 付款人开户行盖章

此联是付款人开户银行交给付款人的出付款通知

图 11-1　银行贷款计息（回单）示意

本笔业务是贷款利息费用3600(600000×0.6%)的记账业务,需要在总账中填制凭证,凭证的出纳签字,主管审核与签字。为简化操作,凭证的出纳签字、主管审核与签字将在11.3节中集中操作,在本笔业务中从略。

11.1.2 操作指导

请确认系统日期和业务日期为2017年4月30日。

视频网址:http://www.mdmuke.com/mdmk/mod/page/view.php?id=1400

任务说明:财务部会计张兰填制凭证。

(1) 打开"填制凭证"窗口。在"企业应用平台"的"业务工作"页签中,依次单击"财务会计/总账/凭证/填制凭证"项,系统打开"填制凭证"窗口。

(2) 新增凭证。单击工具栏的"增加"按钮,系统打开一张空白的记账凭证。

(3) 编辑第1笔分录。在凭证第1行的"摘要"栏中参照生成或录入"支付本月贷款利息","科目名称"栏参照生成或输入6603(财务费用),"借方金额"中输入3600,然后按回车键。

(4) 编辑第2笔分录。在第2行,参照生成或录入"科目名称"为100201(工行存款),单击其他区域系统将弹出"辅助项"对话框,在其"结算方式"编辑框参照生成为"其他",然后单击"确定"按钮,返回"填制凭证"窗口,最后在"贷方金额"栏按"="键,系统自动填充贷方金额(3600)。

(5) 保存。单击工具栏的"保存"按钮,系统提示保存成功,退出信息提示框,结果如图11-2所示。

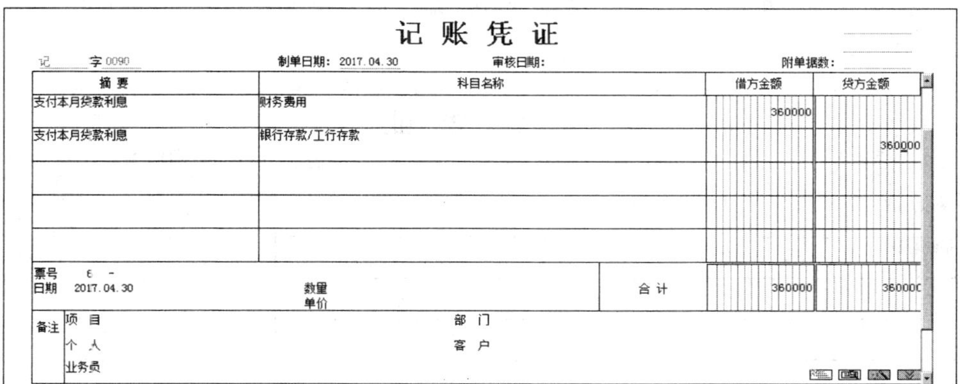

图11-2 支付本月贷款利息费用的记账凭证

(6) 退出。单击"填制凭证"窗口右上角的"关闭"按钮,关闭该窗口。

11.2 总经理报销房租费用

职工报销的房租费用属于非货币性职工福利,总经理的房租费用属于管理费用。

11.2.1 业务概述与分析

4 月 30 日，总经理报销本月房租 6000 元。不考虑个人所得税。

本笔业务是非货币性职工福利的报销业务，在 4.6 节已经预支了该笔费用，所以在此仅需要通过“填制凭证”进行报销凭证的填制。

11.2.2 操作指导

请确认系统日期和业务日期为 2017 年 4 月 30 日。

视频网址：http://www.mdmuke.com/mdmk/mod/page/view.php?id=1401

任务说明：财务部会计张兰填制凭证。

(1) 打开“填制凭证”窗口。在“企业应用平台”的“业务工作”页签中，依次单击“财务会计/总账/凭证/填制凭证”项，系统打开“填制凭证”窗口。

(2) 新增凭证。单击“填制凭证”窗口的“增加”按钮，新增一张记账凭证。

(3) 编辑第 1 笔分录。首先在凭证的“摘要”栏中参照生成或录入“报销房租费”，在第 1 行的“科目名称”栏中参照生成或输入 660206(管理费用/房租费)，“借方金额”中输入 6000，并按回车键。

(4) 编辑第 2 笔分录。在第 2 行的“科目名称”栏中参照生成或录入 221106(应付职工薪酬/非货币性福利)，单击其他区域，系统将弹出“辅助项”对话框，在其“部门”编辑框中参照生成“经理办公室”，然后单击“确定”按钮，返回“填制凭证”窗口，在“贷方金额”栏按“=”键，由系统自动填充金额(6000)。

(5) 保存凭证。单击工具栏的“保存”按钮，系统提示保存成功，退出信息提示框，结果如图 11-3 所示。

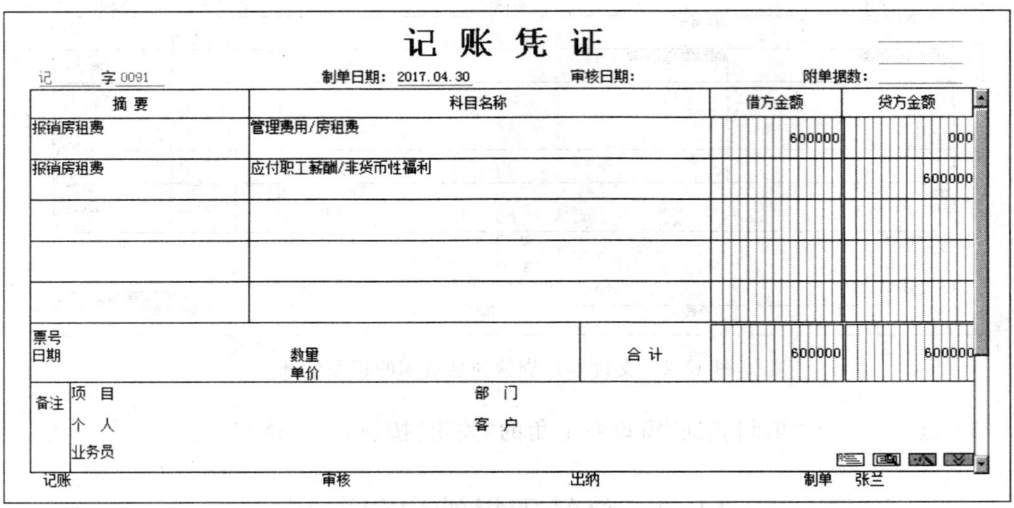

图 11-3 总经理报销房租的记账凭证

(6) 退出。单击“填制凭证”窗口右上角的“关闭”按钮，关闭该窗口。

11.3 报销差旅费

差旅费报销是指企业员工把领用款项或收支账目开列清单，报请上级核销。

11.3.1 业务概述与分析

4 月 30 日，销售部夏于出差回来报销差旅费 2800 元，因月初预支了 3000 元，故退回现金 200 元；采购部张新海报销差旅费 1500 元，之前预支差旅费 1000 元，财务部补齐差额。

本笔业务是员工报销有借款的差旅费，需要凭证的会计填制，凭证的出纳签字，会计主管签字和审核，并进行凭证的记账。

需要说明的是，为使 11.4 节的转账生成和 11.5 节对应结转生成凭证顺利进行，在本节对之前的所有凭证都做了出纳签字(若需要)、会计主管签字、会计主管审核以及记账操作。

11.3.2 虚拟业务场景

人物：曾志伟——财务部主管。
罗迪——财务部出纳。
张兰——财务部会计。
夏于——批发部职员。
张新海——采购部职员。

场景一：销售部夏于报销差旅费。

夏于：您好，我是销售部的夏于，请帮我做一下差旅报销。(把报销单据递给张兰。)

张兰：好的。(接过报销单据查看，并在 ERP 软件中核算之后，打印出一张单据。)你预支过 3000 元，差旅报销总额为 2800 元，你还需要退还 200 元，请你核对并签字。

夏于：没问题。

(张兰填制记账凭证。)

场景二：采购部张新海报销差旅费。

张新海：您好，我是采购部的业务员张新海，请帮我做一下差旅报销。(把报销单据递给张兰。)

张兰：好的。(接过报销单据查看，并在 ERP 软件中核算之后，打印出一张单据。)你预支过 1000 元，差旅报销总额为 1500 元，请你核对。若没有问题，请签字并到出纳窗口领取 500 元。

夏于：没问题，谢谢。

(张兰填制记账凭证。)

场景三：凭证的出纳签字、主管签字与审核，以及凭证记账。

张兰：小罗，批发部夏于和采购部张新海报销差旅费的记账凭证已经做好了，你确认一下吧。

罗迪：嗯，好的。(凭证的出纳签字。)

张兰：曾总，有两张报销差旅费的记账凭证已经做好了，请您签字审核。

曾志伟：好的。(凭证的主管签字与审核完成。)小张，我已经把修改凭证都签字审核，你做一下凭证记账吧。

张兰：好的。(凭证记账完成。)

11.3.3 操作指导

1. 操作流程

图 11-4 是本业务的操作流程。

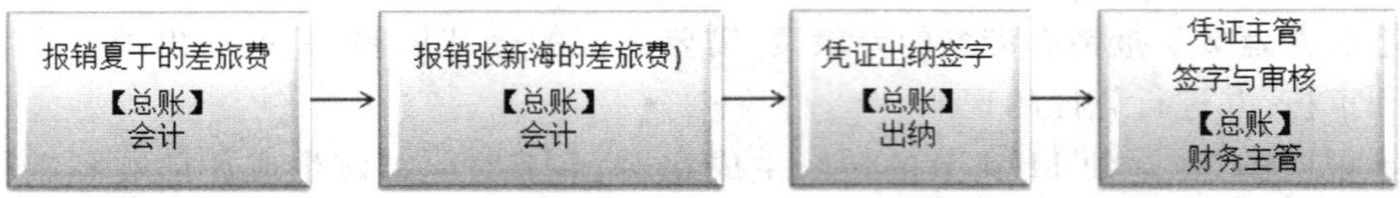

图 11-4 本业务的操作流程

请确认系统日期和业务日期为 2017 年 4 月 30 日。

2. 场景一的操作步骤

视频网址：http://www.mdmuke.com/mdmk/mod/page/view.php?id=1402

任务说明：财务部会计张兰填制夏于的差旅费报销凭证。

(1) 打开“填制凭证”窗口。在“企业应用平台”的“业务工作”页签中，依次单击“财务会计/总账/凭证/填制凭证”项，系统打开“填制凭证”窗口。

(2) 填制销售部夏于报销差旅费的凭证。单击工具栏的“增加”按钮，系统打开一张空白的记账凭证，在其“摘要”栏中参照生成或填入“报销差旅费”，在第 1 行的“科目名称”栏参照生成或输入 660105(销售费用/差旅费)，“借方金额”中输入 2800，然后按回车键；在第 2 行的“科目名称”栏参照生成或输入 1001(库存现金)，在“借方金额”栏输入 200，然后按回车键；再在第 3 行的“科目名称”栏中参照生成或输入 122101(其他应收款/个人往来)，单击其他区域，系统打开“辅助项”对话框，在“部门”编辑框中参照生成“批发部”，“个人”参照生成“夏于”，然后单击“确定”按钮，返回“填制凭证”窗口，再在“贷方金额”栏按“＝”键，系统自动填充贷方金额(3000)。

(3) 保存夏于报销差旅费的凭证。单击工具栏的“保存”按钮，完成夏于报销差旅费凭证填制，结果如图 11-5 所示。

(4) 退出。单击“填制凭证”窗口右上角的“关闭”按钮，关闭该窗口。

3. 场景二的操作步骤

视频网址：http://www.mdmuke.com/mdmk/mod/page/view.php?id=1403

任务说明：财务部会计张兰填制张新海的差旅费报销凭证。

(1) 打开“填制凭证”窗口。

(2) 填制采购部张新海报销差旅费的凭证。单击工具栏的“增加”按钮，系统打开一张

记 账 凭 证

记 字 0092　　制单日期：2017.04.30　　审核日期：　　附单据数：

摘 要	科目名称	借方金额	贷方金额
报销差旅费	销售费用/差旅费	280000	000
报销差旅费	库存现金	20000	
报销差旅费	其他应收款/个人往来		300000
票号 日期	数量 单价 合 计	300000	300000

备注　项 目　　部 门

个 人　　客 户

业务员

记账　　审核　　出纳　　制单　张兰

图 11-5　销售部夏于报销差旅费的记账凭证

空白的记账凭证，然后在其“摘要”栏中参照生成或填入“报销差旅费”，在第 1 行的“科目名称”栏参照生成或输入 660205（管理费用/差旅费），在“借方金额”中输入 1500，然后按回车键；在第 2 行的“科目名称”栏参照生成或输入 1001（库存现金），在“贷方金额”栏输入 500，然后按回车键；在第 3 行的“科目名称”栏参照生成或输入 122101（其他应收款/个人往来），单击其他区域，系统打开“辅助项”对话框，在“部门”编辑框中参照生成“采购部”，“个人”参照生成“张新海”，然后单击“确定”按钮，返回“填制凭证”窗口，再在“贷方金额”栏按“＝”键，系统自动填充贷方金额（1000）。

（3）保存张新海报销差旅费的凭证。单击工具栏的“保存”按钮，完成张新海报销差旅费凭证填制，结果如图 11-6 所示。

记 账 凭 证

记 字 0093　　制单日期：2017.04.30　　审核日期：　　附单据数：

摘 要	科目名称	借方金额	贷方金额
报销差旅费	管理费用/差旅费	150000	000
报销差旅费	库存现金		50000
报销差旅费	其他应收款/个人往来		100000
票号 日期	数量 单价 合 计	150000	150000

备注　项 目　　部 门

个 人　　客 户

业务员

记账　　审核　　出纳　　制单　张兰

图 11-6　采购部张新海报销差旅费的记账凭证

(4) 退出。单击“填制凭证”窗口的“关闭”按钮，关闭该窗口。

4. 场景三的操作步骤

视频网址：http://www.mdmuke.com/mdmk/mod/page/view.php?id=1404

任务说明：报销差旅费凭证及其他凭证的出纳罗迪签字、主管曾志伟签字与审核以及会计记账。

需要说明的是，为使 11.4 节的转账生成和 11.5 节对应结转生成凭证顺利进行，本节对相关的已有凭证都做出纳签字(若需要)、会计主管签字、会计主管审核以及记账操作。

【财务部出纳罗迪对凭证进行出纳签字】

(1) 打开“出纳签字列表”窗口。在“总账”子系统，依次单击“凭证/出纳签字”项，系统弹出“出纳签字”对话框，单击“确定”按钮，系统打开“出纳签字列表”窗口。

(2) 出纳签字。在“出纳签字列表”窗口中进行以下操作：

① 单张签字。双击夏于报销差旅费凭证所在的行，进入该凭证的“出纳签字”窗口，检查信息无误后单击工具栏的“签字”按钮，即在凭证下方“出纳”处显示“罗迪”的名字，表示该张凭证出纳签字完成。

② 成批签字。单击工具栏的“下张凭证”或“上张凭证”按钮，查阅所有未出纳签字的收付款凭证，审核信息无误后，单击工具栏的“批处理/成批出纳签字”项，以完成对所有未签字凭证的出纳签字工作。

(3) 退出。单击“出纳签字”和“出纳签字列表”窗口的“关闭”按钮，关闭窗口。

【财务部主管曾志伟对凭证进行主管签字】

(1) 打开“主管签字列表”窗口。在“总账”子系统，依次单击“凭证/主管签字”项，系统弹出“主管签字”过滤条件对话框，直接单击其“确定”按钮，打开“主管签字列表”窗口。

(2) 会计主管签字。在“主管签字列表”窗口中进行以下操作：

① 单张签字。双击夏于报销差旅费凭证所在的行，进入该凭证的“主管签字”窗口，检查信息无误后单击工具栏的“签字”按钮，即在凭证右上方出现“曾志伟”的红字印章，表示该张凭证主管签字完成。

② 成批签字。单击工具栏的“下张凭证”或“上张凭证”按钮，查阅到所有需要会计主管签字的凭证，审核信息无误后，单击工具栏的“批处理/成批主管签字”菜单项，以完成对所有未签字凭证的主管签字工作。

(3) 退出。单击“主管签字”和“主管签字列表”窗口的“关闭”按钮，关闭窗口。

【财务部主管曾志伟对凭证进行主管审核】

(1) 打开“凭证审核列表”窗口。在“总账”子系统，依次单击“凭证/审核凭证”项，系统弹出“凭证审核”过滤条件对话框，直接单击“确定”按钮，系统打开“凭证审核列表”窗口。

(2) 会计主管审核。在“凭证审核列表”窗口中进行以下操作：

① 单张审核。双击夏于报销差旅费凭证所在的行，进入该凭证的“审核凭证”窗口，检查信息无误后单击工具栏的“审核”按钮，即在凭证下方“审核”处显示“曾志伟”的名字，表示该张凭证审核完成，并且自动打开下一张凭证。

② 成批审核。单击工具栏的“下张凭证”或“上张凭证”按钮，查阅到所有需要主管审核

的凭证，审核信息无误后，单击工具栏的"批处理/成批审核凭证"菜单项，以完成对所有未审核凭证的审核工作。

（3）退出。单击"审核凭证"和"凭证审核列表"窗口的"关闭"按钮。

【财务部会计张兰进行凭证记账】

（1）打开"记账"对话框。在"总账"子系统，依次单击"凭证/记账"项，系统打开"记账"对话框。

（2）会计记账。单击对话框"全选""记账"按钮，系统自动完成记账工作，并给出信息提示框和记账报告，单击提示框的"确定"按钮，系统返回"记账"对话框。

（3）退出。单击"记账"对话框的"退出"按钮，退出该对话框。

11.4 存货清查结果的账务处理

造成存货账实不符的原因是多种多样的，应根据不同的情况作不同的处理。通常情况下，定额内的盘亏，应增加费用；责任事故造成的损失，应由过失人进行赔偿；非常事故，如自然灾害，在扣除保险公司理赔及残料价值后，经批准应列作营业外支出等。发生盘盈则一般冲减费用。

11.4.1 业务概述与分析

4月30日，经主管领导批示，盘盈的塑料因自然增溢，作为非正常收入（500元），转入营业外收入；盘亏的亮康眼镜属于水灾损失（180元），转入营业外支出。要求通过自定义转账方式生成凭证。

本笔业务是经领导批准后的存货盘盈盘亏的账务处理，根据要求应该先做自定义转账，再进行转账生成。

需要注意的是，在用友ERP-U8中，需要首先对6.4节所生成的与待处理流动资产损溢科目相关的凭证进行凭证的会计主管签字、审核以及凭证记账（已经在11.3节中完成），才能进行转账生成。

11.4.2 操作指导

请确认系统日期和业务日期为2017年4月30日。

视频网址：http://www.mdmuke.com/mdmk/moc/page/view.php?id=1405

任务说明：财务部会计张兰进行报批后的盘盈盘亏账务处理以及相应凭证的生成。

【财务部会计张兰处理报批后的盘盈业务】

（1）打开"自定义转账设置"窗口。在"总账"子系统，依次单击"期末/转账定义/自定义转账"项，系统打开"自定义转账设置"窗口。

（2）增加盘盈转账公式。单击工具栏的"增加"按钮，在打开的对话框中编辑"转账序号"为0005，"转账说明"为"盘盈转营业外收入"，单击"确定"按钮，返回"自定义转账设置"窗口。

(3) 编辑转账公式。编辑两行,具体如下:

① 编辑第 1 行。单击工具栏的“增行”按钮,在“科目编码栏”输入 190101(待处理流动资产损溢),方向为“借”,单击“金额公式”参照按钮,弹出“公式向导”对话框,在该对话框中,选择公式名称为“贷方发生额”,单击“下一步”,确认科目为 190101,单击“完成”按钮,返回“自定义转账设置”窗口,其公式结果为“FS(190101,月,贷)”。

② 编辑第 2 行。单击“增行”按钮,然后在“科目编码”栏输入 6301(营业外收入),方向为“贷”,输入金额公式为“JG( )”(取对方科目计算结果)。

(4) 保存。单击工具栏的“保存”按钮,以保存“盘盈”的公式定义,结果如图 11-7 所示。

图 11-7　报批后的盘盈业务公式定义结果

(5) 退出。单击“自定义转账设置”窗口的“退出”按钮,退出该窗口。

【财务部会计张兰处理报批后的盘亏业务】

(1) 打开“自定义转账设置”窗口。

(2) 增加盘亏转账公式。单击工具栏的“增加”按钮,在打开的对话框中编辑“转账序号”为 0006,“转账说明”为“盘亏转营业外支出”,单击“确定”按钮,返回“自定义转账设置”窗口。

(3) 编辑转账公式。编辑两行,具体如下:

① 编辑第 1 行。单击“增行”按钮,然后在科目编码栏输入 190101(待处理流动资产损溢),方向为“贷”,单击“金额公式”参照按钮,弹出“公式向导”对话框,在该对话框中,选择公式名称为“借方发生额”,单击“下一步”按钮,确认科目为 190101,单击“完成”按钮,返回“自定义转账设置”窗口,其公式结果为“FS(190101,月,借)”。

② 编辑第 2 行。单击工具栏的“增行”按钮,在“科目编码”栏输入 6711(营业外支出),方向为“借”,输入金额公式为“JG( )”(取对方科目计算结果)。

(4) 保存。单击工具栏的“保存”按钮,结果如图 11-8 所示。

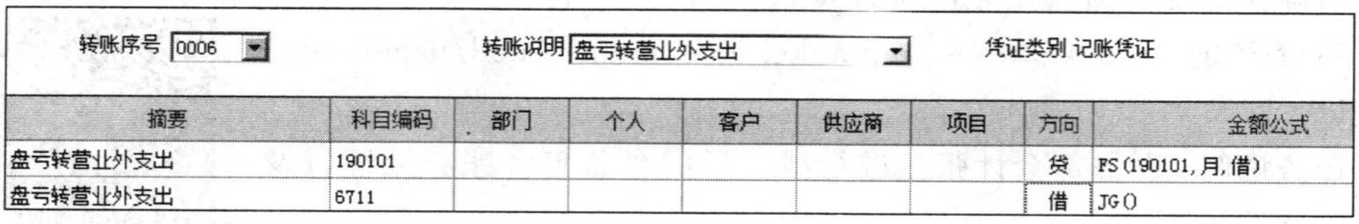

图 11-8　报批后的盘亏转营业外支出公式定义结果

(5) 退出。单击“自定义转账设置”窗口的“退出”按钮,退出该窗口。

【财务部会计张兰通过转账生成凭证】

(1) 打开“转账生成”对话框。在“总账”子系统,依次单击“期末/转账生成”项,系统打开“转账生成”对话框,并默认选中“自定义转账”单选项。

(2) 生成并保存转账凭证。双击编号为 0005 和 0006 的记录行,以使其“是否结转”栏出现 Y 字样，表明选中了这两行，然后单击“转账生成”对话框的“确定”按钮，系统打开“转账”窗口，默认显示盘盈记账凭证，单击“保存”按钮，保存该凭证，结果如图 11-9 所示。

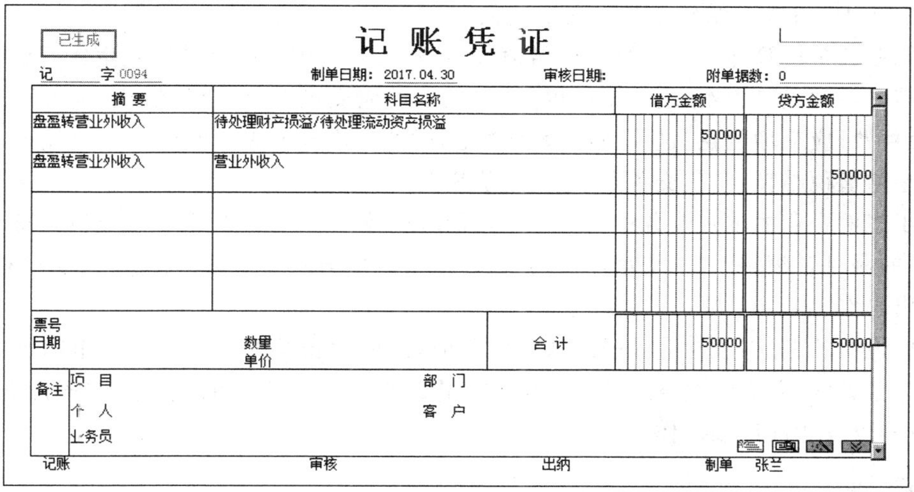

图 11-9　盘盈凭证

（3）单击工具栏的“下张凭证”按钮，查阅并保存盘亏的凭证，其结果如图 11-10 所示。

图 11-10　盘亏凭证

（4）退出。单击“转账”窗口的“退出”按钮，退出该窗口返回“转账生成”对话框，再单击对话框的“取消”按钮，返回企业应用平台。

11.5　计算并结转增值税

增值税是对销售货物或者提供加工、修理修配劳务以及进口货物的单位和个人，就其实现的增值额征收的一个税种。企业的应交增值税是销项税额扣减进项税额后的数字，它专门用来核算未缴或多缴的增值税。

11.5.1 业务概述与分析

4 月 30 日，计算并结转本月未交增值税。

本笔业务是计算并结转本月未交增值税业务，需要使用对应结转方式生成凭证并记账。对应结转时，将“应交税费/应交增值税/销项税额”“应交税费/应交增值税/进项税额转出”和“应交税费/应交增值税/进项税额”转入“应交税费/转出未缴增值税”，生成凭证，最后将转出未缴增值税结转到“应交税费/未交增值税”。

由于案例企业的本月业务中没有进项税额转出业务，所以本笔业务也可以直接将“应交增值税”的科目余额转入“未交增值税”科目。但为了更全面地学习相关操作，本业务将采用结转转出操作。

需要说明的是，本节对应结转生成凭证之前，需要对相关的已有凭证做出纳签字（若需要）、会计主管签字、会计主管审核以及记账操作。对应结转生成的凭证还需要做会计主管签字、审核以及凭证记账操作。

11.5.2 虚拟业务场景

人物：曾志伟——财务部主管。

张兰——财务部职员。

场景一：财务主管分配下属进行“转出未交增值税”的对应结转设置和本月的对应结转制单。

曾志伟：小张，月末了，你把本月的“转出未交增值税”对应结转尽快完成了。

张兰：没问题，我现在就做。

（张兰做“销项税额”“进项税额转出”和“进项税额”转到“转出未交增值税”的对应结转设置和生成凭证。）

场景二：对应结转凭证的主管签字审核及记账，以及结转转出未交增值税。

张兰：曾总，“转出未交增值税”对应结转的凭证已经生成，请您签字审核。

曾志伟：好。（签字审核完成。）没问题，你可以记账了，然后做一下“未交增值税”的对应结转吧。

张兰：好的。（记账，然后进行“转出未交增值税”转到“未交增值税”的对应结转设置和生成凭证。）

场景三：会计主管签字、审核转出未交增值税凭证，会计张兰记账。

张兰：曾总，转出未交增值税的凭证已经生成好了，请您签字审核。

曾志伟：好的。（签字审核完成。）凭证没问题，你去记账吧。

张兰：好的。（记账完成。）

11.5.3 操作指导

1. 操作流程

计算及结转未交增值税业务的操作流程如图 11-11 所示。

请确认系统日期和业务日期为 2017 年 4 月 30 日。

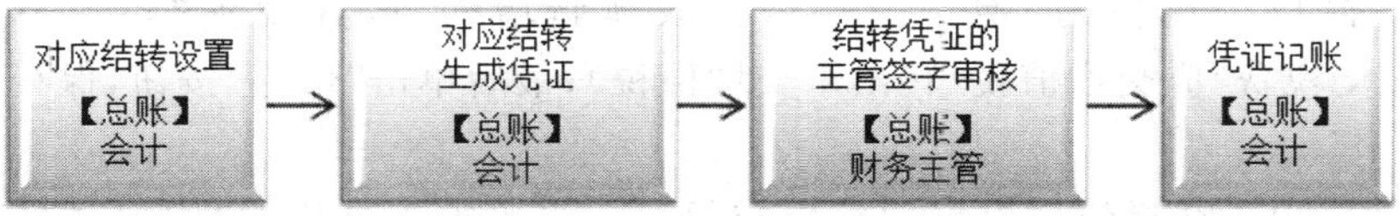

图 11-11　本业务的操作流程

2. 场景一的操作步骤

视频网址：http://www.mdmuke.com/mdmk/mod/page/view.php?id=1406

任务说明：财务部会计张兰做“销项税额”“进项税额转出”和“进项税额”转到“转出未交增值税”的对应结转设置和生成凭证，以及“转出未交增值税”转到“未交增值税”的对应结转设置。

【财务部会计张兰进行对应结转设置】

(1) 打开“对应结转设置”窗口。在“企业应用平台”的“业务工作”页签中，依次单击“财务会计/总账/期末/转账定义/对应结转”项，系统打开“对应结转设置”窗口。

(2) 结转销项税额设置的编辑与保存。在“对应结转设置”窗口，做如下编辑：

① 编辑表头。录入“编号”为 0081，“摘要”为“结转销项税额”，“转出科目”栏参照生成或直接输入 22210103(应交税费/应交增值税/销项税额)。

② 编辑表体。单击“对应结转设置”窗口工具栏的“增行”按钮，在表体新增一行，并在“转入科目编码”栏参照生成或直接输入 22210105(应交税费/应交增值税/转出未交增值税)。

③ 保存。单击“对应结转设置”窗口工具栏的“保存”按钮，保存该对应结转设置，结果如图 11-12 所示。

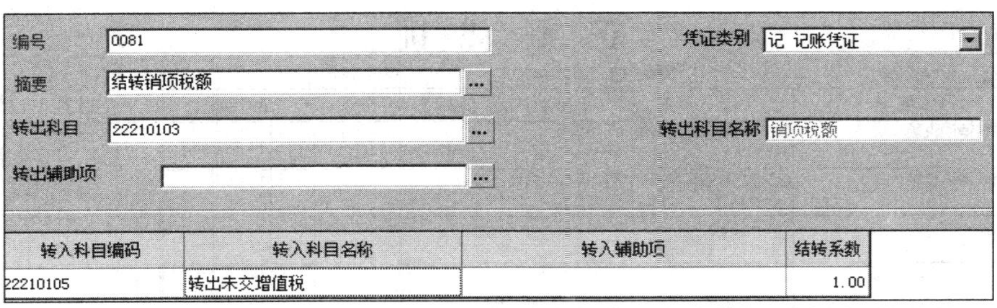

图 11-12　结转销项税额的设置结果

(3) 结转进项税额设置的编辑与保存。再单击工具栏的“增加”按钮，新增一张结转设置单据，然后在表头录入“编号”为 0082，“摘要”为“结转进项税额”，“转出科目”为 22210101(应交税费/应交增值税/进项税额)；再单击工具栏的“增行”按钮，在表体新增一行，并设置“转入科目编码”为 22210105(应交税费/应交增值税/转出未交增值税)；最后单击“保存”按钮，保存该对应结转设置。

(4) 结转进项税额转出设置的编辑与保存。在“对应结转设置”窗口，首先单击工具栏的“增加”按钮，新增一张结转设置单据，然后在表头输入“编号”为 0083，“摘要”为“结转进项税额转出”，“转出科目”为 22210102(应交税费/应交增值税/进项税额转出)；再单击“对应结转设置"窗口工具栏的"增行"按钮，在表体新增一行，并设置"转入科目编码"为22210105(应交税费/应交增值税/转出未交增值税)；最后单击"保存"按钮，保存该对应结转设置。

(5) 结转转出未交增值税设置的编辑与保存。再单击工具栏的"增加"按钮，新增一张对应结转设置单据，然后在表头输入"编号"为0084，"摘要"为"结转转出未交增值税"，"转出科目"为22210105(转出未交增值税)；再单击工具栏的"增行"按钮，在表体新增一行，并设置"转入科目编码"为222102(应交税费/未交增值税)；最后单击工具栏的"保存"按钮，保存该对应结转设置。

(6) 退出。单击"对应结转设置"窗口工具栏的"退出"按钮，退出该窗口。

【财务部会计张兰进行对应结转凭证生成】

提示：进行下列操作前，需要先对之前的相关凭证进行签字、审核与记账，相应的操作可参见11.3.3节的"4. 场景三的操作步骤"。

(1) 打开"转账生成"对话框。在"总账"子系统，依次单击"期末/转账生成"项，系统打开"转账生成"对话框。

(2) 转账生成凭证。在"转账生成"对话框中，选中"对应结转"单选项，再双击"编号"为0081、0082和0083的记录所在行，使其"是否结转"栏出现Y字样，再单击"确定"按钮，系统弹出信息提示框，提示4月或之前有未记账的凭证(即11.4节生成的凭证)，单击其"是"按钮以继续，系统再弹出提示"第0083号凭证余额均为零，不能生成凭证"，单击其"确定"按钮，系统弹出"转账"窗口(此时生成了两张记账凭证，默认显示结转销项税额的凭证)。

(3) 保存凭证。在"转账"窗口中，单击工具栏的"保存"按钮和"下张凭证"按钮，再"保存"该张凭证，结果如图11-13、图11-14所示。

图11-13 结转销项税额凭证

(4) 退出。单击"转账"窗口的"退出"按钮，退出该窗口。再单击"转账生成"对话框的右上角的"关闭"按钮，关闭该对话框。

已生成

记 账 凭 证

记 字 0097 制单日期：2017.04.30 审核日期： 附单据数：0

摘要	科目名称	借方金额	贷方金额
结转进项税额	应交税费/应交增值税/进项税额	27965800	
结转进项税额	应交税费/应交增值税/转出未交增值税		27965800
票号 日期	数量 单价 合计	27965800	27965800

备注 项目 部门

个人 客户

业务员

记账 审核 出纳 制单 张兰

图 11-14 结转进项税额转出凭证(借贷方金额均为红字)

3. 场景二的操作步骤

视频网址：http://www.mdmuke.com/mdmk/mod/page/view.ph?id=1407

任务说明：财务部主管曾志伟进行凭证的主管签字、审核，会计张兰记账，然后会计张兰进行"结转转出未交增值税"的转账生成。

【财务部主管曾志伟对凭证进行主管签字】

(1) 打开"主管签字列表"窗口。在"总账"子系统，依次单击"凭证/主管签字"项，系统弹出"主管签字"过滤条件对话框，直接单击"确定"按钮，打开"主管签字列表"窗口。

(2) 会计主管签字。在"主管签字列表"窗口中，双击结转销项税额凭证所在的行，进入该凭证的"主管签字"窗口，单击工具栏的"签字"按钮，完成该凭证的主管签字；再查阅其他凭证信息无误后，单击工具栏的"批处理/成批主管签字"按钮，完成所有凭证的主管签字工作。

(3) 退出。单击"主管签字"和"主管签字列表"窗口的"关闭"按钮，关闭窗口。

【财务部主管曾志伟对凭证进行主管审核】

(1) 打开"凭证审核列表"窗口。在"总账"子系统，依次单击"凭证/审核凭证"项，系统弹出"凭证审核"过滤条件对话框，直接单击"确定"按钮，系统打开"凭证审核列表"窗口。

(2) 会计主管审核。在"凭证审核列表"窗口中，双击结转销项税额凭证所在的行，进入该凭证的"审核凭证"窗口，单击工具栏的"审核"按钮，即在凭证下方"审核"处显示"曾志伟"的名字，表示该张凭证审核完成，系统自动进入下一张凭证；审核信息无误后，逐一单击工具栏的"审核"按钮，或者单击"批处理/成批审核凭证"，完成审核。

(3) 退出。单击"审核凭证"和"凭证审核列表"窗口的"关闭"按钮，关闭窗口。

【财务部会计张兰进行凭证记账】

(1) 打开"记账"对话框。在"总账"子系统，依次单击"凭证/记账"项，系统打开"记账"

对话框。

(2) 会计记账。在“记账”对话框中，单击“全选”“记账”按钮，系统自动记账，完成后弹出“记账完毕”提示框。

(3) 退出。单击提示框的“确定”按钮，系统返回“记账”对话框，再单击其中的“退出”按钮，退出该对话框。

【财务部会计张兰进行“结转转出未交增值税”的凭证生成】

(1) 打开“转账生成”对话框。在“总账”子系统，依次单击“期末/转账生成”项，系统打开“转账生成”对话框。

(2) 转账生成凭证。在“转账生成”对话框中，选中“对应结转”单选项，再双击“编号”为0084的记录所在行，使其“是否结转”栏出现Y字样，再单击“确定”按钮，系统弹出“转账”窗口(此时已生成凭证)。

(3) 保存。在“转账”窗口中，单击工具栏的“保存”按钮，凭证的左上角出现“已生成”字样，表明该凭证已保存，结果如图11-15所示。

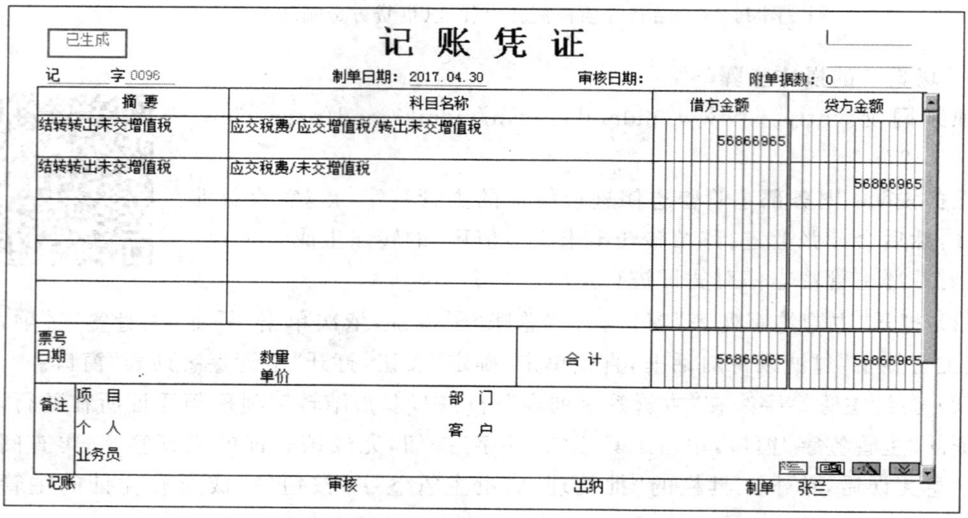

图11-15　结转转出未交增值税凭证

(4) 退出。单击“转账”窗口的“退出”按钮，退出该窗口；再单击“转账生成”对话框的右上角的“关闭”按钮，关闭该对话框。

4. 场景三的操作步骤

视频网址：http://www.mdmuke.com/mdmk/mod/page/view.php?id=1408

任务说明：财务部主管曾志伟进行凭证的主管签字、审核，会计张兰记账。

【财务部主管曾志伟对凭证进行主管签字】

本任务的操作步骤请参见本节的“3. 场景二的操作步骤”中的相关内容，在此从略。

【财务部主管曾志伟对凭证进行主管审核】

本任务的操作步骤请参见本节的“3. 场景二的操作步骤”中的相关内容，在此从略。

【财务部会计张兰进行凭证记账】

本任务的操作步骤请参见本节的“3. 场景二的操作步骤”中的相关内容，在此从略。

11.6 计提并结转相关税费

城市建设维护税是国家对缴纳增值税、消费税、营业税(以下简称“三税”)的单位和个人就其缴纳的“三税”税额为计税依据而征收的一种税。按规定，案例公司的城市维护建设税税率为 7%。

教育费附加和地方教育费附加是对缴纳“三税”的单位和个人征收的一种附加费，征收率分别为 3%和 2%。

11.6.1 业务概述与分析

4 月 30 日，计提本月应交的城市维护建设税、教育费附加和地方教育费附加。

本笔业务是计提本月应交城市维护建设税及教育费附加的业务，需要使用自定义转账方式生成凭证并记账，所以需要进行自定义转账设置并制单，凭证的主管签字、审核和会计记账。

11.6.2 操作指导

请确认系统日期和业务日期为 2017 年 4 月 30 日。

视频网址：http://www.mdmuke.com/mdmk/mod/page/view.php?id=1409

任务说明：财务部会计张兰进行自定义转账设置并生成凭证，财务部主管曾志伟进行凭证的主管签字、审核，会计张兰记账。

【财务部会计张兰进行自定义转账设置】

(1) 打开“自定义转账设置”窗口。在“企业应用平台”的“业务工作”页签中，依次单击“财务会计/总账/期末/转账定义/自定义转账”项，系统打开“自定义转账设置”窗口。

(2) 进行“计算城市维护建设税教育费附加”转账设置。单击工具栏的“增加”按钮，系统弹出“转账目录”对话框，编辑“转账序号”为 0007，“转账说明”为“计算城市维护建设税教育费附加”，单击“确定”按钮，返回“自定义转账设置”窗口。

(3) 转账公式的第 1 行设置。首先单击工具栏的“增行”按钮，然后编辑其“科目编码”为 222105(应交城市维护建设税)，“方向”设定为“贷”；再单击其“金额公式”的参照按钮，在弹出的“公式向导”对话框中，选择“公式名称”为“期末余额”，单击“下一步”按钮，编辑“科目”为 222102(未交增值税)，其他项默认，单击“完成”按钮，公式带回“自定义转账设置”窗口，然后将光标移至公式末尾，输入“*0.07”，此时“金额公式”一栏中显示“QM(222102,月)*0.07”(期末余额的 7%)；最后按回车键完成第 1 行的编辑。

(4) 转账公式的第 2 行设置。再单击工具栏的“增行”按钮，然后编辑其“科目编码”为 222106(应交教育费附加)，“方向”设定为“贷”；再单击其“金额公式”的参照按钮，在弹出的“公式向导”对话框中，选择“公式名称”为“期末余额”，单击“下一步”按钮，编辑“科目”为 222102(未交增值税)，其他项默认，单击“完成”按钮，公式带回“自定义转账设置”窗口，然后将光标移至公式末尾，输入“＊0.03”，此时“金额公式”一栏中显示“QM(222102，月)＊0.03”(期末余额的3%)，最后按回车键，完成第2行的编辑。

(5) 转账公式的第3行设置。再单击工具栏的“增行”按钮，然后编辑其“科目编码”为222107(应交地方教育费附加)，“方向”设定为“贷”；再单击其“金额公式”的参照按钮，在弹出的“公式向导”对话框中，选择“公式名称”为“期末余额”，单击“下一步”按钮，编辑“科目”为222102(未交增值税)，其他项默认，单击“完成”按钮，公式带回“自定义转账设置”窗口，然后将光标移至公式末尾，输入“＊0.02”，此时“金额公式”一栏中显示“QM(222102，月)＊0.02”(期末余额的2%)，最后按回车键，完成第3行的编辑。

(6) 转账公式的第4行设置。在“自定义转账设置”窗口中，单击工具栏的“增行”按钮，编辑“科目编码”为6403(营业税金及附加)，方向设定为“借”，“金额公式”为“JG( )”(取对方科目计算结果)。

(7) 保存。单击“自定义转账设置”窗口工具栏的“保存”按钮，保存转账公式设置，其结果如图11-16所示。

转账序号 0007　　转账说明 计算城市维护建设税教育费附加　　凭证类别 记账凭证

摘要	科目编码	部门	个人	客户	供应商	项目	方向	金额公式
计算城市维护建设税教育费附加	222105						贷	QM(222102,月)*0.07
计算城市维护建设税教育费附加	222106						贷	QM(222102,月)*0.03
计算城市维护建设税教育费附加	222107						贷	QM(222102,月)*0.02
计算城市维护建设税教育费附加	6403						借	JG()

图11-16 “计算城市维护建设税教育费附加”转账公式定义结果

(8) 退出。单击“自定义转账设置”窗口右上角的“关闭”按钮，关闭该窗口。

【财务部会计张兰通过转账生成凭证】

(1) 打开“转账生成”对话框。在“总账”子系统，依次单击“期末/转账生成”项，系统打开“转账生成”对话框。

(2) 生成并保存转账凭证。在“转账生成”对话框中，选中左侧的“自定义转账”选项，然后双击编号为0007的记录行的“是否结转”栏，使其出现Y字样，再单击“确定”按钮，系统弹出“转账”窗口，默认显示“计算城市维护建设税教育费附加”记账凭证，单击“保存”按钮，结果如图11-17所示。

(3) 退出。单击“转账”窗口的“退出”按钮，退出该窗口；再单击“转账生成”对话框的右上角的“关闭”按钮，关闭该对话框。

【财务部主管曾志伟对凭证进行主管签字】

本任务的操作步骤请参见11.5.3节的“3. 场景二的操作步骤”中的相关内容，在此从略。

【财务部主管曾志伟对凭证进行主管审核】

本任务的操作步骤请参见11.5.3节的“3. 场景二的操作步骤”中的相关内容，在此从略。

【财务部会计张兰进行凭证记账】

本任务的操作步骤请参见11.5.3节的“3. 场景二的操作步骤”中的相关内容，在此从略。

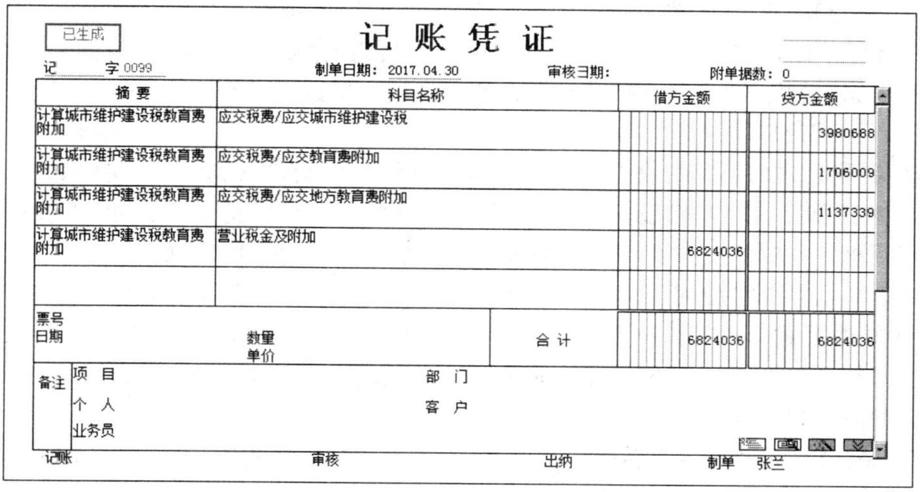

已生成

记 账 凭 证

记　字 0099　　制单日期：2017.04.30　　审核日期：　　附单据数：0

摘要	科目名称	借方金额	贷方金额
计算城市维护建设税教育费附加	应交税费/应交城市维护建设税		3980688
计算城市维护建设税教育费附加	应交税费/应交教育费附加		1706009
计算城市维护建设税教育费附加	应交税费/应交地方教育费附加		1137339
计算城市维护建设税教育费附加	营业税金及附加	6824036	
票号 日期	数量 单价　　合计	6824036	6824036

备注　项目　　部门

个人　　客户

业务员

记账　　审核　　出纳　　制单　张兰

图 11-17 “计算城市维护建设税教育费附加”转账凭证

11.7 期间损益结转

会计期末时，应将各损益类科目的余额转入“本年利润”科目，以反映企业在一个会计期间内实现的利润或亏损总额。

收入类科目：主营业务收入、其他业务收入、投资收益、补贴收入、营业外收入。

成本费用类科目：主营业务成本、营业税金及附加、其他业务成本、销售费用、管理费用、财务费用、营业外支出、企业所得税。

11.7.1 业务概述与分析

4 月 30 日，先通过自定义转账结转制造费用，再利月期间损益结转方式进行期间损益结转，要求收入和支出分别制单。

本笔业务是月末期间损益结转业务，需要先设置期间损益结转的科目，然后分别对收入和支出进行期间损益制单，最后进行相应凭证的主管签字、审核以及凭证记账。

11.7.2 操作指导

请确认系统日期和业务日期为 2017 年 4 月 30 日。

视频网址：http://www.mdmuke.com/mdmk/mod/page/view.php?id=1410

任务说明：财务部会计张兰先进行自定义转账设置并生成凭证，然后财务部主管曾志伟进行凭证的主管签字、审核，会计张兰记账；张兰再进行期间损益结转设置并生成凭证，财务部主管曾志伟再进行凭证的主管签字、审核，会计张兰记账 。

【财务部会计张兰进行自定义转账设置】

(1) 打开“自定义转账设置”窗口。在“企业应用平台”的“业务工作”页签中，依次单击

“财务会计/总账/期末/转账定义/自定义转账”菜单项，系统打开“自定义转账设置”窗口。

（2）进行“结转制造费用”转账设置。单击工具栏的“增加”按钮，系统弹出“转账目录”对话框，编辑“转账序号”为0008，“转账说明”为“结转制造费用”，单击“确定”按钮，返回“自定义转账设置”窗口。

（3）转账公式的第1行设置。首先单击工具栏的“增行”按钮，然后编辑其“科目编码”为5101(制造费用)，“方向”设定为“贷”；再单击其“金额公式”的参照按钮，在弹出的“公式向导”对话框中，选择“公式名称”为“期末余额”，单击“下一步”按钮，确认“科目”为5101，其他项默认，单击“完成”按钮，公式带回“自定义转账设置”窗口，完成第1行的编辑。

（4）转账公式的第2行设置。在“自定义转账设置”窗口中，单击工具栏的“增行”按钮，编辑“科目编码”为500102(间接生产成本)，方向设定为“借”，“金额公式”为“JG( )”(取对方科目计算结果)。

（5）保存。单击“自定义转账设置”窗口工具栏的“保存”按钮，保存转账公式设置。

（6）退出。单击“自定义转账设置”窗口右上角的“关闭”按钮，关闭该窗口。

【财务部会计张兰通过转账生成凭证】

（1）打开“转账生成”对话框。在“总账”子系统，依次单击“期末/转账生成”菜单项，系统打开“转账生成”对话框。

（2）生成并保存转账凭证。在“转账生成”对话框中，选中左侧的“自定义转账”选项，然后双击编号为0008的记录行的“是否结转”栏，使其出现Y字样，再单击“确定”按钮，系统弹出“转账”窗口，默认显示“结转制造费用”记账凭证，单击“保存”按钮，结果如图11-18所示。

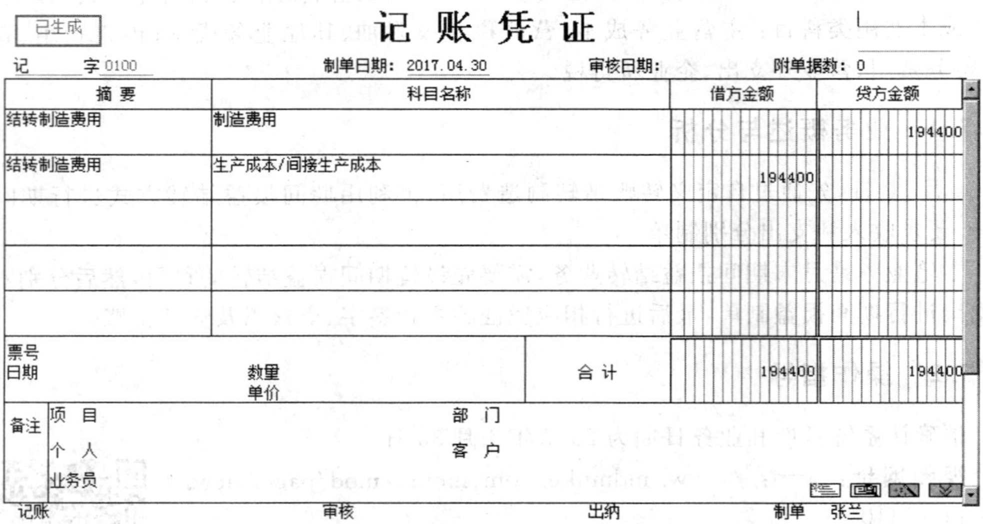

图11-18 “结转制造费用”转账凭证

（3）退出。单击“转账”窗口的“退出”按钮，退出该窗口；再单击“转账生成”对话框的右上角的“关闭”按钮，关闭该对话框。

【财务部主管曾志伟对凭证进行主管签字】

本任务的操作步骤请参见11.5.3节的“3. 场景二的操作步骤”中的相关内部，在此从略。

【财务部主管曾志伟对凭证进行主管审核】

本任务的操作步骤请参见 11.5.3 节的“3. 场景二的操作步骤”中的相关内部，在此从略。

【财务部会计张兰进行凭证记账】

本任务的操作步骤请参见 11.5.3 节的“3. 场景二的操作步骤”中的相关内部，在此从略。

【财务部会计张兰进行期间损益结转设置】

(1) 打开“期间损益结转设置”对话框。在“总账”子系统，依次单击“期末/转账定义/期间损益”菜单项，系统打开“期间损益结转设置”对话框。

(2) 设置本年利润科目。在“期间损益结转设置”对话框中，参照生成或直接输入“本年利润科目”为 4103(本年利润)，然后在对话框的列表区单击，完成设置。

(3) 确定并退出。单击“期间损益结转设置”窗口的“确定”按钮，确定设置并退出该窗口。

【财务部会计张兰进行期间损益结转凭证生成】

(1) 打开“转账生成”对话框。在“总账”子系统，依次点击“期末/转账生成”菜单项，打开“转账生成”对话框。

(2) 设置收入结转项。在“转账生成”对话框中，先选中左侧的“期间损益结转”单选项，再选择对话框上方的“类型”为“收入”，并单击“全选”按钮，使表体的所有记录行的“是否结转”栏，出现 Y 字样。

(3) 生成并保存收入转账凭证。单击“转账生成”对话框的“确定”按钮，系统弹出“转账”窗口，默认显示“期间损益结转”收入的记账凭证，单击“保存”按钮，结果如图 11-19 所示。

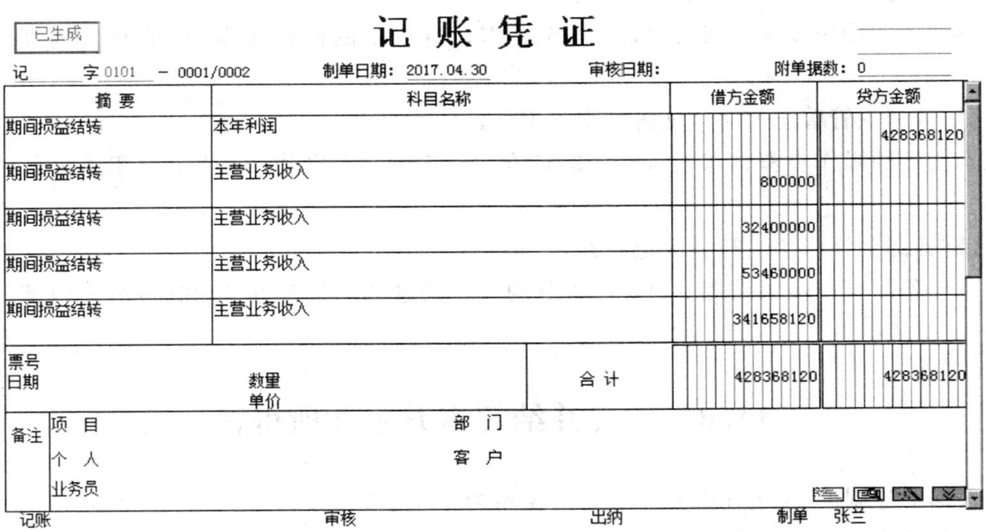
已生成

记 账 凭 证

记 字 0101 - 0001/0002 制单日期: 2017.04.30 审核日期: 附单据数: 0

摘要	科目名称	借方金额	贷方金额
期间损益结转	本年利润		428368120
期间损益结转	主营业务收入	800000	
期间损益结转	主营业务收入	32400000	
期间损益结转	主营业务收入	53460000	
期间损益结转	主营业务收入	341658120	
票号 日期	数量 单价	合计 428368120	428368120

备注 项目 部门 个人 客户 业务员

记账 审核 出纳 制单 张兰

图 11-19 “期间损益结转”的收入结转凭证

(4) 生成并保存支出转账凭证。单击“转账”窗口的“退出”按钮，退出该窗口，返回“转账生成”对话框，此时选择对话框上方的“类型”为“支出”，并单击“全选”按钮，再单击“确定”按钮，系统弹出信息提示框，提示“有未记账凭证，是否继续结转？”单击“是”按钮，系统弹出“转账”窗口，直接单击“保存”按钮，结果如图 11-20 所示。

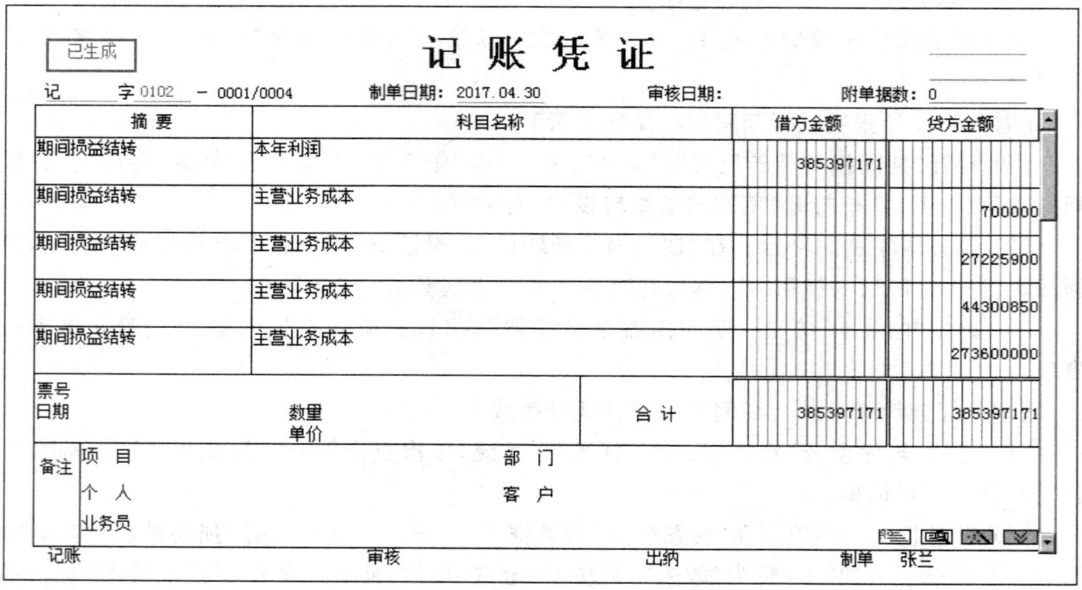

图 11-20 “期间损益结转”的支出结转凭证

(5) 退出。在“转账”窗口中，单击“退出”按钮退出该窗口；再单击“转账生成”对话框的“取消”按钮。

【财务部主管曾志伟对凭证进行主管签字】

本任务的操作步骤请参见 11.5.3 节的“3. 场景二的操作步骤”中的相关内部，在此从略。

【财务部主管曾志伟对凭证进行主管审核】

本任务的操作步骤请参见 11.5.3 节的“3. 场景二的操作步骤”中的相关内部，在此从略。

【财务部会计张兰进行凭证记账】

本任务的操作步骤请参见 11.5.3 节的“3. 场景二的操作步骤”中的相关内部，在此从略。

11.8 计提并结转本月企业所得税

根据会计制度，本公司的企业所得税税率为 25%，按月预计，按季预缴，全年汇总清缴，其计算公式为“本年利润□0.25”。

11.8.1 业务概述与分析

4 月 30 日，计提并结转本月企业所得税。

本笔业务是计提并结转本月企业所得税业务，需要使用自定义转账方式和期间损益结转方式生成企业所得税费的凭证，并进行凭证的主管签字、审核与记账，具体包括计算本月企业所得税的自定义转账设置与制单，所得税费结转的凭证生成，凭证的主管签字与审核，以及凭证的会计记账。

11.8.2 虚拟业务场景

人物：曾志伟——财务部主管。

张兰——财务部会计。

场景一：财务主管分配下属计算本月企业所得税并制单。

曾志伟：小张，月末了，你把本月的企业所得税尽快算出来吧。

张兰：没问题，我现在就做。

（张兰做“计算本月企业所得税”的自定义结转设置和生成凭证。）

场景二：企业所得税凭证的主管签字审核及会计记账，以及结转所得税费用。

张兰：曾总，企业所得税费用凭证已经生成了，请您签字审核。

曾志伟：好。（签字审核完成。）没问题，你可以记账了，然后做一下所得税费结转吧。

张兰：好的。

（张兰记账，然后进行“所得税费用”的期间损益结转凭证生成。）

场景三：结转所得税费用凭证的会计主管签字、审核，会计张兰记账。

张兰：曾总，“所得税费用”的期间损益结转凭证已经生成好了，请您签字审核。

曾志伟：好的。（签字审核完成。）凭证没问题，你去记账吧。

张兰：好的。（记账完成。）

11.8.3 操作指导

1. 操作流程

图 11-21 是本业务的操作流程。

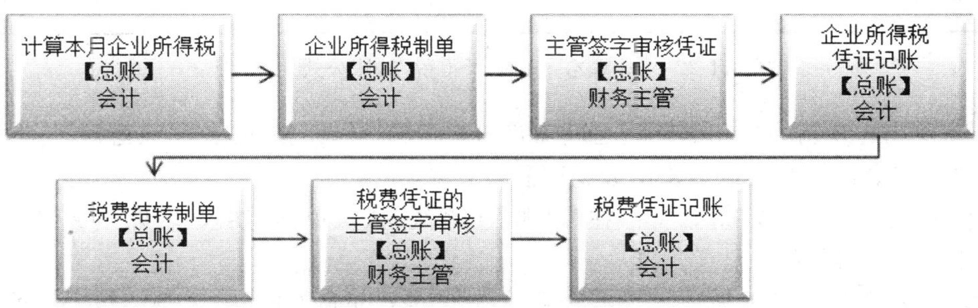

图 11-21 本业务的操作流程

请确认系统日期和业务日期为 2017 年 4 月 30 日。

2. 场景一的操作步骤

视频网址：http://www.mdmuke.com/mdmk/mod/page/view.php?id=1411

任务说明：财务部会计张兰进行自定义转账设置并生成凭证。

【财务部会计张兰进行自定义转账设置】

(1) 打开"自定义转账设置"窗口。在"企业应用平台"的"业务工作"页签中，依次单击"财务会计/总账/期末/转账定义/自定义转账"项，系统打开"自定义转账设置"窗口。

(2) 进行"计算本月企业所得税"转账设置。在"自定义转账设置"窗口中，单击工具栏的"增加"按钮，系统弹出"转账目录"对话框，编辑"转账序号"为0099，"转账说明"为"计算本月企业所得税"，单击"确定"按钮，返回"自定义转账设置"窗口。

(3) 转账公式的第1行设置。

① 增加并编辑第1行。单击工具栏的"增行"按钮，编辑其"科目编码"为6801(所得税费用)，"方向"设定为"借"，单击"金额公式"的参照按钮，系统弹出"公式向导"对话框，选择"公式名称"为"贷方发生额"，单击"下一步"按钮，编辑"科目"为4103(本年利润)，勾选"继续输入公式"复选框，选择"－(减)"单选按钮，其他选项默认，单击"下一步"按钮，返回"公式向导"对话框；再选择"公式名称"为"借方发生额"，单击"下一步"按钮，编辑"科目"为4103(本年利润)，然后单击"完成"按钮，公式带回"自定义转账设置"窗口。

② 设置征税税率。在"自定义转账设置"窗口表体的第1行，将公式用"()"括起来，并在公式末尾输入"＊0.25"，此时"金额公式"一栏中显示"(FS(4103,月,贷)－ FS(4103,月,借))＊0.25"；按回车键，完成第1行的编辑。

(4) 转账公式的第2行设置。单击工具栏的"增行"按钮，编辑"科目编码"为222103(应交所得税)，"方向"设定为"贷"，"金额公式"为"JG()"(取对方科目计算结果)。

(5) 保存。单击工具栏的"保存"按钮，保存转账公式设置，其结果如图11-22所示。

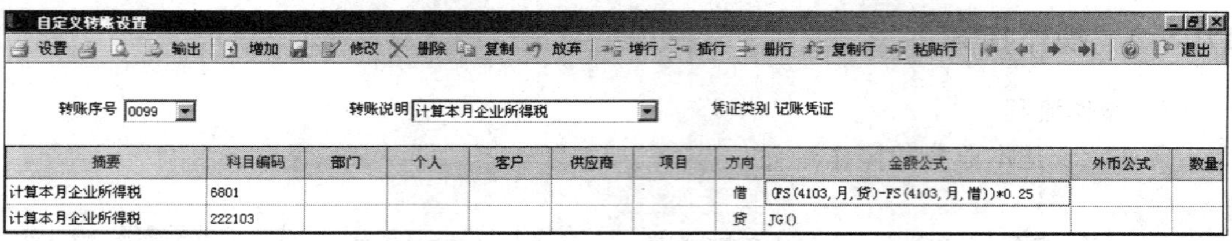

图11-22 "计算本月企业所得税"转账公式定义结果

(6) 退出。单击"自定义转账设置"窗口右上角的"关闭"按钮，关闭该窗口。

【财务部会计张兰通过转账生成凭证】

(1) 打开"转账生成"对话框。在"总账"子系统，依次单击"期末/转账生成"项，系统打开"转账生成"对话框。

(2) 生成并保存转账凭证。双击编号为0099的记录所在行的"是否结转"栏，使其出现Y字样，然后单击"确定"按钮，系统弹出"转账"窗口，默认显示本月企业所得税凭证，单击"保存"按钮，结果如图11-23所示。

(3) 退出。在"转账"窗口中，单击"退出"按钮退出该窗口，再单击"转账生成"对话框的

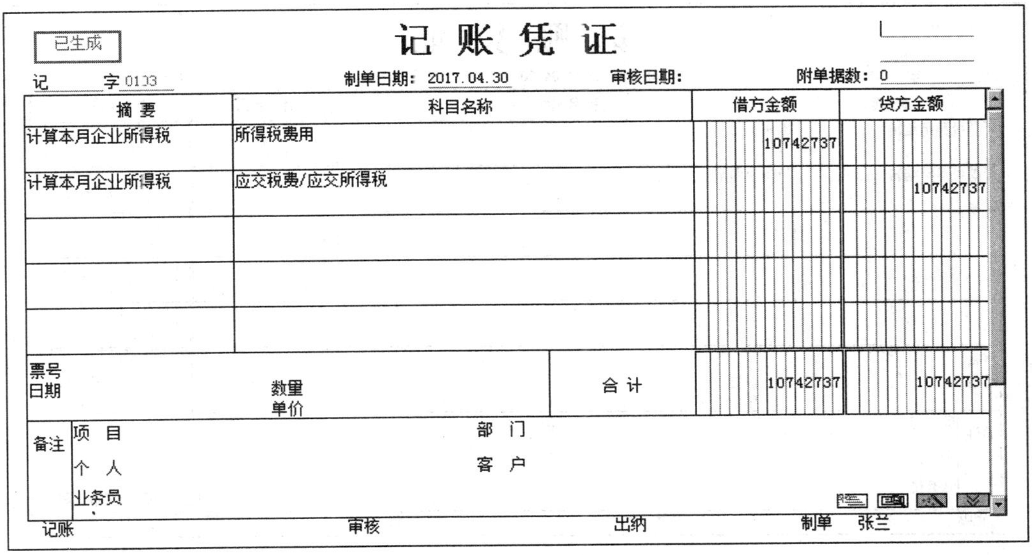

图 11-23 “计提本月企业所得税”凭证

“取消”按钮。

3. 场景二的操作步骤

视频网址：http://www.mdmuke.com/mdmk/mod/page/view.php?id=1412

任务说明：财务部主管曾志伟对本月企业所得税凭证进行凭证的主管签字、审核，会计张兰记账，会计张兰进行“所得税费用”的期间损益结转凭证生成。

【财务部主管曾志伟对凭证进行主管签字】

本任务的操作步骤请参见 11.5.3 节的“3. 场景二的操作步骤”中的相关内容，在此从略。

【财务部主管曾志伟对凭证进行主管审核】

本任务的操作步骤请参见 11.5.3 节的“3. 场景二的操作步骤”中的相关内容，在此从略。

【财务部会计张兰进行凭证记账】

本任务的操作步骤请参见 11.5.3 节的“3. 场景二的操作步骤”中的相关内容，在此从略。

【财务部会计张兰进行期间损益结转凭证生成】

(1) 打开“转账生成”对话框。在“总账”子系统，依次单击“期末/转账生成”项，系统打开“转账生成”对话框。

(2) 生成并保存转账凭证。先选中左侧的“期间损益结转”选项，然后双击“所得税费用”科目所在行，使其“是否结转”栏出现 Y 字样，再单击“确定”按钮，系统弹出“转账”窗口，默认显示“期间损益结转”记账凭证，修改其“摘要”为“所得税费用结转”，然后单击“保存”按钮，结果如图 11-24 所示。

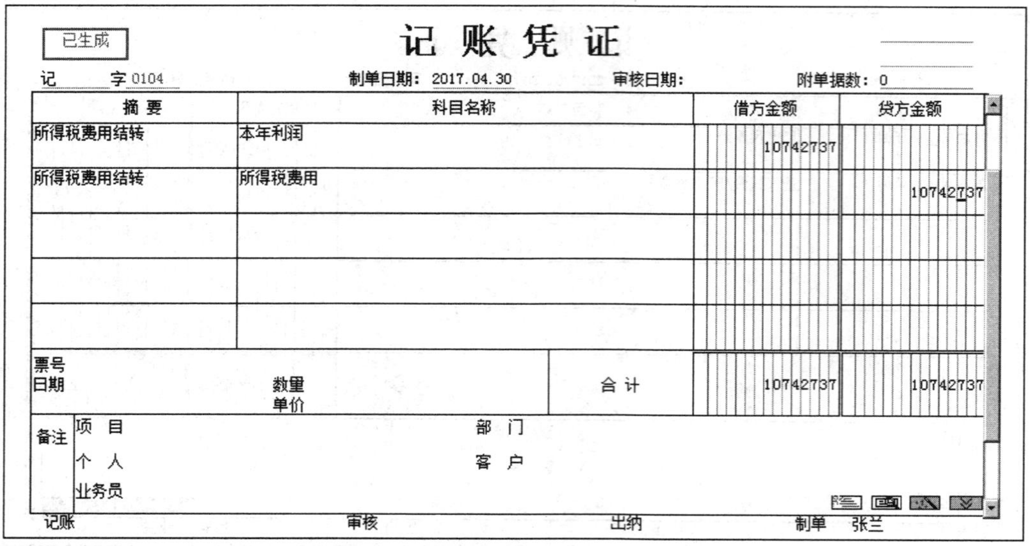

已生成

记账凭证

记 字 0104 制单日期：2017.04.30 审核日期： 附单据数：0

摘 要	科目名称	借方金额	贷方金额
所得税费用结转	本年利润	10742737	
所得税费用结转	所得税费用		10742737
票号 日期	数量 单价	合 计 10742737	10742737

备注 项 目 部 门
个 人 客 户
业务员

记账 审核 出纳 制单 张兰

图 11-24 “所得税费用结转”凭证

(3) 退出。在“转账”窗口中，单击“退出”按钮退出该窗口，再单击“转账生成”对话框的“取消”按钮。

4. 场景三的操作步骤

视频网址：http://www.mdmuke.com/mdmk/mod/page/view.php?id=1413

任务说明：财务部主管曾志伟对所得税费用结转凭证进行凭证的主管签字、审核，会计张兰记账。

【财务部主管曾志伟对凭证进行主管签字】

本任务的操作步骤请参见 11.5.3 节的“3. 场景二的操作步骤”中的相关内容，在此从略。

【财务部主管曾志伟对凭证进行主管审核】

本任务的操作步骤请参见 11.5.3 节的“3. 场景二的操作步骤”中的相关内容，在此从略。

【财务部会计张兰进行凭证记账】

本任务的操作步骤请参见 11.5.3 节的“3. 场景二的操作步骤”中的相关内容，在此从略。

11.9 银行对账

11.9.1 业务概述与分析

4 月 30 日，由出纳进行银行对账，编制银行存款余额调节表。本公司银行账的启用日期为 2017 年 4 月 1 日，工行存款企业日记账调整前余额为 348 661.44 元，银行对账单调整前余额为 344 661.44 元，有一笔 4000 元的，2017.03.25 企业已收但银行未记账。

4 月份工行的银行对账单参见表 11-1。

表 11-1　4 月份工行的银行对账单

月	日	摘　　要	结算方式与票号	借　方	贷　方
04	01	缴纳税费(地税)	其他		3210.96
04	01	缴纳税费(国税)	其他		146 500.00
04	01	缴纳社会保险费和住房公积金	转账支票		72 628.00
04	01	银行放贷	其他	600 000.00	
04	01	代发上月职工工资	现金支票—10891202		106 218.40
04	01	预支房租费	现金支票—21622007		6000.00
04	01	预付定金	转账支票—22456704		50 000.00
04	05	采购镜片树脂 1.5 千克	转账支票—31002101		10 530.00
04	05	暂估票到女士高端 500 副	转账支票—22856823		187 200.00
04	07	采购女士高端 1000 拒收 10 副	转账支票—22856820		297 490.00
04	12	收到 XS001 货款	转账支票—22586710	379 080.00	
04	12	光明公司 XS002 的定金	转账支票—22416505	40 000.00	
04	12	代垫光明公司的运费	现金支票—62306602		1221.00
04	12	销售亮康眼镜 1 万副收款 6 千副	转账支票—22586711	1 404 000.00	
04	13	销售亮康眼镜 1 万副收款 4 千副	转账支票—22586712	936 000.00	
04	15	收到 XS002 尾款和代垫运费款	转账支票—32002101	466 661.00	
04	16	销售退货男士普通 50 副	转账支票—22456706	−6 318.00	
04	16	直运销售男士普通 1000 副	转账支票—22586713	126 360.00	
04	16	直运销售男士普通 1000 副	转账支票—61234508		105 300.00
04	16	售后回购	转账支票—22456707	819 000.00	
04	25	虚拟采购女士高端 2000 副	转账支票—22456724		830 700.00
04	27	光明公司上月货款	转账支票—22586708	1 965 600.00	
04	27	雪亮公司上月货款	转账支票—22586709	1 263 600.00	
04	27	销售亮康眼镜 5 千副有折扣	转账支票—22586714	1 146 068.80	
04	27	司方公司委托代销货款	转账支票—22456815	428 000.00	
04	28	采购联想电脑	转账支票—22456825		14 040.00
04	30	支付本月贷款利息	其他		3600.00

本笔业务是公司银行对账业务，需要进行银行对账期初设置、银行对账单录入以及自动或手动地银行对账。

11.9.2　操作指导

请确认系统日期和业务日期为 2017 年 4 月 30 日。

视频网址：http://www.mdmuke.com/mdmk/mod/page/view.php?id=1475

任务说明：财务部出纳罗迪进行银行对账期初设置、银行对账单录入、银行对账、查询银行存款余额调节表。

【财务出纳罗迪进行银行对账期初设置】

（1）打开"银行对账期初"对话框。在"企业应用平台"的"业务工作"页签中，依次单击"财务会计/总账/出纳/银行对账/银行对账期初录入"项，系统弹出"银行科目选择"对话框，默认"科目"为"工行存款(100201)"，直接单击"确定"按钮，系统打开"银行对账期初"对话框。

（2）设置余额。在"银行对账期初"对话框中，确认"启用日期"为"2017.04.01"，输入单位日记账的"调整前余额"为 348 661.44 元，银行对账单的"调整前余额"为 344 661.44 元，结果如图 11-25 所示。

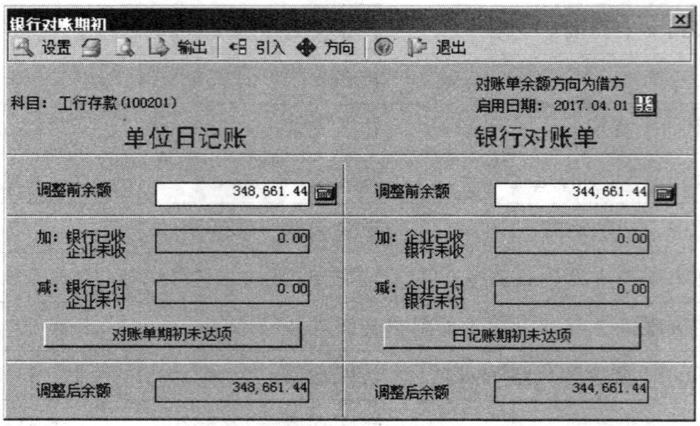

图 11-25 "银行对账期初"对话框

（3）设置日记期初未达项。在"银行对账期初"对话框中，单击"日记期初未达项"按钮，系统打开"企业方期初"窗口；单击其工具栏的"增加"按钮，输入"凭证日期"为"2017.03.25"，"借方金额"为 4000，然后单击"保存"按钮，结果如图 11-26 所示。

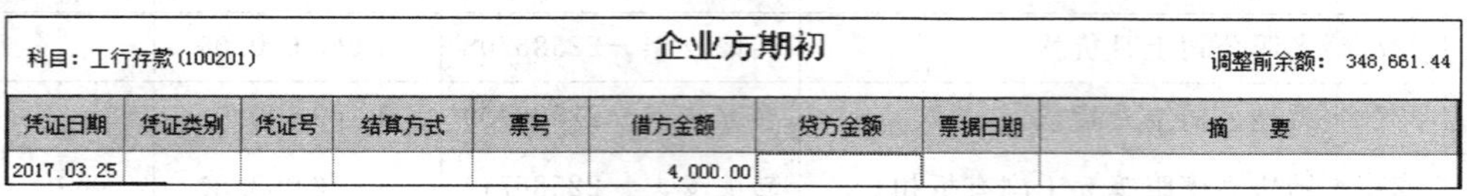

图 11-26 "企业方期初"窗口

（4）退出。单击"企业方期初"窗口工具栏的"退出"按钮，系统返回"银行对账期初"对话框，单击对话框的"退出"按钮，退出该对话框。

【财务出纳罗迪录入银行对账单】

（1）打开"银行对账单"窗口。在"总账"子系统，依次单击"出纳/银行对账/银行对账单"项，系统弹出"银行科目选择"对话框，默认"科目"为"工行存款(100201)"，确认或设置"月份"为"2017.04-2017.04"，然后单击"确定"按钮，系统打开"银行对账单"窗口。

（2）录入。单击工具栏的"增加"按钮，参照表 11-1 依次输入银行对账单数据，包括"日期""结算方式""票号""借方金额"或"贷方金额"，完成之后单击"保存"按钮，结果如图 11-27 所示。

银行对账单

科目：工行存款(100201)

日期	结算方式	票号	借方金额	贷方金额	余额
2017.04.05	202	31002101		10,530.00	549,574.08
2017.04.05	202	22856823		187,200.00	362,374.08
2017.04.07	202	22856820		297,490.00	64,884.08
2017.04.12	202	22586710	379,080.00		443,964.08
2017.04.12	202	22416505	40,000.00		483,964.08
2017.04.12	201	62306602		1,221.00	482,743.08
2017.04.12	202	22586711	1,404,000.00		1,886,743.08
2017.04.13	202	22586712	936,000.00		2,822,743.08
2017.04.15	202	32002101	466,661.00		3,289,404.08
2017.04.16	202	22456706	-6,318.00		3,283,086.08
2017.04.16	202	22586713	126,360.00		3,409,446.08
2017.04.16	202	61234508		105,300.00	3,304,146.08
2017.04.16	202	22456707	819,000.00		4,123,146.08
2017.04.25	202	22456724		830,700.00	3,292,446.08
2017.04.27	202	22586708	1,965,600.00		5,258,046.08
2017.04.27	202	22586709	1,263,600.00		6,521,646.08
2017.04.27	202	22586714	1,146,068.80		7,667,714.88
2017.04.27	202	22456815	428,000.00		8,095,714.88
2017.04.28	202	22456825		14,040.00	8,081,674.88
2017.04.30	6			3,600.00	8,078,074.88

图 11-27 “银行对账单”窗口

(3) 退出。单击“银行对账单”窗口的“关闭”按钮，关闭该窗口。

【财务出纳罗迪进行银行对账】

(1) 打开“银行对账”窗口。在“总账”子系统，依次单击“出纳/银行对账/银行对账”项，系统弹出“银行科目选择”对话框，默认“科目”为“工行存款(100201)”，确认或设置“月份”为“2017.04-2017.04”，然后单击“确定”按钮，系统打开“银行对账”窗口。

(2) 自动对账。单击工具栏的“对账”按钮，打开“自动对账”对话框，设置“截至日期”为“2017.04.30”，默认系统提供的其他对账条件，单击“确定”按钮，系统显示自动对账结果，结果可参见图 11-28。

科目：100201(工行存款)

单位日记账

票号	方向	金额	两清	凭证号数	摘　要	对账序号
	贷	72,628.00	◇	记-0003	缴纳社会保险费和住房	2017043000004
	贷	106,218.40	✓	记-0006	代发上月职工工资	2017043000027
	借	600,000.00	◇	记-0007	银行放贷	2017043000001
21622007	贷	6,000.00	◇	记-0008	预支房租费	2017043000006
22456704	贷	50,000.00	◇	记-0009	预付定金	2017043000008
31002101	贷	10,530.00	◇	记-0014	采购镜片树脂1.5千克	2017043000023
22856823	贷	187,200.00	◇	记-0019	暂估票到女士高端500副	2017043000022
22856820	贷	297,490.00	◇	记-0022	采购女士高端1000拒收	2017043000021
22856822	贷	7,438.00		记-0025	采购硅胶5千克	
22586710	借	379,080.00	◇	记-0035	收到XS001货款	2017043000016
22416505	借	40,000.00	◇	记-0036	光明公司XS002的定金	2017043000007
62306602	贷	1,221.00	◇	记-0038	代垫光明公司的运费	2017043000026
22586711	借	1,404,000.00	◇	记-0043	销售亮康眼镜1万副收款	2017043000017
22586712	借	936,000.00	◇	记-0045	销售亮康眼镜1万副收款	2017043000018
32002101	借	466,661.00	◇	记-0050	收到XS002尾款和代垫运	2017043000024
22456706	借	-6,318.00	◇	记-0052	销售退货男士普通50副	2017043000009
22456707	借	819,000.00	◇	记-0054	售后回购	2017043000010
22586713	借	126,360.00	◇	记-0055	直运销售男士普通1000	2017043000019
61234508	贷	105,300.00	◇	记-0057	直运销售男士普通1000	2017043000025
22456724	贷	830,700.00	◇	记-0065	虚拟采购女士高端2000	2017043000011
10516502	借	22,434.00		记-0067	坏账收回(结算)	
22586708	借	1,965,600.00	◇	记-0068	光明公司上月货款	2017043000014

银行对账单

日期	结算方式	票号	方向	金额	两清	对账序号
2017.04.01	6		借	600,000.00	◇	2017043000001
2017.04.01	201	10891202	贷	106,218.40	✓	2017043000027
2017.04.01	201	21622007	贷	6,000.00	◇	2017043000006
2017.04.01	202	22456704	贷	50,000.00	◇	2017043000008
2017.04.05	202	31002101	贷	10,530.00	◇	2017043000023
2017.04.05	202	22856823	贷	187,200.00	◇	2017043000022
2017.04.07	202	22856820	贷	297,490.00	◇	2017043000021
2017.04.12	202	22586710	借	379,080.00	◇	2017043000016
2017.04.12	202	22416505	借	40,000.00	◇	2017043000007
2017.04.12	201	62306602	贷	1,221.00	◇	2017043000026
2017.04.12	202	22586711	借	1,404,000.00	◇	2017043000017
2017.04.13	202	22586712	借	936,000.00	◇	2017043000018
2017.04.15	202	32002101	借	466,661.00	◇	2017043000024
2017.04.16	202	22456706	借	-6,318.00	◇	2017043000009
2017.04.16	202	22586713	借	126,360.00	◇	2017043000019
2017.04.16	202	61234508	贷	105,300.00	◇	2017043000025
2017.04.16	202	22456707	借	819,000.00	◇	2017043000010
2017.04.25	202	22456724	贷	830,700.00	◇	2017043000011
2017.04.27	202	22586708	借	1,965,600.00	◇	2017043000014
2017.04.27	202	22586709	借	1,263,600.00	◇	2017043000015
2017.04.27	202	22586714	借	1,146,068.80	◇	2017043000020
2017.04.27	202	22456815	借	428,000.00	◇	2017043000012

图 11-28 “银行对账”窗口

提示：对于已达账项，系统自动在单位日记账和银行对账单双方的“两清”栏画上“○”标志。在自动对账窗口，对于一些应勾对而未勾对上的账项，可分别双击“两清”栏，直接进行手工调整。

(3) 所有数据对账完毕后，单击“检查”按钮，检查结果平衡，单击“确定”按钮。

(4) 保存。单击工具栏的“保存”按钮，保存对账结果(如果不保存，系统会弹出保存提示信息框)。

(5) 退出。单击“银行对账”窗口的“关闭”按钮，关闭该窗口。

【财务出纳罗迪查询余额调节表】

(1) 打开“银行存款余额调节表”窗口。在“总账”子系统，依次单击“出纳/银行对账/余额调节表查询”项，系统打开“银行存款余额调节表”窗口。

(2) 查看总的银行存款余额。双击表体中“银行科目(账号)”栏的“工行存款(100201)”所在行，系统弹出“银行存款余额调节表”对话框，结果如图 11-29 所示。

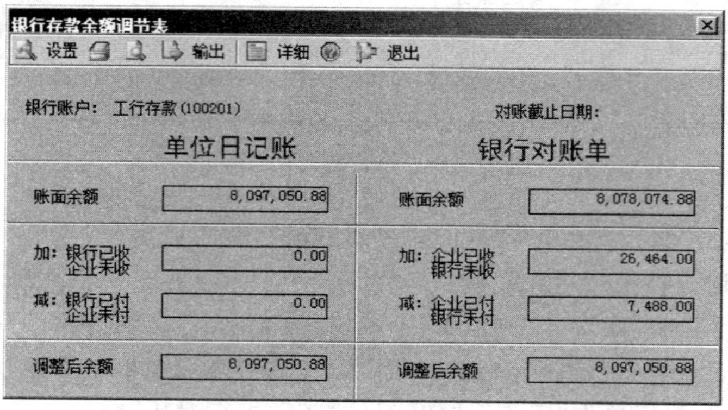

图 11-29 “银行存款余额调节表”窗口

(3) 查看详细的银行存款余额。单击“银行存款余额调节表”对话框工具栏的“详细”按钮，系统打开“余额调节表(详细)”窗口，显示该银行账户的银行存款余额调节表的详细情况，结果如图 11-30 所示。

余额调节表(详细)

科目：工行存款(100201)　　对账截止日期：

7,050.88		银行账面存款余额:8,078,074.88										
银行已付企业未付		加：企业已收银行未收						减：企业已付银行未付				
票号	金额	凭证日期	凭证号	票据日期	票号	摘要	金额	凭证日期	凭证号	票据日期	票号	摘要
		2017.03.25	- 0000				4,000.00	2017.04.07	记 - 0025	2017-04-07	22856822	采购硅胶5千克
		2017.04.27	记 - 0067	2017-04-27	10516502	坏账收回(结算)	22,464.00					
合计	0.00					合计	26,464.00					合计
	,097,050.88						整后银行账面	存款余额:				

图 11-30 “余额调节表(详细)”窗口

(4) 退出。单击“余额调节表(详细)”和“银行存款余额调节表”窗口的“关闭”按钮，关闭该窗口。

第3部分　月末处理与报表

第 12 章　企业业务活动月末处理

企业业务活动的月末处理是指在月末时对各个模块进行结转处理，把一定时期内应记入账簿的经济业务全部登记入账后，计算和记录本期发生额及期末余额，并将本月余额结转至下期或新的账簿。

在用友 ERP-U8 系统中，各个业务模块的月末结账需要遵循以下顺序：

- 采购管理系统月末结账后，才能进行应付款管理系统的月末结账。
- 销售管理系统月末结账后，才能进行应收款管理系统的月末结账。
- 采购与销售管理系统月末结账后，才能进行库存管理与存货核算系统的月末结账。
- 库存管理系统月末结账后，才能进行存货核算系统的月末结账。
- 总账系统必须最后进行月末结转。

在月末结账时，需要注意以下几点：

- 在月末结账前，一定要进行账套数据的备份，否则一旦数据发生错误，损失将无法挽回。
- 只有在当前会计月的所有工作全部完成后才能进行月末结账，否则会遗漏某些业务，导致业务数据不全面。
- 若没有期初记账，则不能进行月末结账。
- 若上月尚未结账，则本月业务不能记账；不允许跳月取消月末结账，只能从最后一个月逐月取消。
- 在月末结账后，该月的单据将不能修改和删除，该月末录入的单据将视为下个会计月的单据。

本账套的业务模块包括采购管理、销售管理、库存管理、存货核算和薪资管理，财务模块包括应收应付、固定资产和总账系统。月末结账是对以上 8 个模块的经济业务进行月末处理和月末结账。

本章的操作请按照业务描述中的系统日期（如 4 月 30 日）和操作员（如财务部会计张兰），在第 11 章完成的基础上，在供应链和财务会计的各个子系统中进行。

如果没有完成第 11 章的总账月末业务的操作，可以到百度云盘空间（云盘地址：http://pan.baidu.com/s/1i5iB4aT，访问密码：dq38）的“实验账套数据”文件夹中，将“11 总账月末.rar”下载到实验用机上，然后引入（操作步骤详见 1.3.5 节）到 ERP-U8 系统中。此外，本章完成的账套，其输出的压缩文件名为“12 月末结账.rar”。

需要注意的是，因云盘中的账套备份文件均为压缩文件，所以下载完成后，在引入之前，需要用解压缩工具进行解压（建议用 WinRAR 3.42 或以上版本），得到相应可以引入的账套数据文件。

本章的所有业务实验操作都有配套的微视频，可以通过扫描二维码或者到指定的网页去观看。本教程配套的微视频均存放在北京神州明灯教育科技有限公司和合一集团的网站上，相应的访问说明请参见云盘中的“微视频访问说明.doc”。

12.1 各业务模块的月末处理

本账套的业务模块包括采购管理、销售管理、库存管理、存货核算和薪资管理，月末结账是对以上5个模块的经济业务进行月末处理和月末结账。

12.1.1 业务概述与分析

4月30日，对公司账套的各个业务模块中的经济业务进行月末结账处理。

本笔业务是对采购、销售、库存、存货和薪资管理模块的经济业务进行期末处理务。

需要说明的是，存货核算系统的期末处理，需要首先进行仓库和存货的期末处理，然后才能进行月末结账处理。

12.1.2 操作指导

请确认系统日期和业务日期为2017年4月30日。

视频网址：http://www.mdmuke.com/mdmk/mod/page/view.php?id=1414

任务说明：

- 采购部主管刘静进行采购管理系统的月末结账。
- 销售部主管赵飞进行销售管理系统的月末结账。
- 仓管部主管李莉进行库存管理系统的月末结账。
- 财务部会计张兰做仓库和存货的期末处理。
- 财务部会计张兰做存货核算系统的月末结账。
- 人力资源部主管王军做薪资管理的月末结账。

【采购部主管刘静进行采购管理系统的月末结账】

(1) 打开采购"结账"对话框。在"企业应用平台"的"业务工作"页签中，依次单击"供应链/采购管理/月末结账"项，系统打开"结账"对话框，结果如图12-1所示。

(2) 结账。在"结账"对话框中，系统已经默认选择会计月份"4"，单击"结账"按钮，系统弹出"月末结账"信息提示框(如图12-2所示)，提示"是否关闭订单?"单击"否"按钮，系统自动进行月末结账，将所选月份采购单据按会计期间分月记入有关账表中。

(3) 退出。单击"结账"对话框"退出"按钮，退出该对话框。

提示：

- 采购管理系统的月末结账可以对多个月的单据一次性结账，但不允许跨月结账。
- 只有先对采购管理系统进行月末处理，才能对库存管理、存货核算和应付款管理系统进行月末处理。
- 若采购管理系统要取消月末结账，必须先取消库存管理、存货核算和应付款管理的月末结账；若它们中的任何一个系统不能取消月末结账，则采购管理系统的月末结账也不能取消。

图 12-1　采购管理系统的“结账”对话框

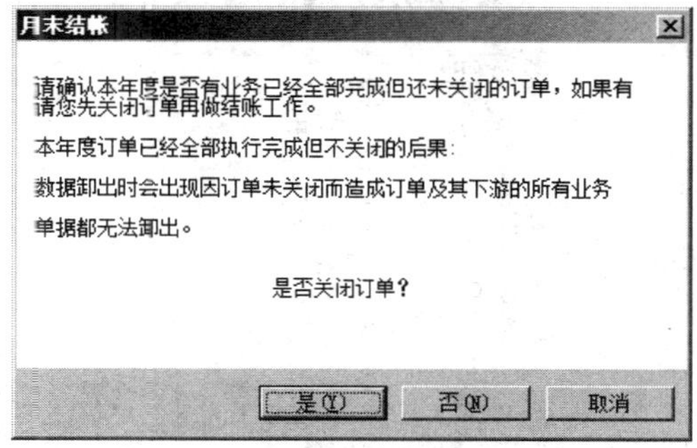

图 12-2　“月末结账”信息提示框

【销售部主管赵飞进行销售管理系统的月末结账】

(1) 打开销售“结账”对话框。在“企业应用平台”的“业务工作”页签中，依次单击“供应链/销售管理/月末结账”项，系统打开“结账”对话框，结具如图 12-1 所示。

(2) 结账。在“结账”对话框中，系统已经默认选择会计月份“4”，单击“结账”按钮，系统弹出“月末结账”信息提示框(如图 12-2 所示)，提示“是否关闭订单?”单击“否”按钮，系统自动进行月末结账，将所选月份销售单据按会计期间分月记入有关账表中。

(3) 退出。单击“结账”对话框“退出”按钮，退出该对话框。

提示：

- 只有先对销售管理系统进行月末处理，才能对库存管理、存货核算和应收款管理系统进行月末处理。
- 若销售管理系统要取消月末结账，必须先取消库存管理、存货核算和应收款管理的月末结账；若它们中的任何一个系统不能取消月末结账，则销售管理系统的月末结账也不能取消。

【仓管部主管李莉进行库存管理系统的月末结账】

(1) 打开库存“结账”对话框。在“企业应用平台”的“业务工作”页签中，依次单击“供应链/库存管理/月末结账”项，系统打开库存“结账”对话框。

(2) 在“结账”对话框中，系统已经默认选择会计月份“4”，直接单击“结账”按钮，系统弹出“库存管理”信息提示框，提示“结账后将不能修改期初数据，是否继续结账?”。

(3) 单击“是”按钮，系统自动完成月末结账。

(4) 退出。单击“结账”对话框的“退出”按钮，退出该对话框。

提示：

- 只有对采购和销售管理系统进行月末结账之后，才能对库存管理系统进行月末处理；
- 只有在存货核算系统当月未结账或取消结账后，库存管理系统才能取消结账。

【财务部会计张兰做仓库和存货的期末处理】

(1) 打开“期末处理”对话框。在“企业应用平台”的“业务工作”页签中，依次单击“供应链/存货核算/业务核算/期末处理”项，系统打开“期末处理”对话框，如图 12-3 所示。

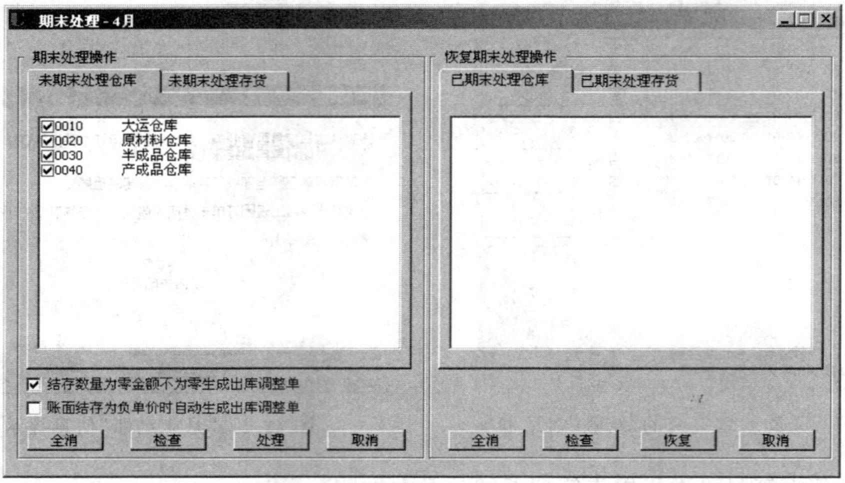

图 12-3　存货核算的期末处理对话框

(2) 在“期末处理”对话框中，系统已经默认选中了所有仓库，单击左侧的“处理”按钮，系统自动完成各个仓库的期末处理任务，并弹出信息框提示期末处理完毕，单击“确定”按钮返回。

(3) 退出“期末处理”对话框。单击“期末处理”对话框右上角的“关闭”按钮，关闭该对话框。

提示：

- *只有采购和销售系统作结账处理后，才能进行月末处理。*
- *恢复期末处理的功能在总账结账后将不可用。*

【财务部会计张兰做存货核算的月末结账】

(1) 打开存货核算的“结账”对话框。在“存货核算”子系统，依次单击“业务核算/月末结账”项，系统打开存货核算的“结账”对话框，如图 12-4 所示。

(2) 月结检查。单击“结账”对话框的“月结检查”按钮，系统开始进行合法性检查。若检查通过，系统弹出“检测成功!”的信息提示框，单击“确定”按钮退出信息提示框。

(3) 月结结账。在“结账”对话框中，单击“结账”按钮，系统完成月末结账并弹出“月末结账完成!”的信息提示框，单击“确定”按钮退出信息提示框，并关闭“结账”对话框。

图 12-4　存货核算系统的“结账”对话框

提示：

- *只有对采购、销售和库存管理系统进行月末结账之后，才能对存货核算系统进行月末结账处理。*
- *在进行存货核算系统月末结账后，只有以下一个会计期间时间登录 ERP-U8 系统，*

才能恢复月末结账。

【人力资源部主管王军做薪资管理的月末结账】

(1) 打开“月末处理”对话框。在“企业应用平台”的“业务工作”页签中,依次单击“人力资源/薪资管理/业务处理/月末处理”项,系统打开“月末处理”对话框,如图 12-5 所示。

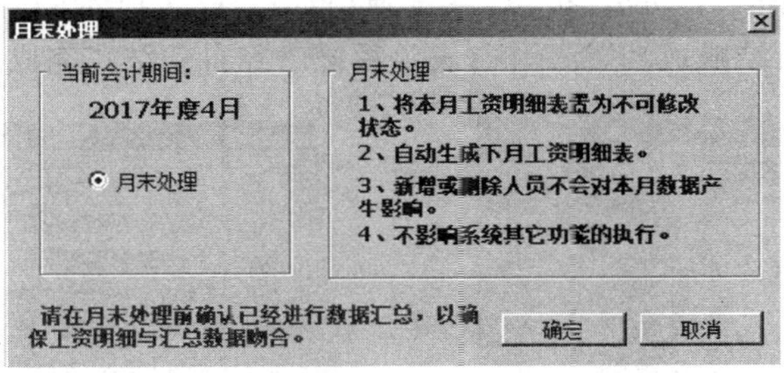

图 12-5　薪资管理系统月末处理对话框

(2) 结账。在“月末处理”对话框中,直接单击“确定”按钮,系统弹出“月末处理之后,本月工资将不许变动! 继续月末处理吗?”提示框,单击“是”按钮,系统弹出“是否选择清零项?”提示框,单击“否”按钮,系统弹出“月末处理完毕!”提示框,单击“确定”按钮,即完成薪资管理系统的月末结账。

12.2　各财务模块的月末处理

本账套的财务模块包括应收款管理、应付款管理、固定资产和总账管理,月末结账是对以上 4 个模块的经济业务进行月末处理和月末结账。

12.2.1　业务概述与分析

4 月 30 日,对公司账套的各个财务模块中的经济业务进行月末结账处理。

本笔业务是对应收款管理、应付款管理、固定资产和总账管理模块的经济业务进行期末处理。

需要说明的是,总账系统的月末结账,需要首先对账,然后才能进行月末结账处理。

12.2.2　操作指导

请确认系统日期和业务日期为 2017 年 4 月 30 日。

视频网址: http://www.mdmuke.com/mdmk/mcd/page/view.php?id=1215

任务说明:

- 财务部会计张兰进行应收款管理系统的月末结账。
- 财务部会计张兰进行应付款管理系统的月末结账。
- 财务部会计张兰做固定资产模块的月末结账。
- 财务部主管曾志伟进行总账系统的月末对账。
- 财务部主管曾志伟进行总账系统的月末结账。

【财务部会计张兰做应收款管理系统的月末结账】

(1) 打开“月末处理”对话框。在“企业应用平台”的“业务工作”页签中,依次单击“财务会计/应收款管理/期末处理/月末结账”项,系统打开“月末处理”对话框,如图 12-6 所示。

(2) 结账。在“月末处理”对话框中,双击“四月”的“结账标志”栏,使其出现 Y 字样(如图 12-6 所示);然后单击“下一步”按钮,系统弹出如图 12-7 所示的对话框,单击“完成”按钮,系统再弹出“4 月份结账成功”提示框,表示系统已经自动结账完成。

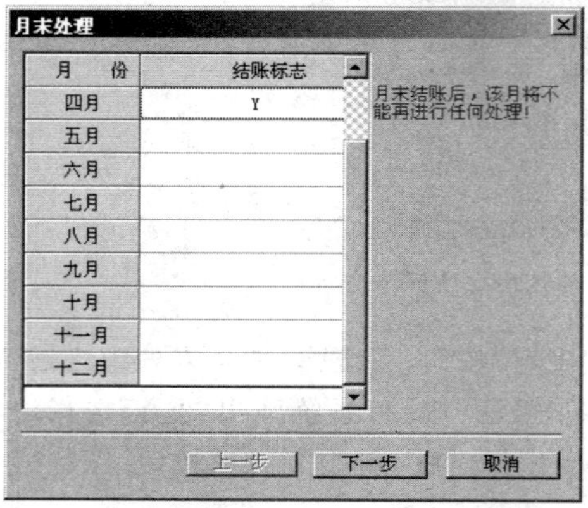

图 12-6 应收款管理系统的“月末处理”对话框(1)

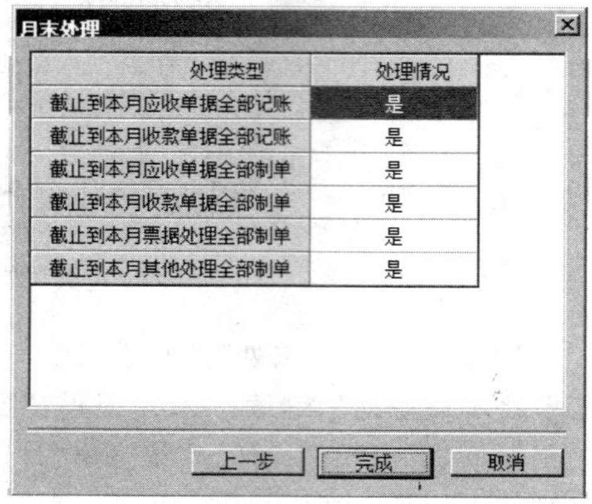

图 12-7 应收款管理系统的“月末处理”对话框(2)

(3) 退出。单击提示框的“确定”按钮,完成月末结账,系统返回企业应用平台界面。

提示:

- 只有在销售管理系统结账后,才能对应收系统进行结账处理。
- 因为本账套设置的审核日期为单据日期,所以本月的单据(发票和应收单)在结账前需要全部审核。但若设置的审核日期为业务日期,则截至本月末还有未审核单据(发票和应收单),照样可以进行月结处理。
- 如果本月的收款单还有未审核的,不能结账。

【财务部会计张兰做应付款管理系统的月末结账】

(1) 打开“月末结账”对话框。在“企业应用平台”的“业务工作”页签中,依次单击“财务会计/应付款管理/期末处理/月末结账”项,系统打开“月末结账”对话框,如图 12-6 所示。

(2) 结账。在“月末结账”对话框中,双击“四月”结账标志栏,使其出现 Y 字样;然后单击“下一步”按钮,在系统弹出的对话框(见图 12-7)中,单击“完成”按钮,系统弹出“4 月份结账成功”提示框,表示系统已经自动结账完成。

(3) 退出。单击提示框的“确定”按钮,系统返回企业应用平台界面。

提示:

- 只有在采购管理系统结账后,才能对应付系统进行结账处理。
- 因为本账套设置的审核日期为单据日期,所以本月的单据(发票和应付单)在结账前需要全部审核。但若设置的审核日期为业务日期,则截至本月末还有未审核单据(发票和应付单),照样可以进行月结处理。
- 如果本月的付款单还有未审核的,不能结账。

【财务部会计张兰做固定资产模块的月末结账】

（1）打开“月末结账”对话框。在“企业应用平台”的“业务工作”页签中，依次单击“财务会计/固定资产/处理/月末结账”项，系统打开“月末结账”对话框，如图 12-8 所示。

（2）结账。在“月末结账”对话框中，单击“开始结账”按钮，系统弹出“与账务对账结果”信息提示框，如图 12-9 所示。

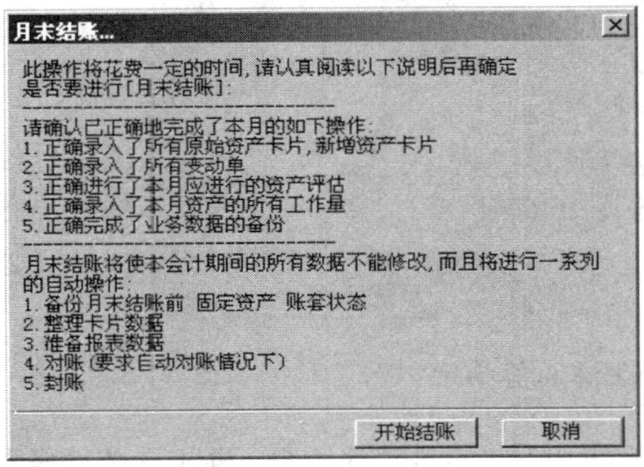

图 12-8　固定资产系统月末结账

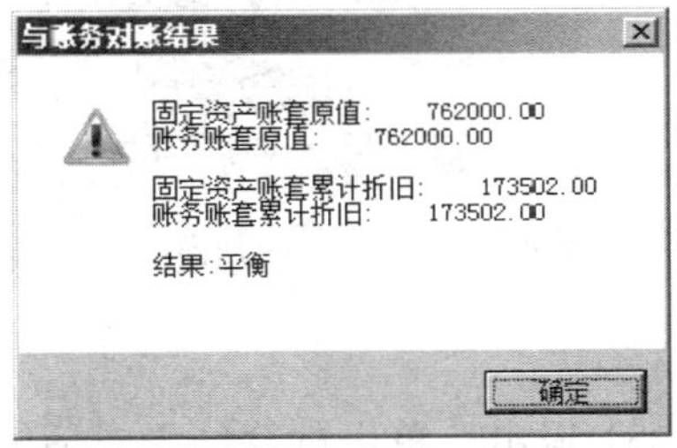

图 12-9　固定资产与账务对账结果

（3）确认。单击信息提示框的“确定”按钮，系统弹出“月末结账完毕！”提示框，表示系统已经自动结账完成。

（4）退出。单击提示框的“确定”按钮，并在再次弹出的提示框中单击“确定”按钮，系统返回企业应用平台界面。

【财务部主管曾志伟做总账系统的月末对账与试算】

（1）打开“对账”对话框。在“企业应用平台”的“业务工作”页签中，依次单击“财务会计/总账/期末/对账”项，系统打开“对账”对话框，如图 12-10 所示。

（2）对账设置。在“对账”对话框中，将光标定位在“2017.04”所在行，然后单击工具栏的“选择”按钮，使其“是否对账”栏出现 Y 字样，结果参见图 12-10。

图 12-10　总账系统月末对账对话框

(3) 对账。单击工具栏的“对账”按钮，系统自动对账并显示对账结果，结果如图 12-10 所示。

(4) 试算。单击“试算”按钮，可以对各科目类别余额进行试算平衡，如图 12-11 所示。

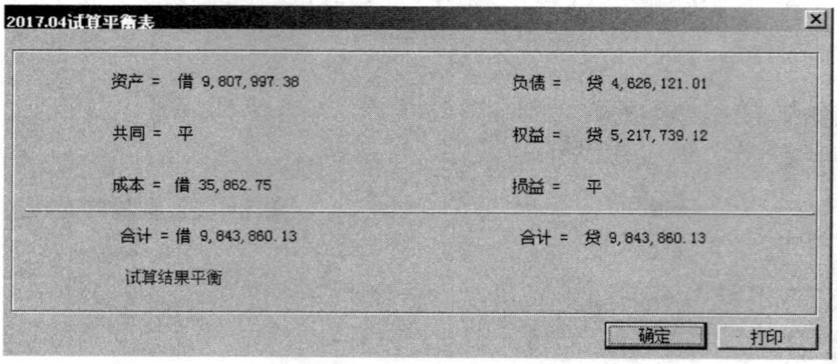

图 12-11 总账系统月末试算结果

(5) 退出。单击试算结果对话框的“确定”按钮返回“对账”对话框，再单击“对账”对话框的“退出”按钮，退出该对话框。

提示：

- 若对账结果为账账相符，则对账月份的“对账结果”栏显示“正确”；若对账结果为账账不符，则对账月份的“对账结果”栏显示“错误”，单击工具栏的“错误”按钮，可查看引起账账不符的原因。
- 若需要恢复记账前状态，其操作步骤如下：
  - 在“企业应用平台”的“业务工作”页签中，依次单击“财务会计/总账/期末/对账”项，系统打开“对账”对话框。
  - 在期末对账界面中，按 Ctrl＋H 键，则在“凭证”菜单中增加“恢复记账前状态”菜单项(如再次按 Ctrl＋H 键则隐藏此菜单项)。
  - 选择恢复方式为“最近一次记账前状态”，这种方式一般用于记账时系统造成的数据错误的恢复。选择“上个月初状态”，则恢复到上个月初未记账时的状态。例如，如果登录时间为“2017.04”，则系统提示可恢复到“2017.03”的月初状态。
  - 选择是否恢复“往来两清标志”和选择恢复两清标志的月份，系统根据选择在恢复时清除恢复月份的两清标志。
  - 系统提供灵活的恢复方式，可以根据需要而不必恢复所有的会计科目，只需将要恢复的科目从“不恢复的科目”选入“恢复的科目”，即可只恢复需要恢复的科目。

【财务部主管曾志伟做总账系统的月末结账】

(1) 打开“结账”对话框。在“总账”子系统，依次单击“期末/结账”项，系统打开“结账”对话框。

(2) 对账。在“结账”对话框中，单击要结账月份“2017.04”，然后单击“下一步”按钮，再单击“对账”按钮，系统对要结账的月份进行账账核对。

(3) 结账。单击“下一步”按钮，系统显示“2017 年 04 月工作报告”，如图 12-12 所示。

(4) 查看 4 月工作报告后，再单击“下一步”按钮，若符合结账要求，则系统自动进行结账，否则不予结账。

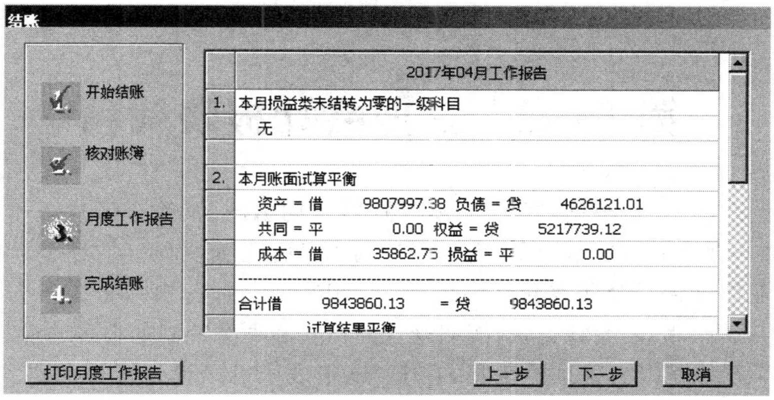

图 12-12　总账系统月末结账对话框

(5) 结账并退出。单击“结账”对话框的“结账”按钮，系统结账并退出该对话框。

提示：

- 结账只能由有结账权的人进行。
- 结账必须按月连续进行，若上月未结账，则本月不能结账。
- 如本月还有未记账凭证(包括作废凭证)，则本月不能结账。
- 若总账与明细账对账不符，则不能结账。
- 已结账月份不能再填制凭证。
- 取消结账操作只能由账套主管执行，操作步骤如下：
  - 在“企业应用平台”的“业务工作”页签中，依次单击“财务会计/总账/期末/结账”项，系统打开“结账”对话框。
  - 选择要取消结账的月份“2017.04”。
  - 按 Ctrl＋Shift＋F6 键，激活“取消结账”功能。
  - 单击“确认”按钮，取消结账标志。

第 13 章　企业会计报表编制

企业会计报表是企业根据日常会计核算资料定期编制的、综合反映企业某一特定日期财务状况和某一会计期间经营成果、现金流量的总结性书面文件。它是企业财务报告的主要部分，是企业向外传递会计信息的主要手段。现在的会计报表是企业的会计人员根据一定时期（例如月、季、年）的会计记录，按照既定的格式和种类编制的报告文件。

UFO 报表系统是报表处理的工具，在 UFO 报表中可以设计报告的格式和编制公式，从总账系统或其他子系统中读取有关的财务信息，自动编制各种会计报表（包括资产负债表、利润表、现金流量表等），对报表进行审核、汇总，生成各种分析图表（如企业财务指标分析表），并按预定格式输出各种会计报表。在 UFO 报表系统中，有以下专业术语和功能内容：

- 格式状态。此状态下仅显示报表的格式，报表的数据全部隐藏。在此状态下所做的操作对本报表所有的表页都起作用，但不能进行数据的录入、计算等操作。
- 数据状态。此状态下显示报表的全部内容，包括格式和数据。在此状态下，可管理报表的数据，如输入关键字、计算表页等，但不能修改报表的格式。
- 格式设置。利用报表模板提供的丰富的格式设计功能，可根据实际需要设置表格的格式，如定义组合单元、画表格线、调整行高和列宽等。
- 公式设置。UFO 报表系统提供了绝对单元和相对单元计算公式的定义等功能。在格式状态下可以定义各种计算公式，在数据状态下进行单元格式的计算。
- 表页。一个 UFO 报表最多可容纳 99 999 张表页，每一张表页是由许多单元组成的，一个报表中的所有表页具有相同的格式，但其中的数据不同。
- 关键字。关键字是特殊的数据单元，可以唯一标识一个表页，可方便快捷地选择表页。关键字的显示位置在格式状态下设置，其值在数据状态下录入。每个报表可以定义多个关键字。

本章设计的业务有利于读者系统学习使用报表模板生成报表的方法，学习使用自定义方式绘制报表样式、设置单元公式并生成报表数据的方法。

本章的操作请按照业务描述中的系统日期（如 4 月 30 日）和操作员（如财务部主管曾志伟），在第 12 章完成的基础上进行。

如果没有完成第 12 章的各个子系统月末处理的操作，可以到百度云盘空间（云盘地址：http://pan.baidu.com/s/1i5iB4aT，访问密码：dq38）的“实验账套数据”文件夹中，将“12 月末处理.rar”下载到实验用机上，然后引入（操作步骤详见 1.3.5 节）到 ERP-U8 系统中。另外，本章已经完成的资产负债表、利润表和财务分析表文件，压缩存放在云盘的“13 会计报表.rar”文件中。

需要注意的是，因云盘中的账套备份文件均为压缩文件，所以下载完成后，在引入之前，需要用解压缩工具进行解压（建议用 WinRAR 3.42 或以上版本），得到相应可以引入的账套数据文件。

本章的所有业务实验操作都有配套的微视频，可以通过扫描二维码或者到指定的网页去观看。本教程配套的微视频均存放在北京神州明灯教育科技有限公司和合一集团的网站上，相应的访问说明请参见云盘中的“微视频访问说明.doc”。

13.1 利用 UFO 报表模板制作资产负债表

资产负债表是将企业的资产、负债、股东权益科目，根据“资金运用＝资金来源”的会计恒等式，分为“资产”和“负债及股东权益”两大区块，在经过分录、过账、试算、调整等会计程序后，以特定日期的静态企业财务状况为基准，浓缩成的一张报表。

13.1.1 业务概述与分析

4 月 30 日，利用“2007 年新会计制度科目”报表模板，生成“917”账套的 2017 年 3 月和 4 月的“资产负债表”，并输出(文件名为“资产负债表.rep”)。

本笔业务是月末对资产负债表进行编制，需要调用“资产负债表”报表模板，调整报表格式，生成资产负债表数据并保存。

需要说明的是，因为在编制 4 月企业“财务指标分析表”时，需要使用到 3 月和 4 月资产负债表的数据，所以在本节需要做 3 月和 4 月的资产负债表。

13.1.2 操作指导

请确认系统日期和业务日期为 2017 年 4 月 30 日。

视频网址：http://www.mdmuke.com/mdmk/mod/page/view.php?id=1416

任务说明：财务部主管曾志伟调用“资产负债表”报表模板，调整报表格式，生成资产负债表数据并保存。

【财务部主管曾志伟调用“资产负债表”报表模板】

(1) 打开“UFO 报表”窗口。在“企业应用平台”的“业务工作”页签中，依次单击“财务会计/UFO 报表”项，系统打开“UFO 报表”窗口；单击菜单栏的“文件/新建”菜单项，系统新建一个报表，默认报表名为 report1。

(2) 调用“资产负债表”模板格式。

① 单击菜单栏的“格式/报表模板”菜单项，系统打开“报表模板”对话框。

② 在“报表模板”对话框中，选择“您所在的行业”为“2007 年新会计制度科目”，“财务报表”为“资产负债表”，然后单击“确认”按钮，系统弹出“模板格式将覆盖本表格式！是否继续?”提示框。

③ 单击提示框的“确定”按钮，即可打开“资产负债表”模板，系统返回 report1 报表窗口，此时处于格式状态(该窗口的左下角有“格式”字样)，如图 13-1 所示。

【财务部主管曾志伟调整报表模板格式并保存】

(1) 删除“编制单位：”在 report1 窗口(此时处于格式状态)中，选中 A3 单元格，按 Delete 键将“编制单位：”删除。

资 产	行次	期末余额	年初余额	负债和所有者权益（或股东权益）	行次	期末余额	年初余额
流动资产:				流动负债:			
货币资金	1	公式单元	公式单元	短期借款	32	公式单元	公式单元
交易性金融资产	2	公式单元	公式单元	交易性金融负债	33	公式单元	公式单元
应收票据	3	公式单元	公式单元	应付票据	34	公式单元	公式单元
应收账款	4	公式单元	公式单元	应付账款	35	公式单元	公式单元
预付款项	5	公式单元	公式单元	预收款项	36	公式单元	公式单元
应收利息	6	公式单元	公式单元	应付职工薪酬	37	公式单元	公式单元
应收股利	7	公式单元	公式单元	应交税费	38	公式单元	公式单元
其他应收款	8	公式单元	公式单元	应付利息	39	公式单元	公式单元
存货	9	公式单元	公式单元	应付股利	40	公式单元	公式单元
一年内到期的非流动资产	10			其他应付款	41	公式单元	公式单元
其他流动资产	11			一年内到期的非流动负债	42		
流动资产合计	12	公式单元	公式单元	其他流动负债	43		
非流动资产:				流动负债合计	44	公式单元	公式单元
可供出售金融资产	13	公式单元	公式单元	非流动负债:			
持有至到期投资	14	公式单元	公式单元	长期借款	45	公式单元	公式单元
长期应收款	15	公式单元	公式单元	应付债券	46	公式单元	公式单元
长期股权投资	16	公式单元	公式单元	长期应付款	47	公式单元	公式单元
投资性房地产	17	公式单元	公式单元	专项应付款	48	公式单元	公式单元
固定资产	18	公式单元	公式单元	预计负债	49	公式单元	公式单元

图 13-1 “资产负债表”模板

（2）打开“设置关键字”对话框。单击菜单栏的“数据/关键字/设置”菜单项，系统打开“设置关键字”对话框，如图 13-2 所示。

（3）设置关键字“单位名称”。在“设置关键字”对话框中，选中“单位名称”单选项（系统已默认选中），然后单击“确定”按钮，系统返回 report1 窗口，此时 A3 单元格的内容已经改为“单位名称：×××”。

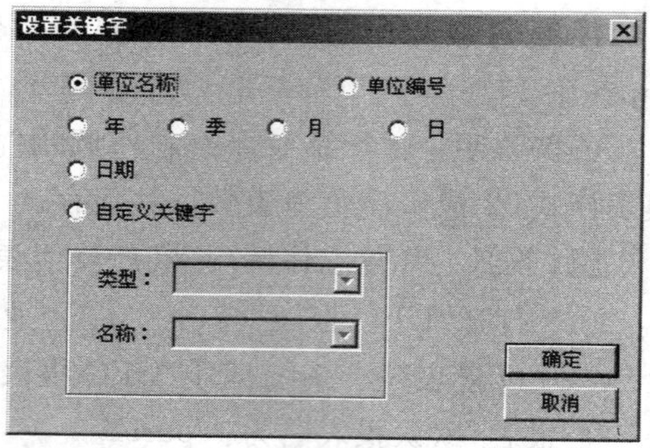

图 13-2 “设置关键字”对话框

（4）保存报表模板。在 report1 窗口，单击菜单栏的“文件/保存”菜单项，如果是第一次保存，则系统打开“另存为”对话框。在“另存为”对话框中，选择要“保存在”的文件夹，并输入报表的“文件名”为“资产负债表”，选择“文件类型”为“ *. rep”，然后单击“另存为”按钮，保存报表格式，此时 report1 窗口的标题变为“资产负债表”，即现在 report1 窗口已经变为“资产负债表”窗口了。

提示：

- 在报表格式设置过程中，切记要随时保存报表模板文件，以防电脑故障导致编辑结果丢失，也便于以后随时调用。
- 如果没有保存就退出，系统会提示“是否保存报表?”以防止误操作。
- 报表文件的输出格式除了“. rep”（用友报表文件专用扩展名）外，还包括“. xls”“. mdb”“. txt”和“. wk4”。

【财务部主管曾志伟生成资产负债表数据并保存】

(1) 切换状态为“数据”状态。在“资产负债表”窗口中，单击其左下角的“格式”按钮，则该按钮切换为“数据”，表明当前状态是数据状态。

(2) 设置提示选择账套。单击菜单栏的“数据/计算时提示选择账套”菜单项，设置在进行报表的数据计算时提示选择账套。

(3) 打开“录入关键字”对话框。单击菜单栏的“数据/关键字/录入”菜单项，系统打开“录入关键字”对话框(见图 13-3)。

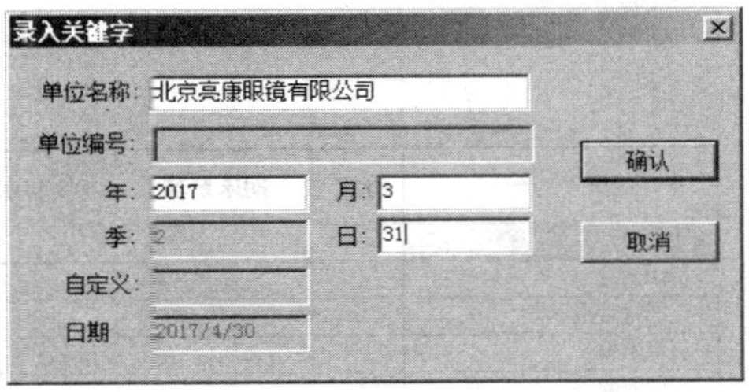

图 13-3 “录入关键字”对话框

(4) 录入关键字。在“录入关键字”对话框，输入关键字“单位名称”为“北京亮康眼镜有限公司”、“年”为 2017，“月”为 3，“日”为 31，如图 13-3 所示。

(5) 打开选择账套窗口。在“录入关键字”对话框，单击“确认”按钮，系统弹出“是否重算第 1 页?”提示框，单击“是”按钮，系统弹出企业应用平台的“登录”界面。

(6) 选择账套。在“操作员”编辑栏，输入“曾志伟”，选择账套“[917]…”，然后单击“登录”按钮，系统会自动根据单元公式计算 3 月的数据，结果如图 13-4 所示。

资产负债表

会企01表

单位名称：北京亮康眼镜有限公司　2017 年　3 月　31 日　单位:元

资　产	行次	期末余额	年初余额	负债和所有者权益(或股东权益)	行次	期末余额	年初余额
流动资产：				流动负债：			
货币资金	1	371,326.44	371,326.44	短期借款	32		
交易性金融资产	2			交易性金融负债	33		
应收票据	3			应付票据	34		
应收账款	4	3,717,555.42	3,717,555.42	应付账款	35	2,841,000.00	2,841,000.00
预付款项	5			预收款项	36		
应收利息	6			应付职工薪酬	37	159,659.60	159,659.60
应收股利	7			应交税费	38	149,710.96	149,710.96
其他应收款	8			应付利息	39		
存货	9	3,349,412.50	3,349,412.50	应付股利	40		
一年内到期的非流动资产	10			其他应付款	41	24,064.80	24,064.80
其他流动资产	11			一年内到期的非流动负债	42		
流动资产合计	12	7,438,294.36	7,438,294.36	其他流动负债	43		
非流动资产：				流动负债合计	44	3,174,435.36	3,174,435.36

图 13-4 3 月资产负债表数据

(7) 保存 3 月的资产负债表数据。单击菜单栏的“文件/保存”菜单项或工具栏的“保存”按钮，保存该文件。

(8) 追加 4 月的表页，并计算和保存。

① 新增表页。单击菜单栏的“编辑/追加/表页”菜单项，系统打开“追加表页”对话框，输入追加表页的数量为 1，单击“确认”按钮，新增一张表页。

② 选中“第 2 页”表页。在“资产负债表”窗口中，单击其底部的“第 2 页”以选中该表页，结果可参见图 13-5。

③ 录入第 2 页的关键字。选择窗口菜单栏的“数据/关键字/录入”菜单项，系统打开“录入关键字”对话框，输入关键字“单位名称”为“北京亮康眼镜有限公司”，“年”为 2017，

“月”为 4,“日”为 30,单击“确认”按钮,系统弹出“是否重算第 2 页?”提示框,单击“是”按钮,系统会自动根据单元公式计算 4 月的数据,如图 13-5 所示。

资产负债表

演示数据

会企01表

单位名称：北京亮康眼镜有限公司　　2017 年　　3 月　　31 日　　单位:元

资　产	行次	期末余额	年初余额	负债和所有者权益（或股东权益）	行次	期末余额	年初余额
流动资产：				流动负债：			
货币资金	1	371,326.44	371,326.44	短期借款	32		
交易性金融资产	2			交易性金融负债	33		
应收票据	3			应付票据	34		
应收账款	4	3,717,555.42	3,717,555.42	应付账款	35	2,841,000.00	2,841,000.00
预付款项	5			预收款项	36		
应收利息	6			应付职工薪酬	37	159,659.60	159,659.60
应收股利	7			应交税费	38	149,710.96	149,710.96
其他应收款	8			应付利息	39		
存货	9	3,349,412.50	3,349,412.50	应付股利	40		
一年内到期的非流动资产	10			其他应付款	41	24,064.80	24,064.80
其他流动资产	11			一年内到期的非流动负债	42		
流动资产合计	12	7,438,294.36	7,438,294.36	其他流动负债	43		
非流动资产：				流动负债合计	44	3,174,435.36	3,174,435.36

图 13-5　4 月资产负债表数据

④ 保存 4 月的资产负债表数据。选择菜单栏的“文件/保存”菜单项或单击工具栏的“保存”按钮,保存该文件。

(9) 退出。选择菜单栏的“文件/退出”菜单项,关闭该窗口。

13.2　利用 UFO 报表模板制作利润表

利润表是反映企业在一定会计期间经营成果的报表。利润表一般有表首、正表两部分。表首部分说明报表名称、编制单位、编制日期、报表编号、货币名称、计量单位等;正表是利润表的主体,反映形成经营成果的各个项目和计算过程。

利润表正表的格式一般有两种:单步式利润表和多步式利润表。单步式利润表是将当期所有的收入列在一起,然后将所有的费用列在一起,两者相减得出当期净损益。多步式利润表是通过对当期的收入、费用、支出项目按性质加以归类,按利润形成的主要环节列示一些中间性利润指标,如主营业务利润、营业利润、利润总额、净利润,分步计算当期净损益。

13.2.1　业务概述与分析

4 月 30 日,利用“2007 年新会计制度科目”报表模板,生成“917”账套的 2017 年 4 月的“利润表”,并输出(文件名为“利润表.rep”)。

本笔业务是月末对利润表进行编制的业务,需要调用“利润表”报表模板,调整报表格式,生成利润表数据并保存。

13.2.2　操作指导

请确认系统日期和业务日期为 2017 年 4 月 30 日。

视频网址：http://www.mdmuke.com/mdmk/mod/page/view.php?id=1417

任务说明：财务部主管曾志伟调用"利润表"报表模板，调整报表格式，生成利润表数据并保存。

【财务部主管曾志伟调用"利润表"报表模板】

(1) 打开"UFO 报表"窗口。在"财务会计"子系统，双击"UFO 报表"项，系统打开"UFO 报表"窗口，单击菜单栏的"文件/新建"菜单项，系统新建一个报表，报表名默认为 report1。

(2) 调用"利润表"模板格式。

① 选择菜单栏的"格式/报表模板"菜单项，系统打开"报表模板"对话框。

② 在"报表模板"对话框中，选择"您所在的行业"为"2007 年新会计制度科目"，"财务报表"为"利润表"，然后单击"确认"按钮，系统弹出"模板格式将覆盖本表格式！是否继续？"提示框。

③ 单击提示框的"确认"按钮，即可打开"利润表"模板，系统返回 report1 窗口，此时处于格式状态(该窗口的左下角有"格式"字样)，如图 13-6 所示。

利润表

			会企02表
编制单位:	xxxx 年	xx 月	单位:元
项　　目	行数	本期金额	上期金额
一、营业收入	1	公式单元	公式单元
减：营业成本	2	公式单元	公式单元
营业税金及附加	3	公式单元	公式单元
销售费用	4	公式单元	公式单元
管理费用	5	公式单元	公式单元
财务费用	6	演示数据 公式单元	公式单元
资产减值损失	7	公式单元	公式单元
加：公允价值变动收益（损失以"-"号填列）	8	公式单元	公式单元
投资收益（损失以"-"号填列）	9	公式单元	公式单元
其中:对联营企业和合营企业的投资收益	10		
二、营业利润（亏损以"-"号填列）	11	公式单元	公式单元
加：营业外收入	12	公式单元	公式单元
减：营业外支出	13	公式单元	公式单元
其中：非流动资产处置损失	14		
三、利润总额（亏损总额以"-"号填列）	15	公式单元	公式单元
减：所得税费用	16	公式单元	公式单元
四、净利润（净亏损以"-"号填列）	17	公式单元	公式单元
五、每股收益：	18		
（一）基本每股收益	19		
（二）稀释每股收益	20		

图 13-6 "利润表"模板

【财务部主管曾志伟调整报表模板格式并保存】

(1) 删除"编制单位："。在 report1 窗口(此时处于格式状态)中，选中 A3 单元格，按 Delete 键将"编制单位："删除。

(2) 打开"设置关键字"对话框。选择窗口菜单栏的"数据/关键字/设置"菜单项，系统打开"设置关键字"对话框，参见图 13-2。

(3) 设置关键字“单位名称”。在“设置关键字”对话框中，系统已默认选中“单位名称”单选按钮，直接单击“确定”按钮，系统返回 report1 窗口，此时 A3 单元格的内容已经改为“单位名称：××××”。

(4) 保存报表模板。选择菜单栏的“文件/保存”菜单项或单击工具栏的“保存”按钮，如果是第一次保存，则系统打开“另存为”对话框。在“另存为”对话框中，选择要“保存在”的文件夹，并输入报表的“文件名”为“利润表”，选择“文件类型”为“*.rep”，然后单击“另存为”按钮，保存报表格式，此时 report1 窗口的标题变为“利润表”。

【财务部主管曾志伟生成利润表数据并保存】

(1) 切换状态为“数据”状态。在“利润表”窗口中，单击其左下角的“格式”按钮，则该按钮切换为数据，表明当前状态是数据状态。

(2) 设置提示选择账套。选择菜单栏的“数据/计算时提示选择账套”菜单项，设置在进行报表的数据计算时，提示选择账套。

(3) 打开“录入关键字”对话框。选择窗口菜单栏的“数据/关键字/录入”菜单项，系统打开“录入关键字”对话框(参见图 13-3)。

(4) 录入关键字。在“录入关键字”对话框，输入关键字“单位名称”为“北京亮康眼镜有限公司”，“年”为 2017，“月”为 4。

(5) 打开选择账套窗口。在“录入关键字”对话框，单击“确认”按钮，系统弹出“是否重算第 1 页?”提示框，单击“是”按钮，系统弹出企业应用平台的“登录”界面。

(6) 选择账套。在“操作员”编辑栏，输入“曾志伟”，选择账套“[917]…”，然后单击“登录”按钮，系统会自动根据单元公式计算 4 月的数据，如图 13-7 所示。

利润表

会企02表

单位名称：北京亮康眼镜有限公司　　2017 年　　4 月　　单位:元

项　　目	行数	本期金额	上期金额
一、营业收入	1	4,283,181.20	
减：营业成本	2	3,458,267.50	
营业税金及附加	3	68,240.36	
销售费用	4	41,298.30	
管理费用	5	124,011.08	
财务费用	6	33,531.20	
资产减值损失	7	16,611.42	
加：公允价值变动收益（损失以“-”号填列）	8		
投资收益（损失以“-”号填列）	9		
其中：对联营企业和合营企业的投资收益	10		
二、营业利润（亏损以“-”号填列）	11	541221.34	
加：营业外收入	12	500.00	
减：营业外支出	13	74,276.00	
演示数据 其中：非流动资产处置损失	14		
三、利润总额（亏损总额以“-”号填列）	15	467445.34	
减：所得税费用	16	107,427.37	
四、净利润（净亏损以“-”号填列）	17	360017.97	

图 13-7　4 月利润表数据

(7) 保存4月的利润表数据。单击工具栏的"保存"按钮,保存该文件。

(8) 退出。选择窗口菜单栏的"文件/退出"菜单项,退出该窗口。

13.3 利用自定义报表功能编制企业财务指标分析表

企业的财务指标是对企业经营结果进行分析的指标,一般包括偿债能力分析指标(如流动比率、速动比率、资产负债率)、营运能力分析指标(如应收账款周转率、总资产周转率)和盈利能力分析指标(如资产利润率、销售净利率)。

13.3.1 业务概述与分析

4月30日,编制企业2017年4月份的企业主要财务指标分析表(文件名为"财务指标分析表.rep"),格式如表13-1所示。

表13-1 企业主要财务指标分析表

单位名称:北京亮康眼镜有限公司　　　　2017年4月

能　力	指　标	数　值
偿债能力分析	流动比率	
	速动比率	
	资产负债率	
营运能力分析	应收账款周转率	
	总资产周转率	
盈利能力分析	资产利润率	
	销售净利率	

本笔业务是月末对企业财务指标分析表进行编制,需要进行首先进行格式编制,然后定义关键字和单元计算公式,最后做报告数据计算。

在UFO报表系统中,通过自定义方式进行表13-1的格式编辑时,需要分为以下7步:新建报表,定义组合单元,画表格线,输入报表项目,定义报表行高和列宽,设置单元风格,定义单元属性。

针对本业务的需求,结合UFO报表系统的特点,需要进行如表13-2所示的公式定义。

表13-2 财务指标分析表中单元格的公式定义

指　标	公　式	单元格公式	单元格位置
流动比率	流动资产/流动负债	"资产负债表"－＞C18@2/"资产负债表"－＞G19@2	C4
速动比率	(流动资产－存货－预付款项)/流动负债	("资产负债表"－＞C18@2－"资产负债表"－＞C15@2－"资产负债表"－＞C11@2)/"资产负债表"－＞G19@2	C5
资产负债率	负债总额/资产总额	"资产负债表"－＞G29@2/"资产负债表"－＞C38@2	C6

续表

指　标	公　　式	单元格公式	单元格位置
应收账款周转率	2×营业收入/(期初应收账款＋期末应收账款)/2	2＊“利润表”－＞C5@1/(“资产负债表”－＞C10@1＋“资产负债表”－＞C10@2)	C7
总资产周转率	2×营业收入/(期初资产总额＋期末资产总额)/2	2＊“利润表”－＞C5@1/(“资产负债表”－＞C38@1＋“资产负债表”－＞C38@2)	C8
资产利润率	2×利润总额/(期初资产总额＋期末资产总额)/2	2＊“利润表”－＞C19@1/(“资产负债表”－＞C38@1＋“资产负债表”－＞C38@2)	C9
销售净利率	净利润/营业收入	“利润表”－＞C21@1/“利润表”－＞C5@1	C10

13.3.2　操作指导

请确认系统日期和业务日期为2017年4月30日。

视频网址：http://www.mdmuke.com/mdmk/mod/page/view.php?id＝1418

任务说明：财务部主管曾志伟进行企业财务指标分析表的格式编制，定义关键字和单元计算公式，以及进行报告数据计算。

【财务部主管曾志伟进行企业财务指标分析表的格式编制】

(1) 新建报表。

① 打开“UFO报表”窗口。在“财务会计”子系统，双击“UFO报表”项，系统打开“UFO报表”窗口，选择菜单栏的“文件/新建”菜单项，系统新建一个报表，默认报表名为report1。

② 保存为“财务指标分析表”报表。在“UFO报表”窗口，选择菜单栏的“文件/另存为”菜单项，系统打开“另存为”对话框。在对话框中，选择要“保存在”的文件夹，并输入报表的“文件名”为“财务指标分析表”，选择“文件类型”为“＊.rep”，然后单击“另存为”按钮，保存该报表格式，此时report1窗口的标题变为“财务指标分析表”，且其左下角为“格式”，表明当前状态是格式状态。

③ 定义行列数。选择菜单栏的“格式/表尺寸”菜单项，打开“表尺寸”对话框，输入“行数”为10，“列数”为3，然后单击“确认”按钮，退出对话框返回“财务指标分析表”窗口，如图13-8所示。

(2) 定义组合单元。

① 打开“组合单元”对话框。首先，选中A1:C1区域(从A1拖到鼠标到C1单元)，然后选择菜单栏的“格式/组合单元”菜单项，系统打开“组合单元”对话框。

② 组合A1:C1单元(即合并单元格)。在“组合单元”对话框中，单击“整体组合”或“按行组合”按钮，系统退出对话框返回报表窗口，此时可见A1:C1区域合并为一个单元格。

③ 参照步骤①和②，组合A2:C2、A4:A6、A7:A8和A9:A10区域。

(3) 画表格线。首先，选中A3:C10区域，然后选择菜单栏的“格式/区域画线”菜单项，系统打开“区域画线”窗口，默认“画线类型”为“网线”，单击“确认”按钮，系统返回窗口并完成画线，结果如图13-8所示。

(4) 输入报表项目。

依据表 13-1,在报表的对应单元格或组合单元格中输入报表项目文字内容,结果如图 13-9 所示。

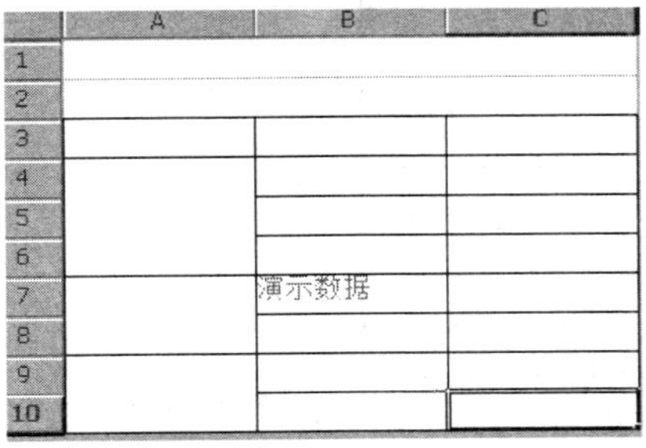

图 13-8　画表格线的结果

图 13-9　报表项目

提示:

- 报表项目是指报表的文字内容,主要包括表头内容、表体项目、表尾项目等,但不包括关键字。
- 报表的编制日期、单位名称是关键字,不能作为文字内容输入。

(5) 定义报表行高和列宽。

① 设置 A1 单元格的行高为 10。首先单击 A1 单元格以选中该单元格,然后选择菜单栏的"格式/行高"菜单项,打开"行高"对话框,输入"行高"为 10,单击"确认"按钮,系统退出对话框返回"财务指标分析表"窗口。

② 设置 A2:C10 区域中单元格的行高为 7。首先选中 A2:C10 区域,然后打开"行高"对话框,输入"行高"为 7,单击"确认"按钮。

③ 设置 A 列的列宽为 35。首先单击表的列名"A"以选中 A 列,然后选择菜单栏的"格式/列宽"菜单项,打开"列宽"对话框,输入"列宽"为 35,单击"确认"按钮。

④ 重复步骤③,设置 B 列的列宽为 40、C 列的列宽为 30。

(6) 设置单元风格。

① 设置标题单元格 A1 的字体字号。

- 选中 A1 单元格,选择菜单栏的"格式/单元属性"菜单项,打开"单元格属性"对话框。
- 单击"字体图案"选项卡,设置"字体"为"黑体","字号"为"14"。
- 单击"对齐"选项卡,设置"水平方向"和"垂直方向"的对齐方式为"居中"。
- 单击"确定"按钮,系统退出对话框,结果可参见图 13-10。

② 重复步骤①,设置单元格 A2 的字体、字号为"黑体""12",其"水平方向"和"垂直方向"的对齐方式为"居中";设置区域 A3:C3 的字体为"宋体","字型"为"粗体","字号"为"12","水平方向"和"垂直方向"的对齐方式为"居中";设置区域 A4:C10 的字体、字号为"宋体""12","水平方向"和"垂直方向"的对齐方式为"居中"。结果如图 13-10 所示。

(7) 定义单元属性。

① 设置单元格数值的显示方式。选中 C4:C10 区域,选择菜单栏的"格式/单元属性"菜单项,打开"单元格属性"对话框,在"单元类型"选项卡中,选择左侧的"单元类型"列表框中的"数值"选项,并勾选右侧的"百分号",设置"小数位数"为 2,然后单击"确定"按钮,系统

	A	B	C
1	企业主要财务指标分析表		
2			
3	能力	指标	数值
4	偿债能力分析	流动比率	
5		速动比率	
6		资产负债率	
7	营运能力分析	应收账款周转率	
8		总资产周转率	
9	盈利能力分析	资产利润率	
10		销售净利率	

图 13-10　风格设置结果

退出对话框。

(8) 保存报表格式。单击工具栏的"保存"按钮,保存编辑结果。

(9) 关闭报表。选择菜单栏的"文件/关闭"菜单项,关闭该报表。

提示:

- 因为系统不自动保存报表,故请注意随时保存报表的编辑结果,而不是完成之后才保存,以免因电脑故障等原因导致编辑成果丢失。
- 在格式状态下输入内容的单元均默认为表样单元,未输入内容的单元均默认为数值单元(在数据状态下可输入数值)。若希望在数据状态下输入字符,则应将其定义为字符单元。
- 表样单元输入后对所有表页有效,而数值单元和字符单元输入后仅对本表页有效。

【财务部主管曾志伟定义关键字和单元计算公式】

(1) 打开"财务指标分析表.rep"。在 UFO 报表系统中,选择菜单栏的"文件/打开"菜单项,打开已保存样式的"财务指标分析表.rep"文件,系统打开"财务指标分析表"窗口,默认处于数据状态,单击其左下角的"数据"按钮,使其处于格式状态。

(2) 设置关键字及其位置。

① 打开"设置关键字"对话框。首先选中 A2 组合单元(需要输入关键字的位置),然后选择菜单栏的"数据/关键字/设置"菜单项,系统打开"设置关键字"对话框。

② 设置关键字"单位名称"。在"设置关键字"对话框中,选中"单位名称"单选按钮,然后单击"确定"按钮,系统返回窗口,此时 A2 单元的内容已经改为"单位名称:××××"。

③ 重复步骤②,在 A2 单元中设置"年"和"月"关键字。

提示:

- 每个报表可以同时定义多个关键字。
- 如果要取消关键字,可选择"数据/关键字/设置"菜单项。

(3) 调整关键字的位置。选择菜单栏的"数据/关键字/偏移"菜单项,在系统打开的"定义关键字偏移"对话框中,输入"单位名称"的偏移量为 10,"年"的偏移量为－60,"月"的偏移量为－20,然后单击对话框的"确定"按钮,返回"财务指标分析表"窗口,结果如图 13-11 所示。

图 13-11　设置关键字位置的结果

提示：关键字偏移量单位为像素，负数表示向左移，正数表示向右移。

(4) 报表公式定义。

① 打开“定义公式”对话框。首先选中 C4 单元(即准备显示“流动比率”数值的位置)，然后选择菜单栏的“数据/编辑公式/单元公式”菜单项，系统打开“定义公式”对话框。

② 定义 C4 的单元公式。在“定义公式”对话框中直接输入公式："资产负债表"－＞C18@2/"资产负债表"－＞G19@2，如图 13-12 所示。请注意：所有符号必须为半角。

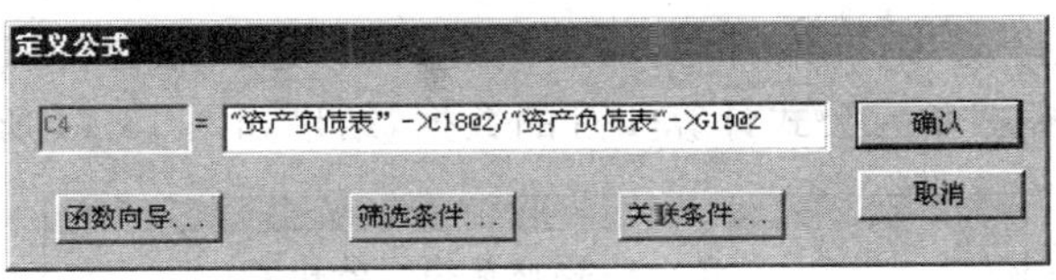

图 13-12　“财务指标分析表”C4 的公式定义

③ 单击对话框的“确认”按钮，系统返回窗口，此时 C4 单元显示为“公式单元”，结果请可参见图 13-13。

④ 重复步骤①～③，依据表 13-2，完成 C5～C10 各个单元格计算公式的录入，结果如图 13-13 所示。

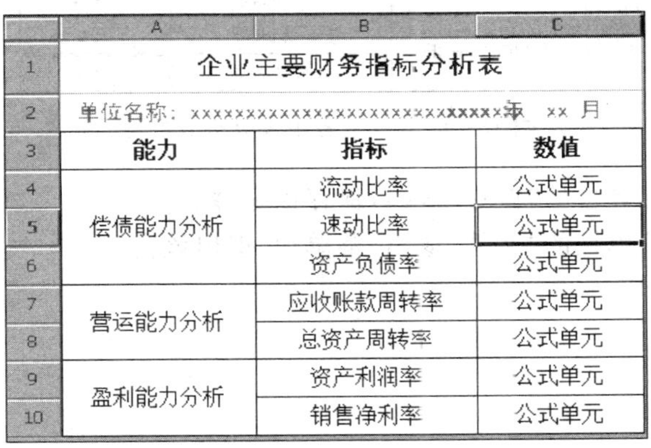

图 13-13　4 月财务报表分析表格式

提示：

- 单元公式中涉及的符号均为英文半角字符。
- 单击 fx 按钮，或者双击某公式单元，或者按“=”键，都可以打开“定义公式”对话框。

(5) 保存报表格式。选择菜单栏的“文件/保存”菜单项，保存编辑结果。

(6) 关闭报表。选择菜单栏的“文件/关闭”菜单项，关闭该报表。

【财务部主管曾志伟进行报表数据计算】

(1) 打开“财务指标分析表. rep”。在 UFO 报表系统中，选择菜单栏的“文件/打开”菜单项，打开已保存样式的“财务指标分析表. rep”文件，系统打开“财务指标分析表”窗口，默认处于数据状态。

(2) 设置提示选择账套。确认“数据/计算时提示选择账套”菜单项有对勾，表示在进行报表的数据计算时，系统提示选择账套。若没有对勾，则选择菜单栏的“数据/计算时提示选择账套”菜单项以设置。

(3) 打开“录入关键字”对话框。选择窗口菜单栏的“数据/关键字/录入”菜单项，系统打开“录入关键字”对话框(见图 13-3)。

(4) 录入关键字。在“录入关键字”对话框，输入关键字“单位名称”为“北京亮康眼镜有限公司”，“年”为 2017，“月”为 4。

(5) 打开选择账套窗口。在“录入关键字”对话框，单击“确认”按钮，系统弹出“是否重算第 1 页?”提示框，单击“是”按钮，系统弹出企业应用平台的“登录”界面。

(6) 选择账套。在“操作员”编辑栏，输入“曾志伟”，选择账套“[917]…”，然后单击“登录”按钮，系统会自动根据单元公式计算 4 月的数据，结果如图 13-14 所示。

	A	B	C
1	企业主要财务指标分析表		
2	单位名称：北京亮康眼镜有限公司　2017 年　4 月		
3	能力	指标	数值
4	偿债能力分析	流动比率	219%
5		速动比率	202%
6		资产负债率	47%
7	营运能力分析	应收账款周转率	230%
8		总资产周转率	48%
9	盈利能力分析	资产利润率	5%
10		销售净利率	8%

图 13-14　4 月财务报表分析表数据

(7) 保存。单击工具栏的“保存”按钮，保存该文件。

(8) 退出。单击菜单栏的“文件/退出”菜单项，退出该窗口。

参考文献

[1] 李吉梅,杜美杰,等. 企业财务业务综合应用——基于用友 ERP 产品微课教程[M]. 北京：清华大学出版社,2016.

[2] 李吉梅,杜美杰,等. 场景式企业财务综合实践教程(用友 ERP-U8 v10.1)[M]. 北京：清华大学出版社,2016.

[3] 张莉莉,李吉梅,等. 企业财务业务一体化实训教程(用友 ERP-U8.72 版)[M]. 北京：清华大学出版社,2013.

[4] 张莉莉. 企业财务业务一体化实训教程(用友 ERP-U8 v10.1 版)[M]. 北京：清华大学出版社,2014.

[5] 王成. 财务与供应链综合实践教程(用友 ERP-U8 v10.1)[M]. 北京：机械工业出版社,2014.

[6] 牛永芹,刘大斌,等. ERP 供应链管理系统实训教程(用友 U8 v10.1 版)[M]. 北京：高等教育出版社,2015.

[7] 陈国平,张燕,等. 会计综合模拟实验(手工账务处理)[M]. 北京：立信会计出版社,2014.

[8] 王新玲. 财务业务一体化实战演练(用友 ERP-U8.72 版)[M]. 北京：清华大学出版社,2013.

[9] 龚中华,何平,等. 用友 ERP-U8 完全使用详解[M]. 北京：人民邮电出版社,2013.

[10] 龚中华,何平,等. 用友 ERP-U8(V8.72)模拟实战——财务、供应链和生产制造[M]. 北京：人民邮电出版社,2012.

[11] 何平,龚中华,等. 用友培训教程——财务核算/供应链管理/物料需求计划[M]. 2 版. 北京：人民邮电出版社,2010.

[12] 李爱红. 用友 ERP-U8.72 财务业务一体化实训教程[M]. 郑州：郑州大学出版社,2013.

参考文献